朱永新教育文集

经验与教育

朱永新对话杜威

上册

朱永新　编著

商务印书馆
The Commercial Press
创于1897

图书在版编目（CIP）数据

经验与教育：朱永新对话杜威：上下册 / 朱永新编
著 . — 北京：商务印书馆，2023
（朱永新教育文集）
ISBN 978－7－100－21945－7

Ⅰ.①经… Ⅱ.①朱… Ⅲ.①杜威（Dewey, John
1859—1952）—教育思想—研究 Ⅳ.① G40-097.12

中国国家版本馆 CIP 数据核字（2023）第 004335 号

朱永新教育文集

经验与教育

朱永新对话杜威

（上下册）

朱永新 编著

商 务 印 书 馆 出 版
（北京王府井大街 36 号 邮政编码 100710）
商 务 印 书 馆 发 行
北京顶佳世纪印刷有限公司印刷
ISBN 978－7－100－21945－7

2023 年 3 月第 1 版 开本 880 × 1230 1/32
2023 年 3 月北京第 1 次印刷 印张 35⅝

定价：138.00 元

序：别开生面的"对话"

今年元旦后不久，朱永新教授发来信息，邀我为其编著的《经验与教育——朱永新对话杜威》作序。起初，我以近年来较少系统研读杜威教育著作为由婉言谢绝。经不住朱教授说服，只好勉力为之。

坦率地说，除了为我指导的博士生出书作序外，我向来很少做此类事情（也或许是缺少这样的机会）。而为朱教授大作"作序"，自觉从哪个方面说我都不是合适的人选。自 1996 年春在苏州与朱教授初识至今，前后近 30 年。因工作关系，我和朱教授之间的直接交往并不多。但毕竟都在"大教育圈子"里，对他所从事的业务工作多少有些耳闻，对他发起的"新教育实验"以及推动全民阅读等工作略知一二。也深知他尽管公务繁忙，但多年来笔耕不辍，成果颇丰，影响广泛。

在过去的交往中，我对朱教授精力过人这一点印象非常深刻，也非常羡慕。待拜读了他的《经验与教育——朱永新对话杜威》，我才意识到自己原来的认知是非常片面的。他的过人之处又何止精力旺盛？仅"对话杜威"这种著述方式就令人眼界大开、耳目一新。

众所周知，杜威不仅是美国最为重要的教育家之一，也是迄今为止最具世界影响的教育家。对于中国教育界而言，杜威又是最为特殊的外国教育家。这不仅因为一百年前他曾到访中国，在华逗留时间超过两年，是在华停留时间最久的外国教育家，也由于虽然近百年来杜威在中国的"命运多舛"、经历坎坷，但中国教育界对他始终"不离不弃"，时不时会兴起一个不大不小、不长不短、不温不火的杜威"热"。这实际上也正说明杜威与我们，或者说我们与杜威的"不解之缘"。

自 1919 年 4 月杜威访华、1921 年 8 月离华至今已有百年。在经历了第一个百年的风风雨雨后，我们应以何种更为合理的方式进入到与杜威"结缘"的第二个百年？这或许是关心、关注杜威教育思想的各界人士应当冷静思考的重要问题。

由于长期从事美国教育史教学研究工作，我向来把杜威教育思想的研究看作一项非常专业的事务。因此，在 2019 年纪念杜威访华一百年的活动中，我曾经提出，我们的时代"呼唤"更多专业的杜威教育思想研究者，即以杜威教育思想研究为志业的专业人员。拜读朱教授的大作后，我才意识到，在与杜威"结缘"的第二个百年，我们需要做的首先固然是以更为专业的方式拓展和深化对杜威教育思想的研究，但与此同时，可能还需要在另一条完全不同的"战线"上开展工作，即面向公众（尤其是中小学教师、学生家长以及关心教育事务的社会人士）推广、传播杜威的教育思想，使更多的人通过了解杜威教育思想，从而开阔视野、加深对教育问题的认识，从而在全社会营造一种更为理性、和谐且更有利于教育健康发展的舆论环境。

如果要打个比方的话，这项工作类似于科普工作，即通过学者的努力，以通俗易懂的方式，把"象牙塔"中以抽象、枯燥乃至晦涩的形式呈现的深刻思想传达给公众，使公众通过与经典对话，分享哲人的智慧，从而丰富思想、启发思考。在这个过程中，学者所扮演的其实是一个中介的角色，是联结哲人与公众的桥梁。就此而言，本书虽名为"朱永新对话杜威"，但实际上也是"公众对话杜威"。衷心希望朱教授精心开启的这场别开生面的对话能取得超出预期的效果。

張詩賢

2022 年 2 月 10 日于北京师范大学

目　录

导言　杜威的生平及其主要的教育命题

　　中国人对杜威并不陌生，这不仅因为他是美国实用主义哲学的创始人之一，更在于他在五四运动爆发前四天来到中国。从 1919 年 4 月 30 日到 1921 年 8 月 2 日，杜威在华两年多的时间中，围绕民主与科学、知与行、教育的传统与现代等主题做了两百多场讲演，上自孙中山，下至许多百姓都受到过他的广泛影响，一度无处不在的实验学校就是在他的思想的影响下设立的。

　　在中国教育历史上，一个国外学者如此长时间在华考察并讲演，可谓空前绝后。正如胡适所说："自中国与西洋文化接触以来，没有一个外国学者在中国思想界的影响有杜威这样大的。"[①] 为了让读者顺利地进入杜威的学术语境，这里先对杜威的生平和他的几个基本教育命题蕴意、源流做一个简要的介绍。

一　杜威的生平

　　要走进杜威的教育思想，了解其学术生涯尤其是思想形成过程中的转折点是有必要的。

　　1859 年 10 月 20 日，杜威出生在美国佛蒙特州伯灵顿市的一个杂货商家庭。这一年，达尔文出版了《物种起源》。虽说这两件事纯属巧合，但进化论对杜威的影响却是不容忽视的。

---

① 章清编：《胡适学术文集·哲学与文化》，中华书局，2001 年，第 50 页。

在家乡完成了中学学业之后，杜威于 1875 年考入佛蒙特大学。在大学期间，学校开设的"生理学原理"课对他摆脱形而上学、转向辩证法产生过重要的影响："我从这门课程中感觉到一种相互依赖和相互关联的统一性，这种统一性使我以前刚形成的那些理智观念条理化了。"①

完成了大学学业之后，杜威在中学谋得了一个教职，承担拉丁文、代数、现代科学等课程的教学。在完成本职工作的前提下，他充分利用课余时间，广泛阅读各种哲学经典并尝试哲学论文的撰写。在 1881 年下学期即将结束之际，杜威写了一篇名为《唯物论的形而上学假定》的论文投给了《思辨哲学杂志》，并附信要求杂志编辑对其禀赋做出评判，担任编辑的哈里斯不仅回信对杜威予以嘉勉，而且还在《思辨哲学杂志》上刊发了他的论文。哈里斯的热情回信极大地鼓舞了杜威投身学术的信心，使他对哲学产生了浓厚的兴趣，随后杜威报考并如愿成为霍普金斯大学的研究生。

在霍普金斯大学，对杜威影响最大的当数乔治·默里斯教授。源于这位新黑格尔主义者的影响，杜威了解了从绝对精神的演化来理解生命、观念与自然的黑格尔哲学，使得他摆脱了二元论的束缚。杜威后来回忆说，正是默里斯的教导，"让我摆脱了康德的二元论，尽管我对康德是有深入研究的"②。

1884 年，杜威通过了题为《康德的心理学》的学位论文并获得了博士学位，随后他受聘到密歇根大学哲学系任教。在完成教学任务之余，杜威积极从事学术研究，时常发表一些论文，只不过其

---

① 涂纪亮编译：《杜威文选》，社会科学文献出版社，2006 年，第 22 页。
② 引自〔美〕斯蒂文·洛克菲勒：《杜威：宗教信仰与民主人本主义》，赵秀福译，北京大学出版社，2010 年，第 55 页。

成果中黑格尔的影响随处可见。

尤其值得注意的是，1890 年威廉·詹姆斯出版了在哲学和心理学等领域享有盛誉的《心理学原理》。正是这本著作创造性地将进化论融入心理学，并摆脱了"唯心论""联想说"的影响，促使杜威将机能心理学作为教育哲学的重要理论基础之一。

1894 年，杜威受聘担任芝加哥大学哲学系的系主任。随着思想的成熟，他开始将理论批判的重点转向传统教育。1895 年，杜威创办了由芝加哥大学主持的实验学校，即"杜威学校"。在这所学校 8 年的探索与实践中，杜威尝试将儿童本能、学科知识与社会生活予以贯通。创办实验学校的这一经历深化了他对教育问题的认识，杜威早期的代表性教育论著大多完成于这一时期，包括《我的教育信条》《学校与社会》《儿童与课程》等。

因在管理实验学校问题上与有关部门存有很大的分歧，杜威辞掉了芝加哥大学的工作，并于 1904 年来到哥伦比亚大学哲学系担任教职，直到 1930 年以荣誉教授退休。在哥伦比亚大学工作期间，杜威一方面积极参加各种社会活动，另一方面又潜心于学术研究，取得了丰硕成果。《民主主义与教育》《确定性的寻求》《经验与自然》等代表作都完成于这一时期。

1952 年 6 月 1 日，杜威因肺炎在纽约去世，享年 93 岁。尽管人们常常将严密的哲学思辨视作对现实生活的"冷眼旁观"，但作为哲学家的杜威却是一个特例。美国学者塔利斯是这样评论杜威的："他的一生不是在书斋中冥思苦想的一生，而是在参与现实活动过程中不断探索、不断行动的一生。"①确实，杜威是积极践行实

① 〔美〕罗伯特·B.塔利斯：《杜威》，彭国华译，中华书局，2002 年，第 10 页。

用主义的一代宗师，他真正做到了知与行、改造社会与改造人的有机统一。

二　杜威关于教育的基本命题

（一）教育是经验的改造或改组

1."经验"的多重意蕴

1897年，杜威在《我的教育信条》中提出："教育应该被认为是经验的继续改造，教育的过程和目的是完全相同的东西与改组。"1916年，杜威在《民主主义与教育》中再次重申："教育就是经验的改造与改组，既能增加经验的意义，又能提高指导后来经验进程的能力。"晚年在《经验与教育》中他又再次强调："教育是在经验之中由于经验和为着经验的一种发展过程。"由此可见，以经验来诠解教育是杜威终其一生的理论诉求。

对于杜威来说，"经验"不仅是关键词也是多义词。归纳杜威对经验的理解，大体上可概括为如下六个方面：（1）经验是指人的一种前知识状态，而所谓"知识"不过是"经验"的派生形式，它并非经验的全部。而当人们将知识与经验相提并论时，就往往会忽略那些不确定的、难以言传的、不好量化的方面，从而导致对经验的曲解。（2）经验是实验性或试验性活动，不只是对过去简单的经历或感觉。经验"以规划、设计为特征，以力求达到未知之物为特征"①。正因为如此，认识对象不再是现成的、静止的、简单的东西，而是实践的、生成的、复杂的情境。（3）经验自身内含联

---

① 涂纪亮编译：《杜威文选》，社会科学文献出版社，2006年，第64页。

结、推论。受黑格尔、詹姆斯等人的影响，杜威认为经验本身内含自主的联结及其推论。人类如果没有这种能力，就不可能拥有认识。（4）经验活动内含情感与目的。杜威把经验看作一种理智（Intelligence）活动。动物仅仅能对环境做出被动的反应，而拥有理智的人却能对环境予以探究、干预，使其服务于人的目的。人的经验"必须用目的来加以解释和理解"①。（5）经验意味着一种自然主义世界观。杜威认为："经验既是关于（of）自然的，也发生在自然之内。"人依托自然并与自然相互作用，才有了丰富多彩的经验，否则人将无法生存。（6）经验意味着"经受"的连续性。经验不等于盲目的、任性的、冲动性的活动，而只有"经受"的连续性才算是经验。"一个孩子仅仅把手指伸进火焰，这还不是经验；当这个行动和他遭受的疼痛联系起来的时候，才是经验。"②在杜威看来，尝试或实验—结果或后果—行为改变或修正，只有构成这种完整过程才是经验。

总之，受多种理论的启迪，杜威从实践性、功能性、整体性、连续性、具身性、不确定性等多个角度重新理解了经验，使得传统的"经验"一词有了全新的意义，超越了仅把经验视为通过感觉获得"粗糙知识"的旧观念，由此也推动了杜威教育观的重大转变。

2."经验"的教育学蕴意

在西方教育史上，由于立场、方法的各不相同，人们对教育已有了多种不同的理解。概括这些观点，不外乎"形式教育论""实质教育论""进步教育论"这三种代表性的观念。因杜威的教育观

---

① 涂纪亮编译：《杜威文选》，社会科学文献出版社，2006年，第248页。
② 〔美〕约翰·杜威：《民主主义与教育》，王承绪译，人民教育出版社，2001年，第153页。

与进步教育论的特殊关系，它们之间的区别留待后文论述，这里只考察杜威对"形式教育论"与"实质教育论"的批判。

概括历史上的"形式教育论"，大体上可归结为三个方面：（1）儿童本来就具有感觉、记忆、想象、思维等潜能或官能，教育的任务，就在于寻求那些能够最有效地训练学生各种官能的心智练习。（2）教育应该以"形式"为目的，认为在教育中传授知识远不如训练官能来得重要。（3）学习的迁移是官能得到充分训练而自动产生的结果。相对而言，数学、拉丁文、希腊文等，会对学习其他课程和教材有很大的好处。[1]

作为一种学说，形式教育论"成型"于 17 世纪。随着知识在近代的大量增加，如何对儿童进行训练以使他们获取更多的知识，成为亟待解决的问题。为此，洛克认为教育应重在训练官能："如果人们能够正确地利用自己的官能，那么对学习所有知识都是极为有利的。"[2]基于这一立场，在《关于理解的指导》一书中，他详细地考察了各种官能训练及其适合的学科，因此洛克被视为形式教育论的主要代表。

将历史上的"实质教育论"加以总结，也可以归结为三个方面：（1）教育在于提示适当的观念来建设心灵。（2）教育应该以"实质"为目的。建设心灵的原料是各种观念，提示外界事物，产生观念的课程和教材，就具有首要的地位。（3）必须重视课程和教材的组织。心灵要靠观念的联合以组成概念和范畴。[3]较之形式教育，实质教育论出现较晚，其集大成者当数赫尔巴特。

---

[1] 瞿葆奎主编：《教育学文集·智育》，人民教育出版社，1993 年，第 425 页。

[2] 同上注，第 443 页。

[3] 同上注，第 455 页。

杜威认为：活动必有活动的对象，练习必有练习的材料，就如同吃，必有东西可吃才算"吃"，不能只有"吃"本身。"离开练习所用的材料，一般心理的和身体的训练全是废话。"[1]正是基于对经验的这一理解，杜威对形式教育论与实质教育论都给予了严厉的批判。

一方面，由于杜威认为人的心智生发于人与自然、人与人的交互作用，并在这一过程中得到成长、成熟，因此在他看来，形式教育论所设想的天赋官能纯粹是一种虚构；不仅如此，形式教育论将质料抽离于教学活动，走向二元论的困境。这就好比游泳教练只要求儿童在池边反复地练习手划脚踢，却不让他下水，而要让这种学习产生迁移效果，那根本是异想天开。[2]

另一方面，杜威对实质教育论也给予了否定。在赫尔巴特看来，教育如同"形塑"，但形塑必有质料，有效的教育在于以历史、文学等作为重要科目，借此而"联合"成观念或知识。虽然杜威认同赫尔巴特基于"统觉"而提出的这一观点，但因赫尔巴特忽视了活动对儿童的教育意义，也引发了杜威的不满：若教育只顾及"内容"这一极，不仅会造成只重教师教乃至满堂灌的后果，而且还会夸大教师的作用，忽视或低估学生的主动性、情感、态度对于课程与教学的意义。

总之，受黑格尔哲学、达尔文进化论、詹姆斯心理学等思想的启迪，杜威认为依托自然的经验活动、社会交往才是形塑心灵、培育品德的基本途径，由此他批判了"教育乃是将潜伏的官能展开的过程"的形式教育论，又否决了"教育乃是通过外部提示的教材而

---

① 瞿葆奎主编:《教育学文集·智育》，人民教育出版社，1993年，第74页。

② 〔美〕约翰·杜威:《民主主义与教育》，王承绪译，人民教育出版社，2001年，第73—74页。

建立起某些联想或联合，进而形成人的心灵"的实质教育论，创建了以经验为核心的教育哲学。因经验所内含的"自然性""超越性""实践性""平民性"等品格，"生活""生长""活动""社会""职业"必然构成杜威教育思想的关键词。正如英国教育哲学家皮特斯所言："杜威大概是有史以来方向最正确的教育哲学家。当他把注意力转移到教育哲学时，总是以教育问题为起点，深入探究与教育明显而直接相关的伦理学与心灵哲学的议题。"[①]

（二）"教育即生活"

1."教育即生活"的提出

在《我的教育信条》一文中，杜威就明确提出："如果教育即是生活，那么一切生活一开始就具有科学的一面、艺术和文化的一面以及相互交往的一面。"[②]受"文化纪元论"的影响，杜威提出要依据人类的衣食住行等基本活动来设置学校的课程，而不能依据官能心理学来设置阅读、文学或科学等科目。在《民主主义与教育》中，杜威更是以"教育是生活的需要"为题，强调"教育在它最广的意义上就是这种生活的社会延续"[③]。在晚期的代表作《经验与教育》中，杜威又再次认为："教育为实现其目的，必须从经验即始终是个人实际的生活经验出发。"[④]与经验概念一样，"生活"是杜

---

① 引自泰伯（J. W. Tibble）:《教育学研究》，黄嘉莉译，台北桂冠图书股份有限公司，2001年，第76页。

② 赵祥麟、王承绪编译:《杜威教育论著选》，华东师范大学出版社，1981年，第8页。

③ 〔美〕约翰·杜威:《民主主义与教育》，王承绪译，人民教育出版社，2001年，第7页。

④ 赵祥麟、王承绪编译:《杜威教育论著选》，华东师范大学出版社，1981年，第375页。

威用来解释教育的又一个关键词、高频词。

2."教育即生活"的基本蕴意：现实性、理智性、具身性

在教育学的经典著作中，习惯于用"经验""生活""生长"等"大白话"来写作的杜威，为何其著作却是以晦涩难懂而出名？一个重要的原因，就在于杜威以"怎样认识"教育，而不是"教育是什么"作为自己研究的重点。为了达成这一目标，杜威将"人是怎样存在的"作为理论思考的逻辑起点。

在杜威看来，特定的"生活"形塑特定的"个人"，特定的"个人"构成特定的"生活"，"个人"与"生活"是一种鱼与水的功能性关系。基于这一立场，杜威用生活来诠解教育，旨在凸显现代教育的现实性、理智性、具身性等特点。

"用个人或是天赋或是获得的形成说都不能对人性进行适当的构想和定义。人性只能通过其重大的制度性产物——语言、宗教、法律和国家、艺术等才能求得了解。"[①] 从杜威的这一人性观可知，要成为现实的人，就离不开社会生活的形塑。"在个人那里，这类产物的展示带有潜在性质，它只有借助文化习俗的影响而发展成为现实的东西，它构成了客观心灵和意志的内容。"[②] 由于强调人性与制度、文化的关联，所以杜威注重从心理学与社会学相结合的层面考察儿童并提出教育改革的建议。"'新教育'的危险就在于把发展的观念全然是形式地和空洞地来理解。"[③] 由杜威对进步教育这一

---

① 〔美〕约翰·杜威：《杜威全集》晚期著作第 6 卷，马迅、薛平译，华东师范大学出版社，2015 年，第 26 页。

② 同上。

③ 〔美〕约翰·杜威：《学校与社会·明日之学校》，赵祥麟、任钟印、吴志宏译，人民教育出版社，2005 年，第 120 页。

批评中可以反衬出他对教育的社会性、功能性的重视。杜威认为，离开了特定的材料、具体的活动与对所做之事意义的理解，而妄论能力的培养是不合理的："能力只有与它所派生的用场联系起来，只有与它必须履行的社会职责联系起来，才成其为能力。"[①] 正因为"人只能在生活中学会生活"，"在履职中学会尽责"，"在成事中成人"，杜威便提出"教育即生活"，旨在通过学校而使得人们过上一种民主的生活，以实现社会利益的整合和共同生活的维系。

"我们是生活在这样一个世界之中，它既有充沛、完整、条理、使得预见和控制成为可能的规律性，又有独特、模糊、不确定性的可能性以及后果尚未决定的种种进程，而这两个方面乃是深刻地和不可抗拒地掺杂在一起。"[②] 在杜威看来，有别于前工业社会，通过工业革命开发出来的世界，乃是一个内含了多种属性的、开放的、变动不居的世界。偶然性、异质性、复杂性才是生活世界的本真形态。无论是社会发展还是自然演变，都有随机性、不确定性、难以预测性与难以"理论化"的一面，生活世界中必然存在着例外或偏差。鉴于此，杜威提出"教育即生活"，一方面旨在提醒人们"在非正规的和正规的、偶然的和有意识的教育形式之间保持恰当的平衡"[③]，以便通过"完整经验"的学习，克服理论知识、书本知识对实际经验的"遮蔽"，促进儿童与实际生活的"无缝对接"；另一方面则旨在批判"教育即未来生活的准备"。在杜威看来，"为了

---

① 〔美〕约翰·杜威:《学校与社会·明日之学校》，赵祥麟、任钟印、吴志宏译，人民教育出版社，2005 年，第 140 页。

② 〔美〕杜威:《经验与自然》，傅统先译，江苏教育出版社，2005 年，第 32 页。

③ 〔美〕约翰·杜威:《民主主义与教育》，王承绪译，人民教育出版社，2001 年，第 14 页。

变化多端的未来而教育学生唯一办法，就是让他掌控自己和把握文明的手段"①。也就是说，只有让儿童过好当下生活，并在每一个经验中注重培养儿童的智慧或理智，才能为儿童准备他未来的生活和工作。智慧并不表现为储存人类现成的知识，而是运用我们的知识去解决复杂问题，从而能有效地应对变动不居、错综复杂的生活世界。为此杜威寄希望于教师："教育意味着培养明辨是非的头脑。教师要培养学生的各种习惯，如不急于做出判断，保持怀疑态度，用证据说话，依靠观察而非情感、讨论而非偏见、探究而非常见的理想描述。"②如果这样做，杜威"教育即生活"的初衷就得到了实现。

除此之外，生活还意味着身体的在场。作为近代哲学最坚定的批判者、终结者，杜威把去除身心二元对立作为重要的目标。如果把一切归结为精神，世界和身体都被观念化、表象化，人只能变成一个超然的意识主体；如果把一切归结为物质，身体和人就成了机器。基于对现代科学的正确体认，杜威摒弃了关于身心的传统观念，把人的身体看作某种处于境遇中"灵性化的身体"，机械的身体获得了灵性和生机，而所谓的内在心灵则被物性化了。③身体活动不再被视为对心智活动构成干扰，反而是促进心智活动的必备条件了，它理应在教育活动中得到应有的重视。

总之，传统哲学及其教育实践沉迷于对永恒、固定、确定性、

---

① 〔美〕约翰·杜威:《杜威全集》早期著作第 5 卷，杨小微、罗德红等译，华东师范大学出版社，2010 年，第 169 页。

② 〔美〕罗伯特·威斯布鲁克:《杜威与美国民主》，王红欣译，北京大学出版社，2010 年，第 330—331 页。

③ 杨大春:《语言 身体 他者——当代法国哲学的三大主题》，生活·读书·新知三联书店，2007 年，第 139 页。

理性、理论的追求之中，反而对变动不居的俗世生活、工业发展熟视无睹。鉴于此，杜威主张"教育即生活"，其意蕴是多方面的，不仅意在引发人们对现实生活的重视，而且更旨在为实践智慧正名。

（三）"教育即生长"

1. "教育即生长"的提出

早在 1897 年，杜威在《构成教育基础的伦理原则》一文中就指出："教育据说是个人全部能力的和谐发展。假如离开社会关系来下这个定义，我们就没有说明其中任何一个词的意义是什么标准或准则。"[①]作为社会性的存在，人只有基于社会并为了社会才能获得有意义的生长。在《民主主义与教育》中，杜威以"教育即生长"为题写过专门的一章，重点阐释了生长的教育意蕴："当我们说教育就是发展时，全看对发展一词怎样理解。我们的最后结论是，生活就是发展；不断发展，不断生长，就是生活。"受黑格尔"真理即过程"的影响，杜威认为，发展并不仅仅意味个体知识的增加，而是指经验的丰富、习惯的养成。如此一来，生命的过程、成长的经历就变得至关重要。在晚期，通过对进步教育的批判性审视，杜威的教育思想发生了改变，较之以往少些激进，但即便如此，杜威仍以生长作为评判教育的依据之一，并强调要把教育视为一个永远现时的过程："教育的过程即是生长的过程。如果生长这个词按照主动分词'生长着'来理解的话，那么关于我这个想法所引起的反对将意味着什么。"[②]从以上引证来看，从生长来诠解教育

---

① 〔美〕约翰·杜威:《杜威全集》早期著作第 5 卷，杨小微、罗德红等译，华东师范大学出版社，2010 年，第 46 页。

② 赵祥麟、王承绪编译:《杜威教育论著选》，华东师范大学出版社，1981 年，第 355 页。

是杜威的又一理论诉求。正如奈尔·诺丁斯所说："生长是杜威最重要的隐喻之一。"①

2."教育即生长"的蕴意：境遇性、当下性、非终结性

早期受进化论的影响，杜威把心灵看作一种可以变化的东西，后来在詹姆斯的影响之下，他又把心灵自然主义化了：心灵并非一个外在于环境的实体，而是人与环境交互作用的过程中逐步形成的意义与能力系统。"'生长'对杜威来说是一个精心挑选的术语，它包含着双重事实：一是个体包含在过程中；二是个体被嵌入在一个环境中。"②个体要获得生长，少不了环境的支持。因此，杜威在回答人之兴趣、性格、理智等何以可能时，十分重视环境的教育意义与生长价值。在《民主主义与教育》中，杜威以"教育是社会的职能"作为第二章，并用四节的内容阐释了他的"教育环境论"。他不仅主张真正的教育存在于共同的社会活动中："社会环境能通过个体的种种活动，塑造个人行为的、智力的和情感的倾向"③，而且还强调"学校是特殊的环境"，应承担起相应的职能。④杜威在论及生长时，之所以如此重视共同生活、人际交往的作用，意在批判卢梭的自然主义教育观。在杜威看来，个人的性格、态度、情感等品质是无法通过独处或课堂静听来培育的，因为性格本身就包括了

① 〔美〕奈尔·诺丁斯：《教育哲学》，许立新译，北京师范大学出版社，2008 年，第 28 页。

② 伯依斯沃特：《杜威的哲学的改造》：载王成兵主编：《一位真正的美国哲学家：美国学者论杜威》，中国社会科学出版社，2007 年，第 53 页。

③ 〔美〕约翰·杜威：《民主主义与教育》，王承绪译，人民教育出版社，1990 年，第 18 页。

④ 同上注，第 24 页。

"执行过程中的力度"。① 同理，杜威对态度、情感的理解也如此。

杜威之所以如此重视环境的生长意义，究其原因，在于他习惯于从机能主义来考察问题。在杜威看来，心理过程有一种机能——帮助有机体适应环境。机能主义只对为了什么感兴趣，而不是对心灵是什么感兴趣；是对心灵的机能感兴趣，而不是对心灵的构造感兴趣。② 正因为如此，重视儿童在某一环境中的表现并借此促进儿童生长，必然构成"教育即生长"的题中应有之义。

更能凸显"教育即生长"意蕴的，当数"现时性"或"当下性"。"一个孩子在生理上的成长可以通过应用于当下状况——可观察与记录的身高、体重和其他现象的变化——的测试来确定。是这些东西，而不是一种终极的生理完美的理念，指引着明智的医生与家长来评估一个孩子是在生长、停顿，还是倒退。"③ 杜威认为宏大的、抽象的教育理想或目的，如果不能转变为当下的发展目标，是难以带来教育成效的。

历史上各式各样的教育目的大体上可分为两类：一类可以称为社会复制论，即"从现有成年人生活的最高成就中得出自己的目标。它的根本目标是在年轻人身上复制这些标准"④。而另一类可称为社会变革论，即"从对现存社会种种弊端的思考中，得出它的目

---

① 〔美〕约翰·杜威：《杜威全集》中期著作第 6 卷，王路、马明辉、周小华等译，华东师范大学出版社，2012 年，第 292 页。
② 〔美〕赫根汉：《心理学史导论》，郭本禹等译，华东师范大学出版社，2006 年，第 496 页。
③ 〔美〕约翰·杜威：《杜威全集》中期著作第 6 卷，王路、马明辉、周小华等译，华东师范大学出版社，2012 年，第 350 页。
④ 〔美〕约翰·杜威：《杜威全集》中期著作第 13 卷，赵协真译，华东师范大学出版社，2012 年，第 345 页。

标与理念。它的主导理念是社会改革，甚至更大范围的重组"①。柏拉图是社会变革论的代表，卢梭、康德、洪堡等人也可以归入这一类，他们都认为要通过教育完善人性进而改造而不是顺应社会。由于杜威认为年幼的儿童是一种"感性"的存在，他们更关注眼下的事情，因此他提出，无论社会复制论或社会变革论提出的目的如何美妙，如果不落到当下怎么做，就不会给孩子带来"生长"上的实际效用。比如，当"准备"的理念不是从属于"生长"时，无论是为了通过升学而做准备，还是斯宾塞所说的为社会生活做准备，情况都是如此。"如果目的被设想为仅仅是某种被延迟和搁置的东西，某种单单影响未来某个时期的东西，那么，它就与当下的活动没有了内在的关联。"② 由于儿童生长与当下表现密不可分，"所有预测未来的尝试，最终都会受到当前的具体冲动与习惯的审察"③。所以，对教育者而言，能否基于儿童的当下表现、成长的问题而实施教育并促进其生长，这是判别教师工作好坏的重要标准。

杜威之所以重视当下、在场的生长价值，究其原因，在于杜威认为手段与目的是构成行动的两个基本要素且可以互相转换。俗话说，千里之行，始于足下。尽管人们在行动中想要达到某种目的，但最初的一步仅是达到这一目的的手段。因此，杜威认为目的与手段如同军队与士兵的关系："目的"就像"军队"一词，是在集合意义上来对待的同一系列行为的名称；而手段则是在个别意义上

① 〔美〕约翰·杜威:《杜威全集》中期著作第 13 卷，赵协真译，华东师范大学出版社，2012 年，第 345 页。
② 同上注，348 页。
③ 〔美〕约翰·杜威:《杜威全集》中期著作第 14 卷，罗跃军译，华东师范大学出版社，2012 年，第 144 页。

来对待的同一系列行为之名称，犹如某位士兵或某位军官一样。而"目的，又意味着延伸并扩展了我们关于要被实施的这一行为的观点；意味着在视域中看到了下一个行为"①。就人的活动而言，不仅目的与手段是相互转换的，而且还受到理智的指导，尤其是要按照活动的规律去实现最终的目的。由于远大的目的依靠于一个个当下任务、目标的实现，因而重视当下、现时就自然要作为"教育即生长"重要的旨趣了。

此外，论及生长的教育意义，就不能不提到杜威的"教育无目的论"。源于对自在的、确定的、固定的终结（end）的拒斥，以及在感性活动中人的能动性的确认，杜威论及"目的（aims）"时关涉的大多是"预见的结局（ends-in-view）"，并以这一概念为线索论及人的生长及其教育学意义。所谓"预见的结局"即预期中的结局或目标，是经过经验反思之后视为值得努力获取的事物。② 这句话也可以更通俗地转述为：人在行动之前以最终结果来把握自己行动的方向，包括审视当下各种可能影响达成最终结果的条件、因素，从而调整自己的一连串行动。③

正由于"预见的结局"或目的重在审视眼前的状况而做好瞄准的过程④，因而杜威在论及教育目的时，强调了三个方面：一是，由于学校旨在培养有智慧、会做事、能尽责的社会成员，因此"不

① 〔美〕约翰·杜威：《杜威全集》中期著作第14卷，罗跃军译，华东师范大学出版社，2012年，第24页。
② 〔美〕杜威：《经验与自然》，傅统先译，江苏教育出版社，2005年，第68页。
③ 郭良菁：《解读杜威"教育无目的论"的文本依据辨析——兼论"教育目的"概念的拟人化使用问题》，《华东师范大学学报》（教育科学版）2013年第3期。
④ 同上。

断生长的能力"必然构成民主教育的根本目的:"让个体有能力继续他们的教育——或者说,学习的目的和报酬,是继续不断生长的能力。"①二是,由于生长是一个长期的复杂的过程,会发生许多意想不到的状况,因而个体生长既不可能终结或终止,也不可能会有确定的结果、固定的路径,人们只能以已有的经验为例,尤其是根据每一个个体的发展状况做好当下的工作。三是,既然生长是一个长期的、复杂的、能动的过程,如何确保学校活动的教育意义,杜威为此提出了好目的三个基本标准:第一,所确定的目的必须是既有情况的产物。第二,由于境遇的复杂性,往往会出现一些意想不到的状况。因此,目的必须是灵活的,必须与情境相适应。第三,所定的目的必须存在于活动之中。②可见,杜威的教育目的观与其他的教育目的观最大的区别,就是杜威所说的"目的",是根据"当下"或"当前"而定。需指出的是,杜威重视"当下"并不意味着他拒斥宏大教育理想、抽象的教育目的,而是强调人们应将理想与现实、未来与当下有机统一起来,显示出他对实践智慧的指认与重视。

(四)"学校即社会"

1. "学校即社会"的提出

1897 年,在《我的教育信条》中,杜威就明确指出:"儿童的社会生活是其一切训练或生长的集中或相互联系的基础。社会生活

---

① 〔美〕约翰·杜威:《民主·经验·教育》,彭正梅译,上海人民出版社,2009 年,第 95 页。

② 同上注,第 100—101 页。

给予他一切努力和一切成就的统一性和背景。"① 由此可见，杜威将"社会"与"活动"作为逻辑起点而构建了自己的教育信条。1908年杜威与塔夫茨合著了《伦理学》一书。在这部重要著述中，杜威严厉地批判了传统教育的缺失：由于学校与社会的隔离，知识变得抽象、枯涩、过于专门化，使得普通民众难以企及。鉴于此，杜威呼吁："教育必须选择和宣传那种非常普通并在社会价值中具有典范型价值的，这些社会价值荟萃成了教育的资源，逐渐使那些行为古怪、怀有偏见且排外的人减少。"② 在1939年的《自由与文化》一书中，杜威更是把社会与人性相提并论，认为不同的社会生活将形塑不同的人性。为了培育自由、开明的公民，必须在学校中推行民主的生活方式："只有在我们日常生活的每一个方面慢慢地、日复一日地采用和传播那种与我们所要达到的目的相同的方法，才能做到为民主服务。"③ 作为目标与路径的统一，"学校即社会"是杜威民主教育思想中不可或缺的部分。

2."学校即社会"的内在旨趣

黑格尔认为，做一个自由意志的存在者并不是如卢梭所说，是一个自然的过程，而是一个通过伦理共同体去除自然性、塑造人性的成人过程。人在不同的伦理实体中有着不同的教育内容：在家庭阶段，人生的教育主要是爱的教育，同时进行信任、规则以及习惯养成的教育；在市民社会阶段，人生的教育转向独立人格、平等互

① 〔美〕约翰·杜威：《学校与社会·明日之学校》，赵祥麟、任钟印、吴志宏译，人民教育出版社，2005年，第8页。
② 〔美〕约翰·杜威：《杜威全集》中期著作第5卷，魏洪钟、乐小军、杨仁瑛译，华东师范大学出版社，2012年，第313页。
③ 〔美〕杜威：《自由与文化》，傅统先译，商务印书馆，2013年，第150页。

惠、规则意识的教育，这一过程应在社会生活实践中完成；在国家阶段，人生的教育主要是公民精神教育，主要通过公共生活的日常参与来实现。

源于黑格尔"伦理实体"的启发，"社会"被杜威赋予了特定的含义：一是指由社会成员所组成的共同生活；二是指具备共享、对话、参与、整合等特点的共同体。从杜威分别赋予学校以"探究共同体""理智共同体"等名称来看，杜威的"学校即社会"旨在通过共同生活来培育儿童新的理智观。正如詹姆士·坎贝尔所言："为了培育儿童的共同体意识，杜威把教育的重点放在判断而不是简单的知识积累上，这是他重视理智最重要的原因之一。"①

受多种理论尤其是现代科学的启迪，杜威认为，在应对复杂情境的过程中，不是"沉思性"的"理性"（Reason）而是"行动性"的"理智"（Intelligence）才能让人取得成功。什么是理智？杜威的解释是：它不仅意味着"心灵的功能乃是规划新的和更复杂的目标——把经验从常规惯例和任性中解放出来"②，而且又意味着"把人的行动从一种机械的工具特征中解放出来，理智具有通过行动确定未来经验的特征"③。由此看出，理智具有为民主奠基、重塑社会的重要意义，因此杜威把它作为教育变革、创建共同体的重中之重自在情理之中。

（1）重塑知识的观念。理智的作用是在过去的习惯、制度、信

---

① 〔美〕詹姆士·坎贝尔：《杜威的共同体理念》，载王成兵主编：《一位真正的美国哲学家：美国学者论杜威》，中国社会科学出版社，2007 年，第 94 页。
② 〔美〕约翰·杜威：《杜威全集》中期著作第 10 卷，王成兵、林建武译，华东师范大学出版社，2012 年，第 34 页。
③ 同上注，第 35 页。

仰与新的情境之间建立一种有利于感性活动的关联。这里的理智概念，已不再是以往那种内化于心灵中的固有品质，而是在认识世界、改造世界过程中所形成的工具性、目的性、创造性的探究意识与行动能力。如此一来，"知识就不再是指出问题、说明问题而已，而是要具体地结合行动，将知识的目的和人的情感、意志、欲望和行动关联起来"[①]。

（2）推行探究方法。民主对于杜威而言，并非仅仅是某种政治体制与机制，更重要的是指一种生活态度。其核心"是用讨论和交换的办法来裁决社会上的差别"[②]，而科学不诉诸威权，也不诉诸迷信，而是诉诸事实与结果，因而它应成为民主生活的关键："如果我们将注意力放到当代人类活动的实际情景，讨论便会转向一个完全不同的方向。因为技术文明的每一个方面都显示出：关于自然之一致性和必然条件知识的每一次进步都能增进人的工作自由，并使他能够根据自身的目的引导自然能量。"[③]人们之所以极力否认科学探究能应用于社会领域，很大程度上归咎于自然与人文、科学与价值的二元对立。而在杜威看来，无论是自然科学还是社会领域，所有的探究都是自然的、情景性的，立足于问题的、理论和实践相结合的。[④]由此也说明了自然科学探究过程与方法应用于社会探究的可能性、必要性。

---

① 赵刚:《知识之锚——当代社会理论的重建》，广西师范大学出版社，2005 年，第 38 页。

② 同上注，第 126 页。

③ 〔美〕约翰·杜威:《杜威全集》晚期著作第 3 卷，孙宁、余小明译，华东师范大学出版社，2015 年，第 92 页。

④ 〔美〕约翰·杜威:《杜威全集》晚期著作第 12 卷，邵强进、张留华、高来源等译，华东师范大学出版社，2015 年，第 382 页。

（3）重视"规约"（根据实际效果而制定的规则）在公共生活中的应用。"实验研究就是不断进行修改。通过对知识和思想进行修改，我们便被赋予了改革的力量。"[1]"规约"所依据的是行动的后果，而非形而上学的人性假设、自然法或目的论的政治观。对于杜威而言，规约所带来的是公共生活的适应性、创造性，因为它能"在互动和讨论的基础上把特殊的非专家的经验整合起来，会使得共同体能够更好地利用那些有望担当'道德先知'人们的洞识"[2]。因此，不论是谁，都无法以"主义"或"定理"作为说服他人行动的依据，而只能依据事实、后果等做出评判，由此而使得"社会改造永远是开放的且是问题性的工作"[3]。

（4）对课程体系进行职业性改造。杜威多次言明："把脑力与体力分开的习惯，其根源在于把它们分别看成是实体，而不是行动的功能和特性。"[4]为了让儿童感受到相互依存、相互合作对于民主社会的意义，杜威提出在学校增设各种形式的主动作业：为男生增设机械制图、模型制作、金工、木工，为女生增设缝纫、织布、烹饪、制帽、家政，或者为男女生共同开设图案设计、簿记、园艺。通过推行这些表征社会生活脉络并摆脱了"唯利是图和竞争性"的主动作业，可以有效地培育儿童的合作意识与互助精神。

---

① 〔美〕约翰·杜威:《杜威全集》晚期著作第5卷，孙有中、战晓峰、查敏译，华东师范大学出版社，2015年，第89页。
② 〔美〕约翰·杜威:《杜威全集》晚期著作第12卷，邵强进、张留华、高来源等译，华东师范大学出版社，2015年，第384页。
③ 赵刚:《知识之锚——当代社会理论的重建》，广西师范大学出版社，2005年，第30页。
④ 〔美〕约翰·杜威:《杜威全集》晚期著作第3卷，孙宁、余小明译，华东师范大学出版社，2015年，第19页。

作为一种实践性、社会性范畴，民主并不只是掌握科学知识、探究的方法，更为重要的是让学生有能力进行人际交往、参与公共决策，这更离不开对公共生活的广泛参与。"学校即社会"另一个重要的蕴意即在于此。正如杜威所言："社会效率作为教育目的，应该指培养自由地和充分地参与共同活动的能力。"① 的确，日常交往中的一些能力，如宽容谦让，尊重别人，能站在别人的角度思考问题等，就只能在日常交往中得到有效的培养，因为能力本身就是一个功能性、社会性的范畴："能力只有与它所派上的用场联系起来，只有与它必须履行的职责联系起来，才成其为能力。"②

有别于历史上的其他教育家，杜威为何力主"学校即社会"？要回答这一问题，就不得不探问杜威是如何看待习惯的。"人性是在一种环境中存在并起作用的。但它不像硬币那样只是'在'盒子'之中'，而是如同植物生长于阳光和土壤中。"③ 基于对人之本性（nature）的这一信念，杜威不仅强调了习惯的后天性："习惯是指后天所获得的各种反应方式。"④ 其外延相当广泛，诸如急躁个性、阶级偏见、操作技艺乃至酗酒、吸毒都被杜威视为习惯的表现形式，而且也凸显了习惯的功能性："正如人的呼吸过程离不开肺与空气一样，习惯在许多方面，尤其是在有机体与环境相协调方面，

---

① 〔美〕约翰·杜威：《民主主义与教育》，王承绪译，人民教育出版社，2001 年，第 136 页。

② 〔美〕约翰·杜威：《学校与社会·明日之学校》，赵祥麟、任钟印、吴志宏译，人民教育出版社，2005 年，第 140 页。

③ 〔美〕约翰·杜威：《杜威全集》中期著作第 14 卷，罗跃军译，华东师范大学出版社，2012 年，第 180 页。

④ 同上注，第 28 页。

如同生理功能一样。"①杜威据此认为，现实生活中并不存在一个游离于社会之外的原子式、孤立的个体，习惯是人际交往的产物且将随着社会实践的发展而趋向理智、成熟。由此，人们就容易理解杜威为何主张"学校即社会"并认为只有通过公共生活才能培养出具有民主能力的社会成员。

（五）"做中学"

1."做中学"的提出

早在 1895 年，杜威在《大学附属小学的组织计划》一文中写道："儿童从根本上而言是行动和自我表达的存在，知识和情感通常在对活动的把握中发展，来自于活动并回归到活动。"②基于对儿童学习特点的这一判断，杜威提出了"从活动中学"："不但要应用做中学的教育原则，而且要让儿童制作出吸引他们的和尽可能被需要的东西。"③1896 年，杜威在《心理学评论》上发表了《心理学中的反射弧概念》，在批判构造心理学的基础上，杜威认为应把反射弧看作心理机能，其作用是"协调"与"调节"，由此"有机体适应环境""具身认知"等观念得以形成，其后，杜威更加旗帜鲜明地主张"做中学"。1915 年，在为总结当时美国新教育的经验而撰写的《明日之学校》一书中，杜威明确提出："做中学是一句口号，这句口号几乎可以用来作为对许多教师正在试图实施这种调节的

---

① 〔美〕约翰·杜威：《杜威全集》中期著作第 14 卷，罗跃军译，华东师范大学出版社，2012 年，第 13 页。

② 〔美〕约翰·杜威：《杜威全集》早期著作第 5 卷，杨小微、罗德红等译，华东师范大学出版社，2010 年，第 171 页。

③ 同上注，第 173 页。

方式的一个一般的描述。"① 不仅如此，杜威还认为："一个儿童要学习的最难课程就是实践课，假如他学不好这门课程，再多的书本知识也补偿不了。"② 不仅如此，杜威还从逻辑学、认识论、美学、伦理学等角度考察过"做中学"的意义。可以说，"做中学"是凸显杜威工具主义、反思性思维等理论特质的一个极其重要的方面。

2. "做中学"的内涵及其意蕴

为了摆脱传统教育的困境，依照科学探究的主要过程，杜威提出了教学过程的五个阶段：（1）教师给儿童准备一个真实的教育情境；（2）在这个情境中须能产生真实问题作为思维的刺激物；（3）从资料的占有和必须的观察中产生对解决疑难问题的思考和假设；（4）儿童自己负责一步一步地展开他所设想的解决疑难问题的方法；（5）通过应用，儿童检验他的观念是否有效。③ 这就是被杜威自诩为有别于赫尔巴特的新方法："赫尔巴特的方法经常只是把思维处理为获取信息过程中的事件，而不是把后者处理为发展思维过程中的事件。"④ 杜威之所以极力主张"做中学"，很大程度上源于他的一个信念：认知并非起源于感觉，而是起源于困境中的某种"冲动"。如果没有"困境"的出现，人之思维将无从谈起。不过，杜威所说的"做"并非只是手工操作之类的活动，儿童"给自己出

---

① 〔美〕约翰·杜威：《学校与社会·明日之学校》，赵祥麟、任钟印、吴志宏译，人民教育出版社，2005年，第250页。

② 同上。

③ 〔美〕约翰·杜威：《民主主义与教育》，王承绪译，人民教育出版社，1990年，第163页。

④ 〔美〕约翰·杜威：《杜威全集》中期著作第6卷，王路、马明辉、周小华等译，华东师范大学出版社，2012年，第259页。

数学题、提议建房的程序、互相评议作文以及自己编排戏剧"都被他纳入到"做中学"。尽管这一主张的意蕴是多方面的，但最根本的却是两个：一是顺应儿童的"天性"；二是消解劳心劳力之间的对立。

"真正的兴趣是自我通过行动与某一对象或观念融为一体的伴随物，因为必须有那个对象或观念维持自我主动的活动。"[①] 受当时儿童心理学研究的启迪，杜威认为儿童存在着"做事"的兴趣，学校应采取措施以保证每一个人有机会表现他的这一天性。当然，杜威也深知，对于儿童而言，并不是"动手即有益"。为了培育儿童的共同体意识，杜威主张应在学校中广泛实施"主动作业"。这是因为：其一，这些活动不是采取某种强制性"练习"让儿童待在教室中，而是指"复演社会生活中进行的某种工作或与之平行的活动方式"[②]；其二，它的"目的不在于生产成品的经济价值，而是要发展儿童的能力和洞察力"[③]。正因为"主动作业"一方面能适应儿童的"在活动中学习"的天性，另一方面又能促进儿童的共同体意识，所以杜威推崇"做中学"就很容易被理解了。

黑格尔在《法哲学原理》一书中，通过对"主—奴辩证"关系的分析，揭示了劳动的过程乃是一个教化的过程：奴隶在为主人服役中，即在对物的加工改造中，放弃了其意志的利己主义，外化了自身的意识，并在自己加工改造的对象中直观到自身，从而成了真

---

① 〔美〕约翰·杜威：《杜威全集》中期著作第 6 卷，王路、马明辉、周小华等译，华东师范大学出版社，2012 年，第 171 页。

② 〔美〕约翰·杜威：《学校与社会·明日之学校》，赵祥麟、任钟印、吴志宏译，人民教育出版社，2005 年，第 91 页。

③ 同上注，第 21 页。

正有独立性的、有自我意识的人，而且由于实际上掌握支配物的力量而成为真正的主人。而主人由于只靠奴隶的劳动成果过日子，结果反而失去了自己的独立性与自由性，成了依赖于奴隶的人。这就是著名"主—奴辩证法"或劳动的教化意义。

源自"主—奴辩证法"的启迪，再加之现代科学的深刻影响，杜威赋予"做"以新的时代意义。"当认识本身变成了一种实践形式的时候，试图在理论与实践之间划出鲜明的界限就显得荒唐了。"① 在近代教育之前，"作为接近学术的唯一门径的某些符号学习和自由运用是最为重要的。虽然这些方法和科目表面已经改变了，可是旧时代的各种思想，大体上仍控制一切"②。这种教育只能满足于人们积累知识的愿望，而"不能适应人们的制造、做、创造、生产的倡导和倾向"③。当把"自由"等同于"静观冥思"，而把"做"等同于机械地操作时，其后果自然是理论与实践的脱离、职业与文化的两分、劳心者与劳力者的对立。如何革除这一历史痼疾呢？在杜威看来，"如果我们要给教育的过程添加一些活动，而这些活动投合于那些其主要兴趣是要做和制造的人，那么我们就会看到学校所施加于它的成员的影响，将更为生动、更为持久、含有更多的文化意义"④。杜威相信，随着工业革命、科技发展向纵深推进，一场革命已经来临：知识不再是对凝固不变的东西的摹写，它需要通过探究与行动才能获得，而这一变革迫使学校摒弃传统的教

---

① 〔美〕约翰·杜威:《杜威全集》中期著作第 7 卷，刘娟译，华东师范大学出版社，2012 年，第 250 页。
② 同上注，第 26 页。
③ 同上注，第 18 页。
④ 同上注，第 28 页。

育观念，自觉将"做中学"作为现代观念加以践行。

以上我们对杜威的几个教育命题做了简要的介绍，只是为了方便读者阅读后面的解读性文字。如果要详细考察其来龙去脉，杜威的每一个命题都得以专著的形式而"大书特书"。可以这样说，教育史上很少有人能像杜威那样在严厉批判传统教育的同时，又基于科技进步、民主发展而描绘出一种新的教育。在杜威所憧憬的新教育中，人由"抽象的人"转变为"功能性的人"，理智、生活、生长、社会、"做中学"等必然构成杜威教育思想中的关键词，并由此推动了世界教育的转型发展。

总之，中外教育史上，几乎很难找到第二位像杜威一样，既在哲学上做出了巨大贡献，又在教育理论中成就斐然，其代表作《民主主义与教育》至今仍被人们视为不朽的教育瑰宝。他对教育的实效性、社会性和理智性的强调，对教育与生活内在联系的深刻揭示，对教育民主价值的弘扬，开启了现代教育的新征程。但由于历史的原因，杜威的教育思想也存在着非常明显的局限性，这里仅罗列几点。首先，无论是过去还是现在，在对儿童教育的过程中，知识、能力、情感都有独立存在的价值，因而杜威基于工具主义所提出的教育理论，较适合对实践能力、科学探究等论题的解释，而用来对知识、人文等问题的解释就不周全了。其次，由于机能心理学的消极影响，杜威未能认识到文本理解与事物认知的差别，而用后者遮蔽了前者。研究表明：事物的认知依靠表征，通过意识构建连接主体和客体的认知图像；而文本理解则涉及阅读与话语的理解，其目的在于把握符号所表达的意义。尽管认识过程中的这两种形式有很多共同的东西，但也有非常明显的差异。正因为杜威以事物认知遮蔽了文本的理解，因而杜威"基于经验及儿童中心思想，颇有经验重于逻辑、心理功能重于论理组织之倾向"[1]。最后，从现在来看，语言并非只是"中性"的信息沟通、情感表达的工具，而是将打上意识形态、权力的烙印，杜威未能意识到这一点，因而他为之奋斗的民主教育就失之偏颇，需要利用当代的理论将其补充完善。

---

[1] 陈峰津：《杜威教育思想与教育理论》，台湾五南图书出版公司，2011 年，第94 页。

第一章

**社会进步
源于教育的变革**

导语[①]

本章解读的是杜威早期的代表性教育论著《我的教育信条》。在这篇只有 6100 多字的文章中，杜威主要解答了"教育是什么"这一根本问题。

第一个信条阐释了什么是教育。在杜威看来，一切教育都是通过个人参与人类的社会意识而进行的，这一过程几乎是人出生时就在无意识中开始了。由于这种"不知不觉"的教育，使得个人成为人类文化的传承者。杜威之所以要提出这一主张，源于其一贯的立场："如果从儿童身上舍去社会的因素，我们便只剩下一个抽象的东西；如果我们从社会方面舍去个人的因素，我们便只剩下一个死板的、没有生命力的集体。"

第二个信条说明什么是学校。杜威提出："教育既然是一种社会过程，学校便是社会生活的一种形式。"就儿童而言，所谓"社会生活"就是像他们在家里、在运动场上所经历的那种感性生活。但是，"现代教育却只把学校当作一个传授某些知识，学习某些课业或养成某些习惯的场所"。由于背离了儿童生活该有的特点，学校未能发挥应有的功能，为此杜威进行了严厉的批评。

第三个信条关涉教材问题。由于儿童的视野是综合的、具体的、生活导向的，因此杜威提出："学校科目相互联系的真正中心不是科学，不是文学，不是历史，不是地理，而是儿童本身的社会活动。"受现代文化纪元理论的启迪，杜威主张应将手工、烹饪、纺织等人类的基本活动作为学校的主要科目，因为这样做可以一举两得：既能满足儿童的兴趣，又能通过这些活动来形成儿童的社会意识。

---

① 本章导语中的引语均出自〔美〕约翰·杜威：《我的教育信条》，载吕达、刘立德、邹海燕主编：《杜威教育文集》第 1 卷，人民教育出版社，2008 年，第 7、10、13、15、17 页。

第四个信条是对方法的解释。通过对人之经验的观察，杜威发现，完整的经验活动，除了对象或客体之外，冲动、目的、手段、结果都是其中所不可或缺的。基于这一重要原则，杜威把方法理解为儿童的能力和兴趣发展的顺序问题。在他看来，不仅"意识在本质上是运动或冲动的"，而且"肌肉的发育先于感官的发育，动作先于有意识的感觉"。然而，在现实教育中，由于对"顺序"的忽视或背离，儿童常常被置身于被动的、接受的或吸收的状态中。

第五个信条阐释的是教育的社会功能。杜威认为，社会变革如果仅仅依赖法规、惩罚或改变外在的措施，其成效是没有保障的，唯有通过教育提高公民素质，社会变革才能达到理想的效果。在这个意义上，杜威提出："教育是达到分享社会意识的过程中的一种调节作用，而以这种社会意识为基础的个人活动的适应是社会改造的唯一可靠的方法。"

由于重视儿童的活动、经验、本能、个性的教育价值，杜威常被人误认为忽视教师的作用，实情却刚好相反。在这篇文章的最后，杜威以特有的方式表达了对教师的尊重："教师总是真正上帝的代言者，真正天国的引路人。"

另值得一提的是，在《我的教育信条》中，出现最多的当数"社会"一词。追根溯源，就不能不提到黑格尔对杜威的影响。若要更好地理解杜威的教育信条，先了解一下西方近代哲学尤其是黑格尔哲学是有帮助的。

一切教育通过个人参与人类的社会意识而进行

>> 我认为一切教育都是通过个人参与人类的社会意识而进行的。这个过程几乎是在出生时就在无意识中开始了。它不断地发展个人的能力，熏染他的意识，形成他的习惯，锻炼他的思想，并激发他的感情和情绪。由于这种不知不觉的教育，个人便渐渐分享人类曾经积累下来的智慧和道德的财富。他就成为一个固有文化资本的继承者。世界上最形式的、最专门的教育确实不能离开这个普遍的过程。教育只能按照某种特定的方向，把这个过程组织起来或者区分出来。

——《杜威教育文集》第1卷，第5页

朱永新解读：

在杜威看来，人是社会的人。人一来到这个世界，就已经成为"一个固有文化资本的继承者"，他必须把这个世界已经创造和积累下来的智慧和道德财富传承下来。无论是最初家庭的不自觉的教育，还是后来正规学校教育体系的精心组织安排，都是为了让个人更好地参与到社会意识中去。所以，教育的过程，其实就是一个儿童社会化的过程。如何更有效地完成这个社会化过程，就是教育科学应该解决的问题。

真正的教育通过对儿童能力的刺激而来

>> 我认为唯一的真正的教育是通过对于儿童的能力的刺激而来的，这种刺激是儿童自己感觉到所在的社会情境的各种要求引起的，这些要求刺激他，使他以集体的一个成员去行动，使他从自己行动和感情的原有的狭隘范围里显现出来；而且使他从自己所属的集体利益来设想自己。通过别人对他自己的各种活动所做的反应，他便知道这些活动用社会语言来说是什么意义。这些活动所具有的价值又反映到社会语言中去。

——《杜威教育文集》第 1 卷，第 5 页

朱永新解读：

儿童学习的过程，是他与包括父母在内的成年人不断交流交往，不断理解与界定自己与环境的关系，不断认识各种语言符号的真正内涵与意义的过程。杜威以儿童学习语言的过程举例，儿童由于别人对自己的呀呀声的反应，便渐渐明白那呀呀声是什么意思，"这种呀呀的声音又逐渐变化为音节清晰的语言，于是儿童就被引导到现在用语言总结起来的统一的丰富的观念和情绪中去"。儿童把那些最初他觉得无意义的东西变得有意义的过程，就是他学习语言的过程。

所以，如果没有成年人与儿童的交流，没有成年人提供丰富多样的"刺激"，儿童的身心发展就会受到影响甚至停滞。真正的教育，就在于为孩子的成长提供丰富的环境和足够的"刺激"。

教育过程分为心理学与社会学两个方面

>> 我认为这个教育过程有两个方面：一个是心理学的，一个是社会学的。它们是平列并重的，哪一方面也不能偏废；否则，不良的后果将随之而来。这两者，心理学方面是基础的。儿童自己的本能和能力为一切教育提供了素材，并指出了起点。

——《杜威教育文集》第1卷，第5页

朱永新解读：

杜威所说的教育过程，其实就是教育的两个重要基础：心理学和社会学。这首先是因为，人具有两个重要的属性：自然性和社会性。

人的自然属性，受人的身心发展规律的制约。如人是如何认识世界的？人是如何学习和记忆的？这些心理学的基本过程与规律，是教育的基本前提。

人又是一个社会的人。人生活在社会群体之中，生活在不同的国家、不同的民族之中，所以人如何成为一个符合社会要求的人，这也是教育的基本前提。

从两者的关系而言，心理学又是基础中的基础，因为它是制约教育最关键的问题。这不是因为杜威是心理学教授出身，而是因为他洞察了教育过程的秘密。

所以，亲爱的父母，学一些心理学，对教育孩子和自我发展都有着重要的价值。

对个人的心理结构和活动要有深入的观察

>> 如果对于个人的心理结构和活动缺乏深入的观察，教育的过程将会变成偶然性的、独断的。如果它碰巧能与儿童的活动相一致，便可以起到作用；如果不是，那么它将会遇到阻力、不协调，或者束缚了儿童的天性。

——《杜威教育文集》第1卷，第6页

朱永新解读：

这一段是接着教育过程由心理学、社会学两个方面组成而言，进一步强调了心理学对于教育工作的意义。杜威指出，作为教育者，无论是父母还是教师，必须对孩子的心理结构和活动有深入细致的观察，把握孩子心理发展的内在规律，教育才有可能更加自觉而主动。反之，教育过程就会变得偶然和独断。教育应该是顺应天性而不是违反天性的，教育应该是尊重规律而不是违反规律的。顺之，教育则昌；逆之，教育则败。他认为，即使有些教育者没有系统学习心理学，而且没有自觉地运用心理学原理进行教育，但是儿童却得到了一定的成长，这也是偶然的结果，"这样的教育固然可能产生一些表面的效果，但实在不能称它为教育"。因此，父母和教师都要学一点心理学。

必须具有关于社会状况和文明现状的知识

>> 我认为为了正确地说明儿童的能力，我们必须具有关于社会状况和文明现状的知识。儿童具有自己的本能和倾向，在我们能够把这些本能和倾向转化为与他们的社会相当的事物之前，我们不知道它们所指的是什么。我们必须能够把它们带到过去的社会中去，并且把它们看作是前代人类活动的遗传。我们还必须能把它们投射到将来，以视它们的结果会是什么。

——《杜威教育文集》第 1 卷，第 6 页

朱永新解读：

教育是链接过去、现在和未来的桥梁。既然杜威把社会学作为教育过程的重要方面，那么强调教育的社会功能，也就顺理成章了。所以，一方面，教育要把人类社会所创造的文明成果传授给儿童；另一方面，也是更重要的方面，是要让儿童懂得在这些伟大的文明的基础上，如何创造新的成果，这就是"把它们投射到将来"。因此，今天的教育既要把儿童带到过去的社会中去，又要真正面向未来的社会。这是教育的意义所在，也是教育的困难所在。

心理和社会两个方面有机联系着

>> 心理的和社会的两个方面是有机地联系着的，而且不能把教育看作是二者之间的折中或其中之一凌驾于另一个之上而成的。有人说从心理学方面对教育所下的定义是空洞的、形式的——它只给我们以一个发展一切心能的观念，却没有给我们以怎样利用这些心能的观念。另一方面，又有人坚决认为，教育的社会方面的定义（即把教育理解为与文明相适应）会使得教育成为一个强迫的、外在的过程，结果把个人的自由隶属于一个预定的社会和政治状态之下。

——《杜威教育文集》第1卷，第6页

朱永新解读：

如前所述，教育过程包括心理学与社会学两个方面，但是这两个方面不是彼此分割的，而是有机联系在一起的；不是平分秋色半斤八两的，也不是一个凌驾于另外一个之上的。如果离开了人的社会性，心理特性就会变得"空洞"和"形式"；而如果离开了人的心理性，社会特性也会变得"强迫"和"外在"。所以，我们不仅要看到人的心理特点和社会特点，关注教育过程中的心理方面和社会方面，而且要看到个人如何"在社会关系中活动"，把握两者之间互相作用互相影响的过程。

受教育的个人是社会的个人

>> 总之，我相信，受教育的个人是社会的个人，而社会便是许多个人的有机结合。如果从儿童身上舍去社会的因素，我们便只剩下一个抽象的东西；如果我们从社会方面舍去个人的因素，我们便剩下一个死板的没有生命力的集体。因此，教育必须从心理学上探索儿童的能量、兴趣和习惯开始。它的每个方面，都必须参照这些考虑加以掌握。这些能力、兴趣和习惯必须不断地加以阐明——我们必须明白它们的意义是什么。必须用和它们相当的社会的事物的用语来加以解释——用它们在社会事务中能做些什么的用语来加以解释。

——《杜威教育文集》第 1 卷，第 7 页

朱永新解读：

杜威再次强调了人的心理学意义与社会学意义之间的关系，也就是教育过程中个人与社会的关系。他强调既不能脱离社会去谈个人，也不能脱离个人去看社会。如果非要讨论两者的轻重，杜威强调人的心理学特征更为重要，强调真正的教育应该"从心理学上探索儿童的能量、兴趣和习惯开始"。他说："除非我们不断地注意到个人的能力、爱好和兴趣——也就是说，除非我们把教育不断地变成心理学的名词，这种适应是不可能达到的。"

当然，从心理学开始，并不意味着终结于心理学，而是要用社会学的眼光来关注和解释。这样，从个人与社会两个方面全面认识教育的本质，就构成了杜威教育信条的基石。

学校主要是一种社会组织

>> 我相信——学校主要是一种社会组织。教育既然是一种社会过程，学校便是社会生活的一种形式。在这种社会生活的形式里，凡是最有效地培养儿童分享人类所继承下来的财富以及为了社会的目的而运用自己的能力的一切手段，都被集中起来。

——《杜威教育文集》第1卷，第7页

朱永新解读:

杜威的第二个教育信条是说明"什么是学校"。其核心观点就是：学校即社会。在杜威之前，很少有教育家如此看待学校，看到学校与社会的深刻关联。在他看来，学校不仅和社会有着千丝万缕的联系，学校本身就是一种社会组织。教育不仅是为了社会的目的和价值，教育本身就是社会的过程。把学校视为社会的一部分、一种重要的形式，就表明学校不仅仅是传授知识的场所，而且是实现社会目的和价值的重要机构。同时，学校作为社会的一个部分，也就有其独特的社会学意蕴，要充分考虑学校中的各种社会关系，研究人的社会化过程的内在规律。

教育是生活的过程，
不是将来生活的预备

>> 因此，教育是生活的过程，而不是将来生活的预备。学校必须呈现现在的生活——即对于儿童说来是真实而生气勃勃的生活。像他们在家庭里、在邻里间、在运动场上所经历的生活那样。不通过各种生活形式，或者不通过那些本身就值得生活的生活形式来实现的教育，对于真正的现实总是贫乏的代替物，结果形成呆板而死气沉沉的局面。

——《杜威教育文集》第1卷，第7—8页

朱永新解读：

在讲述了"学校即社会"这个重要主张之后，杜威的另外一个重要教育主张"教育即生活"也就顺理成章地出现了。在以往的教育学家看来，学校只是为学生的未来发展做准备的地方，所以教育过程只是为未来做"准备"。但是，杜威认为，学校不仅是为未来的生活做准备，更重要的是，它"必须呈现现在的生活——即对于儿童说来是真实而生气勃勃的生活"。所以，杜威主张学校应该成为社会生活的"简化版"和"浓缩版"：学校作为一种制度，应当将现实的社会生活进行简化，缩小到一种雏形的状态。

学校生活应当从家庭生活里逐渐发展出来

>> 既然学校生活是如此简化的社会生活，那么它应当从家庭生活里逐渐发展出来；它应当采取和继续儿童在家庭里已经熟悉的活动。学校应当把这些活动呈现给儿童，并且以各种方式把它们再现出来，使儿童逐渐地了解它们的意义，并能在其中起着自己的作用。

——《杜威教育文集》第 1 卷，第 8 页

朱永新解读：

学校与家庭都是学生的重要"生命场"。杜威非常重视学校与家庭生活的内在联系，主张学校生活应该逐步从家庭生活中发展出来，用家庭中已经非常熟悉的环境、活动等进行教育。也就是说，学校与家庭之间并没有"鸿沟"。杜威认为，这一方面是"心理学的需要"，要努力让"学校所授的新观念赋予旧经验的背景"，使儿童获得继续生长。另一方面是"一种社会的需要"，家庭本身就是社会生活的一种形式，儿童在家庭中得到了最基本的教养和道德训练，所以，"加深和扩展他的关于与家庭生活相联系的价值的观念，是学校的任务"。新教育实验提出"教育，从家庭开始""父母与孩子一起成长""家校合作共育"等理念，其实都是在强调学校生活与家庭的连续性。亲爱的父母，在学校与家庭的紧密连接之处，你如何发挥更好的作用呢？

教育上失败的原因

>> 我认为现在教育上许多方面的失败，是由于它忽视了把学校作为社会生活的一种形式这个基本原则。现代教育把学校当作一个传授某些知识，学习某些课业，或养成某些习惯的场所。这些东西的价值被认为多半要取决于遥远的将来；儿童所以必须做这些事情，是为了他将来要做某些别的事情；而这些事情只是预备而已。结果是，它们并不成为儿童的生活经验的一部分，因而并不真正具有教育作用。

——《杜威教育文集》第1卷，第8页

朱永新解读：

杜威认为，教育上失败的一个重要原因，就是忽视了把学校作为社会生活的一部分，就是强调教育只是为了未来，而不是为了当下。

其实，在今天的中国，这个问题同样存在。许多父母和老师，也都是打着"为了孩子的未来"的旗号，牺牲他们当下的幸福。要求学生死记硬背那些以后基本派不上什么用场的知识，要求学生勤学苦练那些考试需要的原理公式，甚至要求学生牺牲休息时间加班加点学习，"一心专读圣贤书，两耳不闻窗外事"，与当下的生活完全无关，与社会的经验完全脱节。这样的教育，学生毫无兴趣，自然学习效率低下，也无法真正发挥教育的作用。

最好最深刻的道德训练

>> 我认为道德教育集中在把学校作为一种社会生活的方式这个概念上，最好的和最深刻的道德训练，恰恰是人们在工作和思想的统一中跟别人发生恰当的关系而得来的。现在的教育制度，就它对于这种统一的破坏或忽视而论，使得达到任何真正的、正常的道德训练变为困难或者不可能。

——《杜威教育文集》第 1 卷，第 9 页

朱永新解读：

道德品质的形成有其内在的规律，它不是靠说教和戒律，而是在交往和活动中形成的。用杜威的话来讲，就是最好的和最深刻的道德训练，是让师生在交往的过程中习得各种道德规则与要求。

现在的学校教育"唯智主义"比较严重，一方面只关注考试与分数，成绩"一俊遮百丑"；一方面德育工作又是"假大空"，距离师生的实际生活太遥远，所以使得真正的、正常的道德教育难以落到实处。

亲爱的父母，在家庭中的德育也是如此，抽象的道理，霸道的训斥，机械的灌输，都是无济于事的，在日常生活中润物无声的行动才是最有效的，身教重于言传。

来自教师的刺激和控制太多

>> 我认为在现在的情况下，由于忽视了把学校作为社会生活的一种方式这个概念，来自教师的刺激和控制是太多了。我认为教师在学校中的地位和工作必须按同样的基本观点来加以阐明。教师在学校中并不是要给儿童强加某种概念，或形成某种习惯，而是作为集体的一个成员来选择对于儿童起作用的影响，并帮助儿童对这些影响做出适当的反应。

——《杜威教育文集》第 1 卷，第 9 页

朱永新解读：

来自教师的刺激和控制太多，是现代教育的一大弊病，也是传统师生关系的真实写照。传道、授业、解惑，自古以来就是教师的"天职"，教师天生就比学生高明，就应该"给儿童强加某种概念，或形成某种习惯"，扮演居高临下的角色。这样的结果自然是可想而知的，不仅师生之间形成了对立关系，而且使教育的效果非常差。所以，应该建立真正平等的师生关系，让教师作为"集体的一个成员"，在与学生的日常交往中影响学生，这样才能产生实际的作用。一句话，父母和教师如果是以"教育者"的身份自居，就不可能取得理想的教育成效。

>> 我认为学校课程的内容应当注意到从社会生活的最初不自觉的统一体中逐渐分化出来。我认为我们由于给儿童太突然地提供了许多与这种社会生活无关的专门科目，如读、写和地理等，而违反了儿童的天性，并且使最好的伦理效果变得困难了。因此，学校科目相互联系的真正中心，不是科学，不是文学，不是历史，不是地理，而是儿童本身的社会活动。

——《杜威教育文集》第 1 卷，第 10 页

朱永新解读：

　　杜威的第三个教育信条是关于教材的。教什么，历来是教育最基本的问题之一。他反对机械地把社会生活的统一体肢解为一个个没有关联的学科。所以他反复提出，学校教材与科目的真正中心，不是科学、文学、历史、地理等学科，"而是儿童本身的社会活动"。

　　因此，杜威对传统的学科与教材提出了批评，强调儿童应该通过社会实践活动来学习，而最能够代表这种实践的"表现和建设的活动"，就是烹调、缝纫、手工等实践活动，因为这些科目代表着人类社会活动的类型和基本形态，可以让学生终身受益；而且，"通过这些活动的媒介把儿童引入更正式的课程中"，也是可能的和值得向往的。

教育是经验的继续改造

>> 我认为在理想的学校课程中，各门科目并不是先后连贯的。如果教育即是生活，那么一切生活一开始就具有科学的一面、艺术和文化的一面以及相互交往的一面。因此，一个年级的固定科目只是阅读和写字，而较高的年级里却开设阅读、文学或科学，这是不正确的。进度不是在于各门科目的连贯性，而是在于对经验的新态度和新兴趣的发展。最后，我认为教育应该被认为是经验的继续改造；教育的过程和目的是完全相同的东西。

——《杜威教育文集》第1卷，第12页

朱永新解读：

既然学校的教育内容不是以学科为中心，而是以学生的社会生活为中心，以活动为中心，那么，教育从本质上就是一种经验的不断积累和改造的过程。杜威认为，既然教育就是生活，学校就是社会，那么教材的内容也应以日常生活的场景为主。也就是说，没有必要专门开设科学、艺术、文化等课程，而只需在某门课程中去挖掘它们的科学、艺术和文化的要素。其实，过分强调学校教育的系统性、连贯性和逻辑性是没有必要的，关键在于"对经验的新态度和新兴趣的发展"。在这个意义上，教育的过程和目的都是相同的，即不断地对经验进行改造。无疑，杜威的这个判断是有缺陷的。一方面，教育不能脱离社会生活，不能离开学生的社会实践；另一方面，教育也不能没有完整性、系统性和逻辑性。任何只强调其一的理论和做法，都是失之偏颇的。

教育是社会进步及社会改革的基本方法

>> 我认为教育是社会进步及社会改革的基本方法。我认为改革仅仅依赖法规的制定，或是惩罚的威胁，或仅仅依赖改变机械的或外在的安排，都是暂时性的、无效的。我认为教育是达到分享社会意识过程中的一种调节作用，而以这种社会意识为基础的个人活动的适应是社会改造的唯一可靠的方法。

——《杜威教育文集》第 1 卷，第 15 页

朱永新解读：

学校就是社会，教育就是生活。这是杜威的重要教育观点。他认为，改造了学校，其实也就是在改造社会。社会的改造固然需要法制，需要规训，需要外部的约束与外在的安排，但是杜威认为这些东西都是非常有限的、暂时的，甚至是"无效的"，因为只有人的变化才是社会变化的根本所在，"这种社会意识为基础的个人活动的适应是社会改造的唯一可靠的方法"。也就是说，个人是社会的基本细胞，而教育作为"分享社会意识过程中的一种调节作用"，对个人产生着直接而深刻的影响，从而影响着整个社会。"社会机体以学校为它的器官，决定道德的结果。"

亲爱的父母和老师，我们经常抱怨在强大的社会力量面前，家庭与学校无能为力，"胳膊拧不过大腿"。其实，我们不应该小看自己的作用，小看家庭与学校的力量。我们每个人都或多或少地可以影响甚至改造社会。

社会对于教育的责任

>> 我认为在理想的学校里，我们得到了个人主义和集体组织的理想之间的调和。因此，我认为社会对于教育的责任便是它的至高无上的道德责任。通过法律和惩罚，通过社会的鼓动和讨论，社会就会以一种多少有些机遇性和偶然性的方式来调整和形成它自身。但是通过教育，社会却能够明确地表达它自己的目的，能够组织自己的方法和手段，因而能明确地和有效地朝着它所希望的前进目标塑造自身。

——《杜威教育文集》第 1 卷，第 15 页

朱永新解读：

学校的目标服从于社会的总体目标，教育的责任服从于社会的责任。理想的学校里，这两者其实又是高度统一的。杜威坚定地认为："学校是社会进步和改革的基本的和最有效的工具，是每个对教育事业感兴趣的人的任务。"所以，一方面，他要求社会要全力以赴地支持学校，从时间、金钱、设备、资源等各个方面帮助学校更好地发展；另一方面，他要求学校全力以赴地利用好各种社会资源，像科学家和艺术家那样，完美地发挥教育的最大效应："当科学和艺术这样携手以后，支配人类行动的最高动机已经达到了，人类行为的真正动力将被激发起来，人类本性中可能达到的最好的事业便有保障了。"

>> 我认为教师不是简单的从事于训练一个人，而是从事于适当的社会生活的形成。我认为每个教师应当认识到他的职业的尊严；他是社会的公仆，专门从事于维持正常的社会秩序并谋求正确的社会生长的事业。这样，教师总是真正上帝的代言者，真正天国的引路人。

——《杜威教育文集》第1卷，第17页

朱永新解读：

教师是"上帝的代言者"，是"天国的引路人"，这句话看上去有些宗教的色彩，其实是在强调教师职业的神圣性。正因为杜威高度重视学校与教育的作用，重视学校与教育对于维持社会秩序和社会进步的意义，他才特别重视教师的作用，重视教师的职业尊严。他认为，教师不是简单地"训练一个人"，而是在努力塑造一个社会，推进一个新型社会的建设。父母是孩子的第一任老师，而且是终身的老师，因此，我们也不是简单地"训练一个人"，训练一个属于自己的孩子，同时也是作为一个"社会的公仆"，在为未来社会培养人才，为一个更好的社会奠基。

第二章

学校应成为一种
雏形的社会生活

导语

　　本章解读的是杜威早期的又一部代表性教育著作《学校与社会》，主要论述了"学校与社会和儿童""基于心理学的初等学校""对福禄培尔教育原理的论述""初等学校的历史教学""芝加哥大学初等学校的早期发展"等议题。

　　源于黑格尔、达尔文、詹姆斯等人的理论启迪，杜威摒弃了形而上学而接受了辩证法，这一转变促使杜威重视从社会发展、实践变革来考察人的发展与教育。在19世纪末20世纪初，随着科技革命的快速发展，包括美国在内的一些国家由"蒸汽时代"跨入"电气时代"，实践的价值、合作的意义日益彰显，"当认识本身变成了一种实践形式的时候，试图在理论与实践之间划出鲜明的界限就显得荒唐了"[1]。因此，"手工操作""做中学"等活动在杜威的教育著述中便获得新的意义："直接地去接触自然、实际的事物和素材，它们的手工操作的实际过程，以及关于它们的社会需要和用途的知识，对于教育目的极为重要。"[2] 可美国当时的情况却是另外一番景象："在传统的教室里，让学生活动的余地是非常少的。儿童能用以从事建造、创造和积极探究的工场、实验室、材料、工具甚至必要的空间大都是缺乏的。"[3] 为了祛除教育传统中这一沉疴，杜威要求学校广泛实施形式多样的劳作活动，改变"死读书、读死书"的状况。

　　更为重要的是，杜威倡导这样的变革，既不指望让儿童有"一技之

---

① 〔美〕约翰·杜威:《杜威全集》中期著作第7卷，刘娟译，华东师范大学出版社，2012年，第250页。

② 同上注，第27页。

③ 〔美〕约翰·杜威:《学校与社会》，任钟印译，载吕达、刘立德、邹海燕主编:《杜威教育文集》第1卷，人民教育出版社，2008年，第41页。

长"，也不旨在让课堂气氛活跃一些，而是期盼通过这些活动来培养儿童的合作精神、平等意识、劳动习惯，正如杜威所希望的："我们必须把木工、金工、纺织、缝纫、烹饪看作是生活和学习的方法，而不是各种特殊的科目。"①

————————
① 〔美〕约翰·杜威:《学校与社会》，任钟印译，载吕达、刘立德、邹海燕主编:《杜威教育文集》第1卷，人民教育出版社，2008年，第31页。

学校与社会、个体与社会是统一的、协调的关系

> >> 最贤明的父母所希望于自己孩子的一定是社会所希望于一切儿童的。关于我们学校的任何其他想法都是狭隘的、不恰当的；如要那样做，就会破坏我们的民主。社会通过学校机构，把自己所成就的一切交给它的未来的成员去安排。社会所实现的关于它自身的一切美好的想法，就这样希望通过各种新的可能途径开辟给自己的未来。这样，个人主义和社会主义是一致的。社会只有致力于构成它的所有成员的圆满生长，才能尽自身的职责于万一。
>
> ——《杜威教育文集》第 1 卷，第 27 页

朱永新解读：

杜威认为，学校与社会、个体与社会都应该是统一的、协调的，有时候，他甚至主张应该是"合一"的。自然，家庭作为社会的重要组成部分，也应该是与学校一致的。

所以，贤明的父母总是希望孩子能够顺利地完成社会化的历程，在学校体系中学习"社会所希望于一切儿童的"东西。因此，好的教育应该是把个人主义与社会主义统一起来，把个人的圆满成长与社会的和谐圆满统一起来。

>> 学校中为了训练而设的感官训练的学科，总不能跟从每天亲切有味儿的普通的职业活动中得来的那种生动的、丰富的感官生活相比拟。

——《杜威教育文集》第 1 卷，第 30 页

朱永新解读：

杜威在书中分析了工厂化制度前家庭劳作的意义，那个时候家庭成员都参与劳动分工，在劳动的过程中就包含有许多"训练和品格形成的因素，即养成遵守秩序和勤劳的习惯，对于世界的责任感以及应当做这些事和生产某些东西的义务感"，同时不断地培养"观察力、创造力、建设性的想象力、逻辑思维，以及通过直接接触实际而获得的那种现实感"。所以，他呼吁不应该轻视家庭纺织、锯木工场、磨坊等场所的"教育力量"。为了灌输知识而教学的实物教学，"绝不能代替关于农场和田园的动植物的直接知识"。所以，杜威既反对把作业作为学校生活的"联结的中心"，也不主张为了生产产品的教学，因为，学校教育的目的"不在于生产成品的经济价值，而是要发展儿童的社会能力和洞察力"。

学校应该成为一种雏形的社会生活

>> 每个学校都成为一种雏形的社会生活，以反映大社会生活的各种类型的作业进行活动，并充满着艺术、历史和科学的精神。当学校能在这样一个小社会里引导和训练每个儿童成为社会的成员，用服务的精神熏陶他，并授予有效的自我指导的工具时，我们将拥有一个有价值的、可爱的、和谐的大社会的最强大的并且最好的保证。

——《杜威教育文集》第1卷，第40页

朱永新解读：

其实，杜威主张的学校即社会，教育即生活，并不是把社会照搬到学校，按照生活原样教育。而是在尽可能按照"大社会生活的各种类型的作业进行活动"的同时，让学校生活和教育过程"充满着艺术、历史和科学的精神"。所以，学校生活应该比社会生活更加自觉、主动，更加有选择性和教育性。只有这样，我们培养的学生，才能更好地适应社会生活，也才能通过他们的双手，建设一个更有价值、更加可爱、更加和谐的社会。

儿童是中心

>> 现在我们的教育中正在发生的一种变革是重心的转移。这是一种变革，一场革命，一场和哥白尼把天体的中心从地球转到太阳那样的革命。在这种情况下，儿童变成了太阳，教育的各种措施围绕着这个中心旋转，儿童是中心，教育的各种措施围绕着他们而组织起来。

——《杜威教育文集》第 1 卷，第 42 页

朱永新解读：

杜威对传统教育提出了激烈的批评。他认为，传统教育的问题主要是消极地对待儿童，机械地把儿童们集合在一起，课程和教学方法比较单一。问题的症结在于，传统的教育不是以儿童为中心，而是以教师为中心。学校也因此没有成为真正的"儿童生活的地方"。所以，他旗帜鲜明地提出，教育应该以儿童为中心，学校生活的设计应该围绕儿童展开。这是教育学的一个根本性变革，其意义不亚于天文学中从"地心说"到"日心说"的转变。

把参与家务变成获得知识的机会

>> 如果我们从一个理想的家庭找一个例子，这个家庭的父母十分贤明，懂得什么对儿童最有益，并能满足儿童所需要的东西，我们就会看到，儿童是通过社交性交谈和家庭的组织进行学习的。在进行谈话时，有些是对儿童有兴趣、有价值的东西：进行了叙述，提出了询问，讨论了问题，儿童继续不断地学习。他陈述自己的经验，他的错误概念得到纠正。而且儿童参与了家庭操作，因而获得勤勉、有序的习惯、关心他人的权利和意见以及使他的活动从属于家庭成员的共同利益的重要习惯。参与这些家务工作变成了获得知识的机会。

——《杜威教育文集》第 1 卷，第 42—43 页

朱永新解读：

中国古代有句话，"处处留心皆学问，人情练达即文章"。家庭本身就是一所学校。所以智慧的父母总是能够利用家庭的环境、氛围，利用家庭的活动、交往，利用家庭的劳作、家务，有意识地教育和引导孩子，在自然的环境中施加教育的影响。比如家庭成员之间在谈话或者家庭成员与其他人之间进行交流时，尽可能不要把孩子置之度外，应该让孩子参与其中，叙述，询问，讨论，这样才能发展孩子的表达能力与分析问题的能力。家务劳动也是如此，不是简单地为了完成一项任务，而是通过这些劳动培养孩子的参与、勤勉、有序、关心、分享等习惯。

为孩子打开一个更广阔的世界

>> 理想的家庭必然要有一间工作室,儿童可以在这里发挥他的建造的本能。要有一个小型实验室,他的探究可以在这里得到指导。儿童的生活可以在户外扩展到公园、周围的田野和森林。他将有自己的远足、步行和谈话,由此就为他打开了一个户外的更广阔的世界。

——《杜威教育文集》第1卷,第43页

朱永新解读:

或许大部分家庭不可能为每个孩子准备一个工作间或者实验室,但是,我们应该重视孩子的动手能力和实践精神的培养。苏霍姆林斯基曾经说过,儿童的智慧在他们的手指尖上,讲的就是动手的重要性。

同时,把儿童的生活空间扩展到户外,扩展到公园、田野和森林,是我们每个家庭都可以做到的事情。儿童的精神世界与他们活动的空间是密切相关的。

亲爱的父母,不要把孩子关在家里,关在小小的"笼子"里,而要让他们更多地到户外呼吸新鲜的空气,接触新鲜的事物,他们的活动空间有多大,他们的世界就有多大!

理想的家庭应当加以扩大

>> 理想的家庭应当加以扩大。儿童必须与更多的成人和儿童接触，才能有最自由最丰富的生活。此外，家庭中的工作和人际关系不是为儿童的生长而经过专门选择的；主要的目的不在这里，儿童从中能获得的东西是偶然的。因此才需要学校。在这种学校里，儿童的生活成了压倒一切的目标。促进儿童生长所需的一切媒介都集中在那里。

——《杜威教育文集》第1卷，第43页

朱永新解读：

　　儿童不仅要到户外，不仅要接触公园、田野和森林，还要接触更多的人，更多的小伙伴。亲爱的父母，不要把孩子看成不懂事的孩子，你的话语、你的词汇，都会进入他们的话语体系、词汇体系。我们每个人其实面对的是三个世界：自然、社会与精神。作为一个社会的人，与人打交道，是走进社会这个世界的重要路径。杜威说，儿童只有与更多的成年人和儿童同伴接触，才会拥有最自由、最丰富的生活。这是非常有价值的忠告。因为，社会不仅是一个重要的世界，同时还是走进另外两个世界——自然与精神——的重要桥梁。

儿童生长不是出于偶然

>> 让儿童漫无目的地去做，那就没有生长，而生长不是出于偶然。但是，如果让儿童先表现出他的冲动，然后通过批评、提问和建议引导他认识他已经做了的事，他需要做什么，结果就会完全不同。

——《杜威教育文集》第 1 卷，第 46 页

朱永新解读：

生长有偶然，但是生长不是偶然。西方的教育理论有一个学派就是主张自然主义的教育，但是，纯粹的自然主义教育，纯粹的"无为而治"无疑是不利于儿童的成长的。教育的关键是尊重教育的规律，尊重儿童成长的规律。其实，儿童发展的规律，就是毛泽东说的那样，内因与外因共同作用的结果，内因是关键性甚至决定性因素。所以，如果没有儿童的"冲动"，没有儿童发自内在的要求，任何教育总是难以取得成效的。但是，如果没有外部力量的及时跟进，没有"批评、提问和建议"的外部引导，也难以取得明显的成效。

儿童的四类兴趣

>> 当我将这四类兴趣——交谈或交流方面的兴趣、探究的或发现的兴趣、制作或建造的兴趣和艺术表现的兴趣——牢记在心时，我们就可以说，它们是自然的资源，是未投入的资本，儿童的积极生长仰赖于对它们的运用。

——《杜威教育文集》第1卷，第48页

朱永新解读：

杜威认为，儿童具有四个重要的本能，在生活中往往就表现为四种重要的兴趣。语言的本能是儿童社会交往最简单的形式，也是教育过程中最重要的资源。同时，儿童喜欢游戏、运动和假装（假装自己是大人等），表现出想做出一些事情的冲动。儿童探究的本能是在建造性的冲动与交谈的冲动相结合中产生的。而艺术性的本能则是从交流和建造性本能中产生的，儿童努力使建造适当、完满、自由而灵活，于是就有了艺术作品。儿童的本能和兴趣是教育的基础，无论是教育的目标还是教育的方法，都必须建立在这个基础之上。

儿童的兴趣与原始生活的兴趣有一致之处

>> 许多人类学家告诉我们，儿童的兴趣与原始生活的兴趣有某种一致之处。在儿童的心理中有对原始人的典型活动的一种自然的重演，儿童喜爱在场院里建造棚屋，用弓、箭、矛等做打猎的游戏可以证明。

——《杜威教育文集》第 1 卷，第 48 页

朱永新解读：

　　一个人的精神发育，往往建立在祖辈精神发育历史的基础之上。一个儿童的生命发展历程，也是人类生命发展历程的缩影。了解原始的生活，有助于了解儿童的生活。了解原始生活的兴趣，有助于了解儿童生活的兴趣。杜威从人类学家那里得到的启示，对我们也是很有启示的。究竟儿童对哪些事情充满兴趣？儿童为什么喜欢建造，喜欢打猎的游戏？如何根据儿童的兴趣组织我们的教育？都是需要我们思考的问题。

有话要说和
不得不说

>> 在世界上有话要说和不得不说点什么这两者之间
是完全不同的。当儿童有了各种材料和事实要求
谈论它们时，他的语言就变得更优美、更完整，
因为它是受现实所制约又来源于现实的。

——《杜威教育文集》第 1 卷，第 50 页

朱永新解读：

语言能力是人一生最主要的能力。儿童的表达与
沟通能力，需要从小养成。按照杜威的观察，儿童本
身就具有语言本能，"如果以社交的方式求助于语言本
能，就会不断与现实接触。结果是儿童心里总是有事
要讲，有话要说，有思想要表达"。

所以，亲爱的父母，如何尊重儿童语言的本能，
让儿童说自己想说的话，表达自己想表达的感情与思
想，如何在社会交往的过程中让儿童自然地说话，如
何不要强制儿童"不得不说"，等等，这些都对发展儿
童的语言能力有着重要作用。

儿童生活不亚于成人生活

>> 生活毕竟是重要的事情；儿童时代的生活在程度上不亚于成人的生活。的确，如果认为理智地、认真地重视儿童在丰富的、有价值的和扩展了的生活中现在的需要和力所能及的事与以后成人生活的需要和可能做到的事有什么冲突，那是奇怪的。

——《杜威教育文集》第 1 卷，第 52 页

朱永新解读：

在人类漫长的岁月里，儿童是没有地位的，儿童的生活是不受重视的。其实，就生活本身的重要性而言，儿童的生活一点儿都不亚于成年人的生活。这不仅是因为儿童的生活对于儿童一生的发展非常重要，还因为成年人的生活本身是由儿童的生活发展而来的。所以，儿童今天的生活品质，会直接影响到未来成年人的生活品质。两者之间非但没有冲突，反而是相辅相成的。

亲爱的父母，珍惜孩子当下的生活吧，就像杜威建议的那样，理智地、认真地重视儿童的生活，重视儿童各种合理的需要，重视为他们提供各种舞台，让他们做一些力所能及的事情。

想象力是儿童生活的媒介

>> 想象力是儿童生活的媒介。对儿童来说，在所有地方、在他的心思和活动从事的一切事情上，想象力的价值和意义是用不完的。

——《杜威教育文集》第 1 卷，第 53 页

朱永新解读：

儿童时代是充满着想象力的时代。想象力是儿童生活的媒介。儿童为什么对绘画和诗歌有着天然的兴趣和创造才华，与他们的想象力有着密切的关系。在儿童的想象世界里，没有不可能。但是，我们的教育却经常不自觉地摧毁这种想象力。

几年前，教育进展国际评估组织曾经做过一次对全球 21 个国家的调查，结果显示中国孩子的计算能力排名世界第一，想象力却排名倒数第一，创造力排名倒数第五。在中小学生中，认为自己有好奇心和想象力的只占 4.7％，而希望培养想象力和创造力的只占 14.9％。这个调查结论的可靠性虽然有待确认，但的确是发人深省的。

亲爱的父母，我们不要讥笑儿童各种天真的问题，不要讽刺儿童各种天才的创意，请记住——在儿童的世界里，一切皆有可能。

信任儿童的生活

>> 一旦我们信任生活，信任儿童的生活，那么，所说的一切作业和价值，一切历史和科学，都将成为感染力的手段和培养想象力的材料，并由此而使他的生活变得丰富和有条理。

——《杜威教育文集》第1卷，第53页

朱永新解读：

相信，是教育最主要的原则，也是教育最重要的力量。新教育主张无限相信教师与学生的潜能，与杜威说的信任儿童的生活，无疑有异曲同工之妙。什么是信任？杜威没有清晰具体地描述，但是他说，在儿童行为的一切看得见的结果背后，其实都有着"心理定势的调整"，有着"扩大了的富有同情心的眼光"，有着"对生长着的力量的感受"，有着"甘愿使见识和能力与世界的和人的利益一致起来的能力"。其实，这些就是信任的表现。你的信任形成了期待的心理定势，形成了关怀的同情心，形成了对成长力量的喜悦等，自然孩子就会还给你一个精彩。

>> 一切浪费都是缺乏组织的结果，而组织背后的动
机是促进节约，提高效率。这个问题不是金钱的
浪费或物力浪费的问题。这些问题也算是浪费，
但是主要的浪费是人的生命的浪费，儿童在校时
的生命的浪费和以后由于在校时不恰当的和反常
的准备工作所造成的浪费。

——《杜威教育文集》第 1 卷，第 54 页

朱永新解读：

　　关于"教育中的浪费"，是杜威讲演的一个题目，
收录在《学校与社会》一书中，因为他系统讲述了现
代学校制度如何造成了教育中的浪费。杜威认为，从
幼儿园、初级小学、中等学校到大学和研究院，由于
教育的组织系统不协调，会造成不同程度的浪费。但
是，教育中的浪费与其他任何机构的浪费不同，因为
它不仅仅是对金钱和物力的浪费，更重要的是对生命
的浪费。这是一个非常重要的提醒。无论是父母、教
师，还是校长，都应该记住，我们在教育上的所有错
误，都会造成对生命的浪费，甚至是伤害。

一切浪费都由于彼此的隔离

>> 一切浪费都由于彼此的隔离。组织不过就是使事物互相联系起来，使它们运转得容易、灵活、充分。因此，当谈到教育中的浪费这个问题时，我想请你们注意到学校制度各个部分的隔离现象，注意到在教育目的上缺乏统一性，在学科和教学法上缺乏一贯性。

——《杜威教育文集》第 1 卷，第 54 页

朱永新解读：

　　教育的隔离是一切教育浪费的关键。学校与社会的隔离，学校与学校的隔离，学校与家庭的隔离，父母与教师的隔离，等等，是教育中浪费的根源。本来中学办得好好的，我们非要将初高中分离，其实初中与高中在一起，无论是资源共享还是互相衔接，都是利大于弊的事情。幼儿园与小学在一起，也可以加强学前与小学的联系沟通，但是我们也要人为地将其分开。其实，不同年龄阶段的学生之间，没有一条鸿沟，社会本来就是由不同年龄、不同性别、不同民族的人组成，学校应该更多地包容差异。有时候，我们打着提高效率的幌子，做了许多真正的教育浪费的事情。

小学与幼儿园如何衔接?

>> 只要初等学校在精神上还是与儿童生活的天然兴趣无关的,它就与幼儿园隔离了,以致现在的问题是要把幼儿园的教学法引进到初等学校中去,即所谓衔接班的问题。困难在于两者的起点不同。为了使二者衔接,教师不得不"翻墙"进去,而不是从"大门"进入。

——《杜威教育文集》第1卷,第56页

朱永新解读:

杜威明确指出,幼儿园的教育目标应该是儿童的道德发展,而不是教学或者训练。但是到了小学,就以后者为重了。产生于16世纪的初等学校是以实用性为主要目标的。目标的不同,使幼儿园与小学的精神气质有了很大差异,小学与儿童生活的天然兴趣渐行渐远,甚至完全隔离起来。其实,幼儿园与小学也没有一道天然的鸿沟,尤其是在小学低年级,与幼儿园的衔接更为重要。许多孩子从上学的第一天开始就恐惧学校、厌恶学校,这样的教育自然不可能取得任何成效。所以,幼儿园与小学之间不应该有高高的围墙,而应该把两个大门打通。孩子与老师自由地从两个大门进出,不需要有任何"翻墙"行为。

学校的最大浪费
是与生活的隔离

>> 从儿童的观点来看，学校的最大浪费是由于儿童
完全不能把在校外获得的经验完整地、自由地在
校内利用；同时另一方面，他在日常生活中又不
能应用在学校学习的东西。那就是学校的隔离现
象，就是学校与生活的隔离。

——《杜威教育文集》第1卷，第59页

朱永新解读：

按照杜威的教育理想，学校即社会，社会即学
校，学校与社会的隔离，是学校教育浪费最突出的表
现。所以，他主张，学生一方面要能够把在学校里学
习的东西应用在自己的日常生活之中，一方面要把在
校外所获得的经验完整地、充分地、自由地运用在学
校。比如，在他去的摩林市，地理课程中学习的密西
西比河与学生生活中每天见到的小河其实是相通的，
但是，学校的地理课经常离开学生们"每天看到、感
受到和接触到的事实"，这样的教学就是把学校与社会
隔离了。这就是学校教育最大的浪费。

学校中各种实践的目的

>> 学校中各种实践的目的不在于它们本身，不在于厨工、女缝工、木工和泥水工的专门技巧，而在于它们在社会方面与校外生活的联系；同时，在个人方面，它们是回答儿童在行动、表现、做事的欲望等方面的需要，使他所做的事是建造的、创造性的，而不只是被动的、奉旨办事的。它们的重大意义在于保持社会方面和个人方面的平衡。

——《杜威教育文集》第 1 卷，第 62 页

朱永新解读：

在这段文字前，杜威画了一张学校的设计图。图的下方有餐厅和厨房，上方有木工车间和金工车间，以及从事缝纫和纺织的纺织工场，中心是图书馆，"代表一切都汇集于图书馆，即是说，一切都汇集成为有助于理解实际工作的、赋予工作以意义和丰富价值的各种智力资源的集合体"。家庭、学校、公园和乡村，则围绕上述实践场所展开。他希望这是一个以理论为内部支持，把学校与社区紧密结合，学生可以快速便捷地把在家庭中学到的东西继续运用于学校，又把在学校中学到的东西应用在家庭之中。学生的实践活动不仅仅是学到一些专门的技巧，更重要的是通过学习建立起与社会的联系，激发起学生主动创造的激情与欲望。

我们可以看出，如果学校通过各种实践，真正实现这种联系，那么学校就必然成为社会中的重要枢纽。

用书本或阅读代替经验是有害的

用书本或阅读代替
经验是有害的

>> 用书本或阅读代替经验是有害的，而用它们阐明
经验、发展经验则是至关重要的。

——《杜威教育文集》第 1 卷，第 64 页

朱永新解读：

杜威的这番话辩证地阐述了阅读的价值。毫无疑问，儿童不可能事事实验，时时实践，相当多的知识和经验，是通过阅读，通过书本的间接经验来获得的。但是，不能因此而轻视实践，轻视实验。"纸上得来终觉浅，绝知此事要躬行"，所以，虽然理论在验证经验、阐明经验、发展经验、提升经验中具有重要作用，但是任何企图用书本或者阅读取代经验的做法都不利于儿童的成长。

联系起来　使各种学科互相

>> 一切学科都是在这个伟大的共同世界的各种关系中产生的。当儿童生活属于这个共同世界的各种各样的而又具体和生动的关联之中，他的各门学科就自然地是统一的。使各种学科互相联系起来就不再成为一个问题。教师不必穷思竭虑地在历史课中编排一点算术，如此等等。使学校与生活联系起来，那么一切学科就必然相互联系起来。

——《杜威教育文集》第 1 卷，第 67 页

朱永新解读：

杜威曾经想建立一所理想的学校，在这所学校里有一座齐全的工艺博物馆。这个博物馆里陈列着制造业发展各阶段的各种原料的样品和用来处理这些原料的工具。同时，有一批能够说明这些原料的产地、它们的故乡，以及制造地的风景和风光的照片与图片，还有来自世界各地的利用这些原料进行设计的过程及其样品。儿童在这里可以学习到与此相关的所有学科，科学、历史、文学、艺术等。

杜威提出，地球本来就是一个整体，并没分为数学、物理、历史等层次，"一切都来自同一个地球的各个方面和生存于地球上的同一种生活的各个方面"，不同的学科只是从不同的角度研究和分析地球而已。所以，在教育过程中，就没有必要为不同的教育目的——如文化修养、训练、知识、实用等——选择不同的学科。但是，我们的教育恰恰是按照学科设置来

设计课程的，其实这不是世界的原样。如果把学校真正与生活联系起来，学科的联系也就顺理成章了。从这个意义上看，当下流行的跨学科的主题学习，就是按照杜威的这个思想来进行的。

>> 忘记了只有当学科不是以纯外来的学科出现，而是从它与社会生活的关系的立场出现时，最大的感染力、儿童生活中的全部意义才能得到保证。

——《杜威教育文集》第 1 卷，第 72 页

朱永新解读：

杜威对学校教材严重脱离社会现实的情况很不满意："无论在教材中还是在教材对儿童产生的固有感染力中都见不到社会的因素，它完全被搁置在教材之外"，所以，学生的学习只是"直接与各种称为地理、算术、文法等的外部事实发生联系"，这样的学习自然是低效的，远离生活的，缺乏感染力的，也是无法解决儿童生活的问题的。

亲爱的父母，当我们无法改变学校的课程时，我们千万不能再强迫孩子不断地学习各种学科知识，而应该为孩子的知识学习提供经验的支撑。所以，家庭教育的重点应该是道德养成与知识学习的经验支撑。

要使学科成为儿童行为和品格的必要组成部分

>> 要使学科成为儿童的行为和品格的必要组成部分，就必须使它们不是仅仅作为一条条的知识，而是作为儿童现在的需要和目标的有机组成部分而被吸收——这些需要和目标反过来又是社会性的。

——《杜威教育文集》第1卷，第72页

朱永新解读：

在学校教育中，知识学习与行为训练、品格养成往往是分离的，割裂的。尽管新课程明确提出了知识、技能与情感、态度、价值观的三维目标，但是总体而言，一般学科仍然是以知识、技能作为主要目标的。因此，行为与品格的发展就成为思想品德课程的主要目标。如果在学科教育中不能渗透行为训练和品格养成，教育的效果仍然打了很大的折扣。亲爱的父母，杜威的这个论述对我们也是有启示的。

在家庭教育中，我们也需要注意，简单的道德说教和训诫作用并不大，只有通过生活与经验来进行才有成效。

儿童发展的不同阶段有不同的特征

>> 如果我们再一次认真地对待把心理看作是生长的观点，认为这种生长的各个不同阶段都有不同的典型特征，那就很清楚，这里又一次指明了一种教育的改造。显然，课程中的材料的选择和分类必须联系到某一特定时期活动的主导方向所需的适当营养来安排，而不是联系到由现成的知识整体切割成的各个部分来安排。

——《杜威教育文集》第 1 卷，第 74 页

朱永新解读：

杜威对于儿童不同发展阶段的典型特征的研究以及强调教育必须重视儿童不同发展阶段的特点，是非常有价值的观点。他在书中把儿童发展分为两个重要的阶段，即从 4 岁到 8 岁的第一阶段和从八九岁到十一二岁的第二阶段。在第一阶段，儿童是"以直接的社会兴趣和个人兴趣、印象、观念和行动之间的直接的即时的关系为特征的"，所以应该尽量让儿童自己重新扮演接近社会生活的事情，如从事游戏、竞赛、作业或微型工艺、讲故事、富于想象力的图画和交谈等。在第二阶段，儿童不再满足于简单的游戏活动，以前模糊而不固定的生活统一体开始瓦解，所以就有了对行动规律的认识。

杜威之后，皮亚杰对儿童认知发展阶段的研究，科尔伯格对儿童道德发展阶段的研究，以及许多教育家、心理学家对儿童发展阶段的具体而深入的研究，

都进一步丰富完善了杜威的理论。这些理论对我们的家庭和学校教育非常有启示，当我们尊重这些规律去设计家庭和学校中的教育生活时，才能起到事半功倍的教育效果。

游戏是儿童精神态度的完整性和统一性的标志

>> 游戏不等于是儿童的外部活动。更确切地说，它是儿童的精神态度的完整性和统一性的标志。它是儿童全部能力、思想、以具体化的和令人满意的形式表现的身体运动、他自己的印象和兴趣等的自由运用和相互作用。

——《杜威教育文集》第 1 卷，第 82 页

朱永新解读：

杜威认为，儿童的游戏主要不是他们的外部活动，而是他们的心理态度。也就是说，儿童的游戏没有任何外在的功利性，没有成年人活动经常具有的经济压力，"它意味着最高的目的是儿童的充分生长——他的正在萌芽的能力的充分实现"。

所以，儿童的游戏应该充分释放他们的自由天性，不应该有太多的规定、制度与程式。儿童的游戏要满足两个基本条件：第一，游戏方式是他们自己喜欢的；第二，游戏能够促使儿童力图表现自己的能力趋向成熟。

认识到游戏对儿童的重要性，在家庭教育中尤其重要。父母在家庭教育生活中，需要更多地以游戏的方式引领孩子的成长。

不要让游戏成为单纯的娱乐

>> 低年级的特殊问题当然是要抓住儿童的自然冲动和本能，利用它们使儿童的理解力和判断力提到更高水平，使之养成更有效率的习惯；使他的自觉性得以扩大和加深，对行动能力的控制得以增长。如果不能达成这种结果，游戏就会成为单纯的娱乐，而不能导致有教育意义的生长。

——《杜威教育文集》第 1 卷，第 88 页

朱永新解读：

游戏对于儿童身心发展具有重要的意义。美国学者詹姆斯·约翰森等在《游戏、儿童发展与早期教育》一书中曾经论述过游戏对于儿童成长的三个重要作用：一是对儿童的认知发展具有积极意义，如想象游戏能够促进发散思维能力的提升；二是能够使个人获得独特个性，因为游戏是一种表达个体品位和兴趣的方式；三是通过游戏能够与他人建立联系，游戏也是获得自我意识和成为群体一员的手段。

游戏属于儿童，但如何使游戏超越"单纯的娱乐"，而成为具有教育意义的活动，成为提高儿童理解力与判断力的活动，就需要父母和教师提高认识、进行思考了。

幼儿园和一年级之间的连续性

>> 不要忘记，为保证幼儿园和一年级之间的连续性所需的调整不能完全由后者造成。学校的改变必须像儿童的生长那样是逐渐的、觉察不到的。

——《杜威教育文集》第 1 卷，第 90 页

朱永新解读：

幼小衔接一直是基础教育中的重要问题。其实，幼儿园与小学之间不应该有一道天然的鸿沟，不应该在幼儿园就是纯粹的"玩"，而到了小学就是纯粹的"学"。玩中有学、学中有玩，才是整个基础教育阶段，尤其是低幼阶段应该解决的问题。

正如杜威在论述儿童游戏时强调的那样，游戏本身也是可以充满智力的韵味的。而学习本身也是可以充满乐趣与游戏的精神的。美国学者卡普出版的《游戏，让学习成瘾》，就讲述了游戏在成年人学习中的意义与路径。成年人尚且如此，小学生自然更需要游戏。

问题在于，现在许多父母与老师过分强调小学学习的正规性，强调小学生学习的艰苦性，让许多进入小学的学生对学校产生了恐惧感，对学习产生了畏惧心，没有做到像杜威说的那样，从幼儿园到小学的过渡就"像儿童的生长那样是逐渐的、觉察不到的"。

作业应该在智力和实践之间保持平衡

>> 作业心理学的基本点是它在经验的智力方面和实践方面之间保持平衡。作为一种作业，它是积极的或机动的；它通过身体的器官——眼、手等表现出来。但它也包含了对材料继续不断地观察、不断地制订计划和反省，以便使实践的或实行的东西得以成功地进行下去。

——《杜威教育文集》第 1 卷，第 90 页

朱永新解读：

杜威认为，所谓作业，不是为了让儿童坐在桌子前"不淘气、不懒散"而给予他的一种"忙碌的工作"，而应该是"复演社会生活中进行的某种工作或与之平行的活动方式"。所以，好的作业既要有感官的训练，也要有思维的训练，把这两者很好地结合起来。作业不仅是培养熟练的技能，不仅是以掌握某些工具或者生产某些物品为目的，更重要的是培养学生的思维。如果没有"包含在达到结果的过程中的心理和道德的状况和生长，这种工作可以叫作手工的工作，而没有理由称为一种作业"。对照这一点，教师在布置作业的过程中应该谨慎对待，而父母在家庭教育的过程中，则更应如此。

作业与兴趣

>> 通过赋予作业以重要地位，我们应能得到求助于儿童的自发兴趣的卓越的，也许是无与伦比的途径，而同时又保证我们所安排的不是单纯使人愉快的、令人兴奋的或短暂的东西。

——《杜威教育文集》第1卷，第92页

朱永新解读：

如果作业像游戏一样充满乐趣，作业就不会成为学生的负担了。所以，作业不考虑学生的兴趣，无疑是违反教育规律的。

在这个意义上，杜威认为，"作业心理学以有益的光芒照射的另一个教育上的论点是兴趣在学校工作中的地位"。他指出，儿童天然地对各种作业具有强烈的兴趣，这是许多儿童乐此不疲地从事游戏与作业的原因所在，这样的作业才是一种"完全健康的、永久的、真正具有教育意义的类型"。当然，要完全让所有的作业像游戏那样有趣是不可能的，但是杜威的观点告诉我们，不考虑学生的兴趣的作业，也是很难真正取得成效的。

如何培养想象力

>> 想象力不是要运用事实上不可能的教材，而是在一种通行观念的影响下处理任何教材的一种建设性的方式。重要之点是不要停留于令人厌烦地重复熟悉的东西，不要以实物教学课为借口使感官针对他们已经熟知的材料，而应当通过利用它去扩大和理解以前所不清楚的和新异的情况，从而使平常的、常识性的，家常便饭的东西变得生动活泼，使之闪闪发光。这也就是培养想象力。有些作者似乎有一个印象，好像只有在古代和远方的神话、童话中或者在编造的关于太阳、月亮和星星的惊人的捏造中儿童的想象力才有出路，他们甚至为一切"科学"的神秘面纱辩护——把它看作满足在儿童身上处于支配地位的想象力的方式。

——《杜威教育文集》第 1 卷，第 96—97 页

朱永新解读：

想象力比知识更重要。这是教育学的一条重要原理。但是如何培养学生的想象力呢？杜威认为，想象并不一定非要通过那些"事实上不可能的教材"，或者是那些非真实的神话、童话故事和心理意象来进行，而应该善于通过日常生活的情景，让孩子们去"想象当前熟悉的生活中的交往和事件"，去"想象爸爸、妈妈和朋友，想象轮船和火车头、绵羊和母牛，想象田野和森林、海岸和山峦的传奇故事"。也就是说，关键在于让孩子通过已有经验的拓展，"校正和扩展他们的新的观察"，使他们的想象不断发展。

儿童没有自觉的意图

>> 儿童仅仅只是集中注意于他正在做的事；他所从事的作业完全抓住了他。他全神贯注。所以，尽管花了很大精力，但没有自觉的努力；尽管儿童专心致志于引人入胜之处，但没有自觉的意图。

——《杜威教育文集》第 1 卷，第 97 页

朱永新解读：

与想象力一样，注意力也是儿童非常重要的一种心理品质。儿童一开始出现的只是"无意注意"，即没有自觉的意图，不需要特别的努力，完全自发的注意。这是一种值得父母和成年人珍惜的品质与现象。在孩子"无意注意"发生的时候，我们不要轻易地打扰他，让他学会"全神贯注"地投入。这样，才能逐步把这种随意的"专心致志"，变成有意识地注意和自觉的"专心致志"。

儿童随意注意的出现

>> 只有当儿童以问题或疑难的方式抱有目的并打算
自己去解决这些问题或疑难时，才会出现完全的
随意注意。

——《杜威教育文集》第 1 卷，第 98 页

朱永新解读：

随着儿童对目标任务的关注，有着明确的问题意识时，随意注意就开始发生了。随意注意，是指随着自己所思所想去关注某些事物，是注意的目的性的表现，也是儿童顺利解决各种问题的前提条件。

在无意注意阶段，儿童的注意主要表现为对事物的观察。而在随意注意阶段，儿童的注意则主要表现为对问题的解决。随意注意的出现与儿童的意志力有着密切的关系。所以，父母和老师应该有意识地提出任务，创设情境，培养孩子的随意注意。

儿童反省注意的出现

>> 随着能力的增长，儿童能够想到把目的看作某种有待找出、发现的东西；他能控制自己的行为和想象，使之有助于探究和解决。这就是不折不扣的反省注意。

——《杜威教育文集》第 1 卷，第 98 页

朱永新解读：

杜威这里所说的"反省注意"，其实是随意注意的高级阶段。在这个阶段，不仅有意志力的参与，还有思维力的参与、反省，并包括对自己行为的过程与方法的思考。在这个基础上的注意，不仅目的性更强，注意力也会更加集中，解决问题的效果自然也更好。

培养孩子的"反省注意"，其实就是培养孩子自我反省的能力，是家庭教育与学校教育非常重要的一项任务，也是对孩子一生都有用的心理品质。

反省能力是受过教育的标志

>> 一般说来，生长是自然的过程。但恰当地认识和利用它，也许是智力教育方面最关紧要的问题。一个人在头脑中获得了反省注意的能力，获得了把握问题和疑难的能力，就智力上而言，他就是受过教育的人。他受到了智力训练——为头脑所有、为头脑所用的能力。缺乏这种能力，头脑就停留于依赖习惯和外部暗示的恩惠的阶段。

——《杜威教育文集》第 1 卷，第 98 页

朱永新解读：

杜威把是否具有反省能力作为受过教育与否的标志，可见，反省能力对一个人有多么重要的作用。当一个人学会用智慧的解剖刀解剖自己的思维过程与行为过程的时候，奇迹就会发生，真正的教育也就产生了。也就是说，一个人智力发展的标志之一，就是看他能否有反省注意的能力，能否对自己的思维与行为进行反思。有哲学家曾经说过，未曾反思过的生活是不值得过的。这说明人是一个能够反思自己行为的动物，是不依赖"习惯与外部暗示的恩惠"的动物。

新教育实验提出的"晨诵、午读、暮省"的儿童生活方式，就是试图通过暮省，帮助孩子形成自我反省的能力。这对于父母来说也是值得注意的问题。

儿童智力发展的根本需要

>> 在传统教育中，过于重视给儿童提供现成的材料（书籍、实物教学课、教师的谈话，等等），儿童就这样几乎被完全要求去履行背诵现成材料的赤裸裸的责任，仅仅只有偶然的机会和动因去发展反省注意——这样说是不太过分的。几乎没有考虑根本的需要——引导儿童将一个问题作为他自己的问题去认识，使他自动地去注意以找到它的答案。

——《杜威教育文集》第 1 卷，第 99—100 页

朱永新解读：

毫无疑问，仅仅依靠死记硬背的方式是无法发展反省能力的。杜威认为，有一种为了学习的"学习"，这种学习就是背诵别人的现成答案。而反省注意的学习，则包含判断、推理、深思熟虑，"它意味着儿童有他自己的疑难问题并积极忙着寻求和选择恰当的材料，用以回答这个疑难问题，考虑这种材料的意义和关系"。在这里，问题是孩子自己的，注意的原动力和促进因素也是他自己的，自己的主动努力在其中发挥着关键的作用。所以，亲爱的父母，要培养反省能力，关键还是激发孩子的主动性，当孩子愿意主动寻找问题和解决问题时，就会逐渐掌握反省能力。

历史是社会生活的力量和方式的记载

>> 如果把历史只看作过去的记录，就很难看出有任何根据主张它在初等教育课程中该起任何大的作用。过去就是过去，可以让死者安详地去埋葬它的死亡。当前迫切的需要太多了，越过未来门坎的要求太多了，不能允许儿童深深地沉浸在已经永远过去的东西之中。如果把历史看作社会生活的力量和方式的记载，情况就不是如此。

——《杜威教育文集》第 1 卷，第 100 页

朱永新解读：

在《学校与社会》一书中，有一篇专门讨论历史教育的文章《初等教育中历史教学的目标》，讲述了历史教学过程中存在的最大问题，就是把历史"只看作过去的记录"。再读这本写于 100 年前的著作，无疑有着非常重要的意义。如果历史只是简单地记录历史，就不可避免地出现死记硬背的现象。我们当下的历史教学，仍然没有摆脱杜威批评的死记硬背，仍然是时间、地点、人物，背景、过程、意义的三段论记忆，没有真正把历史视为"社会生活的力量"。我们应该深刻地认识到，历史教学的真正价值在于形成学生的历史意识、历史情怀与历史责任感。

历史是间接的社会学

>> 不管科学的历史学家把历史看作什么，对教育家来说，它应当是间接的社会学，一种揭示社会形成过程及其组织形式的社会研究。现存的社会对儿童既过于复杂又过于封闭，不能使儿童学习。他找不到进入现存社会的详细的迷宫的线索，不能居高临下以一睹其布置的远景。

——《杜威教育文集》第1卷，第100页

朱永新解读：

把历史视为间接的社会学，是我们理解历史的一条路径。以史为鉴，以古观今，学习历史不是为了简单地记住历史，而是为了帮助我们更好地认识当今社会。把历史视为间接的社会学，意义正在于此。

所以，在杜威的历史教学课程设计中，他提出6岁儿童可以先学习当代的城乡人民的相关问题，7岁的儿童则学习发明的演进及其对于社会生活的作用，8岁的儿童开始接触曾经使整个世界变成人类景象的迁徙、探险和发展的伟大运动。而且这样的学习通过戏剧表演的方式来进行。这些涉及学习历史的时间、内容等问题值得我们认真思考。如果不是让儿童死记硬背的话，他们是最喜欢走进历史的。

聚积知识

学习历史不是为了

>> 学习历史不是为了聚积知识，而是为了运用知识去描绘出一幅生动的图画，用以表明人怎样和为什么这样做；他们怎样和为什么取得成功和归于失败。

——《杜威教育文集》第 1 卷，第 101 页

朱永新解读：

杜威认为，历史教学不是为了让学生成为知识的储藏器，而是让学生真正用历史知识去解释社会现象。所以，他指出，"历史不应当表现为结果和效果的堆积，表现为只是陈述发生了的事情，而应表现为有力的、行动的东西"。也就是说，历史教学的关键，是要突出"动因"，即原动力的问题。看到历史背后的东西，也就能够帮助儿童看到当今丰富纷繁的社会现象背后的东西。因为"儿童现在生活于其中的社会生活是如此丰富和充实，要看出它的价值、要看出在它背后花去了多少努力和思想，是不容易的"。在这个意义上我们可以说，历史其实是一门方法论的科学。亲爱的父母，在给孩子讲述历史故事的时候，不妨设置一些问题，与他们一起探寻历史背后的"动因"吧。

儿童探究历史时最感兴趣的问题

>> 实际上，人怎样生存的问题，是儿童探究历史材料时最感兴趣的问题。正是这种观点使过去工作的人和每天与儿童共事的人心心相印，赋予儿童具有同情的洞察力的才能。

——《杜威教育文集》第 1 卷，第 101 页

朱永新解读：

儿童对历史是充满好奇与兴趣的。如何让儿童不去简单地记忆历史年表和孤立的历史事件，最好的路径是让他们关注"人怎样生存的问题"。杜威分析说，凡是对人们的生活方式，对人们必须与之打交道的工具，对人们新的发明等感兴趣的儿童，都渴望在他自己的行动中"重演同样的过程，重新制作器皿，重现过程，重新处理材料"，等等，这样，就将历史与当下、历史与科学之间建立了联系，形成了自然的"相互关系"。如何建立历史与当下、历史与科学之间的相互关系，也是值得父母和教师思考的问题。

传记是社会研究的一个元件

>> 如果传记能显示出社会需求和成就的鲜明的概括，如果儿童的想象力能描绘出社会的缺陷和大声呼唤人们去解决的问题以及个人应付紧急事件的方法，那么，传记就是社会研究的一个元件。

——《杜威教育文集》第 1 卷，第 102 页

朱永新解读：

人是历史的缔造者，这也是学习历史的过程中最值得关注的问题。

杜威说："只有历史材料以个人方式提供出来，只有当它们总结了某些英雄人物的生平和业绩时，历史材料才能最充分最生动地受到儿童的喜爱。"但是，历史教学中传记的运用，不是简单地猎奇，并成为"单纯的传奇轶事的汇编"，而应该通过传记让儿童更好"更接近于理解社会生活"。这也是防止历史教学可能"沦为神话、童话或单纯文学描绘"的重要前提。

第三章

**儿童和课程
是构成一个单
一的过程的两极**

导语

本章解读的是杜威在课程论方面的代表作《儿童与课程》。它主要考察了"儿童的生活和儿童的世界""儿童与课程上的两派教育理论""必须摆脱旧教育的一些偏见""课程教材上的弊病和课程教材心理化的障碍"等问题。《儿童与课程》的篇幅虽不长，但却是课程领域中最为经典的著作之一。

在杜威看来，儿童的视野是整体的、具体的、经验取向的，而旨在追求"真理"的学科却是分科的、抽象的、理论取向的。由于这一内在的矛盾，历史上形成了两个重要的课程理论派别，即"学科中心论"与"儿童中心论"。前者认为学科比儿童的经验重要得多，课程的重点应放在知识的学习上，以便通过学科的训练来促进儿童理性的发展；后者则认为，儿童既是起点也是目的，知识或学科就只能处于从属的地位，只是促进儿童兴趣发展的工具。但从杜威的观点来看，人们之所以将"学科"与"儿童"以及"逻辑"与"经验"对立起来，认为在儿童的经验和构成学科的逻辑之间存在着一条不可逾越的鸿沟，这实际上是传统二元论的反映。当对知识进行溯源时，人们会发现，"在儿童方面，问题是要看到，儿童经验本身怎样早已包含着正如组织到系统化的科目中去的那些同类的因素——事实和真理"①。因此杜威提出："从儿童的现在经验进展到以有组织体系的真理即我们称之为各门科目为代表的东西，是继续改造的过程。"②尽管如此，杜威并没有完全否认学科与经验的差别，那如何将它们统一起来呢？杜威提出了教材心理化的两点构想。一是，

① 〔美〕约翰·杜威:《学校与社会·明日之学校》，赵祥麟、任钟印、吴志宏译，人民教育出版社，2005 年，第 115 页。

② 〔美〕约翰·杜威:《儿童与课程》，顾岳中译，赵祥麟校，载吕达、刘立德、邹海燕主编:《杜威教育文集》第 1 卷，人民教育出版社，2008 年，第 114 页。

在教材与学生的关系上，应以学生的生活经验作为起点来选择课程内容，不能将成人所积累的知识从外面强制灌输给儿童；二是，由于儿童经验的整体性、实践性，教材又应该是统一的、综合的。践行这两个方面，就是对教材进行真正意义上的"改造"，"在儿童的生活的范围内吸取它、发展它"。

值得注意的是，由于杜威在《儿童与课程》等著述中批判过"儿童中心论"，所以就有人明确地否认杜威是儿童中心论者，而情形究竟如何呢？要回答这一问题，就不得不联系杜威在《学校与社会》中写过的如下一段文字："现在我们的教育中正在发生的一种变革是重心的转移。这是一种变革，一场革命，一场和哥白尼把天体的重心从地球转到太阳那样的革命。在这种情况下，儿童变成了太阳，教育的各种措施围绕着这个中心旋转，儿童是中心，教育的各种措施围绕着他们而组织起来。"[1] 联系这两处的上下文，人们将不难发现，基于对历史上各种偏激教育观念的批判，杜威对儿童在教育中的位置做了辩证的考察。既批判了当时美国新教育中一些偏激的观念与做法，即一味地迁就儿童的兴趣而忽略了课程应有的深度与广度；又参照当时儿童研究的最新成果，主张儿童的兴趣、本能、经验是教育的出发点，儿童经验的增长是课程的目标。由此可见，杜威不同于当时那些激进派的儿童中心论者。"杜威坚持真正有教育价值的经验，不是能带来立即欢愉的经验，而是能导向社会洞识的经验。"[2]

---

① 〔美〕约翰·杜威：《学校与社会》，任钟印译，载吕达、刘立德、邹海燕主编：《杜威教育文集》第1卷，人民教育出版社，2008年，第42页。
② 李玉馨：《解读杜威教育王国》，台北学富文化事业有限公司，2017年，第78页。

儿童世界是具有他们个人兴趣的人的世界

>> 儿童生活在个人接触显得十分狭隘的世界里，除非这种生活密切地和明显地涉及他自己的或者他的家庭和朋友的幸福，其他各种事物很难进入到他的经验里。儿童的世界是一个具有他们个人兴趣的人的世界，而不是一个事实和规律的世界。儿童世界的主要特征，不是什么与外界事物相符合这个意义上的真理，而是感情和同情。

——《杜威教育文集》第 1 卷，第 110 页

朱永新解读：

杜威提出，教育过程的基本要素是"未成熟的、没有发展的人"，以及"在成人的成熟的经验中体现出来的某些社会目的、意义和价值"。围绕这两种基本要素，也有两种课程观，一种是以儿童为中心的，一种是以成人（课程）为中心的。成人世界关注的主要是事实与规律，儿童世界关注的主要是经验与情感。所以，关注儿童所关注的东西，才能够引起儿童的真正关注。

儿童的记忆力和知识领域被压得窒息了

>> 学校里见到的课程所提供的材料，却是无限地回溯过去，同时从外部无限地伸向空间。人们在儿童离开他所熟悉的几乎不多于一平方里左右的自然环境以后，便使他进入一个辽阔的世界——甚至可以说，使他进入太阳系的范围。儿童的小小的记忆力和知识领域被全人类的长期的多少世纪的历史压得窒息了。

——《杜威教育文集》第 1 卷，第 110 页

朱永新解读：

既然儿童更多地关注经验与情感，当下熟悉的环境与资源就应该成为教育的主要媒介。但是，我们的学校往往会超出儿童生活的时间与空间，"无限地回溯过去，同时从外部无限地伸向空间"，这样，儿童的心灵就会背上沉重的负担，他们的记忆力与知识结构无法承受这些全人类全时空的重压。

所以，历史、地理等学科自然需要学习，但是应该与儿童的社会生活，与儿童的经验与情感紧密结合起来学习。这样的学习才会得到事半功倍的效果。

儿童的生活是一个整体

>> 儿童的生活是一个整体，一个总体。他敏捷地和欣然地从一个主题到另一个主题，正如他从一个场所到另一个场所一样，但是他没意识到转变和中断，既没有意识到什么割裂，更没有意识到什么区分。儿童所关心的事物，由于他的生活所带来的个人的和社会的兴趣的统一性，是结合在一起的。凡是在他的心目中最突出的东西就暂时对他构成整个的宇宙。那个宇宙是变化的和流动的，它的内容是以惊人的速度在消失和重新组合。但是，归根结底，它是儿童自己的世界。

——《杜威教育文集》第 1 卷，第 110 页

朱永新解读：

　　杜威虽然从儿童与成人的角度讲述了他们对于课程理论的不同主张，并且反对把两个主张孤立起来，反对"坚持一个要素而牺牲另一个要素，使它们相互对立起来"。但是，字里行间可以看出，他是更加倾向于儿童的立场与视角的。他坚定地认为，儿童有自己的世界，儿童的生活是一个整体。儿童世界有自己的逻辑。儿童对于问题的关注是非连续性的，会快速地从一个主题跳跃到另外一个毫无关系的主题，流畅自如，不会感觉到任何的唐突、中断。因为，儿童的宇宙是不断变化和流动的，而且是"以惊人的速度在消失和重新组合"。理解儿童的这种认知特征，对于教师和父母更好地理解课程和课堂教学非常重要。

学科把儿童的世界加以割裂和肢解

>> 儿童一到学校，多种多样的学科便把他的世界加以割裂和肢解。地理是从某个个别观点选择、摘录和分析成套的材料；算术是另一个部门；语法是另一个科目，等等。

——《杜威教育文集》第 1 卷，第 110 页

朱永新解读：

世界本来是一个整体，正如儿童本来也是一个整体。学科的研究与教学，是基于科学研究的深入与教育自身的需要而展开的。多种多样的学科把整体的世界加以"割裂和肢解"，有助于学生更加深入系统地认识一个个微观的问题，但也会影响他们从整体上把握世界。

所以，现在世界范围内的基础教育出现了一个新的趋势——通过主题教学和现象教学，让学生从整体上认识世界。如前不久网络上炒作的芬兰"颠覆性教育改革"（中小学不分科教学）就是一例。

其实，芬兰最新的教育改革，并没有真正取消分科教学，而是最大限度地增强学生主动学习的参与度，促进有意义学习、快乐学习以及构建良好师生互动的学校文化，强调和促进"横贯能力"（transversal competences）向传统学科教学的渗入。它强调的是贯穿于不同学科和领域的通用能力，特别注重包括价值观、态度、意愿在内的面对具体情境的综合表现。这与我们当下以核心素养养成为主要目标的课程改革方向是一致的。

儿童与课程之间的脱节和差别

>> 儿童与课程之间这些明显的脱节和差别，也许几乎可以无限地扩大。但是，我们这里已经有着足够的基本的分歧：第一，儿童的狭小的然而是关于个人的世界和非个人的然而是空间和时间无限扩大的世界相反；第二，儿童生活的统一性和全神贯注的专一性与课程的种种专门化和分门别类相反；第三，逻辑分类和排列的抽象原理与儿童生活的实际和情绪的结合相反。

——《杜威教育文集》第 1 卷，第 111 页

朱永新解读：

杜威概括了儿童与课程之间的脱节，其主要表现在三个方面，即儿童世界的狭小性与真实世界时间空间的无限性，儿童世界的整体性、专注性与真实世界的分化性，儿童世界的经验性、情感性与真实世界的逻辑性、抽象性。这三种矛盾的两极，便构成了两种不同的课程理论。

一种学派更加关注后者，"认为课程教材比儿童自己的经验的内容重要得多"，儿童只是未成熟而有待成熟、知识浅薄而有待加深、经验狭窄而有待扩大的人，儿童的本分就是驯良与服从，就是"被动地容纳或接受"。另一种学派更加关注前者，认为"儿童是起点，是中心，而且是目的。儿童的发展，儿童的成长，就是理想所在"。因此，所有的学科知识是服务于儿童成长的需要而已，个性、性格比教材、课程更加重要。

前一种学派会指责后者"乱作一团和无政府主义"，后一种学派会指责前者"死气沉沉和墨守成规"。杜威虽然从价值上更认同后者，但他还是非常理性地主张不能剑走偏锋，从一个极端走向另一个极端。

儿童和课程是构成一个单一的过程的两极

>> 儿童和课程仅仅是构成一个单一的过程的两极。正如两点构成一条直线一样，儿童现在的观点以及构成各种科目的事实和真理，构成了教学。从儿童的现在经验进展到以有组织体系的真理即我们称之为各门科目为代表的东西，是继续改造的过程。

——《杜威教育文集》第 1 卷，第 114 页

朱永新解读：

按照杜威的观点，应该注意到儿童与课程的统一性，把它们作为一个完整的过程的两个方面。所以，一方面要"抛弃把教材当作某些固定的和现成的东西，当作在儿童的经验之外的东西的见解"；另一方面，"不再把儿童的经验当作一成不变的东西，而把它当作某些变化的、在形成中的、有生命力的东西"。如果把儿童和课程作为一个单一过程的"两极"的话，哪一极是此，哪一极是彼呢？我个人认为，杜威是强调从儿童开始的。但是这个"两极"不是单向的直线，而是双向的回路。也就是说，是互相作用，不断来往的过程。

>> 当儿童在作画或乱涂一通时，要使我们能衡量儿童心里所激起的冲动的价值，拉斐尔和科罗的艺术一点也不多。

——《杜威教育文集》第 1 卷，第 117 页

朱永新解读：

在杜威看来，儿童的涂鸦与艺术家的创造并没有本质的不同，因为在涂鸦过程中儿童心灵的绽放，丝毫不亚于拉斐尔和科罗等大师的创作激情。所以，指导儿童的过程，"就是把生活过程解放出来，使它最充分地实现自己"。作为父母，我们经常会忽视儿童的感受，甚至会用艺术家的标准衡量孩子们的作品，用"像不像""美不美"作为评价的标杆，结果往往会挫伤儿童的积极性，让他们的创造兴趣与激情从此冷落下来。

使教材心理化

>> 作为一个教师，他并不关心对他所教的科目增加些新的事实，提出新臆说或证实它们。他考虑的是科学的教材代表经验发展的某一阶段或状态。他的问题是引导学生有一种生动的和个人亲身的体验。因此，作为教师，他考虑的是怎样使教材变成经验的一部分；在儿童的可以利用的现在情况里有什么和教材有关；怎样利用这些因素；他自己的教材知识怎样可以帮助解释儿童的需要和行动，并确定儿童应处的环境，以便使他的成长获得适当的指导。他考虑的不限于教材本身，他是把教材作为在全部的和生长的经验中相关的因素来考虑的。这样来看，就是使教材心理化。

——《杜威教育文集》第 1 卷，第 121 页

朱永新解读：

教材的心理化，是杜威这部著作中一再出现的关键词。在杜威看来，经验有逻辑的与心理的两个方面。逻辑方面代表教材本身，代表的是科学家的发现成果；心理方面代表教材和儿童的关系，代表的是教师的改造。前者是不能代替后者的。正如地图不能代替实际的旅行，一门学科有逻辑、有系统的材料终究不能代替个人具有的经验一样。

因此，教材心理化的实质，就是对教材进行真正意义上的"改造"，"在儿童的生活的范围内吸取它、发展它"。

第四章

用"道德"
的方法养成道德

导语

　　本章解读的是杜威关于道德教育的代表性著作《教育中的道德原理》。1889 年至 1894 年，杜威在密歇根大学讲授伦理学，并且发表了一系列有关教育伦理学的论文。这本著作主要是根据他 1897 年撰写的《教育中的伦理学原理》修订而成的。

　　说到这本书，就不能不提杜威关于教育的一个重要"隐喻"，即"岸上学泳"："某市有一所游泳学校，那里教青少年游泳而不到水里去，而是反复练习游泳所需的各种动作。当有人问一个受过这种训练的年轻人，在他掉到水里时他怎么办，他干脆地说：'沉下去了。'"①杜威用这一"隐喻"来说明学校与社会之间应有的关系："除非学校重视校内典型的社会生活的情况，学校就不能成为社会生活的预备。"②在他看来，人只能在游泳中学会游泳，让儿童在真实的生活中感受友谊、矛盾与冲突，这才是培养儿童生存能力和合作精神的理想途径。

　　基于上述分析，杜威提出了"道德的观念"和"关于道德的观念"这两个重要概念。在他看来，道德不能脱离行动与情境来理解，只能通过对行动与结果的整体分析才能揭示其意义，因而，学校所要教导的，不能是抽象的、超越经验的、不会影响或改进人的行为的"关于道德的观念"（ideas about morality），必须是在行为中生效并能改善行为的"道德的观念"（moral ideas）。

　　学校开展怎样的教育，才能符合"道德的观念"？"当重点放在矫

---

① 〔美〕约翰・杜威：《学校与社会・明日之学校》，赵祥麟、任钟印、吴志宏译，人民教育出版社，2005 年，第 141 页。
② 同上。

正错误行为而不是放在养成积极有用的习惯时，训练就是病态的。"① 由于道德与行为习惯的内在统一，因此在杜威看来，最理想的道德教育，莫过于激发儿童制作、建构与创造的活力，让他们在分工合作的集体活动中，做出自己的贡献。"学习看作一种手段，它帮助孩子使行动的社会场景现实化。"②

不仅如此，针对近代道法教育重良心、理性而忽视道德的社会功用，杜威也给出了严厉的批评，认为传统的道德教育只是在灌输一些观念，实在是太狭隘、太过形式化和太过病态了。③ 由于杜威坚持人最根本的道德动机和力量不外乎三个方面，即"社会智能""社会技能""社会关怀"，所以他提出："正常儿童所不断需要的与其说是关于诚实可靠的重要性的孤立的道德教训，或爱国主义的独特行为必然带来的有益结果，毋宁说是社会性想象的习惯和概念的形成。"④ 正因为重视道德的社会性、境遇性、实践性，杜威倡导要在实际的场景中对儿童进行教育："他必须有机会为自己做选择，有机会尝试把他的选择见诸实行，他才能经得起最后的检验，即行动的检验。……只有这样，他才能养成习惯把他的目的和见解与决定它们的价值的情况联系起来。"⑤

---

① 〔美〕约翰·杜威：《教育中的道德原理》，任钟印译，载吕达、刘立德、邹海燕主编：《杜威教育文集》第 1 卷，人民教育出版社，2008 年，第 139 页。
② 〔美〕约翰·杜威：《杜威全集》中期著作第 4 卷，陈亚军、姚志闯译，华东师范大学出版社，2012 年，第 223 页。
③ 同上注，第 227 页。
④ 〔美〕约翰·杜威：《教育中的道德原理》，任钟印译，载吕达、刘立德、邹海燕主编：《杜威教育文集》第 1 卷，人民教育出版社，2008 年，第 147 页。
⑤ 同上注，第 152—153 页。

教育是一桩公众的事务

>> 教育具有改变社会秩序的力量，在一定程度上，除了国家本身以外，任何其他机构都没有这个特点。在我国的政治制度下，每个个人都有权在制定社会政策中发表意见，因为他在决定政治事务中实实在在有投票权。既然如此，教育就主要是一桩公众的事务，其次才是一种专门职业。因此，教育界以外的人士永远有权就公立学校的办理发表一些意见。

——《杜威教育文集》第 1 卷，第 131 页

朱永新解读：

杜威在《教育中的道德原理》一书中，详细论述了学校的道德目的，学校集体给予的道德训练、来自教学方法的道德训练，学科的社会性质以及道德教育的心理学问题等。在引言部分，杜威讨论了教育不同于其他机构、专业与学科的特点。因为教育具有改变社会秩序的力量，涉及每个家庭、每个个体，所以每个人都有权利对教育问题发表意见，表达诉求。明白了这个道理，我们许多教育专业的人士就没有必要抱怨全社会都可以对教育提出建议甚至批评了。因为，教育本来就是一项公众事务。

权威性 专门的教师应该具有

>> 对于把儿童转变成为合乎需要的各种类型的成人的一切多方面的细节问题，专门的教师应该具有权威性，至少是与他们在这个非常复杂的问题上卓越知识相称的权威性。学校的管理、课程的制定、教科书的选择、教学法的规定，这些都是人们或他们在教育局的代表人所不能处理的问题，除非他们冒着成为十足的爱管闲事的人的危险。

——《杜威教育文集》第 1 卷，第 132 页

朱永新解读：

　　教育的公共性，不排除教育的专业性。杜威同时强调，教育有它自己的专业性，有它自己的知识体系与专业技能，这些对于没有受过专业训练的人来说，是无法洞察的。所以，作为教育的公共性，教师要充分尊重全社会对于教育的关切，关于教育的意见与建议，吸收他们的智慧。而作为教育的专业性，公众也要充分尊重教师的专业权威，尊重教师的意见与建议。二者互相学习，相辅相成。同样是针对人的专业，医师的职业往往会得到更多的尊重，因为大部分人没有医学的知识与技能。但教师却经常得不到足够的理解，这与教育学科发展的相对不够成熟有关，与业余教育的公共性有关。但是，无论如何，如果社会公众不考虑教师的专业性，就会有"成为十足的爱管闲事的人的危险"。

道德观念和关于道德的观念的区别

>> 凡是能够影响行为，使行为有所改进和改善的观念就是"道德观念"。同样可以说，凡是属于（不论是算术的、地理的或生理学的）使行为变得更坏的那一类观念就是不道德的观念；可以说，与道德无关的观念就是对行为没有影响，既不使它变得更好也不使它变得更坏的观念和片断知识。那么"关于道德的观念"，在道德上可以是漠不关心的，或不道德的或道德的。

——《杜威教育文集》第 1 卷，第 133—134 页

朱永新解读：

杜威在这里说的"道德观念"（moral ideas）和"关于道德的观念"（ideas about morality）有所不同，前者是指能够影响和改进人的行为，使人的行为变得更好的概念。后者则是指直接传授的知识，这些观念不能够自动地转变为好的品格和好的行为。所以，区别这两种观念，是道德教育需要高度关注的本质问题。也就是说，道德教育应该真正地改变人的行为；使人的行为变得更好的教育，才是真正的道德教育。

道德目的在一切教学之中

>> 教育者——不论是家长还是教师——的职责就是务必使儿童和青少年所获得的观念最大限度地是用这样一种充满活力的方式获得的，即它们是指导行动的活动的观念，是动力。这种要求和这种机会使道德目的在一切教学中——不论是什么问题的教学普遍存在并居于主导地位。如果不能做到这一点，一切教育的最高目的是形成性格这句人们所熟悉的话就会成为伪善的托词。

——《杜威教育文集》第 1 卷，第 134 页

朱永新解读：

所有的教育都在于改变行为。同样，所有的教育的最高目的是形成性格。无论是父母还是教师，都应该理解这样一个简单而深刻的道理，否则任何教学都是舍本求末、南辕北辙。所谓"道德目的在一切教学中"，就是说道德教育与品格养成才是教育应真正追寻的目标，它们在所有的教学过程中应该居于主导的地位。

把道德上的考虑放在最重要的地位

>> 人人都知道，教师和学生的直接的、即时的注意力必然在大部分时间内是放在智力问题上。它谈不上把道德上的考虑放在最重要的地位。如果目标是使学习方法、获得智力的方法和吸收教材的方法比不用这种方法时使行为变得更开明、更连贯、更富有生气，这不是不可能的。

——《杜威教育文集》第 1 卷，第 134 页

朱永新解读：

把道德上的考虑放在最重要的地位，这句话其实是说起来容易做起来难。因为无论是教师、学生，还是父母，自然而然会把大部分精力聚焦于学习上，聚焦于智力问题上。"分数才是硬道理"，是许多人自觉不自觉的第一选择。其实，分数与人格，教学与道德并没有矛盾和鸿沟，只要方法得当，我们的孩子完全是可以齐头并进和谐发展的，可以变得更开明、更连贯、更富有生气的。

不能有两套伦理原则

>> 不能有两套伦理原则，一套是为校内生活的，一套是为校外生活的。因为行为是一致的，所以行为的原则也是一致的。讨论学校中的道德，似乎学校是一个孤独存在的机构，这种倾向是十分不幸的。学校和学校主持人在道德上的责任就是对社会的责任。从根本上说，学校是由社会建立起来完成一定的特殊工作的机构——执行一定的特殊职能以维持生活和增进社会的福利。

——《杜威教育文集》第 1 卷，第 135 页

朱永新解读：

言行不一，校内与校外不一，杜威批评的"两套伦理原则"，至今仍然存在，甚至愈演愈烈。在杜威看来，学校与社会完全是一个统一的整体，学校不是一个孤立的存在，学校在道德上的责任就是对社会的责任，对未来的责任。因为，学校其实就是一个特殊的社会机构。如果学校负责人认识不到这个事实，认识不到学校的伦理责任，就是"不负责任和玩忽职守"。学校如此，家庭也不例外。你的孩子不仅属于你，也属于这个社会。

儿童不只是要成为投票人或法律服从者

>> 儿童不只是要成为投票人或法律服从者，他也要成为家庭的一个成员，他自己反过来又很可能要抚养和培养未来的儿童，借以保持社会的连续性。他要成为一个从事某种有益于社会并能维护他自己的独立和自尊的职业的工作人员。他要成为某个特定的邻里和社区的一个成员，必须对生活的价值做出贡献，不论他在哪里，都要为文明增光添彩、锦上添花。

——《杜威教育文集》第 1 卷，第 136 页

朱永新解读：

儿童终究是要长大的。今天的儿童，成为明天的成人，又会抚养和培养未来的儿童。人类社会就是这样繁衍传承。需要强调的是，教育的价值不是简单传授知识，也不是简单地培养公民道德，而是培养一个活生生的人，一个能够适应社会发展需要的人。所以，他不但要学习公民知识，遵守法律契约，而且要学习教育知识，掌握育儿技能。不仅要学习专业技能用于谋生，而且要学习与人交往，创造生活的价值。成为人类文明的传承者、创造者，为文明锦上添花，是教育的重要使命。

培养有用的习惯

>> 儿童按这些多样化的职能摆正自己的位置，就意味着科学、艺术、历史的培养作用，意味着掌握探索的基本方法和交际、交流的基本工具，意味着有教养、强健的身体、灵巧的眼和手，意味着勤勉和坚韧的习惯，一言以蔽之，有用的习惯。

——《杜威教育文集》第1卷，第136页

朱永新解读：

教育就是培养好习惯。这是古今中外教育家一致的观点。孔子说："少成若天性，习惯如自然。"叶圣陶说："教育是什么？往简单方面说，只须一句话，就是要养成良好习惯。德育方面，要养成待人接物和对工作的良好习惯；智育方面，要养成寻求知识和熟悉技能的良好习惯；体育方面，要养成保护健康和促进健康的良好习惯。"英国哲学家洛克指出："事实上，一切教育都归结为养成儿童的良好习惯，往往自己的幸福都归于自己的习惯。"美国心理学家威廉·詹姆斯更提出了一个著名的习惯公式："播下一个行动，收获一种习惯；播下一种习惯，收获一种性格；播下一种性格，收获一种命运。"

为了培养这些对社会有益和有用的好习惯，杜威提出要加强科学、艺术、历史的课程，要让学生掌握科学探索的方法和人际交流的基本工具，让学生成为有教养的人，拥有强健的身体、灵巧的眼和手。他还提出了两个特别重要的习惯：勤勉和坚韧。这对我们也是非常有启示作用的。

学校必须是生气勃勃的社会机构

>> 学校本身必须是一个比现在所公认的在更大的程度上生气勃勃的社会机构。……准备社会生活的唯一途径就是进行社会生活。离开了任何直接的社会需要和动机，离开了任何现存的社会情境，要培养对社会有益和有用的习惯，是不折不扣的在岸上通过做动作教儿童游泳。将最必需的条件置之度外，结果也相应地是片面的。

——《杜威教育文集》第 1 卷，第 138—139 页

朱永新解读：

学校即社会，教育即生活。这是杜威教育思想的基本观点。他反对把学校办成一个与社会生活脱节的机构，认为除非在学校内部能够重现典型的社会生活，否则就不可能成为社会生活的预备。

也就是说，作为为社会生活准备的学校，首先必须成为社会生活的一部分。正如教人游泳，只是在岸上做动作，是永远学不会游泳的。只有下水，才能学会游泳。只有在社会生活中，才能学会与社会生活相关的能力。

智力训练和道德训练间可悲的分割

>> 学校的智力训练和道德训练之间非常可悲的分割，获得知识和性格成长之间的可悲分离，不过是由于没有把学校看作和建成其本身就有社会生活的社会机构的一种表现。除非学校尽量成为典型的社会生活的胚胎，道德训练必然部分是病态的，部分是形式上的。

——《杜威教育文集》第 1 卷，第 139 页

朱永新解读：

　　长期以来，学校教育只关注成绩与分数，只关注智力训练，所以出现了道德训练与智力训练可悲的分割，出现了获得知识和性格成长可悲的分离。这样的分割与分离，按照杜威的看法，其实也是由于学校生活与社会生活的隔离造成的，是"没有把学校看作和建成其本身就有社会生活的社会机构的一种表现"。

　　重视学校与社会的紧密联系，让学校生活成为社会生活的一部分，是解决这种分割与分离的路径之一。

重点应放在养成积极有用的习惯

>> 当重点放在矫正错误行为而不是放在养成积极有用的习惯时，训练就是病态的。往往教师对学生的道德生活的关心所采取的形式是警惕他不遵守学校的规则和常规。从这时儿童发展的立场来判断，这些规章都多少是传统的、专横的。

——《杜威教育文集》第 1 卷，第 139 页

朱永新解读:

正面教育，积极引导，是教育的基本原则。但是这一原则说起来容易做起来难。因为，我们的父母和老师，往往习惯于当"教育警察"，孩子们遵守规则，不闯红灯，是天经地义、理所当然的。但是，当孩子们稍有过错，稍有违规，马上就要处罚，严惩不贷。杜威说，当我们把教育的重点放到发现和矫正孩子的错误上时，我们的方向就错了。而把重点放在养成积极有用的习惯上，才是选对了教育的路线。

儿童对自己在干什么应有积极的认识

>> 迫使教师注意防止失败而不是注意健康成长的任何情况，都是提出错误的标准并造成歪曲和误入歧途的后果。注意防止错误行为应该是偶然的，而不是一条原则。儿童对自己在干什么应该有积极的认识，以便从他必须做什么的立场判断自己的行为。只有这样，他才真正有充满活力的标准，一个使他能够为了未来而从失败中吸取教训的标准。

——《杜威教育文集》第 1 卷，第 139 页

朱永新解读：

当然，无论是家庭教育还是学校教育，不可能对学生的错误熟视无睹，听之任之。但作为教育的基本准则，应该把重心放在关注儿童的健康成长上。所以，注意防止失败和错误行为，在教育过程中不应该是一种常态，不应该是一条原则，而应该是"偶然的"。当儿童有积极的心态面对生活，当儿童主动地用价值标准调节自己的言行时，真正的教育才会发生，他才能充满活力，充满阳光。

社会精神会因不用而萎缩

>> 试想象 40 名儿童全都忙于读同样的书本，而且日复一日地准备和背诵相同的课文，试设想这种过程构成他们工作的绝大部分，试设想从他们在一个课时内能够学到什么以及在一堂口述课内能背出什么这种立场去评估他们的工作。几乎没有机会进行任何社会分工，没有机会让每个儿童完成一点专属于他自己的东西，他可以贡献给共同的储存物的东西，而他又转过来分享别人的产品。全体儿童都被安排恰恰是只做同样的工作，制造同样的产品。社会精神得不到培养——事实上，只要纯个人主义的方法进入他的工作中，社会精神就会因不用而萎缩。

——《杜威教育文集》第 1 卷，第 140 页

朱永新解读：

　　100 多年前杜威描述的情形，似乎在当前中国的学校里依然比较普遍。我们的教室里仍然远远超过了 40 人，我们的孩子仍然在忙于读同样的书本，背诵同样的课文。我们的孩子仍然没有属于他们自己的时间与空间。考试和评价仍然只看分数，看他们在课堂里学到了什么以及能够背诵些什么。无疑，这是可悲的。

　　教育，不应该只是用同样的大纲、同样的考试、同样的评价，去把本来具有无限可能、无限多样性的儿童培养成一个模子浇灌出来的产品。培养儿童的社会性，培养儿童的独特性，让孩子具有社会精神，才是教育的使命。

儿童生来就有要发表、要做事、要服务的欲望

>> 儿童生来就有要发表、要做事、要服务的天然欲望。当这种倾向没有得到利用时，当出现其他的动机取而代之的情况时，一种反社会精神的影响的积累就比我们所能想到的要大得多——特别是当工作的负担一周又一周、年复一年地降临到这方面的时候。

——《杜威教育文集》第 1 卷，第 141 页

朱永新解读：

教育中的各种力量之间是此消彼长的。儿童本来就具有表达的欲望，做事情的欲望，服务别人的欲望，满足这些欲望，他们就开心，就灵动，就舒展，就成长。反之，他们就不开心，就呆板，就僵化，就停滞。所以，亲爱的父母，一定要尽可能满足孩子的表现欲望，让他们独立地做事情，哪怕出一点小的差错，有一点小的损失，也在所不惜。成长，总是需要成本的。

道德上的损失

>> 也许被动吸收和为了身外的地位而竞争之外的另一种错误可能是无休止地强调为遥远的未来做准备。……没有什么事本身是值得做的，只有当它是为某种别的事情做准备时才值得做，而别的事情反过来又只是为遥远的十分重要的目的做准备，从这种经常的印象中产生的道德上的损失，谁能估计有多少？

——《杜威教育文集》第 1 卷，第 142 页

朱永新解读：

为了所谓的未来，而牺牲孩子的当下，是我们教育经常犯的错误之一。

几乎所有的父母和老师，都是为孩子的未来，或者自认为是为了孩子的未来，希望自己的孩子和学生有一个幸福的明天。但是，他们又几乎都是为了明天而牺牲今天，为了未来而牺牲当下。他们不知道，今天与明天，未来与当下，是一条川流不息的河，是一条连续不断的线，非但没有鸿沟，反而有着直接的联系。

没有当下的幸福，就永远不会有未来的幸福。没有今天的快乐成长，也永远不会有明天的快乐结局。

历史教学的伦理价值

>> 历史对儿童是生动的还是死板的，这决定于它是否从社会学的角度提出来的。当我们把历史仅仅看作过去了的事情的记录时，它必然是机械的，因为作为过去了的事，过去是遥远的，只是因为是过去的事，所以没有引起对它注意的动力。历史教学的伦理价值是根据将过去的事情用作理解现在的工具能达到何种程度来衡量的——在何种程度上能对构成今天社会的结构和运转的东西提供洞察力。

——《杜威教育文集》第 1 卷，第 145 页

朱永新解读：

过去、现在、未来，本来是一条川流不息的长河。如果简单地把历史当作逸闻趣事，当作记忆背诵的知识，只是记住那些时间、地点、人物、背景、过程、影响，历史就成为离学生非常遥远的、机械的、死的知识。学生自然也就没有学习历史的动力。历史是一门让人更有智慧的学科。以古观今，鉴往知来，历史的重要价值，在于它能够"对构成今天社会的结构和运转的东西提供洞察力"。在这个意义上说，任何历史学也是社会学。历史教学的伦理价值也在于此。

按照了解社会生活的方式去教

>> 当一个学科是按照了解社会生活的方式去教的时候，它就具有积极的伦理上的意义。正常儿童所不断需要的与其说是关于诚实可靠的重要性的孤立的道德教训，或爱国主义的独特行为必然带来的有益结果，毋宁说是社会性想象的习惯和概念的形成。

——《杜威教育文集》第1卷，第147页

朱永新解读：

杜威认为，一门"贫乏的"学科、一所"狭隘的"学校，是不可能有助于"生气勃勃的社会精神的发展"的。只有当一个学科按照了解社会生活的方式去教，只有当一所学校与社会生活紧密联系的时候，学科和学校才拥有了积极的伦理学上的意义。所以，他坚持："要把一门学科看作是使儿童认识社会活动的情况的一种工具。"

当时，关于学科或者教材，有三种独立的价值观，即文化修养的价值、知识的价值和训练的价值。杜威认为，这三种价值可以通过社会生活加以整合，因为所有教育最后指向的都是社会生活。

杜威的论述可能失之偏颇，但如果矫枉过正，对于学科与学校严重脱离社会生活的倾向无疑是当头一棒。

仅仅有良好的意向是不够的

>> 力量、实行的效率或明显的行动是性格必要的组成成分之一。在我们的道德书籍和讲义中，我们可能把重点放在良好的意向等上面。但是实际上我们知道，我们希望通过教育去培养出来的那种性格，不是仅有良好意向的那种性格，而是坚持实现其意向的性格。任何别的性格都是空洞无聊的废话；是伪善，而不是善。

——《杜威教育文集》第 1 卷，第 150 页

朱永新解读：

德行的形成与知性的形成有着不同的逻辑和不同的规律。最大的不同在于，道德不是知识的累积，甚至也不是简单的道德情感与意向，而是实实在在的道德行为，是坚持不懈的道德精神与道德习惯。所以，力量、效率、行动，就显得非常重要。道德教育最忌讳的是养成口是心非、言行不一的伪君子，是净说空洞无聊的"正确的废话"，而没有落实到日常的生活与行动中。所以，拒绝伪善，培养真善，是道德教育的真谛。

发现并培养『性格的力量』

>> 在生活的实际冲突中，个人必须有能力站得住脚，有所作为。他必须有主动性、坚持性、坚定性、勇气和勤勉。简言之，他必须具有"性格的力量"所包含的一切东西。毫无疑问，个人在这方面的天赋是差别很大的，但是每个人的冲动、前进的倾向和对做事的迫切愿望仍然有一定的基本特征。在这方面教育的问题就是要发现这种天生的能力蕴藏是什么，然后利用它（提供刺激和控制的条件），把它组织到一定的继续保存下去的行动方式即习惯中去。

——《杜威教育文集》第 1 卷，第 150 页

朱永新解读：

在道德教育中如何培养行动的力量？如何让孩子具有主动、坚持、坚定、勇气和勤勉的特性？杜威认为，孩子们在这些方面是有着天生的差异的，每个孩子在个人行动的冲动、迫切愿望和推进的倾向方面是不一样的，但是无疑每个孩子都有着向上向善的力量，有着成长与行动的潜能。关键是我们父母和教师要学会发现，耐心呵护，提供各种条件和"刺激"，帮助孩子养成主动、坚定、坚持、勇敢和勤勉的个性。

只是禁止是没有价值的

>> 我们不能窒息和压抑儿童的能力，或使它们渐渐夭折（由于没有运用的机会），然后又期望他们有主动性的、一般勤勉的性格。我知道依靠禁止的重要性，但仅仅只是禁止是没有价值的。唯一的限制、唯一有点价值的约束是来自控制力量使之集中于积极目的的那种约束。除非我们能防止本能和冲动任意泛滥，防止它们出轨，目的是不能达到的。为了保持力量用于有关的目的，是有充分的机会运用真正的禁止的。说禁止比能力重要，这是无异于说死比生更重要，否定比肯定更重要，牺牲比服务更重要。

——《杜威教育文集》第1卷，第152页

朱永新解读：

西方教育界和管理学界近年来流行"正面管教"，其实说的就是杜威100年前说的道理。道德教育，不是简单地对孩子说"NO"，不是禁止孩子做这做那，而是真正地调动孩子内在的力量进行自我约束、自我控制。亲爱的父母，多对孩子说"YES"吧，多鼓励孩子探索吧，规则是在行动中建立和学习的，规则只有内化为行动的自觉，才能真正发挥作用，这就是中国古人说的"慎独"。儿童的各种能力和创造性，是在自由开放的环境中成长发展的，过分的压抑、管制，只能让孩子的能力与创造性逐步萎缩。

教学在智力方面的最大缺陷

>> 我曾听一位有丰富经验的教育者说，根据他的看法，今天的教学在智力方面的最大缺陷是看到儿童在离校时没有心智上的洞察力，事实对他们来说似乎全都是一样重要的。既没有突出的，又没有背景，没有用价值的天平将事实分类和分成档次的本能性和习惯。

——《杜威教育文集》第 1 卷，第 152 页

朱永新解读：

杜威有一个基本的观点："获得知识永远不能发展判断能力。"因为，只有把获得的知识付诸应用时，才能得到真正的检验，才能发展真正的判断力与洞察力。在今天，仍然存在许多与杜威时代相似的问题，教学过程仍然是以知识为中心，仍然不注重知识的应用，从而使儿童心智上的洞察力没有得到实质性的成长。所以，无论是学校还是家庭，在教给孩子知识的同时，应该尽可能注重应用，注重背景介绍，注重价值分析，注重逻辑分类，真正培养孩子运用知识分析问题、解决问题的能力。

锻炼儿童的判断力

>> 除非儿童在形成和检验判断力中不断得到锻炼，他是不可能获得判断力的。他必须有机会为自己做选择，有机会尝试把他的选择见诸实行，他才能经得起最后的检验，即行动的检验。只有这样，他才能学会鉴别哪些是成功希望的，哪些是可能失败的；只有这样，他才能养成习惯把他的目的和见解与决定它们的价值的情况联系起来。

——《杜威教育文集》第 1 卷，第 152—153 页

朱永新解读：

杜威说的判断力，不仅是指在知识领域的判断力，更是指在社会领域与情感领域的判断力。后者，更注重在实践中的体验、尝试与锻炼。所以，应该给孩子们提供各种选择的机会，不要急着帮助和代替孩子选择。应该让孩子根据自己的选择去行动，去探索，去改变，让孩子自己得出结论，哪些事情应该怎样做，如何才能成功，为什么会失败。一句话，行动才有收获。

让孩子接触优秀的建筑、音乐、雕刻和绘画作品

>> 当学校制度以有用（这里所说的有用是狭隘功利主义的）为借口把儿童局限于三R和与之相关的正式学科，把他排斥于文学和历史的要害之外，剥夺他接触优秀的建筑、音乐、雕刻和绘画作品的权利时，要指望在培养富有同情心、不偏不倚和灵敏反应上取得确定结果，就没有希望了。

——《杜威教育文集》第1卷，第153页

朱永新解读：

不同时代的教育内容是在不断变化的。但是3R——阅读（reading）、写作（writing）和算术（arithmetic）的内容，近百年来却一直是中小学尤其是小学教育的主菜。杜威认为，仅仅有3R是不够的，应该让孩子有机会接触那些优秀的建筑、音乐、雕刻、绘画等作品，因为这些对于培养儿童的同情心、敏感性等具有重要的意义。非常有意思的是，2007年，英国教育大臣约翰逊在一份建议中也明确提出，教师既要教给学生"老3R"，还必须教给他们"新3R"：规则（rules）、责任（responsibility）和尊重（respect）。这"新3R"的培养，其实，也离不开更加丰富的教育内容。

培养道德的可能性

>> 每一门学科、每一种教学方法、学校中的每一偶发事件都孕育着培养道德的可能性。

——《杜威教育文集》第 1 卷，第 154 页

朱永新解读：

"处处留心皆学问，人情练达即文章。"学校里的每一个学科、每一种教学方法、每一个偶发事件，都孕育着教育的机会，都包含着教育的意义。也就是说，道德教育不是游离于学科、教学方法和学校生活的方方面面之外的。德行的养成与知性的养成是相辅相成的，是寓于学科教学之中的，寓于学校生活之中的。当然，也是寓于家庭生活的所有细节之中的。因此，父母应该抓住一切机会，利用一切可能，注重孩子的道德养成。

第五章

兴趣靠激发它
的条件才能获得

导语 [1]

　　本章解读的是杜威的《教育中的兴趣与努力》。由于传统二元论的影响，人们常常将"对象或目的被假定存在于自我之外"，因而在教育实践中，主张"兴趣"的一方，把赫尔巴特的兴趣说曲解为"把事情变得有趣"，并认为"努力"是毫无意义的；而主张"努力"的一方，则坚持"努力"在形成坚强意志中的作用，主张如果满足于"兴趣"，将只会宠坏一些孩子。而杜威则认为，由于忽略了儿童经验的完整性，无论是"兴趣论"还是"努力说"，都是失之偏颇的。基于这一立场，杜威就从经验的整体性上重新对兴趣做了界定："由于认清其价值而集中注意、全神贯注和专心致志于某种活动的意思。"它代表着某项活动中各要素的内在关联与统一。如此一来，兴趣和努力不再是两个对立的东西，而是同一个的东西。

　　"真正的兴趣是自我通过行动与某一对象或观念融为一体的伴随物。"它代表的是一个行动过程、一项工作的吸引力。显然，采用强制的方法是有悖于兴趣原则的。因为，在强制的条件下，儿童会尽力掌握乘法表，并能在教师要他背诵时把它背诵出来。可是他不是直接地对乘法表感兴趣，而仅仅是间接的。他的直接兴趣是避免"留校"、低分，或教师的不喜欢，或一定的惩罚。实践已经表明，如果儿童长期地在一种外在服从而内在抗拒的强制下学习，那么，他只会变得性格乖戾，这正是被杜威多次诟病的"人格的失调"。

　　在教育中如何激发儿童的兴趣呢？一方面，由于儿童经验是连续不断的、目的导向的完整活动，因此在杜威看来，"静止的、没有发展的

---

① 本章导语中的引语均出自〔美〕约翰·杜威：《学校与社会·明日之学校》，赵祥麟、任钟印、吴志宏译，人民教育出版社，2005年，第172、170、204、207、186页。

兴奋不是兴趣，而是一种反常的状态"。另一方面，由于杜威自身的机能主义立场，兴趣不再仅仅被看作心理内部的事情，而是主客体相互作用的产物，因此"兴趣不是靠考虑它和以它为目标就可以获得的，而是靠考虑和针对在它的背后和激发它的条件才能获得"。兴趣既与活动的连续性相关，又与活动的条件或环境相关。当我们理解了儿童的需要与能力，又提供了包括自然的、社会的和理智的合适环境或条件，儿童的兴趣必将被激发出来。因为"心理之所以成为心理，就在于它碰到了它所需要的东西"。

　　杜威不仅重视兴趣的价值，而且也极其重视努力的作用，只不过他多次提醒人们"为努力而努力是应该要避免的事"。努力表现于活动的持久性和连贯性，是克服阻力和通过障碍的忍耐力。如果孩子在遇到障碍时轻易地丧失勇气、放弃行动，这样的行为在杜威看来是一个坏的征兆。因为，所谓努力就是要求在面对困难时有连续性。不仅如此，由于强调努力与反省思维的内在统一，因此杜威认为教育性的努力，还在于能激发更多的深度思考："教育性的努力是从比较盲目的活动转变成更有意识的思考性活动的标志。"当活动能促引人们对条件、过程、结局有更清晰的认识时，教师如能将困难和努力、思维的深度和广度联系起来，其行为一定是有教育意义的。

儿童本能的力量是压制不住的

>> 儿童本能的力量、他实现自己的冲动的要求，是压制不住的。如果外部的条件使得儿童不能将他的活动用于要做的工作，他就令人十分惊奇地学会了为满足教师的要求而对外部教材仅仅给予恰如其分的注意，同时却留下其余的力量去穷究使他感兴趣的联想的事物。

——《杜威教育文集》第 1 卷，第 164—165 页

朱永新解读：

　　兴趣是最好的老师。兴趣往往是从本能开始的。杜威非常重视儿童的这种本能的力量，主张教师应该关注儿童"实现自己冲动的要求"，不要人为地去压制它。即使老师和父母人为地压制儿童的这种本能，儿童也会想尽办法满足自己的兴趣。

兴趣是统一的活动

>> 当我们承认在儿童内部有某些迫切要求发挥出来、需要表演出来以及使它们自己产生效用、获得训练的力量时，我们就有了一个可以依靠的牢固基础。在正常情况下，努力产生于使这些力量充分发生作用因而使之生长、完善的企图。充分地按照这些冲动去行动包含着目的的严肃性、专注性和明确性；它导致形成坚定性和服务于有价值的目的的坚持的习惯。但这种努力决不会沦为单调乏味的工作或死板生活的倾向，因为兴趣继续保持——充分考虑了自我。我们的第一个结论就是：兴趣就是统一的活动。

——《杜威教育文集》第 1 卷，第 167 页

朱永新解读：

在《教育中的兴趣与努力》一书中，杜威对当时流行的关于兴趣与努力的观点进行了梳理。一种是强调兴趣的学说，认为教育中"把事情变得有趣"非常重要，"努力"是没有多大意义的；一种是强调努力的学说，认为教育中求助于兴趣，把一切事情都裹上糖衣，只能毁掉孩子。杜威认为这两种学说都失之偏颇，都没有觉察到儿童不是毫无活力地、被动地等待着引起兴趣，被迫地去做事情。兴趣与努力是密切相关的，是"统一的活动"。

在杜威看来，兴趣是活动的基础，是教育的基础。当儿童有了内在的需求时，教育就有了牢固的基础。在此基础上，通过努力让这些内在的力量继续生长，就能够使兴趣更稳定、更专注、更坚定。

让儿童扩展自己的眼界

>> 尽管幼小儿童只能看到切近的事物，当他的经验增长时，他就变得能扩展自己的眼界，不仅看到一种行为或一件事或一个事实的本身，而且把它看作更大的整体的一部分。如果这个整体属于他，如果它就是他自己的活动的模式，那么，它所包括的那件事或行为也就具有了兴趣。

——《杜威教育文集》第1卷，第170页

朱永新解读：

兴趣有直接的、即时的，也有间接的、迁移的。在教育过程中，应该尽可能注意把直接兴趣发展成为间接兴趣，把即时兴趣发展成为长远兴趣，并且把非学科兴趣迁移发展为学科兴趣。杜威举例说："当音符和指法技巧被当作为学习而学习的对象并被孤立地对待时，儿童对它是不感兴趣的，当儿童认识了它可以帮助他，使他对唱歌的爱好发音更优美洪亮时，它就变得迷人了。"所以，让孩子看到一个更为广大的天空，让孩子把自己的兴趣与目标结合起来，让孩子把热爱的东西与未来的发展联系起来，具有重要的兴趣迁移与发展作用。

儿童精神的满足或宁静

>> 当儿童连续不断地从事任何一种不受压抑的活动
时——当他们在忙碌时，他们几乎总是幸福的、
高兴的——成人也是这样。一个行动过程的日益
增长的生长所带来的情绪上的伴随物，开展和成
就的继续不断的迅速发展，这就是幸福——精神
的满足或宁静。如果强调一下，它就叫作乐趣、
快乐。

——《杜威教育文集》第1卷，第176页

朱永新解读：

杜威认为，儿童在活动过程中的情绪体验有愉快
与幸福的区别。愉快往往是"偶然碰上外来的任何事
物并感到兴奋"，幸福则是精神上的沉浸、满足或宁
静。幸福的体验更容易培养稳定的兴趣。所以，父母
应该尽可能不要压抑孩子的活动要求，不要轻易打断
孩子们兴趣盎然的活动。因为，"这样的幸福或兴趣不
是自觉的或自私的，它是正在发展的力量和聚精会神
于所做的事的征兆"。

避免为努力而努力

>> 什么是我们真正珍视的叫作努力的东西？当我们重视能力的增长而提出努力作为教育的目的时，什么是我们真正试图获得的东西？从实践上看，回答不是太难的。我们所追求的是活动的持久性和连贯性：克服阻力和通过障碍的忍耐性。看作只是增加能量耗费的紧张程度的努力本身不是我们所重视的东西，为努力而努力是我们所要避免的事。

——《杜威教育文集》第1卷，第180页

朱永新解读：

兴趣与努力是一个问题的两个方面。既要重视兴趣，也不能放弃努力。因为，很多事情仅仅凭兴趣是不够的。但是，努力也不是蛮干，不是为努力而努力。杜威以儿童的举重为例加以说明。如一个孩子在举起他力不能及的重量时，如果还让他继续举重，就是为努力而努力，就可能造成孩子的疲惫甚至伤残。但如果这个重量对于孩子是有能力举起来的，孩子的身体是健康的，但儿童就是不肯举，放弃努力，这也是不行的。

在一定限度内阻力会唤起精力

>> 在一定的限度内，阻力只会唤起精力，它起刺激的作用。只有被宠坏了的孩子和娇生惯养的成人才灰心丧气或丧失信心而避开困难，而不是因遇到拦路虎而振奋起来——除非拦路虎是十分凶恶的、威胁性很大的。

——《杜威教育文集》第 1 卷，第 183 页

朱永新解读：

　　困难与兴趣也是一对有意思的矛盾。我们经常说"困难像弹簧，你弱它就强"。这是说对待困难还是要勇敢面对，努力克服。但是如果困难大到无法面对与克服，硬要蛮干也是不理智的行为。所以，一方面我们不能够让孩子一直做没有任何困难，轻轻松松完成的事情；一方面也不能让孩子翻越他根本无法翻越的高山。孩子成长过程中需要一些恰到好处的"阻力"，这些阻力会让孩子知道努力的价值，会激发他们调动自己内在力量的积极性，形成他们克服困难的成就感。

教学课　成长中的婴儿与实物

>> 在婴儿时期的头一年半中智力发展的速度，成长中的婴儿对他的活动的专心致志和全神贯注，伴随他控制动作的能力的增长而来的喜悦——所有这一切都是实物教学课，都是以鲜明的形式表示的对于兴趣的性质和（从外部判断的）体力动作所具有的理智上的意义。

——《杜威教育文集》第 1 卷，第 190 页

朱永新解读：

幼年的动物依靠本能能够从事绝大部分活动，而幼年的孩子却几乎"从零开始"学习。但是，幼年孩子的学习能力又远远超过了幼年的动物。他们在出生的初期，尤其是头一年半的时间内，智力发展的速度是我们难以想象的。成长中的婴儿学习是全方位的，包括身体的、心理的、智力的、情绪的，但这一切都是"实物教学课"，也就是说，这个阶段的儿童是通过观察和模仿来进行学习的。所以，父母应该尽可能让孩子运用各种感觉器官——眼、耳、触摸等，以及运动器官——肌肉。所有的体力动作都不仅是身体的价值，同时也具有精神的、智力的价值。

拟人化与儿童的社会兴趣

>> 很多所谓儿童的万物有灵论的倾向，他们将自然物或自然界的事件拟人化的倾向，从根本上说，不过是他们的社会兴趣的表现。与其说他们确确实实是把事物看作有生命的，毋宁说只有当事物具有他们在人身上看到的那种兴趣时，事物才是有兴趣的；否则，事物起先对他们都多少是有点儿漠不关心的。

——《杜威教育文集》第1卷，第197页

朱永新解读：

人是社会的人。儿童的社会性也是与生俱来的。杜威认为，儿童具有社会性的本能，如同情心、模仿、喜欢受到称赞等。儿童的这种社会兴趣，不仅渗透和充满在他自己的行动和遭遇中，而且还弥漫在他对于各种事物的兴趣中。一个最鲜明的标志就是"拟人化"。

在儿童的眼里，所有的事物，所有的物品都是有生命的，都会像人那样有血、有肉、有情感。这些恰恰是儿童游戏与活动的重要前提。

珍惜儿童时期这个特殊的特点，开展相关的教育，如生命教育、环境教育等，就能够取得好的效果。

发现儿童的迫切需要和能力

>> 兴趣不是靠考虑它和以它为目标就可以获得的，而是靠考虑和针对在它的背后和激发它的条件才能获得。如果我们能发现一个儿童的迫切需要和能力，又如果我们能提供一个有材料、有用具、有资源的环境——自然的、社会的和理智的——以指导它们恰当地运作，我们就不需要去考虑兴趣。他会自己关照自己。

——《杜威教育文集》第 1 卷，第 201 页

朱永新解读：

　　兴趣在孩子的学习与成长中发挥着非常重要的作用。但是，不能够为兴趣而兴趣。所以，一方面要善于发现孩子究竟有哪些迫切的需要，具备哪些基本的能力；另一方面也要尽可能给孩子提供充分的材料、工具和资源，并且帮助孩子运用好相关的环境与资源。一句话，不刻意地为兴趣而兴趣，而是因势利导地培养和发展孩子的兴趣。

第六章

民主制度需要
知行统一的教育

导语 [1]

  本章解读的是杜威的《明日之学校》。它是杜威与其女儿伊芙琳合作撰写的，介绍了 20 世纪初美国进步主义教育运动中出现的一些新型学校，如约翰逊夫人的"有机学校"，梅里亚姆教授领导的密苏里大学附属小学，印第安纳波利斯和芝加哥的公立学校，纽约市普拉特小姐的"游戏学校"，哥伦比亚大学师范学院附属幼儿园，芝加哥帕克学校等。因为杜威从这些学校中看到了未来教育的方向，所以用《明日之学校》作为书名。

  本书的开篇"教育即自然发展"，概括了对卢梭"自然教育"的评价。在杜威看来，卢梭关于教育不是从外部强加给儿童某些东西，而是人的天赋能力的生长的主张，确立了教育的基本原则，对后世的影响巨大。进入 20 世纪，随着人类实践活动向纵深发展，不确定性的增加，"授人以鱼不如授人以渔"，方法的引导、智慧的培养无疑变得极其重要。也正因为如此，"把单纯积累知识和教育等同起来乃是荒唐的"。通过引用卢梭关于学习地图的一个警句，杜威表达了自己的教育理想："在学校中获得知识的真正目的，当它需要的时候，寻求怎样获得知识，而不是知识本身。"

  本书记录了很多新型学校的改革举措，特别令人瞩目的是对葛雷学校的详细记录。葛雷是美国当时新兴的钢铁城市，但葛雷学校既不是专门为钢铁公司培养工人，也不是要替这些企业省些培训的费用，而是因为这些活动确有教育的价值。作为葛雷市的教育局长，沃特认为教育的问题不是要传授每个人具体工作可能需要的知识，而是要保持儿童的

---

[1] 本章导语中的引语均出自〔美〕约翰·杜威:《学校与社会·明日之学校》，赵祥麟、任钟印、吴志宏译，人民教育出版社，2005 年，第 222、304、305、335、338、371 页。

自然兴趣和热情，并使得每个学生都能做好自己的事情。鉴于此，葛雷学校的课程进行了多方面改革与调整，旨在"让学生养成一种能把他们所获得的有限知识和生活的各种活动联系起来的习惯"。更为特别的是，为了筹措活动经费，葛雷学校采用了"两校轮流上课制"：每一幢房子里都开办两个学校，一个从上午8点到下午3点，另一个从上午9点到下午4点，每个学校轮流在教室中上课，而不上课的另一半时间则去从事各种主动作业。因采取这一措施，校舍建筑和场地得到了最大限度的利用，能省下钱用更多的教师，购买更多的活动设备。

"声称机会均等为其理想的民主制度需要一种教育，这种教育把学习和社会应用，观念和实践，工作和对于所做工作的意义的认识，从一开始并且始终如一地结合起来。"杜威之所以用"明日之学校"来赞美这些新式学校，原因是它们展现了民主教育的本质诉求。随着平等思想的广泛传播，人们逐渐意识到教育不应该只是少数人所享有的特权，而是社会大众的基本权利。但在现实教育中，"实用性学科与那种专为少数人名副其实的文化目的而设的高等教育之间，划出了一条严格的界线"。要改变这一状况，杜威认为应摒弃传统二元对立的观念，努力将身体与心灵、知识与行动、个人与社会、职业与文化、学校与社会等融合起来，而新式学校在这方面做了有意义的尝试，它们并不是急急忙忙地为各个学生的职业做准备，而是像葛雷、印第安纳波利斯和其他学校那样，"给每个学生应该具备的理论知识赋予实践的价值，并且给予他一种对周围环境的条件和制度的理解力"。由这一评论可以看出，杜威的赞美之情溢于言表。

我们把学校中的学习夸大了

>> 学校中所学的东西至多不过是教育的一小部分，比较地还是粗浅的一部分；然而在学校中所学的东西却在社会中造成种种人为的区分，使人们相互隔离开来。结果，在与日常生活过程中获得的东西相比较，我们把学校中的学习夸大了。但是，我们必须纠正这种夸大，这不是轻视学校中的学习，而是注意观察日常生活过程中所给予的广泛的、更有效的训练，从中发现在校园最好的教学方法。

——《杜威教育文集》第 1 卷，第 209 页

朱永新解读：

杜威这本书开宗明义就从卢梭的自然主义教育观点出发，提出教育不是从外部强加给儿童某些东西，而是人的天赋能力的生长。他认为，我们过分夸大了学校教育的作用。其实学校教育只是人的教育的一小部分，而且是非常"粗浅"的一部分。人的大量的知识与经验、技能，都不是在学校中学习的。所以，学校教育应该注意观察日常生活过程中那些"更有效的训练"，并且从中找到可以在学校教育中运用的"最好的教学方法"。

学习是人不可缺少的事

>> 也许我们大家犯的最大和最常见的错误，就是忘记学习是对付种种现实情况的一种不可缺少的事。我们竟以为人心天然地厌恶学习——好比以为消化器官厌恶食物并且必须施加哄骗或威胁一样。

——《杜威教育文集》第 1 卷，第 210 页

朱永新解读：

成长是儿童的天然需求，学习是儿童的内在需要。杜威反对那些主张儿童天生厌恶学习的判断，认为如果以为儿童天然地厌恶学习，就等于以为我们的消化器官天然地厌恶食物一样，完全是不符合逻辑的。关键是我们让孩子学习什么。所以杜威问道："为什么硬要他学习也许一生用不着的东西，而忽略了那些适应他的目前需要的东西呢？"

注
意
当
前
生
长
的
需
要

>> 如果我们能够真正相信，注意当前生长的需要，就可以使儿童和教师都忙于工作，并且对将来需要的学习能够给予最好的可能的保证，那么，教育观念的革新也许能早日完成，而其他所期望的变革多半能满意地进行。

——《杜威教育文集》第 1 卷，第 211 页

朱永新解读：

杜威认为，我们的教育往往过于焦虑，总认为孩子需要学习许多知识，"不断地对我们成年人所知道的东西感到担心，深恐儿童永不会去学它"，希望尽快地用各种训练的方法把这些东西灌进儿童的大脑中。其实，这是一个明显的误区。教育的关键还是注重当下，注意"当前生长的需要"。

操之过急会导致伤害

>> 如果教育就是各种自然倾向和能力的正常生长，那么注意在生长过程中每天所进行的特殊形式，是保证成年生活的种种成就的唯一方法。人的成长是各种能力逐渐生长的结果。儿童时期的真正意义是生长和发展的时期。成熟要经过一定的时间；操之过急会导致伤害。儿童期的真正含义就是，它是生长和发展的时期。所以，为了成年生活上的成就而不顾儿童时期的能力和需要是自杀性的。

——《杜威教育文集》第 1 卷，第 211 页

朱永新解读：

操之过急，是每个父母和老师经常容易犯的毛病。揠苗助长，也是许多父母和老师经常干的傻事。人的成长，在不同时期有不同的主题和不同的任务，我们不必把成年人的许多主题和任务匆匆忙忙交给孩子，要有足够的耐心静待花开。如果我们不考虑儿童的可接受性，不考虑儿童时期的基本特点，只是从成年人的立场出发考虑问题，那么，我们的教育就必然是"自杀性"的。

保证身体的健全发展

>> 身体的生长和智力的生长不是同一个东西，但两者在时间上是吻合的。而且一般说来，后者没有前者是不可能的。如果我们尊重儿童时期，那么我们第一个特殊的原则就是保证身体的健全发展。

——《杜威教育文集》第 1 卷，第 212 页

朱永新解读：

儿童的生长和发展，包括身体与心灵（杜威在这里表述为智力）两个大的方面，我们新教育则分为自然生命、社会生命和精神生命三个方面。其中，身体是基础性的、根本性的。因为，"心智的适当发展直接赖于肌肉和感觉的适当用途"，所以杜威明确提出儿童的首要任务就是"自我保存"。是的，如果生命都无法保存，教育还有什么意义呢？教育是为生命而存在的。身体教育，健康教育，生命教育，永远是教育的根本所在。

>> 在学校中获得知识的真正目的是，当它需要的时
候，寻求怎样获得知识，而不是知识本身。

——《杜威教育文集》第 1 卷，第 216 页

朱永新解读：

知识教学在家庭教育和学校教育中无疑是重要
的。但是，知识教学的目标不是获得知识本身，不是
让孩子成为知识的储藏器。杜威在书中分析了"指导
自然生长的教学和强行注入成年人的造诣的教学"之
间的区别，后者重视的是积累许多符号和形式的知识，
"强调的是知识的量而不是知识的质"，所要求的是考
试的分数和作业的成绩，而不是个人的态度和方法。
而前者则相反，强调的是知识的质而不是知识的量，
强调的是掌握各种解决问题的方法。

保持对好书的喜爱

>> 儿童在学校里养成不喜欢读书的习惯，就会舍弃好的文学作品而追求拙劣的作品。但是，假如允许和鼓励儿童在学校里听故事，读故事和表演故事，就像他们在家里做的那样——也就是说，为了故事中的趣味而做这一切——他们就会保持对好书的喜爱，爱读好书。

——《杜威教育文集》第 1 卷，第 233 页

朱永新解读：

杜威在研究阿拉巴马州菲亚霍普地区的案例时发现，他们的学校对于讲故事和戏剧表演给予了特别的重视。他们要求学生讲自己在校外听到的故事，朗读在书中听到的故事。在梅里亚姆教授领导的哥伦比亚的密苏里大学附属小学，对于讲故事也特别重视，对孩子们来说，讲故事就"等于在上阅读和写作课"。杜威在分析两个案例时说的讲故事，不仅是老师、父母给孩子讲，也包括孩子给老师、父母和其他孩子讲。甚至，唱歌也是讲故事的重要内容，正如梅里亚姆说得那样，"歌曲是故事的另一种形式，年幼儿童唱歌是因为歌中有乐趣，歌中有故事"。

>> 判断一项教育实验，靠学生是否有能力"跟上"
这实验所要改进的那种制度作为标准，这是很少
有价值的。实验的目的，不是在于发明一种方
法，使教师能在同样的时间内教儿童更多的东
西，或者甚至使儿童更愉快地为大学的课程做
准备。实验的目的，更确切地是要给儿童一种教
育，这种教育能向他展现自己的各种能力，并且
如何在他所处的世界中从物质和社会的两方面练
习这些能力，使他成为一个更好、更幸福、更
用的人。

——《杜威教育文集》第 1 卷，第 237—238 页

朱永新解读：

　　杜威在这段文字中提出了一个非常重要的问题：
我们所有的教育改革、教育实验究竟是为了什么？是
为了证明某种教育理念的先进性？还是未来论证某种
教育方法的正确性？是为了让学生能够"跟上"改革
或者实验的步伐？还是未来把学生培养成为一个"更
好、更幸福、更有用的人"？答案无疑是后者。这样
的人，杜威用了"完整的个人"来描述。这种"完整
的个人"的提法，对于新教育实验"过一种幸福完整
的教育生活"具有重要的启示作用。需要一提的是，
作为一个具有理想情怀的实用主义教育家，杜威没有
忘记教育改革与实验的可行性。他写道："如果当一所

学校想方设法为学生做到这一点，与此同时又能把他们在一所更为传统的学校所能学到的一切教给学生，那么我们可以确信，这种实验是不会失去什么的。"也就是说，教育改革与实验，既要能够体现理想，也要能够适应现实，不为了分数，也不能惧怕考试。

>> 家庭生活是教育的中心，并且从某种程度上说，它为每一个教育机构提供了模式。在家庭生活中，各种物体如桌子、椅子、庭园中的树、围栏上的石子，都含有社会的意义。它们为人们所共同使用，并且影响着他们的普通行为。

——《杜威教育文集》第1卷，第240页

朱永新解读：

儿童是以家庭为中心的。家庭生活无疑也是教育的中心。儿童是通过家庭认识这个社会的，学会处理人与人的关系的；儿童也是通过家庭，认识各种物品、自然等各种现象的。所以，了解儿童在家庭学习过程中的内容与方法，对于任何一种教育机构来说都是很有借鉴意义的。

从社会环境中学习

>> 以具有社会用途的事物为媒介的教育，无论对智力以及道德发展都是必要的。儿童越是密切地或直接地从社会环境中学习，他所获得的知识就越是真实和有效。因为只有首先能处理好我们周围的事情，然后才有能力处理遥远的事情。

——《杜威教育文集》第 1 卷，第 240 页

朱永新解读：

　　裴斯泰洛齐认为，真正的人类智慧，都是"从直接的环境中所获得的密切知识，以及通过训练得来的应付环境的能力"。而且，因为这种素质是在"和严厉的现实打交道中形成的，因此它能适应将来的各种环境"。杜威对此非常欣赏，认为这是裴斯泰洛齐对教育理论的积极贡献。所以，关键是要让孩子学会处理好"周围的事情"，让孩子直接从他们身处的环境中学习。

儿童日常经验的意义

>> 儿童的日常经验，他的一天天的生活，以及学校课堂的教材，都是同一事物的各个部分；它们是人类生活的第一步和最后一步。把这两者相对立，就是把同一个正在生长的生命的婴儿时期与成年时期相对立；把同一种力的运动方向与其最终的结局相对立；也就是要使儿童的本性与其将来的命运彼此发生冲突。

——《杜威教育文集》第 1 卷，第 244—245 页

朱永新解读：

　　杜威认为，儿童最难学习的课程就是"实践课"，而且这门课程学不好的话，再多的书本知识也补偿不了。各个学科的知识，其实是对人们实践经验的总结和提炼，而不是与实践本身对立的。因为，他们分别属于人类生活的"第一步"和"最后一步"。所以，我们在走"最后一步"的时候，一定要不忘初心，不忘那"第一步"。这样，把学校的学科教学与孩子的日常生活体验结合起来，就能取得较好的效果。

用获得最初经验的方法来扩大儿童的经验

>> 如果我们采用与儿童获得最初经验尽可能相类似的方法来扩大儿童的经验，很显然，我们就可以大大提高我们的教学效果。我们都知道，儿童没有进学校以前所学的东西，没有一样不是与他的生活有直接的联系的。他怎样获得这种知识，这个问题为自然的学校教育方法提供了线索。

——《杜威教育文集》第 1 卷，第 245 页

朱永新解读：

在教学过程中，不仅要把"最后一步"与"第一步"紧紧地联系起来，同时，还要借鉴儿童获得最初经验的方法，即"第一步"是如何迈出的方法，来走好课堂教学的"最后一步"。也就是说，儿童在没有进入学校前所学习的东西，其实都是与他们自己的直接生活相关的。如果学校突然改变了这种学习方式，儿童会不知所措。所以，在学前教育和小学低年级，注意这种衔接与过渡是很重要的。

当然，任何事情都让儿童自己去亲身体验，其实也是没有必要的。毕竟，进入学校以后，儿童可以依靠语言和思维的工具，间接地获得各种知识，这样才能更高效率地掌握知识与发展技能。

>> 在任何一门学科的专家看来，一切教材都是分门别类的和编排好的；但是在编入儿童的课本之前，必须加以简化，大量压缩。能激发思想的特点被模糊了，组织的功能也消失了。儿童的推理能力及抽象和概括能力得不到充分的发展。这并不意味着教科书必须废除，而是说它的功能改变了。教材成为学生的向导，靠着它他可以节省时间，少犯错误。教师和书本不再是唯一的导师；手、眼睛、耳朵，实际上整个身体都成了知识的源泉，而教师和教科书分别成为发起者和检验者。

——《杜威教育文集》第 1 卷，第 245—246 页

朱永新解读：

杜威分析了印第安纳州波利斯市学校系统的第 45 公立学校的一项教学实验。这所学校为了防止作业成为单纯的课本训练，或者成为考试的准备，通过"做中学"让学生在实践中获得知识。如在五年级，通过让学生自己盖一间平房的过程，让学生学习算术（计算木材等材料数量和费用等），英语（与建筑相关的词汇），美术（色彩、装饰等），戏剧等。他认为这样的学习比简单地学习教科书具有一定的优势，一般教科书经过了大量的压缩加工，把许多结论直接提供给学生，这样学生自己的推理能力与抽象概括能力就得不到充分的发展。所以，教师如何处理好教科书与学生的实际经验之间的关系就显得非常重要。

游戏如此自然和不可避免

>> 任何时代任何人，对于儿童的教育，尤其是对于年幼儿童的教育，无不在很大程度上依赖于游戏和娱乐。游戏是如此出自自然的和不可避免的，以至很少有教育著作家从理论上赋予它在实际中所占的地位，或者试图弄明白，儿童自发的游戏活动能否提出一些可供学校采纳的启示。

——《杜威教育文集》第 1 卷，第 260 页

朱永新解读：

杜威对游戏问题非常重视。《明日之学校》的第五章专门论述"游戏"就是例证。杜威在这一章开宗明义就讲述了上述这段话。在任何时代，任何人对儿童的教育都是离不开游戏的。尤其是对于低幼的儿童，更是离不开游戏。虽然教育家们对游戏的论述不多，但是游戏之重要，对于儿童之不可或缺，无疑是不争的事实。所以，需要研究的是，如何从儿童的游戏中发现一些对学校教育真正有用的规律性的东西。

通过游戏认识世界

>> 确实，幼儿生活中的最主要时间，是消磨在游戏上的，不是从事他们从大一点的儿童那里学来的游戏活动，就是玩他们自己发明的游戏。这些发明的游戏通常也不外是对年长点的人的活动的模仿。所有幼儿都会想到玩盖房子、当医生或当战士的游戏，即使他们没有得到能暗示这些游戏的玩具；的确，做游戏的快乐，多半出于寻找和制造必要的东西的过程之中。这种游戏的教育价值是显而易见的。它能教给儿童他们生活于其中的世界。他们的游戏玩得愈多，他们的玩具材料就愈精巧，整个游戏也就成为一幅相当精确的反映他们家长日常生活的画面，不过赋予了儿童的语言和举止。通过游戏，他们了解了成人世界的工作和娱乐。除了看到构成这个世界的种种要素外，他们认识了许多保持这个世界前进所必需的种种活动和过程。

——《杜威教育文集》第 1 卷，第 262 页

朱永新解读：

对于孩子来说，其实游戏比玩具更加重要。甚至不需要玩具，孩子们也可以兴致勃勃地做游戏。正如杜威介绍的那样，当幼儿在玩盖房子、当医生或当战士的游戏时，即使没有进行这些游戏的玩具，也不会影响他们游戏的正常开展。对于儿童来说，游戏不是游戏，而是他们真正的生活。成人看起来是小儿科的事情，儿童却当作天大的事情。成人觉得一点也没有

意思的事情，儿童却兴趣盎然，沉溺其中。游戏生活，就是儿童的世界空间。虽然每个时代有每个时代的游戏，但是游戏是有历史印记且有区域特点的。游戏是历史文化遗产的重要组成部分，所以游戏是需要传承的。儿童往往是从大一点的儿童那里学习游戏，或者是从父母、爷爷奶奶等那里学习游戏。

重视儿童演戏的本能

>> 儿童自发的游戏欲望在低年级时最为强烈，但是游戏本能中还有一种因素，这种因素学校在高年级中也在利用，那就是演戏的本能，即扮演他人的行为。所有的儿童都喜欢假装不同于他自己的人和物；他们喜欢通过情景所暗示的动作把情景表演得更为逼真。

——《杜威教育文集》第 1 卷，第 268 页

朱永新解读：

如果说自发的游戏欲望对于年幼儿童来说特别强烈，那么，对于稍微年长的孩子来说，表演就显得特别重要了。对于后者来说，表演的意义绝不亚于儿童时期的游戏的作用。其实儿童往往是在游戏和表演的过程中学会体验别人的情感与角色，认识各种职业的特点，理解各种人物的命运的。正因为如此，新教育实验非常重视培养学生的表演能力，我们把艺术课程从传统的音乐与美术两门课程，发展为视觉艺术、听觉艺术和表演艺术三类课程，并且通过每学期的期末叙事、颁奖活动，所有学生都要参加演出一出生命叙事剧。

使人成为幸福、道德、能干的人

>> 假定教育改革家们的设想是正确的，即认为教育的功能就是帮助一个不能自助的年轻生物成长，使之成为一个幸福的有道德和能干的人，那么一个前后一贯的教育计划就应当充分允许给予自由以促进那种生长。儿童的身体必须有场所可以活动、伸展和锻炼肌肉，疲倦时可以休息。

——《杜威教育文集》第 1 卷，第 277 页

朱永新解读：

杜威在讨论自由与个性成长的关系问题中，说出了这段话。杜威批评了传统的学校观，即把学校视为一个"命令式的训练"的场所，在这里学生就要安安静静，就要"一排排的儿童端坐在课桌旁，聆听着教师的讲课，只有当要他们发言时才能开口"。这样死气沉沉、毫无自由的学校与教育，无疑是无法培养出健康有活力的儿童的。

所以，教育的使命，在于促进一个不能自助的年轻生物自由成长，就要给他舒展的空间，就要给他充分的自由，就要给他"从早到晚都能提供真正的练习机会"，张弛有度，健康成长。

每个儿童都有很强的个性

>> 只要千篇一律地对待儿童，就不可能建立一个真正科学的教育学。每个儿童都有很强的个性，同样任何科学都必须对本科学的所有材料做出判断。每个学生都必须有机会显露他的真实面目，这样教师就能发现学生在成为一个完全的人的过程中需要干些什么。教师只有熟悉她的每个学生，她才有指望理解儿童，而只有当她理解了儿童，她才有指望去发展任何一种教育方案，使之或者达到科学的标准，或者符合艺术的标准。

——《杜威教育文集》第 1 卷，第 277—278 页

朱永新解读：

给儿童充分的自由，首先意味着尊重每个儿童的个性。教育的最高境界，教育的基本遵循，就是要让每个人的潜力得到最大的发挥，每个人的个性得到最大的张扬，让每个人成长为最好的自己。所以，用一张试卷评判所有学生，用一个标准衡量所有学生，永远不可能有真正的教育，正如杜威说的那样，"只要千篇一律地对待儿童，就不可能建立一个真正科学的教育学"。这句话不仅是说给教师的，当我们面对几十位完全不同的孩子时，我们应该清醒地意识到他们的差异性。这句话也是说给父母听的，你自己的孩子也是唯一的。如果你有两个孩子，他们也是完全不同的两个个体。走进他们，发现他们，帮助他们成为最好的自己，是教育的真谛。

让每个学生都有机会表现自己

>> 假如将学生排成行列，把知识提供给他们，然后要求他们以同一种方式交回来，那在学生的身上什么东西也发现不了。但是假如每个学生都有机会表现自己，表现他的特质，那么教师就有材料来构筑她的教学方案了。

——《杜威教育文集》第 1 卷，第 278 页

朱永新解读:

既然每个孩子是不一样的，既然教育的最高目标就是帮助每个孩子成为自己，那么，我们对于学生的要求，对于学生的评价，也应该是差别化的，多样化的，个性化的。如果让不同的学生做同样的作业，交同样的试卷，写同样的话语，那就是工厂的流水线，就是标准化的制造。所以，我们应该鼓励孩子发出自己不同的声音，讲述自己不同的故事，交出自己不同的作业。个性的才是最好的。我们的父母，在欣赏孩子的涂鸦、手工、诗歌、文章等作品时，也要注意不要用像不像、好不好等简单的对与错来衡量，而应该用与众不同的个性、特色为标准来评价作品。

教育不能对儿童划一看待

>> 教育，如果对儿童划一看待，好像他们的种种冲动不过是一个成人社会（而且这个社会的弱点和失败一直在被人们哀叹着）的一般冲动的反映，那么这种教育必定是在复制一个同样通常的社会，它甚至不愿意去发现是否有可能以及怎样可能来使这个社会变得更好。

——《杜威教育文集》第 1 卷，第 278 页

朱永新解读：

个性的才是最好的——这句话不仅是对儿童说的。也就是说，教育的功能不仅仅是让每个孩子的个性得到最大的张扬，让他们真正成为与众不同的自己，同时也是为了建设一个好的社会。因为，如果我们的教育整齐划一地对待所有的儿童，我们的教育成为一台巨型的人才复印机，那么，"教育必定是在复制一个同样通常的社会"，也就不可能承担起建设一个更多彩的美好社会的任务了。

重视儿童自发的好奇心和喜欢活动的天性

>> 当儿童自发的好奇心喜欢活动的天性用于研究有益的问题上，用于自己去发现如何才能使环境适合他的需要时，教师就会看到，学生不仅功课做得和以前一样好，而且学会了如何去控制和创造性地利用那些能量，这些能量在普通的课堂里只起到消极的作用。

——《杜威教育文集》第1卷，第279页

朱永新解读：

在传统的家庭、传统的教育和传统的课堂中，只有安安静静、安分守己的孩子才是标准的好孩子。他们唯唯诺诺，听话有礼貌，从来不越雷池半步。而在传统的父母和传统的教师眼里，也只有这样的孩子才是好孩子。其实，真正支配儿童成长的动力，是他们"自发的好奇心"和"喜欢活动的天性"。我们不能为了图省心，为了表面上的安静与纪律，而把最优秀的品质丢弃，要学会让这些真正的"正能量"在教育中发挥更大的作用。

>> 没有各种职业——这些职业是基本的社会生活即人类生活——文明就无从绵延下去。结果是必须有一种社会教育，因为每一个人都必须学会使自己适应他人和整个社会。这种教育当让它听其自然时，虽然是必要的，可是却杂乱无章。我们送儿童入学，想象中就是要他们系统地学习生活所必需的各种职业，但是绝大部分的学校在其教学方法和教科书中，却忽略了这一社会生活的基础。这些学校不是把具体的工作和工作中的人的方面放在中心，相反却强调抽象的东西，结果使工作成为经院式的——非社会化的。

——《杜威教育文集》第1卷，第292页

朱永新解读:

杜威在详细考察学校与社会的关系问题时，写出以上的话。他认为，职业对于人类社会非常重要，人民所从事的各个职业，都是为了满足人类的各种需要。只有当一个社会不同职业的人群成功地合作时，一个"均衡、幸福和繁荣的社会"才能够真正出现。职业因此就成为人类文明绵延不绝发展的重要原因之一。所以，作为增进社会幸福、繁荣的教育，应该注重职业的问题。杜威批评了当时美国绝大部分的学校对职业教育不够重视的问题，因为在这些学校的教学方法和教科书中，很大程度上忽略了作为"社会生活的基础"的职业，忽略了把具体的工作和工作中的人的方面放在学校教育的中心，结果沦为经院式的、非社会化的境地。

儿童的社会适应

>> 公立学校的第一任务是教儿童在他发现自己所在的这个世界里生活，理解他在这个世界上分担的责任，使他在适应社会方面有个良好的开端。只有当他把这些事情做得很成功，他才有时间或兴趣去从事纯属智力活动方面的修养。

——《杜威教育文集》第 1 卷，第 293 页

朱永新解读：

　　杜威分析了美国教育形成的过程与传统，发现从拓荒时代开始的教育，自给自足，面向过去是重要特点，儿童的社会性、职业性是相对被忽略的。所以，作为现代教育体系下的公立学校，自然不能沿袭过去的教育传统，而应该让孩子发现和认识他们所处的这个世界，理解和体认自己在这个世界的责任与义务。这是整个教育的出发点。这件事情做好了，行有余力则以学文，再从事智力方面的修为，就完全顺理成章了。

使儿童学会珍惜健康

>> 现代社会懂得，身体的爱护和成长，就像心灵的发展一样重要；不仅如此，由于后者要依赖于前者，因此学校要成为使儿童学会过身体健康的生活如同过精神的生活一样的场所。

——《杜威教育文集》第 1 卷，第 295 页

朱永新解读：

人是一个身心灵统一的生命体，既要有丰富的身体健康的生活，又要有丰富的精神生活，这样才是一个真正完整的人。我们经常人为地把两者割裂开来，其实是不应该的。杜威提出，身体的爱护与成长，不仅像心灵的发展一样重要，而且，身体的发展是心灵发展的前提与基础。

所以，亲爱的父母，如何让孩子过一种健康的身体生活，本身就是教育的重要内容。

学校的课程的成就只能是极有限的

>> 由于机器带来的我们周围的事物和习惯的变化，我们的世界已经变得那样惊人的扩大和复杂，我们的眼界也那样开阔起来，我们的同情心得到了激发，没有表现出同样发展的一个学校的课程的成就只能是极有限的。课堂的教材必须考虑到各种新要素和社会的需要而加以扩充。

——《杜威教育文集》第 1 卷，第 295 页

朱永新解读：

正如杜威所说的那样，人类社会的发展日新月异，我们的视野也会因此变得更加开阔。学校教育无疑要跟上时代的发展与变化，学校的课程、教材等也无疑需要增加许多新的要素、新的材料。但同时我们也应该清楚，学校的课程、教材是永远跟不上时代与社会发展的步伐的。如果我们不断地做加法，不断地增加教材的内容，增加课堂的讲述，只能不断加重学生的负担。所以，在浩如烟海的知识面前，形成学会"理解它们并认识它们的相互关系及应用状况的能力"，就显得非常重要。

从向导和指挥者变为观察者和帮手

>> 教师的作用必须从一个向导和指挥者变为一个观察者和帮手。由于教师注意到每个学生而着眼于允许每个人最大限度地发展思维和推理能力，并且利用读、写、算的课作为训练儿童判断力和活动能力的工具，因此儿童的作用也必然发生改变。它变成了主动的而不是被动的，儿童成为询问者和实验者。

——《杜威教育文集》第 1 卷，第 296 页

朱永新解读：

无论是家庭教育还是学校教育，都不是简单地把知识从一个脑袋装进另外一个脑袋。所以，父母和教师不应该是向导和指挥者。向导和指挥者是真理的化身，孩子只有按照他们的线路行走，按照他们的指引前行，才是唯一正确的选择。这样，孩子的学习完全是一个被动的过程。只有变被动为主动，只有让孩子主动地探索，积极地询问，大胆地实验，孩子才能够真正地学深学透。

所以，父母与教师应该转变角色，变成观察者和帮手，按照孩子自己的要求，自己的节律，自己的方向去帮助他。

学生如何学习公民课？

>> 学生学习公民课，如果纯粹从教科书的一般原理
出发，那么课程的应用性和适用性就会大大削
弱，但如果通过地方调查和改进地方设施来学习
公民课，就无疑能影响地方生活。与此同时，社
会也能感受到学校在地方上的效用。

——《杜威教育文集》第 1 卷，第 312 页

朱永新解读：

　　杜威通过考察印第安纳州葛雷市的教育改革，发现葛雷的学校不是根据课本来教授"公民"这门课程的。而是通过让学生照看自己的校舍，制定在礼堂和操场必须遵守的行为准则，选举自己的学生会来模拟竞选运动、各种党派、初选活动、投票站以及选票等来学习的。"儿童们目睹各类事物，他们以做一个好公民来学习公民的权利和义务。"更重要的是，他们还通过社会调查，以及参与地方事务等，来亲身参与和体验公民活动，直接影响到地方的社会生活。学校不仅成为社会生活的一部分，而且成为改造社会的一支重要力量。也正是在这个意义上，杜威把学校视为一种"社会改良机构"。

>> 每一个地区都有权利期望和要求用公共经费维持起来的学校尽量广泛地为了公共目的而向社会提供服务。由于社会化的教育的尝试取得了如此的成功，并且又如此唤起了儿童的热情，所以这种尝试作为教育手段的价值已得到确认，因而让地方上的人民切实参与学校里的各种活动并使用学校的设备，就成为一种最为可靠的方式。通过这种方式就能培养地区公民一种更为明智的公共精神，并唤起他们对这块土地上的青年人的教育权利给予更大的关注。

——《杜威教育文集》第 1 卷，第 322—323 页

朱永新解读：

在杜威看来，学校与社会是一个双向交流互动的过程。不仅学校要参与社会的事务，学习社会的经验，社会也需要参与学校的事务，关注学校的发展。杜威认为，"学校是一个天然的和合乎逻辑的社会中心"，所以，学校理所应当地为社会提供各种服务。这样，学校也能够在服务的过程中更好地成长，更好地得到社会的参与。走进才会尊敬，在参与学校事务的过程中，公民才能形成更为自觉的公民意识与公民精神，同时对教育，对学生有更多的关爱。杜威的这个思想，对于我们构建和谐的家校合作关系，开展家校合作共育，是非常有启发意义的。

鼓励学生提出问题和产生兴趣

>> 所谓学会使用阅读材料，意思就是学校应该鼓励学生提出问题和产生兴趣，这些问题和兴趣能导致学生无论在校内或离开学校后去寻找具有内在价值的历史、科学、传记和文学的教材，而不是把时间枉费在大量充斥的拙劣作品上。

——《杜威教育文集》第 1 卷，第 330 页

朱永新解读：

在杜威的时代，知识已经从少数人拥有的稀有之物变成大众普遍拥有的东西。就像他在书中描述的那样，"图书馆到处都有，书本又多又便宜，杂志和报纸也到处可以看到"。这样，学校也就打破了过去对于书本和书本知识的专有权了。这种情况的出现，意味着告别了"开卷有益"的时代，让学生远离那些品质不高的图书，不要把时间"枉费在大量充斥的拙劣作品上"，成为教育的当务之急。也就是说，在阅读的问题上，面临的新挑战不是要不要读书，而是读怎样的书，怎样读书的问题。所以，他特别提出，要加强读书的问题意识，鼓励学生在阅读的过程中提出问题、产生兴趣。只有具有清晰的问题意识和浓厚的阅读兴趣，学生才不是为了应付学业而读书，才会在离开学校以后仍然有持续的阅读习惯与阅读兴趣。杜威的时代过去近百年了，他面临的问题在今天更为突出。在知识爆炸、图书泛滥的今天，我们如何读书？杜威的告诫仍然值得重视。

体力劳动怎样才有教育价值？

>> 把正在生长的儿童长时间地限制在同一种肌肉活动上，对于身心两方面都是有害的；要不断生长，他就必须从事那些能锻炼他的全身，提出新的问题，不断交给他新的东西的工作，这样就发展了他的思维和判断力。任何一种体力劳动，一旦成为完全熟悉和自动的东西，就不再具有教育的价值。

——《杜威教育文集》第 1 卷，第 337 页

朱永新解读：

杜威在专门讨论"工业教育"的问题时，写出以上观点。在杜威研究的案例中，最典型的是葛雷地区的学校。在葛雷，所有的学校都有一间午餐室和缝纫室，供女孩子学习烹调和做衣服。所有的学校都有印刷所、木工场、电工场、机械工场、模型室、铁工场和模塑工场，男孩子在那里可以看见他们日常所见的大部分东西是如何做成的，女孩子也可以参与其中。学校里还有绘画部、科学实验室等。对于葛雷的学生来说，劳动已经不是简单的"矫揉造作的练习"，而是"给予儿童去做其父母所做的同一类的事情，要求他们得到肌肉的熟练和在日常生活活动中的良好协作精神"。尽管杜威对这样的教育改革抱着赞赏的态度，但是他也发现了其中的关键问题。这个问题就是，儿童的劳作与父母的工作是有本质的不同的。"教育性"应该是两者最大的不同。也就是说，如果让儿童长时间

地重复某些劳动，"把正在生长的儿童长时间地限制在同一种肌肉活动上"，对于儿童的身心成长是不利的。一旦孩子已经掌握了某些体力劳动的动作与技能，这种劳动对他们就不再具有教育的价值。

关注儿童的健康

>> 健康无论从社会的角度或是个人的角度来说都是
重要的，因此一个有成就的社会有必要加倍地关
注这个问题。

——《杜威教育文集》第 1 卷，第 354 页

朱永新解读：

杜威研究了 20 世纪初叶美国教育改革的许多样
本，发现它们有一个共同点，就是注意到了学生身体
健康的重要性。但是，真正落实到具体的学校工作中，
就不是那么自觉和清晰了。所以他感叹道："到目前为
止，只有教育界的先行者，才认识到幼年儿童在多大
程度上学习运用他们的身体，以及在没有运用身体培
养心灵和没有运用心灵训练身体的制度下不可能保证
有全面的智力。"因此，杜威高度认同卢梭对于身体问
题的重视，认为这是任何一个有成就的社会都必须加
倍关注的问题。我们也可以这样说：身体，也是任何
有成就的父母，有成就的家庭，有成就的教师和有成
就的学校，应该加倍关注的大问题。

>> 当一个学生从做中学的时候，他精神上、肉体上都在体验某种被证明对人类有重要意义的经验；他所经历的心理过程，与最早做那些事情的人所经历的心理过程完全相同。

——《杜威教育文集》第1卷，第355—356页

朱永新解读：

现代"做中学"的理念强调："我听了，我忘了；我看了，我记住了；我做了，我明白了。"也就是说，教育的关键是，不仅要让学生学到具体的知识，更重要的是培养学生能够真正使用学到的知识。

杜威所说的"做中学"，虽然与现代"做中学"不完全相同，更多的是主张从生活中学习，从经验中学习，但是，在重视实践和经验方面，是有相通之处的。也就是说，教育不是一个简单的知识传输过程，必须伴随着精神和肉体的体验过程，知识才能真正被掌握。学生学习的过程与科学家发现的过程，从心理过程来看是完全相同的。

奖赏和高分充其量是人为追求的目标

>> 奖赏和高分充其量是人为追求的目标；它们使儿童习惯于期望得到他们从事的工作的成果价值以外的某些东西。学校被迫依靠这些动机的程度表明它们对真正的道德行为以外的动机是多么的依赖。

——《杜威教育文集》第1卷，第358页

朱永新解读：

当许多父母和教师仍然津津乐道地运用奖励和惩罚，挥舞着胡萝卜和大棒的时候，读一读杜威这段文字，还是可以清醒许多的。

无疑，我们不能够完全忽视奖励和高分对于孩子的诱惑，对于孩子学习动机的激发作用。但是，如果孩子们没有内在的动机，没有除了奖赏与分数的刺激物，他们一定是走不远的。这也是为什么许多"学霸"走向社会以后一事无成的原因之一。所以，无论是家庭教育还是学校教育，无论是父母还是教师，都要慎用奖赏和分数，而是要尽可能激发孩子的内在需求。要真正让儿童是出于"对工作本身的热爱来学习工作，而不是为了一种奖励或因为他害怕一种惩罚"。

给儿童独立行动和思考的信心

>> 如果我们训练我们的儿童执行命令，去做仅仅因为要他们去做的事情，而未能给他们独立行动和思考的信心，我们就是在克服我们制度的现有缺陷和建立真正的民主理想的道路上设置了一个几乎无法逾越的障碍。

——《杜威教育文集》第 1 卷，第 361 页

朱永新解读：

在任何时代，总有不少父母和老师喜欢那些听话的"乖乖孩"，喜欢那些绝对服从的"忠诚者"。在杜威看来，对于孩子——未来社会的公民来说，"有活力、主动性、创造性——这些品质比在执行命令中哪怕是最完美的忠诚来说对世界更有价值"。训练儿童温顺和服从，小心翼翼地完成父母或者老师交办的各种事务，完成各种作业，是"适合于一个专制社会"的做法，而不符合民主社会的理想。所以，要给孩子更多的独立行动的机会，给孩子独立思考的机会，帮助他们建立对于自己的信心。这不仅是教育的要求，也是构建一个理想社会的要求。

>> 直到最近，学校教育满足的只是一个阶层的人的需要，即那些为知识自身而对知识感兴趣的人，如教师、学者和研究人员。对于从事手工劳动的人来说训练是必需的这个思想，仍然是如此新颖，以至于学校仅仅刚刚开始承认控制物质生活资料的能力确实也是知识。直到前不久，学校仍忽略了数量最多，并且整个世界都要依靠他们提供必需品的那一层人。

——《杜威教育文集》第 1 卷，第 362 页

朱永新解读：

在现代学校制度产生之前，教育是为少数人服务的，享受学校教育的也是少数贵族阶层。自然，学校教育的内容也是为了这个阶层设计的。虽然随着现代工业革命的兴起，义务教育制度的出现，教育成为所有公民及其子女的权利和义务，教育的目标和内容也应该随之发生相应的变化。但是总体来说，教育和学校的惰性非常之大。所以，在杜威看来，学校教育满足的仍然只是"一个阶层的人的需要，即那些为知识自身而对知识感兴趣的人"的需要，对于大部分从事手工劳作的人，学校远远没有给予足够的重视，教育内容也没有给予充分的安排。其实，在打破了世袭的格局，在每个人都有可能从事不同职业的现代社会，满足不同人群的教育需求，让学校成为汇聚美好事物的中心，让每个人在学校里找到自己，发现自己，成就自己，才是教育的理想。学校不能成为少数尖子学生的天堂，而应该为每个孩子找到通向天堂的道路。

一种教育

民主制度需要

>> 声称机会均等为其理想的民主制度需要一种教育，这种教育把学习和社会应用，观念和实践，工作和对于所做工作的意义的认识，从一开始并且始终如一地结合起来。

——《杜威教育文集》第 1 卷，第 367 页

朱永新解读：

在某种意义上可以说，杜威的这本《明日之学校》，就是为即将出现的民主社会的教育制度摇旗呐喊的。这个教育制度是为民主社会量身定做的。这个制度就是要为每个人的发展提供均等的机会，就是要把学习和社会应用，把观念和实践，把工作和对于工作意义的认识，有机地统一起来。杜威认为，不应该存在两种不同的制度，即"一种制度是为有更多闲暇时间的家长的子女而另一种制度是为那些靠工资为生的人的子女的情况"，也就是说，不能对一部分人进行"过分的书本教育"，而对另外一部分人进行"过分的'实际'的教育"。教育的分离与对立是社会的分离与对立的根源所在。杜威的这个论述，对于我们争取处理好普通教育与职业教育的关系，应该也是很有启发意义的。杜威的《明日之学校》就与大家一起学习到这里。有意思的是，杜威没有真正预见到 100 年后教育的格局，也没有看到 100 年后他的理想学校的出现。他书中为之激动和兴奋的许多学校，现在已成为明日黄花。但是，对理想教育的探索，对明日之学校的思考，仍然在继续。

第七章

**教育即生活，
教育即生长**

导语

本书从第七章到第九章，解读的是杜威最重要的一部著作《民主主义与教育》。这本书在西方被誉为是与柏拉图《理想国》和卢梭《爱弥尔》并列的三大教育哲学名著之一，也被认为是理解近百年来美国教育思想演进的一把钥匙。

"民主主义不仅是一种政府形式，它首先是一种联合生活的方式，是一种共同交流经验的方式。"① 为了实现这一伟大的理想，杜威认为必须改革传统教育并把学校建成共同体，让学生在共同生活中养成相互协作、自由探究的习惯。

为批判阻碍教育改革、民主建设的一些错误观念，杜威将现代科学作为利器。主要包括：基于当时生理学关于大脑神经与身体活动密切关系的新成果，颠覆"心灵"与"身体"分离观念；基于进化论关于人类是由较简单的生命形态演化而成的新观念，摒弃了"认知"活动可以独立于"外在"环境的幻象。基于实验科学对实践与知识的新理解，批判了知行分离的"旁观者认识论"。② 正是源于现代科学的启迪，在杜威哲学中，"经验"取代了感觉与理性，人取代了神，"探究"取代了"静观"，显示出鲜明的时代特点。"哲学、教育和社会理想与方法的改造是携手并进的"③，杜威进而对教育的传统进行了反思，批判了贯穿其中的各种二元对立，包括心灵与身体、心灵与世界、个体与他人、认知与行动、闲暇与劳作、理性与经验、人文与自然、文化与效用、博雅与职业的分

---

① 〔美〕约翰·杜威：《民主主义与教育》，王承绪译，人民教育出版社，2001年，第97页。

② 李玉馨：《解读杜威教育王国》，台北学富文化事业有限公司，2017年，第143页。

③ 〔美〕约翰·杜威：《民主主义与教育》，王承绪译，人民教育出版社，2001年，第350页。

离或对立。追根溯源，这些对立又是源于专制社会的阶级对立，已到了非除不可的地步。

　　杜威不仅在理论上积极改造旧的经验主义与理性主义，而且在教育中引进知行合一的经验方法，并由此创建了实用主义的教育哲学。就教育本质观而言，杜威从现实的人出发，认为脱离于社会、游离于活动而论及人的教育，是一种抽象的或浪漫的教育本质观。他不仅主张教育是社会生活延续的工具，学校必须反映社会生活正在发生的各种变化；而且还提出教育是经验的改造与改组。通过将教育与生活、经验、社会、活动等要素的关联，杜威确立了独具一格的教育本质观。就教育目的而言，通过对当时流行的"自然发展""社会效率""文化陶冶"等多种教育目的观的批判，杜威认为教育既要培养儿童的职业技能，又要重视对他们的文化陶冶，因此课程应以时代需求、社会发展作为依据，通过学习有社会意义的课程，以培育儿童的合作精神与生活能力。就教学方法而言，有别于传统的静听方式，杜威以科学方法为榜样，主要从两个方面阐释了教学方法改革与创新的问题。一是在行动与思维的关系上，他提出了"做中学"；二是在思维与教学的关系上，他提出了"五步教学法"。近年来改革表明，随着智能化、信息化、绿色化等新技术的发展，探究能力、创新思维、合作意识、深度学习对儿童来说越发重要，杜威"做中学"的当代意义正在日益显现。

教育就是生活的社会延续

>> 就人类来说，信仰、理想、希望、快乐、痛苦和实践的重新创造，伴随着物质生存的更新。通过社会群体的更新，任何经验的延续是实在的事实。教育在它最广的意义上就是这种生活的社会延续。

——《杜威教育文集》第 2 卷，第 7 页

朱永新解读：

《民主主义与教育》第一章讲的就是"教育是生活的需要"。也就是说，教育是人类生活得以延续发展的基本条件。人类的信仰、理想、希望、快乐、痛苦，等等，是伴随着人类的物质生活存在的，也是人的社会生活与生产活动中不可或缺的，这些经验的延续，离开了教育是无法进行的。所以，在这个意义上说，教育本身就是社会生活的延续。

教育的必要性

>> 社会群体每一个成员的生和死的这些基本的不可
避免的事实，决定教育的必要性。一方面，存在
群体的新生成员——集体未来的唯一代表——的
不成熟和掌握群体的知识和习惯的成年成员的成
熟之间的对比。另一方面，这些未成熟的成员有
必要不仅在形体方面保存足够的数量，而且要教
给他们成年成员的兴趣、目的、知识、技能和实
践，否则群体就将停止它特有的生活。

——《杜威教育文集》第 2 卷，第 7 页

朱永新解读：

　　教育不仅是生活的延续，也是生命的延续。社会
群体的生与死，也与教育有着非常密切的关系。教育
的使命，首先，要维系社会成员的生存，使那些未成
熟的成员"在形体方面保存足够的数量"，能够正常地
生存。其次，要使那些成年人掌握基本的生产与生活
技能，并且尽快地缩小未成熟的成员与成熟的成员在
"掌握群体的知识和习惯"方面的差距。否则，社会群
体就无法开展正常的生产实践活动，群体的生活也将
中断。

初生的孩子缺乏起码的能力

>> 事实上，初生的孩子是那样不成熟，如果听任他们自行其是，没有别人指导和援助，他们甚至不能获得身体生存所必需的起码的能力。人类的幼年和很多低等动物的崽仔比较起来，原有的效能差得多，甚至维持身体所需要的力量必须经过教导方能获得。那么，对于人类一切技术、艺术、科学和道德的成就来说，那就更需要教导了！

——《杜威教育文集》第 2 卷，第 8 页

朱永新解读：

　　杜威在这里说的是一个基本的常识，即人类的初生儿与许多低等动物相比，其所具备的能力要差许多。许多动物出生以后就能够站立、行走、饮食，而人类要经过较长的时间才能够具备这些能力。所以，无论是维系基本身体需要的能力，还是人类特有的科学技术、文学艺术、道德品质，离开教育是根本不可能的。如果说动物依靠遗传就能维系自己的生存和生命活动，那么人类是根本无法做到的。教育让人真正地成为人。

>> 人们因为有共同的东西而生活在一个共同体内；而沟通乃是他们达到占有共同的东西的方法。为了形成一个共同体或社会，他们必须共同具备的是目的、信仰、期望、知识——共同的了解——和社会学家所谓的志趣相投。这些东西不能像砖块那样，从一个人传递给另一个人；也不能像人们用切成小块分享一个馅饼的办法给人分享。保证人们参与共同了解的沟通，可以促成相同的情绪和理智倾向——对期望和要求做出反应的相同的方法。

——《杜威教育文集》第 2 卷，第 9 页

朱永新解读：

杜威认为，社会的继续生存与发展，必须形成一个真正的共同体或者社会，这个共同体或者社会，必须拥有共同的目的、信仰、期望和知识，这些无疑是需要通过传递与沟通的，而且，这种传递和沟通无疑是要通过"教导和学习"来实现的，但是，也要"避免过分学校式的和形式的教育观念"。因为，这些共同的目的、信仰、期望和知识，是无法像建筑房子时传递砖头，或者分配食物时分享馅饼那样获得，而必须拥有共同的生活。

教育本质上也是一种沟通，所以，促进共同体的形成也是教育的重要使命。

共同体与空间距离无关

>> 人们住地相近并不成为一个社会，一个人也并不因为和别人相距很远而不在社会方面受其影响。一本书或一封信，可以使相隔几千里的人们建立起比同住一室的住户之间存在的更为紧密的联系。甚至为一个共同目的工作的个人也不构成一个社会群体。一部机器的各个部分，为着一个共同的结果而以最大限度的相互合作运转，但是它们并不形成一个共同体。但是，如果他们都认识到共同的目的，大家关心这个目的，并且考虑这个目的，调节他们的特殊活动，那么，他们就形成一个共同体。但是这将牵涉到沟通。每个人必须了解别人在干什么，而且必须有办法使别人知道他自己的目的和进展情况。意见的一致需要沟通。

——《杜威教育文集》第2卷，第9页

朱永新解读：

　　共同体的形成与人们的空间距离没有直接的关系。没有共同的目的、信仰、期望和知识，没有共同的语言、密码、价值和愿景，即使同在一个屋檐下，也完全可能形同路人。甚至为了一个共同结果而互相合作的人们，也不一定能够形成真正的共同体。相反，"一本书或一封信，可以使相隔几千里的人们建立起比同住一室的住户之间存在的更为紧密的联系"，这就是因为通过一本书或者一封信，让他们建立了真正的联系。沟通，无论是在共同的阅读，还是共同的生活中，都具有十分重要的作用。

一切沟通都具有教育性

>> 社会生活不仅和沟通完全相同，而且一切沟通（因而也就是一切真正的社会生活）都具有教育性。当一个沟通的接受者，就获得扩大的和改变的经验。一个人分享别人所想到的和所感到的东西，他自己的态度也就或多或少有所改变。传递的人也不是不受影响。

——《杜威教育文集》第 2 卷，第 10 页

朱永新解读：

沟通是社会生活的基本方式，沟通也是传递经验的重要方式，因而，沟通具有教育的价值和教育的性质。杜威认为，"要沟通经验，必须形成经验；要形成经验，就要身处经验之处"，在传递经验的过程中，不仅被传递者的态度、知识、技能会发生改变，传递者本身也会发生很大的变化。在教育过程中，教育者和受教育者，其实也是这样互动或互相影响的。

把经验整理成一定的次序和形式

>> 一个在身体和精神两方面真正单独生活的人，很少有机会或者没有机会去反省他过去的经验，抽取经验的精义。成熟的人和未成熟的人，彼此的成就不等，这不仅使教育年轻人成为必要，而且这种教育的需要提供巨大的刺激，把经验整理成一定的次序和形式，使经验最容易传达，因而最为有用。

——《杜威教育文集》第 2 卷，第 10 页

朱永新解读：

"反省"是教育中的一个重要概念。它是区别成熟的人与未成熟的人，有成就的人和没有成就的人的重要分水岭。教育在一定意义上就是帮助人形成自我反省的能力，无论是反省"过去的经验，抽取经验的精义"也好，或者是"把经验整理成一定的次序和形式"也罢，都是一个人变成熟需要做的事情。教育，就是要提供各种"巨大的刺激"，帮助人们形成这样的"反省"能力。

>> 教育哲学必须解决的一个最重要的问题，就是要在非正规的和正规的、偶然的和有意识的教育形式之间保持恰当的平衡。如果所获得的知识和专门的智力技能不能影响社会倾向的形成，平常的充满活力的经验的意义不能增进，而学校教育只能制造学习上的"骗子"——自私自利的专家。

——《杜威教育文集》第 2 卷，第 13 页

朱永新解读:

杜威认为，人们获得知识和技能的途径有两个方面，一种是自觉地学习获得的，这就是学校教育的正规途径；另一种是不自觉地学习获得的，"他们通过和别人的交往，吸取他们的知识，养成自觉的品性"，这就是学校外非正规途径。教育是包括这两个方面的，应该"避免这两种知识之间的割裂"，而教育哲学，也应该在这两种形式之间保持适当的平衡。如果不重视学校之外的非正规途径，学校教育就会狭窄化，就会出现偏差，甚至只能培养出学习上的"骗子"。

教育是一个抚养、培育和教养的过程

>> 一个共同体或社会群体通过不断的自我更新维持自己，这种更新的进行，依靠群体中未成熟成员的教育成长。社会通过各种无意的和计划好的机构，把蒙昧的和似乎异己的人改造成为它自己的资源和理想的健全的托管者。所以，教育乃是一个抚养、培育和教养的过程。

——《杜威教育文集》第 2 卷，第 15 页

朱永新解读：

教育的本质究竟是什么？杜威从词源的角度入手，认为教育就是一个引导或教养的过程，或者是一种"塑造、形成、模制的活动"。正是通过这个过程和这些活动，教育才能把蒙昧无知的人培养、改造成为健全的社会人，成为"自己的资源和理想的健全的托管者"。当然，杜威说的教育是广义的教育，包括各种"无意"的和"计划好"（学校教育）的机构。而充当教师角色的，也不仅是学校的老师，自然也包括社会的各种"成熟成员"。一句话，一个社会的存续、更新，是离不开教育的，离不开所有成年人对下一代人的责任的。

信仰不能硬灌进去

>> 所需要的信仰不能硬灌进去；所需要的态度不能
粘贴上去。但是个人生存的特定的生活条件，引
导他看到和感觉到一件东西，而不是另一件东西；
它引导他制定一定的计划以便和别人成功地共同
行动；它强化某些信仰而弱化另一些信仰作为赢
得他人赞同的一个条件。所以，生活条件在他身
上逐渐产生某种行为的系统，某种行动的倾向。

——《杜威教育文集》第 2 卷，第 15—16 页

朱永新解读：

　　杜威认为，环境在教育过程中发挥着独特的作用。人的信仰、态度等精神性的东西，是无法像物质的搬运一样随意摆弄的，"物质的东西可以在空间搬动，可以运转。信仰和抱负却不能在物质上取出或插入"。这就需要"依靠环境的作用，引起某些反应"。这里说的环境，就是个人生存的特定的生活条件。人们所处的生活条件，决定了他们的视野（能够看见什么），决定了他们的行为（计划与行动），也决定了他们的信仰与态度。

　　亲爱的父母，为孩子创造怎样的环境，让他们在怎样的"生活条件"（不仅是物质的生活条件）中生存，会直接影响孩子的未来。

人的活动互相影响

>> 一个人的活动和别人的活动联系起来，他就有一个社会环境。他所做的和所能做的事情，有赖于别人的期望、要求、赞许和谴责。一个和别人有联系的人，如果不考虑别人的活动，就不能完成他自己的活动。因为，这些活动是实现他的各种趋势的不可缺少的条件。当他活动时，引起别人的活动；别人活动时，也引起他的活动。

——《杜威教育文集》第 2 卷，第 16—17 页

朱永新解读：

人是一个社会的动物。所以，人的生活条件或者生活环境，总是与其他人互动共生的。这样的环境，又称为社会环境。生活在社会环境中的人，是不可能离开他人而存在的。即使是远离人类社会生活在孤岛的鲁滨逊，也很难真正地脱离人类社会对他的影响。所以，一个人所做的，能够做的事情，往往与父母、老师、同伴等对他的期待、要求、谴责、评价相关，而一个人的行为也直接或者间接受到其他人的影响。

因此，亲爱的父母，帮助孩子选择玩伴，帮助孩子养成良好的社会交往能力，对孩子的一生有着重要的影响。

社会环境能塑造智力和情感的倾向

>> 社会环境能通过个体的种种活动，塑造个人行为的智力的和情感的倾向。这些活动能唤起和强化某些冲动并具有某种目标和承担某种后果。一个生长在音乐家的家庭里的儿童，不可避免地使他在音乐方面所具有的任何能力得到激励，而且，相对地说，要比在另一环境中可能被唤醒的其他冲动受到更大的激励。除非这个儿童对音乐有兴趣并有一定的造诣，否则他就没有希望；他不能共享他所属的群体的生活。

——《杜威教育文集》第 2 卷，第 21 页

朱永新解读：

环境对人的影响是非常巨大的。《荀子·劝学》就有"蓬生麻中，不扶而直；白沙在涅，与之俱黑"的论断。人虽然不是消极地适应环境，但是环境造就人无疑是教育的基本规律。所以，一个生长在音乐家家庭的儿童，自然会得到更多的音乐熏陶，自然会有更多的机会成为在音乐方面有造诣的人。但是，环境对人的影响也不是万能的，如果这个儿童对音乐根本没有兴趣，如果这个儿童根本没有音乐的潜能，再好的环境也难以造就出一个音乐家。音乐家如此，美术家、教育家、文学家等，都是如此。这也是许多孩子没有子承父业的原因所在吧？！

语言习惯的形成

>> 虽然这种"环境的无意识的影响"难以捉摸而又无处不在，影响着性格和心理的每一根纤维，但指出它的效果最为显著的几个方面可能是有价值的。第一，语言习惯。基本的言语模式，大量词汇，是在日常生活交往中形成的，这种生活交往不是作为规定的教导手段，而是作为社会需要进行的。

——《杜威教育文集》第 2 卷，第 22 页

朱永新解读：

杜威对社会环境的教育性进行了比较深入细致的分析。他认为，环境的影响的确是"难以捉摸又无处不在"的，甚至会影响到人的性格与心理的"每一根纤维"。这种影响最突出地表现在三个方面，即语言习惯、仪表、美感和美的欣赏。在语言习惯方面，环境的影响是最为显著的。儿童的言语模式，儿童的语言词汇，是儿童在家庭与社会交往过程中直接从父母等长辈，以及玩伴那里习得的。这种日常生活的影响远远超过了学校生活。虽然这样的言语习惯可能被以后正规的学校教学所矫正和改变，但是，"在兴奋的时候，有意识地学会的言语模式常常消失，恢复他们真正的本族语"。

儿童早期接触的语言的准确性与丰富性，决定了儿童日后语言能力的发展。亲爱的父母，你在家庭里使用怎样的语言，交流怎样的词汇，会直接影响孩子们的言语模式与词汇发展。作为父母，应该有意识地关注孩子语言习惯的形成。

>> 第二，仪表。榜样的力量比格言大得多。我们常说，好的仪表是良好的教养的结果，或者毋宁说就是良好的教养；而教养是通过对习惯的刺激做出反应的习惯的行为养成的，而不是通过传授知识。尽管有意识的改正和教导不停地起着作用，但是，周围的气氛和精神最终在形成仪表方面是主要力量。

——《杜威教育文集》第 2 卷，第 22 页

朱永新解读：

所谓榜样的力量比格言大得多，就是说父母自身的行为表率比父母对孩子的说教重要得多。俗话说，喊破嗓子不如做出样子。孩子是最伟大的观察家，父母在家庭中的一言一行，都会被孩子看在眼里，记在心里。父母邋里邋遢，孩子就不可能清清爽爽；父母不修边幅，孩子就不可能注意细节。

杜威说，好的仪表是良好教养的结果，也就是强调父母自身的教养，父母自身的仪表示范，比任何美丽的格言，更能够对孩子产生影响。

美感和美的欣赏

>> 第三，美感和美的欣赏。如果眼睛常常接触形式和
色彩华美和谐的事物，审美的标准自然会发展起
来。一个俗气的、没有秩序的和装潢过度的环境
会败坏美感，正如贫乏而荒芜的环境会饿死美的
愿望一样。在这样的不利条件下，有意识的教导
不过传达一些别人讲过的第二手的有关美感的旧
话罢了。从传说得来的美感，决不会变成自发的，
也不会对人产生根深蒂固的影响，不过用来提醒
人们别人是怎么想的。更深刻的价值判断标准，
是一个人习惯地参与的情境所构成的，这不能作
为第四点，因为这是上面提到的那几点的融合。

——《杜威教育文集》第2卷，第22页

朱永新解读：

美感和美的欣赏，与仪表的教养一样，也是在家
庭中潜移默化形成的。如果家庭中的布置简洁大方、
井然有序、和谐协调，孩子的审美标准也会逐步发展。
相反，如果家庭中的环境装潢过度、杂乱无章、奢华
低俗，孩子的审美感觉也会受到污染。美感与美的欣
赏也不是通过说教讲述传授的，而是通过美的环境熏
陶出来的。

所以，亲爱的父母，不要以为家中的环境与教育无
关。一花一草、一物一景，都会成为教育孩子的环境。
家不在大，不在豪华，而在温馨，在简约，在大气，在
和谐。为孩子创造一个能够培养美感的家庭环境吧！

间接地通过环境进行教育

>> 成人有意识地控制未成年人所受教育的唯一方法，是控制他们的环境。他们在这个环境中行动，因而也在这个环境中思考和感觉。我们从来不是直接地进行教育，而是间接地通过环境进行教育。

——《杜威教育文集》第 2 卷，第 23 页

朱永新解读：

既然人是环境的产物，那么，成年人要想取得好的教育效果，就要努力控制好未成年人生活的环境，让他们在一个良好的环境中生活、行动与思考。

杜威说，"我们是容许偶然的环境做这个工作，还是为了教育的目的设计环境，有很大的区别"。也就是说，环境本身具有很大的偶然性，有些可能很好，有些可能很糟。这样，孩子的发展也就具有很大的偶然性，有些可能发展得很好，有些可能发展得很糟。

所谓好的教育，其实就是自觉地、有意识地为孩子设计和创造一个良好的环境。

明智家庭和不明智家庭的区别

>> 任何环境，除非它已被按照它的教育效果深思熟虑地进行了调节，否则就它的教育影响而论，乃是一个偶然的环境。一个明智的家庭和一个不明智的家庭的区别，主要在于家庭中盛行的生活和交往习惯是不是根据它们对儿童发展的关系的思想进行选择的，或者至少带有这种思想的色彩的。

——《杜威教育文集》第 2 卷，第 23 页

朱永新解读：

学校无疑是一个特殊的环境。因为，学校是经过精心设计和创造的环境。但是家庭呢？如果说学校是政府按照一定的教育目标而设计的环境，对家庭则没有任何强制的手段可以奏效。

因此，家庭可以分为明智的与不明智的两种类型。明智的家庭对儿童赖以生活与交往的环境是经过深思熟虑、精心选择的，就像古代的孟母三迁一样。而不明智的家庭则是稀里糊涂、不加选择的。

亲爱的父母，按照这个标准，你的家庭是一个明智的家庭还是一个不明智的家庭呢？你准备好为自己的孩子精心选择和创造良好的环境了吗？

学校的产生

>> 大体上说，当社会传统很复杂，相当部分的社会经验用文字记载下来，并且通过书面符号进行传递时，学校便产生了。……我们不能依赖日常联合生活给年轻人说明远处的自然力量和肉眼看不见的组织在我们活动中所起的作用。所以，建立了社会交往的特殊模式即学校来经办这件事情。

——《杜威教育文集》第 2 卷，第 23—24 页

朱永新解读：

最早的教育是在生产生活中进行的。老一辈在生产生活中传授他们的长辈曾经教给他们的东西，以及他们自己在生产生活中积累和创造的经验，这种口耳相传的教育占了人类教育的漫长时期。

但是，自从社会的系统变得更加复杂，人类有了剩余产品，有了文字记载自己的经验，并且可以通过书面符号进行传递时，学校就应运而生了。而现代学校制度，更是伴随着现代工业生产而出现的。

这样，从时间的维度和空间的维度，都有必要让年青一代了解"远处的自然力量和肉眼看不见的组织在我们活动中所起的作用"，让下一代了解从远古开始的社会变迁和居住在地球其他区域的人类的生活。这就需要学校来"经办这件事情"。

学校的首要职责就在于提供一个简化的环境

>> 我们称作学校的社会机构的首要职责就在于提供一个简化的环境。选择相当基本并能为青少年反应的种种特征。然后建立一个循序渐进的秩序，利用先学会的因素作为领会比较复杂的因素的手段。

——《杜威教育文集》第 2 卷，第 24 页

朱永新解读：

如前所述，杜威认为学校是一个特殊的环境。这个环境自然不可能是社会环境的简单摹写和复制，而必须是经过选择和简化了的环境。他指出，"复杂的文明过分复杂，不能全部吸收。必须把它分成许多部分，逐步地、分层次地、一部分一部分地吸收"，这样儿童才有可能真正了解社会的真相与本质，而不是"见林不见树"。

杜威的论述，对学校教育和家庭教育有一个重要的启示，那就是，无论在家庭还是学校，都要考虑让儿童通过这个窗口认识外面的世界。

学校要尽力排除环境中的丑陋现象

>> 学校环境的职责，在于尽力排除现存环境中的丑陋现象，以免影响儿童的心理习惯。学校要建立一个净化的活动环境。选择的目的不仅是简化环境，而且要清除不良的东西。每一个社会都被一些无关紧要的东西、旧时留下的废物以及确实是邪恶的东西所累，阻碍进步。

——《杜威教育文集》第2卷，第24页

朱永新解读：

学校是一种特殊的环境。这个环境是经过选择的，自然也是经过净化的。所以，学校环境应该尽可能排除社会环境中的各种"丑陋现象"。学校环境的选择与创造，不仅仅要遵循"简约化"原则，还要遵循"无害化"原则与"最优化"原则，要选择社会环境中"最优秀的东西，全部自己使用，努力强化它们的力量"。

亲爱的父母，学校是如此，家庭何尝不是如此呢？我们新教育实验提出，要使学校成为汇聚美好事物的中心，家庭也应该尽可能如此。

学校环境的职责在于平衡

社会环境中的各种成分

>> 学校环境的职责在于平衡社会环境中的各种成
分，保证使每个人有机会避免他所在社会群体的
限制，并和更广阔的环境建立充满生气的联系。

——《杜威教育文集》第 2 卷，第 25 页

朱永新解读：

杜威指出，我们几乎会自觉不自觉地误读"社
会""共同体"等概念，其实，"社会"也好，"共同体"
也罢，是有很大的局限性的。如"每个家庭和它接近
的朋友构成一个社会；乡村或街道上的一群游戏伙伴
是一个共同体；每一个经商的集体，每一个俱乐部，
都是一个共同体"，所以，每一个"社会"或者"共同
体"也都有其自身的局限。而学校教育，就要努力打
破这样的局限，帮助学生建立更广阔的联系，认识更
辽阔的世界。这就是学校教育的平衡作用。

其实，每一个家庭也处在不同的"社会"与"共
同体"之中，父母也应该努力帮助孩子走出自己的小
社会和小共同体，了解不同的"社会"与不同的"共
同体"。

共同的教材使大家习惯于统一的观点

>> 不同种族、不同宗教和不同风俗习惯的青少年混合在一所学校里，为大家创造一个新的和更为广阔的环境。共同的教材使大家习惯于统一的观点，比任何孤立群体的成员看到更为广阔的前景。美国公立学校的同化力量，是对共同和平衡的要求的功效的有说服力的证据。

——《杜威教育文集》第 2 卷，第 25—26 页

朱永新解读：

不同种族、不同宗教、不同家庭背景、不同风俗习惯的儿童与青少年，生活在同一间教室和同一个校园里，如何让他们拥有共同的语言和密码、共同的价值和愿景呢？毫无疑问，"共同的教材"是非常重要的基础。学校教育的作用也正在于此。

新教育实验早在 2007 年就提出了"共读共写共同生活"的主张，认为只有通过共同的阅读，才能拥有共同的语言和密码，才不至于成为生活中同一个屋檐下的"陌生人"。一个社会是如此，一所学校是如此，其实，一个家庭也是如此。亲爱的父母，让我们珍惜与孩子在一起的时光，与孩子一起亲子共读吧。这不仅是陪伴，也是拥有共同语言与价值的路径。

教育中的指导、控制或疏导

>> 我们现在进而研究教育的一般功能所采取的一个特殊形式，即指导、控制或疏导。这三个词中，"疏导"一词最能传达通过合作帮助受指导的人的自然能力的思想；"控制"一词，更确切地说，表示承受外来的力量并碰到被控制的人的一些阻力的意思；"指导"是一个比较中性的词，表明把被指引的人的主动趋势引导到某一连续的道路，而不是无目的地分散注意力。指导表达一种基本的功能，这一功能的一个极端变为方向性的帮助，另一个极端变为调节或支配。但是无论如何，我们必须慎防有时加进"控制"的意义。

——《杜威教育文集》第 2 卷，第 27 页

朱永新解读：

在杜威看来，教育的功能有三种基本表现形式。按照其对学生的影响方式和程度，可以分为指导、控制和疏导。其中，指导是相对"中性"的、方向性的，主要是指从时间和空间的维度上的指引。而处于指导的另外两个极端是控制和疏导。控制，主要是"一种断然的权力指导形式"，主要依靠"外在的力量"。疏导，则主要是"通过合作帮助受指导的人的自然能力"。无疑，杜威最为欣赏的是疏导，最为反对的是控制，最担心教育由指导走向控制。亲爱的父母，辨别这三种教育方式的不同与细微之处，对我们家庭教育同样是很有启示作用的。

儿童什么东西
我们不能强加给

>> 虽然成人的习俗和规则提供许多刺激，引起并指导儿童的活动，但是，儿童终究还是分享他们自己的行动所采取的指导。严格地说，我们不能强加给儿童什么东西，或迫使他们做什么事情。忽视这个事实，就是歪曲和曲解人的本性。

——《杜威教育文集》第 2 卷，第 29 页

朱永新解读：

杜威《民主主义与教育》第三章讲的是"教育即指导"，他分析了环境的指导作用、社会指导的模式、模仿与社会心理学等问题，并且就教育上的应用进行了论述。

从中看得出，杜威非常重视环境的作用，但他不是一个简单的环境决定论者。因为，他坚定地认为，任何环境最终是要通过儿童自身的主体才能发生作用。"我们不能强加给儿童什么东西，或迫使他们做什么事情"，这不仅是一个教育常识，也是由人的本性决定的。

一切指导不过是再指导

>> 考虑被指导的人现有的本能和习惯所做出的贡献，就能经济地和明智地给予指导。正确地说，一切指导不过是再指导；它使正在进行的活动走向另一个渠道。除非一个人了解已经在起作用的精力，否则他指导的尝试几乎肯定会失败。

——《杜威教育文集》第 2 卷，第 29 页

朱永新解读：

一切指导不过是再指导，就是说被指导的人不是一张白纸，可以让我们随意涂抹，而是一个有着他自己的本能与习惯，自己的个性与知识基础的独特的人。

只有先了解他的这些本能与习惯、个性与知识基础，教育才能真正有效果，才能"经济地和明智地给予指导"，如果不考虑每个人的这些基础，不了解那些"已经在起作用的精力"，教育与指导的失败也就是必然的了。

亲爱的父母，孩子虽然天天与我们在一起，但是我们真的了解他们吗？既然我们进行的指导都是"再指导"，那我们还是首先认真地审视孩子的发展状况与基础吧。

用强力进行控制无济于事

>> 当别人并不做我们希望他们做的事情或者以不服从为威胁时，我们最意识到需要控制他们，也最意识到用以控制他们的各种影响。在这种情况下，我们的控制变得最直接，也是在这一点上，我们最可能犯刚才所讲到的错误。我们甚至可能用强力进行控制，而忘了虽然我们可以把马引到水边，却不能迫使它饮水；虽然我们能把一个人关在教养所，却不能使他悔过。

——《杜威教育文集》第 2 卷，第 30 页

朱永新解读：

许多成年人都有强烈的控制欲望，都希望孩子按照我们自己的意愿去学习与生活，甚至希望孩子帮助我们去实现自己童年时代没有实现的梦想。当孩子满足我们的意愿时，我们就开心，满足，就奖励。而当孩子没有满足我们的愿望时，就不开心，不满足，就惩罚。当然，我们更经常采取的办法就是强迫。杜威明确告诉我们，这样的强迫其实是没有意义，也没有效果的。就像我们可以把马牵到河边，却不能够强迫马饮水；可以把一个人关在教养所，却不能够强迫他悔过。

儿童对认可比较敏感

>> 儿童对认可比较敏感，希望用优良的行为赢得人们的好感。可以利用这种心理，诱使行动走向另外的方向。

——《杜威教育文集》第 2 卷，第 31 页

朱永新解读：

强迫孩子自然是无济于事的。许多家庭，在强迫这样的"硬暴力"渐渐已经行不通的情况下，往往会采用"羞辱、嘲笑、冷待、指责和惩罚"等"软暴力"或者"冷暴力"的方法，但这也只能引起孩子的反感。所以，杜威也主张采用正面教育的"认可"。孩子的心灵是向着美好开放的。

亲爱的父母，既然孩子那么需要得到我们的"认可"，我们为什么不能更加慷慨一些呢？

一个微笑的力量

>> 一个微笑，一个蹙额，一次指责，一次警告或鼓励，都包含着某种物质的改变。否则，一个人的态度不能改变另一个人的态度。比较而言，这种影响的方式可以看作属于个人的性质。

——《杜威教育文集》第 2 卷，第 31 页

朱永新解读：

杜威认为，所有想控制儿童的方法，其实都是非常有限的，包括前面提到的"认可"。如果不考虑儿童所处的社会环境，不考虑人是在这个环境中"生活、行动、存在"，不考虑与儿童的共同生活，这些方法是没有太大的价值的。

所以，一个微笑、一个皱眉、一次批评，都可能对儿童产生意想不到的影响，也可能根本起不到任何作用。一个人的态度要想改变另外一个人的态度，是需要条件的。

联合起来做共同的事业

>> 和这种直接的互相影响的方式相反，有一种方法，就是联合起来做共同的事业，使用一些东西作为手段，并借以取得结果。譬如母女两人共同生活，即使母亲从来没有叫女儿帮助她，或从未因女儿不帮助而加以指责，女儿在活动中还是会服从母亲的指导，因为她在家庭生活中与父母朝夕相处，息息相关。模仿、竞争、共同工作的需要等都能加强控制。

———《杜威教育文集》第 2 卷，第 31—32 页

朱永新解读：

人是一种社会性的动物。人的学习与成长也是在社会活动的过程中进行的。共同生活对儿童的成长具有非常重要的作用，而共同阅读、共同写作、共同生活、共同做事情，更能增强彼此之间的了解与默契。

所以，父母对孩子最有效的影响方式，不是发号施令，不是指手画脚，不是强制执行，而是与孩子一起做事情。在"做中学"，做中成长。

习惯支配我们，推动我们

>> 我们都有许多习惯，但并不十分理解这些习惯的
含义，因为它们是在不知不觉之中形成的。因
此，它们支配我们，不是我们支配它们。它们推
动我们，控制我们。除非我们认识这些习惯的作
用，并且能判断所产生的结果的价值，否则我们
就没有控制它们。

——《杜威教育文集》第 2 卷，第 33 页

朱永新解读：

习惯养成第二天性，这是我们新教育实验的基本
观点。我们的生活、学习与工作，虽然离不开我们自
己主动的安排、调节，但是大部分是由我们自己的习
惯支配的。先是我们养成了习惯，然后就是习惯支配
和控制着我们。所以，认识习惯对于我们的意义，主
动形成一些良好的习惯，对于提高我们自己的工作效
率和人生境界，都具有特别重要的价值。

杜威以孩子的鞠躬为例写道，我们可以压迫一个
孩子的颈部肌肉，"使他每遇到一个人就鞠躬，到了后
来，鞠躬成为一种自动的行动"。但是，在孩子没有认
识到鞠躬本身的意义和目的之前，鞠躬本身是没有什
么意义的，也不能够证明教育的效果和价值。

不识字和未受教育几乎是同义词

>> 通过语言，我们间接地参与过去人类的经验，因而拓宽并丰富了目前的经验，使我们能运用符号和想象去期待种种情境。语言能用无数方法把记录社会结果和预示社会前景的意义凝缩起来。自由参与生活中有价值的东西，是一件非常重要的事情，不识字和未受教育几乎成为同义词。

——《杜威教育文集》第 2 卷，第 41 页

朱永新解读：

共同的语言对于社会生活具有特别重要的意义。杜威提出，"要对事物具有和别人相同的观念，和他们有同样的思想，并因而成为一个社会群体的真正成员，就要赋予事物和行动以别人所赋予的相同的意义。否则，就没有共同的理解，没有社会的生活"。

语言包括口头语言和书面语言，口头语言只能限于面对面的交流与沟通，会受到时间与空间的限制，而书面语言则可以超越时空，间接地参与人类过去的活动与经验，拓宽和丰富当下的活动与经验。

所以，在这个意义上，语言与教育有着密切的关系，"不识字和未受教育几乎成为同义词"。

教育是一个主动的和建设性的过程

>> 尽管灌输式的教学和被动吸收式的学习普遍受到人们的谴责，但是为什么它们在实践中仍旧那么根深蒂固？教育并不是一件"告诉"和被告知的事情，而是一个主动的和建设性的过程，这个原理几乎在理论上无人不承认，而在实践中又无人不违反。这种可悲的情境，难道不是由于原理本身仅仅是听人讲讲的事吗？这个原理只是被人宣讲，被人讲课，被人写作罢了。但是，如果要在实践中贯彻，就要求学校环境有实行的机构，有相当的工具和具体的材料，这样的程度是很少达到的。

——《杜威教育文集》第 2 卷，第 41—42 页

朱永新解读：

其实，满堂灌输和记忆背诵是最简单的教育和学习方式，也是效果最差的教育与学习方式。人们之所以乐此不疲，就是因为其"简单"。尽管大家都认识到教育是一个主动的和建设性的过程，但是这个过程需要丢弃已经驾轻就熟的"简单"的方式。改变总是一件痛苦的事情，没有人愿意为此努力。这也是"在理论上无人不承认，而在实践中又无人不违反"的原因所在。

所以，要真正地实现让学生主动而建设性地学习，就要改变教学和管理的方式，"使学生能够直接地和继续不断地利用东西作业"，变被动地听讲为主动地探索。

>> 如果学校脱离校外环境中有效的教育条件，学校必然用拘泥书本和伪理智的精神替代社会的精神。儿童无疑要进学校学习，但是，如果学习成为不与社会联系的有意义的事情，要能够最适当地学到东西就还有待于证明。

——《杜威教育文集》第 2 卷，第 42 页

朱永新解读：

前面所说的主动的和建设性的学习，一个重要的路径就是要让学校建立与社会的真正的联系，让学生摆脱"拘泥书本"的学习方式。

也就是说，学生进入学校学习是必要的，但是，这种学习不能脱离社会生活而孤立存在，学校是无法替代社会的，而学生的学习一旦与社会生活联系起来，就会生机勃勃。

青少年的未来决定
社会的未来

>> 社会在指导青少年活动的过程中决定青少年的未来，也因而决定社会自己的未来。由于特定时代的青少年在今后某一时间将组成那个时代的社会，所以，那个时代社会的性质，基本上将取决于前一时代给予儿童活动的指导。这个朝着后来结果的行动的累积运动，就是生长的含义。

——《杜威教育文集》第 2 卷，第 44 页

朱永新解读：

我们孩子的今天，就是我们国家的明天。我们想要一个怎样的未来，我们就应该让今天的孩子拥有一个怎样的世界。杜威指出，任何一个社会的未来其实都是这个社会自己塑造的，它通过教育儿童和青少年，来决定着社会自己的未来。在这个意义上，教育是一个塑造未来的事业。无论是家庭教育、学校教育还是社会教育，都应该清晰地意识到自己的使命。

亲爱的父母，我们在家里说的每一句话和做的每一件事，与老师们在教室里说的每一句话和做的每一件事，与媒体上的每一句话和人们的每一个行为，都在深刻地影响着我们的孩子，同时也在塑造着我们社会的未来。

幼童 成人有时不如

>> 我们有非常可靠的成人凭据，使我们相信，在某
种道德的和理智的方面，成人必须变成幼小儿童
才对。

——《杜威教育文集》第 2 卷，第 45 页

朱永新解读：

杜威认为，我们经常固执地认为儿童远远不如成人，这是因为"我们往往把未成熟状态只是当作缺乏，把生长当作填补未成熟的人和成熟的人之间空缺的东西"。其实，这是一个误区，是用成人的眼光在看儿童，而不是用内在的观点看待儿童期。其实，如果站在儿童的角度看儿童，无论是在道德的层面还是在智慧的层面，儿童都有自己独特的优势。如儿童不像成人那样功利、势利地处理问题，儿童对这个世界充满了好奇，等等。所以，许多教育家都不约而同地提出向孩子学习。

亲爱的父母，向孩子学习，不是一句简单的教育口号，而应该是我们永远铭记的教育真理。

未成熟状态是向前生长的力量

>> 未成熟状态就是指一种积极的势力或能力——向前生长的力量。我们不必像有些教育学说那样，从儿童那里抽出或引出种种积极的活动。哪里有生活，哪里就已经有热切的和激动的活动。生长并不是从外面加到活动的东西，而是活动自己做的东西。

——《杜威教育文集》第 2 卷，第 45 页

朱永新解读：

在我们的语汇中，不成熟往往是一个贬义词。其实，恰恰是不成熟或者"未成熟"，才意味着各种可能性，意味着成长，意味着积极的活动，意味着热切的希望和激动的行为。这也是儿童和青少年的希望所在。正如杜威说的那样，生长不是从外面强加给儿童的，而是儿童自身的内在需要，是"活动自己做的东西"。

亲爱的父母，不要嘲笑儿童的幼稚和不成熟，恰恰相反，应该珍惜这种幼稚和不成熟，珍惜儿童向前生长的力量。

儿
童
赋
有
头
等
社
交
能
力

>> 观察表明，儿童赋有头等社交能力。儿童具有灵活的和敏感的能力，对他们周围的人的态度和行为，都同情地产生感应，很少有成年人能把这种能力保持下来。儿童对自然界事物的不注意（由于无力控制它们）相应地强化了他们对成人行为的兴趣和注意，这两方面是相伴随的。

——《杜威教育文集》第 2 卷，第 46 页

朱永新解读：

儿童对这个世界充满了好奇，也充满了好感。儿童之所以对周围的人更感兴趣，这是因为只有人才能够给儿童及时而又积极的反馈。儿童对于生命的敏感性，以及儿童与任何人之间的无危害性，决定了儿童能够像对待世界上最美好的东西一样，对待与他发生关系的所有人。童年无敌。儿童具有非常高超的社交能力，其实就是这个道理。

也正是因为这个原因，亲爱的父母，在陪伴孩子成长的时候，要尽可能多与孩子建立各种联系，强化他们与人打交道的兴趣。同时，要用拟人化的手法，用童话和游戏，激发和培养儿童对自然界的兴趣。

婴幼期延长能进一步促进社会进步

>> 社会生活日益复杂，需要一个较长的婴幼期，以便获得所需要的力量；这种依赖的延长就是可塑性的延长，或者就是要获得可变的和新奇的控制模式的力量。因此，这种延长能进一步地促进社会进步。

——《杜威教育文集》第 2 卷，第 48 页

朱永新解读：

人类比任何动物都需要更长的婴儿期，因为，人类的婴儿比任何动物都更需要学习，才能适应人类社会。杜威提出，因为儿童需要成人的经常连续不断的照顾，"也许就是把暂时的同居变为永久婚姻的一个重要原因"。人类的家庭、社会结果也因此发生了变化。在照顾婴儿的过程中，父母自己也需要不断地学习与成长，父母也会养成"慈爱的和同情的照顾别人的习惯"。所以，婴儿期的延长在一定程度上促进了社会的进步。

>> 野蛮部落只是顺应环境，习以为常；文明人却有
习惯，这些习惯能改造环境。

——《杜威教育文集》第 2 卷，第 50 页

朱永新解读：

杜威所说的"习以为常"，是讲人被动地适应环
境，努力地和环境保持一致，而缺乏改造环境的意识
和能力。他举例说，一个野蛮部落来到沙漠平原上，
他们最大限度地接受、忍受和容忍，"最大限度地被动
默认，和最小限度地主动控制和利用环境"。后来文明
人来了，在适应的同时，他们引来了灌溉，寻找能够
在这片沙漠上茁壮成长的植物和动物，"通过审慎的选
择，改良正在那里生长的动植物"，结果使这个荒芜的
地方如盛开的玫瑰。

亲爱的父母，人是环境的主人。首先适应环境，
然后改造环境；首先求生存，然后求发展。把这种生
活的智慧教给孩子，是非常有必要的。

「坏」的习惯
没有理智

>> 各种习惯和智力脱离到什么程度，这种习惯变成
呆板的动作的方法，或者变成奴役我们的动作方
法就达到什么程度。常规性的习惯就是不加思考
的习惯；"坏"的习惯没有理智，违反有意识的考
虑和决定所做出的结论。

——《杜威教育文集》第 2 卷，第 51 页

朱永新解读：

人是习惯的主人与习惯是人的主人，这看似矛盾
的结论，其实是可以统一的。

说习惯是人的主人，是因为我们大部分的行为其
实是被习惯控制的，是不需要认真思考就按照常规进
行的。说人是习惯的主人，是因为人是可以有意识地
培养某种好习惯或者改掉某种坏习惯的。人不同于其
他动物的重要特征之一，就在于人具有自我意识，能
够对自己的行为进行反省、调整与改变。在习惯养成
方面，人可以发挥自我意识的作用，通过自我反思的
方法，及时监控进展情况，及时进行自我反馈。

不让习惯奴役我们，而是通过理智的作用，通过
人的智慧，去控制自己的习惯，这才是教育的真正力
量所在。

教育就是发展

>> 当我们说教育就是发展时，全看对发展一词怎样理解。我们的最后结论是，生活就是发展；不断发展，不断生长，就是生活。用教育的术语来说，就是：（1）教育的过程，在它自身以外没有目的；它就是它自己的目的。（2）教育的过程是一个不断改组、不断改造和不断转化的过程。

——《杜威教育文集》第2卷，第52页

朱永新解读：

教育即生长，是杜威在《民主主义与教育》中的重要观点。生长，在一定意义上就是发展，教育自然也就是发展。生长与发展是人的目的，自然也就是教育的目的。所以，杜威说，教育的过程在它自身之外没有其他的目的，它自己就是它的目的。杜威指出，随着人的年龄的增长，"有机体的可塑性，动作的生理学基础会逐渐衰退"，会逐步对新的刺激失去兴趣，厌恶变革，这就是我们所说的"老化"。"老化"，意味着不再生长，不再发展。

亲爱的父母，教育即生长，让孩子永远对新事物充满好奇，永远不停止生长，就是最好的教育。

>> 常态的儿童和常态的成人都在不断生长。他们之间的区别不是生长和不生长的区别，而是各有适合于不同情况的不同的生长方式。关于专门应付特殊的科学和经济问题的能力的发展，我们可以说，儿童应该向成人方面发展。关于同情的好奇心，不偏不倚的敏感性和坦率的胸怀，我们可以说，成人应该像儿童一样生长。这两句话都是同样正确的。

——《杜威教育文集》第 2 卷，第 52—53 页

朱永新解读：

成长是人生重要的使命。成长，即长大，成熟，它是一个人自身不断变得更好、更强、更成熟的一个变化过程。从这个意义上来说，人的一生，就是一个不断学习、不断成长的过程。

长期以来，我们把成长看成一个阶段性的任务，把成长视为孩子们的事情，视为仅仅在学校里才能完成的任务。其实不然，成长是一个正常的儿童和成人都应该完成的使命，儿童与成人的区别不是成长不成长，而是成长的主题与领域的各不相同。

儿童要向成人学习关于科学、经济等社会领域的知识与技能，成人也要向儿童学习对于事物的好奇以及不存芥蒂的坦诚等。

亲爱的父母，在帮助孩子成长的同时，一定记住要与孩子一起成长。生命不息，成长不止，才是一个人生命最美的姿态。

不要把成人的环境作为儿童的标准

>> 这三种错误思想在教育上相应的错误就是：第一，不考虑儿童的本能的或先天的能力；第二，不发展儿童应付新情境的首创精神；第三，过分强调训练和其他方法，牺牲个人的理解力，以养成机械的技能。这三件事都是把成人的环境作为儿童的标准，使儿童成长到这个标准。

——《杜威教育文集》第 2 卷，第 52—53 页

朱永新解读：

杜威指出的三种错误的教育观，主要是指把未成熟的状态视为缺乏发展，把发展视为对环境的静止的适应，以及习惯的僵硬性。他认为，这三种错误的教育观，会导致教育工作发生偏差。这种偏差或者会对儿童的先天的能力估计不足，或者会不注重发挥儿童的创造精神，或者会忽视儿童个人内在的力量。一句话，我们经常是以成人的自我为中心去教育儿童，希望用我们的标准、我们的意愿去塑造儿童，而忽视了儿童自己的意愿、自己的可能和自己的方向。

亲爱的父母，尊重儿童的首创精神，发挥儿童自己成长的内在力量，是教育的重要原则。

离开学校之后教育不应停止

>> 有一句平常话说，一个人离开学校之后，教育不应停止。这句话的意思是，学校教育的目的在于通过组织保证生长的各种力量，以保证教育得以继续进行。使人们乐于从生活本身学习，并乐于把生活条件造成一种境界，使人人在生活过程中学习，这就是学校教育的最好的产物。

——《杜威教育文集》第 2 卷，第 53—54 页

朱永新解读：

最好的教育是自我教育。所谓离开学校以后教育不应该停止，就是说，学校教育应该把人的自我教育、自我成长、自我学习能力作为教育的根本目标，使人们养成不断学习、时时学习、处处学习的习惯。而不只是为了考试，为了分数，为了文凭。

教育是没有边界的，学习是没有止境的。衡量一所学校的标准，不是看它的升学率，而是看它的学生是否拥有这样不断学习、不断成长的力量。

教育保证生长或充分生活的条件

>> 教育就是不问年龄大小，提供保证生长或充分生活的条件的事业。我们对未成熟状态先是觉得不耐烦，愈快过去愈好。于是，用这种方法教育出来的成人，回顾儿童期和青年期，感到无穷遗憾，只看到失却机会和浪费能力的景象。

——《杜威教育文集》第 2 卷，第 54 页

朱永新解读：

教育，就是为学生的成长提供和创造最适合的条件。成长，就是教育的目的。成长的过程远远比结果更加重要。

按照这个观点，教育应该是不问年龄大小的，因为成长是没有大小早晚的，每个人都有自己不同的成长任务与成长可能性。

教育，不是为了让孩子尽快度过儿童期，尽快告别幼稚，而是为了让他们真正拥有成长的空间，享受成长的过程。

生长的能力

>> 生长的能力，依靠别人的帮助，也有赖于自己的可塑性。这两种情况，在儿童期和青年期达到顶点。可塑性或从经验学习的能力，就是形成习惯的意思。习惯使我们能控制环境，并且能为了人类的利益利用环境。

——《杜威教育文集》第 2 卷，第 55 页

朱永新解读：

生长的能力，既要依靠别人的帮助，也要依靠自己的努力。这就是所谓的外因与内因。外因是条件，内因是根本。对于儿童来说，关键是"有赖于自己的可塑性"。按照杜威的解释，这种可塑性，关键就是培养他们的良好习惯：行为习惯、思维习惯、道德习惯。习惯的养成是有关键期或者敏感期的，这就是所谓的"儿童期和青年期"，杜威说在这个时期达到顶点，并不是说以后就没有生长，没有发展了，而是说生长和发展的速度放缓了。学习要趁早，说的就是这个道理。

创造继续生长的愿望

>> 因为生长是生活的特征，所以教育就是不断生长；在它自身以外，没有别的目的。学校教育的价值，它的标准，就看它创造继续生长的愿望到什么程度，看它为实现这种愿望提供方法到什么程度。

——《杜威教育文集》第 2 卷，第 55 页

朱永新解读：

教育就是生长。教育就是为了学生的生长。

生长有两个重要的要素——生长的愿望与生长的方法。这就是需要教育赋予的。所以，最好的教育，就是真正能够激发学生的生长愿望，教给学生生长的方法，这样，学生才能够真正拥有生长的力量。除了生长，教育没有其他的目的。这是杜威反复强调的观点。

亲爱的父母，家庭教育也是如此，不是给孩子更多的知识和技能，而是把打开知识和技能大门的钥匙交给孩子，让他们有强烈的生长愿望，掌握生长的基本方法。

教育不应为预备将来而忽视现在

>> 每个人都知道，为预备将来而忽视现在可能性的教育制度，基本上都不得不诉诸各种惩罚的制度。

——《杜威教育文集》第 2 卷，第 57 页

朱永新解读：

蒙台梭利在 100 多年前就说过，所有人都说为了孩子的将来，很少有人考虑孩子的现在。我们许多父母也是把一切希望寄托于孩子未来的幸福，而忽视了他们当下的感觉。

把未来的幸福建立在现在的痛苦之上，无疑是不正确的做法。杜威说，如果只是为了未来预备，最后就会不得不"诉诸各种惩罚的制度"，也就是说，如果只是用未来的标准衡量和要求孩子，而不顾他们现在的可能性，就会不管孩子的感受，把离他们很遥远的东西强加给他们，"牛不喝水强按头"，自然就会采用惩罚的方法。亲爱的父母，请记住，教育不仅是为了将来，更是为了当下。

>> 如果教育是生长，这种教育必须循序渐进地实现现在的可能性，从而使个人更适合于应付后来的要求。生长并不是有空的时候就能够完成的东西；生长是不断地通向未来。如果校内校外的环境能提供适当地利用儿童现在的能力的条件，那么从现在产生出来的未来是肯定能得到照顾的。

——《杜威教育文集》第 2 卷，第 57 页

朱永新解读：

杜威认为，教育是一个不断生长的过程。现在与将来之间也没有一道鸿沟。"在生长的每个阶段，都以增加生长的能力为其目的。"所以，教育不是简单地为未来做准备，也不需要刻意地为未来做准备。因为，生长本身就是源源不断地通向未来的。

关键的是，校内校外的环境，即家庭、学校和社区如何通力合作，为学生的发展提供最丰富的资源，让儿童能够充分发挥他们的能力。

于不知不觉中进入未来

>> 把教育看作为将来做预备，错误不在强调为未来的需要做预备，而在把预备将来作为现在努力的主要动力。为不断发展的生活做预备的需要是巨大的，因此，应该把全副精力一心用于使现在的经验尽量丰富，尽量有意义，这是绝对重要的。于是，随着现在于不知不觉中进入未来，未来也就被照顾到了。

——《杜威教育文集》第 2 卷，第 57—58 页

朱永新解读：

为未来做准备，本来没有什么不对，因为教育本来就是面向未来的。但是，我们的教育经常是打着面向未来的幌子而牺牲孩子们的现在。我们的父母和老师经常对孩子说："你现在辛苦一些，将来就可以享福了。"我们的传统文化里也有"吃得苦中苦，方为人上人"的说法。为了将来的幸福，让孩子牺牲现在，这就是杜威批评的"把预备将来作为现在努力的主要动力"。

所以，亲爱的父母，我们当然要关心孩子的未来，但是，这个未来，不是简单地考一个好学校，找一个好工作，而是真正的人的幸福感，真正地懂得人生。让孩子不断成长，在"不知不觉"之中进入未来，才是一种最好的选择。

解放儿童

>> 从教育上说，儿童未成熟状态的很大优点，就是使我们能解放儿童，无须走过去的老路。所以，教育的任务在于使儿童从复演过去和重蹈旧辙中解放出来，而不是引导他们去重演以往的事情。儿童的社会环境是由文明人的思维和感情的种种习惯的行为构成的。如果忽视目前这种环境对儿童的指导性影响，就是放弃教育的功能。

——《杜威教育文集》第 2 卷，第 73—74 页

朱永新解读：

蒙台梭利曾经说，儿童有一种未知的能力。儿童的未成熟状态，意味着儿童需要走向成熟，但不是我们成年人规定的成熟。杜威在第六章《保守的教育和进步的教育》中，批评了以赫尔巴特及其追随者为代表的观点，即把教育看成一种"复演和追溯"。按照这个观点，教育的本质就是追溯性质的，"我们按过去的精神遗产的模型塑造心灵到什么程度，心灵就被适当地塑造到什么程度"，从而，每个时代的人们不过是"重复前人的生活方式"而已，人类也就很难有真正的成长与发展了。所以，杜威提出要解放儿童，把握当下，把他们从传统的束缚中解放出来。杜威认为，"发展就在于修改从前的生长计划和另辟蹊径"，而教育的目的就是要努力促进缩短这个路线的成长。成长，健康地成长，是儿童发展的硬道理，也是教育发展的硬道理。

遗传与环境的关系

>> 遗传与环境的关系在语言学习方面表现得很清楚，如果一个人没有发出清晰声音的发音器官，如果他没有听觉器官或其他感觉感受器，没有这两种器官的连接，要想教他对话，简直是白费时间。这个人生来就有这种缺陷，教育必须承认这个限制。但是，如果这个人有这种天赋的器官，也不能保证他就会讲话或讲他所要说的话。他能否这样讲话，全看他的活动所在的环境和实现这些活动的环境。如果他生活在没有社交关系的哑巴社会，人们都不愿彼此交谈，仅仅使用最低限度的手势，没有这种手势，他们就不能生活，他就不会口头语言，就好像他没有发音器官一样。

——《杜威教育文集》第 2 卷，第 75 页

朱永新解读：

遗传、环境与教育三者的关系，是教育的老问题，也是教育的经典问题。人们经常会孤立地追问，究竟三者之中哪个是决定性的因素？其实，三者是辩证统一的关系。遗传是条件，是前提。杜威以语言学习为例，指出如果一个人没有能够发出清晰声音的器官，或者说一个人的听觉器官与发声器官有缺陷，是不可能教会这个人讲话的。也就是说，"教育必须承认这个限制"。教育是有条件的，不是万能的。

同样，这个条件前提对于环境问题也是适用的。如果一个人有健全的听觉器官与发声器官，但是没有一个良好的语言环境，如果这个人"生活在没有社交

关系的哑巴社会"，在这个社会人们不使用口头语言，只使用最低限度的手势语言，那么，这个人也不可能像生活在口语环境中的具有正常听觉器官和发音器官的健全人一样，开口说话。

当然，这一切不影响教育在三者之中的主导作用。也就是说，在遗传、环境基本相同的情况下，教育就显得十分重要了。教育不仅可以将遗传的不利因素限制在最小范围内，而且可以创造最好的环境，帮助人更好地成长。

丰富生活自身可以感觉到的意义

>> 教育始终有一个当前的目的，只要一个活动具有教育作用，它就达到这个目的，即直接转变经验的性质。婴儿期、青年期、成人生活，它们的教育作用处于相同的水平，就是说，在经验的任何一个阶段，真正学到的东西，都能构成这个经验的价值，也就是说，任何一个阶段的生活的主要任务，就是使生活过得有助于丰富生活自身可以感觉到的意义。

——《杜威教育文集》第 2 卷，第 77 页

朱永新解读：

既然教育就是成长，那么在成长过程中得到的各种经验就是至关重要的。所以，杜威指出，只要一个活动能够让人们获得经验，它就具有教育的价值。无论是对于儿童来说，还是对于成年人而言，"学到"经验才是最为关键的。因为，在人生的任何一个发展阶段，无论我们学到的是怎样不同的经验，就教育本身的价值来说，没有什么高低贵贱的不同。生活的主要任务，也就是教育的主要任务，在于"有助于丰富生活自身可以感觉到的意义"。也就是说，教育的任务，在于让人们真正地感觉生活的意义，享受自己的成长过程。

教育就是经验的
改造或改组

>> 教育就是经验的改造或改组。这种改造或改组，
  既能增加经验的意义，又能提高指导后来经验进
  程的能力。

　　　　　　　　——《杜威教育文集》第 2 卷，第 77 页

朱永新解读：

　　这段文字，也是杜威关于教育的一个"专门定
义"。"教育即改造"，是杜威的一个主要命题。他认
为，教育的过程往往伴随着经验的不断增加和不断改
造，"是和我们对于所从事的种种活动相互关系和连续
性的认识的提高相应的"。

　　在这个意义上看，一个儿童偶然获得的经验与一
个科学家在实验室研究的发现，没有本质的不同。因
为经验是一个不断积累的过程，前面获得的经验自然
成为"提高指导后来经验进程的能力"。

学
校
的
任
性

>> 学校很多工作就是制定规则，要求学生照做，甚至在学生做了以后，还不引导他们去发现所用的方法和结果——例如答案——之间的联系。就学生来说，整个事情只是一个把戏和一种奇迹。这种活动本质上是任性的活动，并且要养成任性的习惯。

——《杜威教育文集》第 2 卷，第 78 页

朱永新解读：

　　人是一个有思想、有目的的存在。在大部分情况下，人类获得经验的过程，也是一种有目的的、主动的、自觉的活动。人越是清晰地意识到自己活动的目的，活动的效率就越高。所以，杜威说："无论何时，人们在外来的命令下行动，或者按别人的指示行动，没有他们自己的目的，看不到这个行动与其他行动的关系，他们的行动就是任性的行动。"按照杜威的这个分析，现在许多学校的教育活动，其实就是"任性"的行动，老师让学生机械地做重复性练习，照葫芦画瓢，而不去发现事物之间的联系与规律，不去引导学生发现所用的方法和结果之间的关系。这样，学习的过程就无法获得真正的经验，而只能是一种重复性的"把戏"，偶然的成功，也只能算是巧合的"奇迹"。

　　亲爱的父母，在教育孩子的过程中，在陪伴孩子成长的过程中，不仅要教孩子知识和经验，更要让他们知道"所以然"，探索事物之间的联系与规律。

教育可以从追溯既往和展望未来两方面解释

>> 教育可以从追溯既往和展望未来两方面解释。这就是说，我们可以把教育看作使未来适应过去的过程，也可以把教育看作利用过去，成为发展中的将来的一种力量。

——《杜威教育文集》第 2 卷，第 79 页

朱永新解读：

教育是一个继往开来的事业，所以，当然要从"追溯既往和展望未来"两个方面来理解教育和发展教育。根据这样的理解，教育一方面要注意"继往"，传承人类优秀的传统文化、先进经验；一方面也要注意"开来"，不仅仅"在已往的事物中寻找它的标准的模式"，而是能够不断创新，面向未来。这样，教育就不是只为遥远的未来做准备，也不是只关注眼前的事情，而是当下和未来两手都抓两手都硬，立足当下，面向未来。

给全体成员以平等和宽厚的条件求得知识

>> 对一个社会来说，划分成许多阶级将是致命的。一个社会必须给全体成员以平等和宽厚的条件求得知识的机会，一个划分成阶级的社会，只需特别注意统治者的教育。一个流动的社会，有许多渠道把任何地方发生的变化分布出去，这样的社会，必须教育成员发展个人的首创精神和适应能力。

——《杜威教育文集》第 2 卷，第 87 页

朱永新解读：

教育是加强社会流动，打破社会固化的分层的重要武器。有朋友曾经说，教育是穷人除了造反以外唯一的出路。虽然有些偏颇，但对于许多人尤其是社会底层的人来说，教育的确是改变命运的重要渠道。

所以，教育公平的意义，现代普及义务教育的意义，就是尽可能给社会所有的人一个平等地接受教育、获得知识与技能的机会。如果教育只是少数人的特权，只是"特别注意统治者的教育"，当然就无法建成民主的社会，也谈不上发挥每个人的首创精神和适应能力。

>> 柏拉图哲学的失败，从以下的事实可以了然，就是他不信任教育的逐步改进能造成更好的社会，然后这种更好的社会又能改进教育，如此循环进步以至无穷。他认为，在理想的国家存在以前，正确的教育不能产生，而在理想的国家产生以后，教育将仅仅致力于保存这个理想的国家。

——《杜威教育文集》第 2 卷，第 90 页

朱永新解读：

在第七章《教育中的民主概念》中，有一节是专门讨论柏拉图的教育哲学的。作为西方第一部比较系统的教育著作，柏拉图在《理想国》一书中描绘了他关于教育的蓝图，提出了从学前教育到高等教育的完整体系。他主张教育的首要任务是发现人的天赋并且训练人有效地运用自己的天赋，如果每个人都能够从事具有天赋的活动，不仅个人会觉得愉快，社会组织也会完善稳定。

杜威认为这是柏拉图教育思想的精彩之处，但是，"柏拉图把个人和他们本来的能力分成很少明显划分的阶级却是很肤浅的见解"，柏拉图把人分为金、银、铜三种类型，最高层是统治国家的哲学家，最底层是为数众多的手工业者、农民和商人。他们需要不同的教育。

杜威认为，柏拉图的肤浅就在于给人贴上了固化的标签，在一个真正民主的社会，应该"利用个人特

殊的和有变化的品质，而不是把它们分成阶级"。所以，柏拉图自己陷入了一个悖论：在理想的国家存在之前不可能产生正确的教育，而理想的国家产生之后，教育的作用就在于保存这个理想的国家。

相反，杜威坚定地相信人的可变化和社会的可变性，认为更好的教育能够造就更好的社会，而更好的社会也能够形成更好的教育。人、教育、社会、国家，处在这样一个互相依赖、彼此促进的关系中。

对教育目的的致命伤

>> 如果学生的每一个行动大概都由教师命令，他的许多行动的唯一顺序来自功课指定和由别人给予指示，要谈什么教育目的，就是废话。在自发的自我表现的名义下，允许学生任性的或不连贯的活动，对教育目的也是致命伤。

——《杜威教育文集》第 2 卷，第 100 页

朱永新解读：

在教育上，经常容易出现两个极端——要么是极端的专制，所有的一切由教师决定，教师的话语是绝对的权威和至高无上的命令；要么是极端的自由，所有的一切由学生自己说了算，学生的表现都是自发任性的行为。这两者都是无法真正实现教育目的的。杜威提出，在一个不平等的社会关系中，往往会出现把一部分人的目的强加于另外一部分人的情况。这种不平等体现在教育上也是如此。所以，学校教育就要防止以上两种极端。其实，这个论述对于家庭教育同样也是非常有启示的。既不能过于专制，把父母的意志强加于孩子，也不能过于放任，完全没有引导与规训。

有目的的行动和明智的行动是一件事

>> 有目的的行动和明智的行动是一件事。预见一个行动的终点，就是有一个进行观察、选择以及处理对象和调动我们自己能力的基础。要做这几件事，就是要用心——因为用心就是认识事实及其相互关系所控制的有意识、有目的的活动。用心做一件事，就是预见未来的可能性；就是具有实现这个可能性的计划；就是注意使计划得以实现的手段和挡路的障碍，或者，如果真有心做这件事，而不只是一种模糊的愿望，就是有一个考虑到各种力量和困难的计划。

——《杜威教育文集》第 2 卷，第 101—102 页

朱永新解读：

教育的目的是所有教育家都关心的话题。但是像杜威这样，从哲学的角度对教育目的进行深入分析的教育家并不多见。

杜威认为，所谓目的，其实就是能够看到一个行动最后的终点在哪里，那么就要对全过程进行观察、抉择、行动、调节。他用"用心"这两个字来描述目的的特点，也就是说，他认为"用心"就是能够预见未来的各种可能性，同时能够对这个可能性的实现做好计划和分析，了解在实施过程中出现的各种问题和障碍，能够把任务真正地落到实处。在这个意义上说，有目的的行动和明智的行动，其实就是一件事。

亲爱的父母，让自己和孩子都不要稀里糊涂地活着，而是要真正地做一个有心人。

『停停、看看、听听』

>> 一个人所以愚蠢、盲目或不聪明——没有心思——和他在任何活动中不了解他行为的可能结果的程度有关。如果一个人满足于对结果随便推测，全碰运气，或者不研究实际情况和自己的能力就制订计划，他是不完全明智的。这种比较的不用心就是用感情来衡量所发生的事情。要明智，我们在制订活动计划时必须"停停、看看、听听"。

——《杜威教育文集》第 2 卷，第 102 页

朱永新解读：

所谓"停停、看看、听听"，其实是"用心"的另外一种表述。杜威认为，一个人之所以愚蠢、盲目或者不聪明，往往意味着他没有真正地用心，意味着他没有明确的人生目标，意味着他做事情不考虑后果；或者意味着他不着边际，不考虑实际情况，也不考虑实现的可能性，而主观地一厢情愿地制定目标，在行动中又不认真努力，踏踏实实，仅仅凭运气。

所以，具有清晰目的的人，能够在行动的过程中停下来看一看，想一想，思考一下面临的各种困难，听听大家的意见与建议，这样才能够把目标真正地落在实处。

亲爱的父母，我们是不是也应该让孩子学会在行动的过程中停一停，看一看，听一听呢？

目的必须是灵活的

>> 目的必须是灵活的；它必须可以更改以符合情况的要求。从外部建立的目的对行动过程来说，总是僵硬的。这种从外部插入或强加的目的，对情境的具体情况没有工作关系。在行动过程中，所发生的情况既不证实这个目的，也不推翻这个目的，也不改变这个目的。对于这个目的，因缺乏适应性而造成的失误，只归因于环境的反常，而不归因于在这种情况下这个目的本身的不合理。

——《杜威教育文集》第 2 卷，第 103 页

朱永新解读：

目的在我们行动中具有重要的引领作用，目的始终如一，是一个好的品质，也是我们在实现目的中应该尽可能坚持的。但并不意味目的一旦确定，就不可变化，尤其是那些从外部强加给我们的目的，我们个人没有参与制定的目的，和我们实际所处的环境相去甚远的目的，在实现的过程中往往难以为继，需要根据实际的情形进行调整。

所以，目的应该具有一定的灵活性，在实施的过程中应该具有一定的弹性，应该根据我们工作的进展和环境的变化而加以调整。

亲爱的父母，这段文字虽然说的是哲学问题，其实在家庭教育中也很有指导意义。我们给孩子规定各种任务，确立各种目标，可是这些任务和目标不是圣旨，不是教条，尽管不应该朝令夕改、经常变化，但必须做到根据实际情况及时调整。

合理的目的能改变环境

>> 一个合理的目的，它的价值在于我们能用它来改变环境。合理的目的是应付环境的一个方法，使环境产生有益的变化。一个农民，如果被动地接受事物的现状，就和一个完全不顾土壤、气候等情况而制订农事计划的人一样，会犯同样大的错误。教育上如果用抽象的或遥远的外部的目的，有一个弊端就是，这种目的在实践中不能应用，很可能胡乱应付环境。

——《杜威教育文集》第 2 卷，第 103 页

朱永新解读：

在生活和工作中，我们制订计划、确定目标本身并不是目的。解决问题，让我们的生活和工作更完美、更方便、更有成效才是我们的目的。所以，如果不切实际地制定目标，在学习和工作的过程中又顽固地坚持错误的目标，就会在错误的道路上愈走愈远。就像一个农民如果完全不考虑土壤、气候等各种条件，机械地按照事先确定的农事计划和目标来执行，那么肯定会影响收成。

亲爱的父母，教育其实也是如此，教育过程中的不可控因素比农业更多，因为每个孩子都是不一样的，每个孩子在发展过程中遇到的问题也是不一样的，所以更需要我们耐心、细心、用心地去解决各种问题。

目的和手段不能分离

>> 目的和手段之间的区别只是为了方便。每一个手段在我们没有做到以前，都是暂时的目的。每一个目的一旦达到，就变成进一步活动的手段。当它标示我们所从事的活动的未来方向时，我们称它为目的；当它标示活动的现在方向时，我们称它为手段。目的和手段分离到什么程度，活动的意义就减少到什么程度，并使活动成为一种苦工，一个人只要有可能逃避就会逃避。

——《杜威教育文集》第 2 卷，第 104—105 页

朱永新解读：

目的与手段的关系，有点像过河和架桥。过河是我们的目的，架桥是我们的手段。在没有架桥之前，架桥本身就是我们暂时的目的。这两者是紧密联系的。我们要把目的与手段时时刻刻地联系起来，把一个个手段都视为通往目的路程上的一个个小目的。这样，每一点微小的进步都会让我们欣慰和欣喜。我们知道，自己离那个目的又近了一些。否则，我们就感觉不到行动的意义，就会把活动视为"苦工"，从而尽可能地逃避。

亲爱的父母，目的与手段的关系，看似一个哲学命题，其实在家庭教育中也是很有意义的。我们要尽可能让孩子明白他做的每一件事情与那个大的目标之间的关系，让孩子能够享受成长过程中的每一点进步与喜悦。

教育目的不能忽视个人的特殊能力和要求

>> 一个教育目的必须根据受教育者的特定个人的固有活动和需要（包括原始的本能和获得的习惯）。我们前面讲过，把预备作为教育目的，有不顾个人现有能力而把某种遥远的成就和职责作为教育目的的倾向。总的看来，人们有一种倾向，就是提出千篇一律的目的，忽视个人的特殊能力和要求，忘记了一切知识都是一个人在特定时间和特定地点获得的。

——《杜威教育文集》第 2 卷，第 106 页

朱永新解读：

的确如此，在制定教育目的的时候，大到一个国家的教育目的和教育方针，中到一个区域的教育目的，小到一个学校的教育目的，我们都有一种"提出千篇一律的目的"的倾向。如我们国家新修订的《教育法》是这样表述教育方针的："教育必须为社会主义现代化建设服务，为人民服务，必须要与劳动和社会实践相结合，培养德智体美全面发展的社会主义建设者和接班人。"党的十八大报告给这个方针补充了一些内容，提出"把立德树人作为教育的根本任务，全面实施素质教育"，最后加了一句"努力办好人民满意的教育"。应该说，这两个表述强调了教育的政治方向，也是多年教育实践的总结。但总的来说，现有表述更多的还是社会本位的表述。

我们民进中央严隽琪主席曾经建议，从两个方面

完善教育方针的表述：一个是强调教育为社会和经济的发展服务，这是教育的社会责任；另一个是教育应该促进每个人潜能的发挥和发展，为人的终身发展服务，不能急功近利，要对人的一辈子起作用，要能够增进人的幸福。这也是"以人为本"原则在教育方针中的体现。只有从两个方面全面而完整地阐述我们的教育方针，才能更立体地展示我们中国好教育的哲学基础，才能拥有更多的"话语权"，在全球教育治理中更好地发挥一个崛起中大国的作用。

在具体的教育实践中，如何把国家、区域、学校、家庭的教育目的，与学生、孩子的个人发展更加紧密地联系起来，是值得关注的问题。

教育目的的价值

>> 一个教育目的必须能转化为与受教育者的活动进行合作的方法。这个目的必须提出一种解放和组织他们的能力所需要的环境。除非这个目的有助于制定具体的进行程序，除非这些程序又能检验、校正和发挥这个目的，否则这个目的便是没有价值的。

——《杜威教育文集》第 2 卷，第 107 页

朱永新解读：

教育目的的真正价值，在于能够最大限度地调动受教育者的积极性，释放受教育者的能量，发展受教育者的能力，否则，这个目的就没有太大的意义。杜威批评现在的许多目的过于"呆板"，因为它们是"硬性规定"的，也没有真正"审慎注意具体的情况"，并且根据具体情况及时检验、校正、调整和发展，这样的目的自然仅仅就是目的，而无法发挥指导实践的作用。好的教育目的是要根据时空的变化，根据受教育者的具体情况及时调整发展的。

从外面强加的教育目的的缺陷

>> 从外面强加的教育目的的缺陷根子很深。教师从上级机关接受这些目的，上级机关又从社会上流行的目的中接受这些目的。教师把这些目的强加于儿童。第一个结果是使教师的智慧不能自由；他只许接受上级所规定的目的。教师很难免于受官厅督学、教学法指导书和规定的课程等的支配，使他的思想不能和学生的思想以及教材紧密相连。这种对于教师经验的不信任，又反映了对学生的反应缺乏信心。

——《杜威教育文集》第 2 卷，第 107 页

朱永新解读：

教育目的的外加性，有传统的惯性。不仅在我们的政府体系中有，在各种文化中都有。杜威就分析了美国从外面强加的教育目的的根源，教师从上级机关接受教育目的，上级机关又从社会流行的观点中接受教育目的。教师没有自己的主张，没有自己的教育智慧，只是简单地按照教科书、教学指导书和规定的课程从事教育和教学，这样，教师的思想就无法真正地和学生的思想相通相连，教师的主动性与创造性发挥就会受到限制。

所以，无论是学校中的教师，还是家庭中的父母，不要被各种外在的教育目的左右，不要被社会上各种流行的观点左右，独立思考，按照正确的教育理想和科学的教育方法，针对自己的学生和孩子，提出自己的目的，自己的主张，才是最好的教育。

成人容易把自己的习惯和愿望作为标准

>> 儿童有许多倾向，它们出现的时候使父母感到不安，这些倾向很可能是昙花一现的。有时过分直接注意这些倾向，只能使儿童集中注意它们。无论如何，成人往往容易把他们自己的习惯和愿望作为标准，而把儿童冲动的一切偏差，视为必须革除的弊端。遵循自然的观念，主要是对人为造作的反抗，而人为造作，乃是企图直接强使儿童符合成人标准的模型的结果。

——《杜威教育文集》第 2 卷，第 115 页

朱永新解读：

儿童成长的过程中充满着不确定性，充满着戏剧性，充满着各种可能性。儿童成长过程中有许多问题只是成长中的问题，如杜威说的那样，很多只是"昙花一现"的，不必大惊小怪，不必担心恐惧。有时候，父母和老师过于关注这些问题，反而会让儿童对此敏感，强化了自己的问题。如许多孩子在学说话的过程中有口吃的问题，如果父母过分在意，反而会让孩子不安，更加强化口吃的问题。

另外，父母和教师也经常容易犯他们最反感的错误，用外在的教育目的要求他们。他们恰恰也是用自己作为成年人的权威要求孩子，"把他们自己的习惯和愿望作为标准"，而把儿童冲动的一切偏差视为严重的问题和必须革除的弊端。用自己的标准来要求孩子，自然就会忽视孩子的个性，忽视孩子成长的真正的动力。

>> 在最广的意义上，社会效率就是心智的社会化，主动地使各人的经验更加可以相互传授，打破使个人对别人的利益漠不关心的社会分层的障碍。

——《杜威教育文集》第 2 卷，第 119 页

朱永新解读：

杜威非常重视教育的社会化功能，他认为，"我们最需要做的事情乃是涉及我们和别人的关系的事情"，所以他非常强调教育价值，认为能够提升公民的效率，培养良好的公民，"打破使个人对别人的利益漠不关心的社会分层的障碍"，这就是教育的社会效率，也是实现儿童心智社会化的重要路径。

也正因为如此，杜威认为在学校教育中，应该关注"同情心或善意"的培养，应该关注"创作艺术和欣赏艺术的能力，娱乐的能力，有意义地利用闲暇的能力"等，因为这些都是公民需要的基本能力。

与个性相反的东西就是平庸

>> 与个性相反的东西就是平庸，就是平均标准。当我们发展特异的品质时，就能形成特异的人格，并对社会服务做出更大的贡献，这种个人的贡献超出物质商品数量上的供应。因为，一个社会，除非构成这个社会的各个成员具有良好的个人品质，否则有什么值得为它服务的呢？

——《杜威教育文集》第 2 卷，第 120 页

朱永新解读:

在人的社会化过程中，不能够以牺牲人的个性为代价。杜威认为，一个人的独特性具有非常重要的意义:"如果一个人没有什么不能测量的东西，就不能称个人。"也就是说，一个人应该有明显地区别于别人的不同方面。他明确提出，所谓平庸，就是与个性相反的东西，就是平均标准。

所以，人云亦云，照虎画犬，缺乏创造性，是教育最大的敌人。一个健全的卓越的社会，需要具有创造性的人才，需要那些具有"特异的品质"的人才，这也是教育应该承担的使命。

教育上的一个特殊任务

>> 为什么有人认为一个人必须在以下两种情况中做出选择：是牺牲自己去做有益于别人的事情呢？还是牺牲别人，以求达到自己独有的目的呢？实际的情况是，因为这两种事情没有一件是能够持续进行的，我们就想出一种折中的办法，两方面交替进行。一个人轮流尝试两件事中的一件事。世界上有许多公开声称的精神的和宗教的思想，强调自我牺牲和精神的自我完善这两个理想，而不是大力反对这种生活的二元论，没有比这更大的悲剧了。这种二元论已根深蒂固，不易推翻。由于这个原因，目前教育上的一个特殊任务，就是争取达到这样一个目的，使社会效率和个人修养是同义词，而不是彼此对抗。

——《杜威教育文集》第 2 卷，第 121 页

朱永新解读：

在教育的过程中，我们经常容易犯杜威在这里批评的毛病：非此即彼。要么牺牲自己去做有益于别人的事情，要么牺牲别人去做有益于自己的事情。要么大公无私、公而忘私，要么私而无公，私而忘公。其实，在大部分情况下，两者是可以兼容的，而不是对立的。一个好的社会，应该鼓励每个人在发展自己、实现个人价值的同时，推动现实社会的发展，实现社会价值的最大化。在教育上，最完美的境界是：让社会效率与个人修养成为真正意义上的同义词，而不是彼此对抗。

没有学问就不能和别人交往

>> 一个人没有学问——不先获得较为广阔的观点，来观察他们所不知的事物，他就不能和别人交往。文化就是不断扩大一个人对事物意义的理解的范围，增加理解的正确性的能力，也许没有比这更好的文化的定义了。

——《杜威教育文集》第 2 卷，第 122 页

朱永新解读：

交往其实是一种对话。如果阅读是一种通过文本与作者的对话，那么，交往就是人与人直接的交流与对话。对话需要有共同的话题、共同的素材、共同的兴趣，正是在这个意义上，我们想得到良好的交往对象和交往成效，就要努力让自己成为一个有学问的人。一个有着广泛知识背景的人，才能使交往顺利进行，才能准确理解别人的观点。

兴趣就是能专心致志、全神贯注

>> 感兴趣就是能专心致志，全神贯注于某个对象，或置身于某个对象。感兴趣也就是保持警觉，关心，注意。我们说一个人对某事感兴趣，有两种说法，或者说他已经给某件事迷住了，或者说他已经发现自己陷入某件事了。这两种说法都表示这个人的自我专注于对象。

——《杜威教育文集》第 2 卷，第 125 页

朱永新解读：

既然强调教育中以儿童为中心，重视兴趣也就是顺理成章的事情。杜威在这本著作中专门用一章的篇幅，以"兴趣和训练"为题进行讨论。这段文字描述了兴趣的基本特征，即强调兴趣是一种"专注于对象"的活动。

亲爱的父母，在日常生活中，在教育实践中，当我们发现孩子们"专心致志、全神贯注于某个对象，或置身于某个对象"时，我们不能无动于衷，也不应该轻易放过。如果我们细心关注孩子的兴趣，及时因势利导，就有可能会发现孩子的真正优势，从而捕捉住发展的可能性。

教育不能用快乐行贿

>> 关于兴趣在教育上的地位，贬低兴趣的人，首先是夸大上述第二个意义，然后又把这个意义孤立起来。他们所谓兴趣，不过是指一个对象影响个人的利害和成败。他们把兴趣和任何客观事物的发展隔离起来，使它们变成仅仅是个人快乐和痛苦的状态。就教育方面说，他们认为，注重兴趣，就是把某种富有魅力的特征加到本来不感兴趣的教材，用快乐行贿，引诱儿童注意和努力。这种方法被诬蔑为"软的"教学法和"施粥所"的教育理论，这种批评是正确的。

——《杜威教育文集》第 2 卷，第 125 页

朱永新解读：

真正的兴趣是发自内心的。心理学的研究表明，人的兴趣分为有趣、乐趣和志趣三个层次。有趣，主要表现为对事物感官的、外部的兴趣；乐趣，主要表现为伴随着愉快情感体验、内部的兴趣；志趣，则主要表现为与理想、目标相联系的兴趣。所以，兴趣是不能够与兴趣的对象隔离的。在教育的过程中，不是简单地用快乐行贿的办法，把"某种富有魅力的特征加到本来不感兴趣的教材"上，而应该让学生理解事物本身的意义与价值，让学生从简单的有趣，发展到乐趣和志趣阶段。

坚强意志的人既不变化无常，又不苟且敷衍

>> 通常所谓意志，极大部分正是说我们有一种深思熟虑的或有意识的倾向。在一个有计划的行动过程中，尽管面临很多困难和相反的诱惑，但能够坚持和忍耐，通俗地讲，一个有坚强意志的人，就是说他在努力达到所选择的目的时，既不变化无常，又不苟且敷衍。他有实行的能力，就是说，他能持久地、有力地实行或实现他的目的。一个意志薄弱的人，就像水那样不稳定。

——《杜威教育文集》第 2 卷，第 126—127 页

朱永新解读：

兴趣与意志，有时像一枚硬币的两面。不可能所有的事情都是那么充满乐趣，有些事情是需要坚韧不拔的意志力才能够完成的。但是一旦理解了事情的意义，有时也能够从枯燥无味的事情中寻找到乐趣。所以，兴趣与意志是可以互相转化的。

我们说一个人的意志力很强，往往表明他有很强的工作计划性，有明确的人生目标，能够及时克服前行过程中的各种困难，抵制各种诱惑，"既不变化无常，又不苟且敷衍"。相反，如果是一个意志薄弱的人，则缺乏计划性、坚韧性，"像水那样不稳定"。

世界上没有过分的智力活动

>> 世界上没有过分的智力活动，但却有片面的智力活动。

——《杜威教育文集》第 2 卷，第 127 页

朱永新解读：

所谓"没有过分的智力活动"，就是说人们在从事活动的时候深思熟虑，仔细安排、周详思考非常重要，无论怎样都是有益的。杜威说，训练一个人，"使他能考虑他的行动，并且深思熟虑地实行这些活动，这个人到这种程度就是一个有训练的人"。也就是说，我们处理任何事情，都需要非常用心，因为"世界上没有过分的智力活动"。

同时，所谓"片面的智力活动"，就是指遇到各种困难和诱惑时，轻易地放弃自己的行动。这与缺乏真正的远见有关，所以就是片面的智力活动。

>> 没有兴趣，就是思考也会是草率的和肤浅的。父母和教师往往埋怨——埋怨得正确，说儿童"不愿意听或者希望理解"。他们的心思所以不在学科上，正因为这种学科并不触动他们；不为他们所关心。这些情形是需要补救的，但是补救的方法，不应采用足以加剧和反使儿童厌恶的方法。

——《杜威教育文集》第 2 卷，第 128 页

朱永新解读：

兴趣不仅与意志力有关，也与思考力有关。杜威认为，如果没有兴趣，即使思考也只能是草率和肤浅的。这个判断非常精彩。的确，兴趣是最好的老师，没有兴趣，思维的机器就无法真正开动起来。

所以，亲爱的父母，当发现孩子对一些学科不愿意学习的时候，不要轻易责怪他们，更不应该采取"牛不喝水强按头"的强制手段，因为这样的方法只能加剧孩子的反感和厌恶。最好的办法，是发现孩子的兴趣所在，把孩子感兴趣的东西与正在学习的东西巧妙地联系起来，利用迁移的效应让孩子逐步走进新的学习领域。

承认兴趣在教育中的能动地位

>> 兴趣是任何有目的的经验中各种事物的动力，不管这些事物是看得见的，还是呈现在想象中的。具体地说，承认兴趣在有教育意义的发展中的能动地位，其价值在于使我们能考虑每一个儿童的特殊的能力、需要和爱好。承认兴趣的重要性的人不会认为，因为儿童偶然由同一个教师任教，采用同一种课本，他们的心理就会同样活动。同样的教材，随着对儿童的特殊感染力的不同，儿童对教材的态度、研究教材的方法和对教学的反应各有不同，而教师的这种感染力本身又随着儿童的自然倾向、各人的过去经验以及各人生活计划等的差异而各有不同。

——《杜威教育文集》第 2 卷，第 129 页

朱永新解读：

兴趣具有个体的差异性。让这个学生着迷的事情，另外一个学生可能无动于衷。所以，杜威在这里提醒父母和老师，不要以为同一个老师执教，用同样的教材和教法，孩子们的心理就会同样活动。一把钥匙开一把锁，这是教育上取得成效的奥秘所在。所以，杜威反对过分依赖教材，把教材看成已经"完成的东西"，或者是"有待学习或认识的东西"，而应该充分考虑学生的个体差异性，考虑学生的不同兴趣点，有针对性地进行教学。

第八章

教育即经验的
继续改造

知识本身不是最终目的

>> 如果我们教育的组织能使儿童天生的主动倾向在做作业中得到充分的调动，同时注意到这种作业要求进行观察，获得知识，和运用建设性的想象力，那就是改进社会条件所最需要的教育。如果我们的教育一方面不运用智力，但求表面做事的效率的机械练习，另一方面，积累知识，认为知识本身就是最终目的，在两者之间摇摆不定，这就意味着教育接受目前的社会条件，视之为终极状况，不可更改，从而负起使他们永存下去的责任。教育的改造，要使学生在运用智力进行有目的的活动中进行学习，这样的改造是一件缓慢的工作。它只能一点一滴地完成，一次走一步。

——《杜威教育文集》第 2 卷，第 135 页

朱永新解读：

按照杜威的观点，改造社会要从改造教育做起，而改造教育要从改造教学的过程做起，关键就是要让学生能够运用自己的智力在"有目的的活动中进行学习"。也就是说，学习的过程不是机械地背诵一些死的知识，而是充分发挥儿童的主动性、积极性和创造性，让他们在学习的过程中能够认真地观察，建设性地想象。如果把这种积极参与的学习方法，迁移到具体的工作之中，自然就是改造社会的方法。

单纯活动并不构成经验

>> 经验包含一个主动的因素和一个被动的因素，这两个因素以特有形式结合着。只有注意到这一点，才能了解经验的性质。在主动的方面，经验就是尝试——这个意义，用实验这个术语来表达就清楚了。在被动的方面，经验就是承受结果。我们对事物有所作为，然后它回过来对我们有所影响，这就是一种特殊的结合。经验的这两个方面的联结，可以测定经验的效果和价值。单纯活动，并不构成经验。

——《杜威教育文集》第 2 卷，第 137 页

朱永新解读：

杜威对经验非常重视，《民主主义与教育》的第十一章专门讨论了"经验与思维"的问题。他认为，人的经验包括主动的经验与被动的经验两个方面。从主动的方面而言，经验就是去积极地探索和尝试；从被动的方面而言，经验就是消极地承受结果。所谓"单纯活动，并不构成经验"，其实就是说后者并不构成真正意义上的经验。他举例说明自己的观点，如一个小孩只是把手指伸进火里，这还不能说是经验。只

有当这个行动与他遭受的疼痛联系起来的时候，才是经验。因为从此以后，他就知道把手指伸进火焰就意味着灼伤。如果一个人被灼伤，但是他没有觉察到是另外一个行动的结果，那只是"物质的变化，像一根木头燃烧一样"。

亲爱的父母，杜威的这段话不仅对于我们认识经验的性质有帮助，对于在实际生活中我们如何帮助孩子获得真正的经验也是很有启示的。

有生长的积累经验才具有生命力

>> 盲目的和任性的冲动，使我们急急忙忙漫不经心地从一事改做另一事。出现这种情况，事事都是昙花一现，丝毫没有生长的积累。有了生长的积累，经验才具有生命力。另一方面，我们碰到很多使人感到快乐和痛苦的事情，但是并没有和我们自己过去的活动联系起来。对我们来说，它们只是偶然的事情。这种经验没有前没有后；既无回顾，又无展望，因此它是没有意义的。

——《杜威教育文集》第 2 卷，第 137—138 页

朱永新解读：

如前所述，并不是所有的活动都能够帮助我们获得经验，也不是所有的感受都与经验有关。在生活中，那些盲目的和任性的冲动性的行动，那些急急忙忙或者漫不经心的行动，虽然可能忙忙碌碌，但是并不能够让我们增长经验。只有那些能够帮助我们成长的"生长的积累"，才使我们的经验有了生命的力量。其实，这种经验是与思维有着密切关系的。也就是说，只有对经验进行反思时，只有把经验与过去或者未来相联系时，经验才真正成为经验。

从经验中学习

>> 常言道:"从经验中学习。"它就是在我们对事物有所作为和我们所享的快乐或所受的痛苦这一结果之间，建立前前后后的联结。在这种情况下，行动就变成尝试；变成一次寻找世界真相的实验；而承受的结果就变成教训——发现事物之间的联结。

——《杜威教育文集》第 2 卷，第 138 页

朱永新解读：

什么叫"从经验中学习"？就是前面所说的对经验进行反思的过程，或者这里所说的建立"联结"的过程。这种联结，从经验的主动方面而言，就是把行动变成探索和尝试，变成一个"寻找世界真相的实验"；从被动的方面而言，就是把承受结果变成获得教训与体验的过程，寻找和发现事物之间的内在关系。

亲爱的父母，学习的确是无处不在、无时不有的，关键是能够让孩子学会主动地探索世界，同时也能够及时地汲取各种教训。

>> 学生有一个身体，他把身体和心智一起带到学校。他的身体不可避免地是精力的源泉；这个身体必须有所作为。但是，学生的身体活动，并没有用来从事能产生有意义的结果的作业，却被视为令人蹙额的东西。学生应该"专心"做功课，身体活动却引导学生远离功课，它们是学生调皮淘气的根源。学校中"纪律问题"的主要根源，在于教师必须常常花大部分时间抑制学生的身体活动，这些活动使学生不把心思放在教材上。学校很重视宁静，鼓励沉默，奖励呆板一律的姿势和运动；助长机械地刺激学生的理智兴趣的态度。教师的职责在于使学生遵守这些要求，如有违反就要加以惩罚。

——《杜威教育文集》第 2 卷，第 138—139 页

朱永新解读：

　　学校生活中，我们经常会发现一些"纪律问题"，因而也会发现一些"问题学生"。我们甚至会不分青红皂白地给这些问题和学生扣上形形色色的"帽子"，而不去发现问题背后的原因。杜威告诉我们，在许多情况下，学生的"纪律问题"是与他们身体的剩余精力没有得到充分发挥有关。这是因为，学校教育中几乎最主要的工作就是让学生专心做功课，"重视宁静，鼓励沉默，奖励呆板一律的姿势和运动"，这样死水一潭毫无生机的学习环境与学习过程，无疑是违反了学生的天性的。

亲爱的父母，如何帮助孩子身心和谐发展，帮助孩子进行合理的身体运动，同样是家庭教育必须面对的问题。孩子们需要的不仅仅是心智发展，也同样需要身体的发展。

教育儿童有意义地、雅致地使用体力

>> 对教师和学生所造成的神经紧张和疲劳，乃是身体活动和理解意义分离的不正常情境的必然结果。他们时而冷漠无情，时而激情暴躁。学生的身体受忽视，由于缺乏有组织的、有成效的活动渠道，突然爆发出无意义的狂暴行为，而不自知其所以然；或者陷入同样无意义的装傻相干蠢事。这两种情况都和儿童的正常游戏截然不同。身体好动的儿童变得烦躁不安，不守规矩；比较安静，所谓虚心谨慎的儿童，把他们的精力用在消极的压制他们的本能和主动倾向的工作上，而不用在积极的建设性的计划和实行计划的工作上。所以，它们不是教育儿童负责有意义地、雅致地使用他们的体力，而是教育他们克尽不发泄体力的义务。可以郑重地说：希腊教育所以取得卓越成就，其主要原因在于希腊教育从来没有被企图把身心分割开来的错误观念引入歧途。

——《杜威教育文集》第 2 卷，第 139 页

朱永新解读：

在教育过程中，手脑并用、身心和谐是一条基本原则。但是，在实际的教育过程中，我们却经常忘记这个基本原则，过分重视脑力劳动而忽略体力劳动，这必然会造成学生精神的疲惫和神经的紧张。而一旦学生的身体长期受到忽视，就会"突然爆发出无意义的狂暴行为"。那些相对比较安静的学生，则由于过分压抑自己的本能和主动倾向，也会出现许多心理与学

习问题。杜威用古希腊教育的案例来论证身心和谐发展的重要性，指出希腊教育之所以取得卓越的成效，就是因为他们从来没有企图把身心分割开来。

亲爱的父母，孩子的许多问题往往就出在身心发展的不和谐或不协调方面，张弛有道，文武兼修，手脑并用，身心和谐是教育的正道。

造成身心分离的方法
都是机械的方法

>> 任何把身体活动缩小到造成身心分离即身体和认识意义分离开来的方法，都是机械的方法。

——《杜威教育文集》第 2 卷，第 140 页

朱永新解读：

杜威进一步解释了身心不能分离的原因。他指出，即使对于那些必须用"心"来学习的功课，一定的身体参与也是非常需要的。必须运用眼、耳等器官，才能真正领会书本上写的、地图上画的、黑板上写的和教师说的东西。杜威认为，感官是"知识的入口和通道。眼睛注视书本，耳朵倾听老师讲话，这是发展智力的神秘源泉"。即使是那些以思维训练为主的学科，如数学甚至高等数学，也需要注意身心的共同作用。所以，任何把身体与认识意义分开的做法，都是违反教育规律的。

一盎司经验胜过一吨理论

>> 一盎司经验胜过一吨理论，只是因为只有在经验中，任何理论才具有充满活力和可以证实的意义。一种经验，一种非常微薄的经验，能够产生和包含任何分量的理论（或理智的内容），但是，离开经验的理论，甚至不能肯定被理解为理论。这样的理论往往变成只是一种书面的公式，一些流行话。使我们思考或真正地建立理论成为不必需的，而且是不可能的。

——《杜威教育文集》第 2 卷，第 141—142 页

朱永新解读：

经验，是杜威教育理论的基石之一。在他看来，没有经验，就没有理论，没有教育。所以，他坚持认为"一盎司经验胜过一吨理论"。

他批评说，我们经常习惯于那些所谓的"伪观念""半知觉"，根本没有"认识到我们的心理活动是多么缺乏生气"。相反，如果我们是在"要求我们运用判断发现事物联系的充满活力的经验的条件下进行观察，形成观念，那么我们的观察和观念会怎样更加敏锐，更加广泛啊"！

因此，要让理论真正活起来，而不是成为简单的教条型的公式，就需要重视经验的学习，重视建立经验与理论的内在关系。

什么是思维或反思？

朱永新解读：

思维或者反思的本质是什么？其实就是建立事物之间的内在联系。经验与经验之间关系的建立，是真正思维的开始。

杜威说："没有某种思维的因素，便不可能产生有意义的经验。"他指出，我们所有的经验都具有"试验"的性质，即心理学家所说的尝试错误方法。但是，如果只是不断地尝试错误，如果只是偶然地发现某一行动和某一结果之间关联的事实，而没有发现它们是怎样关联的，这样的识别仍然是很"粗糙"的。也就是说，经过反思的经验才是有价值的经验。

智慧的要素

思维就是明显表现经验中

>> 思维就是把我们经验中的智慧的要素明显地表现出来。它使我们有可能行动有目标。它是我们所以有各种目的的条件。一个婴儿，当他开始有所期待时，他就开始把正在进行的事作为将来要发生的事的信号；虽然他的判断非常简单，但他在开始判断了。因为，他把一件事作为另一件事的证据，所以他认识到中间所包含的关系。他的判断力的未来的发展，无论怎样复杂，都只是这个简单推理的进一步扩大和完善。

——《杜威教育文集》第 2 卷，第 143 页

朱永新解读：

　　把经验中智慧的要素明显地表现出来，其实就是发现事物的内在规律。通过反思，通过思维的力量，我们发现了事物之间的联系，因此自然会更加关注那些影响未来结果的因素，"更广泛地、更细致地观察正在发生的事情，然后从已经被注意到的东西中更谨慎地选择那些因素，这些因素恰恰指向将来要发生的事情"，这就是明智的人应该做的，也就是这里说的"把经验中智慧的要素明显地表现出来"。所以，教育学生学会思维，就是让他们学会发现事物之间的内在联系，发现事物发展的内在规律。

思维乃是一个探究的过程

>> 思维乃是一个探究的过程，一个观察事物的过程和一个调查研究的过程。在这个过程中，获得结果总是次要的，它是探究行动的手段。探究就是要探索不在手边的东西。我们有时说起"独创性的科学研究"，似乎这是科学家的特权，或者至少也是研究生的特权。但是一切思维都是科研，一切研究即使在旁人看来，已经知道他在寻求什么，但对从事研究的人来说都是独创性的。

——《杜威教育文集》第 2 卷，第 145 页

朱永新解读：

真正的思维就是探究的过程，一个观察事物、调查研究与发现联系和规律的过程。思维最主要的特征就是独创性。对于科学家而言已经是常识的东西，对于儿童而言，就是一种探索，一种思维。在这个意义上而言，"独创性的科学研究"也不是科学家的专利，真正的思维活动的展开，其实就是在进行"独创性的科学研究"。我们经常说，不能把知识简单地从老师的脑袋装进学生的脑袋，而要让孩子像科学家发现知识与原理那样，进行探究式的学习。

技能、知识和思维不可分割

>> 在各个不同的教学目的之间，把整个教学分割开来，例如分成技能的获得（如阅读、拼字法、写字、图画和背诵）、知识的掌握（如历史和地理）和思维的训练，这种做法使三个目的都不能有效地达到。如果思维不和提高行动的效率联系起来（不和增加关于我们自己和我们生活的世界的知识联系起来），这种思维就是有毛病的。如果所获得的技能没有经过思维，就不了解使用技能的目的。

——《杜威教育文集》第 2 卷，第 150 页

朱永新解读：

在学校教学中，知识的掌握、技能的获得与思维的训练是不可分割的。不仅如此，在教学的过程中，还有情感、态度、价值观的问题，也是与知识掌握、技能形成和思维发展分不开的。如果思维的训练与发展不能与提高行动效率联系起来，这样的思维就不能解决任何实际问题，还有什么意义呢？同样，如果技能的获得只是纯粹的动作技巧，没有经过思维的加工，不仅不能够了解使用技能的目的，而且也无法根据情境的变化使用技能，保持技能的稳定性。

思维就是明智的学习方法

>> 脱离深思熟虑的行动的知识是死的知识，是毁坏心智的沉重负担。因为它冒充知识，从而产生骄傲自满的流毒，它是智力进一步发展的巨大障碍。持久地改进教学方法和学习方法的唯一直接途径，在于把注意力集中在严格要求思维、促进思维和检验思维的种种条件上。思维就是明智的学习方法，这种学习要使用心智，也使心智获得酬报。

——《杜威教育文集》第 2 卷，第 150 页

朱永新解读：

过去有一句俗语：小和尚念经，有口无心。任何学习的过程，如何没有思维活动的深度参与，都会变成沉重的负担。学校教育中经常采用的死记硬背的方式，囫囵吞枣的方式，其实都不利于学生的智力发展，也无法取得优异的教学效果。学生看起来"装进去"不少知识，但是这些知识反而会让学生产生幻觉，产生骄傲自满的情绪，甚至会成为学生智力发展的障碍。所以，最好的学习，就是使用心智的学习，就是思维展开的学习。用心用脑，深刻思维，不仅能够有效地获得知识，巩固知识，更能够发展思维，使心智成熟。思维，只能在思维中发展；心智，只能在运用中成熟。

思维的开始阶段就是经验

>> 发展中的经验就是所谓思维。思维的开始阶段就是经验。这话听起来好像老生常谈。这句话应该是不言而喻的，不幸的是它并不那么清楚。与此相反，在哲学理论和教育实践中，思维常常被人视为与经验隔绝的东西，可以孤立地培养。

——《杜威教育文集》第 2 卷，第 151 页

朱永新解读：

在第十二章《教育中的思维》中，杜威对思维问题进行了系统阐述。其基本观点是：思维是以经验为基础的。杜威指出，经验与思维虽然属于两个不同的认识世界的层面，前者更多地与人的感官和欲望相联系，后者更多地与大脑和理智相联系。但是，他又明确提出，发展中的经验就是思维。也就是说，思维其实是以经验为基础的。经验是思维的开始阶段，是思维的素材。发展学生的思维活动，是离不开经验的。思维是无法离开经验的运用而孤立地培养的。

困难是引起思维的不可缺乏的刺激物

>> 一个人要有效地进行思维，必须已经具有或者现在有许多经验，给他提供对付所遇困难的办法。困难是引起思维的不可缺乏的刺激物，但并不是所有困难都能引起思维。有时困难使人不知所措，他们被困难所吓倒，感到沮丧泄气。困难的情境必须和学生曾经对付过的情境有足够相似之处，使学生对处理这个情境的方法有一定的控制能力。教学的艺术，大部分在于使新问题的困难程度大到足以激发思想，小到加上新奇因素自然地带来的疑难，足以使学生得到一些富于启发性的立足点，从此产生有助于解决问题的建议。

——《杜威教育文集》第 2 卷，第 154 页

朱永新解读：

经验是思维的基础，但困难往往是思维不可缺少的"刺激物"。也就是说，思维是需要一定的困难作为"问题情境"的。但是，这样的困难又不能难不可及或高不可攀，让学生觉得束手无策，灰心丧气。这就是现代教育学经常提到的"最近发展区"，即让学生能够"跳一跳，摘果桃"。也就是说，为学生创设的各种问题情境，应该符合学生的实际，使其大到"足以激发思想"，小到具有"新奇因素"。这对于激发学生的学习兴趣，发展学生的思维，具有重要意义。这也是杜威所说的教学的艺术。

静止的、冷藏库式的知识理想有碍教育的发展

>> 知识常被视为目的本身，于是，学生的目标就是堆积知识，需要时炫耀一番。这种静止的、冷藏库式的知识理想有碍教育的发展。这种理想不仅放过思维的机会不加利用，而且扼杀思维的能力。在乱糟糟地堆满废弃破烂的场地上，没有人能建造房屋，学生"脑子"里装满了各色各样从来不用的材料，当他们想要思考时，必然受到障碍。

——《杜威教育文集》第 2 卷，第 155 页

朱永新解读：

100 年前杜威的这个论述，好像是针对我们当下的教育所言。知识被视为教育的最高目标，虽然也讲技能创造力、情感态度价值观，但是为考试准备的知识始终是学校的方向。学生的目标也是"堆积知识"，考试时能够派上用场，平时需要时可以"炫耀一番"。杜威批评说，其实这样的学校、这样的教育、这样的学生，是没有前途的，因为"在乱糟糟地堆满废弃破烂的场地上，没有人能建造房屋"，学生满脑子装着没有联系杂乱无章的知识，是一种静止的、冷藏库式的知识，这种知识无法具有系统的思维，更遑论创造性地工作了。

衡量创造性的方法

>> 创新以及有发明意义的筹划，乃是用新的眼光看这种事物，用不同的方法来运用这种事物。当牛顿想到他的地球引力原理时，他的思想的创造性的一面并不在所用的材料上。这些材料是人所共知的；其中许多是平凡的——如太阳、月亮、行星、重量、距离、质量、数的平方。这些都不是有独创性的观念；它们是既定的事实。牛顿的创造性在于利用这些人所共知的材料，把它们引导到未知的前后关系中去。世界上每一个惊人的科学发现，每一种重大的发明，每一件令人欣羡的艺术作品，也都是如此。只有傻瓜才把创造视为离奇和幻想的事情；其他人则认为，衡量创造性的方法，就是用别人没有想到的方法，利用日常习见的事物。新奇的是操作，而不是所用的材料。

——《杜威教育文集》第 2 卷，第 156 页

朱永新解读：

那么，究竟怎样的学习、怎样的教育才是具有创造性的呢？杜威认为，创造其实没有我们想象得那么困难，也不是什么"离奇和幻想的事情"。创造的本质是用新的思想、新的眼光、新的方法，对原有材料进行重新加工的过程。如牛顿的万有引力定律，其创造性不是异想天开的物理现象和远离生活的物质材料，而是"用这些人所共知的材料，把它们引导到未知的前后关系中去"。那些伟大的科学发现发明和艺术作

品，也都是用别人没有想到的方法，对日常所见的事物进行重组重构，或者重新发现其中的联系与内在规律而已。

亲爱的父母，创造性不是天才的专利，每个孩子都有创造的潜质与可能，关键是告诉孩子，学会用新的方法、新的眼光，审视我们习以为常的东西。学会用发散思维，解决生活中的各种问题。

理智的创造性带来的快乐

>> 在教育上可以得出的一个结论就是：一切能考虑到从前没有被认识的事物的思维，都是有创造性的。一个 3 岁的儿童，发现他能利用积木做什么事情；或者一个 6 岁的儿童，发现他能把五分钱和五分钱加起来成为什么结果，即使世界上人人知道这种事情，他也是个发现者。他的经验真正有了增长；不是机械地增加了另一个项目，而是一种新的性质丰富了经验。对于这些幼小儿童的自发行为，富有同情心的观察者莫不为之赞叹，这是因为看到儿童具有这种理智的创造力。如果创造性一词不被误解的话，儿童自己体验到的快乐，就是理智的创造性带来的快乐。

——《杜威教育文集》第 2 卷，第 156—157 页

朱永新解读：

对于儿童来说，一个小小的发现，一次小小的创作，都是一个大大的创造，其重要性不亚于一位科学家发现了一个定律或一个原理。正如杜威所说的那样，对于许多成年人来说是人人皆知的事情，但对于孩子来说，他依然是一个伟大的"发现者"。作为教师和父母，我们要珍惜孩子的这种"发现"，因为这是一种真正的"理智的创造性"，而儿童从这种创造性中体验到的快乐，不亚于科学家在实验室做出了振奋人心的成果所激发的兴奋。学会赞叹、欣赏孩子的这些"发现"，他们就会有继续探索的动力，会有许多新的创造性的发现。

真正的思维

>> 思想、观念不可能以观念的形式从一个人传给另一个人。当一个人把观念告诉别人时，对听到的人来说，不再是观念，而是另一个已知的事实。这种思想的交流也许能刺激别人，使他认清问题所在，提出一个类似的观念；也可能使听到的人窒息他理智的兴趣，压制他开始思维的努力。但是，他直接得到的总不能是一个观念。只有当他亲身考虑问题的种种条件，寻求解决问题的方法时，才算真正在思维。

——《杜威教育文集》第 2 卷，第 157 页

朱永新解读：

真正的思想、观念不是通过简单记忆的方式掌握的。用杜威的话来说，就是不可能以观念的形式从一个人传给另一个人的。也就是说，真正的观念和思想，应该是通过思维的力量自己去发现或寻找的。当一个人（教师、父母）把某些观念和思想告诉另外一个人（学生、孩子）的时候，这些思想和观念就不再是思想和观念，而变成了简单的已知的事实。这种只需要简单记忆掌握的事实，对于发展学生的思维是没有意义的。这样的做法，甚至会窒息学生和孩子对于理智的兴趣，压制他们"开始思维的努力"。所以，应该注意不要把知识直接教给学生，而是让他们自己学会发现问题和解决问题。

愈少意识到自己在那里施教或受教愈好

>> 我们能够向学生提供数以千计的现成的"观念"，而且的确这样做了；但是我们一般并没有尽很大努力使学生在有意义的情境中学习，在这种情境中，他自己的活动能产生观念，证实观念，坚守观念——即察觉到事物的意义或联系。这样做，并不是说教师可以袖手旁观，而是要教师不把现成的教材提供给学生，然后用心听他背得是否正确；替代的方法并不是要他保持沉默，而是要共同参与学生的活动。在这种共同参与的活动中，教师是一个学习者，而学习者，虽然自己不觉得，也是一位教师——总的看来，无论教师或学生，愈少意识到自己在那里施教或受教就愈好。

——《杜威教育文集》第 2 卷，第 157—158 页

朱永新解读：

真正的教育有时应该看上去不是在教育。真正的教师有时应该看上去不像是教师。这就意味着，教育不是简单地把现成的教材提供给学生，把现成的结论从教师的脑袋装进学生的脑袋，然后再从学生的脑袋拿出来写到考试的试卷上。这样的一个知识搬运过程其实不是真正的教育。真正的教育，应该是教师与学生"共同参与的活动"，是教师与学生共同学习的过程。教师和学生都是学习者，教师并不强烈地意识到"我现在在教书"。教师和学生一起在"有意义的情境中学习"，发现事物之间的内在联系（这种联系是科学家们已经发现了的，但教师和学生要通过自己的努力再次发现）。所以，最好的教育应该是"润物细无声"。

只有应用才能
检验思想

>> 思想在实际的情境中运用以前，缺乏充分的意义和现实性。只有应用才能检验思想，只有通过检验才能使思想具有充分的意义和现实性。思想不经过运用往往自成一个特殊的世界。

——《杜威教育文集》第 2 卷，第 158 页

朱永新解读：

　　读这段文字的时候，最先想到的是改革开放之初，关于实践是检验真理的唯一标准的大讨论。杜威认为，凡是成功的教学方法，都应该"把所学得的观念应用于实际"。把"应用观念的练习"作为一种方法，使所学到的知识能够"固定下来"，"并且获得更多的运用知识的实际技能"。所以，亲爱的父母，记住一句古训："纸上得来终觉浅，绝知此事要躬行。"让孩子有更多的实践机会，把思想、知识运用到实际中去，对于真正地掌握思想与知识，是非常重要的。

>> 教学法的要素和思维的要素是相同的。这些要素是：第一，学生要有一个真实的经验的情境——要有一个对活动本身感到兴趣的连续的活动；第二，在这个情境内部产生一个真实的问题，作为思维的刺激物；第三，他要占有知识资料，从事必要的观察，对付这个问题；第四，他必须负责有条不紊地展开他所想出的解决问题的办法；第五，他要有机会和需要通过应用检验他的观念，使这些观念意义明确，并且让他自己发现它们是否有效。

——《杜威教育文集》第 2 卷，第 161 页

朱永新解读：

在杜威看来，教学的过程也是思维训练的过程，需要经历五个基本的阶段：一是需要有一个真实的经验情境还原问题情境；二是需要提出问题；三是需要观察问题，占有知识资料；四是寻找解决问题的办法；五是对这些办法进行检验，发现其是否有效。这就是一个从实践中来到实践中去的完整链条。实践，是教学的出发点和归宿，也是思维形成与发展的逻辑。

方法是材料的有效的处理

>> 从处理教材的个人的观点来看，方法是什么呢？方法不是什么外在的东西。方法不过是材料的有效的处理——有效就是花费最少的时间和精力利用材料达到一个目的。我们能够识别行动的方法，并且单独讨论这个方法，但是，这个方法只是作为处理材料的方法存在。方法和教材并不是对立的，方法乃是教材有效地导向所希望的结果。方法和胡乱的和考虑不周的行动是对立的。所谓考虑不周就是不相适应。

——《杜威教育文集》第 2 卷，第 163 页

朱永新解读：

方法问题是教学中的重要问题。"工欲善其事，必先利其器。"所以《民主主义与教育》第十三章专门讨论《方法的性质》。杜威开门见山说，学校工作有三个主要主题，即教材、方法和行政或管理。教材解决教学的内容，方法解决如何能使学生有效地掌握内容，而行政管理则维系教学系统的正常运行。他特别强调，方法与教材是相辅相成的，方法是有效处理教材的手段，不存在脱离教材的方法。所以，最好的方法，就是用最少的单位时间和最小的精力代价，让学生最便捷有效地掌握所学教材。从这个角度可以说，没有最好的方法，只有最合适的方法。

別
人
的
经
验
与
自
己
的
经
验

>> 无论是小学生或是大学生，如果认为向他们提供
一些方法的模式可以在获取知识和解释问题时照
着做，那就陷入自欺的行为，会产生可悲的后
果。无论什么事，一个人必须自己做出反应。别
人在类似的事例中所采用的标准化的或一般的方
法，特别是已经成为专家的那些人所用的方法，
这些方法的提出有价值还是有害，要看它们使人
做出个人的反应时是更加明智，还是诱使他不去
使用他自己的判断。

——《杜威教育文集》第 2 卷，第 169 页

朱永新解读：

这一章的第二节是讲"一般的方法和个人的方
法"。杜威强调方法必须适应教材的同时，也特别强调
方法必须适应个体。他认为"教学方法是一种艺术的
方法"，具有鲜明的个性。如果我们只是把一般的方法
教给学生，让他们在学习或者解决问题时照葫芦画瓢，
那就只能陷入自欺欺人的结果。无论是小学生还是大
学生，每个人都有自己的学习特点，都有自己的认知
风格，任何在别人看来行之有效的方法未必就能够在
另外一个人身上奏效。所以，方法与人的匹配，和方
法与教材的匹配一样，也是非常需要关注的问题。帮
助孩子寻找最适合自己的学习方法，是父母和教师应
该努力做到的事情。

使每个学生有机会运用自己的力量

>> 我们指望平常的人做平常的事，只允许超常的人有创造能力。平常的学生和天才学生之间的区别，在于平常的学生缺乏创造性。但是，这种一般心智的概念纯属虚构。一个人的能力怎样和另一个人的能力在数量上进行比较，并不是教师的事。这种比较和教师的工作无关。教师所要做的事，是使每一个学生有机会在有意义的活动中使用他自己的力量。

——《杜威教育文集》第 2 卷，第 169—170 页

朱永新解读：

在心理学上，往往有所谓的正态分布曲线，即大部分人属于正常的人群，智力发展处于平常的水平。天才与白痴都属于曲线的两极。正常的人只能做出正常的事情，创造能力只属于少数天才的专利。其实，这是一个误解。每个人都有创造的可能，都有创造的空间，都有创造的能力。作为教师，重要的不是去比较不同学生的能力水平，这种比较不仅与教师的工作本身没有关系，而且是教师工作的大忌。教师要做的事情，就是让每个学生有机会在各种有意义的活动中充分发挥他的力量，展示他的才华。其实，作为父母何尝不是如此呢？我们的任务，不是比较自己的孩子与别人的孩子，而是给孩子施展才华的舞台和机会，可以让他的能力得到最大限度的发挥。

不能把统一方法强加给每一个人

>> 如果我们把一个所谓统一的一般的方法强加给每一个人，那么除了最杰出的人以外，所有的人都要成为碌碌庸才。如果用不同于大众这一点来衡量创造性，就会使他们成为怪僻之辈。所以，我们扼杀多数人的特异品质。而除少数例外（如达尔文），我们又用不健康的品质去影响少数天才。

——《杜威教育文集》第 2 卷，第 170 页

朱永新解读：

每一个孩子都是一个特殊的世界。最好的教育，是按照每个人的潜能和个性，把每个人培养成与众不同的人，让每个孩子成为他自己。我们的教育经常犯杜威批评的错误，"把一个所谓统一的一般的方法强加给每一个人"，这样自然就无法让每个人张扬自己的个性，发展自己的特长，自然只能成为与别人相同的"碌碌庸才"。少数杰出的人之所以没有被扼杀，往往也与他们的"与众不同"有关。尽管如此，这样的大一统的办法，在扼杀大多数孩子的创造力的同时，也会对少数天才造成伤害，使他们成为"怪僻之辈"。

每个人的方法都不一样

>> 一个人的方法由于他的原始本能的能量、他过去的经验以及他的爱好和别人不同，因而他的方法也不同（这种差别是正当的）。凡是对这些问题有过研究的教师，都掌握了这方面的知识，并将帮助他们了解不同的学生所做出的反应，帮助他们指导这些反应，以取得更大的效果。

——《杜威教育文集》第 2 卷，第 170 页

朱永新解读：

　　每个人都是一个特殊的世界，这是因为每个人的遗传基因、环境和教育背景各不相同。用杜威的话来说，就是每个人的原始本能的能量、每个人过去的生活经验及其形成的爱好各不相同。因此，在教育上就应该差异化地因材施教。优秀的教师，总是能够发现每个学生的独特性，用不同的钥匙打开不同的锁，帮助每个学生建立属于自己的学习方法，这样才能够事半而功倍，取得良好的教学效果。

最重要的态度是直接性、虚心、专心和责任心

>> 可以提出几种态度，它们在有效地、理智地处理材料的各种方法中处于中心地位。其中最重要的态度是：直接性、虚心、专心和责任心。

——《杜威教育文集》第 2 卷，第 171 页

朱永新解读：

如何有效地学习？如何使各种教与学的方法富有成效？杜威提出了四个关键词：直接性、虚心、专心和责任心。

所谓直接性，是指一种"自发的、朴素的、简单的"状态，是"一个人和他所处理的事情之间全神贯注的关系的标志"。所谓虚心，就是敞开心扉地接受，"愿意让经验积累、深入和成熟"。所谓专心，与直接性密切相关，也是指全神贯注、全心全意的学习态度。所谓责任心，是指"理智上的彻底性"，即事先考虑到任何计划的可能结果，并且愿意承受这些结果。总之，在教育的过程中，方法比知识更重要，态度比方法更重要。也许，态度本身就是最重要的方法。

反对使学生明显地意识到他们是在学习或研究

>> 我们反对使学生明显地意识到他们是在学习或研究。一旦学校里的情况使学生感到他们是在学习，那么他们就不真正地研究和学习了。这种学生的态度是分裂的和复杂的。教师无论采取什么方法使学生的注意力离开他做的事情，而把注意力转移到他对正在做的事情的态度上去，都要损害注意力和动作的直接性。如果坚持用这种方法，学生就会养成一种永久的倾向，乱摸一阵，无目的地东张西望，在教材以外去寻找某种行动的线索。学生依赖外部的暗示和指导，处于朦胧迷糊的状态，失去对生活情境的坚定态度。不但儿童有这种态度，那些没有因受"教育"而失去天真的成人也是这样。

——《杜威教育文集》第 2 卷，第 171—172 页

朱永新解读：

这段文字是在解释杜威说的"直接性"。他认为，真正的学习是没有意识到自己在学习。一旦学生感觉到自己是在学习，提醒人们"我在学习啦"，那就不是真正地在学习和研究。这个道理与演出相似，最好的演出是演员们投入剧情，根本感觉不到自己是在表演。其实，这与杜威所说的"注意力"有关。专心致志的注意力是学习富有成效的心理前提。如果意识到自己在学习，其实就已经把注意力分散到学习之外了，自然这样的学习效果就会大打折扣。亲爱的父母，注意孩子的专注力，培养孩子的注意力，是教育过程中非常重要的问题，但这个问题远远没有得到充分的重视。专心的孩子才能有专业的成就。

天真的态度
所谓虚心就是保持孩子般

>> 智力的发展必须不断扩充视野，形成新的目的和新的反应。要做到这一点，没有积极的意向，欢迎那些迄今为止属于异己的观点，没有考虑改变现有目的的积极的愿望，那是不可能的。保持生长的能力就是虚心接受意见的一种报酬。顽固不化，抱有成见，最大的坏处就是抑制发展，使心灵没有接受刺激的机会。所谓虚心，就是保持孩子般天真的态度；而胸襟闭塞，就是在理智上未老先衰。

——《杜威教育文集》第 2 卷，第 172 页

朱永新解读：

　　虚心，是杜威眼中关于学习态度的第二个要素。虚心，就是敞开胸怀接受外部世界的各种信息，就是像孩子一样保持天真的态度，就是不抱成见拒绝各种批评的意见。"保持生长的能力就是虚心接受意见的一种报酬"，就是说，只有虚心接纳各种意见，才能保持不断地成长。成长是虚心的结果。如果心灵不再开放，如果不再主动接受各种新的刺激，新的信息，不能不断拓展自己的视野，成长也就会停止。正如杜威所说的那样，胸襟闭塞，只能导致心灵的"未老先衰"。

教师为什么热衷于呆板的方法？

>> 过高的期望程序的一致和过度要求迅速取得表面的结果，是学校中虚心态度所要对付的主要敌人。教师不允许和不鼓励学生用多种方法应付所发生的问题，就是对学生的智力发展设置障碍，好像把眼罩套在马的眼睛上，把他们的眼光限制在教师所同意的道路上。但是，教师所以热衷于呆板的方法，其主要原因也许是因为用了呆板的方法能够取得迅速的、可以确切计量的和正确的结果。教师急于要求学生给他"答案"，是他们热衷于采用刻板的和机械的方法的主要原因。教师喜欢采用强迫的方法和高压的方法起于同样的根源，对学生的机灵、多样的理智兴趣产生同样的结果。

——《杜威教育文集》第 2 卷，第 172—173 页

朱永新解读：

杜威的这段文字让我拍案叫绝，却又非常难过。

之所以拍案叫绝，是因为杜威敏锐地发现了学校教育中教师为什么"热衷于呆板的方法"的原因，这为我们研究为什么应试教育的问题这么多年一直无法真正解决提供了一个视角。因为，用这样呆板的方法"能够取得迅速的、可以确切计量的和正确的结果"。之所以非常难过，是因为明知原因，我们却一直没有寻找到化解这个矛盾的方法。这个在 100 多年前就已经被杜威看得清清楚楚的问题，100 多年后依然存在，甚至愈演愈烈。这个连教师自己都深恶痛疾的现

象，却依然无法进行真正的变革。其实，关键问题还是评价制度的变革。我们一直没有找到好的评价体系与评价方法，许多教师和父母也认为，只有用"速效"的方法才能取得"速效"的成果，而缺乏真正的教育自信。

教师仅有学问还是不够的

>> 教师已经知道的事物，在学生方面只是正在学习的事物。所以，双方的问题是根本不同的。当教师从事直接的教学活动时，他需要精通教材；他的注意力应该集中在学生的态度和学生的反应上。教师的任务，在于了解学生和教材的相互影响，而学生的心思，自然应该用在正在学习的题目上，而不用在它自身。同一个问题用不同的说法就是：教师不应注意教材本身，还应注意教材和学生当前的需要和能力之间的相互作用。所以，教师仅有学问还是不够的。

——《杜威教育文集》第 2 卷，第 179 页

朱永新解读：

在教育过程中，教师一般是先于学生的学习者。对于教师来说是已知的东西，对于学生来说可能是未知的。但是，教育过程不是简单地把知识从教师的脑袋装进学生的脑袋，不是简单地把一桶水倒进一个一个杯子里。在教育过程中，学生不是消极的知识接收器，学生的态度，学生在学习过程中的反应，会直接影响教育的效果。所以，教师在精通教材的基础上必须研究学生，研究学生的学习需要与学习能力，"注意教材与学生当前需要和能力之间的相互作用"。教师和父母都应该明白，在教育孩子的过程中，仅仅有学问是远远不够的。

教材发展的三个阶段

>> 在学生的经验中，教材的发展根据事实可以分成三个相当典型的阶段。在第一阶段，学生的知识表现为聪明才力，就是做事的能力。学生熟悉了事物，就表明他已掌握材料。在第二阶段，这种材料通过别人传授的知识，逐步地得到充实和加深。最后阶段，材料更加扩充，加工成为合于理性的或合于逻辑的有组织的材料——掌握这种材料的人，相对地说，就是这门学科的专家。

——《杜威教育文集》第 2 卷，第 180—181 页

朱永新解读：

　　杜威把教材的发展分为三个基本的阶段，这也是学生学习知识经历的三个基本过程。第一个阶段是做事情的能力，也可以视为感性把握知识的阶段。第二个阶段是"充实和加深"知识的能力，是通过教师的传授丰富自己的经验与知识的过程，也可以视为知性把握知识的阶段。第三个阶段是对知识进行加工编码，使之逻辑化、体系化、组织化的过程，也可以视为理性把握知识的阶段。感性—知性—理性，这是学生学习的过程，其实也是人们认识世界的过程。

技艺和作业构成课程的最初阶段

>> 人们最初的认识，最根深蒂固地保持的知识，是关于怎样做的知识，例如怎样走路、怎样谈话、怎样读书、怎样写字、怎样溜冰、怎样骑自行车、怎样操纵机器、怎样运算、怎样赶马、怎样售货、怎样对待人等等，不可胜数。通常有种倾向，把适应一种目的的本能的动作看作是一种神奇的知识。这个倾向虽然并不合理，但足以证明有一种强烈的倾向，把对行动手段的明智控制和知识等同起来。学究式的知识的概念除了用科学方法系统地提出的事实和真理之外，其他概不过问。在这种概念影响下，教育上不承认原始的或最初的教材总是一种主动的行动，包括身体的运用和材料的处理；学校的教材和学生的需要与目的脱离，仅仅变成供人记忆、在需要时背出来的东西。恰恰相反，如果承认教材的自然的发展进程，就总是从包含着做中学的那些情境开始。技艺和作业构成课程的最初阶段，它们相当于知道怎样实行去完成目的。

——《杜威教育文集》第 2 卷，第 181 页

朱永新解读：

从学习过程的三个阶段来看，人们的认识是从实践开始的，是从"做中学"开始的，"怎样做的知识"，的确是最重要、最基础的知识。这种知识，与所谓"学究式的知识"完全不同。这种知识是构成课程与教材的最初的主要内容，对学生来说也是知识形成不可

或缺的阶段，是真正有用的知识。但是，在我们的学校教育中，却经常贬低这种知识，只看中那些考试需要的知识，或者只有通过考试才能够表现出来的知识，即"供人记忆、在需要时背出来的东西"。

亲爱的父母，正如杜威所说，人们最根深蒂固的知识，恰恰就是关于"怎样做"的知识。这是对孩子一生都有用的东西，也是我们不应该轻视的东西。

任何人都不可能全部掌握积累的知识

>> 学校的"课程"大半由分散在各门学科的信息所组成，每门学科又分成若干课，把积聚的知识材料分割成一连串片段教给学生。在17世纪时，这种积聚的知识材料还不多，所以人们提出了掌握全部百科全书式的知识的理想。现在，知识材料积聚得那么多，任何人都不可能全部掌握，这一点是很明显的了。但是，教育的理想还没有受到很大影响。学生对每一门学科，或者至少对所选择的一组学科，都要获得一点信息，这仍旧是从小学以至大学课程编制的一个原则。把比较容易的部分安排在前几年教，比较困难的部分安排在后几年教。

——《杜威教育文集》第 2 卷，第 184 页

朱永新解读：

这段文字是对现代学校制度、课程体系的一种重要的批判性反思。也就是说，17 世纪现代学校制度诞生之初，我们的课程体系设计的思路，是想利用有限的学校生活时间，学习完成人类积累的主要知识体系。当时人类知识体系的总量还是非常有限的，把人类知识分门别类用简约化、压缩化的方式传递给下一代，是现代学校制度的基本理想。所以，现代学校制度把人类的知识体系按照科学的方法整合为一门门课程，在学习的不同时期学习不同的内容，循序渐进。现在看来，这样的梦想是完全不可能实现的。有人研究发现，人类知识以几何级数增长的速度非常之快。19 世

纪前人类的知识量大约50年翻一番，20世纪初则缩短为30年，20世纪中叶为20年，到80年代只需3—5年。现在知识陈旧老化的速度更快，以至于有人提出了"知识折旧律"，认为一个人如果一年不学习，他所拥有的全部知识就会折旧80%。所以，学校教育不应该是简单地传授知识，不应该是"授之以鱼"，而应该是"授之以渔"，把学习知识的方法教给学生。

把知识组织到学生已有的经验中去

>> 许多教育者埋怨，知识并不成为品性的一部分，也不影响行为；他们反对强调记忆的工作，反对死记硬背，反对兢兢业业专找"事实"，反对热衷于过分微细的区别和没有理解的法则和原理。凡此种种都是从以上所说的情况而来的。主要的是间接的知识，别人的知识，往往变成仅属字面上的知识。我们并非反对用语言文字表达的信息；沟通信息，必须运用言辞。但是，如果所沟通的知识不能组织到学生已有的经验中去，这种知识就变成纯粹言辞，即纯粹感觉刺激，没有什么意义。

——《杜威教育文集》第 2 卷，第 184 页

朱永新解读：

知与行脱节，学习的知识无法成为我们品性的一部分，不能够影响我们的日常行为，这就是知识与日常生活严重脱节的问题。这个问题，与教育过程中强调死记硬背，过分注重记忆，而忽略兢兢业业地专找"事实"，不注意理论联系实际的方法有关。

杜威强调，在教学过程中强调知识本身没有错，但是，如果不能把间接的知识变成直接的知识，把别人的知识变成自己的知识，那么这个知识仍然是死的知识，是与自己无关的知识。所以，把知识组织到学生已有的经验中去，应该是一条主要的教学原则。

心灵从疑难通往发现

>> 把知识告诉一个人，他就获得间接知识。这就使他掌握有效地解决问题所需要的材料，使得寻求解答和解决问题本身更有意义。资料性的知识就是一个人处于疑难的情境时可以依靠的已知的、确定的、既成的、有把握的材料。它是心灵从疑难通往发现的一座桥梁。它具有一个知识经纪人的作用。它把人类以往经验的最后成果压缩精简，记录成可用的形式，作为提高新经验的意义的工具。

——《杜威教育文集》第 2 卷，第 184 页

朱永新解读：

　　强调把知识组织到学生已有经验中去，并不否认知识本身的作用。相反，杜威非常重视这种知识的意义与价值。人们不可能事事躬亲，我们获得的间接知识对于解决我们日常生活中遇到的各种问题是非常有用的，这是人们可以依靠的"已知的、确定的、既成的、有把握的材料"，更是我们的心灵"从疑难通往发现的一座桥梁"。也就是说，对于许多学生来说是间接的知识，其实是对人类以往经验的"压缩精简"，这种知识本身就是我们解决新问题、积累新经验的重要"工具"。

比无知本身更大的敌人

>> 未经训练的心灵，不喜欢悬而不决和理智上的犹豫，它倾向断言。未经训练的心灵，喜欢事物不受干扰，固定不变，并且，没有适当的根据，就把它们视为已经确定的事物。熟悉、大家称赞与欲望相投，很容易被用作测量真理的标准。无知使人易犯固执己见的和流行的错误，这种错误对于学习来说是比无知本身更大的敌人。这就使得苏格拉底宣称，意识到无知便是有效的爱智的开始。笛卡尔也说，科学产生于怀疑。

——《杜威教育文集》第 2 卷，第 185 页

朱永新解读:

为什么说比无知本身更大的敌人是意识不到自己的无知？为什么说意识到无知才是真正的有效的爱智的开始？为什么说科学产生于怀疑？其实它们都强调了心灵的开放性。

一个心灵开放的人，总是对世界充满了好奇，充满了疑问，他们不会固执己见，不会轻易断言或妄下结论。相反，一个未受训练的心灵，总是封闭的，武断的，固执的，人云亦云的。

亲爱的父母，让我们用更开放的心态对待这个世界，培养具有开放心态的孩子。

>> 科学由人类缓慢地设计的特殊的工具和方法所构成，在思考的程序和结果可以试验的情况下，人们运用这些工具和方法从事思考。科学是人为的（是获得的技术），不是自发的；是学得的，不是天生的。因为这个事实，科学在教育上占有独一无二的、无法估价的地位；也因为这个事实，产生了威胁着正确利用科学的危险。一个人没有养成科学的精神，他就没有人类为有效地指导的思考所设计的最好的工具。这种人不但不能利用最好的工具从事研究与学习，而且不能理解知识的丰富意义。

——《杜威教育文集》第 2 卷，第 186 页

朱永新解读：

杜威认为，科学是"最独特的形式的知识的名称"，它在一定程度上代表了"完美无缺的知识成果"，是一种"知识的极致"。这是因为，科学是经过实验和实践检验过的知识。科学不仅属于知识论的体系，更与方法论有关，因为科学经常被认为是"探索和试验的方法"。所以，科学本身也是人们思考问题的工具与方法。在教育的过程中，把这些工具与方法教给学生，帮助学生养成科学的精神，是非常必要的，这就是为什么杜威强调"科学在教育上占有独一无二的、无法估价的地位"的原因所在。如果没有科学的精神，不掌握科学的工具与方法，我们就无法有效地思考，无法真正理解知识的丰富内涵。

>> 一个课程计划必须考虑课程能适应现在社会生活的需要；选材时必须以改进我们的共同生活为目的，使将来比过去更美好。除此以外，在规划课程时，必须把要素放在第一位，把精炼放在第二位。凡是在社会方面最基本的事物，换言之，凡是和最广大的社会群体共同参与的经验有关的事物，就是要素。

——《杜威教育文集》第 2 卷，第 188 页

朱永新解读:

新教育实验曾经提出，课程的卓越性决定了生命的卓越性，课程的丰富性决定了生命的丰富性。在一定意义上说，有怎样的课程就会培养出怎样的学生。所以，课程计划的确是一个非常重要的问题。

课程计划要考虑许多因素，既要符合科学的逻辑，也要符合生活的逻辑。以往的课程计划，考虑前者较多，考虑后者相对较少。所以，杜威提出，要改变课程计划编制中忽视的生活方面的"要素"的情况，应该充分考虑使课程适应现代生活的需要，课程应该为了让人们生活得更美好，应该以改进人们的共同生活为目标。这也是我们新教育人所说的，应该教给学生一生都有用的东西。

教育首先必须是人类的

>> 有一句话含有真理，就是教育首先必须是人类的，只是随后才是专业的。但是，说这句话的人，常常把人类这个名词理解为仅仅指非常专门的阶级，即保存以往古典传统的学者阶级。他们忘记了教材须与人类的共同利益有联系才是人类化的教材。

——《杜威教育文集》第 2 卷，第 188 页

朱永新解读：

教育首先必须是人类的，意味着教育首先必须为人的发展服务，为所有的人的成长服务，而不是为少数人服务，为少数"专门的阶级"服务。在人类漫长的历史中，教育曾经是为少数人服务的，教育是少数人专享的。所以，教育的变革就要打破这个传统，为更多的普罗大众服务，与此相应，教材也应该更加大众化，更加符合普罗大众的利益，符合人类共同的利益。新教育实验强调"为了一切的人，为了人的一切"，正是人类化的另外一种表述。

教材需要加以特别的选择、表述和组织

>> 教育上的教材首先由供给现在社会生活内容的种种意义所构成。所谓社会生活的连续性，就是说，在这些意义中有许多是过去的集体经验贡献给现在的活动。由于社会生活发展得更为复杂，这些因素在数量上和意义上也随之增加。对这些材料需要加以特别的选择、表述和组织，使它能适当地传授给新的一代。但是，正是这种过程往往提出一种教材，以为离开教材促使年轻人认识他们现在经验中所含意义的作用，教材自身就有价值。特别是教育者易受诱惑，以为他的任务就是使学生能掌握和复述指定的教材，不考虑把教材组织到作为发展中的社会成员的学生的活动中去。如果学生开始学习的东西是有社会根源和应用的主动的作业，通过把更有经验的人所传授的观念和事实吸收到他自己更为直接的经验中去，然后进到所包含的教材和法则中的科学的洞察力，这样，我们所主张的积极的原理就得到维护了。

——《杜威教育文集》第 2 卷，第 189 页

朱永新解读：

这一段文字是《民主主义与教育》第十四章《教材的性质》的提要部分，也是杜威关于教材问题的基本观点。他认为，教材是为人类的社会生活服务的，所以首先要考虑社会生活的延续性，把过去的人们创造的生活经验传递给现在的人们，让现代人生活得更

加美好。其次，由于社会生活的复杂性以及社会发展的日新月异，创造的知识与经验越来越多，学校教育需要传递的内容也日益增加。但是这种增加是必须经过选择的。究竟选择什么内容进入教材？学习教材的目的是什么？我们在选择教材内容时经常舍本求末，忘记了教材是为了人们的社会生活，只是为教材而教材，只是为了"使学生能掌握和复述指定的教材"；忘记了让学生学习的内容应该是"有社会根源和应用的主动的作业"。总之，教育也好，教材也罢，如果不和社会生活相联系，就会走上歧途。

调动儿童的自然冲动的身体活动

>> 经验表明，当儿童有机会从事各种调动他们的自然冲动的身体活动时，上学便是一件乐事，儿童管理不再是一种负担，而学习也比较容易了。

——《杜威教育文集》第 2 卷，第 190 页

朱永新解读：

《民主主义与教育》的第十五章是《课程中的游戏和工作》。杜威在这一章开宗明义指出，学校的课程经历了很大的变革，主要是由于三支力量的推动。一是教育改革家不懈的努力，二是儿童心理学研究兴趣的不断提高，三是学校教学经验的不断丰富。这三支力量都不约而同地指向儿童，得出了一个共同的结论："教学应从学生的经验和能力出发，使学校在游戏和工作中采用与儿童、青年在校外所从事的活动类似的活动形式。"因为，只有这样，才能发挥儿童的学习主动性，让他们觉得上学是一件快乐的事情。一旦儿童觉得学习是一件快乐幸福的事情，儿童的管理自然就不是什么负担，甚至就不需要什么"管理"了。

亲爱的父母，兴趣是孩子最好的老师。与其逼着孩子学习，不如让孩子在学习中找到乐趣。

没有游戏和工作就不可能有正常的有效的学习

>> 学校所以采用游戏和主动的作业，并在课程中占一明确的位置，是理智方面和社会方面的原因，并非临时的权宜之计和片刻的愉快惬意。没有一些游戏和工作，就不可能有正常的有效的学习；所谓有效的学习，就是知识的获得是从事有目的的活动的结果，而不是应付学校功课的结果。

——《杜威教育文集》第 2 卷，第 190—191 页

朱永新解读：

学校教育为什么要采用游戏和主动的作业？杜威认为这不是"临时的权宜之计和片刻的愉快惬意"，而是有效学习的基本路径。他分析说，在传统社会，书籍和其他知识资源非常稀少的情况下，学校教育与社会生活是隔离的，校内生活与校外生活是被人为地隔开的。学校就是正襟危坐地学习知识的场所，没有什么"游戏、竞技和建造作业"，而"在大多数校外环境里，教育的结果不过是游戏和工作的一个副产物。这种结果是偶然的"。所以，杜威主张教育应该把两者有机地结合起来，"学校的任务就是设置一个环境，在这种环境里，游戏和工作的进行，应能促进青年智力和道德的成长"。也只有这样，学校里的学习才能变成真正有效的学习。亲爱的父母，"有效学习"是一个非常重要的概念。如何让孩子有效甚至高效地学习，而不是低效甚至无效地学习，也是家庭教育需要高度关注的问题。

>> 学生作业的目的愈合于人性，或者愈与日常经验所要求的目的相近，学生的知识就愈真实。如果学生活动的目的仅限于数学的特性，学生由此获得的知识就不过是技术性而已。

——《杜威教育文集》第 2 卷，第 193—194 页

朱永新解读：

在这段文字之前，杜威批评了当时学校流行的过分使用外部的控制，"怕把原料供给学生。要求所给学生的材料是经过别人用心弄得完备的材料"的一些做法。杜威指出，这样的做法固然省去了许多操作上的麻烦，也避免了学生尝试错误，但是从学习的原理来看是有缺陷的，因为"要想学生运用这种现成的材料，就可以获得造成这种材料原来的智力，那是错误的。只有从粗糙的材料做起，经过有目的地使用，学生才能获得包含在完成了的材料中的智力"。

亲爱的父母，这种教育上的"粗糙的材料"，在生活中也屡见不鲜：我们提供给孩子的，是流水线上生产出来的精巧的玩具，还是简单的跳绳、石头？其中包含的，就是杜威强调的更加符合人性、符合学生日常生活经验，符合知识生成的逻辑的学习。否则，就是为学习而学习的学习，就是纯粹"技术性"的学习而已。

>> 主动的作业在教育上所以重要，在于它们可以代表社会的情境，人类基本的共同的事务集中于食、住、衣、家具以及与生产、交换和消费有联系的工具。这些东西代表生活的必需品和装饰品，这种事情接触到本能的深处；它们充满了具有社会性质的事实和原理。

学校的园艺、纺织、木工、金工、烹饪等活动，就是把上面所说的人类基本事务引用到学校课程中去。如果指责这些活动仅有谋生糊口的价值，那就失去其本意了。

——《杜威教育文集》第 2 卷，第 195 页

朱永新解读：

在杜威看来，学校中的专业技术和职业技能教育，不是简单地教给学生谋生的手段和生存的能力，而是有着更为深刻的含义。

他以园艺教学为例，认为园艺教学不是简单地为了培养未来的园艺工人，也不是为了将来可以"作为舒适的消遣办法"，更为重要的是，"园艺的作业为了解农业和园艺在人类历史上和现在社会组织中所占的位置，提供了一个研究的途径"。在学习园艺的过程中，不仅是掌握基本的园艺技能，还要"借此研究有关生长的事实、土壤化学、光线、空气和水分的作用，以及有害的和有益的动物生活"。这就是杜威所说的"主动的作业"。这也是新教育实验所说的知识、技能、生活与生命的深刻的"共鸣"与"融合"。

游戏和勤奋并不对立

>> 主动作业这个名词，既包括工作，又包括游戏。从它们内在的意义来看，游戏和勤奋并不像通常假定的那样是相互对立的，两者之间任何尖锐的对立乃是由于不良的社会条件。两者都有意识地抱着一定的目的，并对材料和过程的选择和适应进行设计，以实现所期望的目的。两者的区别主要是时间跨度的区别。

——《杜威教育文集》第 2 卷，第 198 页

朱永新解读：

工作与闲暇、学习和娱乐、游戏和勤奋，都不是互相对立的，而是相辅相成的。这一点，中国最古老的教育著作《学记》中就已经明确地阐述过："大学之教也，时。教必有正业，退息必有居。学，不学操缦，不能安弦。不学博依，不能安诗。不学杂服，不能安礼。不兴其艺，不能乐学。故君子之于学也，藏焉，修焉，息焉，游焉。"也就是说，游戏与学习之间其实没有一道鸿沟，甚至两者之间有着许多共同点，如都有一定的目的性，都会对材料和过程进行必要的选择和设计等。两者的区别只是时间的长短，游戏持续的时间相对是短暂的，而工作的时间则是连续性的较长的。对于儿童来说，他们喜爱游戏，是因为游戏本身就是他们真实的生活，"如果能预见到相当遥远而具有一定特性的结果，并且做出持久的努力达到这种结果，游戏就变成了工作"。所以，亲爱的父母，不要小看游戏的作用，儿童在游戏中的聚精会神和合作交流，对于他日后的生活与工作都具有十分重要的作用。

教育需要提供健康的休闲活动的能力

>> 如果教育并不提供健康的休闲活动的能力，那么被抑制的本能就要寻找各种不正当的出路，有时是公开的，有时局限于、沉迷于想象。教育没有比适当提供休闲活动的享受更加严肃的责任；这不仅是为了眼前的健康，更重要的，如果可能，是为了对心灵习惯的永久的影响。艺术就是对这个需求的回答。

——《杜威教育文集》第 2 卷，第 200—201 页

朱永新解读：

文武之道，一张一弛。人的神经不可能一直紧绷，人的工作也不可能一直持续。而且，按照杜威的说法，凡是枯燥无味、艰难困苦的工作，就更加需要游戏和休闲活动。"休闲"一词的英文原意是指恢复精力，杜威认为，休闲是人调节自己身心的天然需求，"人类天性没有比恢复精力更迫切的要求"，有人认为休闲的需要能够加以"抑制"，这是绝对错误的想法，在实际中也根本行不通。

今年国庆节期间，许多中学生给我来信，反映学校剥夺他们的假期，每天从早到晚成为做作业的机器，根本没有休闲的机会。其实这样做的结果并不能有效提高教育质量。相反，磨刀不误砍柴工，适当的休闲有利于提高学习效率，有利于心灵的成长。

亲爱的父母，"教育没有比适当提供休闲活动的享受更加严肃的责任"，这是杜威语重心长而又有着深刻内涵的告诫。

游戏的规定性特征不是消遣

>> 游戏和工作在心理学上的区别，不能和经济上的区别混为一谈，这一点很重要。从心理学上看，游戏的规定性特征不是消遣，也不是无目的的。在游戏中，目的在于进行更多同类的活动，而不是按所产生的结果规定活动的继续。当活动变得更为复杂时，由于较多地注意所取得的特殊结果，活动的意义就会增加。因此，活动逐渐变成工作。

——《杜威教育文集》第 2 卷，第 201 页

朱永新解读：

如前所说，游戏与工作之间没有一道鸿沟。从经济学的意义上看，工作、劳动是能够产生效益、创造价值的，游戏、休闲可能不会直接产生效益、创造价值。但是，从心理学的意义看，游戏、休闲与工作、劳动并没有本质的区别，游戏、休闲不是纯粹的消遣，工作、劳动也不是纯粹的活动，而是你中有我，我中有你。你可以变成我，我可以变成你。所以，当游戏的活动变得更为复杂，更为关注活动的结果时，游戏就逐步变成了工作。这也是我们希望父母和教师要重视儿童游戏的原因所在。

游戏和工作都是同样自由的

>> 人为的经济条件使游戏成为富者无益的兴奋，使工作成为贫者不合意的劳动，离开这些人为的经济条件，游戏和工作都是同样自由的，都能从本身引起动机。从心理学上看，工作不过是一种活动，有意识地把顾到后果作为活动的一部分；当后果在活动以外，作为一种目的，活动只是达到目的的手段时，工作就变成强迫劳动。工作始终渗透着游戏态度，这种工作就是一种艺术——虽然习惯上不是这样称法，在性质上确是艺术。

——《杜威教育文集》第 2 卷，第 201 页

朱永新解读：

正如我们之前讨论过的一样，游戏与工作之间其实并没有鸿沟。由于社会贫富不均，往往使得富人更多地游戏，游戏因而成为富人的专享，成为"富者无益的兴奋"；而穷人则更多地工作，工作因而成为穷人的苦役，成为"贫者不合意的劳动"。其实，游戏和工作本身都是具有自由的性质的，如果工作不是强迫的，不是为了生计的，工作本身也会充满乐趣。当工作中充满乐趣，充满游戏精神时，工作也就成为一种艺术的活动了。

杜威的这段论述对父母和教师是有启发意义的。在许多家庭和学校，作业已经成为孩子们的"苦役"，成为强迫他们完成的"工作"，如果我们能够把作业变得富有游戏的精神，学习活动就会出现意想不到的精彩。

>> 各种活动所包含的意义都关系到自然界和人类。这句话是一个明显的真理，但是把它转用到教育方面，意味着地理和历史为狭隘的个人行动或单纯的专门技能提供材料，使这些行动和技能有了历史的背景、宽阔的视野和理智的观点。随着我们把自己的行动在时间和空间上联系起来的能力的增长，我们的行动获得了有意义的内容。我们发现我们所居住的空间方面的景象和我们所继承和延续的时间方面的努力的继续不断的表现，我们认识到，我们并不是平庸的城市公民。因此，我们的日常经验不再是瞬间的事情，它获得了持久的实质。

——《杜威教育文集》第 2 卷，第 203 页

朱永新解读：

在我们的许多学校里，地理和历史只是小学科，没有什么地位。但是，在杜威的《民主主义与教育》这本巨著中，却专门用一章来讨论地理与历史的教育问题，而且章名用的是《地理和历史的重要性》，可见地理与历史在杜威心目中的地位。

杜威认为，我们几乎所有的行为都直接关系到自然界或者人类，而恰恰是地理和历史这两个学科，把我们的行为与自然界和人类紧紧地联系起来。把我们的行为与我们生活的空间联系起来的学科，就是地理。而把我们的行为与我们所继承和延续的时间联系起来的学科，就是历史。正是这两个学科，让我们拥有了

更加广阔的视野和更加深厚的责任。我们的行为不再是孤立的没有意义的事件，不再是瞬间发生的偶然。地理和历史教育，就是培养我们的视野、情怀、责任的重要路径。

地理与历史学习不能远离日常经验

>> 如果地理和历史作为现成的学科来教，一个人仅仅因为他上学才学习这些学科，那就很容易发生这样的情况，即他所学习的东西，不过是大量远离日常经验以及和日常经验无关的事情。他的活动被分割了，建立起两个互相分离的世界，他的活动出现在分隔开来的各个时期。没有发生什么演变；日常经验也没有因得到各方面的联系而扩大它的意义；所学习的东西和他目前的活动没有关系，没有生气，也不真实。原来的日常经验虽然范围狭隘，却是有活力的。现在，日常经验失却了流动性和对暗示的敏感性。它被没有被吸收的知识的沉重负担所压倒，并被推到一个角落。它失去了它的灵活的敏感性，不再渴求增加的意义；离开生活的直接兴趣，仅仅堆积知识，使脑子笨拙；灵活性消失了。

——《杜威教育文集》第 2 卷，第 203—204 页

朱永新解读：

现在，我们的地理和历史教学基本上就是杜威所批评的为了上学才学习这些学科，为了考试才背诵这些知识。本来是充满生气、充满趣味的地理和历史学科，因与生活隔离，且远离了日常经验，而变得毫无生机，毫无魅力。这种"堆积知识"的学习目的与学习方法，使学生的日常经验与学习的内容不发生任何直接的关联，使日常经验失去了流动性的联系，也失去了意义感，只能使人的大脑变得"笨拙"，使人失去

了灵活性。

所以，亲爱的父母，在教育过程中，要帮助孩子将日常生活经验与学习内容建立有机联系，这样学习就会变得有生气，有活力，有趣味。

用地理和历史解释我们的生活

>> "学习地理"，就是要认识一个普通动作的空间的、自然的联系的能力；"学习历史"，主要是获得认识动作和人的联系的能力。因为，所谓地理，作为一门学科，不过是在别人的经验中所发现的有关我们居住的自然界的一批事实和原理，联系这些原理我们生活中的许多动作可以得到解释。同样，历史作为一门学科，只是有关和我们的生活密切相连的社会群体的种种活动和疾苦的一批已知的事实，参考这些事实，我们自己的风俗和制度可以得到说明。

——《杜威教育文集》第 2 卷，第 204 页

朱永新解读：

地理和历史都不是死的知识。我们所生活的世界是一个连续的不间断的发展的世界，所以我们可以说让历史告诉未来。

正因为过去、现在、未来在时间上的连续性和空间上的一致性，地理和历史学科对于我们认识当下所处的世界具有非常重要的作用，使"我们生活中的许多动作可以得到解释""我们自己的风俗和制度可以得到说明"。也正是在这个意义上，古人说"以史为镜，可以知兴替"，培根也肯定"读史令人明智"。

历史和地理之间的相互依赖关系

>> 历史强调人的因素，地理强调自然的因素。如果忽视历史研究和地理研究之间的相互依赖关系，那么历史就流于罗列历史年代，附加历史事件目录，标明"重要"字样；或者变成文字上的幻想——因为在纯粹文字上的历史中，自然环境只是舞台场景而已。

——《杜威教育文集》第 2 卷，第 206 页

朱永新解读：

其实，历史与地理本身是不应该"分家"的。甚至，在人文社会科学研究的过程中，文史哲也是不应该"分家"的。任何事件，都是发生在一定的时间空间之中，都与自然界和人类有着密不可分的关系。人与自然也是不可脱离的。所以，如果对历史研究与地理研究之间这种相互依赖的关系视而不见，地理和历史本身就会成为枯燥无味的死的知识，历史就是罗列朝代的事件序列，地理也只是发生故事的舞台场景。现在中小学教学改革一个非常重要的趋势是综合化，这符合学科的本来面目。

地理能唤起人的想象力

>> 地球作为人类的家乡有人性化的作用，具有一元化的特点；如果把地球看作一堆杂乱无章的事实，就要起分散的作用，缺乏有生气的想象力。地理本来是能唤起人的想象力，甚至唤起浪漫主义的想象力的话题。地理分享着冒险、旅行和探险所有的奇迹和荣誉。各国人民和各种环境的变化多样，他们和人们熟悉的情景的对比，提供了无限的刺激。我们的心智能脱离习惯的单调气氛。

——《杜威教育文集》第 2 卷，第 206 页

朱永新解读：

这段美丽的文字，可以唤起我们无限的想象力。的确，人类对于地理的认识，本身也是一段精彩的历史。无论是中国古代徐霞客的游记，还是大航海时代的地理发现；无论是极地的探险，还是现在对宇宙空间的研究，我们的地理视野已经从作为人类家乡的地球，转向其他星球和更远的空间，这无疑激发了我们的浪漫主义的想象力。所以，按照杜威的说法，学习地理，"就是要认识一个普通动作的空间的、自然的联系的能力"，而学习历史，主要是"获得认识动作和人的联系的能力"，因为历史的主角是人。

的确，我们在许多家庭看到对上下五千年，对地理大探险非常感兴趣的孩子，但他们在学校学习了地理和历史课程之后反而失去了学习的兴趣，这是我们地理和历史教学的失败。地理和历史学科怎样更加生动丰富，更加能够激发学生的想象力，是值得关注的问题。

不能把科学和有意义的经验隔离开来

>> 在学校的教学实践中，常常从经过简化的科学入门开始。必然的后果是把科学和有意义的经验隔离开来。学生学习一些符号，但没有掌握了解它们意义的钥匙。他获得专门的知识，而没有追溯它和他所熟悉的事物和操作的联系的能力，往往只是获得一些特别的词汇。

——《杜威教育文集》第 2 卷，第 213—214 页

朱永新解读：

　　杜威这本书的第十七章讨论了科学课程与科学教育的问题。读这部分内容之前，我们正好在江苏海门召开了 2017 年新教育国际高峰论坛，主题就是科学教育。所以，读杜威关于科学教育的文字，有着深切的体会。

　　记得在会议期间，我与美国麻省理工学院波士顿分校科学教育杰出教授、原美国国家科学教师协会主席亚瑟·艾森克拉夫特博士交流时，他提出，科学教育不是把结论教给孩子，不是讲一个现象或者一个事实，而是让学生通过探究知道这个现象、事实是从哪里来的。证据，在科学教育中非常重要。

　　但是，学校科学教育经常出现的问题，就是让学生简单地熟悉一些知识，背诵一些词汇、符号、公式与定律，而没有把科学与学生的生活经验和生命体验结合起来，更谈不上让学生去主动地探索，收集证据，追溯知识与学生经验之间的有机联系，以及让学生通过操作去发现。这样的科学教育无疑不会取得很好的效果。

避免传统的学究式的学习科学的方法

避免传统的学究式的学习科学的方法

>> 既然大部分学生决不会成为科学专家，他们对科学方法的意义的了解，应该比远距离第二手地抄录科学家所取得的结果更加重要。学生所学习的内容也许不会那么多，但是就他所学的东西来说，他们是确信的、理解的。可以有把握地说，那些将成为科学家的少数人采用这种方法，比沉没在大量纯技术的和象征性的知识中的人，可以得到更好的准备。事实上，那些成为成功的科学家的人，正是通过他们自己的力量，避免了传统的学究式的学习科学的方法的缺陷的人。

——《杜威教育文集》第 2 卷，第 214—215 页

朱永新解读：

对于大部分学生来说，学习科学的目的不是成为科学家，而是真正地了解科学，掌握科学的方法，形成科学的态度与科学的精神。更重要的是，无论学生今后是否成为科学家，都要避免死记硬背式地学习科学的方法。

杜威认为，那些"远距离第二手地抄录科学家所取得的结果"的做法，其实并不可能真正得到科学的真谛。真正地确信和理解科学，比囫囵吞枣地学习，比"沉没在大量纯技术的和象征性的知识中"，更能够有效地走进科学。

工具只能通过应用来学习

>> 原子，分子，化学的公式，物理研究中的数学命题，所有这些首先具有知识的价值，但只是间接地有经验的价值。它们代表进行科学研究的工具。和别的工具一样，它们的意义只能通过应用来学习。我们不能看了事物就能了解它们的意义，只能通过它们的工作，把它们作为求得知识的方法的一部分，才能了解它们的意义。

——《杜威教育文集》第 2 卷，第 216 页

朱永新解读：

在科学学习中，公式、原理、定律等是重要的知识，是需要记忆的。这些知识是人类探索的智慧结晶，它们的存在本身是有价值的。因此，记住它们就和拥有一笔财富一样，也会产生一定的价值。但是，如果仅仅是记住这些公式、原理、定律，不在生活中运用它们，这些知识就只是外在的事物，无法对一个人产生意义。就相当于把财富埋藏起来，没有用财富去创造幸福。工具只有应用到人的生活之中，才能发挥作用，显示出它存在的意义。所以，学习科学的最好方法，是让学生通过应用，感受到这些知识对生活和生命的重要意义，这样才会激发起学生的创造欲望，从而不断去探索，去求得新知。

科学在人类活动中产生的影响

>> 科学的进步已在相当程度上改变了人们关于生活目的和生活幸福的思想，使他们对这种责任的性质，以及履行责任的方法有所认识。科学在人类活动中产生的影响，已经打破了过去把人们隔离开来的物质障碍，大大地拓宽了交往的领域。科学以巨大的规模带来了利益的互相依赖，使人类深信为人类的利益而控制自然的可能性，从而引导人们展望未来而不是缅怀过去。进步的理想和科学的进步的重合，不只是一种巧合。在科学未曾进步以前，人们以远古作为黄金时代。现在，他们面对将来，坚信正确地运用智力能破除一度被认为不可避免的祸害。制伏灾难性的疾病，不再是梦想；消灭贫困的希望，并不是乌托邦。科学使人们熟悉发展的思想，产生了实际的结果，持久地、逐步地改善人类的处境。

——《杜威教育文集》第 2 卷，第 218 页

朱永新解读：

100 年前，杜威在写作这本《民主主义与教育》的时候，科学还远远没有今天这样先进。但是，他已经非常高瞻远瞩地预见，在科学日益发展的未来，人类"制伏灾难性的疾病，不再是梦想；消灭贫困的希望，并不是乌托邦"。科学的发展，在造福人类的同时，其实也产生了许多新的社会问题、伦理问题。我们虽然不能一直沉溺在过去，以远古为黄金时代，但也不能只遥望未来，快速地前行而忘记审视当下，审

视科学可能带来的灾难。近年来，网上盛传一个故事：一位二战期间在纳粹集中营饱受折磨的犹太幸存者战后成为一所中学的校长，他每年会给每一位新教师写一封信，信中写道："亲爱的老师，我是一名纳粹集中营的幸存者，我亲眼看到了人类不应当见到的情景：毒气室由学有专长的工程师建造；儿童被学识渊博的医生毒死；幼儿被训练有素的护士杀害；妇女和婴儿被受到高中或大学教育的士兵枪杀。看到这一切，我疑惑了：教育究竟是为了什么？我的请求是：请你帮助学生成长为具有人性的人。你们的努力决不应当被用于创造学识渊博的怪物，多才多艺的变态狂，受过高等教育的屠夫。只有在使我们的孩子具有人性的情况下，读写算的能力才有其价值。"

这个故事的真实性也许没有那么重要，但是它提醒我们，在传播科学知识，发展科学能力的同时，更要关注学生整体的科学素养，培养科学的情怀、态度与责任感。

使科学方法深入学生的习惯

>> 在教育上利用科学的问题，就是要创造一种智力，深信智力指导人类事务的可能性。通过教育，使科学方法深入学生的习惯，就是要使学生摆脱单凭经验的方法以及单凭经验的程序而产生的惯例。经验这个词的通常用法，并不指"和实验联系"，而是指粗糙和不合理性。

——《杜威教育文集》第 2 卷，第 218 页

朱永新解读：

科学的教育价值在哪里？教育如何利用科学？或者更明确地说，科学教育的任务是什么？杜威认为关键是"创造一种智力"。这种智力，其实就是让学生真正地掌握科学的方法，并且让学生学会用科学的眼光审视世界，用科学的方法解决问题。这就需要学生能够摆脱"单凭经验的方法以及单凭经验的程序而产生的惯例"。我们知道，经验是杜威教育哲学中一个非常重要的概念，他对于经验的重视也是以往的教育家从未有过的。但是，正因如此，杜威才越发深刻地理解到经验与科学的不同。经验是一种感性的认知，并没有经过理性的分析、判断、总结，没有得到提升，不能完全等同于科学，因此是粗糙的和不合理的。这也是教育之所以要运用科学方法培养学生智力的原因。所以杜威说："科学就是变成理性的经验。"

自然科学的教学可能流于形式上的练习

>> 自然科学的教学可能流于一套形式上的技术的练习，这种情况是千真万确的。如果在教学中把有关世界的知识作为目的本身，就会发生这种情况。但是，这样的自然科学教学不能使学生获得文化，并不证明自然知识和人文主义事业的对立，而是证明教育的态度错误。

——《杜威教育文集》第 2 卷，第 222 页

朱永新解读：

杜威指出，当时的教育有一个传统，那就是"把课程中的科学与文学、历史对立起来"。许多教育家和科学家都自然而然地认为"语言和文学作品全部是人文主义性质的，而科学则纯粹属于自然界的"，这恰恰是一种错误的观点，因为，世界是一个统一的整体。自然科学本身就是"关于人类行动的环境的知识"，如果不了解科学的历史，就无法了解人类怎样"从常规和任性的行为，从迷信屈从自然和从魔术般地利用自然，到在理智上做到沉着自制所进行的种种斗争"，因此也很难真正把握科学。科学与人文，本身是不可分割的。在自然科学教学的过程中，不能只停留于一般技术形式的机械的练习，而应该注重科学哲学、科学历史、科学精神的教育。

科学在课程中必须履行的功能

>> 科学在课程中必须履行的功能，就是它已经为种族履行过的功能：从局部的和暂时的偶然经验中解放出来，开辟没有为偶然的个人习惯和偏爱遮蔽的理智的前景。抽象作用、概括作用和明确的表述的逻辑特征，都和这个功能有联系。在使观念从它所产生的特殊背景中解放出来，使它具有更为广泛的关联时，任何个人的经验的结果都可以供所有的人利用。因此，从终极结果说，从哲学上说，科学乃是一般社会进步的工具。

——《杜威教育文集》第 2 卷，第 223—224 页

朱永新解读：

科学教育不仅要与人文教育结合，相辅相成，科学本身的功能，也就是走出个体经验的束缚，"从局部的和暂时的偶然经验中解放出来"。这就意味着科学教育应该注重抽象的方法、概括的方法，注重叙述的逻辑性。也就是说，科学教育要帮助学生把每个人个体的经验上升为群体的智慧，使个人的观念从它赖以产生的特别背景中解放出来，具有更为广泛的联系，从而成为一般的规律，这样，就可以实现个人的经验为更多的人所利用。来自经验，又超越经验，是科学教育的原则。

任何活动都必须运用想象力

>> 想象力是在每一个知识领域中能够欣赏的媒介。任何活动都必须运用想象力，才不致流于机械的性质。不幸的是，通常习惯于把想象和虚构等同起来，而不是把想象看作对全部情境的热情的和亲切的认识。这就导致过高地估计童话、神话故事、想象的符号、诗歌和"美术"，把它们作为发展想象和欣赏的工具；同时，由于忽视其他事物的想象力，在方法上使很多教学变为没有想象力的获取专门技能和堆积知识负荷的工作。

——《杜威教育文集》第 2 卷，第 229 页

朱永新解读：

　　《民主主义与教育》一书的第十八章讲的是"教育的价值"。杜威在讨论各门科目的教育价值的同时，对用什么样的方法和路径实现价值也进行了深入讨论。其中谈到了想象力的问题。杜威认为，想象力在教育中具有特别重要的作用，因为包括教育在内的任何活动都必须运用想象力，想象力是每一个知识领域，每一个学科都不能离开的重要媒介。为什么我们不能够离开想象力呢？杜威的理由是："我们的经验有很多是间接的。这种间接经验依靠介于事物和我们之间的符号。"这种符号，就是杜威说的媒介物，就是想象力。

　　所以，亲爱的父母和老师，我们一定要知道，想象力不等于虚构，不只童话、神话、文学、美术需要想象力，所有的学科都需要想象力。

手工活动、实验室练习以及游戏的教育价值

> 手工活动和实验室练习以及游戏的教育价值，都决定于它们在多大程度上有助于学生了解正在进行的事情的意义。
>
> ——《杜威教育文集》第 2 卷，第 230 页

朱永新解读：

杜威指出，教育最重要的效果，就是能够让学生"过一种有丰富意义的生活"。如何真正做到这一点，关键是要让学生知道他们正在学习的内容，以及他们正在从事的事情本身的意义。所以，在他看来，手工活动也好，实验室的实验也好，游戏活动也罢，除了能够帮助学生获得相应的知识和技能外，很重要的方面就是让学生运用自己的想象力和思维力，在"直接的活动"和"符号代表的知识"之间产生关联，了解自己活动的意义所在。

>> 我们不能在各种科目中建立一个价值的等级，企图把它们排列成次序，从价值最小的科目开始，进而到具有最大价值的科目，这是枉费心机的。就任何科目在经验中都具有一个独特的或无可替代的功能来说，就任何科目都标志着生活所特有的丰富的内容来说，各种科目的价值是内在的，或者是不能比较的。既然教育并不是谋生的手段，而是与过富有成效和本身有意义的生活的过程是一致的，它所能提出的唯一最终价值正是生活的过程本身。这个生活过程并不是各种科目和活动从属的目的，各种科目和活动乃是整体的组成部分。

——《杜威教育文集》第 2 卷，第 232—233 页

朱永新解读：

在我们许多中小学，各种科目是有大小贵贱之分、主课副科之分的。在小学，语数外是主课，其他是副科。在中学，数理化、语文外语是主课，其他是副科。要考试的是主课，不考试的是副科。这种以考试为中心的教育价值论，比 100 年前杜威批评的按等级给各个科目排次序的做法还要糟糕。不同的科目有不同的价值，每一个科目都有"标志着生活所特有的丰富的内容"，自然也就有其"无可代替的功能"，它们之间是无法彼此取代的，也是无法比较的，没有高低贵贱之分。

亲爱的父母，每一个科目都是教育整体的一部

分。每一个课程都有其特殊的作用，是人的全面发展与个性发展不可或缺的。新教育实验提出"过一种幸福完整的教育生活"，这个"完整"，也包含了课程本身的完整性，学习活动本身的完整性。

作为一种愉快的经验科目

>> 一个科目在某地某时应该有一个为自己的利益供人欣赏的善。一句话，它只是作为一种愉快的经验，这一点既适用于算术，也适用于诗歌。如果不是这样，那么当时间和地点要一个科目用作手段或工具时，就会碰到困难。如果一个科目从来没有因其自身而被学生欣赏过，那么它就无法达到别的目的。

——《杜威教育文集》第 2 卷，第 233 页

朱永新解读：

虽然科目没有大小贵贱之分，也很难用排序的方法决定其价值。但是，每一个科目都应该有一个"为自己的利益供人欣赏的善"，也就是说，每一个科目都应该得到学生的"欣赏"，受到学生的喜爱，学生在学习这个科目的过程中可以获得愉快的体验。学校应该成为一个汇聚美好事物（科目）的中心，不同的学生都能够在其中找到自己喜欢或欣赏的东西。兴趣是最好的老师，任何学科都要通过其自身的魅力吸引学生。

亲爱的父母，我们在教给孩子各种知识和技能的时候，是否也应该多发掘它们自身的魅力呢？只有这些知识和技能散发出它们自身的魅力，才会激发起孩子的兴趣，才会为孩子创造一些愉快的学习体验。

应该对课程进行经常的检查、批评和修订

>> 因为课程常常装满纯属承袭的传统教材和主要少数有影响人物所喜爱的科目，所以要求对课程进行经常的检查、批评和修订，以保证完成它的目的。此外，常常有一种可能性，就是课程代表成人的价值，而不是代表儿童和青年的价值；或者代表 30 年前学生的价值，而不是代表今天的学生的价值。因此，还需要有批判的观点和考察。

——《杜威教育文集》第 2 卷，第 234 页

朱永新解读：

其实，尽管课程和教科书在一定程度上反映了国家的价值观和意识形态的要求，但是课程和教科书毕竟是由某些具体的专家主持研制和编写的，不可避免地会打上个体好恶的烙印。另外，主持研制和编写的专家往往是成年人，选择课程和科目内容的标准是以成年人的标准和眼光为主的。所以，要相信课程与教材，因为其中毕竟集中了一批优秀的专家的智慧与经验。但也不要迷信课程和教材，因为智者千虑，必有一失，况且还不能完全避免少数有影响力的人物的个人因素。学校教育中科目和课程存在的不足，需要地方课程与教材、校本课程与教材进行补充。教师和父母都不应该完全被科目与教材"绑架"，学生的学习时间与空间也不应该被束缚在其中。

工
具
价
值
与
内
在
价
值

>> 任何一个课题只要能够立刻吸引人，就不需要问它有什么用处。只有对有关工具价值的问题，才能问有什么用处。有些事物的用处并不是对什么东西有用；它们本身就是有用的。任何别的看法都是荒谬的。……如果学生真正关心学习拉丁文，这本身就证明拉丁文有价值。在这种情况下，我们最应该问的是，鉴于学习时间有限，是否没有其他具有内在价值同时具有更大工具价值的事物。

——《杜威教育文集》第 2 卷，第 234—235 页

朱永新解读：

这段文字充分体现了杜威儿童中心的教育思想。他认为，只要学生有兴趣，只要有关科目能够立刻吸引学生，就应该让学生去学习，兴趣本身就是最好的价值。他以学习拉丁文为例，指出如果学生真正关心学习拉丁文，这本身就说明了拉丁文的学习价值。

当然，杜威也承认，学生的学习时间总是有限的，如何让学生能够学习那些具有更大的内在价值及工具价值的内容，需要我们教育工作者认真思考和研究。同时需要记住的是，我们也不能一厢情愿地决定什么是有价值的东西，应该学会站在学生和孩子的立场思考问题和做出选择。

组织教学方法和教材的标准

>> 我们可以这样说，学校工作应该提供的经验具有下列使用资源和处理困难的执行能力（效率）：社交的能力，或直接和别人做伴的兴趣；审美能力，或至少能欣赏某些古典艺术珍品的能力；受过训练的智力活动的方法，或对某种科学成就的兴趣；对他的权利和要求的敏感性——真心诚意。虽然这些考虑并不是价值的标准，却是考察、批评和更好地组织现行教学方法和教材的有用的标准。

——《杜威教育文集》第 2 卷，第 236—237 页

朱永新解读：

前面分析了杜威关于教育、教材、课程、科目的内在价值与工具价值的论述。但是，在学校生活中如何观察、评价和选择我们的教学内容和教学方法呢？杜威提出了四个维度的标准：一是社会交往的能力维度，也就是说，我们的教学内容和方法要有助于培养学生的交往能力，因为人总是生活在社会之中，帮助学生成为一个受人欢迎的人，是教育的重要使命。二是审美能力的维度，也就是说，人，也是一个艺术的人，具有审美的情趣和视野，人才能真正地诗意地栖居，才能有真正的创造力。三是智力活动的维度，也就是说，我们的教育应该能够发展学生的智力，培养他们对世界的好奇心和探索世界的科学能力。四是个性的维度，也就是说，我们的教育还应该特别关注不

同学生的个性与诉求，帮助每个学生成为最好的自己。

亲爱的父母，这四个维度，其实也是真、善、美和个性化的标准。我们在家庭教育的过程中，也应该学会用这样的眼光审视自己的教育内容和教育方式，让我们的教育更有理性。

>> 成人生活的每一种兴趣都被认为是一种制度，课程中必须有某种东西与此相应。课程中因此必须有符合政治和爱国主义要求的公民课和历史；一些实用的科目；一些科学；一些艺术（当然主要是文学）；一些娱乐设施；一些道德教育；等等。我们可以看到，现在有一大部分关于学校的宣传鼓动，都是要大声疾呼和互相争论，使每一种兴趣得到应有的承认，为每一种兴趣在课程中争得一席之地；或者，如果在现行的学校制度中似乎行不通，那么就要设法创造一种新的学校教育以满足这个需要。在众多的教育之中反而把教育遗忘了。

以上情况所产生的明显的结果是课程拥挤，学生负担过重和精神涣散，以及狭隘的专门化危及教育的本意。但是这些不良的后果通常使人增加一些同样的东西作为补救。

——《杜威教育文集》第 2 卷，第 239 页

朱永新解读：

这段文字中最精彩的一句话，被我略做修订后作为了本文的标题。

的确，100 年前杜威提醒的问题，在我们当下的教育中，不仅依然存在，而且有愈演愈烈之势。在大、中、小学，除了传统的数理化、史地生、语文、外语、体育、艺术外，我们的课程、教材不断地叠床架屋，不断做加法，什么重要，就要进学校、进教材、进课

堂，环境教育、人口教育、京剧进校园、中国传统文化进校园……连科学教育的 STEM，也不断发展为 STEAM、STREAM，在科学、技术、工程、数学的基础上，又加上了艺术与写作。其实，的确有一个基础技能事关所有学科，那就是阅读，为什么不加阅读课呢？这样不断增加的结果，自然就会造成杜威当年批评的"课程拥挤""学生负担过重和精神涣散"，课程与课程之间缺乏逻辑关系，不同的人群为了自己的利益，争取把自己需要的事物塞进学校，塞进课堂，塞进教材，而很少考虑孩子们究竟需要什么，什么才是一个人一生最重要的东西。教育是为生命奠基的事业。把我们当下认为重要的东西交给学生固然有必要，但更重要的是，我们应该思考未来社会需要的是什么样的人才，他们的知识结构和能力结构是怎样的。

経験的统一性或整体性

经验的统一性或整体性

>> 教育价值的理论方面的争论点乃是经验的统一性或整体性问题。怎么使经验完备多样，而又不失去精神的统一性呢？怎么使经验统一而在统一性中又不狭隘和单调？从根本上说，关于价值和价值标准的问题，乃是生活兴趣的组织的道德问题。从教育方面说，这个问题关系到学校材料和方法的组织，使经验富有广度和丰富多彩。我们应该怎样才能有远大的眼光，而不牺牲实行的效率？我们怎样能使个人应用他的智力，而不牺牲他的智力？我们应该怎样使兴趣多样化，而不支付孤立的代价？怎样使艺术、科学和政治在丰富的精神状态中相互增强它们的作用，而不是牺牲别的事情而追求自己的目的？怎样能使生活的兴趣和强化生活兴趣的科目丰富人们的共同经验，而不使人们相互分开？

——《杜威教育文集》第 2 卷，第 240—241 页

朱永新解读：

教育活动过程中如何兼具经验的丰富多彩与其内在的统一性和完整性？如何通过学习的过程，发展学生的智力而不是牺牲和扼杀学生的智力？如何通过科学、政治、艺术等课程的学习使真善美滋润心灵，彼此促进相辅相成？如何通过生活经验的学习，丰富学生的共同经验而不让人们彼此分离？这些一直被人们争论着，都是需要我们结合实践不断探索才能够做到的。教育的难度，在于它是一门关于人的科学，每个

人的个性、潜能、兴趣等都是不一样的，千变万化的，每个人的生活经验与所处环境也是完全不同的，要真正做到求同存异，真正把握对所有孩子都有价值的科目、课程等资源，的确是需要认真研究的问题。

科目的工具的价值和派生的价值

>> 对所有各种不同的经验的内在价值做出贡献，是决定许多科目的工具的价值和派生的价值的唯一标准。给每门科目指定独立的价值，同时把整个课程看作由各种独立的价值聚集而成的混合体，这种趋势是社会团体和阶级隔离孤立的结果。所以，民主的社会团体的教育任务，在于和这种隔离孤立的现象做斗争，使各种利益能相互支援和相互影响。

——《杜威教育文集》第 2 卷，第 242 页

朱永新解读：

其实，教育活动与人类的许多集体性活动一样，最后往往是利益与价值平衡的结果，甚至是在争论基础上妥协的结果。社会中的各种阶层、团体都有自己的教育诉求，都有自己的价值标准，都有自己的评价眼光，所以，教育行政部门和学校经常会面对不同的声音和不同的诉求，这些声音和诉求之间经常又是彼此冲突甚至完全对立的。

所以，这就需要有一些能够相对超脱、具有智慧的大师、学者，从更为宏观、更为长远的角度，审视各种科目的内在价值以及它们之间的内在联系，与各种孤立的现象做斗争，"使各种利益能相互支援和相互影响"，由此才能培养出真正全面发展的人。

为有用劳动和为闲暇生活做准备的教育

>> 在教育史上出现的根深蒂固的对立，也许就是为有用劳动做准备的教育和为闲暇生活做准备的教育。"有用劳动"和"闲暇"这两个名词，足以证实我们提出过的一个论点，各种价值的分离和冲突并不是孤立的现象，它们反映着社会生活内部的分裂。如果通过劳动自谋生计和有教养地享用闲暇的机会这两种功能可以平等地分配给社会的各个成员，那么就没有人会想到各种教育机构和所包含的目的彼此之间有任何冲突。问题在于教育怎样能最有效地为这两种功能做出贡献，这是不言而喻的。

——《杜威教育文集》第 2 卷，第 243 页

朱永新解读：

前面所说的各种社会团体有不同的诉求和不同的价值，集中体现在两个方面，或者可以说是两个极端，这就是杜威在《民主主义与教育》第十九章《劳动和闲暇》中谈到的两个社会阶层"劳动者"和"有闲者"。在教育历史上最为突出和最为根深蒂固的对立，就是为了"有用劳动"而做准备的教育和为了"闲暇生活"而做准备的教育。也就是说，一部分人只需要教给他们一些劳动和生存的技能，而另外一部分人只需要教给他们丰富精神生活的知识与技能。教育的这种分离在一定程度上加剧了社会的分层与对立。所以，杜威眼中理想的教育，是把面向"有用劳动"和面向"闲暇生活"的教育统一起来，把"通过劳动自谋生计

和有教养地享用闲暇的机会"的功能平等地分配给社会的各个成员，使两种教育尽可能"彼此重叠"，让以闲暇作为目标的教育"尽可能间接地加强效率和爱好劳动"，同时让以效率和爱好劳动为目标的教育尽可能"培养情感和智力的习惯，促进崇高的闲暇生活"。杜威的这个理想，仍然是我们这个时代的理想。教育，应该为促进社会和谐，消除两极分化做出贡献。

机器的发明扩大了闲暇的时间

>> 我们所以不能完全认识和运用自由价值和实用价值的一致性，主要的原因无疑是由于进行工作的环境。机器的发明扩大了闲暇的时间，一个人就是在工作时也能利用闲暇。掌握技能成为习惯，可使脑子得到自由，从事高级的思维活动，这是一种常识。

——《杜威教育文集》第 2 卷，第 251 页

朱永新解读:

在杜威看来，他提出的把"通过劳动自谋生计和有教养地享用闲暇的机会"的功能平等地分配给社会的各个成员的理想，随着工业化时代的到来有了实现的可能性。这是因为，机器的出现使生产线上的工人们也有了一定的闲暇时间。所以，即使是对于职业教育而言，我们也不能仅仅停留在技术的层面，人文的、智慧的、精神层面的教育同样非常重要。在教育的过程中，把握好自由价值与实用价值的统一性，不仅是对职业教育而言的，对于普通教育同样也是如此。所以，对于普通学校而言，如何强化生活与劳动的技能教育，也是一个值得关注的课题。

不自由和不道德的教育

>> 我们没有能训练工人的心智，使他们能利用受教育的机会。更为根本的是大部分工人不了解他们的职业的社会目的，对他们的职业没有直接的个人兴趣。他们实际上得到的结果不是他们的行动的目的，而只是他们雇主的目的。他们不是自由地和明智地工作，只是为获得的工资而工作。正是由于这个事实，他们的行动变成不是自由的，任何教育如果只是为了传授技能，这种教育就是不自由的、不道德的。这种活动不是自由的，因为人们没有自由地参与这种活动。

——《杜威教育文集》第 2 卷，第 251—252 页

朱永新解读：

这段文字是对我们当下职业教育的一个重要提醒。其实，社会分工造成的社会分层，如体力劳动和脑力劳动的分离，在一定程度上与教育有着密切的关系。因为，无论是在学校教育中，还是在社会教育中，我们很少去"训练工人的心智"，以至于我们的劳动者很少去思考他们所从事的职业的社会意义。如果一个人只是把职业作为养家糊口的谋生手段，对职业没有真正的兴趣，他就不是一个真正自由的人。当然，造成这个现象的教育，就是不自由、不道德的。

我把人们对待工作的态度和境界分为三种：职业、事业和志业。职业，是养家糊口的谋生手段；事业，是获得社会承认和价值实现的途径；志业，是人生理想与人生志趣之所在。三者的完美统一，是人生最理想的境界。好的教育应该帮助人实现第三重境界。

>> 如果教育记住工作的比较大的特征，现在就已经有机会把自由培养和社会服务的训练协调起来，把自由培养和有效地愉快地参加生产性作业的能力协调起来。这种教育本身将逐步消除现在经济情境的缺陷。人们主动地关心控制着他们活动的目的，在这个范围内，即使行为的物质方面仍然一样，他们的活动也变成了自由或自愿的，失去了它外部强加的和奴役的性质。

——《杜威教育文集》第 2 卷，第 252 页

朱永新解读：

读杜威的著作，经常被他的理想主义情怀所感动。理想主义应该是一个教育家的本能，在一定意义上而言，只有具有悲悯慈祥的大爱精神，只有具有普度众生的大胸怀，才能够成为卓越的教育家。

杜威认为，要真正消除社会上"经济情境的缺陷"，关键还是要通过教育上的努力。也就是说，教育本身不应该成为加大社会分化，扩大社会分层的原因。这就要求教育的过程中应该尽可能"把自由培养和社会服务的训练协调起来，把自由培养和有效地愉快地参加生产性作业的能力协调起来"。具体到学校教育尤其是基础教育中，普通教育与职业教育的关系如何协调？人文精神与专业技能如何结合？这都是需要我们认真思考的问题。

第九章

教育的民主
必须消除二元论

消除教育上的二元论

>> 民主社会的教育问题在于消除教育上的二元论，制定一种课程，使思想成为每个人自由实践的指导，并使闲暇成为接受服务责任的报偿，而不是豁免服务的状态。

——《杜威教育文集》第 2 卷，第 253 页

朱永新解读：

这是杜威《民主主义与教育》第十九章《劳动和闲暇》最后一段总结性的文字。他认为，教育上的二元论，是社会上两极分化的重要原因。所以，他希望有一种课程，能够把两种教育有机地结合起来，使传统的只为少数人享有的闲暇教育所承担的培养自由精神的内容，也能够对劳动者开放，"使思想成为每个人自由实践的指导"。同时，这种课程能够使那些过去少数享有自由教育的人具有服务的责任感，"使闲暇成为接受服务责任的报偿，而不是豁免服务的状态"，让他们更加理解和亲近劳动者，能参与劳动的过程。脑力劳动与体力劳动之间的鸿沟能够真正地被填平。

其实，这个理想在北欧等地区正在逐步实现，未来社会也是朝着这个方向前行的。当社会收入分配差距越来越小，人们工作的目的不主要是养家糊口，而是出于兴趣和个性，社会分工不是造成社会分层的原因时，教育上的二元论自然也会得到消弭。

>> 经验本身首先包括存在于人和他的自然和社会环境之间的主动的关系。在有些情况下，活动的主动性在环境方面，人的努力遭受某种制止和偏转。在另一些情况下，周围的事物和人的行为使个人的主动的趋势得到成功的结果，所以，最后这个人所承受的结果就是他自己所要产生的结果。一个人所碰到的事和他所做出的反应之间建立了联系，他对他的环境所做的事和环境对他做出的反应之间建立了联系，正是在此程度上，他的行为和他的周围的事物获得了意义。他学会了解他自己和人与事物的世界。有目的的教育或学校教育，应该设置这样一种环境，使这种相互作用获得许多意义，这些意义如此重要，以至反过来变成进一步学习的工具。

——《杜威教育文集》第 2 卷，第 264——265 页

朱永新解读：

人与环境的关系，完全是互相依赖又彼此制约的。人既不能无视环境的作用和力量，抱着"人定胜天"的激情去改造环境；也不能完全消极地适应环境，无所作为不做努力。最科学的办法就是尽可能去理解环境，认识自己与环境的关系，认识自己的可为与能为，从而实现人与环境交互作用的最佳效果。

而作为家庭和学校，作为父母和教师，如何创造一个良好的环境，让孩子能够更好地从与环境的交互作用中获得意义，是值得我们思考的问题。因为，环境越容易被理解，教育的价值就越能被发挥。

校外活动不能牺牲目的、机智的主动性和发明能力

>> 我们反复指出过，校外的活动是在没有审慎地适应促进了解和形成有效的理智倾向的作用的条件下进行的。校外活动的结果，在它们所能达到的范围内是重要的和真实的，但是，这些结果受到各种情况的限制。有些能力没有得到发展和指导；其他能力只得到偶然的和异想天开的刺激；还有些能力形成呆板的技能习惯，却牺牲了目的、机智的主动性和发明能力。

——《杜威教育文集》第 2 卷，第 265 页

朱永新解读：

学生参加校外活动是必要的，也是重要的，因为校外活动可以弥补学校教育的许多不足，可以帮助学生认识一个更为广阔的世界，可以培养学生的能力与创造性。但是，这并不意味着所有的课外活动、校外活动都能够取得这样的效果。只有那些具有清晰目标、明确目的的校外活动，只有那些重视在活动中发现和发展学生能力的校外活动，才能够实现预定的目标。

亲爱的父母，校外活动是如此，我们家庭中的各种活动不也是如此吗？"凡事预则立"，用心地设计各种有益孩子身心发展的活动，让孩子在轻轻松松的快乐活动中增强能力，开拓视野，是非常重要的。

>> 学校的任务不在把青年从一个活动的环境转移到死记硬背别人学问的环境，而在于把他们从相对地说是一个偶然的活动（它们和领悟及思维的关系是偶然的）的环境，转移到按学习的指导选择的活动的环境。稍微检查一下教育上曾经证明有效的改良方法就可以发现，它们多少都已经有意识地掌握了一个事实，即"知识"科目不但不和主动的作业对立，而且代表实际作业的理智化。我们要更坚定地掌握这个原理。

社会生活内容中正在发生的各种变化，极大地有利于选择种种活动，使学校的游戏和工作理智化。

——《杜威教育文集》第 2 卷，第 265 页

朱永新解读：

杜威《民主主义与教育》的第二十章，讨论了"知识科目与实用科目"的关系问题。过去，知识科目与实用科目，学校教育与社会教育，是彼此割裂的。学校教育的一个重要特点，就是教学的内容、教学活动的组织，包括教育的环境，都是精心安排的，都是经过理智的审视的。所以，学校教育的目的性、自觉性、理智性，就显得非常明确和重要。但是，这不等于我们排斥学校之外的任何活动的价值，因为，学校教育的任务不是创造一个封闭的环境，让学生从一个开放的、活动的、主动的环境，转移到一个死记硬背各种知识的环境，而是经过我们精心选择的更加具有理智性，同时又相对开放、主动、自觉的环境。

想发现某种东西就必须对事物做一点什么事

>> 实验科学的进步给传统的行与知的割裂和纯粹"知识"的科目以最直接的打击。如果实验科学的进步有所表明，那就是除非作为做的产物，否则就没有所谓真正的知识和有效的理解。事实的分析和重组是增进知识，增长解释能力和正确分类的能力所不可缺少的。这种分析和重组不是纯粹在心理方面，而是在头脑里所能达到的。人们如果想发现某种东西，就必须对事物做一点什么事；他们必须改变环境。这是实验室方法给我们的教训，一切教育都必须学习这个教训。实验室就是要发现各种条件，在这些条件下劳动不仅在外表上是生产性的，在理智上也是有成果的。

——《杜威教育文集》第 2 卷，第 265—266 页

朱永新解读：

杜威对"做"给予了特别的关注，他认为，虽然通过人的思维活动可以对事实进行分析和重组，也能够增进知识，增长解释能力和正确分类的能力，但是，要获得"真正的知识和有效的理解"，就必须通过实验的手段，通过"做"的方法。因为，如果我们想发现某些东西，就"必须对事物做一点什么事"，观察我们在做了某事以后引起的相应变化，发现其中的因果关系和逻辑联系。所以，实验不仅是动手的劳作，更是动脑的思考。实验室的方法，也是我们的教育应该贯穿其中的。

>> 教育应该从人文主义的科目和自然主义的科目这
   种密切的相互依存关系出发。教育不应把研究自
   然的科学和记录人类事业的文学隔离开来，而应
   把自然科学和历史、文学、经济学和政治学等各
   种人文学科进行杂交。

——《杜威教育文集》第 2 卷，第 276 页

朱永新解读：

　　《民主主义与教育》第二十一章是《自然科目和社
会科目：自然主义和人文主义》，讨论了自然科学教学
与人文学科教学之间的关系。杜威在分别考察了古希
腊哲学的人文主义传统和近代对于自然的科学兴趣之
后指出：近代科学的"直接后果"就是加强了物质和精
神的二元论，把自然科学和人文科目视为"两个不相
联系的两群科目"。其实，这两个科目在社会生活中，
是相辅相成、无法分割的。"社会科学——历史、经济
学、政治学、社会学等科目——每前进一步，都表明
只有在我们应用自然科学所特有的搜集资料、形成假
说并在行动中加以检验的时候，只有在我们为促进社
会福利利用物理和化学所确定的专门知识的时候，我
们才能明智地应付许多社会问题。"所以，我们的教育
不应该人为地割裂人文与科学，不应该强化学生的文
理分科。尊重学生的兴趣与个性是应该的，但是人为
地强化文理分科，人为地把理科生看作尖子生，把文
科生看作失败者的做法，更是违背了教育的基本规律。

重视学生心理发展的连续性

>> 学生在校外碰到很多自然的事实和原则，都是和人类行动的各种方式联系的。在他们参与的所有社会活动中，他们必须了解这些活动所用的材料和过程。如果学生在学校时就断绝这种密切的联系，就会破坏学生心理发展的连续性，使学生对他的学习感到难以形容的不真实，剥夺他对学习的正常动机。

——《杜威教育文集》第 2 卷，第 276 页

朱永新解读：

　　世界本来就是一个整体。学生在校内与校外遇到的所有事情，碰到的许多自然现象和事实，都与人们的活动有着千丝万缕的联系。在教育的过程中，没有必要为这些活动贴上一个自然科目或者人文科目的标签，而应该尊重事物之间的内在联系和学生心理发展的连续性。现在的 STEM 教学越来越重视学科整合，主张项目学习，与杜威在这里提倡的教育主张是完全吻合的。

给予科学事实更大的文化价值

>> 我们学习科学事实或科学法则，如果注意科学事实与物质和技术的联系，也注意科学事实与人的联系，就能扩大科学事实的含义，给予科学事实更大的文化价值。

——《杜威教育文集》第 2 卷，第 278 页

朱永新解读：

杜威批评了当时大学和中学科学教育存在的两大弊端："或者一开始就学习先前专门研究的成果，这种材料脱离他的日常经验；或者一开始就学习内容芜杂的自然研究，任意介绍材料，没有什么特殊的目的。"也就是说，一种是脱离了日常生活经验的所谓纯理性的科学教育，一种是脱离了系统理性思考的所谓纯经验的科学教育。这两种科学教育的方向都是有问题的，不完善的。学习科学，应该在"最广阔的意义范围内理解它"，应该了解各种联系与各种关系，了解事物的背景，这样，才能使科学事实与经验具有文化的价值。这也是防止教育上二元论的有效方法。

儿童需要有单独活动的时间

>> 儿童和成年人一样，需要有一定的单独活动的时间。但是，这种单独活动的时间、地点和多寡，乃是枝节问题，而不是原则问题。和别人共同工作与个人单独活动之间并无内在的对立。相反，一个人的某些能力，除了在和别人联合的刺激下以外是无法产生的。认为儿童必须单独工作，不参与集体活动，以便自由发展他的个性，这种观念是按空间距离衡量个性，把个性看成物质的东西。

——《杜威教育文集》第 2 卷，第 291 页

朱永新解读：

《民主主义与教育》第二十二章讨论了"个人和世界"的关系。人总是生活在一定的社会关系之中，人与世界的关系也是不可分割的。在杜威看来，学校是需要尊重个性的，是需要实现个人的自由价值的，"自由主要是思维在学习中所起的作用，这种思维是属于个人的。自由指理智上的创造性、观察的独立性、明智的发明、结果的预见性以及适应结果的灵活性"。但是，学校也同样是一个社会化的场所，"如果缺乏社会因素，学习就变成把所提示的材料贮存到纯粹个人的意识之中，而且没有内在的理由说明为什么学习应该给智力的和情感的倾向更加社会化的方向"。

基于这样的主张，杜威倡导教育应该给孩子一些"单独的时间"，也就是说，儿童和成年人一样，需要

属于自己的单独时间，这对于发展学生的个性和自由成长，具有十分重要的作用。让孩子自己观察，自己动手，自己探索，学会宁静与集中注意力，这些都需要"单独的时间"。但是，儿童毕竟还是一个社会化的个体，他同时需要与别人沟通、联系、合作，这两者之间不是对立的，而是相辅相成的。

思维和食物的消化同样是一件个人的事情

>> 除非一个人为自己思考，不然就不是在思考。只有学生自己观察，自己反思，自己提出建议，自己检验建议，他已知的事物才能得到发挥和证实。思维和食物的消化同样是一件个人的事情。

——《杜威教育文集》第 2 卷，第 292 页

朱永新解读：

杜威认为，在教育上重视学生的个性，首先就意味着"一个人必须有他自己的目的和问题，并且能自行思考"。因此，在教育的过程中，就不能越俎代庖，不能把现成的结论告知学生，而应该鼓励学生自己去观察，自己去反思，自己去提出意见与建议，自己去检验与评价。这就需要让学生在学习活动开始前有更明确的目的性，知道自己通过学习需要解决什么问题。

亲爱的父母，既然思维和食物的消化一样，都是一件个人的事情，我们就要让孩子像吃东西一样，不要嚼碎了喂给他，而是让他自己去吃，自己去消化。

>> 各人的观点，喜欢学习的对象以及处理问题的方式，都存在个别差异。如果这些差异为了所谓一致性的利益而受到压制，并且企图使学校中的学习和答问都必须按照一个单一的模式，就不可避免地使学生造成心理上的混乱和故意矫揉造作。学生的独创被逐渐摧毁，对自己心理运作的质量的信心被逐渐破坏，被反复灌输要驯顺地服从别人意见，否则就是胡思乱想。这种情况所造成的损害比过去整个社会受习惯信念的统治的危害更大。

——《杜威教育文集》第 2 卷，第 292 页

朱永新解读：

教育上的尊重个性，除了让学生自己观察、自己思考、自己评价外，还意味着我们不能够用一张试卷、一个标准来衡量所有的学生。

杜威对当时学校教育中普遍存在的千篇一律的模式化教育给予了激烈的抨击。他指出，如果为了所谓的"一致性"而牺牲学生的个性，用统一的标准答案来评价所有的学生，"就不可避免地使学生造成心理上的混乱和故意矫揉造作"，就会摧毁学生的独创性，摧毁学生的自信心。这样做，其实就是教育上的专制主义，它的后果并不亚于社会的专制。

民主的社会需要民主的教育。今天教育的模样就是明天社会的模样。杜威 100 年前批评的学校教育怪相，今天是否仍然存在，甚至有过之而无不及呢？

科学发现的开始

>> 因为学校中的学习方法和依靠学校外的学习方法差别更为悬殊。当各个人被容许利用他们对付材料的特殊方法，并因此而受到鼓励时，科学发现的系统进展就开始了，这一点是没有人否认的。

——《杜威教育文集》第 2 卷，第 292 页

朱永新解读：

由于学生的家庭背景和所处环境不同，学生在校外学习方法的差别远远大于校内的学习。所以，校内的学习方法更应该鼓励学生的个性，尊重学生的差异性。其实，即使是小学一年级的孩子，在进入学校时，他们已经是个性各异、差别显著了。父母和教师应该鼓励学生用适合自己的方法去学习与探索，除非某些方法被证明是无效的或是错误的。真正的科学发现，是从尝试错误开始，让学生用自己的特殊方法去探索，去学习，在探索和学习的过程中检验和校正自己的方法，本身就是科学发现的逻辑。

真正的发现与真正的学习

>> 没有一个人期望青年能做出和自然及人文科学中所包含的事实和原理同样的创造性的发现。但是，如果从学习的观点来看，在某种条件下能有真正的发现，那么，在这种条件下期望学习可能发生，这种期望并不是没有理由的。虽然未成熟的学生不会做出用高年级学生观点来看的那种发现，但是，只要能有真正的学习，他们就能做出从他们自己的观点来看的发现。

——《杜威教育文集》第 2 卷，第 292 页

朱永新解读：

在科学家的发现和学生的学习之间，在低年级学生的学习和高年级学生的学习之间，其实没有清晰的界限。杜威指出，虽然科学家与学生在"产品计量的独创性"上有着完全不同的数量差异和质量差异，虽然在低年级学生与高年级学生的发现之间有着不同程度的差异，但是，在"态度上的独创性"方面，科学家与学生没有什么明显的不同。所以，不论是父母还是教师，都应该重视孩子在家庭和学校中各种形式的"发现"。真正的学习与真正的发现，本质上是相同的，相通的。

不要把教和学变成一套机械的东西

>> 在正常的熟悉别人已知的教材的过程中，甚至年幼学生也会以出乎意外的方式做出反应。这些年幼学生研究课题的方法和事物唤起他们注意的特殊途径，总有些新奇的地方，有一些甚至最有经验的教师都不能完全预料的地方。所有这些往往被人抹杀，被认为是毫不相关的东西。千方百计地强迫学生按成人所想象的方式去背诵教材，其结果是个性中各人不同的本能上所固有的独创性没有被利用，没有得到指引。于是教学对教师来说，不再是一个有教育意义的过程。这种教师，最多不过学会改进他现有的技术；他不能获得新的观点；他不能体验到任何理智的伙伴关系。因此，教和学就变成一套机械的东西，教学双方在精神上都很紧张。

——《杜威教育文集》第 2 卷，第 292—293 页

朱永新解读：

每一个孩子都是一个特殊的世界。每一个学生都会用他自己的方式去学习和探索。在教学过程中，如果教师只想按照自己既定的"路线"前行，完全不允许学生超出自己的预料行动，教学过程就会死气沉沉。因为，学生不可能完全按照教师规定的去演戏，完全按照事先的设计去完成。再年幼的孩子也会有许多新奇的举动，完全出乎教师的预料。这个时候，教师应该欢欣鼓舞，乐见其成，而不是厌烦恐惧，无所适从。只有这样，教育与教学过程才是富有意义的，才是生动活泼的，才是卓有成效的。教师与学生，是学习的伙伴。

>> 一个进步的社会把个别差异视为珍宝，因为它在个别差异中找到它自己生长的手段。因此，一个民主的社会，必须和这种理想一致，在它们各种教育措施中考虑到理智上的自由和各种才能和兴趣的作用。

——《杜威教育文集》第2卷，第294页

朱永新解读：

一个进步的社会，需要把每个人的聪明才智都充分发挥出来。所以，需要张扬人的个性，需要尊重个性的差异。千篇一律的人，只有在大工业的车间里才需要。所以，一个进步的教育，自然也需要充分发挥每个师生的主动性和创造性，需要尊重每个师生的差异性，在各种教育措施中充分考虑"理智上的自由和各种才能和兴趣的作用"。

教育上的种种对立

>> 教育上有种种对立，如劳动与闲暇的对立，理论与实践的对立，身体与精神的对立，心理状态与物质世界的对立，回顾一下这些对立背后的理智的臆断，就可以明白，它们最终表现为职业教育与文化修养的对立。按传统习惯，人们经常把自由教育和闲暇，纯属沉思的知识以及不包括主动使用身体器官的精神活动等概念联在一起。近来，文化也和纯属个人修养以及培养某种意识状态与态度联在一起，既与社会指导分离，也与社会服务无关。文化修养已经成了社会指导的避风港，而就社会服务来说，它又成了一种安慰品。

——《杜威教育文集》第 2 卷，第 295 页

朱永新解读：

杜威在《民主主义与教育》第二十三章《教育与职业》中再次深入分析了教育上的"二元论"问题。这种对立无处不在，无时不在。在教育过程中，劳动教育与闲暇教育是对立的，理论学习与实践学习是对立的，身体锻炼与精神涵养是对立的，心理状态与物质世界是对立的，这些所有的对立，都归结为职业教育与文化修养教育的对立。

这一切对立的根源，是劳动阶级与统治阶级的对立，体力劳动与脑力劳动的对立。在传统社会和传统教育中，它们本来就是泾渭分明、彼此割裂的。社会分工和教育强化了这种对立。其实，身与心，体与脑，劳动与闲暇，等等，完全是你中有我、我中有你的，文化修养与社会服务也应该是完全统一的。

职业的对立面

>> 职业的对立面既不是闲暇，也不是文化修养。它的对立面，在个人方面，是盲目性、反复无常和缺乏经验的积累；在社会方面，是无根据地炫耀自己和依赖他人过寄生生活。职业是一个表示有连续性的具体名词。它既包括专业性的和事务性的职业，也包括任何一种艺术能力、特殊的科学能力以及有效的公民品德的发展，更不必说机械劳动或从事有收益的工作了。

——《杜威教育文集》第 2 卷，第 295—296 页

朱永新解读：

杜威在这里重新解释和界定了我们经常说的"职业"的概念。职业的对立面，或者是与职业对应的方面，不是人们平常所说或者所想的那样，与心智活动无关，与文化修养无关。从个人的角度来看，职业活动不是盲目的、反复无常的和缺乏经验的，而是需要有明确的目的性，需要把握职业活动的规律性，需要积累丰富的经验。从社会的角度说，职业活动不是依赖他人的寄生虫生活，而是自食其力的劳动。职业活动既可能有很强的专业性，也可能有很强的艺术性，与科学能力和公民品德也有密切的关系。

亲爱的父母，现在把职业教育看成学校教育失败者的选择，无疑是错误的。在未来的社会，职业教育与普通教育将没有如此的鸿沟，学生按照自己的兴趣来学习和选择职业，将逐步成为现实。

防止『机械的忙碌』

>> 没有比想教育人们只着眼于一种活动这件事更荒谬的了。首先，每个人必须有各种职务，他对每一种职务都是明智有效的；其次，任何职务如果脱离其他各种爱好就丧失了它的意义，变成机械的忙碌。

—— 《杜威教育文集》第 2 卷，第 296 页

朱永新解读：

这里讲的问题，其实已经涉及专业教育与通识教育的关系问题了。因为我们过分狭窄地理解了职业，认为只要把职业知识和职业技能传授给学生，学生只要掌握一门技艺就可以高枕无忧。其实，这样的教育是狭窄的教育，事物之间是普遍联系的，职业教育的基础越是广阔，发展的空间就越大。发展学生除了专业、职业之外的兴趣爱好，对于人的发展是非常重要的。因为，正如杜威说的那样："任何职务如果脱离其他各种爱好就丧失了它的意义，变成机械的忙碌。"

没有人只是一个艺术家

>> 没有人只是一个艺术家，此外一无所能。要是他接近这个地步，他就是一个没有很好发展的人；他是一个怪物。

——《杜威教育文集》第 2 卷，第 296 页

朱永新解读：

这段文字，是杜威所说"任何职务如果脱离其他各种爱好就丧失了它的意义，变成机械的忙碌"之后的延续。前面所说的是针对一般原则而言，这里是就艺术人才和艺术教育而言。过于强调专业化，是我们教育存在的主要问题之一。如果学习艺术的人，只懂得艺术，甚至是他自己那个领域的小圈子的艺术，无疑是走不远的。按照杜威的说法，一个艺术家除了艺术一无所知，也很难有真正的艺术成就。这样的艺术家，就是一个"怪物"，一个没有很好发展的人。杜威的这句话，对于我们反思艺术教育有着重要的理论和现实意义。

教师不仅是教书匠

>> 按一般习惯原理，无疑有一种倾向，即所有特异的职业都会变得过分强调它的专门化的一面，过于排斥一切，而全神贯注于它的一个方面。这就是说，注重技能或技术方法，而牺牲所包含的意义。因此，教育的任务不是要助长这种倾向，而是要预防这种倾向，使科学研究工作者不仅是科学家，教师不仅是教书匠，牧师不仅是穿着牧师服装的人，等等。

——《杜威教育文集》第 2 卷，第 296—297 页

朱永新解读：

在教育思想发展的历程中，历来有强调广博与注重精深等不同的学派与学说。在强调专业性的时候，注重精深的学说就会受到重视；在强调人文性的时候，倡导广博的学说就会得到青睐。其实，任何职业都有其难以替代的专业性。但是，教师职业的专业性与其他任何职业都不同，因为，她的对象是人，是活生生的人，是每天每时都在发展变化中的人。没有任何一种技术可以用一成不变的方法解决教育的问题，没有任何一种有效的方法可以解决发生在不同人身上的同样性质的问题。所以，如果把教师培养成为狭隘的"教书匠"，过分地强化教育的技术而忽略教育的人文关怀，排斥教育的其他方面，教育是走不远的。

天下最可悲的事

>> 职业是唯一能使个人的特异才能和他的社会服务取得平衡的事情。找出一个人适宜做的事业并且获得实现的机会，这是幸福的关键。天下最可悲的事，莫过于一个人不能发现一生的真正事业，或未能发现他已随波逐流或为环境所迫陷入了不合志趣的职业。

——《杜威教育文集》第 2 卷，第 297 页

朱永新解读：

职业对于人的发展至关重要。因为，一个人一生的大部分光阴，是在自己的职业生涯中度过的。在这个意义上而言，选择职业的重要性不亚于选择人生的伴侣。最理想的状态，是一个人能够把自己的个人兴趣、天赋所在与自己的职业高度吻合，实现个人的价值，这也是一个人人生幸福的主要源泉。而最可悲的事情，就是做自己不想做的事，干自己不想干的活，职业与自己的兴趣和特长毫无关系。

耶鲁大学经济学家陈志武教授在中国教育三十人论坛上曾经批评过一种现象，我们的父母和孩子在选择专业的时候，往往是什么时髦学什么，什么赚钱读什么，结果跟随他读金融的人，很少有人是对金融真正感兴趣的。他说，如果一个社会，所有人选择的职业都是他自己感兴趣的职业，这个社会就能充满活力。

什么是适当的职业？

>> 所谓适当的职业，不过是说一个人的能力倾向得到适当的运用，工作时能最少摩擦，得到最大的满足。对社会其他成员来说，这种适当的行动当然意味着他们得到这个人所能提供的最好的服务。

——《杜威教育文集》第 2 卷，第 297 页

朱永新解读：

个人的职业当然不仅与自己的兴趣特征、能力倾向有关，其实也与社会的和谐、生活的效率相关。也就是说，当一个人找到符合自己的人生理想和兴趣的职业，当一个人的职业与他的能力倾向吻合的时候，不仅他个人的才华得到了恰如其分的发挥与运用，而且工作过程中出现的各种摩擦、纠纷、倦怠也会降到最低，对社会的其他成员来说，自然也能够享受到最好的服务。这是一个对人、对事、对社会三方面都非常好的事情。我们学校教育中必须强化生涯教育，这也是我们新生命教育把职业选择与生涯规划作为主要内容之一的缘由。

职
业
好
像
磁
铁
和
胶
水

>> 职业好像磁铁一样吸收资料，又好像胶水一样保
存资料。这样组织知识的方法是有生命力的，因
为它是和需要联系的；它表现于行动，又在行动
中重新调整，永远不会停滞。

——《杜威教育文集》第 2 卷，第 298 页

朱永新解读：

人一旦选择了职业，总会以自己的职业为轴心，
"把大量变化多样的细节贯穿起来"，"使种种经验、事
实和信息的细目彼此井井有条"。这就是杜威所说的，
职业会让一个人像磁铁一样去吸收资料，像胶水一样
去保存资料。当然，并不是所有的人都能够用这样的
态度和方法对待自己的职业。只有那些热爱自己的职
业，自己的兴趣和能力倾向与职业比较吻合的人，才
会如此用心地对待自己的职业。一个真正的人，他的
职业与他的生活、生命是融为一体的。我们的教育，
我们的社会，也一定是朝着这个方向前行的。

人
类
占
优
势
的
职
业
就
是
生
活

>> 无论何时，人类占优势的职业就是生活——就是
智力的和道德的生长。在儿童期和青年期，因为
他们比较不受经济的压迫，这个事实是赤裸裸
的，没有隐蔽。预先决定一个将来的职业，使
教育严格地为这个职业做准备，这种办法要损害
现在发展的可能性，从而削弱对将来适当职业的
充分准备。现在再把前面多次讲过的原理重复一
遍，这种训练也许能培养呆板的机械的技能（就
是培养这种技能也毫无把握，因为它使人感到枯
燥无味，使人厌恶，使人漫不经心），但是，它
将会牺牲使职业在理智上有益处的敏捷的观察和
紧凑、机灵的计划等特性。

——《杜威教育文集》第 2 卷，第 298—299 页

朱永新解读：

杜威的这段文字是耐人寻味的。

过早地为一个人进行职业的定向，过早地使教育
严格地为一个人的职业做准备，在一定意义上是不符
合人的发展规律的，也是不人道的。

职业对人如此重要，以至于职业本身就是人生活
的重要组成部分，就是人智力与道德生长的主要空间。
仅仅把职业作为人谋生的手段，仅仅训练一个人的职
业技能，可能会使一个人掌握从事某个职业的本领，
但是，如果这个职业与一个人的人生理想、个人兴趣
和能力倾向相去甚远，学习与教育的过程也是"枯燥
无味""使人厌恶""使人漫不经心"的，而且会"牺

牲使职业在理智上有益处的敏捷的观察和紧凑、机灵的计划等特性"。现在，我们已经进入了一个新的工业革命的时代，过去许多需要人手工劳作、简单劳动的职业也会被人工智能机器人取代。一个人一生的职业变动频率和机会也会大大增加。我们的学校教育是否需要过早为孩子确定专业方向？我们的家庭教育何时协助孩子选择职业？我们的生涯规划和职业教育如何进行？这些问题的确需要父母和老师深思。

>> 唯一可供选择的办法，就是使一切早期的职业预备都是间接的，而不是直接的；就是通过从事学生目前的需要和兴趣所表明的主动的作业。只有这样，教育者和受教育者才能真正发现个人的能力倾向，并且可以表明在今后生活中应选择何种专门的职业。不但如此，只要生长在继续，能力和能力倾向的发展就是一个经常性的过程。如果有人设想为成人生活选择的工作在某一特定日期发现之后就可以一劳永逸，这是一种传统的、武断的见解。

——《杜威教育文集》第 2 卷，第 299 页

朱永新解读：

人的发展是一个动态的过程，今天对这个问题感兴趣，明天可能对另外一个问题感兴趣；今天在这个方面显示出才华，明天可能会被另外一个更突出的才华取代。有些人少年睿智，有些人大器晚成。男孩与女孩也有许多不同的地方。所以，过早地进行职业的定向是不符合人的身心发展的规律的。人生其实就是一个不断寻找自我、实现自我的过程。所以，杜威说，早期的职业准备都是"间接的"，探索性的，而不是直接的，决定性的。许多父母经常问自己的孩子以后想做什么？许多老师的作文也会要求学生写出未来的理想职业。这些其实只是引导和启发孩子们思考未来，寻找自我。所以，杜威指出，如果想一劳永逸地为一个人进行职业的选择和定向，其实是一种"传统的、武断的见解"。

青年的职业准备

>> 如果教育者以为职业指导可使人对职业做出确定的、无可改变的和完全的抉择，那么，教育和所选职业都很可能流于呆板，阻碍将来的发展。在这个范围内，所选择的职业将使有关的人永远处于从属的地位，执行别人的聪明才智，而那些发号施令的人的职业，却容许他们更加灵活地活动和重新调整。虽然平常习用的语言不能把灵活的重新调整的态度称为选择一个新的未来的职业，但是，实际上确是这样。如果说成人还必须注意他们的职业没有压倒他们，没有使他们僵化，那么，教育者当然必须格外注意，青年的职业预备就是使他们能继续不断地重新组织目的和方法。

——《杜威教育文集》第 2 卷，第 299—300 页

朱永新解读：

现代教育和现代社会已经越来越重视人性与个性，重视人的职业性向，强调人与职业的匹配，但是，对于大部分人来说，要真正认识自己是非常困难的。"认识你自己"，这是几千年来人类最困难的事情之一。既然人难以真正认识自己，要选择一个自己既感兴趣又擅长的职业，而且能够维持整个职业生涯，的确不是一件非常容易的事情。好在，人是有适应性的。由于变换职业的机会成本等问题，更多的人选择了自己可能不是那么热爱，也不是那么擅长的职业领域。但是，当社会进一步发展，人们不再为生存焦虑，工作也不再是养家糊口的必需时，选择职业就会有更大

的空间，更多的自由。在一个人的成长时期，就匆匆忙忙为他确定未来职业的方向，在一定历史阶段是可以理解的，是合理的，但是这种合理性其实是以牺牲某些人的发展为代价的，用杜威的话来说，就是"很可能流于呆板，阻碍将来的发展"。所以，最好的办法，是让青少年有更多的机会认识自己，认识各种职业，不断地"重新组织目的和方法"，选择自己未来的职业和方向。

使工人了解职业的基础与意义

>> 现在的工业主要已经不再是习惯传下来的以经验为根据的、比较粗糙的程序了。现在的工业技术是工艺学技术，这就是说，根据数学、物理学、化学和细菌学等的发现所制造的机械。经济革命提出了许多问题要解决，对机械的应用产生了更大的理性的尊重，从而激发了科学的发展。工业，也因科学的发展收回了复利。结果，工业方面的职业有了比过去多得无限的理智的内容，和大得无限的文化修养的可能性。这就需要一种教育，使工人了解他们职业的科学的和社会的基础，以及他们职业的意义。现在这种教育的需要变得非常迫切，因为没有这种教育，工人就不可避免地降低到成为他们所操作的机器的附属品的角色。

——《杜威教育文集》第 2 卷，第 302 页

朱永新解读：

曾经听说过这样一个故事：有人在建筑工地上看到一群工人在劳作。于是上前去问他们在干什么？第一个工人回答："我正在砌一堵墙。"第二个工人回答："我正在盖一座大楼。"第三个工人回答："我正在建造一座城市。"十年以后，第一个工人还在砌墙，第二个工人成了建筑工地的管理者，第三个工人则成了这个城市的领导者。故事当然可能只是故事，但故事后面的哲理，故事后面的教育意蕴，是值得关注的。为技术而技术，就职业技能教职业技能，这是我们职业教

育通常的做法。我们很少真正地让学生，让未来的员工去了解职业的科学和社会基础，了解职业的社会意义，这个问题不能被轻视。杜威非常严肃地指出，如果没有关于职业的社会意义的教育，我们的工人就不会了解他正在从事的工作的社会价值，就会成为他们正在操作的机器的"附属品"。就像教师职业，如果只是将其当成养家糊口的手段，当成是教孩子一点知识和技能，而没有看到我们是在为未来的社会培养公民，没有看到我们今天课堂的模样可能就是未来社会的模样，教师就仅仅是传送知识的机器而已。

不能把职业教育解释为工艺教育

>> 经常有一个危险，就是教育将会永远沿袭为少数人而设的旧传统，在默认我们现在有缺陷的工业制度的没有改革、没有合理化和没有社会化的种种方面的基础上，或多或少地适应新的经济状况。具体地说，就是有一种危险，把职业教育在理论和实践方面解释为工艺教育，作为获得将来专门职业的技术效率的手段。

——《杜威教育文集》第2卷，第304页

朱永新解读：

职业教育不就是学职业技能吗？能够把职业技能真正地教好，就已经非常不容易了。这是我们许多人对于职业教育的第一感觉。

把职业教育理解为简单地学习技术，其实是很容易"欲速不达"的。任何教育，首先都是"人的教育"，其次才是各种专门化的教育。在教育发展的历史上，最初的教育只是少数人的特权。工业革命之后，机器化大生产对人的素质提出了新的要求，但是这种要求还是为了更好地适应机器化生产，所以在教育上更多地偏重工艺，偏重技术，而忽视了作为"人的教育"。

正如前面所说的那样，职业教育绝不仅仅是工艺的、技术的教育，而是整个人的教育的重要组成部分。无论从事什么职业，首先要做好一个堂堂正正的人。

训练未来工人适应变化的能力

>> 如果教育承认职业的全部理智的和社会的意义，这种教育就要包括有关目前状况的历史背景的教学；包括科学的训练，给人以应付生产原料和生产机构的智慧和首创精神；包括学习经济学、公民和政治学，使未来的工人能接触当代的种种问题以及所提出的有关改进社会的各种方法。总之，这种教育将训练未来的工人适应不断变化的情况的能力，使他们不会盲目地听天由命。

——《杜威教育文集》第 2 卷，第 306 页

朱永新解读：

这是杜威《民主主义与教育》第二十三章《教育与职业》最后的总结性文字。杜威指出，职业教育不仅要让学生应对今天，更要让他们应对未来，应对明天，适应不断变化的世界。至于职业教育的具体内容，也应该是非常丰富的，如关于职业的历史背景和当下发展的情况，职业的科学基础与技术路径，职业的思维智慧与创造精神等。同时，作为一位职业人，同时也是社会的公民，所以需要学习经济学、公民和政治学，需要关注社会问题。

也就是说，职业教育不仅仅是简单地培养适应机器的熟练技术工人，更要培养能够面向未来、适应社会的合格公民。

哲学、教育和社会改造是携手并进的

>> 哲学、教育和社会理想与方法的改造是携手并进的。如果现在特别需要教育的改造，如果这一需要迫切要求重新考虑传统的哲学体系的基本思想，这是因为随着科学的进步，工业革命和民主主义的发展，社会生活发生了彻底的变革。这种实际变革的发生必然使人要问：这些社会变革包含着什么观念和理想？他们要求对旧的、不同的文化所继承下来的观念和理想进行哪些修正？

——《杜威教育文集》第 2 卷，第 318 页

朱永新解读：

任何时代的哲学思想和教育体系，总是适合一定时代的社会理想和社会方法的。所以，变革社会，自然需要变革哲学，变革教育。杜威《民主主义与教育》的第二十四章，专门讨论"教育哲学"的问题。他提出，其实许多社会现象和教育问题，是由哲学的思想与逻辑决定的。如劳动与休闲的对立，实践活动与智力活动的对立，人与自然的对立，个体与联合的对立，文化与职业的对立等，背后与哲学问题是紧密联系的，如精神与物质的问题，身与心的问题，心理与世界的问题，个人与个人和他人的关系问题，等等。所以，随着社会的进步、科技的发展、教育的变化，哲学自然也需要与时俱进，需要对传统的观念和理想进行新的改造。其实，杜威自己的实用主义教育哲学，他提出的"教育即生活""学校即社会"等主张，也正是在当时美国社会工业化、民主化的背景下应运而生的。

哲学乃是作为审慎进行的实践的教育理论

> 哲学同时就是明显地表述人生的各种兴趣，提出使多种兴趣实现更好的平衡的观点与方法。因为教育是一种过程，我们所需要的改造可以通过它完成，而不致永远是所想做的事情的假设，所以，我们有理由提出，哲学乃是作为审慎进行的实践的教育理论。

——《杜威教育文集》第 2 卷，第 319 页

朱永新解读：

哲学为什么是作为审慎进行的实践的教育理论？因为在杜威看来，"哲学是关于可能的事物的观念，不是关于已成的事实的记录。因此，和一切思维相同，它是假设性的。它提示要我们去做的事情——要去尝试的事情。它的价值不在提供解决的办法（这只能在行动中获得），而在于界说困难，并暗示应付困难的方法"。也就是说，哲学虽然不直接提供解决问题的具体方案和办法，但是，作为一个把握方向、预示可能的学问，它提供了许多可能性，并且暗示了许多解决问题的方法。有哲学的教育，才是有方向的教育。也正是在这个意义上，杜威又说："如果我们愿意把教育看作塑造人们对于自然和人类的基本理智的和情感的倾向的过程，哲学甚至可以解释为教育的一般理论。"而教育实践自然也成为检验哲学理论的重要标准，因为"教育乃是使哲学上的分歧具体化并受到检验的实验室"。

>> 品德培养是学校教学和训练的一个广泛的目的，这是教育理论中的平常话。因此，我们应该警惕足以阻碍实现这个目的的有关智力和性格关系的概念，同时要注意为了成功地实现这个目的所必须提供的条件。

——《杜威教育文集》第 2 卷，第 331 页

朱永新解读：

杜威《民主主义与教育》的第二十六章是《道德论》，专门讨论道德教育的问题。他认为道德教育、品德培养是学校教育非常重要的目标，这个"广泛的目的"也是教育理论经常涉及的重要话题。

在具体的道德教育实践中，应该重点把握两个基本问题：一是防止理论上的混乱，因为与道德教育相关的心理学理论，尤其是关于智力与性格关系的理论，会影响我们的道德实践，如"流行的道德观念把活动的过程划分为两个对立的因素，这两个因素往往分别命名为内部因素和外部因素，或精神因素和身体因素。这种划分是我们曾多次指出的心灵与世界、灵魂与身体、目的与手段等二元论的极点"。二是要努力为学校的道德教育提供各种必要的条件。这个条件的一个主要内容，就是注重内部因素与外部因素的统一，让道德行为成为"有意识的目的、有意识的愿望和深思熟虑的思考"。

>> 如果一个人对他的工作真感兴趣，他就能够忍受暂时的挫折，在困难面前坚持工作，不挑肥拣瘦：在面对困难和克服困难中，在面对精神涣散和克服精神涣散中寻找兴趣。

——《杜威教育文集》第 2 卷，第 338 页

朱永新解读：

《道德论》的第二节专门讨论了"义务与兴趣的对立"。杜威一开始就指出，在关于道德问题的讨论中，究竟是按照"原则"去行动，还是按照"兴趣"去行动，是道德实践过程中最根本的"对立"。

杜威认为，这也是教育哲学的二元论导致的对立，其实两者之间没有不可逾越的鸿沟，"所谓无私，既不是对所做的事缺乏兴趣（就是像机器一样的不感兴趣），也不是忘我——就是缺乏生气和性格"。

事实上，在实际的学校生活中，"原则"和"兴趣"完全是可以统一的，如学校给学生布置的作业，"尽管有暂时的分心和令人不愉快的障碍"，只要学生从根本上"对整个作业感兴趣"，学生们也会坚持工作。所以，一个人如果对工作、对事情真正感兴趣，其实在一定程度上已经表明，他是认同了"原则"的。真正对原则认同，对未来期待，他才能不断地战胜困难。

认识学科科目的社会意义

>> 正是因为课程中的各门学科代表社会生活中的各种标准要素，所以它们就是启迪社会价值的工具。如果把学校里的科目仅仅看作学校的科目，掌握这些知识就只有专门的价值。在认识这些科目的社会意义的条件下掌握这些知识，它们就会增加道德兴趣和发展道德卓识。此外，我们在学习方法的标题里所讨论的关于心理的种种特性，本质上都是道德的特性。虚心、专心、诚恳、见识广阔、彻底、承担所接受的思想的后果的责任，这些都是道德特性。如果把道德特性等同于外表上服从有权威的规定，这种习惯可能使我们忽略这些理智态度的伦理价值。

——《杜威教育文集》第 2 卷，第 341 页

朱永新解读：

　　道德教育与学科教学有着非常密切的关系，与智力、性格等心理因素也有着非常密切的关系。杜威指出，"在一个有目的而且需要和别人合作的作业中所学到的和应用的知识，乃是道德知识"。所以，学校里所有学科的学习，不仅具有知识的价值，同时具有社会的价值和道德的价值。要真正学好学校里的各门学科，就要充分认识学科背后的社会意义。而且，学生们在学习过程中表现出来的各种心理品质，如"虚心、专心、诚恳、见识广阔、彻底、承担所接受的思想的后果的责任"等，也都是非常重要的道德品质。

　　把智力、性格与道德割裂的做法是违反教育规律的。当然，如何在学校教育过程中，防止把学生的心理问题"道德化"，则是需要关注的另外一个话题。

道德和整个性格有关

>> 道德和整个性格有关，而整个性格又与人的全部具体特性和表现相等。一个人有德行，并不意味着培养了少数可以指名的和排他的特性；所谓德行，就是说一个人能够通过在人生一切职务中和别人的交往，使自己充分地、适当地成为他所能形成的人。

——《杜威教育文集》第 2 卷，第 342 页

朱永新解读：

在杜威看来，道德与性格的关系，犹如骨骼与身体的关系，是不可分割的。如果简单地把诚实、正直、温和等称为"道德"，作为孤立起来的"德行"，就好像"把骨骼当作有生命的身体一样。骨骼当然是重要的，但是，骨骼的重要性正是在于它们支撑身体的其他器官，使这些器官能从事统一的、有效的活动"。在这个意义上看，道德或者德行可以被视为一个人性格的核心，正如骨骼支撑了人的整个身体一样，德行支撑了人的整个精神世界，使一个人成为他自己。

>> 威胁着学校工作的巨大危险，是缺乏养成渗透一切的社会精神的条件；这是有效的道德训练的大敌。因为只有具备一定的条件，这种精神才能主动地出现。

——《杜威教育文集》第 2 卷，第 342 页

朱永新解读：

杜威认为，一个人行为的道德特性和社会特性是相同的，所以，"衡量学校行政、课程和教学方法的价值的标准就是它们被社会精神鼓舞的程度"。也就是说，如果一所学校与社会隔绝，缺乏养成渗透一切的社会精神的条件，不能够主动与社会建立联系，既不能够接受社会的积极影响，也不能够主动积极地影响社会，这样的学校是没有价值的，这也是威胁学校工作的"巨大危险"。

学校本身必须是一种社会生活

>> 学校本身必须是一种社会生活，具有社会生活的全部含义。社会的观念和社会的兴趣只有在一个真正的社会环境中才能发展。在这种社会环境里，彼此平等相处，建立共同的经验。任何人先已和别人有过足够的交往，学会了语言文字，他就能在相对孤立的情况下，获得有关事物的知识。但是，要了解语言符号的意义，完全是另一回事。要了解它的意义，就必须通过和别人共同工作和游戏。

——《杜威教育文集》第 2 卷，第 342 页

朱永新解读：

人是一个社会性动物。学校是培养人的社会性的重要场所。按照杜威"教育即生活，学校即社会"的理论，学校生活与社会生活没有本质意义的不同，学校本身就必须是一种社会生活，具有社会生活的"全部含义"。虽然一个人在具有一定的社会经验，学会了一定的社会语言文字之后可以独立地生活，能够在相对孤立的情况下掌握相关知识。但是，由于人的社会性，要真正地理解人的社会生活，掌握语言符号的社会意义，仍然需要与别人共同生活。在这个意义上，学校应该创造共同生活的条件和环境。

学校是一个雏形的社会群体

>> 我们的学校不再是脱离生活，专为学习功课的场所，而是一个雏形的社会群体，在这个群体里，学习和生长是现在共同参与的活动的副产品。运动场、商店、工厂、实验室，不但能指导青年的自然的主动趋势，并且包含交往、交流和合作——所有这一切都扩大对各种联系的认识。

——《杜威教育文集》第 2 卷，第 342—343 页

朱永新解读：

其实，教育即生活也好，学校即社会也罢，这里所说的生活和社会，都是一种特殊的生活和社会，用杜威自己的话来说，学校也只是一个"雏形的社会群体"。即使是学校中的运动场、商店、工厂、实验室，也不同于真实场景中的运动场、商店、工厂和实验室。因为，学校中的这些场所和机构同时还担负着教育的功能，不能本末倒置。杜威强调学校生活与社会生活的联系，是有其合理性的，但是，如果强调过头了，也不符合学校生活的特点与规律。

校内学习应与校外学习连接起来

>> 校内学习应与校外学习连接起来。在两者之间应有自由的相互影响。只有当其中一方的社会兴趣和另一方的兴趣有无数接触点的时候，才能达到这个地步。可以设想，有一种学校具有伙伴的精神和共同的活动，但是，学校的社会生活却不能代表学校以外的生活，这种生活如同寺院的生活一般。在这种学校里，可以培养社会的兴趣和了解，但是在校外就没有这种精神，不能从校内转移到校外。那种校外居民和校内师生存在的隔阂，以及学校中的学究式的退隐生活，就是这种情况。

——《杜威教育文集》第 2 卷，第 343 页

朱永新解读：

把学校内部的学习与学校外部的学习连接起来，关键是在两者之间建立"自由的相互影响"，是在两者之间寻找相关的"接触点"。

学校的生活是相对封闭的，如果不注意与校外生活的联系，很可能就如同"寺院的生活一般"。但是，只要学校主动建立联系，把校内学习与校外学习结合起来，努力培养学生的社会兴趣和社会交往技能，就可以在一定程度上消弭学校与社会的隔阂，以及"学校中的学究式的退隐生活"。

学校和社会隔离的原因

>> 一般说来，学校之所以和社会隔离，主要原因在于缺乏社会的环境，有了社会环境，学习就是一种需要，也是一种报酬；学校既与社会隔离，学校里的知识就不能应用于生活，因此也无益于品德。

——《杜威教育文集》第 2 卷，第 343 页

朱永新解读：

杜威把学校和社会隔离的原因，归结为缺乏社会环境，看似有一定道理，但其实有些绝对化了。因为，学校毕竟还是学校，社会毕竟还是社会。学校环境与社会环境是不能够简单地画等号的，也不可能把社会环境简单地复制到学校中。

但是，杜威的观点对于那种学校生活严重脱离社会生活，知识与生活、生命毫无关联的教育，无疑是有力的批评与反击。他提醒我们，教育应该尽可能学以致用，让知识应用于生活。

做一个有用的好人

>> 教育上合乎需要的一些目的和价值，它们自身就是合乎道德的。之所以还有人不懂得这个道理，这是由于狭隘的和说教式的道德观。纪律、自然发展、文化修养、社会效率，这些都是道德的特性——都是教育工作所要促进的一个社会优秀成员的标志。有句古话说，一个人光做好人还不够，他还必须做一个有用的好人。所谓做一个有用的好人，就是他能生活得像一个社会成员，在和别人的共同生活中，他对社会的贡献和他所得到的好处能保持平衡。

——《杜威教育文集》第 2 卷，第 343 页

朱永新解读：

做一个有用的好人，是一个非常有价值的命题，也是道德教育应该充分考虑的问题。狭隘的道德观，过分强调了做一个"好人"，但可能忽视了"有用"。而实用主义的道德观，则可能走向另外一个极端，重视了"有用"，而忽视了"好人"。两者都不是好的教育希冀的结果。所以，教育要努力培养的，是有用的好人，是能够与别人和谐相处的人，是能够对社会做出贡献的人，这样的人具有遵纪守法、良好修养等道德品质，社会也会给予其相应的评价和积极的反馈。

有意识的生活

>> 作为一个人，一个具有欲望、情绪和思想的人，在社会里他所接受的不是外部的占有物，而是有意识的生活的扩大和加深——是对各种意义的认识更加认真，更加训练有素，更加扩大。他在物质上接受的东西，最多不过是发展有意识的生活的机会和手段。否则，这种行为既不是授，也不是受，不过是事物空间位置的转移，好像用棍子搅动水和沙一样。纪律、文化修养、社会效率、个人优雅、性格改善，都不过是高尚地参与这种平衡经验的能力发展的几个方面。教育不只是这种生活的手段，教育就是这种生活。维持这种教育的能力，就是道德的精髓，因为有意识的生活是继续不断地重新开始。

——《杜威教育文集》第 2 卷，第 343—344 页

朱永新解读：

这里所谓"有意识的生活"，我理解应该是指与物质生活对应的精神生活。因为，作为一个人，一个具有欲望、情绪和思想的人，就不能只关注自己的物质生活，关注自己对于外部世界的占有，而应该拥有精神生活。所谓有意识的生活，当然不仅是一般意义上的精神生活，而是具有反思能力的精神生活。这种对自己生活的反思，是道德成长的重要源泉，也使得一个人能够不断超越自己，"继续不断地重新开始"。

>> 学校中道德教育最重要的问题是关于知识和行为的关系。因为，除非从正式的课程所增长的学识足以影响性格，就是把道德的目的看作教育上统一的和最终的目的，也是无用的。如果知识的方法和题材与道德的发展没有密切的、有机的联系，就不得不求助于特定的修身课和特定的训练方式：知识没有和寻常的行为动机和人生观融为一体，而道德就变成道德说教——成为各自独立的德行的组合。

——《杜威教育文集》第 2 卷，第 344 页

朱永新解读：

知与行，知识与行为的关系问题，不仅是一个重要的哲学问题，更是一个具体的教育问题。

杜威认为，道德教育的根本目标不是灌输知识，而是养成性格。道德教育不是依靠简单的道德教育课程（修身课）就能够取得成功的，如果知识没有与人的行为动机和人的人生观、价值观紧密地联系起来并融为一体，道德教育就变成了"道德说教"，这样的道德教育自然是毫无意义，也毫无用处的。

发展有效地参与社会生活的能力的教育

>> 一切能发展有效地参与社会生活的能力的教育，都是道德的教育。这种教育塑造一种性格，不但能从事社会所必需的特定的行为，而且对生长所必需的继续不断的重新适应感到兴趣。对于从生活的一切接触中学习感到兴趣，就是根本的道德兴趣。

——《杜威教育文集》第 2 卷，第 344 页

朱永新解读：

这一段文字，是《民主主义与教育》第二十六章《道德论》的结束语，也是全书的最后一段。

杜威所谈论的"道德"这一概念，和我们通常意义上所说的道德不尽相同。在他看来，教育的根本目的，就是形成和发展人们有效地参与社会生活的能力，这才是道德的教育。只有这样的教育，才能真正塑造人的性格，才能使学生具有成长的内在动力，始终对学习充满兴趣。反之，如果一种教育，不能发展人们有效地参与社会生活的能力，那就是不道德的教育。以此为标准来衡量，道德的教育，也就是好的教育。

亲爱的父母，我们用了整整 39 周的时间，完成了对杜威《民主主义与教育》的初步学习。这次与大师对话的过程，只是自己粗浅的学习体会。限于自己的水平，也限于内容的选择上尽量选择对家庭教育有启示的内容，而没有过多考虑杜威教育思想的完整性与系统性，难免有错漏之处，还请大家指正，也希望以后还有温故知新的机会。

第十章

教育哲学通过
对前提的反思以
澄明教育的本质

导语

本章主要解读杜威在中国的五大讲演之一《教育哲学》。杜威认为，教育哲学是让人知其所以然的，是帮助人们变得更加聪明、更加理智的学问。既然如此，根据20世纪初世界的两大发展需求来重建教育哲学就变得极为迫切且有意义。

其一，民主运动对教育产生了深刻的影响。在杜威看来，民主意味着社会生活从总体上是依据大多数人的意愿与能力来维持的，因此，它对所有成员的智慧和决策能力有着更多的信任与依赖。为了适应社会的这一变化，就必须创办一种服务大众的教育形式。其任务或者说教育的最高目的，就是培养能促进社会和谐的好公民。他们不仅仅具有良好的个人素质，不仅仅是能够遵守社会的规范，更为重要的是，好公民还能够成为杜威在讲演中所憧憬的"发射中心"：他把好的东西及时传播出去，"贡献到别的公民的心里去"，成为一个具有正能量，同时又能够有效影响和帮助别人的人。

其二，科技革命推动了教育观念的转变。杜威认为，科学进步不但使得教育得到许多前所未有的新知识，重要的还在于重塑了人们的观念和态度，包括：善于提出问题，并通过各种实践活动去寻求答案；敢于批判，积极主动地接受经证实的结论和重新考虑自己的认识，等等。顺应这一变化，学习就意味着发现而不是死记硬背，知识是积极的建构而不是消极的吸收，但"在现实的教育中，关于获得知识的观念和见识恰好背离了这一趋势，以至于学习在总体上意味着堆砌、崇拜和紧紧抓住过去传下来的东西，并且对此冠之以知识的头衔"①。因此，杜威提出应打破从前的悲观、被动、奴守古训，以及不肯说老实话、不肯以事实当

---

① 〔美〕约翰·杜威:《杜威全集》中期著作第7卷，刘娟译，华东师范大学出版社，2012年，第229—230页。

事实的态度。取而代之的是"使实验性的态度变成从事所有理智工作的普遍态度，学会习惯地用动态发展和普遍进化的观点来思考问题"①。杜威坚信，在知识更新越来越快的背景下，授之以鱼不如授之以渔，让知识作为一种行动的工具，比仅仅让学生储备知识更加重要。

---

① 〔美〕约翰·杜威:《杜威全集》中期著作第7卷，刘娟译，华东师范大学出版社，2012年，第230页。

教育不是奢侈品，是必需品

>> 教育所以不可少的缘故，就是因为人类在婴孩时期，自己不能生存，要是没有父母去教育他、扶助他，就不能成人了。有许多低等动物的教育，从小到大，不过都是偏于形体一方面。人类却不能仅注重形体一方面，还有心理、知识、道德各方面的教育也都应该注重的。因为人类的婴孩时期是个渐进的时期，什么人都要经过的。教育就是从这个婴孩时期渡到成人时期的一只摆渡船。所以教育不是奢侈品，是必需品。

——《杜威教育文集》第3卷，第77—78页

朱永新解读：

60岁那一年，在五四运动爆发前4天，杜威来到中国。从1919年4月30日到1921年8月2日，杜威在中国两年半的时间，足迹遍布13个省市，做了200多次讲演。在中国教育历史上，一个国外著名教育家如此长时间高频度在华活动和讲演，可谓空前绝后。正如胡适在杜威离开北京时说的那样："自中国与西洋文化接触以来，没有一个外国学者在中国思想界的影响有杜威这样大的。"讲演录与其他著作的不同，就是逻辑不一定非常严密，口语化比较明显，当然也更加通俗易懂。杜威在关于教育哲学的讲演中一开始就提出，要解决两个基本问题：教育与教育哲学为什么很重要？以上这段文字，就是回答第一个问题的。教育为什么很重要？因为教育是人成为真正的人的前

提。其他的动物，不需要专门的教育，仅靠自然的身体方面的成熟，以及身体机能和技能的发展，就能够生存。但是人不行，人的发展不仅是身体的成熟和发展，还包括知识、道德等各个方面。所以，没有教育这个"摆渡船"，人不可能从婴儿的"此岸"到达成年人的"彼岸"。也正是在这个意义上，杜威认为，教育是必需品，而不是奢侈品。

教育不可少是因为『生』与『死』两件事

>> 简单说，教育所以不可少的缘故，就是因为"生"与"死"两件事。人类当生下来的时候，不能独立，必须倚靠他人，所以有赖于教育；死去的时候，把生前的一切经验和知识都丢了，后世子孙倘要再去从头研究，岂非太不经济，甚至文化或可因此断绝，所以因为人类有死的一件事，也非有教育把他的经验和知识传之子孙不可。

——《杜威教育文集》第3卷，第78页

朱永新解读：

从"生"的角度论述教育的必要性，是指教育让人成为人。这一段文字，主要是从"死"的角度讲述教育的必要性。从死的角度来看，因为人不可能永生，每一代人都需要重新开始教育。要把上一代人创造的知识和经验传给下一代，就必须在他们离开这个世界之前进行。这样，教育就从人的繁衍发展到文化的继承与繁衍了。为了不让上一代人的知识和经验失传，随着他们的"死"而带进棺材，教育也是非常必要的。

教育哲学就是要使人知道所以然

>> 倘使人类没有教育哲学，对于教育事业必定不去研究它，思想它，但看人家怎么教，我也怎么教，从前怎么教，现在也怎么教；或学他人的时髦，或由自己的喜欢，成一种循环的、无进步的教育。这就是没有教育学说的流弊。教育哲学就是要使人知道所以然的缘故，并指挥人去实行不务盲从、不沿习惯的教育。

——《杜威教育文集》第3卷，第78页

朱永新解读：

解决了教育为什么很重要的问题，接着就是教育哲学为什么很重要了。杜威认为，没有教育哲学会导致两种极端，一种是简单模仿，不动脑筋，别人怎么做，我就照葫芦画瓢，人家怎么教我就怎么干，或者过去怎么做今天也怎么做。这样自然就只能重复昨天的故事。另外一种是自说自话，由着自己的性子，凭着自己的喜好做教育。这两种情况都是无法做好教育的。所以，教育哲学的功能，就是要知道行动背后的机理，不仅知其然，更要知其所以然，这样才能不盲从，不因袭，走出自己的道路。

时代需要教育哲学的指挥

>> 当现在变迁很快的时代，多少潮流在外面激荡，我们应该去选择哪一种是对，哪一种是不对；辨别哪一种是重要，哪一种是次要。当这时代倘没有教育哲学的指挥，一定不能从这许多互相抵触、互相冲突的里面，选出哪一种是我们应该采取的潮流趋势。

——《杜威教育文集》第 3 卷，第 78 页

朱永新解读：

如前所述，教育哲学是帮助我们知道所以然的，是帮助我们变得更聪明、更理智的学问。哲学和科学都是帮助我们活得更明白、更合理、更有序的学问。尤其是在社会转型时期，各种理论、各种思潮、各种观点鱼龙混杂、莫衷一是的情况下，就更加需要教育哲学的指导，帮助我们学会鉴别、学会选择，看清前行的方向。其实，对于一个国家、一个区域、一个部门是如此，对于个人也是如此，哲学的思维能够帮助我们透过现象看本质，穿越当下看未来。

没有教育就没有长进

>> 教育与长进（growth）是很有关系的，教育就是长进。没有教育，就没有长进；教育不进步，社会也不能进步。试看：最下等的动物，其初生的婴孩，与父母大致相同，所不同者，形体之大小而已；等级渐高，婴孩时期也渐久。一直到最高的人类，婴孩与大人便完全不同了。我们看了这个比例觉得很奇怪，以为阶级最高的人类，产生婴孩便应该立刻变为成人，岂非可省许多事？讵知这正是人类的极大利益。因为有了这一个很长的婴孩期，正可在此期内尽量地教育他。人类的进化，全在这婴孩期的长久。

——《杜威教育文集》第 3 卷，第 79 页

朱永新解读：

这里的"长进"，根据英文，翻译为"成长"更合适。

教育与人的成长息息相关，而个人的成长与社会的进步也是息息相关的。从动物的谱系来看，有一个基本的规律，越是高级的动物，越是有更长的婴孩期。也就是说，作为最高级的人类，婴孩期是最长的。这不是一件遗憾的事情，而恰恰是人类的优势，也是人类更需要教育的缘由所在。其他动物有些生下来就能够行走、饮食，就拥有基本的生存能力，就开始面对它们所要生活的世界，只有人类是最羸弱的。这样，人类的婴孩就有了一个充分的成长与受教育的时间。人类恰恰也是利用这个时间，用知识和经验武装孩子，帮助他们健康地成长。

教育与人生日用愈趋愈远

>> 后世的人把文字当作一把钥匙，去从古人经验所得的知识库里面取出种种东西来应用，这实在是一件最便宜的事。

不过有了文字教育以后，渐渐与以前直接的人生日用的教育愈趋愈远了。文字的教育，学校的教育，我们固然承认它是必需的。因为没有它，便不能把古人的东西保存起来，传授下去。但是这与人生日用愈趋愈远的流弊，却也不少。

——《杜威教育文集》第 3 卷，第 79 页

朱永新解读：

　　文字与学校教育让人类如虎添翼。如果没有文字，没有教育，人类创造的知识与经验就无法真正地传承下去。这是人类不同于其他动物，远远超出其他动物的原因所在。但是，也正是这个原因，导致了人类的教育逐步远离"人生日用"，人类的教育远离社会生活的弊端。

　　杜威分析，流弊主要体现在三个方面：一是养成了一种特别的阶级，有权有钱有知识的阶级，导致了社会的分化；二是出现了"重文轻实"的倾向，把文字、知识看得太重，"反把人类社会日用的教育看轻了"；三是使学校成为独立的机关，与社会不发生关系，"社会上早已成为过去的东西，学校却还在那里教，社会上很有重大需要的东西，学校反不肯教了"。一句话，即知识、学校脱离了社会生活。这是需要引起我们高度关注的。

指挥与改造教育好像驶一只船

>> 指挥教育，改造教育，好像驶一只船：装载货物，固然应该持平，不要使它畸轻畸重，然装了以后，不能扬帆开驶，使满装了货物的船停在船坞里腐烂，当然是不行的。古代传下来的学问，就是装在船里的货物。现在的新潮流、新趋势，就是行船的风。我们应该把这满装货物的船，乘风前进，不使它停在船坞里腐烂。

——《杜威教育文集》第3卷，第81页

朱永新解读：

杜威在分析教育的三个方面的流弊时特别指出，三个问题之中第三个问题最为重要，因为我们是现代的人，"以前保存下来的东西，我们当然是不够用的。我们应该想法子改造从前教育的目的、方法和材料，使它们适应时代的需要"。杜威用行驶船只来比喻，船只装载的货物相当于"古代传下来的学问"，不能够让它腐烂变质，这就需要船只扬帆前行，需要新潮流、新趋势作为"行船的风"。古为今用，教育必须适应现代生活的需要，是一个基本的原则。

教育不是个人的事业

>> 人类共同的组织也从幼稚时代到长大时代。下等动物的繁殖，与它的父母没有分别。小猫大猫，小狗大狗，都差不多。两千年以后的猫，我们可以预料同现在一样，但是两千年以后的人类，我们可就不能知道了。所以我们要是不喜欢暗中摸索，听其自然，就应该用教育哲学去指挥引导向我们预定的方针，达我们希望的目的。因为人类的进化很难推测，若听其自然，暗中摸索，是非常危险的。教育的所以重要，就是要使它没有危险。所以教育不是个人的事业，是社会的、公家的、政府的责任，是人类社会进化最有效的一种工具。

——《杜威教育文集》第 3 卷，第 81 页

朱永新解读：

人与动物最大的不同，在于人的理智。动物的进化基本上是复制祖先的行为，所以上一代与下一代没有太大的区别。现在的猫与 200 年前的猫，或者 200 年以后的猫，不会有什么太大的不同。但是，200 年前的人，或者 200 年以后的人，可以说是脱胎换骨的。就拿平均寿命来说，人类这几十年就增加了许多。所以，人类的自我成长与发展需要有理性的审视。人类不能够也不可能像动物那样被自然规律束缚，人类在尊重自然规律的同时应该更理性地选择。教育的意义，就在于尽快地把人从一个纯粹自然的人变成社会的人，按照社会的理想去行动。所以，教育不仅仅是个人的事情，而且是社会的、集体的、政府的责任，也是人类社会进化最有效的工具。

儿童就是教育的本身

>> 社会生活的知识使我们可以定教育的目的，这是
远的一端。那近的一端就是儿童。儿童的意志、
欲望，等等，总之儿童的心理学，是第二件要知
道的。譬如驶船一般，它的目的地固然不可不知
道，但船的本身和船中的货物也不可不知道。社
会是教育的目的地，是远的方面；儿童就是教
育的本身，是近的方面，都是应该知道的、注
重的。

——《杜威教育文集》第 3 卷，第 82 页

朱永新解读：

教育需要哲学的理性思考。所以，教育哲学就是
帮助我们厘清许多教育问题的学问。此外，教育还有
两个重要的基础，这就是伦理学基础和心理学基础。
伦理学基础，更多的是让教育考虑社会的需求，考虑
国家和民族的期望，这是任何社会和任何政府都必须
重视教育问题的缘由。杜威把它视为"教育的目的
地"，是教育的"远的方面"。心理学基础，更多的是
考虑人的需求，儿童的需求，个人和父母的期望，这
是教育的"近的方面"。杜威用了一个形象的比喻，社
会的方面就是一艘船要去的方向和目的地，而船的本
身和船上的货物，就是儿童本身，更应该得到重视。

如何才能当得教师、讲得教育？

>> 单有上述两大端，还不能够做教育事业，因为还有介乎二者之间的学校和教材等琐细的事。历史、地理和自然科学等学科，都不可不知道的，而且还须懂得这种学科的意义，一方面对于儿童有什么意义，一方面对于社会有什么意义。三者联络起来，然后可以当得教师，讲得教育。

——《杜威教育文集》第3卷，第82页

朱永新解读：

有了教育哲学，有了教育伦理学，有了心理学，教育的问题就完全解决了吗？恐怕未必。杜威提出了另外一个重要的维度——教育内容与教学方法。这是教育的"远的方面"和教育的"近的方面"的"中介"。我们如何实现教育的目标？究竟应该用什么内容教育我们的儿童？这个问题其实一直有争论，教育上也有不同的流派。我们总是担心孩子们学习的内容太少，科学技术日新月异，我们总是希望把最新的科学成果教给儿童。所以教育内容越来越丰富，儿童的负担越来越重。其实，这个"中介"只是为两端服务的，尤其是为教育的"近的方面"服务的。这也是作为一个教师必须始终心知肚明的。

教育是很有趣味的事业

>> 因为教育所包的范围如此之大，所以是很困难的事业；也因为它所包的范围如此之大，所以是很有趣味的事业。试问世间哪一种职业所涵的方面有这么多，一方可以知道社会进化的情形，一方有可以研究儿童发展的机会，而一方自己还可以得到学问？这不是很有趣味的事业吗？

——《杜威教育文集》第 3 卷，第 82 页

朱永新解读：

世界上的事情往往就是如此，挑战越大，价值越大；困难越多，越能够满足人的挑战欲望。教育就属于这样的领域。的确，教育是世界上最复杂的事情之一，它的范围如此之广阔，它的情境如此之复杂，它的对象如此之不确定，是任何其他行业都难以比拟的。因为困难，有些人知难而退，有些人浑浑噩噩，但也有一些人知难而进，希望探寻它的奥秘，挑战困难和矛盾。杜威说，世界上很难找到其他的职业，能够像教师职业这样，一方面可以知道社会发展的需求与变化，一方面可以走进儿童的心灵深处研究儿童的发展，一方面还能够使自己的学问不断增进。与学生一起成长，对于教师来说正是如此；在教育中进行自我教育，对于父母来说也是如此。

学科是联络儿童与社会的过桥

>> 学科最容易离其他两方面而独立，因为学科是教师天天所见的东西。凡是近的东西天天见了，一定愈看愈大，并且能把其余的大东西都遮住了。正如拿千里镜来看近的东西一样。又如将一个手指放在眼前，可以把一切东西都遮住了。学科本来是联络儿童与社会的两岸的过桥，现在这过桥离了两岸而独立了。

——《杜威教育文集》第3卷，第83页

朱永新解读：

协调社会、儿童与学科（教育内容）的关系，是教育哲学的重要任务。杜威认为，"从前种种教育方法和教育哲学的失败，都由于三方面调剂不得其平"。也就是说，有些过分强调了社会，有些过分强调了儿童，有些过分强调了学科。但是，过去所有问题最突出的，还是"把介乎二者当中的学科看得太重，却把儿童与社会两方面看得太轻的流弊"。这个流弊造成了许多问题，最严重的问题就是将学科与真正的社会生活隔绝了，"生活自生活，学科自学科"。杜威举例说，儿童在进入学校之前，与自己的父母或者同伴玩耍，所听到的、看到的、学到的都是自己能够懂的，能够用的。但是一进入学校，一切都变了，好像换了一个新的天地，"见的东西都是不曾见过，听的东西都是不曾听过。他于是以为学校里面的这些东西本来与实际生活没有关系，本来只是骗骗先生的"。其实，教育的真正目的，一方面是满足社会的需要，培养社会需要的人才；一方面是满足儿童的需要，帮助每个学生成为最好的自己。学科只是联系社会和儿童的桥梁。现在我们把桥梁本身作为目的，毫无疑问是一叶障目不见泰山了。

没有兴趣，自然觉得困难

>> 学科先与真生活脱离，次变成纸上的假东西，再次不能实际应用。这种学科，要是学生能用心去学它，也未始不可略有所得。无如与人生日用太没有关系了，儿童一见便生畏怯，即使勉强学它，也是看作例行公事，骗骗先生罢了。这因为儿童对于它全然没有兴趣；没有兴趣，自然觉得困难，自然常常有逃学的事听见了。

——《杜威教育文集》第 3 卷，第 84 页

朱永新解读：

把学科与儿童分离，把生活与学科分开，自然就会让学习的过程变得索然无味。而一旦没有兴趣，就没有学习的主动性和积极性，自然就会觉得困难。这是一环扣一环的问题。问题的关键还是兴趣，而兴趣的关键，还是把学习的东西与儿童的生活经验结合起来，与他们的"人生日用"联系起来。杜威举例说，化学学科教学，往往就是符号、公式、实验，学生往往不感兴趣。但是如果让他们学习如何造肥皂，为什么肥皂能够去掉衣服上的污渍，学生自然会学得津津有味。学习当然不可能不涉及公式、符号、实验，但如果能把这些内容与生活、经验有效结合起来，学生自然会产生学习的兴趣，也就不会发生逃学的事件了。

好学是人的天性

>> 儿童因为没有兴趣，所以视求学为困苦的事。一般人——有许多学者——不晓得这个道理，以为人类的天性是不喜欢求学的，而人类的生活是不得不求学的，于是想尽种种方法去训练他，使他不得不求学。讵知他学了仍然不能知道。这就是学的东西与人生日用社会没有关系的缘故。倘能把学的东西与人生日用社会连贯起来，那么儿童决没有不喜欢求学的，因为好学正是他的天性。

——《杜威教育文集》第 3 卷，第 84—85 页

朱永新解读：

在现实生活中，总有许多父母和教师认为，自己的孩子和学生天生就是不喜爱学习的，对于天生不喜欢学习的人，就只能"牛不喝水强按头"，使他不得不学习。其实，这是搞错了因果关系。儿童不喜欢学习，不是因为他们天生就不喜欢。儿童一开始总是对这个世界充满着好奇，总是喜欢提出这样那样的问题。如果父母和教师及时满足儿童的好奇心，鼓励他们自由探索，他们就有可能更加好奇，更加喜欢探索，学习的过程会更加主动。亲爱的父母，一定要记住：好学是儿童的天性。天下没有不喜欢学习的儿童，关键是我们如何满足他们的好奇心。

制造白痴的学校制度

>> 我们试看儿童在未进学校以前与他的母亲或同伴在一起的时候，何等喜欢求学：忽而问这样，忽而问那样。可见儿童对于求学本有很大的喜欢的趋向。就是间或有几个例外，也一定或是白痴，或是心理上起了变态。因此我们可以知道现在学校制度的不适用，非但能使儿童本来喜欢求学的变为不喜欢，且能使他一见学问便生畏惧。这种学校制度还不是天天在那里造成一种人为的白痴吗？

——《杜威教育文集》第 3 卷，第 85 页

朱永新解读：

杜威在这段文字中，对传统的学校教育制度进行了无情的抨击。为什么孩子们在进入学校之前天真烂漫，对世界充满了热情，而入学以后却判若两人，使本来喜欢求学的儿童变得不喜欢学习，"一见学问便生畏惧"呢？他说，那些真正不喜欢学习的人，要么是"白痴"，要么是心理上有问题，关键还是我们的学校教育制度不能满足儿童的求知特点，不能把儿童与生活、社会、经验联系起来。这样，学校就只能成为制造"人为的白痴"的机器。这正是现代学校制度最容易产生的问题。

重视儿童求学中的苦乐

>> 我们不要说儿童对于求学的苦乐关系甚小，要知它的结果影响于社会者很大而且很久。因为儿童学了这种讨厌的东西，将来出校以后，一定不能在社会里去应用，社会便因此受了很大很久的损失。所以我们应该去掉它的困难痛苦的一部分，提出它的有用处有趣味的一部分。工夫既省了，社会上也得应用了，儿童也不感受困难苦痛了。

——《杜威教育文集》第 3 卷，第 85 页

朱永新解读:

的确，如杜威所说，许多父母是不把儿童求学的苦乐当回事的。甚至还有不少父母和教师认为儿童求学就是要受苦的。"不吃苦中苦，何来人上人？"有些父母和教师是把"人上人"作为目标的。"现在不肯吃苦，未来谈何幸福？"有些父母和教师又是把现在的吃苦和未来的幸福挂起钩的。其实，现在与未来之间没有一道鸿沟，儿童现在的痛苦会带到将来。凡是儿童感到痛苦的东西，他就容易厌恶，他就学不下去，未来自然就派不上用场。所以，还是应该尽可能让孩子的学习过程有趣味一些，尽可能"去掉它的困难痛苦的一部分"，这不仅对孩子有好处，对社会也是有好处的。

游戏与做工对于身体的意义

>> 游戏与做工，对于身体的机能本来很有关系的。东洋诸国，对于体育，向不注意。西洋以前也是如此，以为身体是精神的仇敌，须先把身体镇服下去，然后可以有精神的发展。教育者先存了这一个根本观念，所以对于儿童一意要他静止，不准活动，然后把他认为宝贝的东西硬装下去。这种根本观念，与新教育的精神恰恰相反。

——《杜威教育文集》第3卷，第88页

朱永新解读：

在教育过程中，动静结合应该是一个基本规律。杜威对东亚的教育不重视体育，把身体的教育与心灵的教育割裂开来的做法提出了批评。的确，虽然中国古代有不少教育家非常重视动静结合，最早的"六艺"就有不少动的内容，《学记》中也提出过"君子之于学也，藏焉，修焉，息焉，游焉"的教育主张，但是，封建社会长期的教育传统总的来说是鼓励安静的，总认为只有"静止"才能学有所获。其实，这是没有看到动与静的辩证关系，没有看到身与心的和谐统一。

合作的团队精神

游戏能够培养通力

>> 游戏场上有组织的运动游戏，其对于体育方面、官能方面的好处不用说了。还有重要的是能发生一种社会的性质：一方能养成领袖的人才；一方又能养成辅助的人才。最重要的是能有一种通力合作的团队精神。

——《杜威教育文集》第 3 卷，第 89 页

朱永新解读：

游戏与体育运动，不仅对于学生的身体机能和心灵成长具有重要作用，对于他们的社会性发展也是具有重要作用的。在游戏和体育运动中，需要有服从规则的意识，需要有尊重权威和领导的意识，需要有配合他人的意识，需要杜威所说的"通力合作的团队精神"。所以，游戏和体育运动，能够培养学生的领导力和规则意识，培养学生的合作精神。而这些内容，必须在实践中操练践行，不是在课堂上讲述就能够真正体会的。杜威在讲演中还举了一个例子，即拿破仑在滑铁卢被惠灵顿战败时，惠灵顿曾经说："这一次的胜利，并不是战场里得来的，是球场里得来的。"言下之意是说，英美军队虽然平时没有像德国那样多次训练，却取得了战场上的胜利，是因为他们的训练在运动场上。

游戏具有知识教育的价值

> >> 凡是真有价值的手工，一定含有一点游戏的动作。儿童不特喜欢模仿成人的动作，还有一种喜欢制造的天性。因此我们可以利用这种天性，使他们变为有用。第一，训练他的官能。第二，使他随机应变。第三，最重要的，是有输入知识教育的价值。
>
> ——《杜威教育文集》第3卷，第89—90页

朱永新解读：

游戏不仅仅是游戏，体育也不仅仅是体育。游戏和体育不仅仅能够训练体能和感官，不仅仅能够培养人的团队精神和"随机应变"的能力，同时，也具有"输入知识教育的价值"。杜威举例说明了这个道理。他说，譬如木工里的锯子、锤子、刨刀等，用久了就会发热，这其中就有力学的原理。再如："烧饭的时候，可以讲化学的道理；种花的时候，可以讲植物学的道理。这种都是从手工上可以输入知识的极大价值。"

他在讲演中，还提到了在南京看到南京高等师范附属幼儿园的孩子们养蚕的事情，他说从蚕子到幼虫，再到茧和飞蛾，这里就有许多生物学的知识，然后从丝绸的加工到销售，又会有许多生产与商业、社会学的知识。"儿童从这里得到许多顺序渐进的知识，都可在社会应用，这种灌输知识的价值还不大吗？"当然，这里已经不仅仅是说游戏与体育了，包括手工、劳动、社会实践等课程在内，如何把知识学习寓于学生感兴趣的活动之中，通过活动来学习，激发学生的兴趣，是他的基本主张。

游戏不是搁糖的教育方法

>> 千万不要误会，以为这种游戏、运动、手工，不过是因为恐怕小孩子学得太苦了，给他一点有趣味的东西，像那吃苦东西的时候给他一点饴糖一样。要晓得这并不是搁糖的教育方法。这是以本能为基础，使儿童能利用本能得到应得的知识的教育方法。

——《杜威教育文集》第 3 卷，第 90 页

朱永新解读：

许多人以为，游戏、体育运动、手工劳作等，是作为儿童学习生活的"点缀"来安排的，是作为正常学习之余的一种"调剂"来安排的，他们担心孩子们学习太辛苦，所以用这些游戏、手工、运动来调剂一下，"像那吃苦东西的时候给他一点饴糖一样"。杜威认为，这种"搁糖"的教育方法是错误的，这些本来就应该是教育的常态，因为这符合儿童本能的教育。如果这是"搁糖"的话，整个教育过程就应该是充满了糖的味道。

亲爱的父母，仔细琢磨杜威的话，是深有蕴意的。"搁糖"的方法其实割裂了学习与游戏。如何让学习过程更符合儿童的趣味，是应该认真思考的问题。

儿童的心理与做戏很有关系

>> 儿童的心理，与戏很有关系。人类的意思影像当中，有一种要向外表现的趋势。即成人也是如此。喜了要笑，悲了要哭，除了故意镇静以外，平常没有不向外表现的。儿童的意思、观念、影像，都是具体的居多，所以格外容易于他的言语上、指使上、容貌上表现出来，游戏单从动作表现，做戏也是一种心理的表现，不过较有条理一点。儿童每于言语、指使、容貌上表现出来，所以我们可以利用它，使它表现他的知识、意志或感情。

——《杜威教育文集》第 3 卷，第 91 页

朱永新解读：

戏剧是表演的艺术，也是一种综合的艺术形式。戏剧与人们的心理有着非常密切的关系，因为每个人都有向外表现的欲望与倾向，"喜了要笑，悲了要哭"，儿童的心理更是如此。如果说在生活中自然流露的言语、表情等还具有很大的自发性，戏剧则是自觉地把人们学习到的语言、情感、知识系统地表现出来。所以，戏剧本身是最贴近儿童心灵的艺术。儿童不仅通过戏剧学习，也通过戏剧学会表达与表现。新教育实验的生命叙事剧之所以受到学生广泛的欢迎，就是因为它契合了儿童与戏剧之间这种深刻的内在关系。

最容易用做戏来帮助的学科

>> 从学科里面选出几种最容易用做戏来帮助的，如文学、历史及人文地理，都是与人类社会很有关系的学科。文学中的小说和故事，都可以用戏做出来的。人文地理中的人情、风俗、习惯，也可以用戏做出来的。至于历史，更没有不可用戏做出来的了。

——《杜威教育文集》第3卷，第91页

朱永新解读：

戏剧与学科之间有着天然的联系，尤其是与人类社会生活联系广泛的人文学科，更是戏剧的天然素材。在许多学校都有所谓的"课本剧"，这些"课本剧"的剧本就是以语文、历史、地理、思品等课程的内容为蓝本进行的，主要是语文学科和历史学科。

新教育实验的生命叙事剧，则更多与学生的阅读生活相关，一般是建立在对一本图书进行深入的阅读和研讨之上，把图书改编为剧本。新教育实验的生命叙事剧重视每个学生通过戏剧成长，所以一般要求所有学生参与，也希望父母和教师参与到戏剧的排练与演出之中。戏剧中人物的角色扮演，也不是让少数有表演天赋的学生担任，而是通过竞选的方式，根据人物性格、命运与学生个性之间的关系等确定，强调戏剧本身的教育价值。

用演戏输入知识的方法

>> 用演戏的方法帮助学科，其最显明的利益，就是使儿童有趣味。我上次已经讲过，我们这种教育方法并不是怕他学得苦了加点糖的教育方法。所以使儿童有趣味，还不是重要的目的。最重要的是使他有知识方面的作用。第一能使他设身处地，知道他自己就是戏中的人物，戏中的悲欢离合，仿佛是他自己的悲欢离合。我们成人平常看戏，也是如此。看好的戏，往往好像台上台下合而为一。所以儿童在做戏的时候，做的人固然自以为戏中的一部，就是看的人，也自以为戏中的一部。古代的人，都仿佛当作同时的人。历史的事，也仿佛当他自己的事。这种输入知识的方法，比那空讲日球、月球这种干燥，自然觉得格外亲切有味。

——《杜威教育文集》第 3 卷，第 92 页

朱永新解读：

戏剧固然有趣、生动、形象，但是作为一种教育活动，戏剧不是属于可有可无的"点缀"，不是担心学生学习太辛苦，用戏剧给他们痛苦的学习生活"加点糖"的方法。戏剧本身就是一种真正的教育，戏剧不仅是输入知识的方法，无论是熟悉台词、体验人物等，都有助于学习某些知识，训练表达能力，同时戏剧具有重要的"移情"作用，扮演者与"剧中人"会合而为一，扮演者会进入角色的内心深处，体验不同时代不同人物的所思所想所言所为。而观众和其他戏剧中的角色，也会被带到剧情之中，投射到自己的身上，与剧中人同喜共悲。师生共情，达到教育的效果。

做戏也可以养成道德的习惯

>> 就讲道德方面，从前的种种格言式、教训式的方法，收效很少。倘能用演戏的方法输入道德教育，收效一定比那种纸上空谈的道德教育为大。我从前讲过，道德教育应该要先从行为做起。现在不得已而思其次，从做戏的行为上，也可以养成道德的习惯。

——《杜威教育文集》第3卷，第92页

朱永新解读：

从道德教育的角度来看，戏剧更是具有不可替代的作用。无论是历史上的传统戏剧，还是我们现代的戏剧，当然更包括我们学校里排练的各种形式的戏剧，无不是思想性与艺术性高度统一的。

在中国古代，戏剧往往是劳苦大众和文盲接受教育的最重要的载体。即使对于那些具有阅读能力的人来说，戏剧也是行之有效的教育手段，因为戏剧不是通过简单地讲道理，更不是通过空洞的说教去进行"那种纸上空谈的道德教育"，而是通过一个个人物的命运，通过一个个生动具体的形象，通过情感的渲染和感染，让人们对道德问题产生判断，做出结论，进行自觉的道德学习。

引起儿童有选择的能力和安排的能力

>> 第二个知识方面的作用，是可以引起儿童有选择的能力和安排的能力。一段故事里面，并不是都可以演出来的。于是选择出最精彩的一部分。这一部分当中，又不是个个人相宜的，于是你做这个，我做那个。但这还是个人方面，等到选择定了，于是大家商量怎样安排，怎样说法，怎样做法；那一句话，那一件事，应该要，应该不要。然后做成连贯的戏。总之，能使他们有选择安排的能力及共通的精神。倘弄坏了，大家负责。这样不但使儿童有被动的吸收，并能养成自己活动的和选择连贯的能力。

——《杜威教育文集》第 3 卷，第 92 页

朱永新解读：

杜威还指出了戏剧教育的另外一种特殊功能，这也是许多从事戏剧教育的人经常疏漏的功能，这就是"选择的能力和安排的能力"：一个完整的故事怎样表现出来？一个完整的经典如何选择其中的关键场面加以呈现？这是在改编剧本时首先遇到的问题。有了剧本，如何安排角色？用什么样的标准选择不同的角色？如何让全班同学都有角色？谁来担任导演？谁来担任场记？舞台、灯光、道具、音乐、舞蹈等如何制作与统筹？这些需要非常强的组织能力、统筹能力、协调能力，也需要很强的审美能力、表达能力、动手能力、沟通能力、合作能力。新教育实验的生命叙事剧一般安排在每学期的班级生命叙事和生命颁奖之后，成为一学期劳作之后的庆典。其价值已经远远超出了杜威在这里说的选择与安排的能力培养。

格外明了、正确

演戏使儿童的知识影像

>> 第三个作用，可以使儿童的知识影像格外明了、正确。平常教习发问，儿童照书中回答，即使不错，也是很容易的。但倘要他实地做出来，那就非懂得一字一句的意义，和名词所代表的事物、动词所代表的动作不可。

——《杜威教育文集》第3卷，第92—93页

朱永新解读：

中小学戏剧对学生掌握知识和应用知识具有重要的作用。我们知道，从记忆的类型来说，有视觉记忆、听觉记忆和动觉记忆三种，从记忆的效果来说，三种记忆各有千秋，每个人的记忆特长也各不相同。日常的学习中我们一般只有视觉记忆和听觉记忆，甚至只有其中的一种记忆，有时候免不了囫囵吞枣，照葫芦画瓢。但是戏剧表演却能将视觉、听觉和动觉三种记忆有效结合起来，自然会刻骨铭心，记忆效果达到最佳。这就是杜威在此处说的，使儿童的知识影像更为明了和正确。

合作的精神 演戏能养成通力

>> 最后第四个作用，就是能养成社会的共同生活的习惯。课堂中你做卷子，我做答案，都是单独的。一到演戏的时候，大家的言语动作，都要互相照应，成功失败，是大家的事，不是一个人的事。所以他能养成通力合作的精神，不单浅而易见地使儿童有趣味罢了。

　　　　　　　——《杜威教育文集》第3卷，第93页

朱永新解读：

　　杜威认为，戏剧教育不仅仅是让学生的学习活动更加生动有趣，对于学生团队精神的培养，共同生活的习惯也是具有重要作用的。

　　在传统的课堂教学中，学生的学习都是单兵作战、个体学习，"你做卷子，我做答案"，不需要更多的分工合作。但是，在演戏的过程中，所有的事情都是大家的事情，每个人的言语动作都与他人紧密相连，不可分割，没有通力合作的精神，是无法完成的。虽然一台戏可能有"主角"和"配角"，但是一台戏的成功离不开所有的角色。所以，应该重视戏剧教育对于培养学生集体主义精神的价值。

工作与游戏在儿童眼里区别不大

>> 工作与游戏的区别是什么？我们所以叫他做工作，不叫他做游戏，其根本不同的地方，就是他的目的在要造成一种看得出的可以留存的出产品，不像游戏的单使儿童有兴味有动作罢了。儿童倘有想留下一点结果的意思，不单玩玩就算了，那就是从游戏时代进到工作时代来了。不过工作与游戏，在儿童的眼光里，区别不大甚严。往往我们成人认为极苦的事体，如煮饭、烧菜等，大家都不要干，要使厨师去干的；在儿童却极喜欢，并极有趣味，当作一种游戏去干。

——《杜威教育文集》第 3 卷，第 93 页

朱永新解读：

在成年人的世界里，工作和休闲、学习和游戏往往是泾渭分明的。但是，在儿童的世界中，它们之间没有这样的鸿沟。被成人视为劳役的煮饭、烧菜等事情，对于儿童来说却非常有兴趣，与游戏没有什么不同。儿童的游戏精神是值得我们成人学习的，当我们成人不把任何一项工作当作别人指派的任务，而是当作自己主动承担的游戏时，也许就不会再有怨言，不会再感到疲惫不堪了。

良好公民

教育的目的是要养成

>> 总括说：教育的目的——民治国家尤其如此——是要养成配做社会的良好分子的公民；详言之，就是使社会各分子能承受社会的过去或现在的各种经验，不但被动地吸收，还须每人同时做一个发射的中心，使他所承受的及发射的都贡献到别的公民的心里去，也来加入社会的活动。

——《杜威教育文集》第 3 卷，第 96 页

朱永新解读:

　　人是社会的人。教育的任务，或者说教育的最高目的，就是要培养能够促进社会和谐的公民。也就是说，培养好公民，是教育的根本目的。好公民不仅仅是要有良好的个人素质，能够遵守社会的规范，能够传承好人类社会的文化遗产，被动地接受教育的要求，更重要的是，好公民能够成为一个"发射中心"，把好的东西及时传播出去，"贡献到别的公民的心里去"，成为一个具有正能量，同时又能够有效影响和帮助别人的人。

好公民贵能互相监督和纠察

>> 做一个好的公民，这句话看去仿佛有点政治的意味。人每以为所谓好的公民，总是指着对于选举等事能尽公民的职务，有忠心，没有欺诈而言。这一点固然也重要，在民治的国民，尤其重要。因为不但自己不做欺诈卑劣的手段，还贵能互相监督，互相纠察，使大家做一个良好的公民。

——《杜威教育文集》第3卷，第96页

朱永新解读：

这段文字，是对前面一段文字的进一步发挥。也就是说，好公民仅仅洁身自好，只注意自己遵纪守法，不胡作非为是不够的；仅仅在选举等方面认真负责，尽到自己作为一个公民的责任也是不够的；甚至，成为一个正能量的"发射中心"也不够。好公民不能做"老好人"，不能对坏人坏事熟视无睹，而要见义勇为，主动担当，特别是对不良行为要主动纠察，严格监督，勇敢斗争。

好公民的非政治的一方面

>> 还有那非政治的一方面。第一，乃是要做一个良好的邻舍或朋友。因为人是共同生活的。一切公共娱乐以及图书馆等等都很重要。进一层，第二，不但我受别人的益处，还要别人受我的益处。第三，在经济方面应该做一个生利的、出产的人，不要做分利的人。第四，应该做一个好的消费家。……最后一层，第五，较为肤泛，便是应该做个良好的创造者或贡献者。

——《杜威教育文集》第3卷，第96—97页

朱永新解读：

教育的目的是培养好公民。好公民除了前面所说的政治方面的素质要求之外，在社会、经济等方面也有具体要求。从社会性来说，关键是两点，一是能够成为一个好邻居和好朋友，二是能够帮助别人。因为人是需要共同生活的，无论是在各种公共场合还是日常生活之中，人与人总是互相依赖的共同体，不仅要得到别人的帮助，也要学会主动帮助别人，让别人享受我带去的益处。从经济性来说，要学会做一个自食其力的人，不能不劳而获，不能只分利而不创造。还要学会合理消费，不要奢侈浪费。一句话，要学会与人和谐相处，做一个对社会能创造价值或有所奉献和贡献的人。

做良好公民的意义

>> 我对于做良好公民的意义，举几个例，不过要表示说明教育的目的，并不是要造成一班学者或读书人，只要有了书本子上的学问便可完事。它的真正目的，是要造成社会的有用分子。所以良好的国民不是单纯能读几本书，他们一定还能对于社会有所贡献。倘学校要造成这种良好的国民，可以有三步下手的功夫：（1）使儿童有对于社会尽义务的兴趣或心愿，不是强迫的，是从感情发生的；（2）知识方面，使他知道社会生活和需要是什么；（3）单知道他的需要还没有用，还要训练出一种本领去适应社会的需要。所以，教育者又应该从技能一方面下手。

——《杜威教育文集》第3卷，第97页

朱永新解读：

杜威认为，公民教育不是纸上谈兵，不是培养只记得几个条目和知识，单纯能读几本书的书生，而是要培养真正对社会有用的人才。

如何培养这样的人？杜威也提出了三条路径：一是要让儿童有对社会尽义务的兴趣和意愿，这种兴趣和意愿是发自心底、自觉自愿的，而不是强迫执行、虚情假意的。二是要知道社会生活究竟需要什么知识，把社会生活的需要作为自己求知的方向。三是要在此基础之上培养本领，加强能力训练，能够适应社会的需要。也就是说，培养公民能力在一定程度上才是公民教育的方向，而不是培养言行不一的伪君子，只说不做的空头理论家。

社会的改良全赖学校

>> 社会的改良，全赖学校。因为学校是造成新社会的、去掉旧弊向新的方面发展的，且含有不曾发现的能力预备儿童替社会做事的一大工具。许多旁的机关都不及它。例如，警察、法律、政治等等，也未始不是改良社会的东西，但它们有它们根本的大阻力，这个阻力，唯有学校能征服它。

——《杜威教育文集》第 3 卷，第 98 页

朱永新解读：

学校不仅仅是简单适应社会的需要，还承担着改良社会的重要使命。这是杜威教育思想的重要特征。所以他一再声明"社会的改良全赖学校"。在一定意义上，学校对于改良社会的作用，绝不亚于政府等机关。为什么？杜威讲了几条重要的理由。

第一是政府机关，警察、监狱、法律等"都是管理成人的，成人的习惯早已固定了，很不容易使他改变"。

第二是社会环境的不可控制，其本身有许多不良的环境。但是，学校教育有自己独特的优势，因为学校的孩子们"性质既没有固定，习惯也未曾养成，倘能施以良好的教育，尽可有任人伸缩的余地"。也就是说，学校的环境，学校的社会生活毕竟与外面的生活是不一样的，是相对可以控制的，所以对学生的发展也是有益的。因此学生可以在美好的环境中成长之后，再以自己的力量去改良社会。

用好习惯抵抗坏习惯

>> 环境的关系既如上述，我此刻再讲一点习惯关系的重要。譬如烟酒这类东西，习惯了便不容易戒除。又如年长的人学外国文，觉得里面有许多声音竟发不出来。这因为他对于这个声音从来没有发过的缘故。儿童便不同了：他的习惯没有养成，一切思想、行为、信仰等等，都可以在他恶习惯未曾养成之先，把新的好习惯尽量输入。要使他的好习惯渐渐养成了，有抵抗坏习惯的能力。

——《杜威教育文集》第 3 卷，第 99 页

朱永新解读：

好公民的培养需要从培养好习惯开始。尤其是要从小开始培养良好的习惯。这一段文字是讲述习惯养成的重要性和关键期。杜威认为，对于成年人来说，一旦养成了习惯就比较难以改变，如抽烟、喝酒的习惯等，如果没有坚强的毅力，是很难戒除的。包括学习外国语言这样的行为，成年人一旦形成了口音，许多发音就难以掌握。但是，对于成年人来说非常困难的事情，许多儿童却不费吹灰之力。儿童的学习能力会让我们惊讶不已。而且，儿童一旦形成了良好的习惯，则会先入为主，坏习惯就难以趁虚而入了。

亲爱的父母，好习惯才能成就好人生。在儿童时期培养良好的行为习惯、思维习惯等，对于他们来说是事半功倍的事情，也是为一个人一生奠基的大业。

使儿童有世界的眼光

>> 我们倘使要接近的交换的是和平的真文明，那么
做教习的人，应该要有国际文明的互相了解，使
儿童有世界的眼光，世界的环境，并使各民族间
互相了解的程度逐渐增加，互相冲突的程度逐渐
减少。然则此时扩大儿童环境的一层，还不是更
加重要吗？

——《杜威教育文集》第3卷，第100页

朱永新解读：

现在，越来越多的学校提出，要培养面向世界的
中国人，培养有国际视野的未来公民。这一句话已经
成为许多学校的校训。

在100年前，杜威就提出了这个主张。世界有多
大，取决于儿童的胸怀有多大。未来的世界怎么样，
取决于今天的儿童怎么样。所以，杜威提出，要让儿
童具有世界眼光，增进儿童对于世界的了解。走进才
会尊敬，了解才能和谐。在中小学阶段，帮助儿童认
识世界，认识各个民族的异同，未来的冲突就会减少，
社会就会更加和谐。

怎样使儿童变成社会的分子？

>> 怎样传授过去的经验，怎样刷洗社会的环境，怎样扩大儿童社会的观念。简言之，就是怎样使学生社会化，怎样使儿童变成社会的分子，有社会的兴趣。上次已经提起怎样使学校变成社会化的方法，可以分作三步进行：（1）从感情方面使儿童有社会的兴趣及感觉，知道自身以外，还有社会，还有别人；（2）从知识方面，给他社会上必需的知识；（3）养成实行的习惯，使他成为社会有用的人才。

——《杜威教育文集》第 3 卷，第 101 页

朱永新解读：

教育是帮助儿童完成社会化过程的重要活动。无论是把过去人们积累的经验传授给学生，还是为儿童创造一个相对净化的环境，学校教育的重要任务都是让学生认识社会、了解社会、适应社会。

所以，学校应该从三个方面促进儿童的社会化：一是从情感上培养儿童的社会兴趣，让学生关注别人的情感情绪反应，具有参与群体活动的兴趣。二是传授相关的社会知识，了解与别人相处的方法与技能。三是培养良好的社会行为习惯。一句话：人是社会的人，不可能离群寡居，掌握与人和谐相处的知识和技能，掌握公民的权利和义务等，都是社会化的重要任务。

学校的生活必须处处与社会的生活有关

>> 要使学生将来能过社会的生活，必须先将学校变成社会。学校的最大坏处，就是先为学生悬一个很远的目的，以为现在所学，都为预备将来入社会之用，现在虽与生活没有关系，将来总有一天得用的。于是所学与所用，完全不能连贯。不知学校的生活必须处处与社会的生活有关，使学生对于学校的生活能生出浓厚的趣味。

——《杜威教育文集》第 3 卷，第 105 页

朱永新解读：

长期以来，学校与社会是分离的，教育过程与职业生涯是分离的。学校成为为未来社会做准备的场所，教育成为为职业生涯打基础的过程。这种截然分开的方法，就是把当下与未来视为两件事。所以，必须要求学生忍受当下的枯燥、无用。杜威认为，不应该把学校与社会分离，教育与职业分开，而应该将它们建立起紧密的联系，填平它们之间的沟壑。这就是他所说的学校就是社会，教育就是生活。把学校变成一个真正的活的社会，让教育与职业直接地关联。

预备将来是教育的结果，不是目的

>> 预备将来，应该是教育的结果，不是教育的目的。倘能把现在的生活看作重要，使儿童养成种种兴趣，后来一步一步地过去，自然就是预备将来。倘先悬一个很远的目的，与现在的生活截然没有关系，这种预备将来，结果一定反而不能预备将来。

——《杜威教育文集》第 3 卷，第 107 页

朱永新解读：

一切为了将来，反而可能没有未来。

我们其实生活在一条时间的长河之中，现在与未来之间没有泾渭分明的界限。把握今天才能拥有明天，明天不是今天的目的，而是今天的结果。

如果让儿童为了明天而忍受今天，为了所谓明天的幸福而牺牲今天的快乐，不仅是不人道的，往往也是徒劳的。只有把今天看得最重要，让儿童兴趣盎然地学习、探究，他们才能快乐地拥抱明天。

不是现在的长进，便是不长进

>> 我们倘若相信人生的真意义，应该使现在的生活格外增加，格外浓厚，那么教育的目的应该增加儿童更多的能力，更多的兴趣，每天所受的教育应该一天增加一天，教育便是现在的长进，不是将来的长进。因为倘若不是现在的长进，便是不长进。

——《杜威教育文集》第 3 卷，第 107 页

朱永新解读：

活在当下。今天的长进才是真正的长进，现在的成长才是真正的成长。

所以杜威说，如果我们相信人生的真正意义，就应该特别注重现在的生活，让学生有一个"格外增加，格外浓厚"，格外丰富的人生体验，让学生不断地增加能力，增加兴趣，一天一天地长进，才是实实在在地长进。自然，教育是要面向未来的，是要为职业做准备的，但是这些都是教育发展的自然结果，是水到渠成的事情。

样样都要知道，结果一样都不能知道

>> 现在的时代是学问知识一日千里进步的时代。现在人类一年中所发明的新学科、新知识，比三百年前全世界人类几千万年积下来的科学和知识还要多！从前的弊病，在于供我们选择的学科太少，现在却患在太多了。因为太多，不容易辨别哪一种应教，哪一种不应教，所以尤须有一种理论学说来做个标准或指挥。否则妄想样样都要知道，结果一样都不能知道。

——《杜威教育文集》第 3 卷，第 109 页

朱永新解读：

100 年前，杜威就精彩论述了现代社会的知识大爆炸问题。

知识的迅猛增长，为学校教育出了一个很大的难题。我们很难再培养百科全书式的人，甚至也很难在学校教育中传授人类的主要学科知识体系。

现在学校教育仍然没有摆脱传统教育的思维模式，总是希望把知识尽可能多地灌输给学生，不断地做加法，所以课程越开越多，内容越来越难。没有一个选择教育内容的标准，导致学生的课业负担越来越重。结果自然就是"样样都要知道，结果一样都不能知道"。在知识爆炸的今天，授之以鱼不如授之以渔，让学生掌握学习的方法，比不断地叠加知识更加重要。

种种困难　相信人的智慧可以解决

>> 科学的进步在道德上的大变迁，就是对于天然界的种种困难不致失望，却要找出理由和原因设法去纠正它，打消从前消极的态度，而相信人的智慧可以研究解决种种困难。古代对于因果，看得很严，以为仿佛像大轮盘一般地在那里转，运气好的，可以偶然侥幸逃出轮盘以外。现在懂得它的道理了，就可以设法纠正，用人力来造它的因。以上是科学进步对于道德上的第一大影响，就是发生新的希望，新的勇敢。

——《杜威教育文集》第3卷，第119页

朱永新解读：

科学与迷信是对立的。迷信往往是由于人们对于自己无法控制的事情尤其是各种灾难的恐惧造成的，也是由于科学的不够普及造成的。因为，在科学没有普及的时候，人们往往会把各种各样的自然灾害看成老天对人的惩罚，会把各种各样的天灾人祸视为报应或者轮回，人只能消极适应。但是，在科学进步的时代，人们可以研究和发现各种天灾人祸的原因，即可以有效地避免各种负面的灾难，或者把灾难的后果降低到最小的范围，也可以用人力创造一些条件，让科学造福人类。人的智慧，能够为我们带来新的希望，新的勇敢，新的进步。

精神 重要的是科学态度和

>> 科学进步不但在教育方面得到许多新奇的知识，重要的还在态度和精神。打破从前的悲观、被动、奴守古训，以及不肯说老实话、不肯以事实当事实的态度，而当代以新的希望勇敢和新的诚实，以人力找出真理，找出原因，去补救它，纠正它。

——《杜威教育文集》第 3 卷，第 120—121 页

朱永新解读：

现在的科学教育，比较重视科学知识的传授和相关技能的培养，但是对于科学态度和科学精神却不够重视。

所谓科学态度，是指具有对世界的好奇心，善于提出问题，并且积极地去寻求答案；能够尊重实证结果，思路开阔，积极主动地去考虑不同的、有冲突的实证；具有批判性思维，能够权衡、观察和对观察到的事实进行评价；具有灵活性，积极主动地接受经证实的结论和重新考虑自己的认识；对变化的世界具有敏感性，具有尊重生命和环境的觉悟。

所谓科学精神，是指对于科学的价值追求。包括理解科学本质，理解科学、技术、社会、环境四者之间的关系，理解人类活动对自然环境、生活条件和社会变迁的影响，具备保护环境、推动可持续发展的社会责任感。

科学态度和科学精神的根本，就是实事求是，尊重实证。这是在科学教育中应该重点培养的方面。

科学教育的错处在于人事分离

>> 科学教育的错处，在于人事分离，其长处在于人事密合，使人人能管理自然界的材料、工具和能力。主张科学教育的人，也太趋极端，把科学教育当作一种专门学者的教育，结果流于干燥，不能引起人的兴趣。因为他们所教的，都是很专门的名词，很离奇的事实，与人事关系太少了。这一层，是科学家的错处，与主张文字教育的人对于自然界没有关系的错处正相等。

——《杜威教育文集》第 3 卷，第 129 页

朱永新解读：

杜威认为，长期以来科学教育的一个错误，就在于"人事分离"，即把人与自然分离了。在他看来，"人与自然是不能分离的，自然是人的媒介物。人事关系，无处不以自然为舞台。人天天在媒介物的当中，哪里能分得开呢？"他指出，如果把人与自然分开，把人与事分离，就"不能知道人的真相"，因为，人的道德、精神等与材料、工具、能力有着密切的关系，无论是人文还是科学，都不能把两者分开，"倘不把自然环境连在一起讲，决不能懂得人类精神、道德发展的真相"。

所以，科学教育，不能就科学讲科学，不能把人与事分离，把人与自然割裂。这也是现代科学教育越来越重视 STEAM 教学，重视文理交融，重视人与自然和谐整合的原因所在。

>> 儿童的态度、行为、思想和待人接物的习惯，都
于他的一生有很大的影响。譬如他有好奇的心
理，倘这时候不去鼓励他，利用它，使它成为试
验的态度，只是压它下去，那么这心理便变为麻
木了。又如好问的心理，冒险的心理，都可以养
成他研究的态度和勇敢的性质。又如喜与人玩
耍，可以利用它成为彼此亲爱互助的习惯，倘压
它下去，便渐渐变为孤僻了。这时期所求的知识
虽少，但习惯的养成很大，引导它可以成为好习
惯，否则也可以成为坏习惯。所以这时期的教育
比中学、高等尤为重要。

——《杜威教育文集》第 3 卷，第 133 页

朱永新解读：

　　杜威在教育哲学系列讲演的第十二讲"连贯教育
的三部分应用于实际的学制"，讲述了初等教育、中等
教育和高等教育的关系。在讨论初等教育时，他强调
了两个重要的事实："儿童时期是最初受学校教育的时
期。这时期儿童的吸收力最大，伸缩力最强，变好变
坏，都可以的。第二，这时期是个基础的时期，不但
是中学、大学的基础，尤其是他一生事业、习惯、嗜
好的基础。"也就是说，初等教育（小学）是人一生成
长的关键阶段，这个时期人的吸收力、可塑性最强，
他们的态度、行为、思想和接人待物的习惯，都会逐
步"固化"为人的特质。要培养人的科学态度和科学

精神，培养人的探索能力和研究兴趣，培养人的合作精神和交往能力，都要在这个阶段下功夫。对于孩子表现出的好奇、好问、冒险、主动交往等，要及时鼓励和支持，这样就会"固化"为习惯。所以，杜威认为，这个时期的教育远比中学、大学的教育更为重要。

初等教育的目的在养成能力、技能和习惯

>> 初等教育的目的，并不在使儿童读许多书，得许多丰富的知识，而在养成将来应用的能力、技能和习惯。这个观念很重要，即在古代，也承认这个道理，只要去看旧式小学教育所定的教材便知道了。古代小学，只有读书、写字、算学三种学科就完了，可见它的意思并不是在要叫他读得好，写得好，算得好，而在养成他一种有用的能力、技能和习惯。

——《杜威教育文集》第3卷，第133—134页

朱永新解读：

正是基于上述对于儿童时期教育的认识，杜威认为在初等教育（幼儿园和小学教育）阶段的内容，不在于传授更多的知识，不在于让儿童读许多书，而在于培养他们的良好行为习惯和技能。

中国古代蒙学教育的基本目标，就是把"洒扫应对进退之节，礼乐射御书数之文"作为教育的重要内容，以养成良好的日常生活习惯，具备基本的道德伦理规范，掌握一些基本的文化常识及生活常识。这就是朱熹所说的"小学是教以事，大学是教以理"。让儿童掌握有用的能力、技能和习惯，应该是幼儿园和小学教育的主要目标。

>> 中学因为在初等教育与高等教育之间，所以有许多都当它作预备性质，为将来升入高等教育的预备。但这弊病在于不是个个人都能升学，有许多要出去谋生的；预备的东西太专门了，到工商界去没有用处。高等教育的学校较少，自然也不能全数容纳，在日本成为教育界的大风潮，十人中只有一人，至多也不过五人能受高等教育。又因预备太专门了，学工的不能文，学文的不能工，这种不能连贯的流弊是很多的。所以我主张中学自身应该完全独立的，升学固然可以，就是出去谋生，也有相当的技能。

——《杜威教育文集》第 3 卷，第 136 页

朱永新解读：

中学教育与初等教育及高等教育很不相同。它处于两者之间，自然是承上启下的阶段。一方面，它要适应儿童从少年向青年早期的变化，在课程的广度和深度上有所拓展；一方面，它又要为进入大学或者就业做准备，开始走专业定向的道路。这样就导致了两个比较麻烦的问题：一是如果完全为升入大学做准备，当时的大学还不像今天这样普及，录取率只有 10% 到 50%，大部分人就成为"陪读生"，学习的东西过于专业，到社会上大部分派不上用场。二是因为大学的分科导致中学为大学预备时就开始分科，过早地专门化导致未来"学工的不能文，学文的不能工"，就业和升学都受到很大的制约。所以，过早地定向与分科，是不利于孩子的成长，也不利于未来的发展的。

美国的学制与德国的学制

>> 美国的学制，没有专门中学，农、工、商、矿都没有一种预备职业的，其弊在乎太泛。但德国制度的危险，在于十三四岁的孩子怎样可以责望他有判断终身职业的能力。农、工、商、矿都是终身职业，既经选定，倘再更改，是很危险的。

——《杜威教育文集》第 3 卷，第 136 页

朱永新解读：

美国教育体制没有专门的中等职业学校，所有学校都有职业教育的任务，都注重培养学生的动手能力与职业素养。这种教育体制的优点是学生的适应性比较强，知识背景比较宽。缺点就是杜威所说的流于"太泛"，完全没有为那些农、工、商、矿做准备，一些国家需要但专业艰苦的职业人才相对缺少。德国教育体制则较早进行分化，小学毕业的学生就分别进入职业预校（Hauptschule）、实科中学（Realschule）、文理中学初阶（Sekundarbereich I des Gymnasium）和综合中学（Gesamtschule）。在职业教育过程中采取"双元制"，即学生要经过两个场所的培训，一方面在职业学校学习相关的专业知识，另一方面在企业里接受职业技能方面的专业培训。这种制度的优点是学生的职业技能与职业精神比较强，缺点是过早分化可能影响了一个人一生的发展方向。对于一个十三四岁的孩子，这么早就开始定向，也许就会"乔太守乱点鸳鸯谱"，选错了行业与职业，对于一个人来说是一件非常可惜的事情。

一些不容易记的名词本身就没有用处

>> 平常教地理的，只是叫人牢记：什么河发源于什么山，往什么方向流，经过哪一府、哪一州、哪一县，到什么地方，与什么小河相汇，流入什么海洋；什么山发源于什么山脉，绵延多少里，最高峰多少尺，有什么树木。这些名词，都是很不容易记的，而且没有用处，要用的时候，费几分钟工夫参考一下，就知道了。我们另外还有许多不可少的东西，何必花这么多的工夫在没用的事体上面呢？

——《杜威教育文集》第 3 卷，第 139—140 页

朱永新解读：

杜威对当时的地理教学进行了非常严厉的批评。100 年过去了，杜威的批评声犹在耳侧，但地理教学的格局似乎没有多大的变化。

究竟应该如何学习地理？杜威认为关键是要"把自然界的地球当作人类所住的家园，不仅山川河海等物而已"。所以，地理教学就不能简单地让学生背诵"什么河发源于什么山，往什么方向流，经过哪一府、哪一州、哪一县，到什么地方，与什么小河相汇，流入什么海洋"这样一些死的知识，这些知识通过各种工具书很快就可以查到，而应该"把山川、河流与人类生活连贯起来，讲它发生什么关系，如出产、都会等等"。杜威举例说，蒙古族为什么骁勇善战？英国作为岛国为什么殖民地这么多？这些问题结合地理讲，就能够引起学生的兴趣。

应该把历史当活的东西

>> 教历史的根本错误，是当历史为过去的陈迹，已经死了的东西。我们应该把历史当作活的东西，研究过去，是因要知道现在和将来，人类进化的痕迹是连绵不断下来的。这个国家所以像现在的样子，是从前种种势力造成，由此可以推知将来政治、文化、思想、工商业等等。就是不要当它记载朝代、英雄的历史，而是研究社会的历史，一步一步回头看去都能知道了，然后可以懂得解决将来问题的趋势。

——《杜威教育文集》第 3 卷，第 142—143 页

朱永新解读：

地理如此，历史也是如此。100 年前与 100 年后也没有太大的区别，仍然也是背诵时间、地点、人物，背景、过程、意义，把历史当作"死了的东西"。

杜威批评当时历史教学的两大弊端：一是"专注时代年月"，让学生死记硬背"什么朝代的起讫，皇帝的生死，种种与学生没有关系的事"；二是"太注重政治"，只关心"什么皇帝哪年即位，某总统哪年就职"，"某年有什么战，某年有什么争，都是这些没有用处的零断的事实"。杜威解释说，并不是政治不重要，而是还有许多更为重要的事情应该关注，如水火机器的发明，工业、商业、宗教的发生等，"都比王公大臣的生死重要得多"，包括工业的历史、思想知识的历史等。这就需要我们重新认识和审视历史课程的价值、目标、内容，让历史与人类的生活更好地联系起来。

让地理历史两科与人生发生关系

>> 总括一句话，无论历史、地理，其教授的方法都应免掉从前琐碎的弊病。地理的山脉、河流、里数，历史的朝代、英雄、名将，都应免除。最好使它们与文化史联合起来。与其肤浅地泛讲，不如提出要点，发挥尽致，使各方面的知识都能用到，养成学生有判断的能力。如此地理、历史两科，才与人生发生关系。

——《杜威教育文集》第 3 卷，第 143 页

朱永新解读：

地理与历史当然还是要讲山川河流、帝王将相的，但是不是把它们当作死的知识去讲，不是肤浅地去讲，而是应该与文化史联系起来，与学生的人生联系起来。我们新教育实验曾经提出理想课堂的三重境界，其中第三重境界就是让知识与社会生活和学生的生命产生深刻的共鸣。这样，才能真正激发学生的学习兴趣，养成他们的思考习惯与判断能力。知识与人生发生了关系，才会引起人的关注。

劳动与闲暇的分离

>> 古代的社会本分为两种阶级：劳动者除了做工以外没有闲暇；一方闲暇阶级则完全无须劳动。于是教育也根本不同。闲暇阶级是用心的，劳动阶级是用体力的。教育只管所谓上等人物，专教他们用心思记忆、想象，而不必用肢体的运动，所以是文学的教育；劳动一方面，完全用手足，而用不着心思，只要手足灵敏就够了，所以只是一种手艺。社会不同，教育也因而不同。

——《杜威教育文集》第 3 卷，第 145 页

朱永新解读：

在古代，"劳心者治人，劳力者治于人"是天经地义的。因此，学校教育在古代是只为劳心者准备的，而教育内容也是关于劳心的方面，"专教他们用心思记忆、想象，而不必用肢体的运动"。对于劳力者而言，古代是没有针对他们的教育的，因为认为他们只需要用手足，而不需要用心思。后来有了职业的教育，也往往只关注"手足灵敏"的问题，这样，教育就被人为地割裂成为服务两种人的教育，学校也分为两种，普通教育和职业教育。其实，真正的教育应该是打通两者之间的割裂，填平两者之间的鸿沟。

千万不要认定某种人天生做某种事业

>> 职业教育有两种弊端不可不防备的、避免的。

第一，千万不要认定某种人天生成做某种事业的。有了这个观念，便在青年时代给他们很狭隘的行业训练，后来不能改行。这种结果很危险，在这变迁的社会当中，往往把人才糟蹋了。补救的方法，是给他们博大广阔、面面都到的教育，使他们的心思、技能有格外广阔的根基，能于短时间内变成某业的人才。

——《杜威教育文集》第 3 卷，第 146 页

朱永新解读：

过早的职业、专业定向对人的发展是不合理的，正如过早的文理分科对学生的成长是不利的一样。所以，杜威在分析职业教育的两大弊端时，把"认定某种人天生成做某种事业的"，过早地给青少年进行狭隘的行业训练，作为第一个弊端。100 年后的今天，社会变迁、职业变化的速度和概率已经大大增加了，杜威批评的问题却仍然存在。其实，这对我们家庭教育和学校教育，普通教育和职业教育都是具有启示意义的。虽然每个孩子有自己的兴趣领域，有自己的特长天赋，但是没有必要过早地进行文理分科，进行职业定向。让他们有"博大广阔、面面都到的教育"作为人生的基础，才是我们应该认真思考和积极探索的。

教育应该用将来的工业为标准

>> 第二，千万不要以现在的实业、工业程度做标准。社会是常常变迁的，等到训练好了，外面早已变更，不适用了。学生偏向此种行业，很难改换。现在是工业变迁的时代，教育应该用将来的工业为标准。倘现在所教，过了几时，不能适用，那便不该教。中国现在尤其如此。教育应该给他基础的方法技术，使他心思、耳目都极灵敏，随时可以进步。这比狭义的训练好得多。

——《杜威教育文集》第3卷，第146页

朱永新解读：

杜威批评的职业教育的第二个弊端，是从教育内容的角度谈的，其实与第一个弊端也是紧密联系的。许多学校的职业教育都是以现在的产业为标准，但是，未来的产业发展是非常迅速的。如果我们学习的内容等学生毕业以后就完全淘汰了，我们还有没有必要教这些内容呢？

美国的研究机构曾经做过一个调查，结果发现1976年的大学毕业生到1980年时，他们掌握的知识已有50%陈旧老化，到1986年研究时，差不多完全陈旧过时了。所以，家庭教育也好，学校教育也罢，都要强调教给学生"基础的方法技术，使他心思、耳目都极灵敏，随时可以进步"，而要尽可能避免用今天的知识和技术培养未来的人的现象。

对于工作没有趣味

最危险的大问题是工人

>> 诸君知道全世界的工人现在成为一个最危险的大问题。其所以如此危险，不但是时间、工资的问题；其重要之点，乃在工人对于工作没有趣味，没有发展知识、应用心思的机会。他们所不满意的，就是单靠物质上的报酬的不够。由此可以推到中国，这个问题尤其重要。

——《杜威教育文集》第 3 卷，第 147 页

朱永新解读：

100 年前，正是世界发达国家劳资对立严重，工人运动风起云涌，为缩短劳动时间、增加工资报酬、改善劳动条件等斗争的时代，所以杜威说，当时全世界的工人成为"最危险的大问题"。

而作为一个教育家，他看到的不仅仅是上述问题，还有一个更加深层次的问题，那就是工人对自己所从事的工作没有兴趣。兴趣是所有工作能够维持的最重要的原动力，没有什么比学生对学习没有兴趣，工人对工作没有兴趣更为可怕。兴趣仅仅靠待遇是无法解决的，需要更为系统的制度设计。100 年前杜威就提醒中国的问题，恐怕现在仍然是任重道远。

很稳妥的职业教育的预备

>> 我们知道普通生活，不外四项职业，就是衣、食、住和交通。一切耕种、织布、造房子、车马运输来往，无论如何复杂，总逃不了这四项以外。初等教育的小孩，其趣味便是事事模仿大人。我们可以把广义的衣、食、住，放到初等教育里去做教材，一方可以做预备，一方使他们得到技术，并知道社会方面的重要。这虽然不是职业教育，但却是很稳安的职业教育的预备。

——《杜威教育文集》第 3 卷，第 148 页

朱永新解读：

教育如何把现在和未来统一起来，把知识和技能结合起来，把普通教育与职业教育联系起来？杜威想到了一条路径，那就是关注人们最日常的生活。他发现，我们的日常生活其实最根本的就是衣食住行。围绕这四个方面展开的教育，与学生的生活结合得非常紧密，自然学习过程会兴趣盎然。在家庭教育和小学教育中，尤其要注重这些方面的教育，这是一个人一生需要的知识和技能，虽然不是职业教育，但却是非常好的"职业教育的预备"。

没
有
弊
病
的
专
门
教
育

>> 高等教育也有职业方面，专门和大学虽然都是专门，但也有非专门的一部分应该做普通学问。医药、法律固然与社会有影响，就是别的也需从大处着想，不与社会隔断。如舆论事业范围渐渐扩大，不但访员、通信员的舆论事业，就是有学问的人倘不去做这个事业，便不能使人知他事业的重要。如此才可以有没有弊病的专门教育。

——《杜威教育文集》第3卷，第148页

朱永新解读：

关于大学教育的问题，杜威认为高等教育也有职业方面的问题，其实，从严格意义上讲，医学、法律等本身就是专门化的高等职业教育。专门化的高等职业教育虽然专业性非常强，但是绝对不能忽视普通教育与通识教育，不能与社会生活隔断。

他以舆论（相当于今天的媒体）行业为例，说明不仅记者、编辑等需要了解"舆论事业"的基本情况，其他行业的人也应该掌握舆论事业的相关知识，这就是我们现在说的"媒体素养"，无论是领导干部还是普通公众，都是不可或缺的。

可见，要真正做到"没有弊端的专门教育"，关键在于要"从大处着想"，紧密联系社会生活。中小学如此，大学也是如此。

教育的最高的、最后的目的是道德教育

>> 无论哪一国讲教育的人，都公认教育的最高的、最后的目的，是道德教育。

大家虽然公认道德教育是最高的、最后的目的，但都觉得困难，不知怎样可以做到这道德教育的目的。学校中的功课有许多，如读书、写字、习算等科，表面上往往似与道德无关。那么，教育的最高最后目的既是道德，而给他们的教育如读书、写字、习算等，却都是知识一方面的，不是自相矛盾吗？

——《杜威教育文集》第 3 卷，第 148 页

朱永新解读：

在关于教育哲学系列讲演的最后一部分，杜威重点讲述了关于道德教育的问题。他分别从道德教育的个人方面和社会方面论述了道德教育的相关理念。

杜威开宗明义就谈到了道德教育的重要性，认为把道德教育作为教育的"最高的、最后的目的"，是世界各国政府与学界的共识。但是，道德教育面临难以操作，不知道如何实现的难题，这也是世界各国遇到的共同难题。其原因就是把听说读写等基本知识和技能的教育与道德教育割裂了，认为它们与道德教育无关。

100 年前杜威遇到的困惑，世界各国遇到的教育难题，一直到今天仍然是我们的困惑和难题。

用知识的教育做到道德教育的目的

>> 照这样看来，问题是在研究知识方面的学科是否与道德有密切关系。倘找不出关系，不能与道德联合起来，那么，我们不如取消理想的希望。老实说：教育的目的不在道德而在知识就完了。所以现在应该研究的问题，是怎样可以用知识的教育做到道德教育的目的。

——《杜威教育文集》第 3 卷，第 149 页

朱永新解读：

这是杜威用哲学的智慧分析知识教育与道德教育关系的问答。

学科知识与道德教育究竟有没有内在的关系？如果没有关系，我们的"最高的、最后的理想"如何实现？如果无法实现，我们还不如干脆放弃这个自欺欺人的理想，直接把知识教育作为教育的最高目的。

其实，杜威自己是有答案的，那就是：道德教育仍然是我们最高和最后的理想，但是道德教育不是脱离学科知识的教育体系的，我们没有必要在知识教育之外去寻找独立的道德教育。

这个问题，中国古人早已经用"文以载道"加以概括了。问题的关键是如何才能"用知识的教育做到道德教育的目的"。遗憾的是，100 年前的杜威之问，至今仍然没有找到好的解决方案。

纸面上的道德教育能够影响行为吗？

>> 最普通的办法，就是以为道德却是最重要的，道德教育确是不能去掉的，所以于各科之外，特别添设一科，曰修身，或曰伦理，教他们做人的道理，以补助别科所不能做到的地方。这种方法，其实是没有功效的。我们试想以一两点钟与地理、历史等平等的时间，教那些纸面上、理论上的道德，谓能影响于实际的行为，决不是做得到的事。

——《杜威教育文集》第 3 卷，第 149 页

朱永新解读：

这是继如何以知识教育做道德教育这一问题进一步深入思考的结论。既然我们无法找到学科知识与道德教育的内在关系，既然我们又把道德教育作为最高的和最后的教育目的，我们不如干脆增加专门的道德教育课程，无论叫"修身课"也好，"伦理课"也罢，专门给学生讲述做人的道理。这是一种常见的思维方法。一直延续到今天，在世界各国的学校教育中，还是有思想品德课程或者道德与法制课程，或者公民课程，或者社会课程等专门为道德教育而设立的课程。但是，杜威却毫不客气地批评"这种方法，其实是没有功效的"。为什么没有功效？一是时间太少，专门重要的事情，只用比其他学科少得多的几个小时的时间来进行，显然力量不够。二是因为这些"纸面上、理论上的道德，谓能影响于实际的行为，决不是做得到的事"。

道德教育与知识教育的方法应该是不同的，德行的养成与知性的培育应该用不同的方法。

知识为什么不能影响人的行为？

>> 大凡知识不能影响于人生行为，多半根于两个原因：第一，不能引起人的愿意或欲望；第二，即使引起了，因为知识不够，不能知道怎样去做。

——《杜威教育文集》第 3 卷，第 149 页

朱永新解读：

其实，知识是可以影响人的行为的。培根说，知识就是力量，也是因为知识可以影响人的行为，可以转化为现实的生产力。学校中所有学科的知识都是可以影响人的行为的，都是可以转化为道德的力量的。之所以没有做到，就在于知与行的割裂，知识教育与道德教育的分离，在于没有尊重学生学习的规律和德行形成的规律。

杜威重点分析了两个原因，一是"不能引起人的愿意或欲望"，也就是说，不能引起学生把知识运用到实践，付诸行动的内在动机。二是"知识不够，不能知道怎样去做"，也就是说，没有教给学生转化知识的方法，没有指导学生行动的策略和路径。

杜威的分析，是值得我们父母与教师深思的。

责任心的两层

>> 责任心的两层——一、靠得住；二、知了效果，不顾利害做下去。——好像对于人情很不普通。但是教育倘有适当的教法，使人类养成道德的观念，能预先推算此事的结果，每事于未做之先，决定做否；既做了，无论是有害的也要做下去了。养成伟大的人格，下手处不在太高，不过如此而已。这是学校内应该细心体察以养成的。

——《杜威教育文集》第 3 卷，第 152 页

朱永新解读：

道德教育的关键是养成良好的行为习惯。而支配一个人良好行为习惯的是良好的心理品质。对此，杜威认为有三种品质最为重要："（1）虚心或曰公开的心（open-mindness）；（2）知识的诚实（intellectual honesty）；（3）责任心（responsibility）。"如何才能做到"虚心"？杜威认为关键是防止以先入之见为主，防止以我之见为主，以及防止以我利益至上。如何做到"知识的诚实"？杜威认为关键是"只认事实，不认利害"，"你错了，你自己须能承认；你的仇敌不错了，你也须承认他。不要事实如此，我见如彼，一味颠倒是非。装面子、文过，都是知识上的不诚实"。

我特别分析一下杜威说的第三种品质——责任心。责任心的两个重要特质，一是"靠得住"，做事情靠谱，不会耽误，就是我们经常说的"你办事我放心"。二是"知了效果，不顾利害做下去"，既然自己

认定的事情就义无反顾地做下去，不推诿，不避难，不害怕失败，勇敢地承担自己应该担负的责任。杜威也指出，这里的责任心和勇敢承担责任，不是鲁莽行事，因为责任心中"还有知识的部分"，掌握做事情的知识，把握事物的内在规律，才能真正地把事情做好。

现在的学校只对教员和教科书负责任

>> 我们的问题，是现在学校对于责任心的关系。照现在的学校管理，断不能养成学生自己判断的责任心。现在的学校，只有两种东西负责任，一种是教员，一种是教科书。而学生负被动的责任，他不过把先生所教、书上所有的照样背出来。没有预备效果的能力和判断的能力，自然没有所谓对于自己所做的事的结果的责任心了。

——《杜威教育文集》第 3 卷，第 153 页

朱永新解读：

杜威批评的现象，现在的学校里依然如故。学校不是对学生负责任的，而是对老师和教科书负责任的。也就是说，只要能够把老师教的东西背出来，把教科书写的东西再现出来，考试能够有个好的分数，就可以完成任务顺利交差了。这样的教育自然无法养成学生分析问题、解决问题的能力，没有办法养成学生的责任心。所以，教育的根本任务，不应该是背书，不应该是考试，不应该是对老师和教科书负责，而应该是"学以为己"，养成对自己负责任的能力。

教育的最大问题

>> 教育是注重养成心理的习惯，如虚心、知识的诚实、责任心的呢？还是只要读书多，在成绩展览会中可以出风头就够了的呢？倘注重前一说，那么教了这些科学，并不是当作最后目的，而是一种方法，用以养成虚心、诚实和有责任心的人格。这是一个最大问题。

——《杜威教育文集》第 3 卷，第 153 页

朱永新解读：

教育的目的究竟是什么？是多读书，在各种考试竞赛中披金戴银取得好成绩，还是养成虚心、诚实和有责任心的人格？

我们不是要在两者之间进行选择，因为两者是不矛盾的。但是前者只是末，是手段；后者才是本，是目的。更准确地说，前者是为后者服务的。也就是说，多读书，读好书，取得各个学科的好成绩本身是为了养成虚心、诚实、有责任心等这样的人格。

杜威把这个问题视为教育的最大问题，就是强调了教育的根本所在。

道德有三个部分

>> 须知道德有三个部分：（1）知识；（2）感情；（3）能力。先有了知识，知道因果利害，及个人与社会的关系，然后可以见诸行为。不过单有知识，而没有感情以鼓舞之，还是不行，所以又要感情，引起他的欲望，使他爱做，不得不如此做，对于社会有一种同情和忠心。但是单有知识、感情还没有用，所以还需有实行的能力，对于知道了要做，和爱做、不得不做的事体，用实行能力去对付它。

——《杜威教育文集》第 3 卷，第 154 页

朱永新解读：

现代心理学把人的道德心理分为道德知识、道德情感、道德意志和道德行为，与杜威在这里的三分法有类似之处。我们可以把道德意志归到道德情感中去，作为道德的情意因素和动力系统，也可以把道德意志归到道德行为中去，作为道德的行为系统，行动从发动到坚持都是离不开意志力的。知为行之始，只有先具有了相关知识，"知道因果利害，及个人与社会的关系，然后可以见诸行为"。但是仅仅有知识是不够的，如果没有情感的"鼓舞之"，没有行动的欲望，也无法"使他爱做，不得不如此做"。当然，归根结底所有的道德都要落实到行动上，没有"实行的能力"，没有实际的行动，一切都是空话。在培养孩子的道德品质时，应该兼顾道德知识、道德情感和道德行为三个方面，不可偏废。

社会的 使每种学科都是

>> 实际的问题，是怎样可以使学校教育的学科，如语言、文字、算学、历史、地理、物理、化学等，不但使学生记得，还要使他懂得社会方面的重要。他的知识，能增加社会方面的同情；他的训练，有实行社会生活的能力。所有学科，都应做到道德的三部分，就是使每种学科都是社会的。

——《杜威教育文集》第 3 卷，第 154—155 页

朱永新解读：

之所以说所有的学科都是社会的，就意味着所有的学科都有道德教育的功能。道德教育不是游离于语文、数学、科学、历史、地理、物理、化学等各个学科之外的。德行养成与知性形成的路径不完全相同，德行更加偏重于实践理性，需要有真正意义上的行为训练。人是社会的人，德行的养成固然需要道德知识的武装，但更需要道德情景的模拟、道德行为的训练。无论是领导力、沟通力还是公民的基本素养，社会的能力都需要在社会的活动中培养。

共同的语言与共同的生活

>> 中国土地如此其大，交通又不甚方便，方言又如此其多，所以文字的问题格外重要。从前只有这些语言，自然够用的，现在却不够用了。所以基本的问题是怎样找一种共同的语言，以为真正的民治共和国家的工具。

我曾听见许多外国人或中国人说，中国人没有爱国心，没有共同生活的习惯，要共和是做不到的。其实这句话忘了一件重要的事实，就是世界各国在一百年前，也都是如此的。没有普及教育和国家观念的民族，阅书看报，既然不能，交换意见，须借口语，如何责望他能有共同生活的习惯？只要教育推广，各地人民都能读书看报，知道过去、将来的利害，和本国各部及与外国的关系，自然能养成共同生活的民族了。

——《杜威教育文集》第 3 卷，第 155 页

朱永新解读：

这是一段特别值得关注的文字。100 年前，杜威就提出语言文字对民族凝聚力，对共同生活和共同语言的价值。中国地大物博，幅员辽阔，这是一个基本国情，交通不便，语言不通的情况已经有了很大的改变。但是，一个国家没有统一的语言文字，要形成共同的价值及共同的文化是非常困难的。近年来我在一些深度贫困地区考察时，发现仍然有不少地区没有普及普通话，我们与贫困户交流仍然需要翻译。这些人无疑是难以走出大山的，难以走出自己狭小的天地的，

也难以真正认同国家的文化与价值。正如杜威所说的那样，如果没有普及教育，没有阅读能力，无法交流，是很难形成国家观念的。2007 年，新教育提出"共读共写共同生活"的理念，强调小至一个家庭，大至一个国家，都需要拥有共同的生活、共同的阅读、共同的写作，才能真正拥有共同的语言、共同的密码、共同的价值和共同的愿景。所以，要实现中华民族伟大复兴的中国梦，应该让全体国民有统一的语言和文字，彼此对话交流无障碍，进而共同阅读那些影响我们的经典，形成共同的文化与共同的价值。

道德教育无往不在

>> 道德教育的重要，就因为它无往不在，所以断不是修身、伦理等科以一两小时的训练工夫可以办得到的。唯各方面都含有这道德教育的目的，然后可以做到。

——《杜威教育文集》第 3 卷，第 156 页

朱永新解读:

道德教育是否需要专门的课程？无疑是需要的。无论是道德与法制，还是伦理、公民、社会，用什么名称并不重要。重要的是，我们要有自觉的道德教育意识。赫尔巴特曾经说过，道德教育是学校教育也是整个教育的最高目的。这在一定程度上有其合理性。问题在于，道德教育有其内在的规律性，需要研究人的德行究竟是如何形成的？德行与知性的形成有什么不同？如果学科教学与道德教育无关，如果校长和教师不关注学生的心灵成长，恐怕开再多的德育课程也无济于事。

道德教育"无往而不在"，学校应该有一个道德教育"场"，时时处处都有道德教育的氛围，养成良好的行为习惯是根本。

道德教育最重要的是『个性』与『社会』的关系

>> 从哲学讲，道德教育的含义很深，最重要的是"个性"与"社会"的关系。道德教育不如旁的教育，它一方面发展个性，养成个人的知识、能力、感情，一方发展之后，还须使社会的同情格外增加。所以问题在怎样使个性发展，同时并把同情的范围扩大，对于社会情愿尽忠，情愿牺牲。

——《杜威教育文集》第 3 卷，第 157 页

朱永新解读：

杜威一语道破了道德教育的本质属性，即道德教育最重要的是解决个性发展与社会性发展的内在关系。

现代教育比较关注学生的个性发展，强调尊重学生的个性，尽可能让学生能够自由而充分地发展，让每个人成为最好的自己，这也是新教育实验幸福完整的教育生活的追寻目标。但是，个性与社会性是不矛盾的。人是社会的人，教育在一定程度上就是帮助人社会化的过程，如果只强调个性的发展而忽略社会性的发展，忽略人的同情心、同理心，忽略关注他人及帮助他人的习惯与能力，忽略团队精神，忽略国家意识，忽略人类命运共同体的情怀，无疑是没有把握好教育的真正意义和目标。教育的艺术在很大程度上就是处理好个性与社会性之间的关系，因为这两者看似有很大矛盾，"不但方向不同，直似互相妨碍，道德的问题，自很难解决了"。理想的境界就是达到两者的平

衡和协调：一方面要使每个人的个性有充分发展的机会，另一方面还要兼顾社会方面共同意志的需要。"共同意志是至高无上的：个性的发展，在能对于共同利害的负责任，有牺牲的精神。"换言之，个性的发展不能够以牺牲他人为代价，相反，在需要的时候，能够为社会，为共同利益而牺牲个人。

学校本身就是社会生活

>> 学校不但是预备将来的社会生活，简直学校本身就是社会生活。学校本身既当作社会看，那么也同社会一样，有个人、社会两方面。个人方面，一点一点地把他禀性所近、嗜好所近，或特别善良的个性提出来，使它能充分发展。社会方面，养成他的社会的知识，使他知道现在和将来社会的种种需要，及各种行业对于社会的种种关系。再说，共同生活尤需有牺牲的精神，情愿牺牲自己的利益为社会共同的利益谋发展。这样而后可以做到将来社会生活的目的。

——《杜威教育文集》第 3 卷，第 157 页

朱永新解读：

这段文字是对前一段文字的进一步解读。杜威是想告诉校长和老师，培养社会性，本身就是学校教育的重要任务，而学校生活不是简单为未来做准备的，学校生活本来就是一种社会生活。

在学校这个社会中，既要尊重学生的个性，通过教育把与学生"禀性所近、嗜好所近"或者特别善良的个性"提出来"，彰显出来，使之能够得到充分发展；又要能够养成学生的社会性，教给学生关于社会方面的知识，学会与人相处的交往能力，掌握职业生活的基本技能，让学生能够顺利地参与社会共同生活。也就是说，人的社会性不是要等到人到了社会上才开始学习，学校本身就是社会，就有共同的生活，要在这样的生活中培养人的社会性，在发展人的个性的同时，让每个人能够在社会需要的时候挺身而出，"情愿牺牲自己的利益为社会共同的利益谋发展"。

领袖和辅从同时交互并做

>> 学校内的民治与外面的民治一样应该注意的重要之点，就是每一个人不是只配做领袖，也不是只配做辅从的。民治的大仇敌，就在一面少数人只做领袖，不做辅从，一面大多数人只做辅从，不做领袖。真正民治精神，在乎领袖与辅从都从才具上分出来：甲对于某方面有长处的，在某方面是领袖，同时对于没有长处的方面，还是辅从；乙对于另一方面有长处的，在另一方面是领袖，但对于甲的方面仍是辅从。这样领袖和辅从同时交互并做，才是民治主义的真正目的。

——《杜威教育文集》第 3 卷，第 157—158 页

朱永新解读：

杜威在这里所说的民治，可以理解为民主政治或者民主治理，也可以理解为学校内部的民主管理。学校不是为未来培养少数精英及少数领袖的。这是现在许多学校的误区，外面在衡量学校的优秀与否时，总是用领袖和精英人数来评价，因此在教育过程中经常只面向那些有可能成为领袖和精英的学生，这就严重偏离了教育的方向。

杜威认为，其实领袖和精英是一个相对的概念，不是少数人的特权和专利。领袖与辅从（领导与群众）是相对的，因为人的才华有很大的差异性，有的在这个方面强，在这个方面就可以成为领袖，其他人则成为他的成员，接受他的领导。有些人在另外一个方面

强，在另外一个方面就可以成为领袖，其他人则在那个方面成为他的成员，接受他的领导。能上能下，能官能民，"领袖和辅从同时交互并做"，民主的氛围就能够形成了。现在许多学校的轮值班长、特色班长等，其实也是在这方面的尝试。在学校，不能把学生干部"终身化""官僚化"，而应该发现每个学生的领导才能，让他们充分发挥作用。

布罗克鲁斯脱斯的床

>> 詹姆士的价值，不但打破从前的绝对武断，绝对怀疑；其尤为重要的贡献，就是在哲学方面提倡个性。他最恨整块的宇宙，比它是布罗克鲁斯脱斯的床（Procrustean Bed）。希腊故事：有布罗克鲁斯脱斯者，只有一张床，客人来了，都睡在这个里边，长的人把他截短，接在短的上面。詹姆士以为绝对的哲学把普天下的事理，拉在一个轨道上，实与布罗克鲁斯脱斯的床一样。他主张人类应该继续试验，继续创造。

——《杜威教育文集》第 3 卷，第 221 页

朱永新解读：

杜威在华的讲演中，哲学占了很大一部分。在《思想之派别》和《现代的三个哲学家》两个讲演中，他对西方哲学的源流与特征做了全面的梳理，对从亚里士多德的系统派、笛卡尔的理性派、培根的经验派再到实验派，进行了细致的评论。在评论詹姆士、柏格森和罗素单个现代哲学家的讲演中，他引用了上面这个故事。这个故事与中国成语"削足适履"有点类似，在教育上的贡献就在于杜威说的"提倡个性"。长期以来，我们的教育总是要求学生适应我们的体制，适应我们的标准。我们用统一的教科书，统一的大纲，统一的考试，统一的评价来衡量所有的学生，永远只有一个标准——分数的标准，就像布罗克鲁斯脱斯一样，只有一个标准，即他的床。

第十一章

道德是
个体发展与社
会进步的内在统一

导语

　　杜威的伦理学是其哲学中最有创见、最具活力的部分之一。本章主要解读的是他来华五大讲演之一《伦理讲演纪略》。杜威以人的本性为基础来解释伦理和道德，因此其伦理学通常被称为自然主义或工具主义伦理学。

　　在杜威看来，道德应奠基于对人性的研究。一旦如此，我们不仅会发现关于人的事实与自然界中其他事实是相连续的，而且还会发现个人的本性与活动和其他人的本性与活动是密切相关的。因此，道德必须建立在对人性的把握之上。在论及道德与情绪之间的关系时，杜威这样说道："情绪能激动我们，启发我们，束缚驰骤我们，我们不能不跟它走。"① 过去，人们往往想到的是用道德准则来规范个人的行为，抑制个人的情绪。然而，杜威却充分肯定情绪的积极作用，因为在他看来，尽管人是有理智的，但如果没有了情绪，对一切事情冷若冰霜，"成不喜，败不忧"，人与机器就没什么两样了。所以，从本性上来看，人之所以为人，就在于人是理智与情绪的综合体，情理交融。

　　更能彰显杜威伦理学要旨的，在于他强调每一种伦理情境都是具体的，不存在放之四海而皆准的道德原则和规范。由于任何伦理规范都是人们在特定情境下用来协调关系、解决问题的工具，而不是行动的教条，因此，杜威认为，建立在理智基础上的创造能力对个体来说就显得极其重要。一旦人们拥有这种能力，就"能洞察物理，判决是非，自思自行，不顾俗论，去谋思想的进化"②。表现在生活中，人们既能将不同的欲望融合为一，确保其生活是彼此统一连贯的，又能将个人欲望与

---

① 〔美〕约翰·杜威：《伦理讲演纪略》，载吕达、刘立德、邹海燕主编：《杜威教育文集》第 3 卷，人民教育出版社，2008 年，第 253 页。

② 同上注，第 288 页。

他人欲望加以统一融合，个体的道德自由便有了可靠的保障。

"道德就是学，就是生长。"[①]杜威一直认为，道德是实践和成长的过程，脱离了现实的生活实践，道德原理和概念就没有多少意义。"社会的情形，天天不同，道德所以适时宜，便应该求新经验新观念的生长来应付时势，不应盲从旧法，所以道德无止境。"[②]杜威的这一基本思想使他合乎逻辑地关注现实生活中人的生长、发展、进步问题，因而其伦理学才能真正具有影响力、生命力。

① 〔美〕约翰·杜威:《伦理讲演纪略》，载吕达、刘立德、邹海燕主编:《杜威教育文集》第3卷，人民教育出版社，2008年，第245页。
② 袁刚、孙家祥、任丙强编:《民治主义与现代社会——杜威在华讲演集》，北京大学出版社，2004年，第155页。

道德不是强制的、造作的

>> 道德就是学，就是生长（growth）。我们初生下来，不会走，不会说话，何等地孤立无助，所以不能不学，不能不长，不能不有道德，这就是为什么有道德这样东西的缘故。学的是什么呢？就是古圣今贤传下或发明的教训。这样看来，生长和学，都是自然的，不得不然的，所以道德也不是强制的造作的了。

——《杜威教育文集》第 3 卷，第 245 页

朱永新解读：

道德是人们共同生活及其行为的准则，是调节人与人、人与社会关系的规范。人是社会的人，这些准则和规范一般也是在社会中自然而然地学习的，在这个过程中人也就自然而然地成长起来。这些准则和规范，就是古代圣贤传下来的或者发明出来的"教训"。杜威认为这种生长与学习，不是外在强迫的，人为地造作的，而是自然而然地学习。这其实就是人的社会化的过程。

当然，当道德的内容以强制的形式出现时，道德就上升为法制的层面了。强调道德的自然性，其实也是提醒我们，道德教育还是要注重在生活中，在儿童与同伴的交流中，"自然而然"地掌握那些人们共同生活及其行为的准则，以及调节人与人、人与社会关系的规范。

最要紧的是精神的观念和知识能力的生长

>> 禽兽无道德的引诱（temptation），所以无道德奋斗。人类不然，所以必要学，必要生长。诸位要知道，生长并不专指肉体，最要紧的是精神的观念和知识能力的生长。但是这种生长，大部分都与人生愿望和冲动反对，所以不能专靠本能的发达，还要有自觉的努力（conscious effort），去求正确的观念和能力，又要有自觉的奋斗，去祛除私欲的反动。这样的奋斗，凡是人类自然会有，岂是由外铄的吗？

——《杜威教育文集》第 3 卷，第 245 页

朱永新解读：

人不同于动物，因为人是有理性的，有道德的要求的。动物依靠本能生活，没有也不需要道德的引诱。人不同于动物，因为人有精神生活，人要追求"精神的观念和知识能力的生长"。但是，人对于精神生活的追求，人在知识能力等方面的成长过程，有不少是与人性的本能部分相违的，需要意志的努力，需要自觉的奋斗。这是人特有的。

人特有的与人固有的，是两个不同的概念，不知道是翻译的原因，还是杜威的原意，前面刚刚说人的精神生活的追求不能依靠人的本能，需要自觉的努力，后面又说这样的努力只要是人就会自然拥有，不需要"外铄"，显然是自相矛盾的。我们更倾向于他前面的这句理解。也就是说，精神生活乃人类独有，追求精神生活需要人的自觉努力。

教育程度愈高义务愈多

>> 教育程度愈高，义务愈多。愚人犯罪，他自己不知道为什么有罪，所以没有良心上的痛苦，也永无进德的希望。受过教育的人（则）不然，他有错自己知道，会改过自新，所以道德无止境。道德愈高，向上的善念又多，行善的机会又众。

——《杜威教育文集》第 3 卷，第 248 页

朱永新解读：

教育与人的道德发展究竟有没有关系？有怎样的关系？虽然不能说受过教育的人就一定比没有受过教育的人道德发展水平要高，也不能说教育程度高的人就一定比教育程度低的人道德发展水平要高。但是正如杜威所述，教育程度越高的人，对社会的义务就会越多，总体上道德发展的自觉性也会更高。没有受过教育的人，如法盲，犯了罪还不知道为什么犯罪，犯了什么罪，也不会有良心的谴责。而受过教育的人，会有更高远的理想，有"向上的善念"，因此服务社会的机会相对更多。

公共幸福

道德在于为人类谋

>> 世界种种道德或规律（moral codes），或文或野，或东或西，或古或今，都有一相同而不变的地方，就是尊崇公益。实行道德（之）方法，条理万端，各各不同，但目的总在谋最大多数的最大幸福。孔夫子说："己所不欲，勿施于人。"耶稣说："视敌如友。"立说各异，而原理不过为人类谋公共幸福。

——《杜威教育文集》第 3 卷，第 249 页

朱永新解读：

道德表面上看更多的是个人的修为，但因为道德是调节人与人、人与社会关系的准则和规范，更多地表现为社会性，所以，道德的最高境界就是为人类谋公共幸福。在处理好与别人的关系的过程中，往往就体现了为他人谋福祉的精神。

杜威在这里把"尊崇公益"作为道德的基本特征，就是讲了道德的利他性。如何把握道德的这种本质特征？杜威分别引用了孔子和耶稣的话，即孔子的"己所不欲，勿施于人"，自己不愿意的事情，就不要加于别人。其实这只是道德的消极表现，孔子还有一句积极的话语："己立立人，己达达人。"而耶稣的话是"视敌如友"，把敌人当作朋友对待，其实就是化敌为友，冤家宜解不宜结，努力消解矛盾。这些古老的道德智慧，在今天仍然是为人处世之道。

道德问题是社会要紧的问题

>> 无论何种社会，都有重视品行的观念，都应该看道德为重大的事。道德问题是社会要紧的问题，还要找出原理为社会指南。真正有道德的人，就是重视道德的人。此种崇尚道德的观念，在社会变革时代，尤其重要，因为这个时候的青年多羡慕新文明，而漠视道德为无用，渐渐就要到道德崩坏的地步（moral disintegration）。

——《杜威教育文集》第 3 卷，第 249 页

朱永新解读：

道德是社会稳定的压舱石。无论是人与人的社会关系的维系，还是社会风气的形成，都与道德相关。任何一个社会，都要用一定的道德标准和道德价值来维系其稳定与运行。这也是我们为什么强调社会主义核心价值观建设的原因所在。

崇尚道德的观念为什么在社会变革的时代尤显重要？这是因为在社会转型的大变革时代，道德往往也处于重构时期，新的道德与价值尚未形成，旧的道德与价值又无法适应新的时代，道德的青黄不接，往往容易使人们尤其是青年人无所适从。所以，在变革的时代，更需要道德的建设。

情绪为人生增添色彩

>> 情绪能激动我们，启发我们，束缚驰骤我们，我们不能不跟它走。情绪如希望、憎恶、喜、怒、爱、恶等，对于人生，添上多少色彩，增加多少生趣热力；要是没有它，何等地奄奄无生气。即使有管理，能知能行，也像机械造物，算机加数，成不喜，败不忧，索然没趣了。所以人生有兴趣，有价值，因为有情绪，不然，就生也像死了。

——《杜威教育文集》第 3 卷，第 253—254 页

朱永新解读：

情绪与道德之间有着密切的关系，所以，在杜威的伦理讲演中，专门用一个单元讨论"情绪在道德上之地位"。讲到道德与情绪，人们往往首先想到的就是两者之间的矛盾，因为情绪更多地属于个人，道德更多地属于社会，调节个人与社会的关系，往往需要用道德准则来规范个人的行为，抑制个人的情绪。但是，杜威首先强调了情绪的正面作用。他认为，情绪是驱动人们行为的重要力量，情绪为我们的生活增添了许多色彩、许多趣味、许多生机、许多活力，如果没有情绪，我们的生活就会索然无味，虽生如死。人虽然是有理智的，但也需要自我管理约束，如果真正的没有了情绪，对一切事情都冷若冰霜，"成不喜，败不忧"，那么人与机器就没有什么两样了。人之所以为人，就在于人是理智与情绪的综合体，情理交融。

人能做情绪的主人

>> 人能做情绪的主人，克服它，利导它，我们就（赞）许他能克己复礼。要是做它的奴隶，自己毫无主权，我们就骂他殉情逐物。我们通常所谓社会恶习，如嫖、赌、酗饮等，都是因为不能克己，纵情恣欲，就不觉流连忘返。人为什么要赌，有的靠赌为生，自然没有情绪作用；但是普通人大都想赢钱，好争气，情绪勃发，不可阻遏。人为什么要喝酒，并不是因为味美，也是为情所驱，有的饮酒助兴为欢，有的饮酒消遣解闷。其余都可类推。以上所论，可以说明情绪在道德上之地位，与节制之必要。

——《杜威教育文集》第3卷，第254—255页

朱永新解读：

情绪在人们的生活中起着非常重要的作用，让我们的生活更有色彩，更有生机。所以，生活中不能没有情绪。但是，杜威也不主张人成为情绪的奴隶，完全跟着感觉走。

做自己情绪的主人，既能够有所不为（心里非常想做的事情，因为与目标不一致，影响工作与生活，而坚决不做），又能够为所不欲为（心里非常不想做的事情，因为实现目标的需要和完成工作任务的需要，而必须勉力去做），这就是所谓的"克己复礼"。杜威认为，许多社会上的陋习，如赌博、嫖娼、酗酒等，都与我们生活中过于放纵，没有节制相关。

亲爱的父母，情绪管理是一门重要的学问，一方面要尊重孩子的情绪，不能让孩子无情无义，对事情冷若冰霜，无动于衷，而要对生活、对学习充满热情和激情；另一方面也要让孩子懂得控制自己的情绪，做自己情绪的主人。

消极的道德不如积极的道德

>> 消极的道德，不如积极的道德。束缚本能，就是消极；利导本能，就是积极。情绪也是如此。不应该消极地去扑灭它，应该积极地去利导它。譬如我们讨厌一个朋友，一举一动，都猜忌他，疑他心怀恶意。他成功，就妒嫉他，他失败，就冷笑他，幸灾乐祸，恶感日深。要将这种不良的情绪，消极地寂灭得干干净净，是很难的，不如从积极方面下手吧。我们应该去勉强爱他，想他的好处，念他从前待我怎样好，时常给他讲话游戏，种种误会，都可解除。所以要直接扑灭情绪，不如间接地引起良美情绪，去代替不良情绪，使他无形消灭。

——《杜威教育文集》第 3 卷，第 255 页

朱永新解读：

既然情绪具有两面性，既然人要学会做自己情绪的主人，那么，在具体的社会实践中，究竟如何做呢？杜威提出了一个行之有效的好办法：用积极情绪引导消极情绪。

杜威提出，人的许多情绪，如喜悦、爱情、痴情、憎恶等都非常强烈，要简单地克服和控制它，就非常困难，"不如利用它到好的地方去，更易为功"。他举例说，我们如果讨厌一个人，往往就对他特别反感、猜忌，他成功了我们会不开心、嫉妒，他失败了我们会暗自高兴、幸灾乐祸。这样就会不断强化负面情绪，导致恶性循环。但是，如果换一种位置思考，

换一种情绪管理模式，我们就会更多地发现对方的优点，回忆对方曾经对自己的好，"勉强爱他"，就不会反感、猜忌了。换位思考，是用积极情绪克服消极情绪的最有效方法。

使思想与情绪得其均衡

>> 所谓自制，不是要用狮子搏兔的法子去歼灭情绪，是要培养它，使它又强又好，还要利用它到好的地方去，使它以正确的思想观念为标准。故养成正确的观念，即所以节制情绪。所谓克己，是要引起优美情绪，去驱逐那不良的情绪，换句话，就是要思想和情绪得其均衡罢了。正当行为，即有理性的行为，但是那种冷静呆板死理性，也是要不得的。极有理性的人，要是没有情绪，遇事一定左思右想，迟疑踯躅，终是知而不行。我们最好是要有理性，同时又要有强烈真挚的情绪，激发我们，去孜孜为善，欲罢不能。有人视情绪为道德之仇，我只说要调和思想与情绪，使得其均衡，一切问题（便）都解决了。

——《杜威教育文集》第 3 卷，第 256 页

朱永新解读：

人的自制与克己，从本质上就是处理好情与理、思想与情绪的平衡协调。在需要理性的时候，人们能够冷静地分析问题，处理矛盾，应对各种事件。在需要情绪的时候，人们能够精神饱满地投入工作，果断地做出决定。这就是中庸的艺术，就是平衡的艺术，也是人特有的情理交融地处理问题的艺术。

所以，最好的人生姿态，最好的工作状态，就是既要有良好的理性，又要有强烈而真挚的情绪。情绪不是道德的天敌，而是道德的动力。那些为了理想、为了事业，激情燃烧、奉献自我的人，正是把两者发挥到极致，而又协调平衡的典范。

青年时期，情绪最强

>> 年龄和情绪，成反比例，年愈长，情绪愈弱。小孩子最富于情绪，故易哭易笑；青年人稍逊，但是很强烈；老年人暮气奄奄，故事事都讲理性。诸位都是青年，青年时期，情绪最强，若能养成正确的观念，真是终身受用不尽。中国青年，若能以正确明锐之观念，发扬踔厉之情绪，求进步，谋公益，一步一步，踏实做去，前途大可乐观。

——《杜威教育文集》第 3 卷，第 256 页

朱永新解读：

人的情绪是随着年龄的变化而变化的，在心理学上有所谓"情绪年龄"的说法。心理学家认为，我们每个人的情绪管理能力往往随着年龄的增长而逐渐增强，并逐步由幼年的淘气天真、青年的血气方刚发展到中年的稳重坚韧、老年的暮气沉沉。情绪具有两面性，如少年的淘气天真固然可爱，但哭闹起来也经常让大人不知所措，而且引导不当会形成日后的以自我为中心等问题。青年人的血气方刚虽然容易剑走偏锋，但激情澎湃的正能量往往能够使青年人敢想敢干，创新创业。所以杜威主张要把青年人情绪的优点发挥出来，扬长避短，让青年人"以正确明锐之观念，发扬踔厉之情绪，求进步，谋公益，一步一步，踏实做去"，这样自然有光明的前途，中国的未来也会因此而光明无限。

善用群性又不失个性

>> 道德问题，是要调和社会的情绪和个人理想、主张，使它得其均衡。一方面要善用群性，一方面又要主张魄力，不失个性。凡是有思想的人，受过教育的人，遇着问题发生，或从众，或特立独行，都能合于义理。在潮流急湍、举世若狂的时候，最能表现个人的胆量魄力。一国有无领袖，只看有无有魄力胆量的人。事事从俗，阿世媚俗，是假领袖；真领袖有高尚理想，坚决主张，言人所不敢言，行人所不敢行。因为盲从是进化的阻力，要进化不得不另排俗论。贯彻自己主张，使天下都翕然从我，这才算是道德的表率（moral leadership）。

——《杜威教育文集》第 3 卷，第 258 页

朱永新解读：

当一个人独处的时候，是无所谓道德的，道德主要是调节社会关系，调节人与人之间关系的调节器。人的社会化过程，其实也是一个人从自然人转变为社会人的过程。人的社会性（群性）是人与别人和谐相处的前提，也是合作与竞争的基础。当然，倡导人的社会性，不是不要人的个性，两者也是对立统一的关系。所以杜威主张既要"善用群性"，又要主张魄力，"不失个性"。有没有个性，有没有魄力，有没有担当，有没有高尚理想，能不能特立独行，能不能坚决主张，能不能"言人所不敢言，行人所不敢行"，是一个人有没有个性，有没有领袖气质，有没有领导能力

的标志。一个优秀的领导，就应该协调好两者之间的关系，能够带领群众向着既定目标前行，不畏艰难险阻，坚持贯彻自己的主张，不人云亦云，荣辱在所不计，毁誉无动于衷，最终带领群众走向光明的彼岸。

同情是社会的黏合剂

>> 同情是普通的社会情绪。人类情感好像电，最易传达，人喜亦喜，人忧亦忧，见人得福，心里觉得愉快，见人遭灾，心里觉得哀悯，何以故，有同情故。至于它在道德上的重要，积极方面，人人都知道，不必细论，只要把同情和不同情两相比较，利害更明了。假使一个人没同情，心肝冷似铁石，他人得福，他不庆幸，（他人）遭灾，也不怜悯；大家对他笑，对他哭，他总总不理，这不是惨礉少恩吗？他虽然不为福先，不为祸始，好像无功无过，但是那种木石灰冷的态度，就可表明他毫无心肝。所以同情是社会的膏灰，所以交结人群，使他通力合作，喜相庆，灾相恤。但是最要紧的，是智理的同情。智理的同情，不但见人受苦心里要难过，还要设身处地研究他受苦的原因，想出种种法子去划除病根，才算真正的仁人志士，真正的表同情。

——《杜威教育文集》第 3 卷，第 259 页

朱永新解读：

同情心是人类的一种普遍的社会情感，是一种因为同理心而对其他人产生的移情反应。由于同情心，我们能够与别人同悲共喜，为别人的开心而快乐，因别人的遭遇而忧伤。对于其他人的不幸与遭遇感同身受，出现帮助他们的动机。杜威把这种同情心作为社会的黏合剂（膏灰）。其实，从心理学的角度来看，同情心也可以理解为一种换位思考，即站在对方的角度

思考问题，这也就是孔夫子说的"己立立人，己达达人""己所不欲，勿施于人"。所以，杜威批评那些对别人的痛苦无动于衷，对别人的喜怒哀乐没有反应的人是"惨礉少恩"（严酷苛刻，绝少施恩），"木石灰冷"，"毫无心肝"。当然，同情心，不是简单的情绪反应，不是一般意义上的共情，而应该是"智理的同情"。所谓"智理的同情"，就是要把对个人的个别遭遇，上升到普遍的社会问题，研究人们受苦、遭遇不幸背后的原因，从而努力地创造条件帮助其拔掉苦根，祛除病根，这样才是真正的英雄，才是真正的同情，高水平的同情心。

>> 同情是情绪，也是本能。势力很大，能支配一切，能驱迫我们做善，也能驱迫我们造孽。譬如看见一个乞丐，褴褛憔悴，可怜他，给他钱，心里就好过一点。但是那些乞丐，以为可以乞食终老，不去谋正业了，这不是造孽吗？所以我们一定要有智理的同情，见他人受痛苦，不但要发慈悲心，为煦煦之仁，还要将所苦的祸源，斩草除根才好。

——《杜威教育文集》第 3 卷，第 259 页

朱永新解读：

同情心是社会普遍的情感。人同此心，心同此理，古之如此。但是杜威希望大家一定要区分"智理的同情"与"盲目的同情"之间的不同。所谓智理的同情，就是不仅在别人遇到苦难时给予帮助，更要从社会根源上了解其受苦的原因，帮助其从根本上消除受苦的土壤。为什么要有智理的同情？杜威讲述了其中包含的深刻原因，他认为，如果处理不妥，盲目的同情反而会好心办坏事，促进"恶"的产生。比如一个具有劳动能力的乞丐，你的施舍可能反而让他不劳而获，终身乞食，成为懒汉。他还举了一个对待别人的例子。如有一个生命垂危的病人，在医院气息奄奄。朋友去看他，"坐在床边长吁短叹，泪流不停"，但是没有任何救他的办法，这样哭死也没有用，反而会加剧病人的恐惧和病情。相反，一个医生可能态度冷静，

不慌不忙，"比较那些啼啼哭哭的朋友，好像太无慈悲心，其实他胸有成竹，能起死回生"。这就是智理的同情与盲目的同情之间的区别。

自爱博爱，自尊尊人

>> 自爱博爱，自尊尊人，为己谋，为人谋，到底有什么关系呢？所以道德的问题是要调和自为和为人，总要兼顾两全，一举两得才好。真正自为，并不是自私，自私不可有，自为不可无。人人都有自爱的义务，都应该爱自己的铁体，尽力养护；都应该爱自己的心灵，尽力发达。自己财产、权利、名誉，都有爱惜保护的天职。所以对人对己，都有责任，应当审思详虑，权度利害，才能得折中之道。

——《杜威教育文集》第 3 卷，第 263—264 页

朱永新解读：

真正的道德不是要大公无私，而是要公私合理兼顾。杜威说，道德的重要问题就是要调节好个人与社会的关系，自为与为人的关系。如果只强调自为，只考虑自己，那就很容易陷入利己主义的泥潭。如果只强调为人，只考虑别人，那也很难真正持久下去。所以，好的道德往往是中庸的境界。既要爱护自己，也要爱护别人；既要尊重自己，也要尊重别人；既要对自己负责任，也要对别人负责任。究竟是应该大公无私，公而忘私，还是先公后私，公私兼顾？相信杜威的建议能够让我们做出比较合理的选择。

自为和为人并不是绝对的相反

>> 自为和为人，并不是绝对的相反，实在是相成。譬如我们保重了自己身体，练成精悍的躯干，那么，不但自己受益，社会上也多一个有用的人才了。要是体弱多病，不但自己受损，社会多加一分负担了。又大抵体弱多愁，最易动气，别人看到，更觉讨厌。自己爱惜肉体，就有这许多利益，若自己爱养精神，利益更可想见了。牺牲自己，克己自损的真义，到底是什么呢？我说牺牲并非牺牲自己，是贬损个人若干的幸福罢了。

　　　　　　　　——《杜威教育文集》第3卷，第264页

朱永新解读：

　　自为与为人是相辅相成的。在很多情况下，我为人人，人人为我，社会的良性循环体制就会建立起来。在另外一些情况下，我为自己，也为人人，同样能促进社会的良性循环，每个人把自己的事情做好了，这个社会就会变得更加美好。所以，自为，为自己的行为不仅无可厚非，而且有益社会，前提是它不能损害别人的利益。"己立立人，己达达人。"如果自己都不能立起来，达起来，还谈什么立人、达人呢？做最好的自己，保持自己的身心健康，在增进个人幸福的同时，也会尽可能地减少社会的负担，何乐而不为呢？所以杜威认为，牺牲自己的做法，不仅是"矫饰不自然"，而且"有点拂逆人性"。

自私与不自尊是痛苦之源

>> 自爱的（人）才能爱人，要是不爱自己的人格，还能爱他人的人格吗？自尊的（人）才能尊人，自为的（人）才能为人。世界上所受的痛苦，头一个是自私，第二个是不自尊。不自尊就不知道自己所处的地位，不能谋新发展、新生活，社会就永无进步的希望了。假使人人都知道自己的价值，社会一定有变化，有进步。

——《杜威教育文集》第 3 卷，第 265 页

朱永新解读：

真正爱惜自己的人才能爱惜别人，真正自我尊重的人才能尊重别人。杜威提出，世界上的痛苦，首先表现为自私与不自尊。他说的自私，不是自爱与自尊，不是考虑自己的利益，而是损害他人的利益来满足自己的需要，只考虑自己的利益而不顾他人的感受。所以，自尊，自爱，自为，都要以尊重别人的需要、考虑别人的利益、理解别人的感受为前提，否则，以自我为中心的自爱、自为和自尊，就是自私。一个人的有我与无我，自为与为人，自尊与尊人，自爱与爱人，是一个有机的统一体。做到这样的统一与协调，不仅是个人幸福的源泉，也是社会福祉的根本。

尊重自己的理想主张

>> 自尊也是尊他自己的理想主张，要实行贯彻，嘲骂毁谤，一概不管。人有反对我们理想的，我们也可平心和他讨论，但断不可舍己从人，因为自尊者，人恒尊之。要是人不自尊，任人鱼肉，就养成弱肉强食的风气。

——《杜威教育文集》第 3 卷，第 266 页

朱永新解读：

　　自尊，不仅仅是自尊心，是维护个人的尊严，也表现为自强，表现为尊重自己的理想与主张，不轻易改弦易辙。一个真正自尊的人，能够坚定地追寻自己的梦想，荣辱在所不计，毁誉无动于衷。不能够因为别人的议论和反对，就放弃自己的追求，"舍己从人"，随波逐流。杜威引用了美国文豪哥克的一句话："人家要打我，我愿意让他，不过我让他打，他就以为别人也可欺，要得寸进尺了。所以为保护别人起见，我就不能让他了。"也就是说，自尊不仅是个人的私德，也是一种社会的道德，要自尊自强，才能保护他人的权利。人人自尊，就会人人尊人，社会就不会弱肉强食。

自培自发很要紧

>> 自私是损人为己,垄断权利。自为是自尊自表,是积极的德行,是排俗论,倡正道。所以自为自表,是个人的天职。但是还有一件要紧,就是自培自发 (self-cultivation and self-development),培养自己的性情好恶,发展自己的能力特长,换一句话说,就是求教育。

——《杜威教育文集》第 3 卷,第 266 页

朱永新解读:

自培自发,就是自我培养与自我发展的意思。这是一个非常重要的概念。叶圣陶曾经说过,"教是为了不教"。在一定意义上可以说,教育的价值就是培养一个人自我教育的能力,所以,"求教育"的过程,就应该是一个自培自发的过程。虽然杜威在这里没有充分展开解释为什么以及如何自培自发,但是,把自培自发作为人的"天职",作为人生要紧的一件事,是值得我们关注的教育观点。这也是我们作为父母尤其需要关注的教育理念。

助人要能使他自助、自立、自救

>> 慈善事业，有利有弊，专去救贫恤灾，常常使人自暴自弃，专靠旁人帮助，养成依赖的习惯。所以给乞丐钱，就是制造新乞丐。那些乞丐，除了疯老残疾，大概都是不爱自重，好食懒做，你给他钱，你自己得了个慈善的好名，那些乞丐可就受害不浅了。所以要助人，最好能使他自助、自立、自救，不要旁人的帮助。

——《杜威教育文集》第 3 卷，第 267—268 页

朱永新解读：

什么是真正的慈善？或者说，什么是真正有价值的慈善？杜威提出了慈善不能养懒汉的观点。他用了一句英国的俗语"天助自助者"，也就是说，真正的慈善应该帮助那些失去了劳动能力，没有工作机会的老弱病残；真正的慈善应该帮助人自助、自立、自强、自救。从这个意义上来看，杜威的观点对于今天的脱贫攻坚战也是有启发意义的。

现在一些深度贫困地区的少数贫困户，不愿意自食其力，不愿意摘掉贫困的帽子，就是典型的"懒汉"心理。如果一味地输血，很难真正拔掉穷根。所以，最好的慈善，最好的助人，就是帮助人形成劳动的技能，寻找劳动的机会，最后达到自助、自立、自救的境界。

观念如灯，欲望像火

>> 人人都有欲望，人人的欲望都不同。看人的欲望，便知道他人品的高下。有些人的欲望是知识，有的是声色、财富，有的是威权、荣誉，或结交合群。要是所欲不得，便觉怏怅不乐。所以欲望在道德上的地位是很重要，因为它能激发我们尽力去行。比方心欲读书，一定会尽力读书，要是说心想读书却懒读书，便是自欺欺人的话。我们的观念好像灯，我们的欲望好像火。灯能烛是非，火能增热力，鼓舞我们去行，鞭策我们前进。凡人对于是非利弊，虽然看得透彻，要是没有欲望的鞭策，终是知而不行。

——《杜威教育文集》第 3 卷，第 277—278 页

朱永新解读：

什么是欲望？欲望其实就是人们想达到某种目的的要求。杜威解释说："我们对于某件事物，想念它，渴望它，用种种方法，费多量心血，去求它，求不得，心里便郁郁不乐，这就是欲望。"按照这个解释，其实欲望是人内心的一种追求。欲望有合理与不合理之分，每个人的欲望不一样，也造成了每个人的人生境界不一样。有些人的欲望在知识上，所以会孜孜不倦地读书学习；有些人的欲望在声色财富上，所以会拼命追求金钱美女；有些人的欲望在功名、交往上，所以会努力广交朋友。欲望的力量很强大，它是引领人行动的内在动力，能够鼓舞人为之奋斗，如果没有欲望，

人就缺乏行动的驱力，就会"知而不行"。当然，欲望是需要正确的方向的，这个方向就是指引人前行的灯。灯帮助我们"烛是非"，看清前行的方向。方向比努力更重要，方向对了，一切就对了。

亲爱的父母，如何尊重孩子的欲望，引导孩子的欲望，为孩子的欲望寻找一盏明灯，是家庭教育必须面对的问题。

制度能陶铸人性

>> 人类既能由野蛮而进为文明，为什么不能由今日
之文明更进而为更高尚更完美之文明呢？在石器
时代，我们的祖先，没有语言文字，穴居野处，
茹毛饮血，用具何等简单，风俗何等蛮悍，但是
他们的子孙，逐渐改变了蛮性，已经进化到现代
的程度，那么，我们谋将来的改造，也不是妄想
了。人性为什么能改变呢？因为制度能陶铸人
性。制度的价值，就在教育。有些人没有进过学
堂，知识却很高，因为他受了种种文明制度的陶
铸。学校不过是教育工具的一种，他种制度，都
有教育的作用。

——《杜威教育文集》第 3 卷，第 287 页

朱永新解读：

教育学的原理告诉我们，人的成长是遗传、环
境、教育综合作用的结果。从一定意义上讲，环境
（包括制度）也是教育的重要组成部分。一部人类文明
的历史，就是人类不断成长的历史。人类为什么能够
不断成长不断发展？一个很重要的原因，就是人类能
够通过不断改变环境，创造制度，来不断地教育自己
成就自己。制度能够陶铸人性，环境能够改变人性，
这是一种广义的教育，也是最为基础的教育。

所以，中国有句老话："世事洞明皆学问，人情练
达即文章。"帮助孩子创造良好的家庭环境，帮助孩子
利用各种优秀的社会环境来学习，是父母和老师的重
要职责。

自由的真义是创造

>> 自由不但是外界束缚的解除，也是精神事业。要是自由纯属外界束缚的解除，虽然有利于个人，却无益于社会。自由第一的要素，是精神，或心理的特性。自由的真义，是要使人人有创造的能力，自思，自行，自决，自裁，不靠旁人丝毫的帮助。解除外界的束缚，是消极的自由；养成创造的能力，才是积极的自由。积极的自由，不是徒然解脱束缚所能得的，还要有智理的发展，能洞察物理，判决是非，自思自行，不顾俗论，去谋思想的进化。

——《杜威教育文集》第 3 卷，第 288 页

朱永新解读：

杜威在讨论民主制度时说，法国大革命有三个要义，就是自由、平等与博爱。其中"自由属于个性的发展；博爱属于社会性的发展，即养成互助、仁爱、共同合作和他种社会的责任心；平等好像链环，将个性发展和社会责任连成一气"。既然自由属于个性的范畴，那么，创造就应该是自由的最重要的特质。自由有消极的自由和积极的自由之分，消极的自由是没有外界的束缚，无拘无束，但这也许是其他动物也能够做到的。积极的自由是智理的自由，是能够有着自觉的理性，能够有着创造的能力的自由，是用这样的创造性为社会，为他们创造价值的自由。所以，自由不是外在的，而是内在的；不是人为赋予的，而是主动创造的。

心缩小了人就不能向上发展了

>> 青年求学的人，多半志向远大，度量宽宏，富有理想，不像暮气奄奄的老人。但是出了学堂，便一改常态，行动理想，和在校时截然两样了。他们的心理，何以不能继续发展？因为他出校后，为物诱所惑，注意近利，所以心也缩小，不能向上发展了。

——《杜威教育文集》第 3 卷，第 289 页

朱永新解读：

人有幼年、童年、少年、青年、老年之分，人的心态随着年龄的增长也会出现相应的变化。从一般规律来说，年轻人总是激情澎湃，充满理想，志向远大，老年人则容易暮气沉沉，不思进取。

但是，在现实生活中，我们也会看到一个老年人仍然心怀梦想，充满激情，而一个年轻人也可能暮气沉沉，不思进取。所以，心态与年龄不一定完全匹配。年轻人离开学校以后容易"为物诱所惑，注意近利，所以心也缩小，不能向上发展了"。生活无声无息地消磨了人的激情，困难慢慢挫垮了人的意志，这是许多年轻人未老先衰的原因所在。

所以，教育的任务，在于帮助人们不断地认识自己，不断地充实自己，不断地补充成长的力量，归根结底是帮助人形成自我教育的能力，自我充电的能力。

朱永新教育文集

经验与教育

朱永新对话杜威

下册

朱永新　编著

商务印书馆
创于1897
The Commercial Press

目　录

第十二章

是否将儿童
的经验作为教
育的出发点是区
分新旧教育的根本

导语

　　本章主要解读杜威1920年4月到5月在南京所做的题为《教育哲学》的讲演。鉴于这些内容已在其他的著述中有所涉及，为避免重复，这里仅从方法论的层面做些提示。

　　1930年，杜威写了唯一的自传性文章《从绝对主义到实验主义》。在这篇文章中，他全面总结了自己的思想演变，认为自己的理论资源大体可分成如下几个：直觉主义和基督教哲学的影响；黑格尔和德国观念论的影响；达尔文进化论的影响；皮尔士的实效主义和詹姆斯的机能主义的影响。正是源于这些理论的滋养，杜威才有可能形成独具一格的教育哲学。人不是站在世界之外的旁观者，而是处于世界之中的能动者，人的本性只有在人与自然、人与社会的相互作用中才能得到表现。这一点可以被看作划定杜威教育哲学最重要的一个标准。

　　杜威为何如此重视主客体相互作用对于教育的意义，原因之一，在于近代社会中，理性被看作先验之物，良心被看作独立于社会影响的真理提供者。黑格尔就曾说过："道德的观点，从它的形态上看就是主观意志的法。"[1] 道德是属于私人的东西，它指向个体、主观方面，由此所构建的一些理论，不同程度上存在着杜威所诟病的"我们再怎样宣讲善良意志或金科玉律或培养爱好和平等情操，都将不会获得任何结果"[2]。杜威坚信，在岸上是学不会游泳的，只有创设了好的环境并让儿童躬身实践，才能培养儿童良好的道德习惯。"教师对于儿童唯一的能处，唯一

---

[1]〔德〕黑格尔:《法哲学原理》，范扬、张企泰译，商务印书馆，1961年，第110页。
[2]〔美〕约翰·杜威:《杜威全集》中期著作第14卷，罗跃军译，华东师范大学出版社，2012年，第17页。

的能做的事情，就是供给儿童环境。"① 杜威如此说道。

另一个原因，对主客体相互作用的重视，又意味着对生活、经验、行动的哲学澄清与正名。当偶然性、变动不居、不确定性被视为生活或生命的基本形态时，对当下与结果的关切自然会成为杜威教育哲学的题中应有之义。杜威认为，在对人的行为或经验进行考察时，必须顾及各种因素：行为未发之前，有动机、欲望、目的等因素；行动之中，有意想不到的情况发生并可能导致原定计划做出必要的调整；行为出现之后，有实际的结果并影响下一次行动。一句话，作为能动者，人在处理有关事情时，必须具体问题具体分析，这样一来，当下、条件与结果在教育中必然要得到重视。正如杜威所言："现在的教育是根据现在有的，从目的做起；不是把目的放在很远的含糊的'将来'。"②

总之，为了克服近代教育理论中所存在的"教人游泳却不让人下水"之窠臼，杜威从多方面揭示了日常交往的教育意义，当人们明确了这一基本方法论，对其所主张的"教育即生活""学校即社会"等命题就容易理解了。

---

① 〔美〕约翰·杜威：《教育哲学》，载吕达、刘立德、邹海燕主编：《杜威教育文集》第 4 卷，人民教育出版社，2008 年，第 12 页。
② 同上注，第 26 页。

教育即是生活

>> 教育即是生活。

这种广义的教育，无论什么人，一天总不能离的。除非那一种人生来是废料，不能承受教育，如同死的一样，那或者可离。至于普通一班人，绝对不可离的。离了教育，就同离了生活一样。所以他们天天总要有教育。

——《杜威教育文集》第 4 卷，第 5 页

朱永新解读：

从今天开始，我们一起学习《杜威教育文集》的第 4 卷。这卷内容主要包括他 1920 年 4 月到 5 月在南京的系统讲演，即著名的"杜威三大讲演"以及在其他各地的讲演。这些讲演的主要观点在他的代表性著作中大部分有所涉及，所以个别解读内容也会有少量观点的重复。

《教育哲学》是杜威最重要的讲演之一，他用了 22 次的讲演，从广义的教育与狭义的教育两个方面全面阐述了自己对教育的理解。

教育即是生活，是杜威教育哲学最基本的出发点。教育是生活的一部分，教育本身就是生活。每个人都需要教育，每个人都离不开教育，否则就如同行尸走肉，如同一堆废物。离开了教育，就是离开了生活，而离开了生活，人的生存与生命的发展都将无法进行。

教育即是生活，是我们理解杜威教育哲学的基础。他的教育主张是从这个观点出发的。

如果没有学习，就不能生存

>> 无论哪一家的婴儿，都是非常无能力的。他自己
不能料理自己，件件事情都要靠他的父母帮助。
拿一种小畜生同小孩子比起来，小畜生并不必件
件事情要靠它的父母帮助。那么小畜生的能力反
超过儿童。因为这个缘故，就发生教育必要的问
题了。儿童各方面的生活能力，都是很薄弱的。
有许许多多的事体必须学习，才能维持生活。如
果没有学习，就不能生存，所以教育是少不得
的。凡是一个儿童生下来，非但他的肉体上要人
保护，并且他的精神上也是要人栽培，要人教育
的。假使仅仅保护他的肉体，不去教育他的精
神，那么将来虽然肉体上无伤无损，终究不免是
一个蠢笨的愚夫。

——《杜威教育文集》第 4 卷，第 5 页

朱永新解读：

杜威在论证人的教育的必要性时，多次把刚出
生的婴幼儿与刚出生的其他生命相比较。他指出，初
生儿的能力与其他动物相比差了许多，初生儿几乎所
有的事情都必须依靠父母或者其他成人的帮助才能完
成，而其他动物则可以独立完成许多婴幼儿无法完成
的事情。也就是说，就"本能"而言，人类的婴幼儿
与其他动物是无法比拟的。所以，学习对于人类来说
就显得非常重要，人类只有通过学习才能维持基本的
生存与生活。没有教育，就没有真正的人的诞生。而
且，这种学习和教育，不限于满足人的肉体的需要，

不限于人的身体方面的成长，更重要的是，人有精神成长的需要。如果我们只关心儿童吃饱喝足，只关注儿童的肉体需要，不满足儿童的精神需要，不去主动"栽培"精神，那么培养出来的人自然就是"蠢笨的愚夫"。

亲爱的父母，杜威的这段文字是值得我们深思的。我们不能只关心孩子的温饱，只关心孩子的生理需要，而忘记了他们成长过程中的精神需要。

文化的遗传与改造

>> 教育的历程日新月异。文化一方面遗传，一方面改造，才能永远地继续下去。所以日新月异的历程，就是社会生命的历程，也就是教育的历程。照这样看来，个人在社会当中所有的知识和能力，都是从社会生活中得来的。所以个人的行为，应该和社会没有阻碍。假使一切行动不合于社会，或是径直反对社会，那就叫作"不忠"，那就叫作"忘恩负义"。

——《杜威教育文集》第 4 卷，第 6 页

朱永新解读：

人类的发展日新月异。之所以这样，是因为人类的教育日新月异。教育是人类文化的选编。人类不仅传承文化，而且创造文化，这是人类在社会生活中生生不息的一个重要基础。从广义的教育来看，人的教育生活是无时不在，无处不在的。我们的知识和能力，都是在社会这所大学校里学习而来的。所以我们应该心怀感恩，努力回馈社会，努力建设社会，而不应该采取反社会的行为。这样的行为，被杜威批评为"不忠"和"忘恩负义"。

>> 儿童要学的心非常深切，他的好学心，比成人的好教心还要来得厉害些。你看儿童一到了什么地方，就要考究考究，发问发问，摸摸那样，摸摸这样。这就是他的好奇心（curiosity）。所以无论什么儿童，只要成人肯教他，他总是很情愿学的，可保不致拒绝。因为他要学的心很深很切，对于成人的教育，不问什么地方，直接教他的，固然是完全领受，就是暗示的地方，他也没有不领受的。

——《杜威教育文集》第 4 卷，第 7 页

朱永新解读：

正因为儿童出生时的无能，儿童比其他任何动物更需要学习。事实上，儿童对这个世界本身就充满好奇心，天生就具备要学的探究心。这种好奇心和探究心，远胜于教师想教给他们知识与能力的"好教心"。从儿童最初对待这个世界的探索来看，的确反映了他们的"好学心"，他们遇见的任何事物，都会主动去触摸探究，主动去提出问题。所以，没有儿童一开始就对世界毫无兴趣，对学习毫无欲望。儿童对世界的好奇心，往往是在教师和父母的压抑下逐步消失的。我们或者不耐烦回答儿童的发问，或者嘲笑儿童的无知与幼稚，最终导致了他们的厌学。

亲爱的父母，认识孩子的"要学心"，满足他们对世界的好奇心，为孩子创造探究未知世界的机会，孩子的"要学心"就能够不断发展，成为其自觉成长的原动力。

儿童的知识绝不是成人可以装进去的

>> 儿童情愿领受教育，是属于精神方面的，不是属于肉体方面的。精神上的生长和肉体上的生长，可以拿来比一比肉体的生长，都是靠着饮食的。但是饮食并非勉强装进去的，是由于内部饥渴的能力叫他饮食的。所以一饮一食，都是他自己方面发动的，绝不是旁人方面的事体。知识也是这样，也要由他自己方面发动，绝不是成人可以装将进去的。拿一块石头，或是一个棍子，叫它饮食，叫它生长，这是万万做不到的事体。因为石头和棍子的内部，没有要饮食的能力。

——《杜威教育文集》第 4 卷，第 7 页

朱永新解读：

儿童的肉体和精神都需要成长，不可偏废，缺一不可。费尔巴哈曾经说过，人是他自己食物的产物。杜威在这里也用食物的比喻讲述人的肉体与精神的成长。他认为，儿童肉体和精神的成长都是离不开食物的，都是"靠着饮食的"。但是，这种饮食不是由成年人简单地装进去的。也就是说，是要依靠儿童自己"吃进去"的。这是儿童主观能动性的表现，也是人主动学习的能力的体现。人非草木，孰能无情？人与其他物质不一样的地方，就是人的学习和成长，是需要人"自己方面发动"的。没有人的内在需求，没有儿童的"情愿领受教育"，儿童学习知识就难以顺利进行。所以，培养和尊重儿童的主动性，激发儿童学习的内在需求，应该是教育的重要出发点。

儿童有一种『与生俱来』的能力

>> 儿童所以能学习的缘故，是由于他本来有一种"与生俱来"的能力。学习语言，也是靠着这种能力的。他起初不会讲话，不会做各种声音。后来听见他人发音，他自己也会做音。当那个时候的学习，一方面听人发音。一方面，自己做音。儿童所做的种种声音，在成人看起来，以为无甚价值，这都是因为不肯去研究，所以不晓得这个中间的道理。你想：假使儿童没有本来所以发音的能力，他绝对不会发音的。他既能发音，成人就应该加以指导，帮助他达到一定的目的。

——《杜威教育文集》第4卷，第9页

朱永新解读：

　　杜威的这个判断在其去世以后被美国语言学家乔姆斯基的转换—生成语法理论所证实。乔姆斯基在1957年出版的《句法结构》中明确指出，儿童之所以能够学习语言，是因为人具有先天的语言能力。这种语言能力在大脑中表现为基础和转换两个部分，基础部分生成深层结构，深层结构通过转换到达表层结构，语义部分属于深层结构，它为深层结构做出语义解释；语音部分属于表层结构，并为表层结构做出语音解释。所以，父母、教师以及其他的成年人应该尽可能多地对儿童进行语言刺激，与孩子多交流沟通，把那些美好的词汇、韵律讲给孩子听，帮助他们熟悉丰富的语言表达方式。儿童的这种"与生俱来"的能力，如果得不到后天良好语言环境的支持，同样也会萎缩、停滞。

儿童如何学成一种语言？

>> 儿童未到一岁半的时候，凡世界上所有的音，他一概都有。所以学习语言，也无所谓哪种容易，哪种困难。成人学外国语，所以觉得困难的缘故，就是因为成人的声音已经变成一种，不是像儿童世界之音都有的了。当儿童那个时候，做母亲的常常选择。母亲以为正确的声音，常常叫他学习；将来不用的东西，就渐渐淘汰。于是学成一种语言。

——《杜威教育文集》第 4 卷，第 10 页

朱永新解读：

我们在生活中经常看到，有些人语言能力很强，可以讲许多种语言；有些人语言能力很弱，只会讲自己的方言。我们也经常看到，一个孩子，把他放到全世界的任何一个角落，他都能够非常快地掌握那个地方的语言；而一个成年人，把他送到异国他乡，可能一辈子也无法真正掌握那个地方的语言。一个重要原因，就是早期语言环境的单一性，只听到一种声音，慢慢就只熟悉这一种声音，大脑就慢慢适应和选择了这一种声音。这从另外一个角度强调了儿童学习语言是一种自然的生成与转换过程，早期的语言环境对儿童语言能力发展具有决定性影响。

亲爱的父母，孩子的语言能力其实取决于你们的语言意识。为孩子提供尽可能丰富的语言刺激，让他们尽可能接触更加多样化的语言是非常重要的。

要顾儿童的需要

>> 要顾儿童的需要。普通教师，但知自己方面，不问儿童有没有这种需要，尽管将知识注入。这就是违反这个原则，我们不应该如此，要叫儿童先觉得需要，然后才可以教他，他才可以受教。假使他不觉得需要，那是万万不能受教的。

——《杜威教育文集》第 4 卷，第 11 页

朱永新解读：

在讲述了语言学习的方法以后，杜威提出，普通学校教儿童学习语言的原则有三个：尊重儿童的需要，应用儿童原有的动作和创造好环境刺激儿童的需要。他认为，尊重儿童的需要是最基础的原则。也就是说，只有儿童有学习的需要，他才会敞开自己的怀抱接收知识，悦纳学习的过程，学习才能够有效。如果儿童没有学习的需要，关闭自己求知的大门，拒绝接收外部的信息，任何教育都是无效劳动。不论你花多大的力气把知识注入，都是徒劳无益的。

亲爱的父母，尊重儿童的学习需要，是教育的出发点，也是教育的金科玉律。中国古人讲"不愤不启，不悱不发"，说的也是这个道理。

要应用儿童原有的动作

>> 要应用儿童原有的动作。普通教法总是把儿童看作被动，叫他怎么样就怎么样，拿儿童当为海绵，可以吸收水分，硬从外面注入。这就是违反这个原则。我们一切的教授，要依着他原有的动作，而加以指导。所以利用原有的动作，是一种正当教法。大凡一种教授，决不能直接授受，如物质的东西，可以互相取与似的。知识、技能，总是不能直接传授。所以真正的教法，是利用儿童原有的动作，从旁指导，使它渐渐地发达滋长，浸到知识技能当中。那儿童自然有了知识和技能。

——《杜威教育文集》第 4 卷，第 11 页

朱永新解读:

　　所谓要应用儿童原有的动作，其实就是要充分发挥儿童学习的主动性和积极性。教育不仅要尊重儿童的需要，而且要尊重儿童"原有的动作"。杜威以儿童学习语言为例，认为应该在儿童"自己能做声音"的情况下加以指导，这样的教育才能够成功。如果不考虑儿童这个原有的动作，所教的东西"必定东耳进，西耳出，如水过鸭蹼，自然流去"。这就是说，教育必须顺应儿童的学习特点，因势利导，在儿童已有知识和技能的基础上顺其自然，指导帮助，才能取得最佳的教育效果。

要有好环境刺激儿童的需要

>> 要有好环境刺激儿童的需要，指导儿童的动作。……有一个最古的比喻，倒觉得很有意思。什么比喻呢？就是拿园丁比作教师。园丁种了植物的种子，在那个地皮上。虽属种子自己可以发芽，都还要有雨露的润湿、肥料的适宜、空气日光的调剂。这都是园丁应该时常顾到的事体。所以种子才能生长起来。教师对于儿童，也要把儿童的环境弄好，使得他渐渐地发展，渐渐地成功。所以教师对于儿童唯一的能处，唯一的能做的事情，就是供给儿童环境。

——《杜威教育文集》第 4 卷，第 11—12 页

朱永新解读：

尊重儿童的需要，发挥儿童的主动作用，并不意味着教师什么也不用做。按照杜威的观点，教师的作用，就是为儿童的发展创造最适合的环境，能够刺激儿童的需要，激发儿童的主动性。杜威用园丁的工作来比喻教师的劳动，认为虽然种子自己有破土成长的能力，但总是离不开雨露滋润、施肥除草，离不开园丁的精心照料。教师的责任，就是像园丁那样，提供尽可能好的土壤、水分、肥料、光照，让种子自由地生长。他以儿童学习语言为例，如果儿童觉得学习语言"很有趣味，不以为是学语言，而自然是学习语言；不以为学习语言，是一件必定要做的事，而自然是做。不仇视这件事，不畏惧这件事。儿童本其已有的倾向，去做他所欲做的。教师循他已有的倾向，设法去刺激他，指导他，使不至于仇恨畏惧"。这样，就把学生的主动性与教师的能动性有机结合起来了。

教师不过是用来
辅助的、指导的

>> 所谓教师者，并不是表示他的能力大，他的学问大，使得人总尊敬他，崇拜他。这不是教师应该做的事情。教师不过是用来辅助的、指导的。学生得到他的感动，因而晓得自力，晓得自动。这才是教师应做的事体。

——《杜威教育文集》第 4 卷，第 12 页

朱永新解读：

在传统教育中，好教师的标准就是学高身正。学高为人师，身正为人范。学问渊博，能力超群，就能够让学生崇拜敬畏。但是，按照杜威的观点，这不是好教师的真正标准。因为这是以教师为中心的教育制度的标准。到了杜威的时代，他提出了以学生为中心的主张，好教师的标准是学生能够在他的影响下，因为他的"感动"而晓得"自力""自动"，发挥主动性、积极性。一句话，好教师的标准不是自己多么能干出色，而是让学生出色能干，自己成为学生学习的助手、指导者。

做得好乐趣自然发生

>> 大凡研究一种学问，或是做一件事体，觉得不大高兴的缘故，总是因为不曾受过这种训练。简单地说起来，就是没有这种习惯。他没有习惯，就觉得不愿意，觉得厌恶，所以不能发生一种乐趣。我们平常做事做得很好，乐趣自然发生，学生读书。觉得无趣的时候，教师不应该去责备他。应该研究他的病根在哪里，摸到他的病根，就要想法除掉它。这是教师正当的态度。

——《杜威教育文集》第 4 卷，第 15 页

朱永新解读：

人的兴趣，包括学习的兴趣从何而来？

这其实与人们对于某一件事情的熟悉程度、把控程度有关。无论是研究一种学问，还是从事一项工作，人们之所以不大高兴，之所以没有兴趣，往往与不了解这种学问，不掌握这项工作有关，与"不曾受过这种训练"有关。如果平常事情做得好，乐趣自然就会发生。

所以，杜威说，当学生对学习缺乏兴趣的时候，不要轻易去责备学生，而应该认真研究真正的"病根"在哪里，学习上真正的短板在哪里，然后进行有针对性的治愈。

什么才是好学生？

>> 能称为好学生的，未必知识储蓄得很多；储蓄很多知识的，不是真正的好学生。真正的好学生，是要能养成好习惯能控制本身，并能控制身外的材料，能在社会服务，能解决种种问题，能筹划一切。但是普通人总以为能读书，能背书，如陈列所的样子，把他所学的一样一样地陈列出来，给人看看，叫人说得他是一个读书的，这就是好学生的标准，实在谬误极了。

——《杜威教育文集》第 4 卷，第 16 页

朱永新解读：

什么才是真正的好学生？考试第一名就是好学生吗？知识储备多就是好学生吗？杜威的答案是否定的。杜威认为，如果只是把知识储备多作为好学生的标准，作为教育成功的标准，那是一件谬误至极的事情。如果学生只是能够把所学习的知识复述出来，陈列出来，成为一个背书的书呆子，即使考再高的分数也是没有意义的。真正的好学生，是应该能够把所学习的知识应用于实际，服务于社会，解决遇到的各种问题；应该是养成良好的行为习惯，能够控制好自己的行为，同时掌控周边的环境。一句话，好学生不应该是知识型的，而是能力型的。

为什么儿童对学习不感兴趣？

>> 儿童初到学校的时候，总是很愿意到校的。因为那个时候，如写字、书画，这些事，只晓得做得好玩，并不在吸收知识。这全是由内部向外发展的一种能力。等到稍微长大的时候，他就变为被动地吸收的了。所以他的兴趣，就减少得很多。照这样看来，儿童起初对于他所做的事体，总是很有趣味的。后来他的兴趣，就觉得渐渐地淡漠。因为没有新事可做，所走的路，都是旧路。天天循旧例，把知识储蓄起来，毫无趣味，自己又不觉得对于自己有什么影响。

——《杜威教育文集》第 4 卷，第 16 页

朱永新解读：

儿童总是对这个世界充满了好奇，充满着探究的精神。儿童一开始来到学校时，也总是对学校充满好奇，充满期待。因为，儿童的本性是主动地挑战未知，主动地探索研究，这是一种由内部向外部发展的内在的力量。尊重儿童的这种内在的力量，让儿童主动地学习，主动地探索，儿童就会兴趣盎然。如果让儿童被动地接收知识，被动地呈现知识，只知道"把知识储蓄起来"，而不能够运用知识解决自己日常生活中的各种问题，这样自然就会天天走旧路，天天循旧例，慢慢地丧失对学习的兴趣。

不能使人发生感情的教育不是好教育

>> 凡为所动的，就能发生行为；不为所动，当然也不能发生行为。能发生行为的人，他的本身的趋向，自我的兴趣，和他所动的对象，就发生一种"关系"，一种"结合"。这种关系和结合，就是"感情的结合"。有了这种结合，就能生出好结果；没有这种结合，就不能生出好结果。所以教育的力量，入人最深的，就是影响人的好恶，影响人的爱憎。不能使人在根本上发生感情的教育，是肤浅的教育，不是真正的好教育。

——《杜威教育文集》第 4 卷，第 21—22 页

朱永新解读：

人非草木，孰能无情？教育不是简单地把知识从教师的脑袋装进学生的脑袋里，知识转移的过程一定同时伴随着情感的转移。

杜威认为，不能打动学生的教育就不会有什么效果，就是肤浅的教育，就不是真正的好教育。所以，好教育一定是触及灵魂的，动及感情的，影响人的人生观、价值观的，改变人的行为的。

恐吓与奖诱的方法总不是万全之计

>> 有的教师，利用儿童畏惧的本能。拿落第、惩罚等恐吓他，逼他向前。这种方法，在从前或者稍能奏效。然而方法不对，也未必真能引起他的爱情。有的教师，以为这种方法，仿佛近于秋冬杀气，太嫌残暴。不甚赞成，于是另设奖诱的法子，如同糖包苦药，哄他前进。这还在教材以外的方法。总之恐吓和奖诱，两种方法所引起的兴趣，总不是有生气的。恐吓的时候，好一点，恐吓一停止，还是依然如故；奖诱的时候好一点，奖诱一停止，还是依然如故。所以兴趣要在教材本身上发生。否则如糖包苦药，或是如鞭驱前进，总不是万全之计。最好在教材本身上找出一种方法。

——《杜威教育文集》第 4 卷，第 23 页

朱永新解读：

在教育中是否需要使用奖励和惩罚？如何有效地运用奖励和惩罚？这是古今中外的教育家们经常争论且一直没有定论的问题。总体而言，随着儿童权利保障的强化，以及人文主义思潮的发展，越来越多的人不主张使用惩罚尤其是体罚的办法。但是，滥用奖励，仍然是现在许多学校惯用的办法。其实，在杜威看来，奖励或者惩罚，都不是"有生气"的教育方法，因为这样的办法是从外部解决学生的激励机制，没有真正引发学生的情感共鸣，没有让学生真正从学习内容本身得到体认。通过外在的诱因裹挟或逼诱学生学习，这样的办法可能会一时奏效，但不能长期维持。所以，关键还是要从学习内容本身，从教材上下功夫。

教育即是生长

>> 我们最要紧的一句话，就是：教育即是生长。

自我生长，能力生长，都是由内部发出来的；不是由外部注进去的。无论什么生物，凡是有生命的，都能生长；所以生长就是生命之表记。我们可以说生长即是生命，生命即能生长。把一个种子播到地下，就会发芽生长；就是因为它有生命。假使是一种死东西，就不会生长了。种子有生长机能潜伏在里面，到了生长的时候，就复杂地表现出来。生长就同固有的本能继续发展，使得它的机能格外有力，使得它的构造格外复杂。

——《杜威教育文集》第 4 卷，第 25 页

朱永新解读：

教育就是生长。这是杜威教育思想的基石。也就是说，学生作为教育的对象，是一个生命体。生命就像一粒种子，它具有自我生长、自我发展的能力，这种能力不是外界赋予的，而是内生的。

教育的使命，就是能够充分认识这种内生的力量，为这种力量的实现创造条件，提供帮助，浇水、施肥、除草是教师和园丁的任务，而不是揠苗助长，更不是代替学生成长。

>> 把教育目的放在很远很远的"将来"，模糊不清捉摸不定的"将来"，和现在生活没有关系。但是现在的教育不是这样。现在的教育是根据现在有的，从目的做起；不是把目的放在很远的含糊的"将来"。

——《杜威教育文集》第 4 卷，第 26 页

朱永新解读：

教育固然要面向未来，因为现在的孩子是未来社会的建设者和主人翁。但是，如果教育只考虑未来，不考虑现在，甚至以牺牲现在成全未来，就完全颠倒了，方向就错了。许多父母和教师就是打着为学生未来的幸福着想的旗号，牺牲学生眼下的幸福。以现在的不幸福换取未来的所谓幸福，其实是父母和教师的一厢情愿。人生是一条川流不息的长河。现在与未来之间是直接连通的，没有现在的幸福何谈未来的幸福？所以，亲爱的父母，注重孩子当下的感受，当下的幸福，是他们一生幸福的基础。当然，如果只关注现在，毫不考虑未来，把未来视为懵懵懂懂没有意义的存在，就可能使教育偏离方向。

所以，最好的办法就是既要仰望星空，看清教育未来的方向，着眼孩子的未来；也要脚踏实地，注重当下的力量，关注现实生活，不能为了未来而牺牲现在。

学校教育为什么与社会越来越远？

>> 学校教育，虽在近世史上很为重要，但是也有一种流弊。就是，自从学校教育独立以后，渐渐和社会隔离。所以学校教育的目的宗旨，也就渐渐迁远，不切现在社会的状况、生活。大概无论什么制度，什么机关，成立以后，总有一种习俗成规，是积年累月遗传下去养成功的。后来好像必须依照成法去做，不能更变。学校也是一种机关。科目如何定，如何教，历年相传，就成为一种习惯的科目，习惯的方法。就是政治上有什么大变迁，经济上有什么大变动，它都置之不问，还是依照成规去做。所以与社会愈离愈远了。

——《杜威教育文集》第 4 卷，第 29—30 页

朱永新解读：

　　杜威的这个问题，问得实在是好。我们的学校教育，从时间到内容，从结构到方法，难道都是天经地义的吗？难道都是不能够变化的吗？答案是否定的。但是现实的教育生活就是如此。制度、机构，都是人们自己创造出来的，但是它们一旦被创造出来，又成为反制我们自己的力量。学校出现之前，教育本来就是在社会生活中进行的。有了专门的学校以后，特别是有了现代学校制度以后，教育慢慢成为学校的"特权"，教育的事情慢慢由学校说了算。这样，学校就与社会生活越来越远了。其实，这不是教育的本意，不是教育原本应有的模样。学校只有不断满足社会的需要，不断跟上时代的步伐，才能走得更远，更好。学校要想不被淘汰，就要主动变革。

>> 读书的人或是受教的人，必有一种动机。这种动机，为内部发生，觉得不能不学，将来必定可以应用到事实上去。所以就以为有用，以为有趣。但是到了学校里，所学是所学，所用是所用，两下分开，不生关系。于是受教的人，觉得所学失去吸引的力量，不能发生自然的学习；教的人以为儿童都不好学，必须设法奖励或恐吓，使他前进。好像儿童无此本能，必须靠着鞭策才能前进。此说殊属荒谬。学习是自然的，由内部所生的自然趋向，自然趣味，如同渴而要饮，饿而要食一样，本用不着引诱的法子去鞭策他。

——《杜威教育文集》第 4 卷，第 31 页

朱永新解读：

在一定意义上，学习是人的本能，是人与生俱来的一种需要。因为，人是通过学习才真正成为人的。人的许多能力，甚至是人的关键能力，如语言等，是在进入学校之前学会的。在自然的状况下学习，虽然可能会有不够系统完整等缺憾，但是它完全是学生内生的需要，主动的探究，"有用""有趣"是学习的两个原生动力。到了学校以后，不考虑学生的内生需要，不考虑"有用"和"有趣"，所学的必然会对学生失去吸引力。而当学生没有学习的兴趣时，又采取威逼利诱的办法，强迫学生学习，这就违背了教育和学习的基本规律。

理想的学校

>> 校外教育有生机，所以校内教育也应该保存生机；校外教育是实用，所以校内教育也应该保存实用；校外教育有动机和兴趣，所以校内教育也应该保存动机和兴趣。凡校外所有的材料，校内都应该采取；不但采取，还须扩充。把校外的零星琐碎的材料，拿到校内来，加以组织，加以提炼，成为一种有系统的科目。把不好的除去，把好的提出来发达。这就是我的理想学校。

——《杜威教育文集》第 4 卷，第 31 页

朱永新解读：

理想的学校，应该是把现在和将来结合起来，把学校与社会结合起来。按照杜威的看法，生活与教育，学校与社会是不能分隔的。校外的社会生活与学校生活各有特点，各有优势，应该互相吸收，彼此借鉴。尤其是学校教育，应该借鉴校外教育的生机勃勃，借鉴校外教育的注重实用，借鉴校外教育的激发动机与兴趣。同时，因为学校教育是有计划、有体系的，所以在借鉴的同时应该尽可能将校外教育的零星的琐碎的东西加以整合，使之系统化、条理化。一句话，学校教育要对校外教育进行合理的改造，"把不好的去除，把好的提出来发展"。这就是杜威的教育理想，是他心目中好学校应该做到的。

教材要从成人和儿童两个方面看

>> 学校教材，如此的有定形、有组织、有系统，在成人方面看起来，确实如此。但是在儿童方面看起来，未必也以为有定形、有组织、有系统。所以教材要从两方面看，一方面从成人看，他一方面从儿童看。所以我们第一层要明白的，就是学校科目是从前经验生出来的，不是从儿童的经验生出来的。在成人既经组织，脑筋中已经清清楚楚。然在儿童，尚未明白，所以教授须得法。

——《杜威教育文集》第 4 卷，第 33 页

朱永新解读：

　　以儿童为中心选择和编写教材，与以成人为中心选择和编写教材，无疑是不同的。以儿童为中心，会更加注重教材的鲜活、生动、有趣，注重与儿童生活的联系，注重儿童的可接受性。以成人为中心，会更加注重教材的科学性、逻辑性、体系性，会更加注重学科的历史发展与未来趋势。所以，成年人编写的教材往往是成年人的一厢情愿，把什么知识教给孩子，是不需要与孩子商量的，用怎样的方法教给孩子，也不是考虑的核心问题。这样"目中无人"的教材，自然不可能受到孩子的喜欢，也无法产生好的教学效果。所以，杜威呼吁，教材一定要考虑儿童的需要，儿童的经验，儿童的兴趣。

教师的目的是改造经验

>> 总之教材的正当教法，就是教者当教授的时候，须看教材与儿童所有的经验有没有相交之点？教材与儿童可否发生关系？儿童是否能了解意义且能用以改造其粗浅未成熟的经验？教师要仔细选择。选择以后，尤须加以组织。如新开矿苗，必须加以提炼。教师的目的，是改造经验。科目乃是内部的经验送出来的，绝不是由外面附加上去的东西，如同从上面用力，把石头压倒的样子，必须由其经验提炼改造。这才是正当方法。

——《杜威教育文集》第 4 卷，第 35 页

朱永新解读：

　　教师是教材与学生之间的媒介。杜威说，教师的目的是改造经验。为什么教师的目的是改造经验？因为那些教材里的知识和经验，都是成年人总结和归纳的，是按照成年人的逻辑整理的。儿童能否把教材里的知识和经验与自己的经验联系起来，往往取决于教师能否让教材与儿童发生关系。所以，教师不是把矿石直接给学生，而是尽可能通过自己的"提炼"，把最精粹的东西给学生。当然这个"提炼"不是教师独自完成的，而是与学生一起去做的。这个"提炼"的过程，就是把教材与学生的经验联系起来的过程。

教师应有活泼又生气的传授

>> 儿童做事，虽不知如何做法，然而觉得很有趣味。他有了不明白不了解的地方，他就希望成人指教他。所以无论怎样，总不厌倦。因为成人指教他告诉他的，都是他以为很有趣味的。但是儿童虽永无厌倦，而成人往往嫌他好问，似觉太烦，不愿教他。那么，成人倒反觉厌倦了。所以教师应有活泼又生气的传授；不应有叫儿童吸收的传授。

——《杜威教育文集》第 4 卷，第 39 页

朱永新解读：

在儿童旺盛的求知欲望和强烈的好奇心面前，我们的许多教师与父母一样，总是那么冷酷无情、苍白无力。他们要么觉得孩子很幼稚，如此简单的问题还要发问；要么觉得孩子很啰唆，一个问题要问无数遍；要么丢不下架子，对于许多自己也搞不清楚的问题不懂装懂，轻率地打发孩子。孩子总是喜欢打破砂锅问到底的，孩子总是对世界充满好奇的。可惜，我们的教师和父母往往对此视而不见，一心想把自己已经准备好的东西强加给孩子，让孩子被动地吸收；而不去针对孩子的需要，孩子的问题，进行"活泼又生气"的教育。这样，孩子对世界的好奇就会慢慢消失，孩子的问题就会越来越少，学习的主动性就会越来越差，学习的效率与结果也就可想而知了。

为什么儿童一入学校活泼的精神就逐渐减少？

>> 你看儿童未入学校的时候，全身非常活泼，一入学校，这种活泼的精神，就逐渐减少。好像学校里应该为静坐的态度，不要动什么，做什么；于是教师想出种种方法，压制儿童的行动。仿佛必须如此，才算美德。殊不知这种活动，正是儿童最好的工具。有了这种工具，就可得到种种经验，种种知识。所以这种天然的活动非常宝贵，而学校里偏偏压制这种天然活动。所以儿童就逐渐减少这种活动，终且至一点活动的精神都没有；纵有，也不过是一种机械的活动。学校里弄到这种地步，所以儿童知识方面，就受了大影响。他领受知识，完全被动，没有冒险的精神，没有发现的能力。所受的知识如同留音机的声片，一动就发出种种声音。知识收集在儿童头脑里，偶一提拨，就能滔滔背出，好像有无穷的知识，从他脑里出来。这种机械的活动，有什么用处呢？

——《杜威教育文集》第 4 卷，第 41 页

朱永新解读：

为什么儿童一入学校活泼的精神就逐渐减少？这是值得我们每个教师、每个父母、每个教育工作者认真思考的一个问题。如果这个问题不解决，我们的教育就永远无法走出怪圈。

两千多年前，孔子就说："学而时习之，不亦说乎；有朋自远方来，不亦乐乎！"学习本来应该是一件非常快乐的事情。与小伙伴们在一起读书，唱歌，

游戏，一起学习知识，一起讨论问题，一起探究课题，本来应该是最开心最快乐的事情，但是现在学校恰恰成为学生最恐惧的地方，学习恰恰成为学生最讨厌的事情，这是教育的悲哀，也是学校的悲哀。

要解决这个问题，其实也不难。我们去看一看，儿童最初是如何学习的？儿童轻轻松松就学会了人类最复杂的语言，学会了许多关于自然、社会、生活的知识。所以，尊重儿童学习的主动性，尊重儿童的冒险精神，尊重儿童的自我探究活动，不要压制他们，不要把他们当作知识的消极接收器，不要把他们当作不断重复放声的留声机。一句话，在没有想好要做什么的时候，我们不妨首先想一想，对于儿童，我们不应该做什么。

儿童的直接经验从哪里来？

>> 儿童的直接经验，是靠着活动以及知识变为本体的一部分得来的。你看儿童在校外的时候，常常欢喜问人，人欢喜答他，彼此很有亲密的关系。这就可以得到直接的知识。但是到了学校里来，虽是要想得到知识，而往往怕问。每逢问的时候，教师也觉得太烦。于是先生怕讲，学生怕听，很不自然。

——《杜威教育文集》第 4 卷，第 43 页

朱永新解读：

儿童的直接经验和知识，基本是依靠他自己亲身经历、体验而获得的，经常是在活动的过程中向成年人或者其他儿童请教而获得的。问号，往往就是儿童用来打开未知世界的钥匙。这是儿童认识世界的主要路径与方式。但是，儿童到了学校以后，直接的经验少了，间接的知识多了；灌输的东西多了，提问的机会少了。久而久之，儿童不会发问了，对世界的好奇心也慢慢淡化了。其原因之一，就是老师不鼓励学生提问题，觉得很烦。如此，学生自然没有提问的兴趣，儿童获得经验的管道就不畅通了。

校内与校外不同的地方

>> 校内与校外不同的地方就是：

校外是直接的，能补充不足，使得知识比从前更加丰富。不是当为目的的不是像那读书必须强记，纯是孤立的、单独的样子。

校内是当为目的的，叫学生不能不记忆，不能不背诵，仿佛要把所教所学的陈列陈列。

——《杜威教育文集》第 4 卷，第 43—44 页

朱永新解读：

校外教育与校内教育，课外学习与课堂学习，一个最重要的区别，就是"不是当为目的的"和"当为目的的"。也就是说，校外教育和课外学习，没有明确的强烈的学习信号——我在学习啦！它的优点就是在自然中自然而然地学习，直接，单纯，有效，不必死记硬背；缺点是知识与经验比较碎片化，"孤立"，"单独"。而校内教育和课堂学习，学生正襟危坐，学习的目的性很强，而且是把学习过程本身当成了目的。让学生记忆、背诵学习的内容，学习是为了能够回放，为了能够"把所教所学的陈列陈列"。一个主动，一个被动，一个自然，一个强制，效果自然是不一样的。

设法教儿童生出求知的欲望

>> 当传授的时候，并非不问儿童有无这种要求，只要尽我所有，一概传给儿童。这种传授，不免养成知识的奴隶，一味依赖他人，自己不求进步。所以当传授的时候，如果学生已有准备，已有要求，不过有一二疑问要与教师研究研究，教师在此状况之下，尽可尽其所有完全传给儿童。因为儿童此时欲望甚大，即使尽量传授恐怕还不能满足他的欲望。所以我们对于儿童，应该设法叫他生出求知的欲望，如同饥饿一样。生理上有了饥饿，就容易领受食物；心理上有了饥饿——欲望——就容易领受知识。但是儿童虽容易领受，然而不能把各种许多的食物，叫他完全吃下去，一点不剩。如同自首至尾，一字一句，都没有自由选择的余地，不问他要哪一部分，一概叫他领受下去，这也是不对。

——《杜威教育文集》第 4 卷，第 44 页

朱永新解读：

如何激发学生的内在求知欲望？中国古代的教育家孔子有一句名言："不愤不启，不悱不发，举一隅不以三隅反，则不复也。"

大意是说，不到学生努力想弄明白却弄不明白的程度不要去开导他，不到学生心里明白却不能完善地表达出来时不要去启发他。如果学生不能举一反三，就不要再反复给他举例了。其核心要旨，就是要重视学生学习的内在要求。

现在的教育，不管学生是否想学习，总是一厢情愿地把知识灌输给他们。就如不管学生肚子饿不饿，总是强制他们把各种食物全部吞下去。这样自然不会消化，不会成为学生自己的东西。所以，教育的艺术在于，首先要激发学生学习的内在需求，"设法叫他生出求知的欲望"，从"要我学"变成"我要学"。

>> 凡知识和需要有密切的关系，互相联合若有生气的，都是可以保存的。但是教师不能因为儿童能保存，就常常考问他，盘驳他，看他究竟记了多少，保存了多少，因为儿童已经把知识潜移默化，没有什么一块的知识留在脑里，怎样可以给人时常考问盘驳呢？

——《杜威教育文集》第 4 卷，第 44 页

朱永新解读：

学习不是为了记忆，为了考试。现在的教育是应试导向型，把考试成绩视为检验学习效果的唯一的、终结的标准。因此，学生学习好不好，首先就是看他"究竟记了多少，保存了多少"。

其实，按照杜威的观点，只要学生的学习出自他自己的内在需要，只要学生的学习是与自己的生活、生命紧密联系的，学生自然会记住，是"可以保存"的。但是这种记忆更多的是以潜移默化的方式保存的，是在关键的时候能够使用的，而不是为考试准备的，不是把一整块知识原封不动地留在大脑里以应考试之需的。

所以，学校不要本末倒置，没有必要常常考问盘驳孩子，让孩子失去对学习的兴趣。

儿童的经验是从他所接触的环境生出来的

>> 我们晓得儿童的经验，是从他所接触的环境生出来的。倘若我们不利用这种环境，那么，学校的种种科目，都可以根据一种原理，定成很有系统很有组织的，那必定与儿童的经验一点不合。于是把种种知识，从外面附加到儿童的经验上去，依然不能融和。简直没有一点用处，所以利用地方的环境，是非常要紧的。但是做人并不是仅仅叫他做地方公民，必须叫他做全国国民，眼光不宜狭小。要有大国民的思想。所以小学校里一方面要利用地方的环境，一方面要选择有代表全国之性质的环境，那么可以引起儿童的好奇心，可以超脱地方的环境而进于全国的环境。

——《杜威教育文集》第 4 卷，第 46 页

朱永新解读：

这是杜威在南京的第十一次讲演中提出来的观点。他在讲演中特别提到，要利用地方的环境，"拿儿童耳目天天所接触的来改造他们的经验"，同时把他们的环境"推广"开去，使他们的经验更加丰富，"能包括他们从前所未包括的经验"。也就是说，一方面，儿童自己直接的经验非常重要，这是他们学习的基础，学校教育如果不懂得利用儿童的直接经验，只是把教育内容"从外面附加到儿童的经验上去"，是根本无济于事的。另一方面，也要懂得扩大儿童的经验，让他们看到更大的世界，因为我们需要培养的是真正的"大国民"，而不是一个地方的公民。这大概就是我们现在所说的立足地方，胸怀国家，放眼世界吧！

根据　新教育与旧教育的不同

>> 现在诸君最宜注意的一点，就是学校教材要先拿儿童现有经验做基础，然后授以抽象的知识。所以把儿童固有的经验做根据，然后依此根据，定出学校中有系统有组织的种种科目，这就是新教育。以学校中有系统有组织的种种科目做根据，以后依此根据，把种种知识从外面附加到儿童固有的经验上去，这就是旧教育。新旧两种，适相反对。

——《杜威教育文集》第 4 卷，第 49 页

朱永新解读：

在杜威看来，新教育与旧教育的根本区别，就在于对儿童经验是否重视，是否把儿童的经验作为教育的出发点。

新教育，是以儿童的经验作为基础的，在选择教学内容和编制教材的时候，是考虑把儿童已有的经验作为依据的，学科的设计也是考虑到儿童的经验。这样做，其实是遵循了儿童学习的规律，容易帮助儿童建立新旧知识的联系。

而旧教育，则不是以儿童为中心，不是以儿童及其具有的经验作为根据，而是"把种种知识从外面附加到儿童固有的经验上去"，次序是颠倒的。

学校不可以只偏重读书作文这两层

>> 我们所以要操纵文字，无非要想读书、作文。所以学校里面很注重读书、作文这两层。因为环境的意义，都可以偶然得来，可以用自然的方法得来。只要在校内读书、作文罢了。但是学校可以注重这两层，不可以偏重这两层。如果偏重这两层，那么校内所有时间，都被这两层占掉了。于是所要达到的目的，恐怕也不能达到。环境与读书、作文本有关系。假使偏重读书、作文，而不兼重环境，那么环境的意义不能明了，读书、作文也不能达到目的。

——《杜威教育文集》第 4 卷，第 51 页

朱永新解读：

学校里当然必须要有阅读、写作的课程，读书、作文是学校非常重要的两件大事情。但是，学校里的事情远远不止这两件，不能把学校里的所有时间都用于这两门课程，即使这样做，也未必会取得很好的成效。因为，阅读、写作不能忽视"环境的意义"，不能离开学生生活的环境与经验，否则阅读与写作就没有源头活水。

在这个意义上说，学校必须兼顾学术性课程与活动性课程，让学术性课程有活动性课程作为基础，让阅读和写作有环境和经验作为基础。

儿童学习语言第一个用处是做普通的工具

>> 我们知道儿童学习语言，第一个用处是做普通的工具。第二个用处才要说到发挥思想。普通人把第二当作第一，殊属谬误。所以要学习语言的缘故，并非是因为有一种高尚的哲理、深奥的哲理必须发挥，不过因为普通接触，互相往来之间，自己或者有所不知，有所不到的地方，必须借助于他人的经验知识，不得不有一种社交的工具。所以必须学习语言。你看欢喜与人往来的人，都是欢喜谈话。而不欢喜往来的人，也不甚欢喜谈话。可见语言是人与人之间发生关系生出来的。倘若学校里偏重读书作文，而压制这种社交的动机，那就不是教授语言的方法了。

——《杜威教育文集》第 4 卷，第 51 页

朱永新解读：

语言的第一功能是工具性的交际的功能。现在的语文教育，往往首先强调语文的审美功能、道德教育功能，而看低了语文教育的听、说、读、写等基本的工具性功能。如我们的语文教育是不太管"听"这件事情的。其实，"听"恰恰是一门大学问。儿童最初就是依靠"听"认识了周围的世界，学会了语言，学会了观察，学会了交流。用心聆听，把握要领，是现代人不可或缺的基本素质。"听"，是对人的尊重。现在许多人与人交流时心不在焉，或者看手机，或者旁若无人地讲话，这些当然也是违背基本的"审美"要求的。

现在的语文也是不太管"说"这件事情的。甚至，我们许多学校经常不允许孩子随便说，不允许他们自由地表达自己的意见与主张。其实，"说"也是一门大学问。如何清晰地表达自己的思想，陈述自己的故事？如何根据不同情景和不同对象及时调整自己"说"的内容？这都不是简单的事情。

"说"，是人的沟通和表达能力的基础，也是写作能力与思维能力训练的重要基础。新教育有一个"听读绘说"课程，就是把"说"作为一种重要的能力特别给予关注。其实，说得精彩，本身也是一种美，与语文教育的审美有着非常密切的关系。

因此，语文教育首先应该让人学会交往，喜欢与人交流，喜欢谈话。语文，首先是为人服务的。

>> 儿童在学校学习的时候，必须养成他到图书馆参考的习惯。我们要想法引起儿童的好奇心，叫他自己到图书馆去参考，以补充他的经验所不足。但是图书馆藏的书籍很多。儿童年轻，恐怕不会参考。必定要等到中学时期，才可以有这种能力。就是到了中学时期，还恐怕不曾会用。必定要到大学的时候，才能参考。然而这种参考的习惯，必须在小学的时候养成。叫他自由参考，万不能加以压迫。这是我们最宜注意的一点。

——《杜威教育文集》第4卷，第54页

朱永新解读：

学会利用图书馆，是中小学生应该掌握的基本能力。因为，人们的经验总是有限的，学生生活的空间总是有局限的。阅读，是补充我们无法亲身经历、亲自感受的经验的最有效的办法，图书馆应该是我们补充经验的重要来源。

杜威在这里其实有点低估了儿童利用图书馆的能力，他认为要真正地学会利用图书馆，应该等到进入大学以后。其实现在的小孩，三四岁就可以通过手机语音查询他需要的知识了。当然，现在的图书馆与杜威时代的图书馆，现在的搜索工具与杜威时代的搜索工具，已经是今非昔比了。

但是，杜威强调应该尽早培养孩子学会"参考的习惯"，养成向书本请教的习惯与能力，无疑是非常有道理的。

历史和儿童经验之间有一种桥

>> 历史里的材料，和儿童的经验，本没有什么关系。而且这些材料，又不是从儿童经验里出来的。在儿童不曾有经验以前，历史的材料已经就有了。普通学校里所教的历史，从事实上说起来，简直和儿童的经验没有关系，不足以扩充儿童的经验。历史里面所记载的，不过日期、人名，以及什么当时重大的事体，差不多都是要强记的东西。对于儿童，实在不足以改造他的经验，扩充他的经验。但是历史一科，在事实上虽属和儿童经验隔绝，而在理论上，两者却相通连。历史和儿童经验之间，好像有一种桥，互相可以联络的样子。历史都是过去的事实，过去的经验。儿童因现在而回想过去，自然就生出一种想象，好比一种桥架在中间，两下可以联络。

——《杜威教育文集》第 4 卷，第 55 页

朱永新解读：

儿童其实是最需要历史的。尽管儿童与历史之间有很长的距离，但是凭借想象力，凭借历史学家生动详细的描绘，儿童可以在自己的经验与历史的事实之间建立起桥梁。如果把历史变成只需要死记硬背的日期、人名、地名、事件名称，历史就是干巴巴的死东西，儿童自然不会有什么兴趣。但是，如果我们把历史与儿童的生活经验建立联系，如果我们通过想象力和因果关系这两座桥梁，儿童是完全可以理解历史、喜欢历史的。因为儿童充满了想象力，历史这样的学科正好可以丰富发展想象力。

历史课为什么没有趣味？

>> 历史的事实，不是伪造的，都是确实可信的。我们的想象，要在这种地方活动，但是往往觉得历史没有趣味，是什么缘故呢？这是因为历史里所记载的日期、人名等，逼人强记。所以想象不能在历史上活动。我们最好把过去的事实，拿来重新组织，与神仙传一样的有趣。读历史时，仿佛过去的事实，重行实现出来。那么，想象就不致再到神仙传上去活动了。所以教授过去的历史，如同小说一样，儿童就觉得有趣。

——《杜威教育文集》第 4 卷，第 56 页

朱永新解读：

当我们为孩子或者学生讲述历史故事的时候，他们总是兴趣盎然。但是，为什么轮到学生开始学习历史课程的时候，却毫无兴致，怨声不断？原因就在于我们把历史当成了死的知识，强迫学生死记硬背时间、地点、人物，背景、过程、意义。

教历史虽然没有像教神话小说那样只凭想象而不据史实，但是把"过去的事实，重新实现出来"应该是可以做到的。没有兴趣的东西是无法真正深入学习的。所以，历史课程应该做到有趣味。《明朝那些事儿》《万历十五年》《叫魂》等历史书籍之所以如此受读者欢迎，应该对我们的历史老师有所启发。

历史只要教授得法绝不会没有趣味

>> 历史从传记得来的很多。把名人的传记，就其品性生活，当时怎样的情形，说得宛如小说。由个人的生活，推到当时所处的环境怎么样，当时社会的背景怎么样。因怎么样的社会背景，就生出怎么样的一种人物。那么可以知道社会和人物的关系是怎么样。然后再与现在的社会人物比一比。这样的教授，就能引起儿童的趣味了。所以历史只要教授得法，绝不会没有趣味。

——《杜威教育文集》第 4 卷，第 56 页

朱永新解读：

历史是人的历史。人始终是历史的主体。所以离开了人，只是机械的事件，零碎的时间、地点，历史就会变得枯燥无味。

杜威提出，应该围绕历史人物的生平故事、品性生活展开，结合当时的社会背景和历史人物所处的特殊环境，研究历史人物命运的必然性，研究历史发展的逻辑性。还可以把历史人物放到当前的社会背景下，与现代的人物做一些对比研究。历史总有一些惊人的相似之处，只要不是简单的类比、生硬的对照，这样的研究是非常有趣的。

所以，如果学生对历史没有兴趣，往往不是历史没有趣味，而是历史教师没有办法。

>> 死的过去，与现在全没有关系，看也看不出什么关系来，查也查不出什么关系来。活的过去，就与现在很有关系了。这种关系，可以看得出的，查得出的，读过去的历史，如读小说一样，趣味很浓厚，过去与现在就有了关系。觉得要考究它的沿革是怎么样，是不是一线下来的，过去有什么问题，现在是不是有同样的问题，于是过去和现在互相联络，渐渐可以扩充。

——《杜威教育文集》第 4 卷，第 57 页

朱永新解读：

知识有死的，也有活的。把知识变成死的教给学生，就成为负担。把知识变成活的教给学生，就成为财富。

历史也是如此。把历史变成死的教给学生，就成为死记硬背的死知识，把历史变成活的教给学生，就成为知往鉴来的活知识。所谓活的历史，就是能够让死的过去与活的现在联系起来。看看历史是如何从过去一步一步走过来的，"过去有什么问题，现在是不是有同样的问题"，过去为什么有，现在为什么还有或者没有了。这样，学生自然就会兴致勃勃。

教授历史应该以『现在』为起点

>> 现在的普通一班中小学校里教授历史的时候，所以觉得没有趣味的缘故，因为它的起点就是错的。教授历史，应该以"现在"为起点，不应该以"过去"为起点。而学校里大概都是以过去为起点，以为过去与现在毫无关系。这样教授，当然不能发生趣味。倘若以现在为起点，就要研究，现在何以有这种问题，何以有这种现象，是从哪里来的，原因在什么地方，这种问题、这种现象何至于如此的复杂。照这样去研究，自然就有趣味了。

——《杜威教育文集》第 4 卷，第 57 页

朱永新解读：

"古为今用，洋为中用"，这是我们学习历史时经常说的一个道理。历史之所以变成死的，变得无趣，除了与现在没有发生联系以外，更重要的是出发点错了。

许多学校的老师教授历史课，出发点就是过去，而且以为过去已经过去，与现在毫无关系。如果出发点是现在，把由远而近变成由近及远，也就是说，以"现在"作为起点教授历史，历史就真正地复活了。

现在的这些问题是从哪里来的？为什么会发生这些问题？这样自然就会追溯到过去，过去自然就与现在发生了关系，学生的学习自然也就有趣味了。

科学不应该与人生日用相去很远

>> 因为科学都是经过古来的科学家一番研究，由他们用提炼的工夫，洗刷的工夫，把科学里的精华提出，归纳到普遍的原理原则里面，成为数理的法式。仿佛有一种程式在里面。所以科学虽属起初是普通知识，然而既经这些科学家几番提炼，几番洗刷，就觉得与人生日用相去很远。拿这种材料教授儿童，所以觉得不合于儿童的经验。

——《杜威教育文集》第 4 卷，第 60 页

朱永新解读：

科学虽然是与历史不同的学科，但是在教学上也有许多相似之处。如历史经常被当成死的知识，让学生背诵时间、地点、人物，背景、过程、意义，科学也经常被当成死的知识，让学生背诵公式、原理、规律，机械练习。

因为科学往往是抽象的，是把普通的科学现象通过归纳、演绎、提炼、整合概括起来的定义与公式，拿这些东西直接给学生，自然距离学生很远，不符合儿童的经验。

所以，教授科学，应该还原到科学家最初发现科学原理的场景和过程，尽可能与学生的生活经验和生命体验结合起来。总之，距离学生的人生日用近一些，再近一些。

科学以方法为最要紧

>> 科学上最要紧的是方法，就科学的事实，加以研究。怎样可以证实这许多事实？必定要有方法。倘若没有方法，事实也无从得来。平常人都以为研究科学，不过要求一点知识。有了知识，就是科学家。其实不然。科学以方法为最要紧。有了方法，然后才能搜集事实，才能造出原理。因为方法这样要紧，所以不可不同时注重实验。方法是实验出来的。有了实验，才有方法，那么种种原理原则，才可实现。所以实验的要紧，就是科学方法的要紧。

——《杜威教育文集》第 4 卷，第 61 页

朱永新解读：

与学习历史一样，科学也不是一些科学事实、科学现象的堆积，而是要掌握科学研究与科学发现的方法。方法比知识更重要，有了科学的方法，不仅可以收集到科学的事实，更能够发现科学现象背后的东西，创造出科学的原理。

在科学的方法中，实验是最重要的方法之一，因为"有了实验，才有方法，那么种种原理原则，才可实现"。所以，科学教育不仅要重视科学知识的传授，更要注重科学思维、科学方法、科学精神的培养。

科学方法第一须养成的是观察的习惯

>> 我们借重于科学方法，第一须养成的是观察的习惯。学校里有各种标本陈列在那里。教师弄得现现成成，在规定的时间内儿童才可观察。在校外的时候，如自然界的花草，天体上的现象，以及人事状况，都可随意研究。好像有一种好奇心，一一要去观察。廓然大公，毫无成意。校内与校外，好像两件事体，绝不相同。这样很觉不好。我们最好要把在校内所得到的观察方法，能应用到校外自然界以及人事方面上去。就是拿狭隘的方法，应用到普遍的事实上去。也就是由狭隘的习惯，变成普遍的习惯。

——《杜威教育文集》第 4 卷，第 62—63 页

朱永新解读：

观察，也是科学方法的一种，而且是一种最为普遍、最为基础的科学方法。观察是无时不在的，是处处可以进行的，不是只有在标本室、实验室里才能进行。

学校教育与校外教育其实并没有一条鸿沟，如果我们有一双善于观察的眼睛，就不应该只在标本室、实验室才派上用场，才开始真正地观察。而是应该在大自然中，在生活中，随时观察，随时用心。

杜威所说的，把学校里标本室、实验室才用的"狭隘的方法"，应用到普遍的事实上去，把"狭隘的习惯，变成普遍的习惯"，就是指科学思维、科学方法应该成为学生的习惯。

不盲从

思想发展必须仔细思考

>> 我们所以拿人的是非做是非的缘故，其最大的原因就是惰性。心里非常懒惰，不肯研究。因为研究的时候，心上总要受点痛苦，所以怕去研究。这是最坏的大原因。其次就是社交性。这个原因比较起来稍微好一点。一心要大家相安，不愿受人攻击。所以人云亦云，不肯提倡异说。因为这样的存心，所以思想停顿，不能发展。我们要思想发展，必须仔细思考，不肯盲从。

——《杜威教育文集》第 4 卷，第 63—64 页

朱永新解读：

人们为什么缺少独立思考的精神？为什么喜欢人云亦云，听信盲从？杜威指出了两个重要的原因。

第一个原因是懒惰。不动脑筋是最省心的事情，思考是要花费心力的，甚至有时是一个痛苦的过程，要弄清楚事情的来龙去脉，挖掘事情背后的真实原因，需要刨根问底，需要煞费苦心，而且经常空手而归，吃力不讨好。所以，干脆不动脑筋，不费心思，人云亦云随大流。

第二个原因是不愿意得罪人。提出不同的观点，反映不同的意见，总是要得罪人的，总是要让人不开心的。所以，你好我好大家好，干脆做个和事佬。长此以往，思维就会钝化，思想就会老化。

所以，杜威特别提倡要学会思考，学会不盲从，学会凡事问个为什么。

自己的成绩

教师应当常常考查

>> 教师在校里，不应该常常去考查儿童的成绩，应当常常考查自己的成绩。究竟教授的方法是好是坏？还是叫儿童的思想滞顿，没有活泼的精神？还是能促进儿童的思想，使得他注意新事实新现象？教授上是哪一种的效果？这都是教师应当时常注意的。

——《杜威教育文集》第 4 卷，第 64 页

朱永新解读：

长期以来，教育是以教师为中心的，教学是以教师的意志为转移的。"考考考，教师的法宝；分分分，学生的命根。"教师考查学生的成绩，是天经地义的事情。学生的成绩，也成为衡量教师是否优秀的唯一标准。其实，这个方向错了。

不断考学生，学生往往会越考越愚蠢，越考越没有信心。所以，真正优秀的教师，是经常考自己的教师，是"常常考查自己的成绩"的教师。

杜威认为，教师应该经常问问自己：我的教学方法是否合适？是好还是坏？我是促进了学生的思维发展，还是阻碍了学生的思维发展？我是让学生学习更积极主动，有更加活泼的精神，还是让学生的思维迟钝了？只有善于反思的教师，只有善于考问自己的教师，才能获得真正的成长。

观察的习惯要早早养成

>> 观察的习惯，不是等到大学读科学书的时候才应该有的。要在小学的时候，就应该把观察的习惯早早养成。等到大学的时候，已经来不及了。

——《杜威教育文集》第4卷，第64页

朱永新解读：

观察法是最早的科学研究的方法，应该是从小培养的。孩子对世界的好奇心，孩子最初提出的问题，就是打开科学之门最好的钥匙。拿着这把钥匙去打开世界时，需要的就是观察的方法。

让孩子看夜晚的星空，看自然的花草，看小动物的生活，持续地看，持续地观察，持续地记录，这就是科学研究的萌芽。

所以，如果把科学观察的事情放到大学才做，这个时候也许已经完全失去了对未知世界的好奇，失去了提问的兴趣与能力。

亲爱的父母，观察的习惯要尽早养成，这是杜威给我们的忠告。

科学的方法不能有一点苟且

>> 我们平常关于事物的说话，不过约略说说罢了，都是很散漫的猜度，没有精确的语言。科学就不是这样。必须考究分量的关系。讲求多宜，毫厘必计。这是与普通不同的地方。科学第一个原理，就是无论什么事物，必定有分量的关系。究竟占多少空间，费多少时间，都是要拿科学的方法研究出来，不能有一点苟且。

——《杜威教育文集》第 4 卷，第 65 页

朱永新解读：

杜威在讲述科学上应该养成的几种心理的习惯时，主要讲了观察的习惯、精确的习惯、分析的习惯和综合的习惯。其实，这也是科学最常用的基本方法。

科学为什么要有精确的习惯，或者说，科学方法为什么要强调精确？为什么要"毫厘必计"？这是因为如果不精确，就会"失之毫厘，差以千里"。这种精确不仅有科学本身的意义，更有社会的意义，比如人口生与死的统计，政府收入与支出的统计，都需要精确。这种精确会直接影响一个人的判断力水平。

判断力好的人，做一件事情前会先考虑，"究竟要用多少精力，多少时间，怎样去着手做，将来可以收到什么效果"等，这样就能取得事半功倍的效果。所以说，科学是来不得半点苟且的。

>> 普通人对于事物以为整块，所以他们对于事物的反动也是整块的。科学就不是这样，它把一个笼统的事物，细细地分析开来，成为原子电子，分为好多部分。而每一部分，都有特殊的构造，其行为也有不同的地方。所以我们要想制驭环境，达到我们的目的，唯一的方法就是分析。能分析就能操纵，就能限制，就可以达到目的。

——《杜威教育文集》第 4 卷，第 66—67 页

朱永新解读：

分析，也是一种重要的科学方法。一般的人为什么不能具体问题具体分析？往往与他们缺乏分析思维有关。所以要么全盘肯定，要么全盘否定。只有科学的分析，才能帮助我们找到问题的原因，对症下药，解决问题。

杜威举例说，诸如瘟疫等传染病，蔓延了许多地方，如果没有分析思维，不了解导致瘟疫的微生物是什么，仅仅考虑"从整块的应付"，就永远不能防止瘟疫的蔓延。

所以，要想制驭环境，解决问题，就必须懂得分析的方法，具体问题具体分析，才能稳操胜券。

社会问题的分析

>> 有的人当社会现象不好的时候，要想出来攻击社会的罪恶，应付社会的问题。但是要攻击罪恶，应付问题，也是不能整块，必须分析。分析以后，才可以一一应付。所以要从部分着手，不要从全体着手。这就要靠着智慧，想出办法来操纵。不凭感情，也不凭命运。从小处去做。头绪清清楚楚，那么就能永远维持乐观。虽失败，总不致灰心。假使从整块着手，一失败就不高兴，最容易使人灰心。假使从部分着手，虽有失败总能坚持到底，最足以维持自信心。

——《杜威教育文集》第 4 卷，第 67 页

朱永新解读：

看待社会问题，也必须采用分析的方法。

如果没有分析的方法，我们就会一叶障目。如果看到一点阴暗面，就把社会说成漆黑一团，自然就会灰心丧气。

如果学会分析的方法，在看到问题的同时，也看到成绩，看到光明的地方，就不会以偏概全，不会丧失信心，就能够保持乐观的心态，虽然也有失败，但仍然有前行的勇气，有必胜的信念。

分析，是科学研究的方法，也是一种科学的思维方法。

养成综合的习惯

>> 因为世界没有孤立的东西，都是必定有关系的，能发现这种互变的关系、互通的关系，就是养成综合的习惯。

——《杜威教育文集》第 4 卷，第 68 页

朱永新解读：

分析与综合的方法看上去相反，其实是一对辩证的关系。综合，一定是在分析基础上的综合，"必定要靠着分析，看它各部分中间的关系怎么样，研究互相牵涉的地方，互相沟通的地方。研究明白以后再把它综合起来，这才是有条理的综合。其间因果的关系，必须明白，能明白以后，才能算是科学的综合"。

也就是说，综合的一个重要路径，就是发现事物之间的因果关系。这样的关系往往是双向的，有时候是共变的，互变的，"其变动的程度，根据互相的关系。因果相连，互有影响"。

>> 其实我们所以研究植物学的缘故，却是植物与实际需要很有关系。即如植物之中有能供药用的，我们要想治病，就不可不研究许多药草的性质。这是就植物说的。至于其他的科学，也是应人生实际需要而起的。即如数学上所谓立体平面，实则是测量的方法。如农夫量田之类，都是要用到的。解剖学是因为要晓得人身的构造，才有这种科学。物理化学也是一样的道理。

——《杜威教育文集》第 4 卷，第 69 页

朱永新解读：

在研究了科学方法的问题之后，杜威接着讨论科学内容的问题。他指出，编写科学教材往往有两个不同的立足点，一是以成人为立足点，二是以儿童为立足点。无疑，他选择的是后者。所以，他主张科学教材的组织应该应人生的需要而发生，应该从日常经验而切入。

所以，关于植物学，就要考虑其与治病的关系，与草药的关系；关于数学，就要考虑其与测量的关系，与农田丈量的关系；关于解剖学，就要考虑其与人体构造的关系，与身体机能的关系。

兴趣和系统性结合起来

教授科学应该把照顾儿童的经验

>> 所以教授科学的时候，应该从儿童日常的经验研究起。即如教授植物学的时候，要晓得儿童对于植物有一种天然的兴趣，很自然的，与学校里陈列的死标本不同。因为他们在校外看见的都是生长的，有生命的，不是死的。所以关于植物有两方面的兴趣。一方面是实的兴趣。就是各地所有植物，一定有许多种类。什么地方可种什么植物？有农业的趣味在里面。他一方面是天然的兴趣，就是看见植物由萌芽，而生叶，而开花，而结果等现象，好像表演出来，如同看戏一样，非常有趣。照这样看来，学校里教授科学，自应从儿童兴趣上着想。但是也有一种危险，就是教材太嫌散漫。在科学上的材料，都是很有系统。而耳目所接触的材料，都是非常散漫。如果一味地在日常兴趣上研究，未免使教材过于散漫。所以一方面须顾儿童日常的经验兴趣，一方面还要带一点系统，勿过于零碎。这才是最好的教材。

——《杜威教育文集》第 4 卷，第 69—70 页

朱永新解读：

在科学教学中如何把照顾儿童的经验兴趣和系统性结合起来？说起来容易做起来难，因为这是两个逻辑、两个路径。杜威所强调的系统，特别提出了"天然的系统"与"社会的原理"，也就是说，这里的系统与科学本身的系统，与课程里的系统是不同的。以棉花为例，如何选择棉花的种子？怎样下种？怎样研

究土壤、日光、肥料、水分等？怎样收花？怎样纺纱？怎样织布？"一层一层地研究下去，使儿童晓得前后衔接的关系。这就是系统。"而不是今天教一点选种，明天教一点织布，前后错乱，没有连续的关系。这种系统是建立在儿童的经验兴趣基础之上的系统，也是散漫中的系统。

杜威还特别以森林主题的教学为例，进一步阐述了这个道理。他指出，教儿童森林的课程，也要讲选种、土壤、肥料等，但也要讲森林对人类社会的意义，与其他学科的关系。所以，他建议把当代最著名的动物学家、植物学家、工程学家，以及其他专家们聚在一起研究森林的课程与教材，"大家共同编定，不分界限，选出极大的题目。即如种棉怎么样？种茶怎么样？各专家各有贡献。拿这许多贡献会合起来，成为有条理的课程，然后教授儿童。那么儿童就觉得彼此互有关系，从头至尾完全了解。且能知与社会有关，可以发生什么影响。且能操纵仪器标本。且能为将来入大学之基础"。总之，好的科学教育，首先要满足儿童的好奇心，建立在儿童的经验兴趣基础之上，同时兼顾系统性，让儿童知道事物之间的内在联系，了解科学知识与人类社会及自己生活之间的关系。

小学校里做职业教育牺牲太大

>> 小学校里倘若加了职业科目，或纯粹是职业教育，要想造出职业的人才，其结果范围必定很狭。因为儿童方在历程中，不能自己选择。而学校竟有此种科目。于是教师不得不代他选目的。儿童就向教师所定的目的进行，后来就养成一种机械的习惯。教师要把他造成专门人才，就注入种种知识。这种知识都是非常狭小，使得儿童不能有圆满的发展。将来做事很卑很低，不能做大事业。儿童有这样大的牺牲。我看倒不如送他到店铺里去，还可以得到一点利益。所以小学校里如果是职业教育，一方面是牺牲太大，一方面造出的人才很狭小，做出的事业很低。这是不可不注意的。

——《杜威教育文集》第 4 卷，第 73 页

朱永新解读：

职业教育究竟应该从何时开始？职业教育与普通教育究竟是否应该分科而设立？对此，不同的学者有不同的认识，不同的国家也有不同的做法。如美国的职业教育与普通教育在中学往往是不分科的，而德国在中学就开始搞"双元制"，开展专门的职业教育。其实，两者各有利弊。杜威主张，在小学不宜有职业科目，更不宜进行专门的纯粹的职业教育。因为儿童不仅自己缺少发展定向的能力，而且本身处于一个烂漫的发展期、不稳定的成长期，处于一个与外部的世界不断碰撞、不断寻找的时期。如果成年人代替他们选

择，也可能会是"乔太守乱点鸳鸯谱"，"一方面是牺牲太大，一方面造出的人才很狭小，做出的事业很低"。总之，不要过早地为儿童进行职业定向，进行专门的职业教育。

一切教育都带有职业的性质

>> 从广义方面说，一切教育，都带有职业的性质。无论程度怎样低，所学的科目，都与应用有关。然而人做事必须选择一种与一生有利益而与性质相近的，才有圆满的发展，将来才可做出大事业来。照这样看来，一方面说一切教育都带职业性质。一方面说要选择，似乎又有不带职业的性质的。两方面好像生了矛盾。这种矛盾，如何可以调剂呢？小学校里所有科目，都要叫儿童晓得有社会的关系，饮食起居，以及工艺商业，等等。在学校里表演实习，可以代表校外的职业，将来就能以此为基础。否则将来做事，不能了解意义。必定在校先有做事的基础，把做事的意义，做事的手续，都表演出来。

——《杜威教育文集》第 4 卷，第 73—74 页

朱永新解读：

即使没有专门的职业教育，学校教育也应该与职业生活有密切的关系。学校生活与社会生活之间也总是有着千丝万缕的联系。任何学科，要让学生兴趣盎然地学习，就要尽可能与学生的生活经验和社会生活相关联，所以，都会和应用有关系，与职业有联系。在这个意义上，的确可以说，一切教育都带有职业教育的性质。所以，杜威说，学校里的种种科目，可能现在与职业没有多少关系，"然而可为将来做事的预备"。他举例说，一个女学生，将来总要成家立业，家庭里的烹饪、裁缝之类的事情，总是需要做的。职业

教育的方法，是直接教她学裁缝、做厨子。但是，学校教育则应该学习食物的种类与营养价值，食品的卫生等，也了解简单的烹饪方法，并不是一本正经地去培养未来的厨子。

一国的命脉在那些不被注意的小店铺上

>> 通常谈到职业，都看着大事业，大公司，如轮船火车等。殊不知一国的命脉，是在这些不注意的小店铺上。能把这些店铺里的子女收得来教导教导，将来把这种小职业改良好了，种种的大职业，也自然就好起来了。那么生活程度，也自然就能提高起来了。所以要促进中国职业，提高生活程度，要先从店铺里改良起。

——《杜威教育文集》第 4 卷，第 75 页

朱永新解读:

这段 100 年前的话语，今天听起来感到非常亲切。杜威所说的大事业、大公司，相当于我们现在的国有大型企业，跨国大公司，互联网巨头；他说的小店铺，相当于我们现在的中小型企业。他说一个国家的命脉，就在那些不被注意的小店铺身上，也就是说，一个国家的命脉就在面广量大的中小型企业身上。这是非常有道理、有价值的提醒。

一方面，面广量大的中小型企业本身与我们的日用生活关系密切，解决了我们最多的就业问题；一方面，他们的子女接受教育的程度，直接影响和决定了我们的国民素养。

在这个意义上讲，关注中小型企业，关注中小型企业的员工及其子女的教育问题，自然是一件重要而紧迫的事情。

>> 凡是徒弟伙计等，总要与学校有一种关系。这种人中，已经受过教育的还要有继续教育，使勿忘却。未受教育的要赶快教育，或设晚班，或用轮值的方法教授，叫他们一部分到学校，一部分在店里做事，一个月或半个月轮流一次。那么彼此生出很密切的关系，颇足促进中国各种小工艺小实业的进步。

——《杜威教育文集》第 4 卷，第 75 页

朱永新解读：

职业教育，不仅仅是面向学校的在校学生，同时也要面向企业的员工，尤其是大量中小型企业的员工，也就是杜威所说的小店铺的"徒弟伙计"。

这个问题，在当下的中国，有着非常重要的现实意义。习近平总书记指出，"作为一个制造业大国，我们的人才基础应该是技工"。但面对产业转型升级和"中国制造 2025"战略目标的要求，技能短缺问题愈加凸显。一方面是技能劳动者短缺，表现在：高技能劳动者数量少、比例低，高技能人才多在国有大型企业，民营和中小企业很少，制造业企业中广泛存在招聘困难。近年来，我国技能劳动者的求人倍率一直在 1.5 以上，其中高级技师、技师和高级工程师的求人倍率分别达到 2.72、2.31 和 2.13。另一方面是技能水平普遍不高，表现在：劳动力可替代性强，农民工的技能培训参与率低，我国劳动生产率升幅较大，但是增

值率较低。截止到 2015 年底，全国就业人员中，技能劳动者占 21.29%，高技能人才仅占 5.81%。而西方一些制造业强国，高技能人才的数量占到技能劳动者总数的四成甚至一半以上。我国只有 33% 的农民工接受过非农技能培训，5.9% 的农民拥有职业技能证书。

我国学校和企业参与技能形成的程度很低。企业内部技能养成体制逐步衰落，几乎不复存在。1981 年企业用工制度改革之前，学徒工数量是 221.5 万人，而到了 1985 年，学徒工人数陡降到 98.8 万人，仅占工业企业工人数量的 3.7%。所以，我们迫切需要实行杜威 100 年前建议的员工培训工程，"凡是徒弟伙计等，总要与学校有一种关系"，已经受过培训教育的继续进行有针对性的新的培训，没有接受过培训教育的赶紧利用多种形式进行培训。中国制造的未来，中国质量的保障，都在他们身上，也都在我们教育的身上。

要有传播知识的机关

>> 工艺实业上有不可少的知识，必定要有一种机关，经它传播出去。我们晓得凡人没有知识，无论什么事都做不成功。假如有了知识，就可做事，就可以改良。所以美国曾组织一种专传知识的机关。譬如关于农业，印成许多的小本子，里面载的什么种子是好的，有什么办法可以杀什么虫等，都是很要紧的知识。这样经它提出来。有的人非常欢迎。有的人还是拘守陈法。但是这种人，假使一经试验，果真有效，也就非常欢迎。

——《杜威教育文集》第 4 卷，第 75 页

朱永新解读：

在谈到科学教育的时候，杜威也明确提出，仅仅靠学校的教育是不够的。要真正影响工业、农业的生产过程，需要有专门的科学教育普及机构。列宁曾经说过，没有文化的军队是愚蠢的军队，而愚蠢的军队是不能战胜敌人的。其实没有知识的生产一定也是低效率的生产，无论做什么都很难取得成功。所以，专业的工业、农业生产指导机构，专业的科学教育普及机构就显得非常重要。学校科学教育与社会科学教育如何有效协调推进，过去、现在和将来都很重要。

实业必须教育

>> 教育和实业何以必须联络起来？所要达到的目的在哪里？这种目的非常迂远，很不容易达到。但是虽不能达到目的，却不可没有这种趋向。实业与教育相连，就是从事于农工商的人，必须受教育的意思。也就是实业必须教育。现在社会的大病，在生活与学校里分离。要得不分离，非把从事于实业人都叫他受教育不可。在他们所做的事上受一种教育，使得他们的才能继续发展，日渐改造，日渐丰富。那么学校与生活就可以合而为一。这就是现在所谓"劳动之中心"。他们受了教育，就有意义，就有价值。做事不是仅仅为的糊口。如仅糊口，还有什么意义和价值呢？

——《杜威教育文集》第 4 卷，第 75—76 页

朱永新解读：

实业与教育应该有机地联系起来。这不仅仅是提高生产效率的需要，也是人自身发展的需要。我们讲到职业教育，讲到实业与教育的联系，讲到"从事于农工商的人，必须受教育"，往往都是讲的掌握生产劳动的技能，这固然重要。但是，这种教育不能停止于此。

实业与教育的联系还在于，甚至更在于，通过教育更加深刻地认识实业本身的意义和价值，让从事农工商的人认识到他们劳动的价值不仅仅在于养家糊口，这样才能让他们继续发展，"日渐改造，日渐丰富"。

工作 人应当闲逸，也应当

>> 我们在社会里的人人应当闲逸，也是人人应当工作。所以无论什么人，无论什么事，一方面要有闲，一方面要有用。有闲就可以欣赏高尚的科目，享受精神的快乐。有用就可以产出生利的事业，养成精神的事业。那就是种文雅和实利的冲突，可以从此打破，永不再生。这就是"真真德谟克拉西"的社会。

——《杜威教育文集》第 4 卷，第 78 页

朱永新解读：

什么是真正的民主社会？杜威认为，民主社会一个重要的标志，就是"在社会里的人人应当闲逸，也是人人应当工作"。也就是说，民主社会应该消除脑力劳动与体力劳动的差别，打破两者之间的壁垒，不能让一部分人做实业，从事体力劳动；另一部分人去休闲，享受精神的事业。应该人人有闲暇，过精神生活；人人也劳作，从事实业的工作。

自由和训练的冲突

>> 这种冲突，也是有社会的背景的，从社会里尊卑的阶级生出来的。就是一方面是治人的人，一方面是治于人的人。治人的人的方面，要讲自由。在治于人的人的方面，要讲服从，讲训练。因此就生出冲突来了。我从前批评学校里被动的教育，纯是叫学生模仿。用种种方法束缚儿童，造成机械的习惯。我们现在从历史上看起来，觉得尊卑的阶级，与这种被动的教育，有密切的关系。治人的人自居尊位，以为治于人的人都是应该服从他们，应该叫他们指挥，事事都是模仿，不能自动。所以养成被动的态度。

——《杜威教育文集》第 4 卷，第 79 页

朱永新解读：

这段文字是接着前面的文字继续阐述的。也就是说，在一个传统的社会里，人与人是有高低贵贱尊卑等级的，主要分为劳心者与劳力者，劳心者是统治者，是治人的人，劳力者是被统治者，是治于人的人。治人的人才能享有自由，治于人的人只能老老实实地服从，接受各种训练。这样，治人的人与治于人的人之间，就是阶级对立的关系。

学校里被动的教育，与这样的阶级关系也有着密切的关系，简单地模仿，机械地训练，种种束缚儿童的方法，都与训练治于人的人的方法相关。学校里的不平等，是社会不平等的影子。理想社会的师生关系，与理想社会人与人之间平等、和谐的关系是一致的。

从训练生出来最大的流弊

>> 所以从训练生出来最大的流弊，就是无论什么科学或材料，其本体上都是没有意义，没有价值，没有目的，不过是一种磨炼罢了。天天这样磨炼，儿童后来就要生出厌恶的心理，一看见这种科目，就觉得讨厌。在受训练的时候，因有压迫，不得不暂忍苦痛，去学习这种材料。一旦没有压迫的时候，就把这种材料丢开很远，存一种规避的念头，可逃避就逃避，不肯再忍苦痛。照这样看来，他们的责任，是在教的人身上，不在学的人身上，所以不免生出规避的态度。

——《杜威教育文集》第 4 卷，第 81 页

朱永新解读：

学校里机械重复的练习，无疑会让学生失去学习的兴趣与动力。如果学生不知道自己为什么而学，不知道学习某一门学科与自己的生活和生命有什么关系，只是天天反反复复地"磨炼"，自然"就要生出厌恶的心理，一看见这种科目，就觉得讨厌"。而且，因为有各种各样的压迫，有教师和父母的管制，学生只能逆来顺受，因为他们无力反抗这样的压迫与管制。唯一的选择就是逃离。只要一有机会，他们就会逃离被自己视为苦役的学习，逃离自己不愿意学习的科目。

所以，学生厌学，看起来责任在学生，其实根子在教师，在教的人身上，不在学的人身上。

真正的训练

>> 成人做事，儿童游戏，都是自动的。无须强迫，他自己有一种动机，有一种欲望，都是从他自己生出来的，不是别人强迫的。这才是真正的训练。和训练相反的，就是自由。

—— 《杜威教育文集》第 4 卷，第 81 页

朱永新解读：

教育的重要目标，是发展人的主动性、积极性。这样的人生态度和生活方式、工作方式，只有在自动、自发、自由的教育氛围下才有可能实现，正如儿童玩游戏和成人做自己喜欢的事情一样，是在一种动机和欲望下驱动的，是自己内部生发出来的，而不是强迫进行的。如果还有所谓的好的训练，这才是有价值的"真正的训练"，真正的训练其实就是自由。杜威举例说，真正的训练一是有明确的目的，二是与自己的兴趣完全吻合，"仿佛有一种动机在后面，叫他不得不去做，即如学音乐的时候，假使有目的，就要常常去练习"。

养成儿童的公开心

>> "公开"就是能伸张发展的意思。假使我们的心被成见束缚住，闭塞住，就不能继续发展了。儿童的心都是很公开的，能吸收种种新知识。脑筋中没有丝毫成见，没有什么东西束缚住他。所以最好在那个时候，养成他的公开心。

——《杜威教育文集》第 4 卷，第 87 页

朱永新解读：

"公开心"，是杜威在第二十一次关于教育哲学的讲演中正式提出来的学校应该培养的四种习惯之一，另外三种是目的、责任心和欣赏。杜威认为，所谓公开心，就是没有任何成见，思想不被任何东西束缚，具体表现为两个方面：一方面是能够打破种种成见，"有了新观念发生，就觉得旧观念不能存在，要完全把它打破"，这是消极的方面；另一方面是对新观念以及他人的需要有一种同情的反应，能够"常常关心他人的需要，就可使我们的心理继续伸张"。学生的公开心与学校教育关系非常密切，"学校里所有的方法，或是使儿童心理闭塞，不能吸收种种思想，或是使儿童心理公开，能吸收种种思想"。而这些方法往往是教师在无意之中表示出来的。不利于学生公开心养成的主要表现有三个方面：一是养成机械的习惯，"一件事情做来做去，反反复复，使儿童的心理囿于习惯，不能吸收种种新思想"。二是偏重表面的标准，不注重事情的过程。如"教师都是偏于结果，不注意中间所经过的

历程。即如教授数学，只要有正确的答案。而此答案何以正确，其中间所经过之历程如何，一概不问"。三是偏重权威，"教师所说的，或是书中所载的，儿童一概没有质问的权限，问难的权限。好像教师的话，书中的记载，都是不错，应该唯一地依从，不能发生什么疑问"。所以，培养公开心，就要让学生学会突破思维定势，关注学习过程，努力挑战权威。

儿童应该晓得知识没有达到止境

>> 儿童也应该晓得知识没有达到止境。因为儿童最富于好奇心，对于种种新知识新思想，很能以公开的心境吸收研究。倘若学校里的空气，是注重权威的空气，那么儿童必定都是依照教师所说的，或者书本所记载，去解释种种问题，种种现象。于是生出一种死的空气，最后的空气。事事都以为到了最后的地步，不能再加了。种种知识，以为是固定的，不要再继续研究了。这种情形，最足以阻碍学校生活的发展。

——《杜威教育文集》第 4 卷，第 89 页

朱永新解读：

对于儿童而言，养成"公开心"的关键之一，就是要知道知识是没有止境的，探索是没有尽头的。今天看起来正确的知识，也许到了明天就不一定正确了，今天还是新鲜的思想，到了明天就可能变得陈旧了。所以，要以公开的心境去吸收新知，用好奇的心态去探索未知。对学校而言，就是要打破条条框框，冲破权威主义的空气，不要把老师说的，教科书写的当作不可变更的教条或绝对的真理。一切都处在变化之中，要敢于挑战教师，挑战教科书，挑战一切权威。

創造發明是在方法上

>> 所谓"创造""发明"，并不是创前人所未创、发前人所未发。创造发明是在方法上，不是在结果上。一种结果或已为前人所发明，我不妨另用一种方法重行创造。所以创造最要紧的是方法历程，不是仅仅模仿前人。我们须知真正的创见与"真实"相近。那种"虚伪"都是从模仿来的，依照前人的方法，去求同样的结果。这是创见最大之仇敌。真能创见，必须用自己的方法去求结果。

——《杜威教育文集》第4卷，第89页

朱永新解读：

对于学校教育来说，尤其是对于学生的学习来说，所谓创造发明，不是一定要"创前人所未创、发前人所未发"。学生的创造发明与科学家、发明家的创造发明不同的是，后者更注重结果，前者更注重过程与方法。也就是说，我们在学校教育中，要鼓励学生用新的思路、新的逻辑、新的方法去解决老的问题。对于已经有的发明创造，是否能够用新的方法重新创造和发明，这本身就是了不起的创造和发明。用前人的方法，前人的路径，达到前人一样的效果，这是简单的重复，是机械的模仿，杜威认为这是"创见最大之仇敌"，而真正的创造和发明，是用自己的方法求结果。方法比结果更重要，这是学习的奥秘。

>> 学校里要培养注意的能力，集中的能力。最要紧的须看儿童的精神，能不能够完全贯注于一桩事情。如果能以全副精神贯注一事，就能自然发生注意，不必要人强迫他注意。但是学校里有许多事体，不足使儿童注意，反足使儿童分心。做事的时候，心分为两层，不能以全副精神贯注，就不免发生很多的弊病。

——《杜威教育文集》第 4 卷，第 89—90 页

朱永新解读：

　　杜威提出学校教育需要养成的好习惯是"目的"。什么是目的？按照杜威的解释就是"心不外散"或"精神的集中"，也就是通常说的注意力。杜威对注意力给予了特别的关注，他说，学校教育最要紧的事情就是要培养儿童的注意力，就是要看儿童"能不能够完全贯注于一桩事情"。那么，如何有效培养学生的注意力呢？杜威提出关键是不要做让儿童涣散注意的事情。如"督促过严"——儿童被教师严格督促，"不得不在表面做功课。所以读书的时候，看他的嘴边子也连动连动的，而他的心已经注意到其他以为有趣的事上去了"。在于"自觉心太重"——这就是杜威所说的"一方面要做功课，一方面怕丢脸。看别人都是这样，自己觉得不好不做"。这其实就是担心失败、患得患失的心态。第三个就是"自己有意识"——也就是在做某件事情的时候，常常存在"做事"这两个字，

而当自己觉得在做这件事情的时候，"精神已经分掉一部分"。如读书的时候，没有必要保持自己觉得"我在读书"的状态。总而言之，注意力是学习的关键问题，应该引起父母和老师的高度关注。

把校内的学科与校外的生活联结

>> 学校所有学科，尽是干燥无味。儿童当然不能发生兴趣。于是不得不注意校外有趣味的种种生活。那么一部分的精神在校内做事，都是表面的敷衍。一部分的精神到了校外。所以要使儿童做事，能精神集中，能有目的，最要紧的就是必须把校内的学科与校外的生活联结。那么才能增加他们的兴趣，也就是能养成用全副精神的能力。

——《杜威教育文集》第 4 卷，第 90 页

朱永新解读：

杜威是在论述注意力（目的）的时候讲述的这段话。他发现学生们往往把学校生活与校外生活区分得清清楚楚，泾渭分明。学校生活是枯燥无味的，了无生机的，所以需要强打精神去对付。校外生活是生动活泼的，充满情趣的，所以不自觉就会全身心投入。因此他主张学校应该把两者有效结合起来，借鉴校外生活的特点，让学生在学校内也能够全身心投入，高效率学习。

其实，对于现在的许多学生来说，更为可怕的是，他们几乎没有校外的生活，整个生活都是围绕着学校，考试，分数，这样学生自然更是疲于奔命，毫无兴趣地被动学习了。

学校里必须使儿童有自由选择的机会

>> "责任"二字，平常人都以为无大关系。要晓得我们做事的时候，必须同时想到结果是怎样。对于结果，要能自己负责。究竟哪种结果是欲望所要的？哪种是不要的？要有知识的责任心，把效果想得透澈明了。假使学校里学生做的事，或是他们耳目所接触的，都要一一经过教师规定好了去做，那么学生在这种状况之下，绝无考虑结果的机会。简单地说起来，就是不能自由规定。所以学校里必须使儿童有自由选择的机会，才足以养成他的责任心，否则必将摧残他的责任心。

——《杜威教育文集》第 4 卷，第 91 页

朱永新解读：

杜威在关于教育哲学的第二十二次讲演中开始讲述责任心的问题。他认为这是学校应该培养的第三个重要习惯。责任心不仅在学生学习中具有非常重要的作用，在责任心的驱使下，一个人才会克服困难，继续前行。责任心对于学生的人格发展与品德成长也具有非常重要的意义，一个没有责任心的人，很难有良好的社会适应能力，也很难完成职业生活交付的各项工作任务。所谓责任心，就是有"天下兴亡，我的责任"的义务感，就是能够清晰地知道自己的方向和行动的结果。那些被动接受任务，按照老师的要求按部就班做事情的学生，自然很难养成这样的责任心。所以，让学生有选择的机会，可以协助养成责任心。让学生对自己的选择负责任，是责任心的体现。

没有责任心就没有自由

>> 自由的代价，原是责任心。没有责任心，自由绝不成为自由。所以做事必须肯负责任，不相规避。然后自由乃能稳固。

——《杜威教育文集》第4卷，第92页

朱永新解读：

追求自由也是人的天性。匈牙利诗人裴多菲曾经写道："生命诚可贵，爱情价更高。若为自由故，两者皆可抛。"可见自由在一定意义上是比生命和爱情还要珍贵的东西。在杜威看来，自由当然非常可贵，但不是天马行空、我行我素的命运约束，而是与责任心紧密联系的。"平常人都喜欢自由。但是一方面有自由，一方面还要有与自由相称而不可少的东西，就是责任心。"没有责任心，就没有真正意义上的自由。

杜威分析了没有责任心的两种表现。一是"规避的态度"，即做事情在遇到困难、遇到矛盾、遇到危险的时候，就想逃避，就想绕开，就想放弃，就想推诿。二是"调和的态度"，即做事情遇到困难、遇到挫折，就准备投降，不愿意和困难宣战。其实，这两者都是没有责任心的表现。

要利用和满足儿童的欲望

>> 儿童在学校里学习，都是极快乐的事体。而普通往往以为苦，看见书就厌恶它，恐怕它。其原因在哪里呢？反面说起来，就是缺少"欣赏"。正面说起来，就是不能利用他的"欲望"。儿童有什么欲望，我们要利用他的欲望，满足他的欲望。教儿童学习，乃是要促进他精神的发展的，不是增加他的苦痛的。我们必须使得他知道读书是与他自己有利的，不是和他自己有什么害处的。那么他对于所学习的东西，就能发生趣味，就有一种欣赏的态度。

——《杜威教育文集》第 4 卷，第 93 页

朱永新解读：

杜威讲述的学校生活需要培养的第四种习惯，就是欣赏。

何谓"欣赏"？杜威说："这个当中，含有对于人生一切高尚生活的欣赏。"而所谓"人生"，就是指美满的生活，丰富的生活。这样的生活不是天上掉下来的，而是"一天一天地发展起来的"。通过教育，使我们的经验不断丰富起来，对于这样的经验有一种欣赏的态度，就是杜威说的"欣赏"。

所以，这里说的欣赏，与我们说的兴趣比较接近，也就是说，能够对学习的内容以及学习的结果持有欣赏的态度，怀有浓厚的兴趣。

其实，学习和学校生活本来应该是充满乐趣、充

满愉悦、充满惊喜的。孔夫子说"学而时习之，不亦说乎"，就是说的这个境界。但是儿童在学校生活中找不到乐趣，而是觉得痛苦、厌恶，这是不符合儿童学习的本意的。所以，如何帮助学生寻找学习的意义，如何帮助学生学会欣赏他们的学习活动，是父母和教师应该首先考虑的问题。

>> 我们把"道德"看作孤立的，好像与智育无关。这是大错。假使得了专门的知识，而没有道德，那么思想发达，而品行不发达，这种思想，也不是高尚的思想。假使有了道德，而没有知识。那么品行发达，而思想不发达，这种品行，也不是圆满的品行。我们做事要有丰富的思想，自由的规划，没有规避的态度，能发动新事实。在普通人的意思，以为"有所不做"就是"道德"。这都是消极方面的话。所谓"道德"是积极的。要有知识的发展。所以"道德"是和智育有关系的，不是孤立的一样东西。

——《杜威教育文集》第4卷，第94页

朱永新解读：

在关于教育哲学的第二十二次讲演的最后，杜威论述了学校知识学习与品德发展之间的关系，也就是智育与德育之间的关系。杜威明确指出，在学校教育中，道德教育与智育是不可分离的，而认为两者无关的想法是大错特错的。如果一个人知识发达而没有道德，他的思想就不会是高尚的思想。而如果一个人品行发达而没有知识，他的品行也不会是圆满的品行。

所以，亲爱的父母，我们在鼓励孩子学习知识，发展智力的同时，不能"一俊遮百丑"，不管孩子的道德学习与品德发展，因为没有道德的思想不可能是高尚的思想。对于一个人一生的发展而言，没有德是寸步难行的。

第十三章

平民教育即全民
教育、全人教育

导语

　　本章解读的是杜威 1919 年 5 月 3 日至 4 日应邀在江苏省教育会所做的关于平民教育的讲演。杜威认为，所谓平民教育，就是面向全体、服务于劳苦大众的教育。既然如此，教育必须改革，核心是让教育的内容变得实用，其他的特点都是由此展开的。杜威之所以要倡导全民教育、全人教育，显然与他对民主的理解有关。"民主不仅仅是一种政治制度，更是一种生活方式。"为了促成这种生活方式，杜威认为教育必须从三个方面进行改革。第一，杜威认为，人性是固定不变的观点具有很长的历史，而且非常有影响力。因此，推进民主、创新教育的先决条件依赖于这样一种信念：个人的命运、公众素养并非是提前决定好的，人性通过教育可以发生根本改变。"有国民教育，而后方成为法治国。"[①]法治就是大家在形成共识的基础上，提出的共同遵守的"契约"。没有共识很难有真正的契约，即使有了契约也很难遵守和执行。第二，在杜威看来，科学不诉诸威权，也不诉诸迷信，而是诉诸事实与结果，因此，普及科学教育、提升科学素养是促进民主发展的又一重要条件。"因为技术文明的每一个方面都显示出：关于自然之一致性和必然条件知识的每一次进步都能增进人的工作自由，并使他能够根据自身的目的引导自然能量。"[②]特别值得指出的是，源于自然与人文、科学与价值的二元对立，不少人否认科学探究能应用于社会领域的可能性。但杜威却认为，"无论是自然科学还是社会领域，所有的探究都是自然的、情景性

[①] 〔美〕约翰·杜威：《国民教育与国家之关系》，王淦和口译，载吕达、刘立德、邹海燕主编：《杜威教育文集》第 4 卷，人民教育出版社，2008 年，第 247 页。

[②] 〔美〕约翰·杜威：《杜威全集》晚期著作第 3 卷，孙宁、余小明译，华东师范大学出版社，2015 年，第 92 页。

的，立足于问题的、理论和实践相结合的"①。因此，对于解决社会问题而言，科学探究不仅可能而且必须。第三，按照杜威的观点，民主的生活方式，集中体现于人们自由交流、彼此尊重。源于这一信念，杜威不仅强调了对话协商对于民主的意义，而且主张发展教育以促进每个人能力的提升，以至于使得他被一些反对者指责为"对理智的可能性、对作为理智的相关之物的教育的可能性持一种过分的、不切实际的信任"②。因为在杜威看来，如果在道德上无法自主判断对错，在事实上和逻辑上的判断依赖别人，这种人就不可能是自由的人，因此，通过教育来提升公众尤其是平民的判断力与工作的胜任力无疑是发展民主的关键。正如杜威在讲演中所言："故教育之良否，不因其学科之多寡、授课时间之久暂、教材分量之重轻以判；而视其能借学科以养成生徒之判断力、自觉力、应用力，使于未来能适应社会状况，而善营其生活与否为断。"③

---

① 〔美〕约翰·杜威:《杜威全集》晚期著作第 12 卷，邵强进、张留华、高来源等译，华东师范大学出版社，2015 年，第 382 页。

② 涂纪亮编译:《杜威文选》，社会科学文献出版社，2006 年，第 416 页。

③ 〔美〕约翰·杜威:《平民教育之真谛》，郑宗海口译，朱毓魁记，载吕达、刘立德、邹海燕主编:《杜威教育文集》第 4 卷，人民教育出版社，2008 年，第 194 页。

什么叫平民主义的教育？

>> 平民主义和教育很有密切的关系。因为教育事业须得和社会相联络，社会的趋向怎样，教育的趋向也要怎样。共和的国家，就是要实行平民主义的国家，必须有平民主义的教育。换一句话说，国中的学校，都须向那平民主义进行才好。什么叫平民主义的教育呢？就是我们须把教育事业，为全体人民着想，为组织社会个个的分子着想，使得它成为利便平民的教育，不成为少数贵族阶级或者有特殊势力的人的教育。

——《杜威教育文集》第4卷，第183页

朱永新解读：

简单来说，平民教育就是全民教育，是为全体人民着想的教育，是为了社会的每一个人的教育，是为了便利人们的教育。这样的教育，不是为了少数人，而是为了所有的人。不是为了有闲暇时间的人，而是为了劳苦大众，所以教育要有"利便"平民的特点，学习的内容也应该平民化。其他的平民教育的特点都是由此展开的。

>> 从前的教育重在记忆力，不重思想力，所以教授的方法全要用灌注的手段。好比老鸟哺雏一样，做雏鸟的，只要寄居巢中，张开了嘴，将食咽下去就是。这种教育是埋没个性的。讲到个性主义（individuality）就是要把个人所有的特性各各发展出来。所以注重个性的教育所养成的人才，是自动的，是独立的，是发思想的，是活泼的，是有创造力的，是有判断力的；不是被动的，不是依赖的，不是拘束的，不是因循的，不是有惰性的。
——《杜威教育文集》第 4 卷，第 185 页

朱永新解读：

这种为了所有人的教育，还有两个重要的特点，第一个就是"发展个性的职能"。既然平民主义教育是为了一切的人，顺理成章，就要为了人的一切，就要张扬人的个性。那种用同样的内容，同样的考试，把同样的知识用同样的方法灌输给所有人的大一统方法，那种只需要像老鸟喂雏鸟一样机械训练的方法，是无法实现平民教育的目标的。

所以，杜威提出，只有个性的教育才能让学生学得生动活泼，积极主动，才能有创造性，相反就会因循守旧，充满惰性。

个性的发展，是共和国家的基础

>> 书上的话，教员的话，不必一定是对，须得使学生时时自动地去评判它。所以我要请诸位教员先生们自己问问："我们学校里的功课是否发展个性的？我们从前教授的方法，是否注重个性的？"若不然，我们是要想法改革。诸君要知道个性的发展，是共和国家的基础，是平民主义的真髓。我们教育家能够注意这一点，那么就可以算得走上平民教育的正当道路了。

——《杜威教育文集》第 4 卷，第 185 页

朱永新解读：

培养个性的关键是教师，是教师能否用培养个性的方法去对待学生。培养个性，就要让学生学会思考，学会怀疑，学会提问，不能把教科书上写的，老师课堂上讲的作为圣旨，作为不容置疑的真理。所以，杜威建议老师们要学会反思，经常问问自己，这样的方法究竟是鼓励个性还是泯灭个性。

其实，这个问题虽然是针对教师说的，对于广大父母来说，不是同样应该问自己的问题吗？我们在家庭里的种种教育方法，是有利于孩子个性的养成还是摧毁孩子的个性呢？

而且，孩子和学生不仅是家庭和学校的，更是未来的公民，要培养有共和精神的公民，就必须培养有个性的学生。

人人须共同作业

>> 共和国的——就是平民主义的国家的——第二要素，就是人人须共同作业（working together）。上面我们说的发展个性，那是固然，但是我们所要发展的个性，不是互相冲突的个性，是要互相吸引的个性。譬如原子必须互相吸引，方可成就一种物体。

——《杜威教育文集》第 4 卷，第 185 页

朱永新解读：

"养成共同作业的习惯"，是杜威所说的为了所有人的教育的第二个重要特点。发展个性，不是要培养只顾自己的个人主义，不是培养与别人冲突的个性，而是培养能与别人很好地合作共处的习惯，培养能吸引别人的个性。所以，他特别提出了与别人"共同作业"的要求。

其实，新教育实验始终倡导共读共写共同生活，也是为了培养这种与别人拥有共同的语言、共同的价值，与别人能够友好相处、愉快合作的能力。这样的习惯与能力，与个性是相辅相成的，而不是对立的。

杜威还特别提出，这种"共同作业"是具有平等精神的共同作业，是"一个团体里头的各个分子都要同时做事，做事的效果要使各个分子同时都享受着利益"。

具体到学校，也是教师和学生一起做的，做事情的结果，不能只是校长受益，必须是教师和学生共同受益。所以，平民主义的教育应该是平等的合作的教育。

人民求学的主旨，就是求生活的道理

>> 总而言之，我们实施平民教育的宗旨，是要各个人受切己的教育；实施平民教育的方法，是要使学校的生活真正是社会的生活。这样看来，人民求学的主旨，就是求生活的道理，这是真正的目的；至于文字等原不过用作工具，我们把它当作机械看待罢了。

——《杜威教育文集》第 4 卷，第 189 页

朱永新解读：

　　杜威在两天讲演的最后做了个小结，归根结底，平民主义的教育，就是把求学与求生活、教育与生活紧密地结合起来。也就是说，教育，从根本上是为了生活，而教育本身也是生活的一部分。文字、教材等，都只是帮助我们生活的"工具"。如果本末倒置，就是违背了教育的方向，就是误人子弟。总之，教育是要让平民百姓得到社会生活的真实学问与真的本领，而不是一生也派不上用场的死知识。杜威特别提出，中国作为后发国家，有自己办教育的优势，"因为欧美各国起错的地方，中国实在不必再绕道儿地去走，只要拣那最捷近的路向前猛进好了"。他对中国的教育家们寄予厚望："诸君，中国将来的幸福，中国将来儿童的幸福，不是靠傍别人的，完全是靠傍你们一般教育家的，可以不努力吗？"每每读到杜威的这一段文字，心里总是沉甸甸的，是的，每个教师，每个父母，每个教育研究者，每个和教育相关的人，未来中国的幸福，不都是在我们自己的身上吗？

>> 人非机械也，无生之机械，以同一模型铸之，故其形式、其效用，无丝毫差异，至有生之物，则无全同者焉。譬之植物，即同树之叶，其形式、其组织，虽似大同，必有小异。进而至于动物，则各个体不同之度更甚。至言乎人，则个性差异之度，尤远胜于其他动物。教育所以发展人之天赋，故必注意其个性，使各个人所具之自然特长，各得发育遂长。划一齐平、毫无殊异之人，绝非共和主义的教育所当养成也。

——《杜威教育文集》第 4 卷，第 193 页

朱永新解读：

这篇文章是杜威 1919 年 5 月 7 日在浙江省教育会的讲演，由郑宗海口译，朱毓魁记。

杜威在多次讲演中从不同角度阐释了平民教育的主张，除了普及教育外，他还特别强调教育的民主精神与共和精神，强调要让人民把教育视为自己的事情，承担教育的责任，"然后乃无愧于共和的平民的教育之徽号"。另外一个维度就是尊重个性。他指出，"共和主义的教育，其宗旨在使人人有被教育之机会，其方法则在尊重个性"。这是因为，人不是机器，不可能用同一个模具来浇铸。人也不是一般的生命体，人与人之间的差别，远远超过了其他的动物与生命。所有真正的平民教育，必须是为所有人服务的，必须是彰显每个人的个性的，必须是考虑每个人的特长的。如果用统一的方法，统一的要求，结果必然是培养"划一齐平、毫无殊异之人"，这自然违反了平民教育的真谛。

对于生徒之个性，必详密观察

>> 诸君身任教育，愿自今日始，对于生徒之个性，必详密观察。某也有何长处，有何短处，有何异点，观察之后，须记录之，尤须根据其人之个性，以讨论其人之教育方法。其长处须如何发展之乎？其短处当如何淘汰之乎？其异点当如何利用之，使之为社会国家尽力乎？为教师者，能如是致力研究生徒之个性，结果必生特殊之兴味、特殊之感情。此兴味与感情，可以鼓励教育之研究，实为从事教育者所必要。

——《杜威教育文集》第 4 卷，第 193 页

朱永新解读：

这是一段特别有意义的论述，不仅对教师，对父母也是非常有启示价值的。在前一段文字中，杜威强调了个性教育的重要性。这种重要性不是泛泛而论的，而是要真正落实到教师和父母的实践中去。既然我们选择了教师这个职业，既然我们生为人之父母，我们就应该学会研究我们的学生，我们的孩子，发现他们究竟有什么长处，有哪些短处，有什么与众不同的异处？不仅要学会观察，而且要学会记录与思考。教育的出发点，就是要根据这些长处、短处和异处进行因材施教，如何扬长避短？如何培优扶特？一旦教师和父母开始研究儿童，一旦教师开始关注个性，教育的兴趣就会产生，职业的倦怠就会消除。所以，对于中小学教师和父母而言，一定要记住，教育研究并不是专家学者们的特权和专利，而应该是我们共同的责任。

教师要研究知识的利用方法

>> 师范学校之生徒，须肄习心理学、教育史、儿童研究等学科，以领受教育之知识，然此种知识，不仅能领受为己足，必思如何利用之？如何实行之？而后能收其效。盖若徒知学习，而不知研究其利用方法，则犹是无用之死知识耳，此亦以无兴味感情为之主动故也。

——《杜威教育文集》第 4 卷，第 193 页

朱永新解读：

　　学习知识是为了应用知识。否则，知识就是死的知识。如师范生学习教育心理学，学习教育发展史，学习儿童研究等，只是机械地背诵其中的一些要点、原则、规律，而不去研究如何应用这些知识去解决问题，那么，这些知识就没有什么意义，而且学习的过程就会变得味同嚼蜡，毫无兴趣。所谓主动学习，无论对教师还是学生来说，都是要尽可能把知识与生活、生命紧密地结合起来，把知识应用到实际生活中去。虽然杜威在这里是对师范学院的学生们说的，其实也是对父母们说的。

教育之目的在使个人完全发达

>> 教育之目的，在使个人完全发达、完全教育者，非学科应有尽有之谓；而为使各个人之能力，借教育而得完全发达之谓。故教育之良否，不因其学科之多寡、授课时间之久暂、教材分量之重轻以判；而视其能借学科以养成生徒之判断力、自觉力、应用力，使于未来能适应社会状况，而善营其生活与否为断。

　　　　　　　　　——《杜威教育文集》第 4 卷，第 194 页

朱永新解读：

　　平民教育注重全民教育，也注重全人教育。杜威明确提出，教育的目的就是要培养"完全发达"的个人。培养完全发达的个人，自然离不开"完全教育"。

　　什么样的教育是完全的教育？杜威认为不是把所有的学科全部开齐开足，应有尽有。衡量一种教育好不好，衡量教育是否能够培养出完全发达的个人，不是看学校开出了多少课程，也不是看"学科之多寡、授课时间之久暂、教材分量之重轻"，而是看能否通过学科教育培养学生的判断力、自觉力和应用力，看学生能不能适应未来的社会生活。这是判断教育的唯一标准，也是培养全人的唯一路径。

>> 教育之结果，最不正确。问答亦非真考试法。真考试法，即考察生徒对于以后之生活，能否应用其知识以适应环境状况。今人每以教授法完善即为教育完善，亦非中肯之言。盖教师教授法，纵如何完善，苟生徒不能自动以变化之、组织之，以养成应用之能力，则领受之知识，诚不正确，而教育之效用，亦因以消失。故各学校之效果如何，不仅视教授之当否而定。为教师者，务利用其学科，以陶冶生徒之判断力、思想力、创作力，使对于以后之生活，能应用其知识能力以顺应环境，此即教育之真义也。

——《杜威教育文集》第 4 卷，第 194 页

朱永新解读：

这段文字是对上一段文字的补充和进一步解释。既然教育的目的是培养完全发达的人，是看学生能否真正地适应未来社会的生活，我们就不能用考试的方法来检查教育的结果和成效。

杜威指出，过去我们看教育的效果，往往首先看教师的教学方法，看教师是否娴熟地利用教材，上课是否行云流水，作业是否精当有效，而很少看学生学习是否主动积极，是否能够把学到的知识应用到实际中去。所以，学科也好，教科书也罢，教学法也好，都是为了学生更好地掌握和应用知识而准备的，为教学而教学的教育，是没有意义的。把知识用来解决实际问题，顺应真实的社会环境，才是教育的根本要求。

>> 要之吾人所需要之知识，非纸片的知识，而为能
应用之知识。故诵读记忆之方法，必不能引起学
生之兴味，必不能使学生应用，必无一毫成效。

——《杜威教育文集》第 4 卷，第 195 页

朱永新解读：

杜威特别强调把知识应用于生活实际，他认为，
如果只是记忆诵读的方法，就不可能激发学生的学习
兴趣，必须把知识应用于真实的生活场景，才能引发
学生的兴趣，取得实际的教育效果。

他举例说，中学的化学学科学习，如果学习酸素
的内容，只是传授关于酸素的原子量、分子量及其性
质变化，结果无疑是教师和学生"皆索然无味"。但
是，如果结合水门汀、肥皂、染料等，让学生动手制
作，同时让学生检查食盐之内有没有杂质，牛奶之中
有没有水分等，就会让学习变得生动活泼。他还举了
一个煤矿的初等小学的例子，不分国文、算术、图画、
手工等种种学科，让学生就煤矿做深入的调查研究，
制作一煤矿模型。结果也非常成功，所有学科的知识
都得到了落实。

始可谓活教育

因材施教、临机应变，

>> 教科书为全国所采用，必不能照各区特殊情形而编著。故纵令如何完美，必不免失之划一。学科能按照地方社会之情形，则生徒所有材料，日与耳目相授，能养成其高尚之情操，使对于社会有同情。矧教科之分类，原出于人为，而非自然生成不可更易者。故应用教材时，不必死守成法；谋教育之活用，即打破各种界限，而以一种教材或作业为中心，以统摄各科，亦无不可。要之授社会情形、学生程度，因材施教、临机应变，始可谓活教育，否则仍属死教育耳。

——《杜威教育文集》第 4 卷，第 195 页

朱永新解读：

这篇关于中小学教科书的文字也很值得一读。既然教育要紧密联系实际，联系社会生活，而各地的实际与生活又有很大的差异，那种大一统的教育与教学规定就值得商榷了。杜威提出，教科书哪怕再完美，也很难考虑各地的具体差异，"不免失之划一"。况且，教科书本身也不是不可以变化的，应该结合当地当时之实际情况，加以灵活的变化。甚至，可以把教科书放在一边，只用一门教科书或者一个项目，来统摄所有的学科学习。这里已经与现代的项目式学习非常接近了。

总而言之，要让教育活起来，以学生为中心，以学生的生活场景为中心，而不是以教科书为中心。

为教师者当养成自动之能力

>> 余更有一重要问题，进告诸君，即为教师者，因当养成学生自动之能力，尤不可不养成自己自动之能力是也。即今后之教师，当时时熟思如何可解脱古人之成法，如何可发古人所未发，如何可革除教育制度之未善，而使之日就于完美，熟虑之后，必继之以试验。有自动的研究，有自动的查察，假能如是，则贵国教育必能日新月异。且有他国之经验以为凭借，虽超欧美而上之，固非难也。深愿诸君不仅能理解自己职务之重要，且须有自信之能力。诸君固具有知识才力，足以研究教育、改良教育，使之日就完美，以凌驾欧美之教育而上之，责任重矣；而机缘之宏美，亦至足羡也。

——《杜威教育文集》第 4 卷，第 195—196 页

朱永新解读：

这是杜威对中国教师的期待。他指出，教师如果要培养学生"自动之能力"，首先需要自己具备这样的能力。什么是教师的"自动之能力"呢？这就是一种超越前人的创造精神，即能够"解脱古人之成法"，发古人之未发，言古人之未言。最关键的，是要用实验的精神来确认，来证明，来检查。而教师一旦能够形成这种永不满足、不断探索的精神，不仅个人的成长能够得到保证，国家的教育事业也会得到永续发展。

教育不应该摧毁儿童固有之本能

>> 教育上最大之缺点，在不能利用儿童个人之本能，而使之发展。盖一般教育家意谓人本无能，必借外界知识之灌输，而始有能力。不知用此方法以施教育，是摧毁儿童固有之本能，非教育之正鹄也。故吾人在调查参观或考察教育之时，急需注意儿童之作业能否有自动自思自行研究之能力，教师能否使之自动自思以发展其本能，是为至重要之问题。

——《杜威教育文集》第 4 卷，第 201—202 页

朱永新解读：

　　这段文字见于杜威 1919 年 5 月 3 日在江苏省教育会的一个关于平民主义教育主题的讲演。杜威认为，当时教育上一个很大的缺点就是对儿童的"本能"重视不够。受洛克"白板说"的影响，许多教育家都认为儿童就是一块白板，可以在上面任意地书写涂画。美国行为主义的代表人物华生甚至宣称，给他一打健全的儿童，他可以任意塑造成各种各样的人。这样，儿童的主体性和能动性就荡然无存了。这种视儿童的本能而不见，甚至摧毁儿童固有之本能的做法，无疑不符合教育的规律，也不符合儿童身心发展的规律。

　　所以，杜威提出，教育的关键，就是看儿童能否具有"自动自思自行研究之能力"，看教师是否能够发展儿童的这种能力。这也是检验教育是否合理、是否有效、是否成功的关键所在。

教师方法不当会摧残儿童的本能与责任心

>> 夫考察儿童之心理，则富有好奇心、研究心，但教师所用方法不合，反足以摧残其本能。不观夫一般之学校乎？夫儿童在校，一切作业，多喜自为，即稍涉艰难，亦必勉强自为。而不知为教师者，对于稍难之作业，辄代儿童为之，凡儿童有须自行调查考察等事，教师亦每代为之。此虽教师对于儿童感情太密之故，而不知适足摧残其本能与责任心也。

——《杜威教育文集》第 4 卷，第 202 页

朱永新解读：

儿童的"自动自思自行研究之能力"表现在哪里？主要就表现在好奇心和探究心两个方面。也就是说，儿童本来就是对这个世界充满了好奇心和探究心的，他希望通过自己的努力去寻找答案，通过自己的眼睛去观察自然，通过自己的思考去得出结论，而不是把现成的知识灌输给他，把现成的结论告诉给他。许多教师恰恰不知道这个原理，经常越俎代庖，代儿童而为之。这样做，其实就是摧毁儿童的本能与责任心。

让儿童通过自主学习、合作探究去解决问题，已经成为现代学习理论的主要原则，教师和父母一定要懂得这个基本道理——外部灌输的东西很难入心入脑，只有自己亲身学来的东西才能属于自己。

>> 教学方法之最重要者，须以儿童为教学之中心，不可以科目为教学之中心。以科目为教学之中心者何？即使儿童受毕课程为目的，只知使儿童吸收各种科目之知识，儿童之能领受与否？应用与否？则不之顾及。故教授中最适合者，当以儿童为教学之中心，以儿童为目的，以科目为方法，启发儿童，使之好问难、好研究，有自动之精神，思考之能力，发展其个人之才能，庶将来置身社会，即可应用而谋生。

——《杜威教育文集》第 4 卷，第 202 页

朱永新解读：

教育是以教师为中心还是以学生为中心？是以教师的教为中心还是以学生的学为中心？是以知识为中心还是以能力为中心？这是一个根本性的大问题。长期以来，甚至一直到今天，我们的教育体系基本上还是以教师为中心，以教师的教为中心，以知识为中心的。

目前进行的各种教育变革，就是要把这个次序颠倒过来，变成以学生为中心，以学生的学为中心，以能力为中心。这样的革命性变化，早在 100 年前杜威就大声呐喊了。他明确提出，教育过程中，所有的教学方法中最重要的就是以儿童为中心。教学的效果，不是以科目为中心，以学生掌握多少知识为中心，而是以人为中心。要看看儿童是不是受到启发，是不是

养成了好学求知、好问怀疑的良好习惯，是不是形成"自动之精神"与"思考之能力"，是不是能够把所学的知识应用到生活之中。一句话，教育教学的目的不是看掌握了多少知识，而是看学生能否把知识应用于社会生活，解决实际问题。

有知识若不能应用，与无知者等

>> 予尝闻一般教师言，为研究学问，无暇应用，一若应用有妨学问之研究者，不知有知识而不能应用，不若知识浅而能应用者。盖由应用而得之知识，亲切而明了，切实而可靠；均有知识而不能应用者，则所得之知识，是空泛而机械者也。夫人之知识有限，若不能应用，与无知者等。彼学问博通之人，而不能应用，是彼所有之学问，不啻装饰品耳，有何益哉？

——《杜威教育文集》第 4 卷，第 203 页

朱永新解读：

　　知识的最大价值是应用。知识就是力量，说的也是只有把知识应用在生活生产之中才能发挥效力。如果教师和学生只是为了学习知识而学习知识，为了研究学问而研究学问，知识和学问就成为纯粹的装饰品，不能解决实际问题。更重要的是，知识和学问也只有在应用的过程中才能得到巩固，才能"亲切而明了，切实而可靠"。作为教师，在教学过程中应该尽可能让学生学会应用所学的知识去解决问题。

陶冶无数儿童之责任，全在一般之教师

>> 人生于世，如浮梦耳。不佞年满花甲，渐入衰境。将来社会之命运，全在此无数之儿童。而今日陶冶无数儿童之责任，全在一般之教师。是以为教师者，有养成儿童自动自立之责任。故教学儿童，当利用儿童个人之才能，使成完善之人格，得有用之知识。故教师之责任綦重，非其他人物之所可比者。试就政治家而言，其交授者皆系成人，品性习惯，早已养成，不易改变。教育家之于儿童则不然，盖儿童之品性习惯，尚无固定，导善则善，导恶则恶。启导之责，全在教师，其责任岂不大哉？

——《杜威教育文集》第 4 卷，第 204 页

朱永新解读：

杜威感叹成人生命之短暂，60 来岁就开始进入衰境，所以社会之希望在于儿童。儿童是未来社会的主人。所以，教师的职业，其实就是面向未来的，造就儿童的。在这个意义上，教师的责任远远胜过政治家。因为，政治家面对的成年人，往往已经基本定型，而教师面对的成长中的儿童，则是处于可塑性非常强的阶段，"导善则善，导恶则恶"，全赖于教师的人格力量与基本学术素养。也正因为如此，教师的责任非常重大，他们在造就今天的儿童时，也就创造了明天的社会格局。

游戏的作用

>> 身的动作，是用心思的工具，是性行或思想实现
的器械。我们平常见游戏运动这件事，往往当它
仅仅有益于身体上的健康；不晓得它的最大作
用，是在练习思想和思想的习惯。我且把游戏运
动有益于吾人的最显明的例，胪举如下：（1）感
觉敏捷；（2）养成果敢决断的精神；（3）造就发
动能力；（4）思想流利，不虞缺乏。赅括的一句
话，就是："游戏运动，能够使一个被动的、静穆
的、无生气的人，一变而为活动的、有生气的、
有用于社会的人。"

——《杜威教育文集》第 4 卷，第 207 页

朱永新解读：

1920 年 6 月 13 日，杜威在杭州第一师范学校做
了一个题为《造就发动的性质的教育》的讲演。杜威
的讲演是有感而发的。他曾经听过一位中国教育家的
感叹："被动的性行，可以算是占据中国教育上最高的
地位的东西。"他在讲演中对中国人的"忍耐刻苦"有
点不以为然（这一点恰恰说明杜威并没有真正了解中
国文化），认为这种性格"都像守株待兔似的，再也不
会使人类进步的"（这段评价是有失公允的）。但是，
他发现了中国文化相对被动的特点，认为这是需要通
过教育来改进的。他提出了让学生变得更加主动积极
的三条路径：一是注重游戏运动，二是注重手的活动
（劳动），三是注重天然物象的观察和实验。

上述文字就是强调游戏和运动。一般人认为，游戏运动只是关乎人的身体，与人的心灵、思想、智力活动关系不大，杜威提出了不同的观点。他认为游戏和运动对人的影响是全面的。他以古希腊人重视游戏运动为例，说明真正的游戏运动"不但取以为保持健康所必需，而且还当作锻炼心思的工具"。他提出了游戏与运动的四大功能与好处——一是帮助孩子感觉更加敏捷；二是帮助孩子养成果敢决断的精神；三是造就孩子主动积极的个性与能力（发动能力）；四是帮助孩子思维更加流畅。

亲爱的父母，杜威对于游戏与运动的重视，是值得我们关注的。

使全国小孩子都得到游戏运动的机会

>> 从以上种种实例观察起来，可以明白游戏运动这件事，当中实在是含着一种至理。我们不要以为它只能助身体发育，我们须看得它很有价值；虽然能够使中国一般国民，把身体上的习惯，改革一下，于中国改造前途，必有很大利益，而且也许能够增高中国在世界上的位置。这事的具体进行方法，莫如在全国各都会城镇乡村，遍设公共运动场，有相当的设备，使全国的小孩子，都得到游戏运动的机会；一面学校和家庭，竭力地去提倡它。这事表面上看起来，似乎很小；实则勇敢心、发动心、自信心等的养成方法，都在于此。吾人对此事，万不可专作壁上观才好。

——《杜威教育文集》第 4 卷，第 208 页

朱永新解读：

杜威以希腊、英国、日本等国家的案例说明体育、游戏、运动对于建设强大的国家的重要作用。最后得出结论，游戏运动不仅仅是对个人有益，对身体的发育有益，更重要的是对强国有益。他对当时的中国提出了在全国的城市和乡村广泛建设公共运动场的建议，认为这样做，才能真正让孩子们有游戏运动的机会。他也特别呼吁家庭与学校能够注重孩子的游戏与运动。他说，造一个公共运动场，让孩子们游戏运动，看上去可能是微不足道的小事情，但其实是培养现代公民的大问题，人的"勇敢心、发动心、自信心等的养成方法，都在于此"。亲爱的父母，不要以为成

绩才是硬道理，分数最重要。其实，孩子的人格发展，孩子的阳光心态，孩子的健康成长，才是第一位的。而且，磨刀不误砍柴工，游戏运动对孩子学习的促进作用，也是科学研究反复证明了的。

让孩子多一些游戏，多一点运动吧！

注重手的活动

>> 注重手的活动。这是造就发动的性质的第二种方法。平常人以为手工只是肌肉训练的一种功课，或者还以为是裨助将来的职业的一种功课，这话似乎很对；实则手工的最大功用，是造就发动能力，使人有了一种意思，就会想到求展现的一条路上去；这难道是毫无边际的空想所能及得来的吗？此外手的活动的种类还很多：像图画、音乐、书法，都是给我们以表现思想的机会；又像金工、木工、厚纸、石膏等手的作业，形式虽然不一，功用却是相同的。简括一句话，就是使吾人以吸收为唯一要务的态度，一变而为积极的表出的态度。

——《杜威教育文集》第 4 卷，第 208 页

朱永新解读：

注重学生手的活动，是培养学生积极主动精神的第二种方法。苏霍姆林斯基曾经说过，儿童的智慧在他的手指尖上。也就是说，手不是简单地由骨骼和肌肉等组成，不是一个纯生理学意义上的构造，它的心理学意义和教育学意义应该引起足够的重视。无论是图画、音乐、书法，还是金工、木工、厚纸、石膏等手的作业，形式虽然各不相同，但是对于人的智力的发展，对于人的智慧的形成，对于人的思想的表现，都具有非常重要的价值。更重要的是，手的活动，会让人处于一个主动积极的学习状态。

>> 注重天然物象的观察和实验。这是造就发动的性
质的第三种方法。就是使儿童观察天然物象，用
实验的方法，去仔细研究它。一方竭力打破被动
性质的书本教授，一方就可得到儿童个人观察能
力的养成和独创力的具足等种种效果。

——《杜威教育文集》第 4 卷，第 208 页

朱永新解读：

观察和实验，是人类进步发展的重要原动力，也
是杜威主张的培养主动积极的态度与方法的第三个重
要举措。

杜威引用了一段关于人类社会演化发展的事实，
讲述了人类在实验科学没有诞生之前的状态，说明那
个时候人类对于自然的认识非常有限，因此就没有驾
驭自然的能力，自然社会就没有什么进步和飞跃。但
是，人类一旦掌握了观察和实验的方法，就能够主动
改变世界。

所以，家庭和学校教育中，应该重点培养学生观
察和实验的能力，这对于培养学生的创造力具有重要
的意义，更重要的是，杜威甚至把它视为"中国社会
改造的根本方法"，他认为，如果掌握了以上三种方
法，变化社会、改造社会就会"易如反掌"。

教育不应该『只养成一种记忆力』

>> 现昔日教授的方法，注重注入的及被动的教育，只养成一种记忆力，专吸收他人印象及意象。此种记忆如映片然，单能吸收物像，其所引入的印象，唯能保持不变而已。彼旧教育法，与此将毋同。是又如教师将瓶倾泻，学生以碟承之。学生之心，恰如空碟，所有教师给的讲义及教材，满载其上；而教员所授的教材，则以为已成的物，分类包裹，给予学生，和商店的包件售于购物的人相同。以致一般人以为学问即积蓄财产，是由前人传授而来，后人不独对于社会服从，且对于智识亦须服从，是将心之独立权操之他人了。故外人来华观此情形，多不满意于革命十年来之结果，就是这个缘故。

—— 《杜威教育文集》第 4 卷，第 211 页

朱永新解读：

1921 年 4 月 29 日，杜威在广州高等师范学校进行了题为《自动道德重要的原因》的讲演，继续阐述他关于自动自发学习的思想。他明确批评传统的教育方法，以记忆为主要的目标，是一个简单的从输入到输出的过程。输入与输出不走样，就是教育成功的标志。学生就像一台照相机，原样地保存形象，就是好的相机。老师就像倒水人，把瓶子里的水滴水不漏地倒在学生的碗碟里，就是好的老师。学习就是积累财富，学生把老师讲的和教科书上写的全部装进自己的脑袋里，人云亦云即可。

无疑，这样的教育是消极被动的，用这样的方法培养出来的学生，是没有创造性的，是一个逆来顺受，只会服从，没有独立人格的人。

不要随着人家亦步亦趋

>> 观察中国的历史，中国的国民性本富于创造力，故能发明种种事物。如打字机、瓷器、火药等极难制造的物件，中国均早已发明。且随处可察之中国人确能利用外界境象发明事物。今日教育界如何能保守此创造的发明的能力，并发扬而光大之？我以为学校即具有此能力。但教育理想，常趋向一方发；倘注重旧的，则制造出做旧事业的人；若注重新者，则制造出做新事业的人。愿诸君自审之。中国人常鼓吹领袖之说，我以为有二三出类拔萃领袖，仍于新事物无多大效果。必要人人有为领袖的存心，不要随着人家亦步亦趋。此与发振国民的心性，至深且切，又愿诸君勉之。

——《杜威教育文集》第 4 卷，第 213 页

朱永新解读：

　　杜威对培养创新创造能力非常重视。他认为，其实中国不乏创新创造的能力，因为在中国悠久的历史长河中，曾经出现过许多领先世界的伟大发明。即使在当时的中国社会，杜威也目睹了中国人的创新创造精神。问题在于，我们的教育究竟是有助于培养这种创新创造精神，还是妨碍与扼杀这种创新创造精神？这就取决于我们学校教育（包括家庭教育）能不能自觉地鼓励与发扬光大这种创新创造精神。而且，教育如果只关注少数学生的创新创造精神是无济于事的，需要"人人有为领袖的存心"，也就是说，要有当今我们提出的"大众创业，万众创新"的勇气，把创新创造作为教育的价值取向，才能真正实现这样的目标。

注入主义

旧教育的特点是

>> 以故旧教育之本色，均采注入主义，大抵视学生心理如空白之纸，教员唯以各种教材为之设色。又视学生头脑如海绵，各种教材如水分，极力灌注，强使吸收。再譬之冰室，当夏令之时，常贮藏种种易腐之物。教员之以各项教材装入学生脑中，亦死教育耳，宜其随世界潮流而淘汰也。

——《杜威教育文集》第 4 卷，第 214 页

朱永新解读：

1921 年 4 月 14 日，杜威在福州青年会做了一个题为《自动的研究》的讲演。在 1920 年到 1921 年，他一系列讲演的主题都集中在"自动""发动"这样的关键词上，说明他对学生主动学习的积极性是高度关注的。他认为传统教育与现代教育的根本区别，就在于这个问题上。传统教育把学生视为消极的接收器，所以只需要注入即可。教师就是倒水的人，把水倒好，不要跑冒滴漏，用自己的一桶水装满学生的一碗水。所以，把学生视为一张白纸，在上面绘着各种色彩。学生脑子里装满了各种知识，就像储藏了许多食品，最后终将腐烂变质，毫无用处。这就是"死教育"，需要淘汰变革的注入主义的教育。

公民的四种资格

>> 诸君现在贵校里边，直接所受的教育，是要培养公民资格，要做一个良好的公民，须有几种必备的资格。

要做一个良好的公民，在政治方面，也要有一种精神来辅助中央政府，为国家谋公共利益。

但一个良好公民的义务，不但趋重于政治方面，对于家庭方面，也是非常重要。少时在家，做个良子弟，后来做个良父亲，去教养子弟，成一好的公民，以补学校的不足，因为要做一个好公民，一定要有良父母去教训他，不单是靠着学校教育的。

要做一个良好的公民，一定还要注意经济方面，不但是谋个人的经济，也要顾到谋公共的经济才好。

要做一个好公民，总要善用余暇，到社会上去谋人与人的交际，勿使有害身心的事发生。

——《杜威教育文集》第 4 卷，第 217—218 页

朱永新解读：

教育的一项重要使命，就是培养合格的公民，为建设一个和谐的社会奠定基础。那么怎样才算是一个好公民呢？杜威认为好公民应该具有四种品质，或者说，好公民应该有四种资格。这就是公民的政治、经济、家庭和社会四个方面的要求。从政治方面来看，就是要注重公共利益，能够从国家、民族的利益出发，协助政府处理好各项事务。从经济方面来看，就是要

注重自食其力，能够有稳定的工作和基本的经济收入，同时处理好个人与集体的利益关系。从家庭方面来看，就是要注重家庭和谐，能够做合格的父母和子女。从社会方面来看，就是要利用好自己的闲暇时间，注重人际关系与身心健康，与周围的人和谐相处。公民的这四种"资格"，应该是学校教育和家庭教育都十分重视的根本问题。因为，每一个人都生活在一个真实的社会环境之中，要处理好自己与国家、社会和家庭的关系，成为一个自食其力，有社会责任感的人。

>> 有一个学校，不但是学生专门求学的地方，它的范围比授课还要大。因为学校是一个社会，学生就是社会里的公民；学生在学校里边受公民的训练，那就是公民教育。学校内容是很复杂的，但是分析起来，亦有上列四种生活。学校中的规则，一如国家的宪法，遵守学校的规则，犹服从国家的宪法；学生与学生的交际，犹兄弟姊妹也，学生对师长犹对父兄也；学校中也有用途的，学校用途的经济，犹如国家经济也；同学间的交际，犹如社会上人与人的交际。现在有许多学生，在学校中非常关心国事，不晓得他们在学校里养成了上列的几种习惯，将来到社会上去，就可以扶助社会了。倘然在学校里边，不曾好好地受过公民训练，将来脱离了学校，也不能够做良好的公民，替社会服务的。

——《杜威教育文集》第 4 卷，第 218 页

朱永新解读：

许多人认为，学校就是一个求学求知的专门场所。学校教育的主要任务就是让学生在学业上有所成就，学校教育的主要形式就是授课。但是杜威明确指出，学校教育的根本任务是培养合格的公民。学校不仅仅是学生专门求学的地方，学校教育的内容和目标远远不限于授课。更重要的是，学校教育不仅仅是为未来做准备的。因为，学校本身就是社会，学生本身也就是学校这个社会的公民。在学校里的言行举止，

所作所为，都是公民教育的重要组成部分。如学校里的规章制度的遵守，就是未来社会的法律法规的服从；学校里的师生关系，就是未来家庭中的亲子关系，同学关系就是未来家庭中的兄弟姐妹关系和社会上的人际关系。在学校里就关注国家、民族和社会的事情，未来才能形成良好的公民素养。一句话，如果学校里没有公民的生活与公民的训练，那么离开了学校，也不可能成为一个良好的公民。

学校里要有正当的互助精神

>> 普通一般学生，上课时太注重个人，以为求智识只为了自己受用的，不管公共的进步。教师的教授方法也不好，教授时总培养此种个人的精神，不培养公共的精神和互助的精神。替人拖替，和不正当的帮忙，不是正当的互助，只能培养低能生徒的依赖心。要晓学校里要有正当的互助精神，去辅助低能生徒的进步。一般程度高的生徒，应当要有觉悟，要晓得他的知识，不是特有的，去养成他超人一等，乃是一种扶助低能生徒的工具。学校大可利用他们去教低能生徒，学生间感他的功劳，较教师指导的功劳更大。这种并非秘密的互助，乃是正当的互助。一般程度高的学生，要晓得他们的知识，不是个人的，他们要替全校进步负责任。教师在上课时，要培养这种互助的精神，可发同样的问题叫他们互相解答。

——《杜威教育文集》第 4 卷，第 219 页

朱永新解读：

学生之间的关系，不是彼此对立的竞争关系，不是"多了一分，就干掉几人"你死我活的敌对关系。现在的学校教育和家庭教育，都过分强化了学生之间的竞争关系，把成年人之间偶尔发生的尔虞我诈等不正常的关系，作为普世性现象过早地灌输给孩子，使年少无猜、纯洁无瑕的青少年变得过于世故。这样畸形的人际关系，导致儿童成人之后社会关系的畸形。所以，杜威主张，应该在学校中就把学生之间的互相

帮助作为教育的基本原则，能力强的帮助能力弱的，年长的帮助年幼的，程度高的帮助程度低的。这样的帮助，往往比老师的帮助更加有效，也更有助于学生的健康成长。因为，这样的帮助，有助于儿童未来的公共精神的培养。一花独放红一点，满园花开才是春。要让孩子从小就知道，个人与集体、与社会、与国家的利益是紧密相连的。

要学得处世的手段和方法

>> 中学校学生将来毕业后，多数人到社会上去办事，很少数做专门家的。所以求知识不是目的，乃是方法。多数的人求知识，不是希望成一专门家，乃是要学得处世的手段和方法。所以一部分的学科，总要适合社会，那么学的人可以晓得，他所学的和社会有什么关系了。

——《杜威教育文集》第 4 卷，第 220 页

朱永新解读：

　　既然教育的根本任务是培养合格的公民，学校教育就要把这个任务放到教育的首位。杜威认为，绝大部分中学生毕业以后是走向社会的，只有很少一部分人成为专家学者。所以，中学固然是求知识的地方，但更应该是"学得处世的手段和方法"的场所。如果把求知识放在首要的位置或者整个教育的中心，那么大部分人就成为陪同少数人学习"求知识"的学生，而没有学习到对他们一生都有用的东西，学习到他们在社会上为人处世的本领。这是我们的学校应该认真反思和努力践行的。

>> 夫所谓品格问题，即德育问题，若以德育为独立学科而教授之，将无甚效果，盖德育精神本无往不在，故虽教算学、博物、理化等科时，皆有德育问题在内。提出德育为另一部分，此乃一大错误。盖必须使德育问题无往而不在，然后能达到讲求德育之真正目的也。

——《杜威教育文集》第 4 卷，第 221 页

朱永新解读：

这是 1919 年 10 月 10 日杜威在山西太原做的讲演，由他的学生胡适亲自担任翻译。从讲演的标题来看，就是把人的品格养成作为教育的最高目的。在这篇讲演中，杜威就什么是品格，品格如何养成等问题进行了阐述。他认为，品格培养是德育的大问题。但是，许多学校把德育作为一门独立的学科来教学，其实是没有多少成效的。因为，德育是不可能脱离其他学科的，包括数学、博物、理化等自然科学的学科，也是与德育关系非常密切的。所以，杜威主张德育应该在所有学科的教学中得到关注，"必须使德育问题无往而不在"，才能达到教育的真正目的。

良好品格应以良好习惯养成之

>> 盖道德为活用的，为现实的，非种种呆格言所能适用的，必以社会良好习惯，使于无形中与学生为体合，而后学生自有一种良好品格。盖良好品格，应以良好习惯养成之，非纸上格言所能养成之也。因记许多之道德名词虽容易，而欲使之实在施用于社会则甚难，故必须将道德消纳于各科之中，使无往而不在，不直接教导之，而间接教导之，不有意教导之，而无意教导之。

——《杜威教育文集》第 4 卷，第 222 页

朱永新解读：

德行养成的规律不同于知性形成的规律。严格来说，道德的形成是实践理性，也就是说，道德品质是在实践之中形成的，是在社会活动之中养成良好的行为习惯的过程。熟记再多道德教育的格言名句，如果不能在实践中运用，不能转化为日常生活的行为，道德教育是无济于事的。这也是杜威不主张开设专门的德育课程的原因。他主张把道德教育寓于各门学科之中，无处不在，无时不在。看似无为却是大为，看似无意却是有心。

>> 但现欲养成适用社会之道德，有一种极大阻力：即当教员的为父母的以试验成绩定学生优劣，此种考试之法，适以养成与社会道德相反之道德。盖学生专以分数多寡，考试前列与否为荣辱，则不惜作伪以争竞之故也。夫养成道德之方法，不一而足，学生争列前茅，亦属正当竞争，不必反对，但为教员者，须于考试竞争之外，使学生习于爱群尽公益有互助精神，并于学校内外洒扫清洁各事，由学生为自动的共同动作。其他切近于学生之事，教员亦无容过事干涉，一切收归教员自办，以减学生自动的需能，此亦养成社会道德之方法也。

——《杜威教育文集》第 4 卷，第 223 页

朱永新解读：

看来，在学校教育中，分数第一，成绩好"一俊遮百丑"的情况早已有之，不仅中国有，美国也有。

教师和父母天然地喜欢那些成绩好、考试好的学生，以分数论英雄，用成绩定品德。所以，学生们为了好分数好成绩往往会弄虚作假，不当竞争，这是不符合学生成长规律的。

养成学生的良好社会道德的方法，就是在日常的学校生活中，让学生学会互相帮助，参与集体事务，热心公益活动，只有公共生活才能培养公共精神，只有自主活动才能培养自主精神。

所以，关于学生的事情，教师要尽可能少干预，少插手，要发挥学生的主动性和积极性，帮助他们养成良好的社会交往能力。

真正之学生自治

>> 因所谓自治者，或仍由教员指导之主持之，学生唯画诺而已。故真正之学生自治，必须遇事由学生自提议，自判断，自负责任，自己管束自己。盖服从教员命令之伪自治，其流弊则学生因习于被动。至于做事时代，无人可靠，遂至错乱。因为欲学生于创造或自己做事时有把握，必须于学校内实行真正之学生自治，使学生加入各事之提议、判断、执行，而养成自发之习惯，然后于人社会时无往而不适用也。

——《杜威教育文集》第 4 卷，第 223 页

朱永新解读：

什么是真正的学生自治？

杜威认为，学生自治，就是要真正地让学生能够自己处理自己的事务，从提议、判断、选择，到自我管理、负起责任。如果所有的事情还是听教师的，还是教师主导，教师说了算，学生只是花瓶，装装样子，唯唯诺诺，这样的教师无疑是不能适应学生的身心发展特点和现代社会对于人才的要求的。

所以，教育的关键，就是要调动学生的主动性和创造性，让学生自己管理自己。而学生一旦养成了良好的行为习惯，一旦形成了自己提议、自己判断、自己选择、自己负责的习惯与能力，他的发展就会自动自发，就会为未来赋能。尤其是进入社会以后，学校与社会的反差就会缩小，学生的社会适应能力就会增强。

从错误中成长

>> 判断在人生行为最关重要，故判断必须由自己下的，绝非他人所能代替。养成学生之判断力，使彼于轻重缓急是非善恶之间，各人自有一种度量权衡。此又无论何项科目，自可于教授时，由无形而灌输于学生者也。何故许多学科不能于教授收此等效果？因各教员深恐任学生自作陷于错误，必遇事由为教员者示一方法，生吞活剥地令学生承受，于是学生虽承受得许多，每无心得，一到亲自实验，学生遂茫然无所措。殊不知学生自做一事，幸而不错固好，即有错误者，错误次数愈多，经验愈多，能于几次错误中经验出来，所得真理，始能永远不忘。

——《杜威教育文集》第 4 卷，第 224 页

朱永新解读：

人的成长是无法代替的，正如不能由他人代替吃饭，不能由他人代替睡觉，不能由他人代替思考与判断。

杜威认为，在家庭和学校中，孩子们之所以无法得到正常成长，一个重要原因就是我们没有把孩子的主体作用发挥出来。父母和教师怕孩子出差错，因此喜欢包办代替，把现成的东西教给学生，让他们生吞活剥地照单全收。看起来学得很快，其实忘得更快。这就是我们经常讽刺的"上课记笔记，考试背笔记，考后全忘记"。

所以，不要怕孩子犯错误，人就是在错误中得到经验，在错误中成长起来的。在一定意义上甚至可以说，没有错误就没有成长。

女子的教育很重要

>> 女子的教育很重要，女子将来结婚以后，有了小孩子，那么，全靠女子去教育。父母对于子女很密切，有好的父母，然后有好的子女，因青年脑筋没有坚固，容易感化，能受他父母的教训，可以得完全人格和智识，一天一天进步，全靠着贤母，所以女子最重的是教育。还有女子教育好的地方，在培养子女。子女就是将来的父母，他们自己受过教育，就知道教育的好处，使他们子女也受教育。子子孙孙传下去，智识一步一步地进步，将来的教育岂不是很好了吗？这普及教育，是共和国最紧要的事体。

——《杜威教育文集》第 4 卷，第 226—227 页

朱永新解读：

上面是杜威 1920 年 6 月 4 日在上海松江劝习所做的关于社会教育问题的讲演中的内容。杜威一开始就批评传统的教育是"独善其身的教育，是没有社会观念的教育"，是面向少数人的教育，只有上等社会的人才有机会受教育，"有机会发展他的能力"，大部分人是无法得到教育的机会的，尤其是女子，更加没有机会享受教育的阳光雨露。

所以，杜威在讲演中强烈呼吁要重视女子教育。他认为，女子教育是普及教育最重要的人群，因为她们离孩子最近，离教育最近。母亲好了，孩子才会好，家庭才会好，教育才会好。母亲接受教育了，享受教

育了，知道教育的意义与价值了，才会让孩子也接受教育，子子孙孙传下去，家庭和国家才有希望。

特别需要提出的是，这里杜威没有用传统的"知识"的概念，而是用"智识"的概念，知识是死的东西，智识是活的东西；知识是现成的体系，智识则需要对知识进行加工编码，上升为智慧。这也是新教育实验在研发卓越课程时，提出"智识课程"的理论依据之一。

公共体育场、公园等很可以培养精神

>> ……各处的公共体育场、公园等，很可以培养精神。公共体育场是使得体育发达，公园是使人能够休息，各机关的开会也很多，这全是公共的利益。于交际上，可以联络；学问上，可以交换；鼓励琢磨，培养智识，岂不是很好的现象吗？现在中国社会很坏，不道德的事也多，为什么呢？公共机关少的缘故。若多设公共体育场、公园等，培养地方上的国民，个个享有幸福，那是很好的事。
>
> ——《杜威教育文集》第 4 卷，第 228 页

朱永新解读：

100 年前，中国的公共体育设施仍然很不健全，现代公园更加凤毛麟角。即使在 100 年以后的今天，我们的公共体育场和公园仍然还没有完全普及。

杜威认为，这些公共场所，不仅是供人民锻炼身体，休闲养性的地方，其实也是社会教育的场所，人们在这里交流知识，分享经验，讨论问题，培养智识，拥有公共生活的人们才会拥有公共意识。他甚至认为，社会的风气变坏，不道德的现象变多，往往与缺少这样的公共场所有着直接的关系。

杜威的论述虽然可能有点夸大了公共设施对于社会道德建设的意义，但是人们参与的公共活动多了，公共意识就会增强，不良行为的发生率自然就会下降。让孩子多参与公共活动，尤其是各种体育活动，对于孩子的合作意识、集体精神等无疑具有非常重要的作用。

学校体育要促进社会体育

>> 现在学校，皆有体育一科；但仍不能普遍于一般社会。本来学校的教育，不应该单讲体育的原理以及体育的大意；要完全注重课外运动。万不可上体育时，才注重体育；上别的课时，就不注意体育。万不可在学校时，注重体育；离学校时，就不注重体育。所以体育一科，一定要使学者能自动，不等到教者的督促。并且中国现在的情形，就使学生能够自动，也还怕不够；因为社会教育，还未发达；遇有良机，必须设法促进一般人民体育的进步。然后社会全体的健康，可有希望。

——《杜威教育文集》第 4 卷，第 230 页

朱永新解读：

这是杜威 1920 年 5 月 20 日在江苏省扬州市的一个讲演，主题仍然是教育与社会的关系。他从三个维度讲述了社会进步的标准：一个是社会的健康状况，一个是社会的经济状况，一个是社会的自治程度。

杜威认为，一个人必须要有好身体，才能有好的事业。同样，一个社会也应该使全体公民有好的身体，才能使全体公民创造好的事业。"倘欲求社会全体的健康，全社会体育的发达，则必从人人习运动始。"只有"人人身心健康、个个精神活泼，然后社会才有进化的希望"。

学校体育的目的究竟是什么？前些天和一些教师

朋友交流，他们都痛苦地说，现在学校体育，也完全沦为应试的工具，就是机械重复的达标训练，就是为了小升初和中考的成绩。这样的体育无疑不会激发学生的兴趣，也难以达到体育的目标。这样的体育，自然造成了体育与其他学科的隔离，学校体育与社会体育的隔离，体育，只是体育课的体育，只是学校的体育。在学校里体育得高分的学生，并不一定有体育的兴趣与习惯。学生在学校里没有养成运动的兴趣与习惯，离开学校以后自然也不会有运动的兴趣与习惯。

当然，体育课程不仅仅要培养学生的体育兴趣与习惯，还要考虑与社会体育的衔接。也就是说，学校体育要主动参与到社会的体育中去，帮助全社会提高体育的素养。

体育健全，智德两育自然可以圆满

>> 果能体育健全，智德两育，自然可以圆满；因为运动的时候，如尊重他人人格，互助精神及勇毅、坚决、果敢、不懈许多美德无不具备；所以体育和德育有密切的关系。至于专心研究学术，也必须身体康强；否则心有余而力不足，必致中道而返；所以体育与智育，更有相维相系的情形。这样讲来，促进社会全体的健康，实在是中国今日最大的问题。

——《杜威教育文集》第 4 卷，第 230 页

朱永新解读：

长期以来，我们是把体育与德育、智育分开的，认为它们之间没有什么必然的联系。甚至许多人认为四肢发达必然头脑简单，体育考生的文化成绩总是降得很低，行为总是豪放不羁。其实不然。

杜威认为体育与智育、德育之间的关系非常紧密，体育健全了，智育与德育就会圆满了。因为，体育运动与人的智力发展和品德发展有着非常密切的关系。体育运动的时候，不仅要动脑筋运筹帷幄，随机应变，而且要互助合作，果断勇敢，坚韧不拔。没有强壮的身体，良好的体力，就无法从事正常的智力活动，许多社会的公共活动也难以参加。

所以，要发展体育运动，促进全社会成员的身体健康，应该从学校体育开始，从培养每个学生的良好体育运动的兴趣与习惯开始。

社会的改良全在学校怎样培植学生

>> 所以中国今日欲谋求社会经济的发展，不仅创办大公司大工厂；必使一般的小工艺小事业，皆能改良前进，然后社会经济有充裕的希望。但各种事业的改良，又全在今日学校怎样培植学生。倘仅能读死书，用课本做性命，拿讲义做生活，中国将来事业，必无改良的希望；社会经济，也必无发展的日子。必须学生用自己的脑力，去考察环球最新的进步状况，对于生产、管理、消费的方法，都有所改良有所发明；将来凡百事业，才有更新的一天。所以今日各学校，果能将社会与亟待解决的问题，一一提出研究，即不用课本也可以的。

——《杜威教育文集》第 4 卷，第 231 页

朱永新解读：

社会的健康取决于每个公民的健康，每个公民的健康取决于学校体育的努力。那么，经济的发展是否也是如此呢？杜威认为也是如此。他明确指出："社会的经济状况，也要拿全体做标准；不单是有了少数富商豪贾，就可以算充裕的。必使一般人民的经济状况加高，方才合于社会经济上原理；倘仅有少数资本家，则对于社会，也是不但无益，而且有害。"杜威指出，经济的发展也有三个要素，即劳力、智识和机器。经济不发达的国家主要依靠劳力，只有利用智识和机器，才能真正发展经济。

但是，怎样发展经济呢？杜威认为不能仅仅依靠

大公司大企业，更要发展中小型企业。而且无论什么样的企业，都需要优秀的毕业生。所以，产业的发展是离不开教育的。

只是，不是所有的教育都能够促进产业的发展和生产力的提高，那种"仅能读死书，用课本做性命，拿讲义做生活"的教育，那种只关心考试成绩和分数的教育，无疑是解决不了任何问题的。只有让学生学会思考，学会用自己的脑子，学会用所学的知识解决问题，才能有好的教育，也才能真正地促进经济的发展。

培养自治的精神与人格

>> 现在中国各学校，学生自治的声浪很高，这是很好的现象。但自治必先智识丰富，有判断力，方才可以做到。自治不是个人的私意，一时的感情；要有互助的精神，稳健的方法。不是今天说自治，就能够自治；要有自治的真正精神，自治的完全人格。一个学校里面，等级不同，学龄不同，学术的优劣各不同，所以教师对于学生补助的分量，也应当斟酌多寡，总之以达到完全自治为目的。今日学校中的学生，就是他日社会上重要的人才；要使他日社会上得完满的人才，又全在今日学校的培养。

　　　　——《杜威教育文集》第 4 卷，第 232 页

朱永新解读：

自治，自己管理自己，这不是一件容易的事情。杜威认为，儿童是不懂得自治的，只有成年人才能够自治。但是，人能否自治，很大程度上取决于人的智识水平。所以，"一个人不能自治，则个人的人格不完全；合大多数人格不完全的人民，则不能以为国"。

一个国家人民的自治水平如何，往往是衡量这个国家文明程度如何的主要指标。与前面的健康、经济一样，自治也是需要教育来培养的。因为自治不是一日之功，不是今天说自治，明天就能够做到自治。自治是需要涵养的，需要不断地努力，需要有丰富的智识和良好的判断力，需要有互助的精神和稳健的方法。

虽然在学校里学生的差异很大，发展很不平衡，但是教师要善于因材施教，帮助每个学生形成自我管理的能力。只有这样，未来社会的自治才能真正实现。

人的精神必借教育而发达

>> 现在中国都注意实业发达。常说中国有数千年的矿产，都没有开采。我想种种矿产和农林，都是不要紧的，最要紧的，是关于人生的发达。人是最要紧的，现在青年男女，都是将来国家的人才。制造各种实业，固然应该发达，而人的精神，亦必借教育而发达。矿产农林，现在不动它，将来还是有用处的。人的精神能力，是要趁早发达，时候过了，就没有用。人的精神，是必要发展的，而实业的发达，还是依赖人的精神；若是没有精神，实业就一定不能发达；纵然要发达实业，还是要从实用方面着手。

——《杜威教育文集》第 4 卷，第 233 页

朱永新解读：

　　这是 1920 年 11 月 4 日杜威在湖北高等师范学校的讲演，主题仍然是教育和社会发展的关系。杜威一开始就讲述了教育与实业发展的关系。他指出，中国虽然有许多矿产，这是中国的宝贵资源。但是，中国最宝贵的资源应该是人才，是青少年的成长。这是因为，矿产农林即使我们不开采，将来还有机会。但是人力资源如果我们不培育开发，就会时过境迁。因为，人的成长是有关键时期的，过了这个村就没有这个店。更重要的是，发展实业，如果没有人才的储备，也是无法真正实现的，因为实业的发展必须依赖人的素质，依靠人的精神，"而人的精神，亦必借教育而发达"，所以教育才是发展实业最重要的基础。

教育创造国家和社会的幸福

>> 教育对于国家的社会的幸福，是事实的，非理想的，中国不能出此范围。中国精神财产，或用于精神教育，或用于武备，不偏于此，则偏于彼。人乃国家最重要的，无论男女，必借教育发展其本能。我们美国，不独注重教育，实业交通矿业种种，都是平均发达的，所以人民程度较高。美国富强之原，是渐渐以教育造就的。它的发达，是两方面：（1）对于政治社会各个人都能负责；（2）对于教育能尽力使其发达。

——《杜威教育文集》第 4 卷，第 234 页

朱永新解读：

教育对于社会发展和国家富强具有非常重要的作用。这种作用不是理想化的，不是虚无缥缈的，不是理论上的，而是实实在在地发生的。杜威以美国历史为例表明，美国之所以富裕强大，就是由于教育的力量造就的。美国一直致力于两个方面的工作，一个是让每个人参与到社会政治生活中去，并且发挥主动积极、认真负责的精神；一个是尽最大努力去发展教育。第一个方面的工作其实也是第二个方面工作的结果。所以，教育是美国富强之源泉。一个国家，把自己的人力资源和精神资源重点投入在不同的地方，就会产生不同的结果。教育，无疑是最有价值的地方；教育，对于国家来说也是最重要的事情。因为，人是国家最宝贵的资源，精神财富是物质财富的基础。

城市与乡间应该受同等的教育

>> 我们唯今的教育，有三大要义：一、注意小学教育和平民教育；二、男女必须受同等的教育；三、须注重穷偏僻壤的教育。因为中国人民多数是在田间，数千年来都是如此。诸君都是将来担任职务的，恐怕多数人喜欢在城市，这也是人的惯性。但是我要普及教育，需要牺牲这种惯性才好。全国人都是一体的，即是城市与乡间，人民应该受同等的教育。我此次到中国考察，觉得家与社会能相离甚远，想求真正共和，必须社会坚固。若要国家好，必要普及教育，平均进化。

——《杜威教育文集》第 4 卷，第 235 页

朱永新解读：

　　杜威在这里阐述了教育公平的基本原理和方法。他认为教育最需要做的就是三件事：第一是应该高度重视小学教育与平民教育，也就是说，在小学、中学、大学等不同的教育阶段中，小学最关键；在普通的平民与社会的其他人群尤其是中产阶级之间，平民最关键。国家应该对这两个方面大力倾斜。第二是应该高度重视女性的教育。在 100 年前的中国，女性基本上没有受教育的机会，尤其是农村的女孩子，基本上没有上过学。杜威呼吁，应该让男女具有同等的受教育的机会。第三是应该高度重视乡村的教育。100 年前穷乡僻壤的教育往往无人问津，教育资源主要集中在城市之中。杜威提出要高度重视乡村教育的问题。小

学优先，男女平等，城乡一体，杜威讲述的三个问题目前在我们国家虽然有了很大的好转，但是并没有得到根本的解决，城乡教育的差距仍然比较大。我曾参加过马云公益基金会举办的乡村教师颁奖活动，从主办方提供的我国乡村教育的许多案例来看，在推进教育公平方面我们仍然有很长的路要走。没有真正的城乡一体化的教育，没有乡村教育的现代化，就没有中国教育的现代化，也没有中国社会的现代化。

>> 教育与实业应当双方并进，不能偏重一方面；譬如人的行路，两只脚左右上下，是平均发达的。倘坏了一只脚，走路就觉困难，弄到不能联络，我看还不如单有一只脚的好。国家注重实业，丢掉教育，也是这个样儿，所以教育与实业两方面要和衷共济，不能互相抵触，那国家的进步自然就快了。

——《杜威教育文集》第 4 卷，第 236 页

朱永新解读：

这是杜威 1920 年 6 月 29 日在苏州的讲演，继续讨论教育与实业的关系问题。

杜威用人的两只脚来比喻教育与实业的关系，认为两者就像一个人的两只脚一样，应该是协调一致、双方并进的关系。如果一只脚好，一只脚不好，走路就非常困难，有时候甚至还不如一只脚。国家的进步离不开教育与实业的共同发展，教育与实业本来就是彼此促进的，教育好了，人才的素养高了，实业的品质就更好。实业好了，有充分的资金来办教育，有充分的空间接纳人才，教育品质也会更好。

把实业当作发展教育的利器

>> 对于实业，对于教育，两方面究竟怎样？是否把实业当作发展教育的利器，是否已经做实业的工匠？譬如学校里的园艺，目的也有几种：（1）专重获利方面，作为谋生计的计划；那么，就失掉教育的目的，忘却教育的价值哩。抱这种主义，分明以实业为主，教育为宾；实业为重，教育为轻；这种主义简直是阻碍教育的发展。（2）园艺对于人生的关系，种子的发生，植物的生长，光线的通透，到处从实际方面着想；还将植物学的纲要作为教材，那智识方面真有极大的利益，讲得学生欢欣歌舞，快乐异常，兼讲些益虫害虫，什么风媒花啊，虫媒花啊，都可以研究它的原理。这样方才有教育的价值。不但动植物可以借来做园艺的教授，就把轮栽法、整地法、选种法来详细研究，真是良好的教法，使他明了科学智识，我们对于这个问题，积极去做啊！推而广之，其他黏土工、木工、金工、纺织……都可从实际方面详细地研究，养成职业的技能，使学生有正确的实地观察。这种事业，最犯忌的是希望立刻成功，必定要坚持自己的心，发达自己的意思，使实业有改良的能力和精神。中国现在时候，对于发展实业，是很有希望的。但千万不要拿获利来做前提，方才可以有真正成效。

——《杜威教育文集》第 4 卷，第 236—237 页

朱永新解读：

　　这段文字进一步阐述了教育与实业之间的辩证关

系，尤其是强调了如何发挥实业的教育功能，让实业成为发展教育的"利器"的问题。

杜威认为，学校的教育，尤其是学校的职业教育，往往有不同的目标。有些学校把职业教育视为"专重获利"的工具和谋生的手段，有些学校则强调职业教育与学生人生的关系。

他以园艺的教学为例，不但讲园艺的技术，园艺的经济，还要讲"种子的发生，植物的生长，光线的通透"，要"讲得学生欢欣鼓舞，快乐异常"，对园艺产生浓厚的兴趣，从而形成关于园艺的智识，养成园艺的技能。总而言之，就像学科知识的学习不能以分数为唯一的追求一样，实业教育也不能以获利为唯一的目标，这样不仅窄化了实业教育的意义与价值，也不能真正地发展实业。

所以，办教育的人，还是要看得更远一些，功利性更少一些。不以获利为前提得到的大利，是有利于教育和实业发展，有利于国家和社会发展的真正的大利。

高等学问必基之以国民教育

>> 中国在世界为第一大国，以教育论之，当有大精
神大资力以鼓舞摩荡于其中。然中国之旧教育，
只注重于上流社会，培养官吏人才。此后新教
育，宜在培养多数人才，是为国民教育所必要。
盖高等学问，亦必基之以国民教育，国民教育着
非养成官僚资格，宜养成一般国民资格也。中国
政府或教育家脱今觉悟，当以此种教育为基础。
有良好之国民教育，斯有良好之中等以上教育。

——《杜威教育文集》第 4 卷，第 246 页

朱永新解读：

这是杜威 1921 年 4 月 20 日在福建青年会上的讲
演。上一篇《教育与国家之关系》，也是在同一时间和
同一地点，估计是上下午或者晚上不同的时段。前一
篇强调教育的总的方面，论述教育与国家强盛的关系，
这一篇专门讨论国民教育与国家发展的关系。他一开
始就提出，作为世界第一大国，自然应该有与大国地
位相称的大教育，才能有真正的"大精神大资力"。这
样的大教育，是以国民教育作为基础的。中国教育的
问题主要就在于，对于培养国民教育的基础不够重视，
而对于高等教育高等学问的重视远超国民教育，"只注
重于上流社会，培养官吏人才"。这样做的后果，就
是国民素质不够高，国家的基础不牢靠。他用建造房
屋为例："譬之建筑，基础不固，则堂屋墙壁，必易动
摇。同一建筑房屋，外人重在定基，故于定基时行其

礼式；中国人重在上梁，故于上梁时行其礼式。"也就是说，相对而言，外国人比较重视基础的作用，所以往往在奠基的时候举行仪式庆典，而中国人则重视完成之时，选择在上梁时举行仪式庆典。不同的导向，导致不同的工作进程与工作态度。总的来说，还是应该把基础打牢靠，这是最重要的。

无国民教育，则人无团结力

>> 有国民教育，而后方成为法治国。如竹竿然，一竹竿则分而易摧，数竹竿则合而难折。又如碎沙然，虽与岩石同其体积，然一则难破，一则易散。无国民教育，则人无团结力，与一竹竿及散沙无异。

——《杜威教育文集》第 4 卷，第 247 页

朱永新解读：

一个国家的国民教育为什么很重要？杜威从建设法治国家与加强凝聚力两个方面做了论述。

他以竹竿为例，一根竹竿的力量是很脆弱的，但是一捆竹竿的力量是很强大的。沙子与石头的区别也是如此，同样体积的沙子，往往成为一盘散沙；但是一整块岩石，则坚固无比。

为什么没有国民教育就没有团结力、凝聚力呢？这是因为只有共同阅读、共同生活的人，才能拥有共同的语言、共同的密码，在共同的阅读中获得共同的价值、共同的思想，达成最大共识，画出最大同心圆。

为什么没有国民教育也很难成为法治国家？在某种意义上可以说，法治就是大家在形成共识的基础上，提出的共同遵守的"契约"。没有共识就很难有真正的契约，即使有了契约也很难遵守和执行。所以，国民教育对提升国民素质非常重要。

以国民教育为神圣

>> 究竟美国今日教育发达，国亦颇强，所以致此者，非有神力，乃有实力，即国家用巨大经费于教育是也。现地球有两大民国，即太平洋东西之中美是。中国若能整顿教育，非特可与美国比，且当驾美国而上之。此国民教育实为国家之根本，其他皆枝叶也。根本既固，谁敢侮我。彼志气短丧者，每谓何有许多经费以经营此事业，鄙人则谓特患无团结力耳。苟有团结力，而努进之，则亦不必有如何之大力量。即以在座诸君言之，但以国民教育为神圣，行之十年，必有大效可睹。

——《杜威教育文集》第 4 卷，第 247 页

朱永新解读：

既然国民教育如此重要，它自然就是非常神圣的一件事情。

杜威用美国崛起的案例告诉中国的教育同仁，其实美国强盛最重要的原因就是教育，而不是什么其他的"神力"。美国政府和民间把大量的经费投入教育，导致了美国的快速发展与强盛。作为世界上最大的两个国家，中国如果真正下决心办好教育，提升国民的素质，那么不仅能够与美国并驾齐驱，而且能够超过美国。

所以，杜威得出了结论：国民教育是国家的根本大计，其他都是细枝末节而已。那么，如何才能加大

教育投入呢？这就需要大家的团结，大家的共识。不能等到有了钱才办教育。美国、日本等国家，都是在国家经济实力不强的情况下，挤出经费来办教育的。最后，杜威对中国的教育界同仁说，如果真正把教育当作神圣的事业，不出十年，就能够见到成效。

可惜，那个时代的政府没有把杜威的话当回事，中国的教育界虽然也有"教育救国"的呼吁，但是毕竟当时战火纷飞，内乱外患，无法真正推进中国教育的发展。

一个人有一个人的特性

>> 我们知道，一个人有一个人的特性，特性是很紧要的东西，教育的能事，就是要发展这种特性。但现代学校，往往不以儿童为单位；殊不知道课程太死板、太固定，儿童就会不高兴学习了。这样看来，有智慧度量法，总能发明儿童的特性，才能拿新的方法来适应这种精神上重要的性质（特性）；那么，智慧度量的价值，就可知了。

——《杜威教育文集》第 4 卷，第 253—254 页

朱永新解读：

1920 年 5 月 27 日，杜威在江苏常州做了这个关于智力测验问题的讲演。当时西方的心理测验刚刚被引入中国，估计教育界对此还不很熟悉，所以杜威做了一些"扫盲"的工作。

杜威提出，每个人都有自己独特的个性，即一个人有一个人的特性。特性很紧要，很关键，因为这是人之所以成为他自己的根本所在。教育的价值和意义，也在于发展人的这种区别于别人的特性。

其实，每个孩子都有自己的个性，每个学生都有自己的兴趣所在，但是我们的教育却以不变应万变，用固定、死板的课程要求所有学生学习，这样就会导致许多孩子不愿意学习。智力测验，本质上就是为了发现儿童身上的这些独特性，从而主动地适应他们的这种独特性，有针对性地培育这种独特性，让每个人成为更好的自己。

一切精神作用，内容很是复杂的

>> 智慧度量法，试验个人的一种特别能力（如知觉、判断、记忆等），何以不能得到很好效果呢？这个道理，心理学上讲过的，一切精神作用，内容很是复杂的；譬如记忆一事，看起来是很简单的；但是和情绪、感应、判断等作用，统有密切的关系。故试验一种能力，而欲得这种能力之完全的反应，实为不可能的事情。所以试验记忆力，实际上情形，不单是测量一种纯粹的记忆能力，一定要记录各人不同的地方才行。

——《杜威教育文集》第 4 卷，第 254 页

朱永新解读：

智力测验是有用的。但是，智力测验不是万能的。为什么许多智力测验不能够取得很好的效果呢？因为人是复杂的，"一切精神作用，内容很是复杂的"，人的心理和行为会受到各种因素的制约。以记忆力为例，某一个特定时间和空间的测验，可能会受到测验时候个人的情绪、感知、思维等因素的影响。

所以，智力测验以及其他心理测量的方法，可以作为教育的参考，不宜作为教育的依据。应该充分考虑每个人的差异性，"记录各人不同的地方才行"。

教育 一岁至三岁所受天然之

>> 教育有二：一曰学校之教育；一曰校外之教育，即日用生活之事，由经验而成者也。盖学习即经验，经验即学习，学习、经验固不可分而观也。婴儿未入校时，其天然活动与外界相接，所受因果往复之经验，即天然之教育也。故小儿一岁至三岁所受之教育至多，盖其与外界所接触至多故也。

——《杜威教育文集》第 4 卷，第 256—257 页

朱永新解读：

这是杜威 1919 年 5 月在南京的讲演。这篇讲演继续阐述了他关于经验即教育的基本主张。

他首先分析了经验的种类，认为人与环境之间发生的所有关系，无论是与人事，还是与山川、溪谷、草木、牝牡等自然事物的关系，都可以称为经验。如婴儿看见火，用手指接触之，这是所谓"原动"，而火把手指烧痛了，这是"反动"。这个"原动"与"反动"的完整过程，就是所谓的经验的过程。

杜威认为，教育应该包括学校教育与校外教育两个重要的组成部分，其中校外教育的部分，其重要性绝不亚于学校教育，因为这是人们经验形成的重要来源。他研究了 1—3 岁儿童发展的现象，觉得这个年龄阶段的儿童之所以发展特别快，就是因为这个时候的儿童接触的经验特别多。

杜威的时代，脑科学还不发达，但是他的判断却

与当代脑科学的研究成果极为暗合。当代脑科学已经证实，1—3岁这个时期的确是人的大脑突触形成连接最快的过程。大脑突触建立联系的过程，就是孩子经验形成的过程，就是孩子学习的过程，这三种过程是统一的。

学校教育必因校外之教育而利导之

>> 至于学校教育，亦必因校外之教育而利导之，始克奏效。公立学校，往往有不良之虞者，皆教授一以课本为准绳，而学者所得止于耳食故也。夫读书之事高尚优美之事也，书中所载古人之垂诏或今人之言论，皆经验之所萃、心得之精微，读之者不以己之经验合之，而育从附会，难免口耳四寸之诮矣。故无论教者学者，苟不根据此理，必致大误。

——《杜威教育文集》第 4 卷，第 257 页

朱永新解读：

    既然教育包括学校教育与校外教育，那么，在教育的过程中就应该把两者有机地结合起来。尤其是学校教育，要有效地利用学生在校外获得的经验，不能够仅仅限于教科书上的内容。

    杜威认为，虽然学校的学习非常重要，学校里面所读的书籍、接触的知识、古今圣贤的道理等都很重要，都是人们"经验之所萃、心得之精微"，但是如果这些内容不与学生的个体经验结合起来，人类经验和知识的精粹就很难被学生掌握。只重视书本知识，只满足于道听途说，不关注学生的经验，这是我们的教育经常犯的错误。

教者要察学者之需要而纳之

>> 诸君教育中人，幸留意焉。盖不若是则将侵犯人之自然经验而注入之，如老鸦哺子，曾不问其饥饱，唯尽力哺之而已。教者不察学者之需要而纳之，何异于是？卒之使学者所受，尽成装饰，虽博闻强记，亦人云亦云，不能判其是非、正其谬误，所谓大之不能用天下国家，小之不能为天下国家所用。

　　　　　　——《杜威教育文集》第 4 卷，第 257 页

朱永新解读：

　　无疑，在教育过程中应该是以学生（学者）为中心，以学生的需要为中心的。但事实上，一直到今天，我们以教师（教者）为中心的倾向仍然存在着，没有得到根本性的好转。

　　这就像"老鸦哺子"一样，不管幼鸦是否饥饿，老鸦只管尽心尽力哺育，看上去很卖力，其实效果并不好。按照这样的方法培养出来的学生，自然也就是把学问当作装饰的人，说起来滔滔不绝一套又一套，但是对实际问题却一筹莫展，不能够"判其是非、正其谬误"，无法成为对国家有用的栋梁之材。

>> 读历史仅能熟记以往之事，犹机械也；必以往古之事合之于今而应用之，则历史精神始能显着。读地理者亦然。密西西比河，美国之最大川也，学校生徒闻之于书本中者熟矣，及见此河，乃漠然不知。故书本自书本，经验自经验，凭书本注入而能致用者，无此事也。至于算学一科，人多难立，学者甚多，而能用者甚少，则虽学犹未学也。其他如伦理修身苟徒空言，而不见之于行事，亦无用之学也。

——《杜威教育文集》第 4 卷，第 257 页

朱永新解读：

理论不能结合实际，书本不能切合经验，所学不能与所用相联系，是教育的一大弊端。这个弊端，100 年以来其实一直没有得到根本的解决。

学历史的，只是记住了一些历史的知识和鸡毛蒜皮的小事情，不能够鉴古知今。学地理的，只是记住河山大川的名字，一旦见了真的河山大川却不认识。特别是伦理修身的学问，只是背诵一些教条，不能落实到行动中去……

这样的学习，学了也等于白学；这样的学问，就是假学问，就是"无用之学"。

教育要义在以书本合经验

>> 要之教育最大问题，即新材料与旧经验相融洽也。学科学者尤以实验为主，而学校之中尚未能施立于实际，是可虑也。例如家庭炊爨，即含科学之理焉，学校曾不知使学生利用此天然试验，虽学生尝试于试验室中，而究其能应用其学理于日用生活之中者，则无几人焉。道旁坊圃，人常见之，而土壤肥质之高下，菜蔬繁殖之所宜，又学生所常习者也，求其能合书本于坊圃者，又不数见也。故教育要义，端在以书本合经验，始不死于句下而有所裨益于世也。

——《杜威教育文集》第 4 卷，第 257 页

朱永新解读：

教育的最大问题，就在于要把书本与经验结合起来，把新材料（书本）与旧经验结合起来。两者的最大融合融洽，才是教育的最大成功有效。

杜威以家庭的日常饮食烹饪为例，其中就有许多科学的原理。比如蔬菜是如何生长出来的？蔬菜的生长与土壤的结构、成分有没有关系？处处留心皆学问，把书本的学习与活生生的经验结合起来，不仅会让学习变得生动活泼，积极主动，也能真正让书本知识"活"起来。

所以，教育的根本要义，就在于"以书本合经验"，不成为书奴，而有益于生活与生命。

教育应该注重学生的经验

>> 教育若能根据学者经验而维广之，则其结果有三：

（1）学生对于己身有真正利益之价值，否则仅为博名之具装饰品而已；

（2）学校社会可相连属，否则学校社会，漠不相关，学生对于社会俨如禁隔；

（3）能使学生饶有兴味而得适当之知识，否则学者将以学习为苦楚，不乐为学矣。

——《杜威教育文集》第 4 卷，第 257—258 页

朱永新解读：

教育为什么要重视学生的经验？

杜威认为至少具有三个方面的好处：第一，重视学生的经验，能够带给学生"真正利益之价值"，而不是仅仅为了装潢门面，也就是说，经验能够真正帮助人学会应对各种实际问题；第二，重视学生的经验，能够帮助学生于社会生活之间建立联系，经验总是来源于生活的，缺少经验的教育往往容易与社会产生隔膜，也难以得到社会的关注和帮助；第三，重视学生的经验，能够使学生学习更有兴趣，只背诵条文原则，只学习书本知识，学生就会觉得学习苦不堪言，不愿意继续学习。所以，教育必须重视学生的经验，结合学生的经验。

>> 儿童得天然环境社会环境陶冶之力居多。盖儿童时代，所与接触者，均为切近之人与物；而此切近之人与物，即其将来成长发育之营养料。故学校教育，宜于其所需要之营养料，力为输入，使能自然受用；不宜以淹博虚远之学问临之，临之则一方减少儿童之兴味，一方阻遏儿童之自动，其害较不学为尤甚。盖与儿童环境不适应故也。

——《杜威教育文集》第4卷，第262页

朱永新解读：

这是1921年4月21日杜威在福州青年会上的讲演记录稿。讲演的开头，杜威就说，在福州的一系列讲演，虽然标题不一样，但是都传达了同一个观点，那就是"自动"二字。

他认为，儿童从环境中得到的教育和受到的影响是非常重要的。这种影响的最大特点就是儿童能够直接从自己的生活经验中学习，与"切近之人与物"相接触，亲切而自然，影响深刻而长远，这一切都会成为孩子们"将来成长发育之营养料"。由此，学校教育应该研究儿童是怎样认识这个世界的，应该尽可能用"切近之人与物"来教育学生，而不能"以淹博虚远之学问临之"，用那些远离生活的学问教育学生，否则会削弱学生的学习兴趣，消磨学生学习的主动性、积极性。如果学校教育扼杀了学生的兴趣和学习的主动性、积极性，这样的教育比不教育不学习还要糟糕。

>> 苟徒以年代久远之事实，与佶屈难辨之名词，强纳儿童脑中，结果教者自教，学者自学，毫无所益。鄙人参观中国内地，虽为时未久，知学生之没头于背诵经学，而不知其作何解者，实所在多有。诸君必以为经学陈腐艰深，若易以新学，必不至是。实不知科学虽新，若教法不新，无论授以何料，均难免上述之弊病。

——《杜威教育文集》第 4 卷，第 263 页

朱永新解读：

把那些与现代生活毫无关系的东西教授给学生，让学生背诵那些佶屈难辨的名词，结果只能是教归教，学归学，两者毫无关系，彼此不受影响，差不多就是无用功而已。杜威在中国许多学校看到了这样的教育，看到了封建社会以死记硬背为特色的教育"遗产"，于是有了如上感言。很多中国的教育学者认为，这种方法与学习的古代经典内容有关，如果换了现代科学，则情况会有所不同。杜威不同意这样的判断。他认为，教育方法其实与教育内容不存在一对一的固定关系，如果我们教学生现代科学知识，用的还是死记硬背的一套方法，仍然只是穿新鞋走老路，难以逃脱无用功的结局。

儿童智识能以小及大，以近及远

> 课历史宜以切近之人物事实，输入儿童脑中，使之身体力行。中国各地，有各地特长之历史，尽可纳为教材，以引起儿童兴味，较之开口汉祖、闭口唐宗，不亦更进一筹乎？诸君不必以此种教法范围较小为虑，儿童智识能以小及大，以近及远，本地史能领悟，则全国史、世界史，亦自能领悟矣。

——《杜威教育文集》第 4 卷，第 264 页

朱永新解读：

杜威在这篇讲演中大声疾呼教育的变革。

他说，基于自己对教育历史的研究，发现"每经若干年，必有一大教育家出而改革。其改革之理由，大抵主旧教育不切实用"。为此，他也呼吁中国继续深刻的教育变革。而变革的基础，就是要考虑中国特殊的天然环境与社会环境。

他比较了中国与日本的环境，认为必须采取完全不同的教育方法。以历史地理课程为例，日本国家相对较小，让学生游历名山大川比较方便，中国则地大物博，一个省就相当于某一个国家，能够把自己所在区域的名山大川、历史发展了解清楚就非常不错了。

所以，中国的历史课，其实不一定非从汉高祖、唐太宗开始，可以从各地特长之历史开始，从身边的历史开始，从切近的人物事实开始。这样的历史教学，学生有亲切感，没有距离感，有学习的热情和兴趣。以此为开端延展开去，再学全国历史乃至世界历史，就会势如破竹，融会贯通。

>> 课博物理化，宜以本地生活上所必需为主，不必以多数标本紊乱儿童之头脑。鄙人至中国，见各地儿童好养蚕，教师每呵责之，恐其妨正课也。此诚不解儿童好养蚕，正其自动力发现之处，教师宜乘其所好，课以实验的教育，且于此时期内，合多数教员，为共同研究，其效较寻常倍蓰。如研究蚕体构造，则可以知生理学；研究饲蚕之桑叶，则可知植物学；研究蚕丝作用，则可以知纺织学；研究蚕丝销售何地，及世界何国产丝最多，则可以知世界地理；研究蚕丝织造之物，应如何能博人欢迎，则可以知美术；研究制丝机械之沿革，则可以知世界文化之进步。苟能就天然环境、社会环境十分注意，则无地无时而非教材，何必倚赖外国，没有自家本色耶？故称为完全无憾之教育者，须具备下之四条件：一须有自信力；二须有大胆量；三于各地方之天然环境、社会环境确有把握；四须能本其所知教人。

——《杜威教育文集》第 4 卷，第 264—265 页

朱永新解读：

这一段文字很值得细读，与我们今天的 STEAM 教学和项目式学习（PBL）有非常密切的关系。学习自然科学，学习博物和理化课程，也应该紧密结合学生的生活经验与生命体验。

杜威用中国人经常进行的养蚕为例，其中就有教育的大文章可以做。如让学生在养蚕的同时关注蚕体

的构造，这是生理学的好教材；在喂养蚕宝宝桑叶的时候，研究桑叶的构造，这是植物学的内容；蚕吐丝结茧以后，研究蚕丝的作用，可以作为纺织学的学习内容；而研究蚕丝和丝绸的产地与销售地，也可以了解世界地理；研究什么样的丝绸产品受欢迎，什么样的式样与图案受追捧，让学生学习设计丝绸产品，会有助于学习美术，等等。

这其实就是现代学习科学中的项目式学习，就是打破了学科隔膜，实现学科整合的 STEAM 课程。

所以，杜威反复强调，教育要注重与天然环境和社会环境的联系，因地制宜、因时制宜地安排教育内容，如此，就会出现"无地无时而非教材"的局面。

最后杜威提出了"无憾之教育"的四个条件：一是要有自信心，相信自己的力量，相信教育的力量；二是要有大胆量，有敢于变革的勇气，敢于创新的决心；三是善于利用环境，充分利用好自己所处的天然环境和社会环境，因地制宜地进行教育；四是尽心尽力发挥自己的优势，毫无保留地把自己的所知所能教给学生。这对于我们现代的教师，仍然是很有启发的。

学
校
自
然
有
保
守
的
倾
向

>> 学校自然有保守的倾向，并不是不好的事。社会变迁不大，保守还没有妨害；假如变迁很快，不想方法来适应，一味地保守，就要发生很大的危险。到了这个时候，就要把从前的好思想习惯，加以改进，发挥光大；另外加些从前没有现在必须的思想习惯，使适应社会。所谓改进，并非把旧的绝对推翻，不可误会。

——《杜威教育文集》第 4 卷，第 267 页

朱永新解读：

这是杜威 1920 年 5 月在南京的讲演。杜威分析了教育的三大要素：学生（幼童、青年之受教育者），学校（包括学校、教师、学科、管理、训练等方法）和社会（社会目的）。教育以及相关的理论和哲学，都是围绕这三者的关系展开的。学校处于学生与社会的中间，好的学校应该一方面能适应儿童的天性和学生的需要，一方面又要满足社会的期望，适应社会的需要。因为"儿童和社会，判然隔绝，所以教育是不能不改进啦"！

从学校的情况来看，往往容易产生保守的倾向。在杜威看来，这种倾向未必是坏事，尤其是在社会变化不是非常剧烈的情况下，更多地尊重传统，弘扬优秀的思想习惯，是非常有必要的。如果像变色龙一样快速变化跟风，反而会失去学校的个性，失去学校对于改造社会的功能。当然，学校也不能完全落后于社会的变化，对于社会的变迁毫无反应。学校，应该学会在锐意进取的同时稳中求变，变中求稳。

拿教育来改造社会

>> 拿教育来改造社会，虽说缓慢，实在是唯一方法。如何改造呢？要紧的是改造思想、习惯，使得正确的知识、精敏的技能，教思想能实现改造社会。要改造社会，只从客观的方面，如宗教、政治、制度上着想，不自思想，转瞬便要消灭，新旧相改，原动反动，生生不息，社会有大危险发生。

——《杜威教育文集》第4卷，第269页

朱永新解读：

用教育改造社会，一直是杜威的教育梦想。他坚持认为，这个梦想虽然艰难而漫长，但的确是唯一的路径。因为，真正的改造社会，如果只是从外在的、客观的方面着想，在宗教、政治、制度方面着力，仍然是无法持久的。只有思想与习惯变化了，社会才能发生根本变化。而学校教育、家庭教育、社会教育，尤其是学校教育，恰恰是改变人们思想与习惯最有效的路径。

所以，杜威说，如果不用这方法，而"用武力魔术做去，终是无用的"。

>> 儿童在学校里，能否多得知识，全在方法的好坏。如教授有正当的方法，儿童就能得益；教授的方法不良，儿童不但不能得益，或竟有害。所以教授儿童时，须知他们必定有一种需要，才发生求知识的欲望。例如儿童看见玩具，就有要得的欲望，教授也应当引起儿童的欲望。他们如要满足欲望，自然要用口说或指画。所以儿童学话，是纯由需要来的，丝毫没有勉强。若成人学外国语，总觉得不十分需要，勉强练习的。所以格格不入，反不如儿童学语的自然。

——《杜威教育文集》第 4 卷，第 270—271 页

朱永新解读：

这是杜威 1921 年 5 月在北京女子高等师范学校的讲演。讲演一开始，杜威就比较了儿童上学前后学习的不同状况与效果。他认为，那种认为儿童上学以后才学得更多的判断其实是有问题的。"儿童初入学的四五年，表面看来，所得知识很多；仔细考察，也不能得多少知识。"在上学前，儿童基本上学会了口语的交流，上学以后学外语那么长的时间，仍然无法沟通。所以，关键还是方法问题。用好的方法，儿童就能够事半而功倍，不好的方法，则可能事倍而功半。

那么，究竟什么是好的方法？那就是激发儿童的求知欲望，满足儿童的学习需要。儿童获得母语能力的过程，就是不断满足自己的需要的过程。勉强的学习效果总是不行的，自发的学习才能有源源不断的动力。

学校为什么把聪明活泼的精神消灭于无形？

>> 往往看见有许多小孩子，当他们没有入学校时，很活泼，很自然；一入学校，倒是渐渐地呆板起来了。因为学校中所学的书本知识，和他们没有什么需要，所以把聪明活泼的精神，消灭于无形。可知学校教授材料，不切于人生，和教授者不知儿童的心理，儿童都是不能得益。

——《杜威教育文集》第 4 卷，第 271 页

朱永新解读：

杜威在这里说的现象，是我们中国的许多家庭和学校经常看到的。许多孩子在还没有进学校的时候，聪明伶俐，活泼可爱，童言无忌，无拘无束；但是进入学校以后，很短的时间内就变得呆头呆脑，畏首缩尾，不苟言笑，沉默寡言。为什么会有这样的情况呢？

一方面是我们的父母和老师不断地给孩子灌输一个理念：你们不是小孩子啦，你们是学生啦，学生就要有学生的规矩。另一方面，是我们的家庭和学校开始用一种完全不同于儿童自然学习的方法教育他们，死记硬背，不管孩子的个性与兴趣；教材远离学生的生活，远离他们的经验。

如此，自然无法培养出有灵性的孩子。殊不知，儿童的天性是最宝贵的。

用藏鸡蛋的方法教育儿童行不通

>> 现在学校教授儿童，都是用藏鸡蛋的方法。只是把些字一个一个放在儿童的脑子里面，天天装着，天天瞧着，只要一个不短，就算完事。至于有用与否，是不计的。诸君听了这话一定好笑，其实这种教授，真是多着哩！良好的教授法不是这样。无论哪一种事，必有种种原因，方能成就一个原理。例如燃火，必有空气木柴和洋火种种原因。其重要的有两种：（1）使儿童知道需要而去学习；（2）使学习后能应用。

——《杜威教育文集》第 4 卷，第 271 页

朱永新解读：

杜威用了一个形象的比喻，来批评学校教育存在的弊端，这就是用藏鸡蛋的方法来教学生。

把一个个的知识像藏鸡蛋一样让学生们好好地保存珍藏，天天装着，天天瞧着，只要不丢失不遗忘，只要在考试的时候能够原封不动地复述再现，与标准答案一模一样，就是成功了。至于鸡蛋会不会腐烂变质，知识究竟有没有用，一概不闻不问。只要考试成绩好，知识再现好，就是学习好，就是教得好。这样的方法，当然会让学生讨厌学习，回避学习。

所以，教育的关键就是两条：一是要尊重学生的学习需要，知道学生们究竟需要什么。二是使学生能够学以致用，把学习的东西与学生的生活和生命紧密地联系起来。如此，教育就活了，学生就活了，学习就活了。

活动儿童的五官四肢

>> 在小学校的儿童，可以利用他们的活泼聪明的精神，使他们自动，不当单管求呆板的知识，却应常常给以机会，可以应用他的五官，勿使全为被动。教授儿童，应注意的是在儿童初入学时，以幼稚教育的原理，利用儿童平日的经验做教授材料。蒙养园的儿童，任意拿笔乱画，好像没有道理，其实很有价值。认字时，单教儿童读写，虽能记熟，也是无益。最好的方法，是拿泥土或纸竹，使儿童自由制作种种形体物件，可以活动他们的五官四肢，得益比书本中自然不同。

——《杜威教育文集》第 4 卷，第 271—272 页

朱永新解读：

在这篇讲演中，杜威一开始就说，教育的原理应该从儿童的身上去发现，去寻找，去总结。

那些没有上学的孩童，就已经掌握了那么多知识，学会了那么复杂的语言和行为，究竟他们为什么有如此强大的学习能力？"普通人以为儿童一定要入了学校，才能得着知识，以为知识只有书本中的，这种观念实是大错。"

所以，活泼聪明的精神，主动积极的学习，五官四肢的运用，对于儿童的学习是至关重要的，这样的状态，这样的方法，比儿童呆板的学习更有成效。向儿童学习教育，应该成为我们教师和父母的座右铭。看他们如何学习，如何兴趣盎然地探究，就可以知道我们应该怎样做，做什么。

越是普通，才越是原理

>> 普通人的心理，有一种毛病，以为请大教育家来讲演教育，一定有一段深奥的原理，因而他们往往对于普通的例子，觉得没有趣味。不知道越是普通，才越是原理。普通人的谬误，就是看作教育为深奥的，所以现在可以说明，浅显的才是教育。最要紧的一句话，奉告诸君，就是诸君将来实施教育，应当从最普通的最浅显的方面留意。

——《杜威教育文集》第 4 卷，第 272—273 页

朱永新解读：

是的，当我们读孔子、陶行知、苏霍姆林斯基、杜威等大教育家的著作时，为什么经常会有醍醐灌顶、淋漓酣畅的感觉？为什么经常会觉得他们说出了我们一直想说而没有说出来的话？大道至简，真理往往寓于平凡之中。

所以，不要以为那些晦涩难懂、深奥难啃的东西才是大学问。真正的教育学，真正的好的教育原理，应该用最平实、最朴素、最简明的话语表达出来。这也是杜威给未来教育工作者的忠告。

第十四章

**通过职业而教育
以消除劳心劳力对立**

导语

　　本章解读的是杜威 1920 年 5 月 29 日、30 日在上海中华职业教育社的讲演，讨论的主要是关于职业教育的问题。

　　在 19 世纪末 20 世纪初，美国马萨诸塞州工业及教育委员会的一份报告引发了人们对职业教育的激烈辩论。鉴于德国的教育经验，有人提出应将普通教育与职业教育分离开来并实施双重的管理，但也有人极力反对这一主张，认为职业教育应渗透于当时的公立学校教育之中，杜威就是后一观念的支持者。在他看来，一所学校包容不同阶层的孩子并同时提供博雅科目与手工训练，这样做既有助于受教育者的全面发展，又能促进阶层间的沟通与交流，一举多得，没有比这更好的事。因此，杜威在很多的著述中，通过对"博雅"与"职业"、"文化"与"效用"等传统观念的澄清，旨在批判人们的错误认识。

　　由于二元论的作祟，传统"博雅"教育的问题在于把求知当作"冥思苦想"，既不需要身体的介入，也不需要与自然打交道，因此"文化"只是一种个人"内在品质"，尽管它重视理性的发展，但却与社会服务、实践智慧毫无关系。而"职业"的问题在于过度强调了其与经济、身体、报酬的内在联系，尽管它有"效用"的功效，却与理性的培养毫无关系。正如杜威所诟病的："有一种危险，把职业教育在理论和实践方面解释为工艺教育，作为获得将来专门职业的技术效率的手段。这样，教育将变成原封不动地永远延续社会现有工业秩序的工具，而不是改革这种工业秩序的手段。"[①] 为改变这一状况，杜威提出了新的主张，即"通过职业而教育"，旨在融合"文化"与"效用"这两个目标。

　　为达成这一目标，杜威赋予了职业以新的意涵："职业是一个表示

---

① 〔美〕约翰·杜威：《民主主义与教育》，王承绪译，人民教育出版社，1990 年，第 329—331 页。

有连续性的具体名词。它既包括专业性的和事务性的职业，也包括任何一种艺术能力、特殊的科学能力以及有效的公民品德的发展，更不必说机械劳动或从事有收益的工作了。"[1] 职业不仅涵盖工人、农民、医生以及教师等各行各业，而且意指艺术修养、科学能力、公民品德的发展，还意味着各种有报酬的活动。判定职业的唯一标准，在于它能否为社会提供"有用"的服务。

杜威认为，现代教育的根本问题，在于如何看待知识与行动的关系。为了让学生有效地获取知识，并养成良好心智与道德品质，杜威一方面批判并改造了知行分离的传统观念，另一方面又在教育中积极推行知行统一的"主动作业"，因为它是学习知识、塑造公民、形成道德的重要动力。"作业是有目的的、继续不断的活动。所以通过作业进行的教育所结合进去的有利学习的因素比任何其他方法都要多。"[2] 不仅如此，杜威还要求拓宽"作业"的科技含量与社会意义，以便使未来的从业者充分认识到劳动的社会意义并具有改变现状之能力。

---

[1] 〔美〕约翰·杜威:《民主主义与教育》，王承绪译，人民教育出版社，2001年，第326页。

[2] 同上注，第328页。

打破智识界和劳动界的阶级分隔

>> 打破社会上智识界和劳动界的阶级，就是要使以后的社会上没有劳心劳力之分。本来有了这种阶级区别的存在，是很不好的。智识阶级的人，专门探讨抽象的智识，自以为文雅，诗词歌赋，视为娱乐，而对于手工、机器、材料等，则一概藐视。劳动阶级的人，终年劳动，自朝至暮，刻无暇晷，所以不能有获得智识的机会，而对于一切事物不能有明白的了解，彻底的辨别。这两种阶级，自经学校和工场合化以后，自然可以破除。

——《杜威教育文集》第 4 卷，第 306 页

朱永新解读：

杜威认为，凡是没有接受过良好教育就匆匆忙忙从事职业的人，往往职业生涯难以得到好的发展。"凡年长失学的人，或学历未充即从事职业的人，往往因为没有受过充分的教育，对于他的职业不能有所发展。"所以，他特别希望发展对这些人的补习教育，以打破智识界和劳动界的隔阂。

在传统社会，劳心与劳力是两个截然分开甚至截然对立的群体，劳心者治人，劳力者治于人，看上去是天经地义的。要改变这一状况，关键是要让劳力者有文化，有获得智识的机会，而劳心者也要参与生产劳动。

整合这两者的桥梁，就是职业教育，就是把学校与工厂相结合。

提倡职业教育应该顾及社会和国家

>> 提倡职业教育，不当专从个人方面着想，应该顾及社会和国家。增加个人的生产力，使得他谋生容易，工资增加，固然是好；但如果职业教育只限于这一种狭义的，则不免太偏于物质方面，也无怪人家批评职业教育，以为是根据于金钱主义、饭碗主义，充其量不过弄几块面包一些牛油而已。反之，若从社会国家方面着想，去提倡职业教育，增加社会一般人的生产力，增进一般人的生活程度，使全社会的人大家享受着幸福，大家能利用余暇享受快乐的生活，则职业教育岂不是当务之急呢？

——《杜威教育文集》第 4 卷，第 306 页

朱永新解读：

职业教育不仅仅是个人谋生的手段，更是社会和谐和国家强盛的基石。所以，如果仅仅从个人的生计来看职业教育，就未免小看了、窄化了职业教育的意义。因为杜威主张打破智识界和劳动界的阶级分隔，职业教育不限于劳动阶层特有的事情，而是社会所有人共同的事情，职业教育可以提高社会生产力，可以使人们的生活更加美好，使大家都能够利用闲暇发展自己的健康爱好，享受生活，享受幸福。

一句话，职业教育不只是少数人的事情，不只是物质生产的事情，不只是油盐酱醋的事情，它不是满足金钱主义、饭碗主义的事情，而是关系所有人，关系国家社会的大事情。

>> 劳动教育是关系两方面的，一方面是劳动者应该
受教育，一方面是资本家也应该受教育。普通人
以为劳动教育是只属于劳动一方面，那是错了。
那些雇人掌权以及操纵一切的人对于这个问题，
都有密属关系：（1）资本家管理者应受的教育，
就是要使他们觉悟。有金钱不是应该仅谋个人的
利益，个人的幸福，是要为社会为世界谋利益谋
幸福，要有这种远大的见解，不可再存自私自利
之偏见。教育又应该造成一种舆论，发挥人类的
良知同德谟克拉西的精神，鼓励社会，使社会的
眼光都从大处着想。

　　　　　　——《杜威教育文集》第 4 卷，第 308—309 页

朱永新解读：

　　这是杜威 1920 年 5 月 30 日在上海中华职业教育
社讲演的内容。

　　杜威一直把学校作为改造社会的重要工具，把教
育作为社会变革的重要力量。在这篇讲演中，杜威对
劳资对立的问题也进行了深刻的分析。他认为，中国
应该通过发展教育避免西方工业化带来的劳资对立的
问题，"利用西洋的经验，推广社会制度同教育，却防
止它的流弊"。其中一个重要路径就是让资本家也接受
教育。

　　现代学校制度的出现，义务教育制度的推进，使
过去只有少数人才享有的教育权利，变得所有人可以

享受。但是，劳动者和资本家受到的是不同的教育，劳动教育只是面向劳动者的，与资本家无关。这样的做法是错误的。应该让资本家接受教育，让他们知道，有了钱不应该只谋取自己的私利，而应该回馈社会。个人的真正幸福，是要有大的格局和大的胸怀才能够真正实现的。所以，要造成一种社会舆论，让人们重新认识教育的意义和价值，鼓励全社会从大局出发重新发现教育的意义。

>> （2）劳动家的教育，也要从大处着想。增加工资，减少时间，都不是彻底的办法，根本的解决，是要教育，使工人道德上、知识上有充分的发展。如果工人的品格知识个性上，有特别的增加，那么增资减时自然不容说的。我们利用机器，增进生产率，时间的减少，已经成为事实，余下的时间，我们应该如何利用，讵不致有害劳动者的身心，缘赌博饮酒游玩等？我们应该设法利用这些时间，去发展他们的知识同正当的娱乐，如音乐、文艺等，那就有利益了。

——《杜威教育文集》第 4 卷，第 309 页

朱永新解读：

我不知道杜威在这里说的劳动家是否为劳动者的另一种表述，以表明在他眼里劳动家与资本家的平等，还是翻译所为。但是，杜威对劳动者的尊重是一以贯之的，这也是他的学生陶行知"平民教育"的重要理论来源。

杜威在这个讲演中阐述了一个非常重要的观点，即对劳动者来说，改善待遇，增加工资，减少工作时间，固然很必要也很重要，但最根本的"大处"是教育，是在道德上、知识上的充分发展。随着技术的发展，机器的增加，工人劳动环境与条件的改善是必然的趋势，但是，如果他们的素质不能够相应地提升，在品格、知识、个性上没有良好的发展，他们未来就很难有健康的生活情趣，很难发展"正当的娱乐"，而会把金钱、时间花在"赌博饮酒游玩"等不良嗜好上面。

应该注意利用劳动者的余暇

>> 劳动者的教育，应该注意利用他们的余暇，发展他们的个性同思想，使他们对于机器，有研究的志趣，那么不但他们生活程度可以加高，并且他们的精神方面，也可增加了。增资减时，不足解决劳动问题，可用美国情形证明。美国现在工作时间，已经减少，但社会仍有不安之象，所以必须从道德知识上，才可以解决这个问题。所以学校、商店、工厂必须联络，工厂应附设工人娱乐及教育的机关，注意工人身心上的幸福，不但使工人生存率增进，并使工人知识道德都有进步，那真是阻止劳动问题的好方法了。

——《杜威教育文集》第 4 卷，第 309 页

朱永新解读：

教育与生产劳动相结合，学校与社会生活相联系，企业也要注重员工的教育与学习，这是杜威一贯倡导的思想，也是他心目中理想学校的模样。要做到这一点，就必须注重劳动者的教育，注重让劳动者的闲暇生活丰富起来，注重他们的业余学习与研究。

杜威提出，如果劳动者对自己从事的职业发生兴趣，研究自己的工作对象如机器等，不但他们的技能水平会有所提高，他们的生活也会更加丰富，精神也就会更加充盈。要从根本上解决劳资对立，解决劳动问题，就应该从这个方面着手，就必须加强学校与商店、工厂的联系，尤其是在工厂中注意教育的问题，关心员工身心的幸福。

>> 大凡世界上教育最大的仇敌，就是读书与工作分途，这样的人所主张的，是只用读书，可以使脑力进步，专偏于脑的教育，不注重手的教育；并且看做工的人很轻，由是有好多人，以为手的教育，是不能帮助脑的发达，所以都不肯工作。我今天看见大家都是在实在方面用工夫，所得养蚕知识、原理、技能，能够一天一天地发达。大家能够从此切实下手做去，自有绝大的希望。

——《杜威教育文集》第 4 卷，第 314 页

朱永新解读：

这段文字是杜威于 1921 年 4 月 21 日在福建省立蚕业学校的讲演中说的话，也是他在前面多次提到的观点。中国几千年以来的传统，就是劳心者治人，劳力者治于人，就是手脑分开，读书与劳作分开，动脑的比动手的高明。杜威认为，这恰恰是"世界上教育最大的仇敌"。杜威在这篇简短的讲演中，对发源于中国的蚕丝表达了敬意，也对学校师生的敬业精神表达了"称羡"之意。他认为，其实，手脑是不应该分开的，是能够彼此促进的。把手脑结合起来，是教育的基本方向。他的学生陶行知后来也继承并且发扬光大了这一手脑并用的思想，他有一首非常著名的《手脑相长歌》："人生两个宝，双手与大脑；用脑不用手，快要被打倒；用手不用脑，饭也吃不饱；手脑都会用，才算是开天辟地的大好佬。"

不能轻视鄙弃专门教育

>> 人在世上，俱当有职业，俾可从事为人类谋幸福，及对于社会有所贡献，总求所做的事，必能适于社会的需要才好。人若无相当的职业，便可说，是世界上的一个寄生虫，在社会中吸收社会的精髓；因为他不能贡献些利益给社会，并且还要社会来供养他。从前教育的缺点，这就是个大部分；因为由从前的教育的方法造就出来的人，多半是世界的寄生虫，增加社会的重担。这都是专注重文雅教育，与轻视鄙弃专门教育的结果啊！

——《杜威教育文集》第 4 卷，第 317 页

朱永新解读：

这是杜威 1920 年 5 月 31 日在上海同济学校的讲演。这篇讲演主要是讲专门教育的意义与价值。他认为，专门教育以前是相对于文雅教育而言的，其本质上也是一种职业教育，目标在于培养个人的知识与技能，在社会上做有用的分子。每个人都需要有自己的职业，这个职业不仅仅是自己养家糊口的谋生手段，也是"为人类谋幸福""对于社会有所贡献"的重要前提。如果没有合适的职业，人就会成为社会的"寄生虫"。所以，专门教育的意义不能被轻视。杜威得知当时的同济学校有医科和工科后，非常高兴，他指出，医科的使命不仅仅是治病救人，更应该提倡公共卫生，改革社会的生活，因为只有"强健的个人，才造成强健的社会"。

为国死容易，为国生很难

>> 去岁我到中国来，恰值五四运动发生，生了很大的刺激；见数千万学生，为国事能有很大的牺牲。但我想为国死，倒极容易，为国生，可就很难。何谓为国死呢？就譬如五四的牺牲，于国家为益不大。何谓为国生呢？我们知道救国事业，非一时所能做到，非一时激烈举动所能成功的。我们试验我们的能力，便得求专门学问创造社会上做功夫。

——《杜威教育文集》第 4 卷，第 319 页

朱永新解读：

杜威是在五四运动爆发前三天从日本来到中国的。他亲历了这场声势浩大的反帝反封建的爱国主义运动，也知道了许多青年学生有着愿意为国家献身的精神。他感慨地说，其实壮怀激烈慷慨赴死很容易，但是真正为国家"生"却不容易。因为，真正的救国事业，不是一时一事所为，而是需要日久为功的努力，需要实实在在的修为，需要在"求专门学问创造社会上做功夫"。杜威的这番话，从另外一个角度阐释了什么是爱国主义精神，阐释了为国死与为国生的辩证关系。

第十五章

教师即教育家

导语

在 1920 年五六月间，杜威以"教育家的天职"或者"教育家的责任"为题做了多场讲演，讲演的内容不完全一样，但主要的精神是相同的，即强调教师和教育行政管理人员都应该是教育家。

假如用几句话来概括杜威的教育思想，似乎可以如学者李玉馨所说，它是以经验为基础，以科学作为方法，以民主为目标[①]，旨在通过教育的变革，一方面促进个体理智发展与道德进步，另一方面也促进社会公平正义。为推动教育从传统走向现代，杜威对教师提出了更多更高的要求，主要表现在以下几个方面：

其一，选择经验并促进经验生长。经验，是杜威教育哲学的三大基石之一。在他看来，没有经验，就没有生长，没有教育。为了使得这一过程有教育意义，学校必须从儿童的当下经验出发，以确保经验的连续性。而要做到这一点，教师必须充分了解儿童成长经历、心理需求、个性差异。正如杜威在讲演中所言："教师的知识虽然很丰富，学问虽然很渊博，若是不知儿童的心理，就不能和儿童表同情。所以做教师的不仅注意儿童的读书和居住，还要观察他的心理，发展他的身体；不然，必不能和他们亲近，结果究竟是失败的。"[②]

其二，扎根科学并广泛使用探究方法。"自然科学能以陶冶人的思想，锻炼人的理解，使人的生活和社会的趋势两相顺应。"[③]在杜威看来，科学是"最独特的形式的知识的名称"，它在一定程度上代表了"完美

---

① 李玉馨：《解读杜威教育王国》，台北学富文化事业有限公司，2017 年，第 35 页。

② 〔美〕约翰·杜威：《教育者的工作》，刘伯明口译，秋浓笔记，载吕达、刘立德、邹海燕主编：《杜威教育文集》第 4 卷，人民教育出版社，2008 年，第 340 页。

③ 〔美〕约翰·杜威：《学校科目与社会之关系》，王淦和口译，载吕达、刘立德、邹海燕主编：《杜威教育文集》第 4 卷，人民教育出版社，2008 年，第 347 页。

无缺的知识成果"，因此，科学并不限于改善人类的物质生活、工业生产，也能用来改善社会生活与公共决策。因此，教师必须高度重视对学生科学思维的训练。因问题情境是科学思维的起点，课程设计应以情境作为基础，以问题为导向，积极引导学生在"做中学"，通过这样改革以切实提高儿童的判断力、理解力与行动力。

其三，实行民主并发展民主。"德谟克拉西的兴盛，固然要靠国民个人的觉悟，但是其中有许多机会给教师，使他们改造一切。"[①]处于工业化、城市化、全球化进程之中的教师应该意识到，自己不仅影响着儿童的成长，而且也参与社会生活的改造。既然民主有赖于平等的沟通与交流，且理智又依靠日常生活的形塑，教师应在学校工作中积极践行民主，既要在儿童自主的范围内给予其必要的自由，培养他们对社会、对自身负责的态度；又要去除教学中的权威主义、独断主义，以免学生的好奇心、独创性受到不应有的束缚而逐渐消失。

---

① 〔美〕约翰·杜威：《教育者的责任》，王淦和口译，载吕达、刘立德、邹海燕主编：《杜威教育文集》第 4 卷，人民教育出版社，2008 年，第 291 页。

教育领袖的三要素

>> 教育的领袖有三种要素，或三种资格：（1）对于知识有热诚；（2）对于被领者有兴趣与共同利益；（3）明白所做的事对于社会的价值。

——《杜威教育文集》第 4 卷，第 275 页

朱永新解读：

这是杜威 1920 年 5 月 8 日在南京高等师范学校做的讲演。在讲演中，杜威强调了成为教育领袖需要的三种基本资格：一是对知识的挚爱，有着强烈的好奇心；二是对被教育者的挚爱，与孩子或者学生有着共同的目标和共同的利益；三是理解自己从事事业的社会价值，把教育视为改造社会的主要路径。这三点简单地说，就是求知欲、爱心和社会责任感。

教育家的三种知识

>> 无论教育行政人员或教师，总要：（1）明白教育史的沿革，拿从前的教育学说和现在的比较，作为参考；（2）研究心理，明白人的天性，定教育的趋向；（3）考察世界教育的新趋势，取长去短，生出新思想方法。教育家纵不能兼顾这三种，至少也要得一种。不然，则与被指导者不能发生关系，唯有事事敷衍而已。

——《杜威教育文集》第 4 卷，第 275 页

朱永新解读：

既然教师要有求知欲，那么应该求什么知，掌握哪些基本知识呢？杜威讲了三个方面的基本知识：一是关于教育发展历史的知识，要能够鉴往知来，把过去教育历史上曾经发生过的事情与现今的教育进行比较，把握教育发展的规律性。二是关于儿童发展与学生心理的知识，只有了解教育的对象，了解人的天性，才能根据心理的特点与规律进行有针对性的教育。三是关于世界教育现状的知识。如果说教育历史是从纵向看教育，那么考察世界教育的新趋势，是从横向看教育，左顾右盼，借鉴别人走过的路或者正在做的事情，对于做好我们自己的事情是非常有益的。

特别值得一提的是，杜威是把教育行政人员与教师放在一起说的，也就是说，教育行政人员也应该了解这三方面的知识，也应该成为教育家。

很危险 老教师不继续研究

>> 老教师自谓经验丰富，不必继续研究，是很危险的事。对于这种人，须设法指导，使能超脱狭隘的成见，希望求得新知识，对于心理学、教育史、教育行政等科学，发生无限乐趣，那么不令他研究，也不肯不研究。

——《杜威教育文集》第 4 卷，第 275 页

朱永新解读：

在上述那段文字之后，杜威接着专门针对老教师讲了一段话，认为老教师如果只凭经验教学，不继续关注新的知识，不继续研究新的问题，那是非常危险的事情。

在现实生活中，我们的确也经常看见许多老教师有职业倦怠感，不少人是"拿着一张教育的旧船票，每天重复昨天的故事"。我一直认为，真正的好教师，是与年龄无关的。或者更准确地说，真正的好教师，是永远年轻的，永远充满着强烈的求知欲和好奇心，永远充满着学习的热情和探索的精神。

所以，帮助老教师保持对新鲜事物的兴趣，让他们保持良好的学习兴趣与阅读习惯，让他们学会坚持记录自己的生活，让他们与年轻教师多交流，这些对老教师来说非常重要。这也是新教育实验中教师专业发展的"三专"理论对老教师同样适用的原因所在。

学校的『空气』

>> 有些学校空气好，教师学生总欢喜做事，活泼有生气。有些学校空气恶，教师学生总因循敷衍，奄奄无生气。这便是因指导者的人格有没有个人的兴趣的区别。

　　　　　——《杜威教育文集》第 4 卷，第 276 页

朱永新解读：

　　为什么有些学校的学术氛围特别好？教师和学生总喜欢研究问题，探索未知，生机盎然？而有些学校的学术氛围特别差，教师和学生总喜欢因循守旧，按部就班，死气沉沉？

　　杜威认为，这往往与学校的"指导者"相关。如果学校的校长和老师是喜欢研究问题的人，他们就会带动教师和学生去主动探索问题，如果他们对任何事情都提不起兴趣，教师和学生自然也会对一切都无动于衷。

　　其实不仅仅是学校，家庭里不也是如此吗？如果我们的父母只关注孩子的分数，只关注油盐酱醋，孩子们的天空自然就狭小了。

教育家须明白所做的事业对于社会的关系

>> 教育家须明白所做的事业对于社会的关系，要有真切的观念，认明教育为改良社会唯一的利器。

教育家在社会上不止做分内狭小的事业，还要做社会的领袖，做教育政治家，负指导社会舆论的天职。

人人承认教育为改造社会唯一可靠的方法，人人知道要利用学校系统制度来改造社会。

——《杜威教育文集》第 4 卷，第 276 页

朱永新解读：

作为教育家的教师，肩上的责任是非常重大的。

在一定程度上我们可以说，教育是一个塑造未来的事业。我们教室里发生的一切，都会影响到未来社会的模样。我们要让未来的社会更美好，首先就要让自己的教室、自己的校园更美好。我们要建设一个民主的社会，我们的教室、我们的校园就首先应该成为民主的教室、民主的校园。所以，杜威要求教师同时应该成为"社会的领袖"和"教育政治家"。

教师也好，父母也罢，学生和孩子往往是按照我们自己的模样塑造出来的。只有我们更好，孩子才会更好，明天才会更好。

信仰为物，最有价值

>> 余初来宁，听人说，从前此地有四百八十个庙宇（"南朝四百八十寺"），现在还有一半存在。怎么样能建筑这许多呢？就是有感情，有信仰，有热诚的缘故。

教育家亦当有同样的信仰，看教育做神圣，看自己做僧侣，深信教育为改进社会的唯一方法，虽有种种障碍当前，还是要战胜它的。

前人所能做的，后人也能做。前人能造寺观，传到现在；现在的人也能建设学校，拿来改进社会。信仰为物，最有价值。一方自信很有能力，能做事，不怕什么障碍限制；一方又信自我提倡以后，必有继起的人。

——《杜威教育文集》第 4 卷，第 276—277 页

朱永新解读：

在古今中外的教育史上，那些伟大的教育家几乎都是有着坚定信仰的人。

杜威的讲演从南京的寺庙说起，讲到教育家的信仰问题。他认为，那些伟大建筑的背后，总是有一种伟大的精神，如果没有投入巨大的精力、巨大的感情、巨大的信仰、巨大的热诚，是不可能建造那些流传到今天的建筑的。教育也是一个需要投入巨大的精力、巨大的感情、巨大的信仰、巨大的热诚的事业，需要克服许多多困难，战胜各种各样的障碍。前人能做到的事情，我们也能做到，而且应该比前人做得更好。

信仰的关键就是一个"信"，要相信教育的力量，相信教育是改造社会唯一的方法。要相信自己的力量，相信通过我们自己的努力，能够真正地改造社会，能够动员更多的人参与到这个伟大的事业中来。

>> 我们知道世界最有兴趣的事情，就是研究人人的心理。学生与教员接触的时间既多，那么，就有考察儿童心理的机会。教员应当常常带一本日记簿，就是记在心里也可以；总之对于学生的个性，要时时记录起来。他的进步是怎样，退步是怎样。这是很有效力的方法。

　　　　　　——《杜威教育文集》第 4 卷，第 280 页

朱永新解读：

　　这是杜威 1920 年 5 月 29 日在上海第二师范学校 15 周年纪念会上的讲演。这所学校也是我的老师燕国材先生曾经从教的学校，后来并入我的母校上海师范大学，所以很有亲切感。因为是针对未来教师做的讲演，杜威给他们教授了一些如何当好老师的具体方法，"常常带一本日记簿"，就是一种非常有用的做法。杜威认为，教师本来是一件非常有趣味的职业，因为教师的教育对象是人，而人的心理是世界上最复杂、最深奥的。每个人都是一个特别的世界，需要教师用心去观察，去思考，去记录。每天记录学生的变化，每天记录学生的故事，教师就会更加了解学生，更加懂得教育。这就是新教育实验倡导的教师"专业写作"。只有坚持专业写作，才能站在自己的肩膀上前行，不断超越自己。

师范生的唯一精神

>> 我们大家，都希望到城市里去做教员，因为大家以为城市里面工商业发达，并且教授便易。不过要希望中国将来的社会发达，必定要从乡村教育推广起来才是。中国自古是以农立国的，那么，自然从农民教育上着手，更加容易发达。所以我们师范生人人应当有彻底的觉悟，我们看见新世界的精神，一定要好像传教士到非洲去传教一样。我们自己要有一种牺牲的精神，从容不迫，从乡村教育做起。并且全国结合，不但在城市着力，且及于乡村，这就是师范生的唯一精神。

——《杜威教育文集》第 4 卷，第 281 页

朱永新解读：

因为是针对未来的教师做的讲演，杜威呼吁大家能够去农村做教师。他认为，中国未来的希望在乡村，未来社会的发展基础在于乡村教育的发展。作为一个以农立国的社会，如果没有未来农民素质的提升，不仅教育无法发达，社会也无法进步。这是杜威 100 年前给中国师范生的忠告，其实也是对中国教育的建议。后来，晏阳初、梁漱溟、陶行知等教育家响应这个号召去乡村办教育，可惜的是，由于种种原因都没有真正坚持下去。一直到今天，乡村教育仍然是中国教育的短板。虽然我们有特岗教师的计划，有各种支持乡村教育发展的计划，但是，优秀的师范生仍然很难下到基层。下得去，留得住，教得好，仍然是中国教育培养更多优秀乡村教师需要努力的目标。

领袖的两方面责任

>> 领袖的责任，可以分作两方面说。（1）知识。拿所要达到的目的，一一地指示出来，使被指导的人很清楚，很正确；并且要拿达到目的必定要经过的途径，为很明白的指示。（2）感情。目的和路径，既然为很明白的指示，同时并要引起他的感情；就是用种种方法，鼓励被指导者的兴趣，使他们对于目的起欲望，因而发生热忱、爱情，继续踊跃地向前进，达到他们所要达的目的。

——《杜威教育文集》第 4 卷，第 282 页

朱永新解读：

这是杜威 1920 年 6 月 6 日在江苏南通的讲演。他在讲演一开始就明确指出："教育者的天职，概括地定个名词，就是领袖。"也就是说，教师、父母等与教育相关的人，其实就是一个"领袖"，孩子们的领袖。这个领袖，就像游历时的向导一样，要清晰地知道自己往何处去。

所以，杜威提出领袖应该承担两个方面的责任。第一是知识方面的，即能够清晰地告诉学生和孩子，他们未来应该做什么，成为什么样的人，也就是他们的目标是什么。在这个基础上，告诉他们未来实现这个目标应该做哪些准备。如果教育的领袖对此方向明晰，学生和孩子们也心中明了，教育的大方向就不会错了。第二是情感方面的，即能够调动起学生和孩子

内在的力量，这个方向、这个目标，不是老师和父母强迫他们要去的，而是他们自己内心的需要，有很大的热情自己去探索，去前行。这样，他们就能够战胜各种困难，达到他们所要达到的目的。所以，教师和父母要学会给学生和孩子"说明沿途的风景怎样，以引起他的兴趣和感情，并且要发生共情。能够这样，游历的人，沿途就不觉寂寞，不觉得辛苦，很快乐地到达目的地，绝不会有半途而废的事情"。

教育者应有的精神

>> 今天所要郑重申明的，就是诸位所习的各科，固然要一一装在脑子里；但是到教人的时候，不是拿脑子里所装的一一地搬出来，就算了事；必定要培养一种兴趣，对于学问上有很大的热忱，有继续研究的精神，时时在知识改造中；那么，所有的知识，就可以继续有进步。这种研究的精神，是学生的精神；也是教育者应有的精神。

——《杜威教育文集》第 4 卷，第 283 页

朱永新解读：

从讲演的内容来看，杜威的这次讲演应该也是针对教师或者师范生的。他明确要求，作为教师，不是简单地把知识从自己的脑袋里装到另外一个脑袋里，不是让学生记住一些知识，然后在考试的时候能够再现出来。最关键的事情，是要培养学生对学问的极大热忱。

也就是说，教师对于知识应负的责任，不是让学生记住知识，而是让他们能够运用知识去创造新的知识。他们有了继续研究、不断探索的热情，就能够不断地改造旧知识，创造新知识。

知识是无量的

>> 现在有许多学生，往往有一种谬误的见解，以为在校所习的各种，逢了考试的时候，分数可以及格，毕业的时候，可以得到文凭，就算了事；各种知识，仿佛有一定的分量。这种谬见，是应当打破的。因为知识是无量的，同建筑房屋不同，建筑房屋，可以预定它的材料；知识却不是这样，假如拿有限的知识来教人，他的教授，必定是呆板的、循例的；而教者的自身，也是无兴趣的。这种教育，是敷衍塞责的教育、机械的教育，不能使学生得有何种的利益，对于社会，更不能有所贡献了！

——《杜威教育文集》第 4 卷，第 283—284 页

朱永新解读：

知识有没有"量"？在不同的人那里有不同的答案。

对于那些只需要把知识用来考试，用来混文凭的人来说，知识是有量的，这个量就是考试需要的量，文凭需要的量。所以会出现"上课记笔记，考试背笔记，考后全忘记"的现象。会出现像造房子那样，事先准备好所有的材料，房子建好了就大功告成。如果存这样想法的教师，肯定也会为自己"限量"，只要让学生准备足够考试用的知识就可以了。

结果，用这些"限量"的知识，去教那些对世界充满好奇，对知识有着无限渴求的学生，自然会显得呆板、敷衍、无趣，不仅学生毫无收获，对社会也毫无益处。

求学的不同境界

>> 学生的见解，大概有两种：一种以为学识是有止境的、有限度的；一种以为学识是进步的、应当继续研究的。前一种人，求学的时候，譬如拿学问装在一个小包裹里，将来做了教员，就一一拿出来交给学生；适合学生的心理和需要与否，是不顾的。后一种人，自己对于学问有兴趣，有研究的精神；做了教员之后，一登讲台，学生都受他的感动，蓬蓬勃勃地有生气，如同火光能够照耀全室。一种是死的，是机械的；一种是活的，是有生气的。这两种的影响不同，就是求学时代，对于求学的见解不同罢了！

——《杜威教育文集》第 4 卷，第 284 页

朱永新解读:

这一段文字是接着上面一段说的。

对于师范生而言，其实与许多人一样，也基本上可以分为两种立场。一种人认为知识是有限量的，学问是有止境的。所以当师范生的时候，只知道把知识当作物品包裹起来，日后当老师的时候，把包裹拿出来交给学生享用就可以。教师就是一个知识的搬运工。另外一种人认为知识是无限量的，学问是无止境的。所以，他会怀着好奇心和求知欲，不断地探寻，不断地成长。成为教师以后，他会带着学生们一起去探索，一起去求新知。学生会被他感染，被他点燃，教学的过程就是共同探索的求知，所以充满生气活力。"学生都受他的感动，蓬蓬勃勃地有生气，如同火光能够照耀全室。"

学校的中心是学生，不是科目

>> 教员在学校里，不但是教授各科，并且要由各科培养学生的人格。因为学校的中心是学生，不是科目；科目不过是一种方法。所以学生的性情、人格、品行是教授的中心；而学生各有各的特性，各人的心理构造不同、性情不同、家庭不同、环境不同、欲望不同、机会不同、需要不同；做教员的，不能视为一律，应当视为各有区别的、各有个性的，而加以适应地教授。

——《杜威教育文集》第 4 卷，第 284—285 页

朱永新解读：

学校的中心永远是学生，站在学校舞台中央的应该永远是学生。科目固然重要，但科目是为学生服务的。

学校的各种要素很多：教师、学生、课程、方法、手段、设备等。所有的要素中，学生是第一位的，其他都是服务于学生的。学校的科目和课程设计等一切都是为了学生的发展。

既然以学生为中心，就要研究学生，研究学生的需要，研究学生的个性，研究每个学生的心理，他们"心理构造不同、性情不同、家庭不同、环境不同、欲望不同、机会不同、需要不同"，只有根据不同学生的不同特点，采取不同的方法，才能让每个人有所发展。

>> 有种教员，做了一年半载，就觉得疲劳，对于事务上既没有兴趣，并且还以为苦恼，视学校为牢笼，只希望早一天脱离。有的对于自己求学，或者有兴趣；而对于学生的教授训练上所发生的问题，就觉得苦恼。推究它的原因，就是对于学生个人，没有关系，没有往来。不知人生最快乐的，是人同人往来；而同天真烂漫的儿童往来，是更快乐的事情。做教员者，如能对于学生有一致进行共同利益的观念，视学生的快乐就是自己的快乐，学生的进步就是自己的进步，那么，不但不以为苦恼，反觉得很快乐的了！

——《杜威教育文集》第 4 卷，第 285 页

朱永新解读：

这是一个非常重要的问题，也是一线老师遇到的最常见的职业倦怠的问题。许多老师教书一段时间以后就会产生疲劳，产生苦恼，对教师职业最初的那种热情、那种理想，对学生的那种喜爱、那种呵护，都消失殆尽。甚至一些教师产生了"视学校为牢笼，只希望早一天脱离"的想法。杜威认为，产生这样的心理问题，这样的职业倦怠，主要原因是教师没有把自己的成长与孩子的成长联系起来，没有发现与人打交道的魅力，与学生没有真正发生往来的关系。

其实，教育的最大魅力就在于它的对象是人，活生生的人，充满着变化和可能性的人，如果教师能够真正地与学生共同成长，"视学生的快乐就是自己的快

乐，学生的进步就是自己的进步"，教师就能够找到职业生活的乐趣。只要你真正走进孩子的世界，你就会发现，世界上很少有职业能够比与孩子在一起更幸福。

小学教员对于社会的责任很大

>> 做教员的，平时在小学校里所管的事，如教授、训练、管理等等；他的眼光，就以为他的责任，仅仅限于学校之内，个人对于社会，是毫没有关系的。所以对于学校以外的事，一概不问。这种人拿自己的责任，未免看得太小；其实做教员的，对于社会服务，是应当注意的。关于公共的利益、公共的幸福，都是应负的责任。

我有时对于这一层，为很严重地考虑，觉得小学教员，对于社会的责任很大，因为改造社会的工具，就是教育。今日的学校，就是他日的社会。所以看了现在学校的组织怎样、生活怎样，就可以预定将来社会的组织怎样、生活怎样。

——《杜威教育文集》第 4 卷，第 285 页

朱永新解读：

小学校，大社会。小教员，大事业。很多教师，尤其是小学教师，总认为自己不过是一个普普通通的"孩子王"，与社会没有什么关系，因此对学校以外的事情也不闻不问。其实，这样的教师是把自己看小了。

教育与社会是一个整体，小学教师的职业，与公共的利益、公共的幸福有着非常密切的关系，对社会的发展负有很大的责任。因为，今天的学校就是明天的社会，今天的孩子就是明天的公民，今天学校的组织如何运行，就是明天的社会如何运行。我们要想让明天的社会怎样，就要想办法让今天的学校怎样。有这样的想法后，小学教师肩上的担子也是沉甸甸的了。

相关的 **学校同社会，是息息**

>> 我出外游历各地，觉得各处的情形不同。有的是开创的、发动的、蓬勃有生气的；这种地方的教育，总很发达。有的是萎靡不振的、无生气的；这种地方的教育总不发达，而社会上就现出许多的弊端，他们的个人娱乐，纵或有之，但是所娱乐的，总是下等娱乐。由此可见学校同社会，是息息相关的；如果学校好，那么社会一定也得好了。

——《杜威教育文集》第 4 卷，第 286 页

朱永新解读:

杜威在这里用自己的亲身经历，再次讲述了学校与社会不可分割的关系。他一生走过许多地方，各地的情况各不相同，有的充满活力，朝气蓬勃；有的萎靡不振，了无生机。究其原因，总是与教育相关，总可以从教育这里找到缘由。当然，学校与社会的关系是双向的、互动的，社会出现各种各样的情况，呈现各种各样的面貌，也会对学校产生深刻的影响。要想让学校更好，教育更好，孩子们更好，我们的社会也应该更加自觉地向好。

今日的学校同将来的社会很有关系

>> 要度量中国将来的进步，好似寒暑表的测量气候；是拿学校的多少，和学校的精神做准则，而小学校更加重要。如果现在有推广小学的种种计划，将来一一地实现，无论男女，个个都有相当的教育，那么，中国无论什么疑难复杂的问题，自然可以迎刃而解。所以今日的学校，同将来的社会，是很有关系的。

——《杜威教育文集》第 4 卷，第 286 页

朱永新解读：

100 年前，杜威就断言，要看中国社会将来能不能进步，就要看中国在教育上下多大的功夫，办多少学校，把学校办成什么样子，有没有自己的精神气质，其中最为关键的是小学。他认为，只要中国真正普及了教育，只要中国所有的男男女女都有了受教育的机会，那么再复杂再困难的问题，都难不倒中国人，都会迎刃而解。100 年来，中国人经历了一个从站起来、富起来到强起来的过程，每一步，教育都扮演了重要的角色，起到了关键的作用。在这个意义上，杜威的预言是正确的。那么 100 年以后的中国，是否仍然需要教育的支持，是否仍然需要从小学抓起？答案仍然是肯定的。小学教育，是为一个国家的大厦奠基的。

>> 现在我们回想起从前教授我们的教师，最容易想起的，不是学问丰富技能精良的教师，而是提起我们求智心兴味的教师。这种教师，我们最容易记忆他，可见引起学生求智心的兴味，是一种很要紧的事情。不过方才所说的求智心的兴味，师生之间是很容易传染的，就是教师的一切兴味和欲望信仰，学生能在不知不觉中一起同化。

——《杜威教育文集》第 4 卷，第 289 页

朱永新解读：

在南通讲演了 22 天之后，杜威来到苏州，做了一个同题的讲演。对象应该仍然是师范生或者是以在职的教师为主体。在这里，杜威提出了一个非常有趣也非常值得深究的问题——为什么在学校里那些有学问、教学技能也很棒的老师，往往不被学生记得，最容易让学生感激一辈子、记住一辈子的倒是那些能够激发学生的兴趣和求知欲的老师呢？

这也从另外一个角度谈到了教育的意义与价值。也就是说，教育其实不是一个简单地传授知识和技能的活动，不是让学生成为一个消极的知识接收器，而是点燃学生求知的欲望，激发学生学习的热情。而一个没有求知欲望、没有学习热情的老师是根本做不到这一点的。理想点燃理想，激情鼓舞激情，兴趣激发兴趣，信仰唤醒信仰，是教育的基本定律之一。

改造社会，是教师的天职

>> 德谟克拉西的兴盛，固然要靠国民个人的觉悟，但是其中有许多机会给教师，使他们改造一切。有人一定要不明白，教师平时已经很忙，还要希望他去改造社会，似乎不能做到。其实教师绝对不可借口这话。因为他们都要自认，改造社会，是我的天职；我不去改造，绝没有别人能够去改造。所以不妨静静地等着，一有机会，立刻就去实行，达到改造社会的目的。至于一切事业的兴味，都可以从他的思想里得来的。

——《杜威教育文集》第 4 卷，第 291 页

朱永新解读：

德谟克拉西，是民主的音译，100 年前，民主与科学，曾经是那个时代的最强音，五四运动的口号就是民主与科学。一个国家要真正地拥有民主与科学，仅仅依靠政治家无疑是不够的，没有教育家，没有广大教师的参与，民主社会的建立是不可能的事情。当然，教育家和教师参与民主推进的事业，不是去做政治家的事情，而是扎根在自己的课堂，把民主与科学的理念传播给学生。现在的学生，就是未来的国民。现在的学生有了民主的意识与科学的精神，未来的社会就一定会有民主与科学。所以，教师不要以自己忙碌为借口，只关注自己的专业知识，而应该把传播民主与科学的精神作为自己的天职，把改造社会作为自己的职业理想。如果你自己是一个民主型的教师，你本身就是一本民主的教科书。

人格之一器械

教科书不过为教育者陶铸学生

>> 今日的教育为国民教育，学识固应灌输，人格更须注意。人格优长，学识浅薄，其害小；学识优长，人格卑劣，其害大。教科书不过为教育者陶铸学生人格之一器械，能善用之则有种种趣味，否则如以印板印纸，虽千百如一也。盖儿童个性，不能尽同，实以其家庭之濡染及住居之环境而异。故须各各寻出本能，施以训育，使在校为良好之学生，出校为良好之国民，教育者之责始完。非然也，则如以水灌竹筒，灌毕即去，尽人能之，奚贵乎有师范学校之学生？

——《杜威教育文集》第 4 卷，第 294 页

朱永新解读：

这一段是 1921 年 4 月 13 日杜威在福建第一师范学校讲演时说的。他在讲演的一开头就明确指出，作为未来的教师应该坚定从教的理想，有"以教育为唯一生涯之决心"。有了这样的决心，就应该负起"社会领袖"的责任。而要成为社会领袖，需要具备三个要素，一是明确自己的人生方向，要达成什么目标；二是要掌握一定的方法，知道达成目标的基本路径；三是要有"坚忍力"，如果"无坚忍力以持之，必不能久久兴奋"。同时，作为社会领袖，需要"以学问灌输学生"，"制造学生人格"和"指导社会"。其中，他最关注的是制造学生人格的问题。杜威认为，相对于学问而言，人格的培养更为重要。这是因为，一个人的人格优秀但学问浅薄，对社会不会产生太大的危害；但

是，如果一个人的人格卑劣而学问很大，则可能对社会造成很大危害。人格的养成，与学问的灌输有着完全不同的方法，仅仅通过教科书的教学是远远不够的，甚至是无济于事的，需要考虑学生不同的个性，需要通过环境的潜移默化进行濡染。

性格就是热心

做教师的人最重要的

>> 教师的品行、性格和他对于学校的用心，与学校之关系极大，即其在社会上所受的敬礼，也是教育成功的元素。所以做教师的人，最重的性格，就是热心；敷衍塞责，绝没有成功的。做教师的人，不但对于所教授的科目应该尽心预备，并且应该想着提高教师的职业的标准。

——《杜威教育文集》第 4 卷，第 295 页

朱永新解读：

这是杜威 1921 年 6 月 22 日在北京高等师范学校的讲演。杜威在中国两年期间，曾经多次为北京的教师和学生做讲演，这是他即将离开北京前的一次重要讲演，针对教师职业的精神等问题做了详细的论述。

他开宗明义，用一句西方的格言来说明教师和教育的重要性："学校优劣的判别，在看教师如何和学生如何。"如果教师受过良好的训练，学问渊博又非常敬业，专心致志，学校一定会特别优秀卓越。反之，即使"建筑非常宏敞，设备非常完全，也不能收令人满意的效果"。那么教师最重要的素质是什么呢？杜威认为是对教育的热情热心和专心致志。凡是敷衍了事的教师，不可能取得教育的成功。

无论哪种职业都有它自己的精神

>> 无论哪种职业，都有它自己的精神。这种精神是能继续发展的，所以职业之个人生老疾死，往来嬗变，异常迅速，而职业之精神，则亘万古而长存。职业的精神既如是之悠久，所以能发展它的理想、精神、习惯，足以感化职业者使他们有共同的目的，并且忠心于他们的职业。但是职业之精神虽如是之伟大，而假使职业者对于它——职业精神——有一种极活泼的表现，也未尝不可以助长职业精神——理想、习惯等——使它发挥光大。

——《杜威教育文集》第 4 卷，第 295—296 页

朱永新解读：

无论什么职业，都有自己的职业精神。职业精神是从事职业的前提与根本。职业精神不因为任何个体的生老疾死而兴盛消亡，而是亘古长存、不断发展的。

那么，教师的职业精神是什么呢？杜威用了三个关键词——理想、精神和习惯，但是没有具体展开。

其实，两千多年前，中国的教育家孔子曾经讲过教师的精神，即"学而不厌，诲人不倦"。也就是说，作为教师，应该不断学习，形成良好的求知习惯，与学生一起成长；应该热爱自己的事业，始终保持对教育的热情。如果一个教师真正做到这两点，他的职业理想与职业精神自然就能够不断地发扬光大了。

精神 要有同情的、互助的

>> 职业精神的社会方面，最重要的，就是要有同情的、互助的精神，因为这是达到共同的精神所不可少的元素。例如一个军队之能否成功并不在其军械辎重是不是锐利充足，而在他们能不能同心协力，众志成城，假使遇着共同的危险，能不能一致进行。要是能够如此，则其破敌制胜，自可操胜券。

——《杜威教育文集》第 4 卷，第 296 页

朱永新解读：

杜威对教师的职业精神从个人与社会两个方面进行了解读。从个人方面来说，就是"对于学问——所教授的——有精深的研究，透彻的主张，然后可望达到目的"。这与孔子说的"学而不厌"完全相同。

而他所说的社会方面，主要是指"同情的、互助的精神"，与孔子所说的"诲人不倦"也有非常高的相似度。可见，伟大的教育家对教育，对教师职业的理解有着惊人的相似之处。

杜威在这里用了军队的比喻。他认为，影响军队战斗力最重要的因素不是他们的装备多么先进，军械辎重多么锐利充足，而是官兵能否同心协力，众志成城，在困难面前能否步调一致，齐心努力。如果做到了，必然势不可挡，稳操胜券。教师与学生的关系也是如此，要有共同的目标，应该互相理解，共同成长。尤其是教师，要对学生有同情心，有"诲人不倦"的耐心与坚持。

各种职业中最重知识的就是医学与教育

>> 各种职业中最重知识的有二，就是医学与教育。因为学医的人不但要极用心地研究医术，代人治病，并且要研究新的，发明新的，去教授别人。教育也是这样。所以担任教育事业的人，不仅要增高自己的学问见识，而且必要有所贡献于教育全体。这个贡献，是勿论大小多少的。

——《杜威教育文集》第 4 卷，第 296—297 页

朱永新解读：

为什么各种职业中最重视知识的是医学与教育？这是因为医学和教育的对象都是人，而人是世界上最复杂的，变化最多、最快、最大的，最需要智慧、情感的投入，也最需要创新、创造的。在这个意义上，医学和教育的专业性是最强的。

但是，在现实生活中，医学的专业性远远胜过教育。没有学习过医学的人是绝对不可能也不敢站在手术台上动刀子的。但是没有学习过教育的人，却能够在课堂上滔滔不绝，没有学习过教育的父母也敢在家中对孩子发号施令。这说明我们的教育在专业性的发展方面，仍然有很大的空间。

>> 在中国教育的毛病，就是按授课时间的多少，定薪金的厚薄。因为这种方法，最容易养成做教师的人觉得只要把所担任的功课预备好，就敢告无罪，对学校中其他应行与改革的事情，一概置之不理的习惯。这种习惯，就是职业精神发展过程中的大阻力。

——《杜威教育文集》第 4 卷，第 297 页

还有一种妨害真正精神的发展的阻力，就是做教师的对于学科上多不肯用功。教师日常所接近的，皆系知识未曾成熟的青年，所以他们常常觉得自己的学问已经很高深渊博，去教那些知识未曾成熟的青年已是绰绰有余，求进步的心也就日渐消沉下去。要晓得凡做教师的人，不问他所教的是什么功课，所教的学生的程度是深是浅，总是应当，而且必要选择一种与自己适合的学科，去用心研究，以求知识的进步。

——《杜威教育文集》第 4 卷，第 298 页

朱永新解读：

杜威在中国待了两年的时间，对中国教育的情况比较熟悉了。他在论述教师的职业精神时提出，有两件事情是妨碍教师的专业精神的。

一方面，从根本上说，就是教师对于个人的利害关系看得太重，而对于集体事业，对于学校中最重要的问题，反而"漠然视之"。他认为，那种完全根据授课时数的多少来定薪酬高低的做法，是不利于教师的

专业成长的。如果只是把教书作为谋生的手段，作为养家糊口的职业，教师就容易得过且过，把应该承担的课程讲完就万事大吉。

而真正的好教师，应该是关注全体学生的成长，关注学校的各种事务的，是把学校的发展视为与自己的发展休戚相关的，是关注学校的长远发展的。杜威指出，如果一所学校有一些老师真正把学校的长久之计作为自己的责任，哪怕这样的人只有六七个，也能够使学校真正进步。

妨碍教师职业精神的第二个方面，就是教师不愿意在学问上下功夫，在学科上多用功。这也就是教师的专业发展问题。

许多教师总认为自己的知识已经足够丰富，足够高深，尤其是应付年幼的中小学生已经绰绰有余，所以不求上进，不继续学习研究。这样的教师自然就会逐步吃光自己的老本。

学生不是消极的接收器，学生对于未知世界的好奇，学生对于学科问题的追问，是无所不包的。一个优秀的教师，一定是与学生一起学习、一起探索的，是学生的助手与伙伴，是学生不断学习的榜样。

可敬的

如何承认教师职业是高尚、

>> 教师虽知识较旁人为丰富，但他也是个人，也有生命的，也是有依赖他的赡养而后生命得以维持的人。他既有生命，他就要思所以维持他自己的生命，他就要思所以维持他自己生命的方法。他既然有依赖他的赡养而生活的人，他自然要思所以维持他们的生命的方法。社会上的人要是不尊重这种职业则已，要是承认这种职业是高尚、可敬的，就应当由经济方面来援助他们。不然，我可说这种尊重是不诚实的，是虚伪的。

——《杜威教育文集》第 4 卷，第 299—300 页

朱永新解读：

教师职业的高尚、伟大、荣光，并不意味着教师是不食人间烟火的人。教师与从事其他职业的人一样，需要从劳动中得到报酬，需要通过报酬养家糊口，需要体面的收入，需要拥有良好的社会地位。如果错误地认为教师既然是一个高尚、可敬的职业，就只要精神上的尊重，不需要物质上的满足，那就大错特错了。教师是人，是普通的人，是需要养家糊口、繁衍后代的人，是需要维系自己的生命与生活，同时帮助家人更好地生活的人。所以，全社会应该关心、关注、关爱教师，应该尊重、尊敬教师，在经济上也应该给教师很好的待遇，让他们安心从教。

教育有三个要素

>> 教育好像一根绳——三股做成的，取这个譬语的
意思就是说教育有三个要素：（1）社会的要素。
就是社会各种的情况、生活、需要等等。（2）知
识的要素。对于各种学问需要研究精通。（3）个
人的要素。学生的身心两方面怎样构造怎样组
织，本着什么原理去发达、生长和发展。

——《杜威教育文集》第 4 卷，第 337 页

朱永新解读：

这是杜威 1921 年 7 月 18 日在山东济南的讲演。
他开宗明义地提出，教育是一件非常复杂的事情，有
着非常复杂的要素，"我们要怎样去预备自己，必须
要先知道各种要素的不同，还需要知道教育的各种事
业"。那么，教育究竟包括哪些重要的要素呢？杜威提
出了三个基本要素，即社会的要素、知识的要素和个
人的要素。这三个要素，其实也是教育的三个基础，
即社会学的基础、学科的基础和心理学的基础。

社会学的基础，是强调教育的社会性，即教育如
何满足社会的需求，培养社会需要的人才；学科的基
础，是强调教育的知识性，即如何掌握各个学科最基
础的知识和基本能力；心理学的基础，是强调教育的
人性，即根据人（学生）的身心发展特点有针对性地
进行教育。

任何时代的教育，万变不离其宗，都需要考虑这
三个重要的基础。

>> 教育的目的，就是要把社会的青年男女造成完人，造成社会上有用的分子。要造成社会上有用的分子，需有三种必要的资格：（1）做家庭中有用分子；（2）对于他所做的某种事业须有完全知识；（3）对于社会国家需有所贡献而成一有用的分子。

——《杜威教育文集》第 4 卷，第 338 页

朱永新解读：

在现当代教育史上，教育的目的是培养人，这是没有异议的问题。但是培养什么样的人，以及如何培养，不同的教育流派往往有不同的理论。杜威的回答是"完人"。

这里的"完人"，不是我们通常理解的完美无缺的人，而是指"社会上有用的分子"。那么，什么才算社会上有用的分子呢？杜威从家庭、职业和国家三个维度进行了分析。也就是说，作为一个对社会有用的人，首先是在家庭中有用，能够顺利完成作为一个家庭成员的责任，建设一个和谐的家庭，成为合格的父母；其次是在职场中有用，对于自己的职业要完全熟悉与掌控，有较高的劳动生产率；最后是对国家有用，要具有报效国家的情怀和本领。

如果我们的教育能够立足这三个方面思考课程内容与教育方法，就能够更好地实现我们的教育理想了。

教育要顺着社会的潮流走去

>> 以前的时候，有一少部分人受教育就可以维持社会，而现在如何需要都受教育？以前的教育，所授受的功课，只有文学，为何现在需学许多科学？这些变迁并不是少数人说想要变就变的，是因为社会上的新情况、新势力、新运动，迫着教育不得不变的。一个学校在五百年或百年前所用的方法可以造就人才，然而在今日必要失败，因为它不能随着社会的转移，所以有这样的结果。所以教育和对于各种科学、各种艺术必须顺着潮流走去。

——《杜威教育文集》第 4 卷，第 338 页

朱永新解读：

教育与社会休戚相关，教育必须随着社会的变迁而变化，不可能一劳永逸。如果把从前的教育方法用在今天的社会，必然逃脱不了失败的命运。

以前，社会只有少数人接受教育，大部分人没有受教育的机会，但是现在的时代，必须人人接受教育，才能适应工业化生产的要求。以前只要学习人文经典就可以，而现在不学习科学技术就很难适应现代社会。

因此，教育绝对不是一个孤立的现象，不是一个封闭的环路，而是一个开放的系统，一个需要跟随社会的变迁而不断变化的系统。

社
会
变
迁
对
教
育
的
影
响

>> 社会变迁的影响，不但影响到学校的组织制度、管理上，还能够影响到科目问题。哪种科目是必需的，哪种是不必需的，哪种应该提前，哪种应该取消，都要特别注意；并且不只科目受影响，教授的方法也受影响。譬如在专制时代，教授法只在锻炼儿童的记忆力和各种知识的授予，若社会是稍有自由性质的或是民主主义的，那学生的推理力、判断力、发明力、计划力也是要注意的。

——《杜威教育文集》第4卷，第338页

朱永新解读：

社会对于教育的影响是全方位的，不仅仅是学校的组织形式、管理制度要产生相应的变化，而且学习的科目和教授的方法也会发生很大的变化。

所以，在设计课程和编写教材时，就需要考虑哪些科目是应该保留的，哪些科目是应该取消的，哪些科目是应该新增加的，哪些科目是应该提前的，等等。

过去，尤其是专制主义时期，教育是不民主的、强制记忆的，而随着社会的进步，教育民主化进程的加快，对学生的推理力、判断力、发明力、计划力等也提出了更高的要求。这就对学校教育提出了更高的要求，这个唯一的、更高的要求，就是"要晓得社会的情况，去决定指导的方法"。

为什么教师不能进步？

>> 教育者需要知识是当然的事，不用细说了，因为教员对于他所授的功课必要有了知识然后才能教授，这不是明白的事实吗？但是其中有一件事是不可不知道的，什么呢？就是教员自己觉着年龄比学生高，知识学问比学生好，对于功课便就不再研究，用的讲义年年都是一样，这是很危险的。教授儿童固然是非常容易，毋庸费力，但是因为不太费力便就不继续研究，当然也就不能进步，对于知识的兴趣也就消失了。

——《杜威教育文集》第 4 卷，第 340 页

朱永新解读：

教师需要知识是毫无疑问的，而且，需要拥有比学生更丰富、更高深的知识。这就是所谓"要教给学生一杯水，自己就要先有一桶水"。

问题在于，许多教师缺乏对于这一点的认识，总是觉得自己比学生年龄大，见识广，知识多，所以"拿着一张教育的旧船票，每天重复昨天的故事"。

教师最可怕的不是缺少知识，而是缺少获取知识的动力，可怕的是以不变应万变。许多教师以为教孩子很简单，因此心不在焉，不再用功用心，这样，不仅自己不能继续进步，学生也会因此难以成长。

把对于知识的爱力传染到儿童身上

>> 教育者向智识方面努力地用热心、兴趣去感化儿童，儿童就同着他的感化，也发生热心和兴趣，也就向智识方面努力。若是有许多教师，他的学问知识不甚高明，但是能以继续研究感化儿童，使儿童都有兴趣，比较那些学问优长，而不能继续研究、感化儿童的教师，结果必然是好的。社会上不好的事往往易于传染，幸而好事也能传染，就像灯光四射一样。好事既然容易传染，做教师的就可以用这种传染，将他对于知识的爱力，不知不觉地传染到儿童身上；儿童受了这种影响也就可以发生知识的爱力。

——《杜威教育文集》第 4 卷，第 340 页

朱永新解读：

教师与学生在教育过程中，是一个互相影响、共同成长的关系。而这个关系是影响教学效果的重要因素。

杜威提出了一个非常有趣的现象，有时候学问和知识好的老师对学生的影响，反而不如学问和知识没那么好的人，其根本原因就在于教师和学生关系的远与近。那些学问好、知识多的教师，如果缺乏对知识和学问的崇敬与热爱，缺乏与学生之间的亲密感，就不能够影响和改变孩子。反之，如果教师学问知识水平不是很高，但是对学生有感情，与学生保持良好的师生关系，反而能使儿童保持浓厚的学习兴趣，这就是榜样的力量。这个力量就是感化儿童的具体方法，它能够像光一样照耀儿童的心灵。

教师要努力将自己造成一个学者

>> 所以教师自己若要免去那机械的危险，唯一的方法就是要努力将自己造成一个学者，就是要有一种特别的嗜好去研究某种科学——如文学、哲学、经济学等——无论哪一种科学需要于一定时间、热力、毅力的去研究它，那么，学生也就仿照他的办法，受爱知识的影响；并且教师不但要研究他所应研究的功课，对于其他的科目也要注意。

——《杜威教育文集》第 4 卷，第 340 页

朱永新解读：

教师要成为一个受人尊敬的老师，唯一可行的途径就是练好教育的内功，努力把自己造就成为一个真正的学者。

所谓真正的学者，首先不是指拥有知识的数量，而是指对知识的态度，指对研究问题的特别的嗜好。

其实，无论是文学、哲学和经济学等人文社会科学的学习，还是像科学、物理、化学等自然科学的学习，都是需要学习兴趣与热情的，都是需要投入相当的时间和精力的。而这种投入产生的效应，尤其是对学生的影响效应是巨大的，学生往往会模仿教师的行为，热爱教师的热爱。

所以，教师不仅要对自己教授的学科有研究，也要对学习其他学科有着求知的热情。

教师必须研究心理学

>> 教师的知识虽然很丰富，学问虽然很渊博，若是不知儿童的心理，就不能和儿童表同情。所以做教师的不仅注意儿童的读书和居住，还要观察他的心理，发展他的身体；不然，必不能和他们亲近，结果究竟是失败的。大凡学生对于教师的性质行为往往明了得很，只是教师对于学生大半不甚注意，这都是教师的不好处。所以教师必须研究心理学去视察儿童心理，决定教授方法。

——《杜威教育文集》第 4 卷，第 340—341 页

朱永新解读：

教师是和人打交道的。任何与人打交道的职业都必须懂得心理学，如医生，就必须了解患者的心理。苏霍姆林斯基曾经说过，教育不是简单地把知识从一个脑袋装进另外一个脑袋，而是心灵与心灵的交流。所以，真正优秀的教师，一定是优秀的心理学家，一定能够明察秋毫，了解学生所思所想，了解学生真正的需要，了解学生出现的细微变化，根据不同的学生选择不同的教育方法。

社会的趋势两相顺应

自然科学使人的生活和

>> 在学校内为什么要注重自然科学的教授呢？有两个理由可以说明它：（1）因为自然科学的教材与人生有密切的关系；（2）自然科学能陶冶人精神上的习惯。就是自然科学能以陶冶人的思想，锻炼人的理解，使人的生活和社会的趋势两相顺应。

——《杜威教育文集》第 4 卷，第 347 页

朱永新解读：

我们知道，在教育的历史上，有相当长的时期，自然科学是不被重视，不登大雅之堂的。虽然中国古代有六艺教育，西方也有科学教育的内容，但是这些被视为纯粹的技艺，而且是雕虫小技。自然科学真正在教育中登堂入室，是随着现代教育体系的建立，随着斯宾塞提出什么知识最有价值的追问才开始的。

杜威认为，之所以要重视自然科学的教育，一是因为自然科学与我们的人生，与我们的生活和生命有着非常密切的关系，另一方面是因为自然科学本身可以陶冶我们的思想，训练我们的思维，使我们更好地适应现代社会生活。

>> 自然的科学，可以用适当的方法，教给儿童，但是在小学中不应当用抽象的方法去教授，因为专门的物理化学等等科目非成人不能明白的缘故。必须把这样科学与日常的生活、知识相联属，然后儿童才能了解。

——《杜威教育文集》第 4 卷，第 349 页

朱永新解读：

教必有法。结构主义的教育家曾经说，任何学科的知识都可以用合适的方法教给任何年龄的儿童。杜威在这里也明确提出："自然的科学，可以用适当的方法，教给儿童。"问题在于，什么才是合适的方法？根据儿童，尤其是小学生的认知特点，杜威提出，不能用抽象的方法，因为儿童的思维发展在小学期间仍然是以形象思维为主。

所以，自然科学的知识，应该尽可能与学生的日常生活经验联系起来，让学生在两者之间建立联系与联想，才能真正为儿童所掌握。

学校应当适应儿童的本性

>> 学校应当适应儿童的本性，在教育上是一个极大变迁。在古时候，那一种因袭教育的基础，与现在不同，是与人性正是反对的。它那时的学校，拿课程做唯一的要件。它不顾学生的个性，却使学生顺应学科，而不使学科顺应学生。近代民主社会的精义所在，就是使个人有平等的机会，去做兴奋的发展，又须使人人心理，都适合人性的原理原则。所以要人得充分的发展，必须适合他的本性才好。

——《杜威教育文集》第 4 卷，第 357 页

朱永新解读：

是让学生去适应学科知识体系，还是让学科知识体系适应学生？这是两种截然不同的教育哲学，也是两种截然不同的教育方法。

作为儿童中心论的提倡者，杜威的立场是非常明确的。他认为应该是让学科知识体系适应学生的本性，适应学生的认知特点。最好的教育应该是帮助每个人成为最好的自己。

所以，最好的教育就是要努力帮助学生发现自己，找到每个学生成长的最佳路径，找到每个学生最喜爱的领域，找到每个学生最可能的发展空间。一旦使学科知识体系完全适应学生，学生就会兴趣盎然，就会全心投入，就会学有所成。

旧式教育使学生对于求学上不甚注意

>> 旧式的因袭教育使学生对于求学上不甚注意，心理上也不快活。他的注意，也不过是暂时的、表面的、敷衍的。叫他上教室去他是竭力规避的。儿童所以这样的原因，就是因为他所学的事情和他一生的需要没有什么关系。学生对于课程的知识，既然不知道于他将来一生的发展、需要有甚关系，所以也感不着什么兴趣，其自然的结果，就须借外来的势力去强迫他、督催他。

——《杜威教育文集》第 4 卷，第 358 页

朱永新解读：

传统教育对学生的个性发展、兴趣特点是不够重视的。整个教育教学活动是根据既定的教学计划按部就班地进行，至于学生是不是感兴趣，是不是能够全神贯注地有效学习，则很少过问。更不会思考学生所学习的内容与他的人生，与他的未来是不是相关。"牛不喝水强按头"，学生只能够按照教育的要求死记硬背，强打精神，所以很难集中注意力，即使未来应付学业，也只能是短暂的，表面的，敷衍的，没有入脑入心的。因此，如何激发学生的学习兴趣，如何培养学生的注意力，如何真正地让学生认识到学习的意义，是教育应该解决的首要问题。

学一事就得一事的好处

>> 儿童上学，在学校学许多事情，出了学校以后，反倒不能适用，反不如不入学校的所学的多而适用，这为的什么缘故呢？研究这个问题，就可以使教授得着改良，学校得着成功。人在学校以外学的多而适用的唯一原因，就是因为学校的课程是不学不成的，所以未必适用。在学校以外的事情，都是需要的，学一事就得一事的好处。

——《杜威教育文集》第 4 卷，第 358 页

朱永新解读：

为什么学校学习的东西，出了校门会忘得一干二净，无法运用？为什么在学校外学的东西反而记得很牢，而且实用？一个很重要的原因，就是学校里的学习经常是被动的，消极的，不得不学的；而学校外的学习经常是主动的，积极的，自己需要的。学校里学习的目的就是应付考试。而学校外的学习经常是为了解决问题，针对性很强，实战性也很强。所以，要提高学校教育的效果，就要研究学习的规律，研究人的学习的特点。

游戏是利用儿童天性的最好方法

>> 教师必要研究心理学。但是心理学并不是一种抽象的学问，是要拿它当作一种实用的学问，使儿童怎样可以喜欢去学那有用的学问。关于这一项，我有两个提议：就是教师如何得教授的好法，去教授儿童，以收效果？从心理学所得最重的事情，就是儿童的本能怎样的重要，儿童天然的活动怎样的重要？去利用这本能和活动的法子，就是手工。这原理在小学里最关重要的。做教师的要知道游戏是利用儿童天性的最好的方法。

——《杜威教育文集》第 4 卷，第 360—361 页

朱永新解读：

　　教师要学心理学，这是不言而喻的道理。因为教师的教育对象是人，需要了解教育对象的心理。但是，学习心理学不是简单地背诵一些条文原理，而是能够真正地运用。对于教师来说，最重要的学习就是研究儿童。研究儿童的本能，研究儿童学习的过程。杜威特别强调手工和游戏的问题，认为游戏是利用儿童天性最好的办法。这是值得重视的观点。尽管人们对游戏有着不同的看法，但是，对于游戏蕴含的追求自由与创造、勇于挑战与闯关、遵守规则与约定、享受愉悦与幸福等特有的功能是没有异议的，这就是游戏精神的本质。所以，儿童其实是通过游戏来学习、体验的。

>> 中国的教育，为将来打算，可以多设幼稚园，利用这些游戏对实用上去教练他，自然就可以希望他做良好公民，不至完全为被动的，自己也有好法子去做事了。儿童在幼稚时代，对于将来种种问题，原没有什么觉悟，不过他的习惯常常地在不知不觉之间，对于人生的问题，就养成了见解。所以最重要的，就是养成儿童的善良习惯。

——《杜威教育文集》第 4 卷，第 361 页

朱永新解读：

在 100 年前的中国，除了在几个大城市中有少数的幼儿园外，基本上没有学前教育。一直到 1988 年，我国学前三年毛入园率才只有 28.2%，到 1995 年学前三年的普及率也仅为 41%。也就是说，幼稚园的大规模建设与快速普及，是进入新世纪以后才全面推进的。100 年前，杜威就看到了幼儿教育的意义。他主张为了将来国家的强盛，应该多建设一些幼儿园，而且通过游戏的方法培养幼儿，帮助他们养成良好的行为习惯，他们的良好行为习惯养成了，未来公民的素养也就形成了。

二百万儿童与四百万大兵

>> 假使有一个时代，用适当的游戏法去培养儿童，将来成人以后，一定成一个有知识有能力的人。他必定把他的思想力、判断力等等都实行出来。我深信幼稚园中若有二百万儿童，用适当的法子去教他们，将来的效果，总比四百万大兵还要好些。

——《杜威教育文集》第4卷，第361页

朱永新解读：

这段文字接着前一段内容，继续讲述幼稚园建设的意义。

杜威认为，儿童的早期教育对于传授丰富的知识，发展儿童的思想力、判断力具有非常重要的价值，如果政府能够大力兴办幼儿园，并且注重用游戏的方法培养儿童，那么对于国家的未来就有很大的影响。200万儿童，比将来的400万军队还要更加有力量。在杜威讲话近40年以后，1957年我国学前教育中，幼儿园入园人数为108.8万，幼儿园1万多所。也就是说，我们仍然没有完成当时杜威提出的200万在园儿童的任务。

近年来，在党和政府的大力推进下，学前教育事业有了长足的发展。到2016年末，我国幼儿园在园人数（包括附设班）已经达到4413.86万人，入园率超过了80%。如果我们用合适的、游戏的方法去好好教育他们，那么他们所孕育的力量，将会创造怎样的奇迹呢？

手工的重要目的

>> 学校有手工的教育，和游戏有同等的价值，手工的教授应当和游戏的教授一样的注意，也可以养成儿童的思想力、创造力、发明力。利用这三种力量，可以用手去做社会上许多工作。与其学校里边去买一些贵重的仪器，倒不如买些刀子、剪子、尺子、竹子、木头、纸张等等，使学生去做手工。我想所得的结果，一定是比在先教那种形式的学科还要好得多。使儿童用工具和材料制作东西，养成一种巧妙的技艺，并不是手工这一科的重要目的。手工的重要目的，原是要使他们能够养成自动力、思想力、创造力等等，好做一生事业的基础。

——《杜威教育文集》第 4 卷，第 361—362 页

朱永新解读：

现在的父母都喜欢给孩子买智能玩具，正如现在的学校都喜欢购买高大上的仪器设备，好像这样才能发展孩子们的智力。其实，儿童的手工活动，对于儿童的发展意义绝不亚于任何智能玩具。100 年前，杜威就敏锐地发现了这个问题。他认为，儿童的手工活动与儿童的游戏一样，对儿童的成长，对儿童的心智发展，对养成儿童的思想力、创造力和发明力，都具有非常重要的作用。

正如苏霍姆林斯基曾经说的那样，儿童的智慧在他们的手指尖上。无论是在家里还是在学校，尤其是在儿童早期，应该尽可能让他们学会运用刀子、剪子、尺子、竹子、木头、纸张这样的基本工具，这样的动手能力的训练，是帮助儿童发展智力的最有效的途径。

拿教育做发展本能的工具

>> 从前的教育家对于儿童的本能，很不留意；现在才知道儿童的本能，是教育上很重要的东西。一切学问和训练，必然要拿人类天然的生来的本能做根据，利用他自动的能力，发展他原有的天性，才是新教育的宗旨。从前的教育，把学生当作被动的，把许多教授的材料装进学生心里去，就算了事；现在的教育，要是学生自动，是以学生个人的本能做主，拿教育做发展他们本能的工具。

——《杜威教育文集》第 4 卷，第 396 页

朱永新解读：

尊重学生的本能，就是尊重学生的天性，就是尊重教育的规律。所以，好的教育，好的老师，好的父母，一定是注重儿童的内在力量，发现他们的兴趣与特长，因势利导开展教育的。

过去的教育学，经常是把学生作为消极的容器，不管他是否愿意，总是拼命地往里面灌水，甚至不惜大水漫灌，而且美其名曰"要教给学生一碗水，教师需要有一桶水"。

其实，即使教师的水再多，如果学生不愿意接收，不开放自己的容器，一切努力都是白费。

第十六章

培育智慧是
教育的根本目的

导语

　　本章主要解读杜威的《哲学的改造》与《进步教育与教育科学》两篇代表性论著。

　　杜威提出："现代科学描述的自然图景的特色很明显是相反的。现代科学的第一步是大胆的天文学废除了上天高级、崇高和理想的力量同地下低级物质的力量的区别。天与地之间物质与力量的假定都有物质和过程的同一性。"①在他看来，包括知识、方法在内的自然科学的新发展，不仅给旧形而上学的知识体系带来了沉重打击，而且也改变了人们的知识观：它将古代科学研究的对象（object）转变为了素材（data）。对象意味着已完成了的东西，人们只需对其进行分类、阐释而已，而素材则代表着需进一步探究的东西，它是工具而不是最终的结果。与此同时，随着观察法、归纳法、实验方法的广泛使用，科学与价值之间的对立也被否定、消解。一旦人们把价值问题和理智活动联系起来，并从行动的后果来判断价值时，科学与价值的矛盾与对立就不复存在了。

　　哲学是时代精神的精华，而教育又被杜威看作哲学的实践。"如果我们愿意把教育看作塑造人们对于自然和人类的基本理智的和情感的倾向的过程，哲学甚至可以解释为教育的一般理论。"②随着人类实践活动向纵深发展，人们遇到的问题将会更加复杂多变，为应对这一挑战，教育必须强化生长的意识，着力培养儿童的创新精神与实践能力。"像正式的学校教育时期那种任何特殊的教育过程的最大意义，就在于它使受教育者能获得进一步的教育；对于生长的条件更为敏感，并更能利用这

---

① 〔美〕约翰·杜威：《哲学的改造》，张颖译，陕西人民出版社，2004年，第37页。
② 〔美〕约翰·杜威：《民主主义与教育》，王承绪译，人民教育出版社，2001年，第347页。

些条件。"①对于杜威来说，论述哲学的改造，最终目的在于探索教育的现代意义。

1928年，在题为《进步教育与教育科学》的讲演中，杜威以提问的方式作为开篇，首先提出的问题是：什么是进步教育？为了给出答案，杜威考察了进步学校的共同因素，主要包括："尊重个人的各种能力、兴趣和经验；充分的外在的自由和非正规性使教师们能按照儿童真正的面貌来熟悉儿童；尊重自我首创的和自我指导的学习；尊重作为学习的刺激和中心的活动；也许尤其重要的是相信在正常的人的水准上的社会的接触、交往和协作是包罗一切的媒介。"②这些共同的因素，其实也是杜威一直倡导的，即对儿童天性、自由、兴趣、活动，特别是对经验的重视。

虽然杜威对进步主义教育多有肯定，但由于经验观、人性观的不同，人们不能将杜威的教育理想与进步教育完全画等号，特别是从杜威所发表的《进步教育与教育科学》《新学校中有多少自由》《为什么要进步学校》《需要一种教育哲学》《经验与教育》等论著来看，他要么说明进步教育因人们对传统教育的不满而兴起，要么批评进步教育的矫枉过正而试图为其寻求补救之道。由此可以断定，杜威的教育理想与进步教育在很多方面是存在着差异的。正如杜威为澄清人们的误解而在《经验与教育》前言中这样写道："探求新教育运动前景以适应新社会秩序的现实需要的人，应当只思考教育本身的含义，而无需顾及关于教育的一些'主义'，甚至连'进步主义'也不必考虑。"③

---

① 〔美〕约翰·杜威：《哲学的改造》，王承绪译，载吕达、刘立德、邹海燕主编：《杜威教育文集》第5卷，人民教育出版社，2008年，第6页。

② 〔美〕约翰·杜威：《进步教育与教育科学》，赵祥麟译，载吕达、刘立德、邹海燕主编：《杜威教育文集》第5卷，人民教育出版社，2008年，第9—10页。

③ 〔美〕约翰·杜威：《我们怎样思维·经验与教育》，姜文闵译，人民教育出版社，2005年，第241页。

智慧不是一旦得到就可以永久保用的东西

>> 智慧并不是一旦得到就可以永久保用的东西。它处于不断形成的进程中，要保存它就要随时戒备着，观察它的结果，而且要存着虚心学习的意志和从新调整的勇气。

——《杜威教育文集》第 5 卷，第 4—5 页

朱永新解读：

从今天开始读《杜威教育文集》的第 5 卷。这一卷主要收录了杜威 1920 年到 1952 年撰写的 15 种著名的教育论著，分别由王承绪、赵祥麟、姜文闵、金冬日、赵端瑛、顾岳中等译。开篇《哲学的改造》写于 1920 年，由王承绪翻译。

在哲学史上，关于理性与经验的论辩一直没有中断，如从古希腊的理性主义到近代英国哲学家重视经验，再到康德调和经验与理性，等等。

杜威无疑是最重视经验的哲学家，他曾经称自己的哲学是"经验的自然主义"或者"自然主义的经验论"。他认为教育就是经验的不断改造的过程，是"属于经验、由于经验和为着经验"的。

与人的经验一样，智慧也不是一蹴而就、一劳永逸的，智慧本身也处于不断的变化生成之中。要真正地保持智慧，能够智慧地生活，是需要勇气与胆识的，是需要不断学习、不断完善的。

生长自身才是唯一的『目的』

>> 生活的目的，不在于作为终极目标的尽善尽美，而在于永远持续的不断改善、不断成长、不断锻炼的过程。诚实、勤勉、节制、正义，和健康、财富、学问一样，如果它们表示出要达到固定的目的，那么就会是占有的东西，但是它们并非占有的东西。它们是经验的性质变化的方向。生长自身才是唯一的道德的"目的"。

——《杜威教育文集》第 5 卷，第 5 页

朱永新解读：

经验与智慧不能一劳永逸，道德与品质同样不可能如此。杜威认为，对于道德修养来说，"重要的事情是生长的过程，改善和进步的过程，而不是静止的成果和结局"。过程比结果更重要，如果把结果作为最终的目的，那么人的美德和品质就会成为被"占有的东西"，就失去了继续成长与发展的内在力量。

他以健康为例，他认为其实没有一个"永远固定的目的的健康"，需要的是健康的不断改善，而健康的改善是"一个继续不断的过程"，不断地改善健康，"转变现存情境的能动的过程"，才是真正的方向。

教育总是重视将来而轻视现在

>> 教育被传统地视为预备，视为学习，获得某些将来有用的东西。目的是遥远的，教育是做好准备，是日后会发生的更为重要的事情的开端。童年只是成年生活的预备，成年生活又是另一种生活的预备。教育总是重视将来而轻视现在；获得知识和技能以备将来应用和享受；养成各种习惯以备日后经营事业、做好市民和科学研究的需要。

——《杜威教育文集》第 5 卷，第 5 页

朱永新解读：

　　既然经验的形成、道德的养成都是一个没有止境的过程，那么，把教育作为为将来的生活和职业做准备的想法，就有问题了。

　　也就是说，我们现在的教育，基本上都是把教育作为为未来做准备的，这样做最大的误区，就是为了一个虚无缥缈的将来而牺牲了现在。

　　所以，教师和父母都会对孩子说，为了你们将来的幸福，现在应该吃苦。用现在的不幸福换取将来的幸福，本身是不符合人的发展规律的，在理论和实践方面都有着很大的负面作用。

>> 教育也被视为只是一部分人所必需的东西，因为
他们要依赖别人。我们是生而无知、不精通、不
熟练和未成熟的，因而处于社会的倚赖状态。教
学、训练和道德训导，就是成年人逐步地提高幼
弱者到能够照料他们自己的境地的诸过程。童年
的要务就是凭借那些已经达到独立的人的指导成
长到成年的独立。所以，作为人生要务的教育的
过程，当年轻人从社会的倚赖状态解放出来的时
候，就算终结。

——《杜威教育文集》第 5 卷，第 5—6 页

朱永新解读：

  杜威在批评把教育作为将来的准备之后，又把矛
头对准教育是为了独立的观点。其实这是一个问题的
两个方面，当学生在为未来的生活和职业做准备的时
候，一旦毕业了，就意味着他可以独立了，学习的过
程也就中止了。

  所以，从杜威的论述来看，早在 100 年前，他的
终身学习与终身教育思想就已经非常清晰了。也就是
说，教育与学习既不是简单地为未来准备，不能够为
了将来而牺牲现在，也不能在掌握了基本的生存与生
产能力，能够独立生活以后，就不再学习了。

教育的目的是能获得进一步的教育

>> 像正式的学校教育时期那种任何特殊的教育过程的最大意义，就在于它使受教育者能获得进一步的教育；对于生长的条件更为敏感，并更能利用这些条件。技能的获得，知识的占有，教养的成就，都不是目的：它们是生长的标志和继续生长的手段。

——《杜威教育文集》第 5 卷，第 6 页

朱永新解读：

在批评两种对于教育的误解之后，杜威自然得出结论——教育的目的就是教育本身，是为了帮助人获得进一步的教育，帮助人获得继续成长的本领——对于成长的条件更为敏感，同时善于利用各种条件与机会学习、成长。

在杜威看来，无论是技能的获得，知识的占有，还是教养的成就，这些都不是教育的目的，只是一个人成长的标志，以及能够继续成长的阶梯和手段。

>> 人的社会性的心脏在于教育。教育作为预备的观点，和成年作为生长的固定界限的观点，是同一句使人引起反感的不真实的话的两面。如果成人和儿童的道德要务都是经验的不断生长和发展，那么，从社会的倚赖和社会的相互依存所得来的教训，对于成人和儿童是同样重要的。成人的道德的独立就是生长的停止，孤立就是僵化。我们夸大了童年的理智的倚赖，以致把儿童管教得太过分；接着我们又夸大了成人生活的独立性，摆脱和别人的亲密的接触和交往。如果认清了道德的过程和许多特殊的生长过程的同一性，儿童的更为有意识的和正式的教育，将被看作社会进步和社会改造的最经济的和最有效的手段；而成人生活的一切制度的检验标准，就是它们促进继续不断的教育的效果，这也可以明白。

——《杜威教育文集》第 5 卷，第 6 页

朱永新解读：

人的成长是一条川流不息的长河。对于儿童来说，教育不是简单地为未来做准备。对于成年人来说，教育也不是再没有意义。

教育本身就是一种生活，就是一个过程，就是一个对于儿童和成年人都同样重要的，是儿童和成年人的经验不断成长和发展的过程。所以，我们的教育，既不能夸大"童年的理智的倚赖"，把儿童管教得细致入微；也不能夸大"成人的道德的独立"，对成年人不

闻不问。

　　当然，总的来说，儿童和成年人都需要教育，都需要成长，但是儿童的成长空间更大，可塑性更强，对他们的教育意义也更大。儿童教育好了，就会成为社会进步与社会改造最为有效的手段。成年人教育好了，同样对社会进步与社会改造具有不可估量的价值。

政府的标准

解放和发展各个人的能力是检验

>> 政府、实业、艺术、宗教和一切社会制度都有一个意义，一个目的。那个目的就是不问种族、性别、阶级或经济地位，解放和发展各个人的能力。这和说它们的价值的检验标准就是它们教育各个人使他的可能性充分发展的程度，是完全一致的。民主主义有许多意义，但是，如果它有一个道德的意义，那么这个意义在于决意做到：一切政治制度和工业安排的最高的检验标准，应该是它们对社会每个成员的全面发展所做出的贡献。

——《杜威教育文集》第 5 卷，第 6—7 页

朱永新解读：

在杜威看来，解放和发展每个人的能力，是任何社会、任何政府的最高目的，也是所有的实业、艺术、宗教活动等最高的目的。正如实践是检验真理的标准一样，一个社会、一个政府能不能把每一个人的能力解放出来，发展起来，是衡量这个社会、这个政府是否合格的重要标准。

所以，不仅仅是我们的教育，我们所有的活动都应该以人为本，都应该注重发挥人的主观能动性和创造性，应该把人的潜能充分地挖掘出来，让每个人成为最好的自己。

每个人的全面发展，就意味着社会的全面发展。

进步学校与传统的学校的不同

>> 我姑且承认，所有的进步学校同传统的学校比较起来，都表现出一个共同的着重点，即对于个性和对于增长着的自由的尊重；表现出一种共同的倾向，即信赖男女儿童所具有的天性和经验，而不是从外面强加外在的教材和标准。进步学校都表现出一定的非正规的气氛，因为经验已经表明，正规化同真正的智力活动以及同真诚的情绪的表现和生长是不相容的。着重于活动以区别着重于被动是共同的因素之一。

——《杜威教育文集》第 5 卷，第 9 页

朱永新解读：

杜威这里说的进步学校与传统学校的不同，其实就是现代教育与传统教育的不同。现代教育具有一些"非正规"的气息，具有一些反传统的特点。如现代教育和进步学校特别注重个性与自由，相信并且尊重学生的天性和经验，注重调动人自身的内在力量，发挥人的主动性。而传统教育和传统学校则注重把外在的教材和评价标准强加给学生，使学生消极被动地接受学习内容，学习过程很少有热烈的情绪参与。这样的不同，自然决定了学习结果的不同。

>> 我们可以设想，至少存在着那么多的共同的精神和目标。那么到目前为止，我们已经具有对于一整套的教育理论的突出的贡献的一些因素，那就是：尊重个人的各种能力、兴趣和经验；充分的外在的自由和非正规性使教师们能按照儿童真正的面貌来熟悉儿童；尊重自我首创的和自我指导的学习；尊重作为学习的刺激和中心的活动；也许尤其重要的是相信在正常的人的水准上的社会的接触、交往和协作是包罗一切的媒介。

——《杜威教育文集》第 5 卷，第 9—10 页

朱永新解读：

杜威在这里总结了进步主义教育的一些主要的理论主张，他视其为"共同的精神和目标"。这主要包括以下几个特征。

一是尊重学生的个性，尊重学生不同的能力、兴趣和经验，在这样的基础上进行因材施教。

二是给学生充分的外在的自由，让他们的天性得到自由的生长，只有在这样的情况下才能实现第一个目标，了解每个学生的真实情况。

三是尊重学生学习的主动性和创造性，不要越俎代庖，不要包办代替，而要让学生自己去探索，自己去解决问题。

四是尊重学生学习活动中能够激发他们学习动机的刺激诱因，尊重学生自己的选择。

五是要相信学生的社会交往对于他们发展的价值，给学生以"正常的人的水准上的社会的接触、交往和协作"，是他们发展的重要的媒介与平台。

　　这些基本的理论要点，其实就是杜威一直倡导的：以学生为中心，以社会生活为中心，尊重学生的个别差异性和主动创造性。

再没有什么比教育更为危险

>> 的确，像教育这样一种事业，我们必须谨慎地和谦逊地使用"科学"这个词；没有什么自称是严格符合科学的学科，会比教育更可能遭受假冒科学的损害；要建立起一种僵硬的正统观念、一整套标准化的为大家所接受的信条的学科，再没有什么比教育更为危险。既然在教育上没有一样东西是没有争论的，而且既然直到社会以及学校对于实践和目的在达到一个僵死的单调的划一之前，将来也不可能会是这样，那么就不可能有一种单纯的科学。因为各学校所进行的工作都是不相同的，因此从这些工作中所做出的理智的理论也必定是不相同的。

——《杜威教育文集》第 5 卷，第 10—11 页

朱永新解读：

杜威的这段文字，应该成为我们每个教育理论研究者和教育实践工作者的教育箴言。当我们以为自己已经掌握了许多教育的"真理"，当我们以为自己已经认识了许多教育的"规律"，当我们以为自己已经懂得了学生的"本性"的时候，我们应该记住杜威的提醒，如果我们自以为是，如果我们自以为真理在手，那么我们就已经处在一个非常危险的边缘了。因为，没有什么比教育更加复杂，更加充满了不确定性，不仅各个学校、各个家庭、各个学生完全不同，整个教育过程也充满了变化，没有一个放之四海而皆准的教育理论可以包打天下，具体问题具体分析，谨慎地、谦逊地、如临深渊地、用心地对待我们的教育，对待我们的孩子，是每个父母、每个老师应该具有的敬畏之心。

分等的需要是智商测验重要性的根据

>> 在传统的学校里所看到的关于实践的理论就很重视测验和测量，这是自然的、适当的。这个理论反映在学校管理上的各种方式。这种方式对于分数、分等、分班和升级是十分重视的，智商和成绩测验是使这些工作更为有效的方法。不难表明，分等的需要是智商测验重要性的根据。它的目的是要建立一种标准。这个标准，把统计上的细微部分略去不论，本质上是从足够的大量的人次中找到的一个平均数。当这个平均数找到了，任何一个儿童都可以给他分等，用一个可指定的数量表定他符合这个标准，低于这个标准，或者超过这个标准。

——《杜威教育文集》第 5 卷，第 11 页

朱永新解读：

　　20 世纪 20 年代，是西方智力测验比较风行的时代。但是，智力测验一个重要的特点是，寻求整体性，发现规律性，对人进行分类分等，这样的工作对于学生根据不同程度进行"分班和升级"是有意义的，是重要的参考标准。所以，杜威提出，分等的需要是智商测验重要性的根据。但这也是智力测验本身的重要缺陷，因为在分类分等的同时，智力测验把统计意义上的细微部分略去了，把人的个别性和差异性略去了。平均数只是面向大多数，而丢掉了个别性和差异性。这也恰恰是工业化时代教育在"胎里"的毛病。

　　所以，杜威接下来提出了一个问题——对于"重视能力与经验的差别胜于重视划一的这样一些学校"，究竟应该做些什么呢？

应该重视特殊的能力

>> 在求平均数和分等的计划中，某种特殊的能力，例如说，音乐的、戏剧的、绘画的、机械技术的或任何其他艺术的才能，都是单独跟大量的其他因素一道出现，或者在所测验项目的单子上根本不出现。不论在哪种情况下，这种能力只是在大量的其他因素的衬托下被拉平了的最后结果中出现。在进步学校里，像这样的一种能力在一个集体的合作的经验中是作为一种特殊的资源来利用的，把这样的能力跟其他的素质一道平均起来，从而把它拉下来，直到把它拉到在曲线上的一个确定点指派给个别儿童时，才能算数，这对于进步学校的目的和精神简直是不相容的。

——《杜威教育文集》第 5 卷，第 12 页

朱永新解读：

这段文字是对上一段文字的进一步补充说明。为了教育教学的效率，许多学校通常考虑的是大多数、平均数，因为这样才能在最短时间内达成最大目标。但是，这样的教育教学是以牺牲个别性、差异性为代价的。尤其是对于那些具有音乐、戏剧、绘画、机械、体育等特殊才能的学生来说，简单地用智力测验，用智商来给不同的学生贴上标签，这样其实就把学生的特殊才华埋没了。

在智商面前，永远只有最高和最低，永远只有平均线，大部分人都是失败者，都是离最高者有很大差距的人。这样的做法，自然与提倡尊重学生个性，以儿童为中心的进步主义教育，是水火不相容的。

活动和结果的质比任何量的因素更为重要

>> 对于教师来说，活动和结果的质比任何量的因素更为重要。如果这个事实阻碍了某种科学的发展，这也许是不幸的。可是教育者不能坐以等待直到有一种方法把质归结到量，他必须此时此地就进行工作。如果他能够把质的过程和结果组织成为某种有关联的理智的形式的话，那么这比起他如果忽视了真正的最重要的东西而把精力用于现在可以被测量的如此不重要的副产品来，他是真正在更多地促进科学的方法。

——《杜威教育文集》第 5 卷，第 12 页

朱永新解读：

这句话看上去不太好懂。但是，如果我们把质的概念换成素养，把量的概念换成分数，就很容易理解了。杜威在这段文字之前有一句话："进步的教育者也不必要被那种认为科学是量的结果所构成的想法过分地吓到"，也就是说，如果我们的教育只是为了那个分数，为了那个可以纳入统计的量化的成绩，那是不符合进步主义教育的根本精神的。这样的做法是本末倒置的。量，最后是为质服务的，真正的质的问题解决了，量只是一个副产品而已。

我们新教育人有一句话：新教育不追求分数，但是不惧怕考试。把素养的问题解决了，分数只是额外的奖赏，只是杜威这里所说的副产品而已。真正的科学的教育方法，一定是抓住根本的、抓住质的、抓住素养的方面。

>> 一个进步学校主要地是关心生长，关心一个活动中的和变化中的过程，关心改变中存在着的各种能力和经验；那种作为固有的素质和过去的成绩而已经存在的东西是从属于那种也许会形成的东西。种种可能的东西比已经存在着的东西更为重要，而且关于后者的知识之所以值得考虑只是由于和它种种的可能有关联。成绩测量的地位作为一种教育理论，在一种静止的教育体系里，跟在一个运动的教育体系里，或者跟在一个把继续生长的过程看得很重要的教育体系里，是极不相同的。

——《杜威教育文集》第 5 卷，第 12—13 页

朱永新解读：

"可能的东西"，意味着成长，意味着未来，意味着潜能的发挥，也意味着不确定性。"存在的东西"，意味着既成，意味着当下，意味着过去的成绩，也意味着固有的素质。

我们的教育，我们的学校，往往更容易注重存在的东西而忽视可能的东西，更注重当下的成绩而忽视未来的发展。虽然未来是当下的延伸和发展，未来来自于当下，但是如果眼里没有未来，就不可能真正拥有未来。最近我出版了一本《未来学校》，许多人把它作为一本未来教育的著作，其实我说的是未来也是当下，是一个"运动中的教育体系"，而不是"一种静止的教育体系"。

>> 学习至少包括三个要素：知识、技能和品格。这三者之中的每一样都必须学习。从一件事情的总的情况里选择什么东西正好能引起各种学习条件的因素，其中哪些是有影响的，哪些是次要的、枝节的，这需要判断和艺术。随时关心成功和失败以及估计所取得的成功的相对的程度，这需要坦率和诚挚。注意到在学习上进步的表现以及甚至更重要的是探究这些进步表现的原因，这需要有训练的和敏锐的观察力——一种比注意机械地应用的测验的结果需要多得多的高度而熟练的观察力。

——《杜威教育文集》第 5 卷，第 18 页

朱永新解读：

在学校和家庭生活中，我们经常容易犯"唯智主义"的错误，分数"一俊遮百丑"，智力唯上最重要。其实，知识和智力只是教育的一方面内容，只是学习的一小部分，技能和品格同样重要，而且三者相辅相成。

所以，正如杜威所说的那样，"这三者之中的每一样都必须学习"。在具体的学习场景中，先学什么，后学什么，侧重哪些，关注哪些，可能有轻重缓急之分，先后次序不同，这就需要有足够的教育智慧与敏锐的观察力。这种智慧和观察力的背后，其实还是教育思想、教育价值，是对于知识、技能和品格三者关系的最根本性的理解。从当下来说，知识和分数当然重要，但是知识和分数不仅从长远上离不开技能与品格，而且在当下也离不开真正的技能与品格，这是学生内驱力和学习热情的动力系统和保障体系。

智力工作 提出新问题、新研究的

>> 我们有一种智力工作的技术，用这个技术，使事物的发现和组织，累积进行，使这一研究者能重复别人的研究，加以证实和推翻，并且增加知识的总量。而且，这些方法通过运用，能自求完善，提出新问题、新研究，改进旧的程序，创造新的、更好的程序。

——《杜威教育文集》第 5 卷，第 20 页

朱永新解读：

《教育科学的资源》是杜威在 1929 年出版的一本英文著作。我们阅读的这本文集节选了其中的部分章节。杜威在这本书中，开宗明义就论及了一个非常敏感且很重要的关于教育的科学性问题：有教育科学吗？能有教育科学吗？

杜威的结论自然是肯定的。因为，他认为"科学"一词的含义很广，如果严格地"只限于数学或可用严正的论证方法来决定精确结果的学科"，那么，"连物理学和化学都不能说是科学"，"而社会学和心理学，那就几乎根本不能列为科学了"。所以，杜威主张把科学的概念理解得更宽一些。

在这样的背景下，杜威讲到了教育科学与技术的问题。他主张的教育科学研究，是一项"智力工作的技术"，即通过这样的技术，既可以重复别人的研究（可验证性），也可以发现新的问题，改进原来的教育，创造更好的教育。

增进对教育的理智的控制和理解

>> 用什么方法能使教育的各个部门和各个方面——教材的选择，教学和训练的方法，学校的组织和行政——进行系统的增进理智的控制和理解呢？我们可以利用，并应该利用什么材料，使教育活动可以较少地为成规、传统、偶然性，以及暂时意外影响的产物呢？我们将汲取什么资源，使明智的、可传授的见识和指导的能力，能够稳定地、逐步累积地增长呢？

——《杜威教育文集》第 5 卷，第 20 页

朱永新解读：

在这里，杜威是用问题的方式强调了教育科学应该努力的方向。也就是说，教育科学的研究，应该能够有效地解决教育生活中的各种实际问题，如怎样选择教材，怎样使课堂教学更加有效，怎样使学校管理更加有效，怎样使教育工作更加有理性，而不是走到哪里算哪里，完全跟着感觉走，受偶然性因素的支配。

所以，教育科学研究的目标，就是能够为教育提供更加自觉、更加明智的指导与帮助，更加有计划性和预见性。而且，随着研究的不断深入，积累的成果越来越多，教育的科学性就越强。

>> 对于那些借教学和儿童训导的成功，常常不是和教育原理的知识有任何直接的比例，而且是诋毁教育学的研究的人，这就是我们的回答。现有教师甲在教学上比教师乙更成功，他能唤起学生学习的热情，能以身作则，密切师生关系，在道德上鼓舞他们，但是对于教育史、心理学和公认的教学法等等，他比较不熟悉；而教师乙则懂得很多。这种事实，我们是承认的。但是，反对者忽略了一个事实，就是这种教师的成就，是随着他们生而存在，随着他们死而消失的；受益的只是那些和这种天才教师有个人接触的学生。过去这种天才教师的贡献，就这样局限于少数学生，这个事实所造成的浪费和损失是无法估量的。我们将来要防止这种浪费，唯一的办法，是设法把天才教师直觉地进行的工作，加以分析，以便从他们的工作中产生一些东西可以传达给别人。即使在通常认为科学的事情上，卓越的见识，仍然是很重要的，不能降为划一的办法。但是，有了科学，能使天才的经验有共同的功效；有了科学，能使特殊能力的结果变为其他研究人员工作装备的一部分，而不致自生自灭。

——《杜威教育文集》第 5 卷，第 20—21 页

朱永新解读：

这是一个极为精彩的案例，也是一个非常重要的教育研究的价值分析。

有些人会用一些极端的案例，讲述教育科学没有

什么意义和价值的观点，来诋毁教育学的研究。如他们举例说，某位教师虽然没有学习什么教育学，没有接触过教育史、心理学和教学法，但是不影响他成为一个优秀的教师，他的课堂很精彩，他的师生关系也很和谐，对学生的影响也很大。而另外一位学习过教育史、心理学和教学法的教师，课堂没有他精彩，师生关系没有他和谐，对学生的影响也不如他。

这样的情况完全是可能的。这样的情况，一方面说明了教育科学本身的特殊性，另一方面也说明了教育对于个体素养的依赖超过了任何领域。也就是说，在本质上，教育科学还是一门发展中的科学，它对其他科学的依赖性很强，如果没有生理学、脑科学、学习科学的成熟，没有社会学的支持，教育学目前是难以取得突破性进展的。另外，由于教育的个体差异性特别强，任何教育科学的普遍定律和结论都是难以适用于任何人的。所以，对于那些没有受过系统的教育科学训练的天才式教师来说，他完全可能用自己天生的悟性和敏感性，来应对与解决教育的问题，而且可以应付裕如，效果很好。

而对于那些受过教育科学系统训练，对教育规律和知识体系了如指掌的人来说，如果他针对每一个鲜活的个体缺少前者那种天生的悟性和敏感性，也很难取得好的成效。

杜威认为，这样的案例恰恰说明了教育科学研究的意义与价值所在。也就是说，如果没有教育科学，前面这位教师的经验就不能从个体的经验变成群体的智慧，不能及时地发现和总结这位教师的成功之道。天才教师的天才做法，被记录下来，推广开去，就从个别的偶然性变成了可以复制、可以传承的必然性，个人的教育智慧就不会自生自灭。

>> 学校和家庭等所进行的教育过程的结果，如果看作一种资源，它们的地位和作用是什么呢？回答是：（1）教育的实践提供构成所探究问题的资料和题材，它们是待研究的基本问题的唯一资源；（2）教育的实践也是一切研究的结论的价值的最终检查。如果以为科学研究的结果决定教育事业的价值，这是颠倒真实情况。进行教育的实际活动，检查着科学研究结果的价值。那些结果，在别的领域也许是科学的，但在教育上来说，在它们对教育的目的有所贡献以前，就不是科学的，至于它们是否真正对教育有所贡献，只能在实践中发现。实践是第一位的，也是最终的，实践是开始，也是结局：是开始，因为它提出种种问题，只有这些问题能使研究具有教育的意义和性质；是结局，因为只有实践能检验、证实、修改和发展这些研究的结论。科学结论的地位是中间性的、辅助性的。

——《杜威教育文集》第 5 卷，第 23 页

朱永新解读：

实践是检验真理的唯一标准，这是中国改革开放的真正启蒙思想，是我们打破"两个凡是"的束缚，解放思想的重要理论工具。这个观点是马克思主义的基本观点。

1845 年，马克思就提出了检验真理的标准问题："人的思维是否具有客观的真理性，这并不是一个理论

的问题，而是一个实践的问题。人应该在实践中证明自己思维的真理性，即自己思维的现实性和力量，亦即自己思维的此岸性。关于离开实践的思维是否具有现实性的争论，是一个纯粹经院哲学的问题。"

对此，毛泽东在《新民主主义论》中也有明确的论述："真理只有一个，而究竟谁发现了真理，不依靠主观的夸张，而依靠客观的实践，只有千百万革命人民的革命实践，才是检验真理的尺度。"他在《实践论》中更加直接地说："真理的标准只能是社会实践。"

杜威从实用主义的立场承继了这个观点，认为教育科学的真理性，体现在它能不能真正解决教育的实际问题。教育科学的贡献和价值，在于它能不能对教育的目的有所贡献，能不能使教育生活更加美好。这是判断教育科学的唯一标准，实践标准是第一位的，也是最终的，是开始，也是结局。教育实践，能够帮助我们"检验、证实、修改和发展"教育科学的研究成果，更重要的是，能够帮助我们拥有更加美好的教育。

教育科学不是独立的

>> 教育的实践供给提出教育科学的问题的资料，而已发展到成熟状态的各种科学，乃是取得理智地处理这些问题的资料的来源。我们没有一门特别独立的桥梁建筑学，同样也没有一门特别独立的教育科学，但是，从其他科学抽取来的资料，如果集中在教育上的问题，就成为教育科学的内容。

——《杜威教育文集》第 5 卷，第 23 页

朱永新解读：

在讲述教育科学的"资源与内容"部分，杜威以"教育科学不是独立的"为题，讲述了以上这段文字，作为其中的第一条理由。

杜威认为，教育其实是一门"社会工程学"，因为教育是一项复杂的社会事业，"教育作为一种艺术，它比普通工程学的各部门如土地测量、桥梁建筑和铁道建造等，要落后得多"。原因是从事教育的人受到的系统训练比学习工程学的人要少得多。而"作为教育的科学内容的人文科学——生物学、心理学和社会学——比之数学和力学，要落后些"。也就是说，由于教育本身的特点，教育科学的发展也相对落后。

所以，教育科学更应该善于向其他科学学习，善于从其他社会科学与自然科学中学习。教育科学的复杂性正在于此。

教育哲学是教育科学的一种资源

>> 作为教育科学内容的资源的科学领域，虽然范围很广，又不确定，但是，有些学科占有特殊的地位。我想大家一致承认心理学和社会学占有这种特殊地位。教育哲学也是教育科学的一种资源，但是通常还不那么被认为是教育科学的资源。我想，我们习惯于以为科学给哲学提供营养，不以为哲学就是科学的资源。那些尊重哲学的人，把哲学看成一门批判地分析各专门科学中不加批判地假定的前提的学科，不然就是各专门学科的结果的全面理性的组织。还有一些人，不那么尊重哲学，也许更普通的看法，把哲学看作不断消失中的量，凭个人的意见和推测处理科学还没有能积极处理的问题。我个人以为这两种看法各有真理，但是都没有触及哲学和科学的关系的核心。任何时候，任何学科，都有从比较特殊到比较一般的连续的进程。我们所能有益地引出的唯一区别是说科学处于趋向特殊的一极，哲学处于趋向一般的一极，然而在哪里哲学停止，科学开始，并没有明确的界线。

——《杜威教育文集》第 5 卷，第 24—25 页

朱永新解读：

在论述教育科学的资源，或者说教育科学的基础时，一般都会自然而然地想到心理学和社会学。这是很容易理解的。

心理学作为教育科学的资源和基础，是因为教育

的对象是人，是活生生的人，教育必须要尊重人的成长规律，必须要尊重人的学习规律，尊重人的感知、记忆、思维和情感的规律。对人的理解和认识越是深入，越是深刻，教育的效果就越好。

社会学作为教育科学的资源和基础，是因为教育是为社会服务的，是服从于一定的社会要求的。教育与社会的契合度越高，社会对教育的支持越大，教育对社会的贡献越大，教育的发展就越快越好。

但是，哲学对于教育有什么意义呢？哲学能不能成为教育科学的资源和基础呢？答案自然也是肯定的。

杜威作为一个哲学家，他的认识自然更加深刻到位。他指出，从总体而言，哲学是对所有科学的概括和总结，但是这样的从特殊到一般的过程是一个螺旋式上升的过程，哲学来源于科学，又及时回馈科学，贡献科学。在教育过程中，更加需要哲学的思维，需要我们能够看得更远更深。

教育是自治的

>> 教育是自治的，应该自由决定它自己的目的，自己的目标。离开教育的作用，从外部资源去借用目标，就是放弃教育的事业。在教育者能够独立地勇敢地坚持教育目的应该在教育过程以内形成和实行以前，他们不会意识到他们自己的作用，别人也不会很尊重教育者，因为教育者并不重视他们自己的社会地位和工作。

——《杜威教育文集》第 5 卷，第 25 页

朱永新解读：

关于教育与社会的关系，究竟是谁决定谁，谁服务谁，一直是一个公说公有理，婆说婆有理的纠缠不清的问题。

杜威既不完全赞成社会完全决定教育，他在书中批评了"相信社会条件决定教育目标"的假定；也不完全赞成教育科研完全脱离社会，认为"如果我们是说教育者应该决定教育目标，那将是傲慢的"。基于这样的理解，我们看他说的"自治"，就能够比较全面客观了。

杜威说的自治，其实就是更好地发挥教育者的主观能动性。他指出："社会是什么？总的说，就它的有鼓舞作用的精神和目的而论，社会乃是教育的产物。所以，社会不能提供教育遵循的标准。"这句话讲得有点偏激，但是就强调教师应该有自己的教育理想和追求，有自己的教育价值观，"能够独立地勇敢地坚持教育的目的"这个方面，还是有一定的积极意义的。这也是教师职业能够受人尊敬的前提。

科学使从事教育的人更聪明

>> 教育是一种生活的方式，是一种行动的方式。作为一个行动，教育比科学更加广泛。可是科学使从事教育的人更聪明，考虑更周到，更了解他们在做什么，因此使他们在将来能纠正和丰富他们从前所做的工作。

——《杜威教育文集》第 5 卷，第 26 页

朱永新解读：

　　杜威在这里讲的科学，确切地说，应该是指教育科学。因为他在接下来的一段文字中就强调，教育科学方面的知识，能够使教育者对他们所做的工作更加慎重、更有批判性，能够使教育者更好地洞察家庭和学校此时此地所进行的工作，也能够使教师和父母对教育有更好的预见性，"否则它就根本不是教育科学"。杜威在教育科学的"教育"下面加了重点号。

　　所以，教育科学能够让教师更加聪明，更加理性，更加自觉，考虑问题更加全面周到，更少犯错误。

教育的发现永远在进行之中

>> 教育科学的资源包括进入于教育者的心、脑和手的任何部分确定的知识，这种知识进来以后，就使教育的职责完成得比过去更加开明，更合人道，更具有真实的教育意义。但是，除了通过继续教育的行动本身，没有方法发现什么是"更具有真实的教育意义"。这种发现永远不会完成，而是永远在进行之中。到教育以外，从已具科学尊严的一些材料中寻求问题的答案，可能导致目前的舒适或片刻的效率。但是这种寻求是弃职，是投降。结果只是减少实际教育工作为改进的科学提供材料的机会。这是抑制生长；阻碍一切进步的最终源泉的思维活动。

——《杜威教育文集》第 5 卷，第 26—27 页

朱永新解读：

正因为教育科学对教育实践具有重要的价值，对改进教育行为、提升教育品质具有积极的意义，使教师的教育职责比过去完成得"更加开明，更合人道"，所以，作为教师，应该不断地学习，不断地探索，不断地思考。这样的学习和发现是没有终点的，没有止境的。

最重要的是，这样的学习和发现是结合自身的机遇实践来进行的。要想从其他科学里寻找一些现成的知识来解决教育问题，是不切实际的，也是没有成效的。

>> 教育在本质上是一个无止境的圆形或螺旋形的东西。教育是一种包括科学在内的活动。正是在教育过程中，提出了更多的问题以便进一步研究，这些问题又反映到教育过程中去，进一步改变教育的过程，因此又要求更多的思想、更多的科学，循环往复以至无穷。

——《杜威教育文集》第 5 卷，第 27 页

朱永新解读：

杜威说，教育在本质上是一个无止境的圆形或螺旋形的东西，其实也是说教育探索的过程是一个永远没有止境的螺旋式上升的过程，是一个教育理论与教育实践相辅相成、彼此促进的过程。

一方面，教育实践会不断丰富和完善教育理论和教育科学，另一方面，教育理论和教育科学又会指导教育实践。理论在实践中得到检验和修正，实践在理论指导下更加完美和成功，"循环往复以至无穷"。这正是教育发展和教育科学发展的不二法门。

第十七章

反省思维是内含
结果的连续性思维

导语 ①

　　由于内容较多，本书分两章解读了杜威的《我们怎样思维——再论反省思维与教学的关系》一书。

　　受黑格尔、詹姆斯等人的影响，杜威认为："思维起源于某种疑惑、迷乱或怀疑。思维不同于自发的燃烧；思维的产生也不是依据'普遍的原则'。思维由某种事物作为诱因而发生。"基于这一立场，杜威在1910年出版了《我们怎样思维——再论反省思维与教学的关系》。在此书中，杜威将人类解决问题的过程定义为反省性思维，并从多个方面阐释了它的教学意蕴。从内容来看，本书可以被看作教学哲学的奠基之作。

　　杜威首先区分了四种心理过程，分别是：意识流、想象、信念以及反省思维。前三种思维在他看来都有很明显、很严重的缺陷，只有反省思维才是一种"较好的思维方式"，因为它不是固执己见，也不是凭空捏造，而是建立在结果的基础上，是根据客观事实或自己的体验来进行的。

　　杜威始终坚持，思维只是一种工具，它将未经加工的原始经验转变为有意义的理论，服务于个人成长和社会进步。为创建一种适合现代社会的思维方式，杜威将科学探究作为榜样并总结出这一过程的五种基本状态：（1）暗示：在暗示中，心智寻找可能的解决办法；（2）理智化：使感觉到的疑难或困惑理智化，成为有待解决的难题和必须寻求答案的问题；（3）假设：在收集事实资料中开始并指导观察及其他工作；（4）推理：对一种概念或假设从理智上认真推敲（推理是推论的一部分）；（5）用行动检验假设：通过外显的行动或想象的行动来检验假设。人们通俗地将这五种基本状态概括为：感知困惑、厘清问题、提出假设、设

---

① 本章导语中的引语均出自〔美〕约翰·杜威：《我们怎样思维——再论反省思维与教学的关系》，姜文闵译，载吕达、刘立德、邹海燕主编：《杜威教育文集》第5卷，人民教育出版社，2008年，第49、115、47—48页。

计方案、用行动验证假设。

"真正的自由是理智的；它依靠训练有素的思维能力，依靠研究事物的'叩其两端'（turn things over）的能力和深思熟虑对待事物的能力。"杜威认为，理智或真正的自由，源于对反省思维的培养。正因为如此，在"思维五步"的基础上，杜威又提出了"教学五步"：（1）教师给学生准备一个真实的经验情境；（2）在这个情境中须能产生真实的问题作为学生思维的刺激物；（3）从资料的占有和必须的观察中学生产生对解决疑难问题的思考和假设；（4）学生自己一步一步地展开他所设想的解决疑难问题的方法；（5）学生通过具体应用来检验他的方法是否有效用。

值得指出的是，无论是"思维五步"还是"教学五步"，杜威都强调了"连续性"对于反省思维的重要性："反省的思维不只是包含连续的观念，而且包含着它的结果——一种连续的次第，前者决定后者，后者是前者的正当的结果，受前者的制约，或者说，后者参照前者。反省思维的各个连续的部分相因而生，相辅相成；他们之间来往有序而非混杂共存。"当杜威强调"连续性"并认为这样的思维才有意义时，他是在强调建构学习、深度学习。因为连续性的学习不是表层学习、表面学习，而是学生对行动与结果连接中所蕴含的各种关系进行探索的过程。

一些学校存在着课程繁多的弊病

>> 我们的一些学校存在着课程繁多的弊病，而每一门课程必然也有其繁多的材料和原理。我们的一些教师不单要面对全体学生，而且要个别地指导学生，因此他们的任务就变得更加繁重了。如果不找出某些统一的线索，不找出某些简化的原理，那么事先就注定必然会导致混乱的结局。本书提出的信念是：需要找出稳定的和集中的因素，即我们称之为科学的思维态度和思想习惯，并将其付诸实施。

——《杜威教育文集》第 5 卷，第 45 页

朱永新解读：

杜威在初版序言中开宗明义讲到了科学的思维态度和思想习惯的重要价值，主要是针对当时学校课程繁多，教师一方面要面对全体学生，一方面要进行个别指导，忙得不亦乐乎。教师要做到忙而不乱，理清头绪，就要有科学的思维方式，就要找出事物的规律，理出一些"统一的线索"和"简化的原理"。

>> 有的人认为，科学的思维态度同儿童和青年的学习是风马牛不相及的。可是，本书又提出一种信念：实际上，科学的思维态度同儿童和青年的学习并非不相关联；儿童天赋具有的、未曾受到损坏的态度，具有热烈的好奇心，丰富的想象力，喜好实验性的探索等等特点，这些特点同科学的思维态度是十分相近的。

——《杜威教育文集》第5卷，第45页

朱永新解读：

　　杜威的这本书不仅仅是写给老师的，也是写给父母和孩子的。

　　针对有些人认为科学的思维态度与儿童和青少年的学习关系不大的想法，杜威提出，其实不然。一个最重要的原因，就是儿童天赋具有的一些最宝贵的品质，如对事物强烈的好奇心，丰富的想象力，喜欢实验性探索等，本身就与科学的思维态度非常靠近，在一定意义上就是科学的思维态度的雏形。而培养儿童的科学思维态度，对于保护和发展儿童的天赋，自然也具有十分重要的意义。

方式 反省思维是一种最好的思维

>> 那些懂得什么是较好的思维方式，并且知道为什么这些思维方式比较好的人，只要他愿意的话，他就可改变他个人的思维方式，从而使思维变得更有成效；这就是说，按照这种思维方式，他们就能把事情搞得好些，而按照其他的心理活动方式去办事，就不能取得同样好的效果。在这本书中所论及的思维的较好方式叫作反省思维（reflective thinking），这种思维乃是对某个问题进行反复的、严肃的、持续不断的深思。

——《杜威教育文集》第 5 卷，第 46 页

朱永新解读：

在本书一开始，杜威用了一个强有力的标题——"最好的思维方式"，把这本书要讨论的关键词"反省思维"带了出来。

什么是反省思维？杜威的解释是"对某个问题进行反复的、严肃的、持续不断的深思"，我们也把这种思维理解为"深度思维"或"自觉的思维"，或者是"对思维的思维"。这样的思维方式，对于改进人们的思维和行为都具有特别重要的意义，会让人们的思维"变得更有成效"，也会让人们"把事情搞得好一些"。

反省思维是连续性的

>> 反省思维同心中随意奔流的各种事情一样，是由一系列被思考的事情组成的，但是反省思维不同于那种仅仅是偶尔发生的"这样那样"的偶然事件的不规则的连续。反省的思维不只是包含连续的观念，而且包含着它的结果——一种连续的次第，前者决定后者，后者是前者的正当的结果，受前者的制约，或者说，后者参照前者。反省思维的各个连续的部分相因而生，相辅而成；它们之间来往有序而非混杂共存。从某一事物到另一事物的每一步骤，用术语来表示，便是思想的一个"词"。每个词都为下一个词留下可资利用的成分。事件的连续流动构成为思想的一系列的链条。任何反省思维都有一些确定的成分，它们联结在一起，向着一个共同的目标持续不断地运动。

——《杜威教育文集》第 5 卷，第 47—48 页

朱永新解读：

杜威把"连续性"作为反省思维的一个基本特征。也就是说，反省思维不是偶然的"意识流"，不是瞬间即逝的"稀里糊涂的心思、漫无目的的回想、欢快而无稽的期望、倏忽即逝的模糊印象"。反省思维是由一系列被不断思考的事情所组成，这种连续性不仅仅是时间上的连续，也包括事物之间的逻辑关联，前后之间的因果关系，前者导致后者的结果，后者是前者的必然。每一次的思考都是下一次思考的起点，每一个思考留下的"词"就成为下一次思考"可资利用的成

分"。这样，思考就会不断地向着一个明确的方向前行，"向着一个共同的目标持续不断地运动"。这样的思维自然就是富有成效的，自然就会让教师的行动更为自觉，更有成效。

>> 信念是超于某物之外而对该事物的价值做出的测
定；它对事物、原则或定律的性质做出一些断
定。这意味着对事物或定律的断定或是肯定的或
是否定的，或采纳或拒绝。信念对某种事物做出
适当的判断，至少是默认。信念的重要无须多加
强调。信念包含那些我们并无确定的知识，然而
却确信不疑地去做的事情，也包含那些我们现时
认为是真实的知识，而在将来可能出现疑问的事
情——正如同过去许多曾被认为是确实的知识，
现在却变成了不过只是一种看法或者竟是错误的。

——《杜威教育文集》第 5 卷，第 49 页

朱永新解读：

关于思维与信念的关系，也是杜威在讨论思维特
征的时候着重研究的问题。在讲述思维的特征时，杜
威用了"思维实际上是信念的同义语"这样的标题。
他说："思维的第三重含义是它实际上等同于信念。"

说思维在一定意义上等同于信念，个人的理解是，
思维的结果导致了信念的产生。也就是说，通过深入
的思考，尤其是连续性的反省思维，对某些事物或定
律已经确定无疑，能够做出准确的判断，或肯定或否
定，或采纳或拒绝，至少说心里完全默认。当然，这
种信念不等于就是决定，不等于就是不可以变更和变
化。因为，真理总是相对的，实践才是检验真理的标
准。随着时间的流逝，思维和认识也会发生变化。但
是，思，才能真信，才能产生信念，这是不争的事实。

进
行
主
动
的
、
持
续
的
和
周
密
的
思
考

>> 哥伦布之所以能够提出他的新思想，正是由于他并非不加怀疑地接受传统的理论，而是富有怀疑和探索的精神。长久以来习惯上认为是最确定无疑的事物，他也敢于怀疑；人们认为似乎不可能发生的，他也相信其可能发生。他就是这样继续地思考着，直到他得到他能够确信或不能相信的证据为止。即使他的结论最终导向错误，那也与先前他所反对的观念不同，因为它是通过不同的方法求得的。对于任何信念或假设性的知识，按照其所依据的基础和进一步导出的结论，去进行主动的、持续的和周密的思考，就形成了反省思维。上述的三种思维都可能引起反省思维；但反省思维一旦开始，它便具有自觉的和有意的努力，在证据和合理性的坚实基础上，形成信念。

——《杜威教育文集》第 5 卷，第 50—51 页

朱永新解读：

杜威认为，反省思维会激励人们不断去探索。在反省思维的情况下，人们有着明确的问题意识，能够持续不断地去进行思考和探索。

他以哥伦布发现新大陆为例，认为哥伦布之所以能够提出新思想，发现新大陆，就在于他富有怀疑和探索的精神，那些早已经被人们视为正确的、确定无疑的东西，他也敢于怀疑，勇于挑战。那些人们认为根本不可能发生的事情，他也都认为是有可能的。在思想的领域里没有禁区，没有框框，没有约束，所以

他能够不断地思考，不断地寻求证据，不断地探索，不断地超越。最后，正是这种"主动的、持续的和周密的思考"成就了哥伦布本人。

所以，在这个意义上说，反省思维也是对自己的一种根本信任，乃至于信念。

>> 反省思维的含义在于：某事物的可信（或不可信）不是由于它本身的缘故，而是通过能作为证明、证据、证物、证件、依据等的其他事物来体现的，即是说，是信念的根据。

　　　　　　　——《杜威教育文集》第 5 卷，第 53 页

朱永新解读：

　　在杜威看来，反省思维不是固执己见，也不是凭空捏造，而是建立在证据的基础上，是根据客观事实或者自己的体验来进行的。

　　比如说下雨，有的时候是根据我们自己的实际感觉或直接体验感受到的，有的时候则是根据草和树的表面痕迹推断出来的。天将下雨，则是由空气的含潮度和晴雨表的状态推断出来的。

　　因此，反省思维就是建立在证据上的客观事物之间的一种联系，"这种联结使一种事物引出其他事物的信念具有根据、理由和证据"。

反省思维和一般的思想具有显著的不同

>> 反省思维和一般所谓的思想具有显著的不同，反省思维包括（1）引起思维的怀疑、踌躇、困惑和心智上的困难等状态，和（2）寻找、搜索和探究的活动，求得解决疑难、处理困惑的实际办法。

——《杜威教育文集》第 5 卷，第 53—54 页

朱永新解读：

杜威认为，人们的思维活动一般开始于"模棱两可的交叉路口的状态"，往往是在进退两难之中任选其中之一。所以，思维具有很大的选择性。

如果我们的思维能够顺畅无阻地从一个事物进行到另外一个事物，那么就不需要真正意义上的反省思维。只有在面临困难的情况下，在出现怀疑、踌躇、困惑等心智上的困难时，反省思维才有可能会真正出现。

也就是说，轻轻松松的判断和行动，是不需要反省思维的。但是，反省思维并不停留于此，如果没有寻找探索和探究的活动，如果没有艰苦卓绝的努力寻找的过程，如果没有真正意义上的探究活动，也没有真正意义上的反省思维。这正是反省思维不同于其他思维活动的两个重要特点。

思维由某种事物作为诱因而发生

>> 简要地说，思维起源于某种疑惑、迷乱或怀疑。思维不同于自发的燃烧；思维的产生也不是依据"普遍的原则"。思维由某种事物作为诱因而发生。若要依据儿童（或成人）对于思维的一般兴趣，而又不顾及他们是否有引起他们困惑和打乱他们的心理平衡的某些困难问题的切身经验，是徒劳无益的，这样做，正如同劝说人们抓住自己的鞋襻把自己的身体提起来一样。

——《杜威教育文集》第 5 卷，第 56 页

朱永新解读：

既然思维起源于某种疑惑、迷乱或怀疑，那么，真正的问题，真正的好奇，真正对这个世界的探寻，其实就是思维的开始，尤其是反省思维的开始。

对于儿童来说，一方面，我们要尊重他们对这个世界的天生好奇和探索，一方面我们也要尽可能进一步激发起他们的求知欲与好奇心，让他们学会提出问题，珍惜他们提出的问题，与他们一起去探寻解决问题的方法，而不是简单地把结论告诉他们。

杜威在这里提出的观点，与中国古代教育家提出的"不愤不启，不悱不发"可谓不谋而合，这才是真正激发学生的思维活力。

思维的价值

>> 我们全都承认，至少在口头上承认，思维的能力是非常重要的；思维能力被看作把人同低等动物区别开来的机能。但是，思维怎么重要，思维为什么重要，我们通常的理解是含糊不清的。因此，确切地说明反省思维的价值，是有益的。首先，它使我们从单纯冲动和单纯的一成不变的行动中解脱出来。从正面来说，思维能够指导我们的行动，使之具有预见，并按照目的去计划行动，或者说，我们行动之前便明确了行动的目的。它能够使我们的行动具有深思熟虑和自觉的方式，以便达到未来的目的，或者说，指挥我们去行动，以便达到现在看来还是遥远的目标。我们心中想到了行动的不同方式所导致的结局，就能使我们知道我们正在做些什么。思维把单纯情欲的、盲目的和冲动的行动转变为智慧的行动。

——《杜威教育文集》第 5 卷，第 58 页

朱永新解读：

在《我们怎样思维》这本书中，杜威专门用一章的篇幅讲述了《为什么必须以反省思维作为教育的目的》。其中讲思维价值的时候，从五个方面阐述了思维的意义：第一，思维能够使合理的行动具有自觉的目的；第二，思维能够使人对行动做出有系统的准备和发明；第三，思维能够使事物的意义更加充实；第四，思维能够使事物的进程得到控制和充实；第五，思维的力量能够使人们摆脱对于本能、欲望和惯例的奴性

的屈从。一句话，也是最重要最关键的是，思维，尤其是反省思维，能够使得人们的行动更加自觉、更加理智、更有预见性和方向性，也更有助于实现我们的目标。

>> 人们也运用思维建立和编制人造的符号，以便预
先想到结果以及为达到某种结果或避免某种结果
而采取的种种方式。前面提到的思维的特点表明
了野蛮人和野兽的不同；这里提到的思维的特点
表明了文明人和野蛮人的不同。

—— 《杜威教育文集》第 5 卷，第 59 页

朱永新解读：

思维不仅是人与动物之间的重要分野，也是文明
人和野蛮人区别的重要特征。

杜威在书中举例介绍说，野蛮人在河中乘船或者
在大海航行时，出了事故以后会注意到某些特定的事
物，并且把这些特定的事物作为今后判断危险的信号。
但是，文明人却能够"深思熟虑地制作某种符号"，比
如说预先设置显著的警戒船只失事的浮标，建造照亮
船只前行、防止遇险的灯塔，使人们可以看到可能发
生事故的标志等。再如，野蛮人观察天象往往凭借他
们"干练的技巧"，但是文明人却能够修建气象台，
"从而取得人工的标记，并且能在种种迹象出现以前，
事先公布信息，而不借助其他的方法"。

这都表明，"文明人的文化特质是深思熟虑地建立
标记和记录，以免遗忘"。文明人能够在意外事件和突
发事件出现之前，通过深思熟虑建造一些设施，帮助人
们辨识和预防灾难。借助符号进行思维，进而指导人们
的行为，是人的重要本质特征。而能够很好地运用和创
造符号，则是人的思维水平与创造能力的重要体现。

思维需要细心而周到的教育的指导

>> 思维需要细心而周到的教育的指导，才能充分地实现其机能。不仅如此，思维还可能沿着错误的途径，导引出虚假的和有害的信念。思维系统的训练之所以必要，不仅在于担心思维有缺乏发展的危险；更为重要的是担心思维的错误的发展。

——《杜威教育文集》第 5 卷，第 62 页

朱永新解读：

思维，能够使人避免错误。但是，错误的思维，则可能使人陷入错误。所以，杜威说，思维的力量能够使我们摆脱对本能、欲望和惯例的"奴性的屈从"。但另一方面，思维的力量也能够给我们"带来谬见和错误的机会和可能性"。因此，思维是需要训练的，是需要细心而周到的教育指导的。只有如此，才能够真正地帮助人掌握思维的技能和方法，发挥思维的作用和效能。

杜威在书中引用了洛克关于思维对生活的重要性以及思维训练的重要性的论述，提出思维训练能发挥思维最好的可能性，而避免最坏的可能性。

对于思维训练的重要性，现代教育学和心理学已经形成共识，写作是训练思维最有效的路径之一。

培养灵敏的好奇精神和自动的追求意识

>> 心智怠惰是封闭头脑、排斥新观念的巨大因素之一。这是一条抵抗力最少、困难最少的小路，它是由心智的常规惯例形成的。变更旧的观念，需要做困难的工作。自满自负使得人们经常认为承认一度崇奉的信念是错误的做法，乃是软弱的象征。我们把一种观念看作一件"宠物"，并且捍卫它，对任何不同的事物都视而不见，听而不闻。不自觉的惧怕心理也驱使我们完全采取防卫的态度，就像身穿盔甲外衣似的，不仅排斥新的概念，甚至阻碍我们做出新的观察。这些势力累积起来的影响是闭塞头脑，取消学习所必需的新的理智的接触。制服这些势力的最好办法是培养灵敏的好奇精神和自动的追求意识，这便是虚心的基本要点。

——《杜威教育文集》第 5 卷，第 69 页

朱永新解读：

在很多人看来，思维只是一个理智的行为，与情感、态度、价值无关。但事实证明，人的智力因素和非智力因素是相辅相成的。

所以，杜威在这本书中专门讲述了态度的重要性，论述了态度对人们思维品质的影响，其中专门讲到了虚心、专心和责任心这三"心"与思维品质的关系。这一段文字，就论述了虚心的价值及其对思维的价值。

在杜威看来，所谓虚心，是指对新的主题、事

· 819 ·

实、观念和问题采取包容的态度；能够倾听多方面的意见，不偏听一面之词；能够留意来自各种渠道的事实；能够充分注意到各种可供选择的可能性等。虚心的对立面就是心智怠惰，头脑封闭；就是排斥新的知识、新的信息，拒绝新的可能性；就是固守陈见，对不同的事物视而不见、听而不闻。

所以，培养灵敏的好奇心和主动探索的精神，打开心灵的窗户倾听窗外的声音，是让思维开放，"抵抗封闭心智的那些势力"的最好办法。

真诚热情的态度乃是一种理智的力量

>> 当一个人被课业所吸引时，这门课业就会引导他前进。他自然而然地能提出问题，种种假设会涌上他的心头，进一步的研究和阅读也就相继出现。他再也用不着花费力气控制心思专注于课业（因为精神分散削弱用于课业本身的力量），教材就能抓住他的心思，鼓舞他的心智，给予其思维行进的动力。真诚热情的态度乃是一种理智的力量。一位教师若能激发起学生的热情，就能取得成功，任何公式化的方法，不论它们如何正确，都不能奏效。

——《杜威教育文集》第 5 卷，第 70 页

朱永新解读：

专心，是杜威论述"三心"的第二个"心"。

杜威认为，只有当一个人能够专心致志地沉溺于某一件事情的时候，他才会全身心地投入，也才能真正地取得思维和学习的成效。如果对书本和功课只是在表面上、形式上注意，而内心深处却关注对他更有吸引力的事情，那么他的学习往往是没有成效的。所以，最关键的是，应该让学生能够真正地专心致志地提出问题，思考问题，探索问题。

专心致志的一个很重要的动力，就来自于"真诚热情的态度"，这种真诚热情的态度，本身就是一种强大的理智的力量，能够让学生真正地被课业本身所吸引，而不是被教师的外在的压力所推动。所以，让课程本身引导学生前进，让学生通过提出问题，进行研究性的探索，就能真正对学习产生浓厚的兴趣。

理智的责任心是真诚的保证

>> 像真诚或全心一样，责任心通常被认为是一种道德的特质，而不是一种理智的源泉。可是，要充分支持获取新观点和新观念的愿望，充分支持关注课业的热情与才干，这种态度是必需的。这种素质可能任意地伸展，或者，它们至少可能使心智广泛散布开来。它们本身并不能保证思维的集中和一贯，而思维的集中和一贯正是良好思维的实质所在。所谓理智的责任心，是考虑到按预想的步骤行事所招致的后果；它意味着愿意承受这些合乎情理、随之而来的后果。理智的责任心是真诚的保证，那就是说，它保证种种信念的连贯和协调。

——《杜威教育文集》第 5 卷，第 70—71 页

朱永新解读：

所谓责任心，过去往往更多地反映在人的道德行为上，而与人的思维，与人的理智毫无关系。但事实上，责任心与思维、与学习、与教育有着非常密切的关系，责任心能够使人充分认识到学习本身的内在的意义。所以，杜威说，理智的责任心是真诚的保证，是使学习活动顺利进行的保证。

为了培养学生的责任心，杜威提出要减少一些课业和传授的知识，"增加一些训练思维的责任感，透彻地认识这些课业和事实究竟包含什么内容"。也就是说，应该让学生充分理解学习的意义，理解课程的特点，把握达成目标的价值，明白圆满完成任务的结果，帮助学生形成"具有理智责任心的态度"。

>> 如果不引导好奇心进入理智的水平，那么好奇心便会退化或消散。培根说，为了进入科学的王国，我们必须变得像小孩子一样。他的这个说法正是提醒我们需要有儿童的虚心和灵敏的好奇心，同时也提醒我们，这种天赋的素质容易消失。某些好奇心的消失是由于淡漠或不经心；另一些好奇心的消失是由于轻浮草率。虽然在许多情形下并未出现以上弊病，那只是由于陷入硬性的独断，而独断主义对于好奇精神是同样有致命危害的。有些人循规蹈矩，不能接触新事实和新问题，另一些人的好奇心只保持在其职业中关系个人利益的方面。对许多人来说，好奇心表现为对本地区街谈巷议和邻人们幸运美事的兴趣。确实，好奇心一词由此被人们经常地联想成对他人私事的窥探。因此，一般说来，教师必须搞清楚好奇心是什么，而不是盲目培养学生的好奇心。

——《杜威教育文集》第 5 卷，第 77 页

朱永新解读：

　　进入理智水平的好奇心，是科学研究的原动力。这种好奇是像儿童一样的、天然的对世界的发问，但也是更加深刻的对事物之间内在联系的关注，是对新事物新问题的敏锐的感觉。杜威认为，对儿童的好奇心是需要呵护和引导的。如果我们的父母和老师对此不闻不问，对此轻浮草率，儿童的这种好奇心就会逐步衰退，直至完全消失。同时，好奇心的对立面是

"独断主义"，即不相信新的可能性的发生，不相信世界的复杂性。或者只是对一些生活小事、个人私事的关心。好奇心是稚嫩的、脆弱的，也是特别的，需要教师的甄别和培育。

避免教学中的独断主义

>> 教师应当完全避免教学中的独断主义，因为这种趋向必定会逐渐地形成一种印象，似乎任何重要的事情早已安排妥当，再也没有什么事情有待探求。当儿童的好奇心已形成了求知的欲望时，教师必须知道如何传授知识；当儿童由于缺乏寻问的态度，把学习看作负担，探索精神大为减弱时，教师必须知道如何停止传授预定的知识。

——《杜威教育文集》第 5 卷，第 77 页

朱永新解读：

　　紧接着上面一段文字，杜威讲述了如何避免教学过程中的独断主义的问题。简单地说，独断主义就是教师的自我中心主义，就是完全不顾学生的学习状态，完全不懂得"不愤不启，不悱不发"的道理，不知道在儿童求知欲望旺盛的情况下如何因势利导，在儿童缺乏兴趣的情况下不要强行传授。以学生为中心而不是以教师为中心，根据学生的学习状态和学习节奏，而不是根据自己既定的教学安排来有针对性地进行教学，是避免独断主义的根本之道。

>> 然而，教师却不能由于儿童对学校的学科以及教科书上的知识或教师提供的知识没有做出反应，便简单地认定其愚笨。那些被说成是"无希望"的学生，一旦碰到对他有价值的事情，如某些校外活动或社交事务等，却可以迅速而活跃地做出反应。实际上，如果学校的课业加以不同的调配，用不同的方法去处理，也能打动学生的心扉。一个孩子在学习几何学时是愚笨的，但当把几何学与手工练习结合一起学习时，可能是相当迅捷的；一个女孩子也许对历史事实感到学不进去，然而，她对所熟知的人物或小说中的人物却能即刻评判其特性和功绩。除了生理残障或健康损伤的人以外，在各个方面都反应缓慢和愚笨的人是相当稀少的。何况，反应缓慢未必就是愚笨；一个善于思考的人对事情做周密的思考，也需要耗费时间。

——《杜威教育文集》第 5 卷，第 79 页

朱永新解读：

尺有所短，寸有所长。每个学生都有自己的不足和短处，都有自己的潜能和特长。

我们的教育存在的最大问题，就是补短而不是扬长。学校教育永远只有一个标准：考试的分数。所以，"分分分，学生的命根；考考考，教师的法宝"就成为许多学校的常态。只要是课本知识没有学好，考试没有考好，就被打上差生的标签，就被"简单地认定其

愚笨"，就被认定是没有希望、没有前途的学生。

其实，每个孩子是不一样的，用一个分数衡量所有的儿童，永远就只有一个英雄；而用不同的标准衡量不同的孩子，每个人都是英雄。理科不好的学生可能文科优秀，几何不行的学生可能手工卓越。世界本来就是多姿多彩的，为什么我们的教育把本来就具有无限可能性的人，培养成一个模子浇铸出来的产品呢？

所以，亲爱的父母，亲爱的老师，还是记住杜威的忠告吧——真正在各个方面都反应缓慢和愚笨的人是相当稀少的，何况有时候反应慢未必就是缺点。

有
时
反
应
的
迟
缓
与
思
考
的
深
入
紧
密
相
联

>> 有时反应的迟缓是与思考的深入紧密相联的。为了把种种印象融合一起，并把它们转变为清晰的观念，就需要有时间。"机敏"也许只是昙花一现。"慢而稳"的人，不论是成人或儿童，其印象深刻并能储存起来，其思维同那些印象较浅的人相比，有着较深水平的价值。很多儿童由于缓慢，由于不能迅速做出回答而受到指责，其实，他们那时正花费时间积聚力量以便有效地处理他们面临的问题。在这种场合下，若不提供给他时间和闲暇，从而不能做出真正的判断，那就是鼓励迅速的但却是仓促的浅薄的习惯。对问题和困难有深刻的感觉可决定继之而来的思维；任何习惯的训练，若只是鼓励学生为了长于叙述或显示记住的知识，对真正的问题像在薄冰上滑行一样，轻轻掠过，都违背了真正的思维训练的方法。

——《杜威教育文集》第 5 卷，第 81 页

朱永新解读：

接着前面关于反应相对较慢未必就是迟钝和愚笨的论述，杜威继续就这个问题进行了深入讨论。他在这里比较了两种思维类型的人。一种人思维很快，但是这种人往往是浮光掠影，"机敏"也只能昙花一现。另外一种人思维"慢而稳"，看上去没有前一种人灵敏，往往由于不能够迅速回答问题而受到批评责怪。但是，在许多情况下，这种人往往"正花费时间积聚力量以便有效地处理他们面临的问题"，磨刀不误砍柴

工，他们的思考深入，虽然慢，但是更加深刻而正确。

所以，教师与父母在从事思维训练的时候，不要鼓励那些浮光掠影的浅表思维，而应鼓励深刻稳重，认真全面地把握问题的实质。教育的艺术就在于因材施教，在于让不同的孩子都能够发现自己的闪光点，成为更好的自己。

研
究
一
些
名
人
传
记
是
有
益
处
的

>> 研究一些男女名人传记是有益处的。他们在各自的职业生涯中，成年时代的生活有些美好的事情，而在学生时代却被称为是愚笨的。有时，早期错误的判断主要是由于儿童所表现出来的能力，不被通用的旧的良好标准所承认，如达尔文对虫、蛇、水蛙有兴趣这一事例就是如此。有时，早期错误的判断通常是由于这个儿童的反省思维比其他学生或比他的教师要处于更深的程度，当要求迅速回答问题时，不能表现出其优势。有时，早期错误的判断通常是由于学生的自然的模式同课本或教师的模式正相冲突，而人们采用后者的方法作为评价儿童的绝对的标准。

——《杜威教育文集》第5卷，第81—82页

朱永新解读：

杜威在这里鼓励老师要多研究一些名人的传记，一个很重要的原因就是，许多名人，包括这里谈到的科学巨匠达尔文，在学校里往往都被认为是"差生"，他们只专注于自己感兴趣的领域，对某些事物表现出常人没有的浓厚兴趣，但是在传统的科目上却表现平平，甚至名落孙山。事实上，真正的科学巨匠、艺术大师，真正各个领域的优秀人才，往往是那些为自己的理想和兴趣不顾一切，全身心投入的人。

所以，无论是父母还是老师，都要对儿童有足够的耐心，足够的宽容，都要鼓励他们研究自己感兴趣的问题，探索他们好奇的世界。

其实，不仅仅是老师，父母和孩子也该多读一些名人传记。新教育的生命叙事理论认为，每个人的成长过程都需要有自己的生命原型、人生榜样、自我镜像，而寻找这些最有效的路径就是阅读名人的传记。

任何学科都可以成为智能的学科

>> 思维是一种能力，它把特定事物所引起的特定的暗示，贯彻到底并连成一体。因此，任何学科，从希腊文到烹调学、从绘画到数学，都可以成为智能的学科，说它完全是智能的，不是指它的固定的内部结构，而是指其特定的功能——它的引起和指导富有意义的探索和反省的作用。有人用几何学训练思维，有人用操作实验装置训练思维，有人用音乐作品训练思维，有人用处理商业事务训练思维。

——《杜威教育文集》第 5 卷，第 82 页

朱永新解读：

长期以来，我们对中小学学科的认识往往是有所偏颇的，我们经常把数理化和语文等当作"主课"，而把音体美等当作"副科"，认为只有这些"主课"才是训练思维的，才是能够提高思维能力的课程。其实，按照杜威的观点，所有的学科都具有训练思维的功能，无论是几何学，还是音乐，无论是动手操作的实验课程，还是面向实际的商务课程。这是因为，所有的课程都能够"引起和指导富有意义的探索和反省的作用"。其实，课程也好，教材也罢，只是教学过程中帮助学生学习的平台和材料，关键在于教师是否能够真正利用这些课程和教材启发学生的思维。如果能够做到这一点，任何学科都是能够成为"智能的学科"的。

『观念的连续』与理智的力量

>> 没有所谓的"观念的连续"或暗示的连续，便没有思维。可是，这种连续本身还不能构成反省思维。只有控制连续发生的观念，成为有秩序的连续，用理智的力量，从先前存在的观念中引导出一个结论来，这才是我们所要有的反省思维。这种"理智的力量"对于形成一些有可信价值的可靠的观念来说，是具有重要意义的。

——《杜威教育文集》第 5 卷，第 83 页

朱永新解读：

思维与反省思维的一个重要特征是秩序性和连续性。也就是说，真正的反省思维是有逻辑的，是不断深入的，训练学生反省思维的意义，就是加强思维的深刻性、连贯性。反省思维的一个重要特点是"观念的连续"，这也是一种思维的坚持力量，是思维对自己的审问，也是思维对行动的审问。当我们持续不断地思考一个问题时，其实就必然进入探索和研究，调整和修正，在让思维更加把握事物本质特征的同时，让行为更加有理性。新教育实验强调师生共写随笔的行动，一个很重要的出发点，就是培养教师与学生的反省思维。

把思想放在掌握学科上面

>> 把思想集中起来，并不是要求静止不动，而是朝着一个目标活动，就像一位将领统率他的军队去进行攻击或防卫一样。把思想放在掌握学科上面，就好像在航线上驾驶船只一样，船的位置不断地变动，而船只变动的方向都是一致的。首尾一贯的和有秩序的思想就是在特定教材的范围内做出类似这样的变化。一贯性并不只是没有矛盾，集中性也不只是没有转换——只有呆头呆脑地墨守成规和"酣睡"着的人，才会有这种没有矛盾、没有转换的现象。

——《杜威教育文集》第 5 卷，第 83 页

朱永新解读：

杜威特别强调，思维的连续性"意味着材料的灵活多样，并且在方向上是单一的和确定的"，它既不同于机械式的整齐划一的因循守旧，也不同于"像蝗虫那样地胡乱蹦跳"。把思想集中起来，不是把思想禁锢起来，不是要求静止不动，而是朝着一个目标前行。对于学习而言，让学生掌握学科是关键，但不是固守着一本教材，或者严格按照教材的知识点不能够变化，就应该像一个将军统率大军作战，"攻击或防卫"都要依据战场的实际情况随时调整战术，一艘船只的舵手驾驶时，需要依据大海的气候、地形而调整船只的位置一样。灵活地运用教材教法，不墨守成规，及时转换但永远不偏离正确的航向，是把思维放在学科上面的要义。

>> 在正常情况下，成年人都从事某种职业、专业和事务；这种职业、专业和事务就成为稳定的轴线，他们的知识、信念以及他们探索和检验结论的习惯都围绕这个轴线组织起来。为了有效地完成他们从事的职业，必须扩大观察的范围，并做出正确的观察。凡是同职业有关联的知识，不只是被搜集起来，杂乱地堆放在那里；而是按照需要把它们加以分类，以便有效地使用它们。大多数人做出结论不是出于纯粹思辨的动机，而是由于需要有效地完成他们职业上的任务。他们做出的结论不断地由他们行动的结果来检验；那些无用的、散漫的方法便逐渐被淘汰；有秩序的行动备受重视。由思维引出的活动及其结果，成为不断检验思维的准绳；在行动中富有成效的原理乃是主要的裁判，实际上，除了专门的科学家以外，所有人的思维秩序时常受着行动的裁判——这种行动是理智的，而不是固守陈规的。

——《杜威教育文集》第 5 卷，第 84 页

朱永新解读：

读这段文字的时候，我想起了改革开放之初关于"实践是检验真理的唯一标准"的大讨论。1978 年 5 月 11 日，《光明日报》以本报特约评论员文章的名义发表了南京大学胡福明教授等人的《实践是检验真理的唯一标准》一文，由此引发了一场关于真理标准问题的大讨论。文章指出，检验真理的标准只能是社会

实践，理论与实践的统一是马克思主义的一个最基本的原则，任何理论都要不断接受实践的检验。这场讨论冲破了"两个凡是"的严重束缚，推动了全国性的思想解放运动，为中国共产党重新确立马克思主义思想路线、政治路线和组织路线，也为中国的改革开放做了重要的理论准备。杜威在上述文字中虽然是就思维的问题引申而来，强调了"思维的顺序总是间接地跟随着行动的秩序"，但是在一定程度上讲述了思维与行动的关系，以及判断思维的正确性的标准。他明确提出，"行动中富有成效的原理乃是主要的裁判"，把行动是否有成效作为检验思维的标准。

发
现
和
安
排
最
有
价
值
的
作
业

>> 当我们从一个极端到另一个极端摇来摆去的时候，在所有问题中的一个最重要的问题却被忽略了，这个问题便是发现和安排最有价值的作业（occupations），它们应是：（a）最适合于儿童发展阶段的；（b）为了准备行使成年人的社会职责，它们对未来的前途是最有希望的；（c）同时，它们对形成敏锐的观察习惯和连续推理的习惯，具有最大限度的影响力。如果说好奇心同获得思维的材料有关联，暗示同思维的灵活性和思维能力有关联，那么同样地，行动的秩序本身虽然最初不是理智的，但它同形成连续性的理智能力是有关联的。

——《杜威教育文集》第 5 卷，第 86—87 页

朱永新解读：

　　杜威这段文字是在分析了关于开放性教育活动的两种极端意见之后提出来的。对于开放性教育，美国教育界有全面肯定和全面否定两种不同的观点。肯定的意见认为，开放性的教育活动总是具有魔力般的教育效能，只要不是被动吸收学术性的和纯理论的教材，开放性的教育活动，特别是游戏等，总是有积极意义的。而否定性的意见认为，开放性的教育活动总是混乱的，无定向的，只是满足儿童暂时的、未定型的爱好和任性，并没有真正意义上的教育效果。杜威认为，对于学校的作业，包括对于开放性的教育活动的评价，不是简单地说好与不好，而是应该建立一个基本的评

价标准。这个标准主要表现在三个方面：首先，它应该是适合儿童的，适合学生的发展阶段的；其次，它应该是对儿童未来的发展有利的，对学生在将来能够顺利行使一个成年人的社会责任，有着美好的前途是有利的；最后，它应该是有利于培养儿童的良好的心理品质，对于学生形成敏锐的观察习惯和连续推理的习惯具有重要作用的。

疑惑是科学和哲学的创造者

>> 一位最博学的希腊人曾说过，疑惑（wonder）是科学和哲学的创造者。疑惑并不等于好奇，但好奇达到理智的程度，就同疑惑是一回事了。外部的单调呆板和内部的因循守旧是惊异的最坏的敌人。惊奇、意外、新奇等都对"惊异"起刺激作用。

——《杜威教育文集》第 5 卷，第 87 页

朱永新解读：

这段文字的译者注介绍说，这位最博学的希腊人应该是亚里士多德，因为他说过"人们是由于惊异才开始研究哲学"。

如果一个人始终对外部世界保持强烈的好奇心，那么所有的新鲜事物、异常现象，甚至日常生活中人们熟视无睹的现象，都可能让这个人产生疑惑。疑惑是在好奇的基础上，通过理性的加入，思维的深入，产生探索的欲望和冲动。

所以，亲爱的父母，亲爱的老师，我们一定要爱护孩子们的好奇心，并且善于引导他们从好奇走向疑惑，继而走向探索。

激发求异精神并使其保持活力

>> 每个人都知道，活动的事物比静止的事物更容易被眼睛看到，身体的可动部分比身体的固定部分有更大的感觉辨别能力，可动性愈大，感觉的辨别力愈强。可是，在纪律和良好秩序的名义下，人们经常使学校的状况尽可能地趋向于单调呆板和整齐划一。桌椅安放在固定的位置上；对学生实行严格的军队式的管理。长期地反复阅读同样的课本，排斥其他的读物。除了背诵教科书中的材料，其（他）在禁止之列；讲授中是如此强调"条理"，来排斥自然发挥，同样地，也排斥新奇性和变化性。在管理制度较好的学校里，这样说也许是夸大了。但是，在以建立机械习惯和行动整齐划一为主要目的的学校里，激发求异精神并使其保有活力的情况是必然受到排斥的。

——《杜威教育文集》第 5 卷，第 87 页

朱永新解读:

人们的好奇、惊异、疑惑从哪里来？往往是从那些活动的事物、变化的事物开始，因为这些事物更容易引起人们的关注。

但是，我们的学校往往更喜欢静止的、固定的事物，而且容易在秩序、纪律的名义下，趋向于让学校的一切按部就班，秩序井然，没有变化，一切是固定的：固定的课桌椅位置，固定的上下课时间，固定的课程表，固定的教科书。教师只要熟悉了这一切，就可以以不变应万变，可以一劳永逸。这显然是违反教

育规律的。

所以，杜威对这种"排斥新奇性和变化性"的做法提出了批评，教育本身就是充满着不确定性的，充满着新奇性的，如果没有求异精神，没有满腔热情，没有迎接变化的勇气，没有对新奇现象的欢喜，是很难做好教育工作的。

为学生留下终身智力影响的教师

>> 如果一个人回忆起同那些曾为自己留下终身智力影响的教师的接触，那么这个人就一定会发现，虽然那些教师在教学中违反过许多教育学上的固定的规则，甚至会在教学中扯得甚远，离开本题，好像是在聊天取乐，但他们也还能保持着思想的连续性，并能有所成就；他们能够运用新奇性和多变性使学生保持机敏的、严格的注意力。同时，他们也利用这些因素，为确定主要的问题和丰富主要的论点而做出贡献。

——《杜威教育文集》第 5 卷，第 88 页

朱永新解读：

是的，在我们成长的历程中，从幼儿园到小学、中学、大学，有无数老师教过我们。但是，有几位老师能够让我们终生难忘？我们能够回忆起的教师，往往不是那些平平庸庸、刻板规矩的老师；我们需要致敬的老师，也不是那些认认真真、兢兢业业但是没有激情、没有感情的教师。我曾经把好老师分为几个不同的境界，一是被学生瞧得起的老师，二是对得起自己良心的老师，三是被学生记住的老师，四是被历史记住的老师。被学生记住和怀念的老师，往往有创新的精神和方法，有深刻的思想和专业的成就，能够激发学生的学习兴趣，让学生"保持机敏的、严格的注意力"。真正做一个让学生记住并且想念的老师，是老师们一生的荣耀。

>> 教师经常被一种倾向所诱惑，即把注意力固定在学生活动的有限的领域内。他经常考虑的问题是，学生在算术、历史、地理等等特殊的课题上是否有了进步？当教师完全把注意力放在这些事情上面的时候，却忽视了养成学生基本的和持久的习惯、态度和兴趣。然而，养成基本的和持久的习惯、态度和兴趣，对于学生的未来生活是更为重要的。事情还有另外的一面，那就是当教师专门注意似乎影响一时的课业的特殊情境时，反而忽视了更为普通的情境，即前面一章里提到的影响建立持久的态度特别是个性特质、虚心精神、全心全意和责任感等的情境。

——《杜威教育文集》第 5 卷，第 91 页

朱永新解读：

我一直认为，眼里只有分数的老师和学生都是没有出息的。我欣赏的是新教育人经常说的一句话：我们不追求分数，但是我们不害怕考试。

杜威在这里批评的老师，就是那些眼里只有分数的人。为了分数的诱惑和考试的压力，他们只把注意力放在有限的学科教学内容上，放在有限的活动范围内，而忽略了学生基本素养的养成，忽略了让学生一辈子受益的人生态度的形成。其实，对学生来说，习惯、态度和兴趣远远比分数更重要。而且，有了好的习惯、态度和兴趣，分数会随之而来。分数是习惯、态度和兴趣的"额外的奖赏"。取法乎上，自然能够得乎于中。分数只是水到渠成的事情而已。

榜样比训导更为强大有力

>> 只要观察一下人类本性中的模仿性，就足可以想象到，别人的心理习惯对受教育者的态度具有多么深厚的影响。榜样比训导更为强大有力，教师的最好的有意的努力，可能被其个人特质的影响抵消掉了，而这些个人特质是他认识不到的或者被其认为是不重要的。各种在技术上有错误的教学和训练方法，由于其个人特质的感化作用，也许实际上不会造成什么危害。

——《杜威教育文集》第5卷，第91页

朱永新解读：

榜样的力量是无穷的。"给我做"喊一百遍，不如"跟我来"说一遍。孔子说"其身正，不令而行；其身不正，虽令不从"，对于教师来说，也是如此。

我们现在对教学技术、教学方法比较关注，杜威认为这些只是教育的非关键因素，教师的人格特征、教师的专业精神、教师的大格局大视野，才是教育最重要的因素。

有的教师不拘小节，但是能够让学生尊敬爱戴；有的教师中规中矩，但是学生并不买账。有的教师训斥学生，但是学生依然如故；有的教师话语不多但有个人魅力，学生从之如流。一个重要的原因，就是人类本性中的模仿性。

所以，父母也好，教师也罢，一定要记住，你的言行就是学生的榜样，你的修行就是学生的模范。

教师人格的影响和课业的影响是完全融合的

>> 教师所做的每种事情以及他们采取的方式，都引起儿童这样或那样的反应，而每种反应都使儿童养成这样或那样的态度。甚至儿童表现出来的对成年人的漫不经心的态度，也经常是对无意识的训练结果的反应。教师难得成为（甚至永远不能完全地成为）把知识传入另一个人头脑里去的透明的媒体。对儿童来说，教师人格的影响和课业的影响是完全融合在一起的；儿童不能把这种影响分离开来，甚至也不能把二者的区别搞清楚。

——《杜威教育文集》第5卷，第92页

朱永新解读：

"亲其师，信其道；尊其师，奉其教；敬其师，效其行。"只有亲密的师生关系，学生才能相信老师教授的道理；只有内心尊重教师，学生才能信奉老师的教导；只有敬爱老师，学生才能效仿教师的行为。《学记》中的这段话，清晰地讲述了师生关系对学生学习过程与学习效果的影响。

在中小学里，学生学习的过程，的确经常是由于喜欢上某位老师，而喜欢他所教授的学科的。在学生身上，经常可以看到教师的影子。教师与他所教的学科之间是完全融为一体的，越是年龄小的孩子，越是无法区别教师的人格影响与课业影响。所以，作为中小学教师，友善的态度，温暖的关怀，人格的榜样，就显得特别重要。

不要以己度人

>> 大多数人并不十分了解其本身的心理习惯的特殊性。他们把他们自己的心理作用看作当然如此，并且把他们自己的心理作用当作判断别人心理过程的标准。因而，就有一种倾向，即凡是学生同教师态度一致的，便受到鼓励；不一致的，便受到轻视或误解。

——《杜威教育文集》第5卷，第93页

朱永新解读：

杜威在论述师生关系时，分析了教师经常容易出现的三种倾向，第一个就是他说的"以己度人"。也就是说，教师经常用自己的喜好衡量、评价学生，"把他们自己的心理作用当作判断别人心理过程的标准"，这样的话，与自己意见一致的，同自己兴趣吻合的学生与行为就容易得到称赞和奖赏；与自己意见不一致的，同自己兴趣不相同的学生与行为就容易受到轻视与误解。这样，不仅容易发生认识与评价的偏颇，而且容易导致学生投其所好，养成虚伪的品质。

不要过分地依靠教师的个人影响

>> 教师们，特别是其影响力较强较好的教师们，依靠自己的有力的方面促使儿童工作，因而，他们的个人影响就代替了教材的影响，把教师个人的影响当作学习的动机。教师在其经验中发现，他的个性经常发生有效的作用，而教材控制学生注意力的作用几乎等于零；这样一来，教师就愈来愈多地凭靠他个人的影响，于是乎，学生和教师的关系便代替了学生与学科的关系。这样，教师的个性就变成了学生个人的依赖性和软弱性的起因，教师的影响就变成了学生对教材价值采取漠不关心态度的起因。

——《杜威教育文集》第 5 卷，第 93 页

朱永新解读：

如前所述，教师对学生的人格影响是至关重要的，而且学生年龄越小，这种影响力越大。但是，如果教师滥用这种个人的影响力，也会导致学生"只图让教师满意，而不钻研教材中的问题"，学生只顾去学习教师的特点，而忽略了学习教师所教的功课。这是一种舍本逐末的行为。所以，有经验的教师，应该防止过分地依靠个人的影响，让学生把注意力从对人的关注转移到对学习内容的关注上去。对于教师来说，个人的人格影响越大，就越容易利用这种影响让学生关注学习的内容和教材的价值。

训
练
性
学
科
可
能
脱
离
实
际

>> 在所谓训练性学科或明显地具有逻辑性的学科中，存在有理智活动同日常生活事务分离的危险。教师和学生都倾向于在逻辑思维中设置陷坑，比如对某些抽象的和遥远的事物，以及日常事件中专门的和具体的要求，就常有这种分隔开来的情形。把抽象的当作孤零零的，以致是同实用脱离、同实际和道德毫无关联的。专门的学者，一旦离开他们自己的研究领域，就容易出洋相，他们的推理和语言习惯容易偏激过度，他们在实际事物中缺乏做出结论的能力，他们在自己的学科中全神贯注，而以自我为中心。这些都是极端的事例，这些事例表明了完全同日常生活脱离接触的学科所具有的不良的作用。

——《杜威教育文集》第 5 卷，第 94 页

朱永新解读：

在讨论学科性质对思维的影响时，杜威把中小学的学科分为三种类型，即训练性学科、技能性学科和知识型学科，三种学科的学习方法各有特点，也都"潜存着特殊的弊端"。所以，在教授和学习这些学科时，应该考虑不同学科的不同特点，防止剑走偏锋。如对于训练性学科（数学、逻辑等），就非常容易理论脱离实际，"把抽象的当作孤零零的，以致是同实用脱离、同实际和道德毫无关联的"。这样，不仅让学生难以接受和理解，而且不利于学生解决实际问题。杜威还论述了专家学者容易犯的通病，即把自己擅长的学科泛化开去，以自我为中心，把自己学科的真理当作普遍的真理，从而得出片面甚至错误的结论。

技
能
性
学
科
容
易
变
成
纯
机
械
式
的

>> 技能性学科的危险同训练性科目的危险正好相反，技能性学科主要是强调获得技能。这类学科是要用最短的捷径，尽可能地得到所需要的结果。这样一来，这类学科就成为机械性的，因而限制了理智的能力。在阅读、书写、绘画和实验技术等等的学习中，需要节约时间和材料，需要灵巧和精确，需要敏捷和规范。这些都是至关紧要的，它们本身变成了学习的目的，因而就顾不得它们对一般的心智态度所产生的影响。纯粹的模仿、采用指定的步骤、机械式的练习，均可能最快地取得效果，然而，对反省思维能力的增强，却可能铸成不可挽回的错误。学生们被命令去做这种或那种具体的事情却不知道任何道理，只是为了谋求以最快的速度达到所要求的结果；指出学生的错误并为其改正过来；学生只是单纯地重复某种活动，以便达到机械式的自动程度。后来，教师们发现学生读书几乎没有领悟书中的含义，学生做演算却几乎对演算的课题没有什么理解，于是乎，才惊奇起来：这是怎么搞的？在某些教育信条和教育实践中，心智训练的观念同几乎不能触及心灵——或更坏地触及心灵——的训练，总是混杂一起，很难期望把它们分清，这是因为完全以技能训练的外部效果作为信奉的依据。这种方法把人类的思维训练降低到动物训练的水平。

——《杜威教育文集》第 5 卷，第 95 页

朱永新解读：

杜威把阅读、书写、计算、音乐等视为"技能性学科"，对于这些技能性学科而言，关键是需要"节约时间和材料，需要灵巧和精确，需要敏捷和规范"，这些自然是必须的，熟能生巧，通过反复的练习使行为达到自动化的结果，"以最快的速度达到所要求的结果"。

但是，如果仅仅停留于此，如果不重视技能性学科的心智训练，不重视情感、态度、价值观在技能学科学习中的意义，也会导致教育的失误，导致学生学习的"有口无心"，导致学生不能够举一反三，从而"把人类的思维训练降低到动物训练的水平"。

杜威认为，技能性学科的学习，同样需要对反省思维能力的培养，否则就会"铸成不可挽回的错误"，就会失去人自身的和谐性，把人沦为机器或者动物。技能的学习与心智的学习，只是类型的不同，没有水平的高下，更没有等级的区别。

知识如何转化为发展智慧？

>> 在知识和理解之间也经常存在着一种错误的对立状态，特别是在高等教育中存在着这种对立状态。一派人坚持主张必须把获取学识放在第一位，因为只有在掌握实际教材的基础上，才能发挥智慧的作用。另一派人则认为，发展思维能力才是主要的事情，只有专家和研究生才把掌握知识本身作为最好的目的。其实，我们真正急需的是在获得学识——或技能——的同时，也得到了思维的锻炼。知识与智慧的区分，是多年来存在的老问题，然而还需要不断地重新提出来。知识仅仅是已经获得并储存起来的学问；而智慧则是运用学问去指导改善生活的各种能力。知识，如果只是作为单纯的知识，它不包括特殊的理智能力的训练；而智慧则是理智训练的最好的成果。在学校中，当注意积累知识时，却时常疏忽了发展智慧的观念或良好的判断力。学校的目标似乎经常是——特别是在地理学这门学科中——让学生成为所谓的"无用知识的百科全书"。他们认为让学生掌握"无所不包的原理"，才是当务之急；而培养心智乃是低劣的次等的事。当然，思维不能在真空中进行；暗示和推论只能在头脑里发生，而头脑里必须具有知识，把知识作为暗示和推论的材料。

——《杜威教育文集》第 5 卷，第 95—96 页

朱永新解读：

教育究竟是要传授知识还是发展智慧？这是教育

界一直争论不休的老问题。认为传授知识更重要的学派认为，知识是一切的基础，因为只有在掌握知识的基础上才有可能形成智慧。而认为发展智慧更重要的学派认为，传授知识与发展智慧之间没有必然的联系，"如果只是作为单纯的知识，它不包括特殊的理智能力的训练"，所以应该强调思维的训练，强调运用知识解决实际问题的能力。其实，知识的传授与智慧的培养并不矛盾，教育的最终目标无疑是培养学生的智慧，培养学生在现实的场景中能够发现问题、解决问题的能力，"培养心智"应该是教育最重要的任务之一。但是，培养心智，发展智慧不可能在真空中进行，不可能是无本之木、无源之水，如果头脑中没有知识的储备，如果不能够"把知识作为暗示和推论的材料"，也是无法培养心智、发展智慧的。智慧，本身就是运用知识解决问题的能力。因此，关键不是要不要知识，而是不能把知识作为教育的终结点，作为衡量教育的标准。

靠思维得来的知识与靠记忆得来的知识

>> 有些人，几乎没有什么书本知识，他们的知识是同在特殊情况下的需要联结在一起的，因此，他们时常能够有效地运用他们所具有的那些知识；而一些博学多识的人，却时常陷入在大堆知识中而不能自拔，这是因为，他们的知识是靠记忆得来的，而不是靠思维的作用得来的。

——《杜威教育文集》第5卷，第96页

朱永新解读：

杜威认为，有两种知识，一种是靠记忆得来的知识，一种是靠思维得来的知识。靠记忆得来的知识，可能来得快去得也快，正如许多人形容我们的学生说的那样，"上课记笔记，考试背笔记，考后全忘记"。

杜威在这里说的许多博学多识的人经常陷入大堆知识的混乱之中而无法自拔，其实也是这个道理。就像一个衣服很多很多的人，将其杂乱无章地堆放在巨大的房屋和衣柜之中，需要的时候根本无法找到。而如果经过整理，分类分功能分色彩，甚至做好标签，需要的时候就可以随时取到。这就是思维得到的知识。所以，关键还是要训练学生运用知识解决问题的能力，培养学生的思考能力。

儿童最重要的事情是他同父母姐妹的关系

>> 对儿童来说，最重要的事情是他同父母姐妹的关系。这些同他们相联结的因素，在他们的大部分的经验中经常反复出现。这些因素大量地渗透到他的经验中，并在他们的经验中增添新的意义。因而，这些人的和社会的因素可以而且能够最容易地从一种经验迁移到另一种经验。它们提供的材料最适合于发展思维的概括能力。

——《杜威教育文集》第 5 卷，第 99 页

朱永新解读：

杜威是在讲述思维的"迁移"问题时说这段话的。他认为，思维能否迁移，取决于人们在两种不同的经验之间有没有共同的因素。"愈是专门性的学科，它给思维提供的赖以活动的共同因素也愈少。"所以，需要建立学校生活与日常生活经验之间的联系。"在经验的早期阶段中，除了专家以外，人们全部经验中的较大部分的共同因素是人的因素，这种因素是同人们之间的彼此关系联系在一起的。"

也正因如此，杜威强调了早期家庭经验的重要性。儿童的早期经验，主要包括儿童与外部世界的人的交流，因为他无法走到一个更加广阔的自然世界，也无法通过阅读去感知想象一个超越时空的世界。所以，家庭经验对于他们来说就非常重要，父母、兄弟姐妹应该多与儿童沟通，带给儿童更多的经验与体验，这样的经验对于今后的学习是具有重要的迁移作用的。

学习就是要学会思维

>> 就教育的理智方面而言，是同培养反省思维的态度紧密相关的，对已有的反省思维的态度要加以保持，要改变那些比较散漫的思维方法，尽可能地形成严密的思维方法。当然，教育并不只是局限在它的理智的方面，教育还要培养实际有效的态度，加强和发展道德的素质，培育美的鉴赏能力。但是，在所有这些事项中，至少要有一种有意识的目的，亦即要有一个思想的因素。否则，实际的活动便是机械的、因循守旧的，道德也要流为轻率的和独断的，美的欣赏就会成为感情的冲动。

——《杜威教育文集》第 5 卷，第 106 页

朱永新解读：

杜威认为，真正的反省思维的过程应该是"灵活的，细密的，彻底的，确实的和准确的"，因而是一种有逻辑的，有秩序的过程。教育的任务，学习的目的，就是要"学会思维"。所以，培养反省思维，不仅仅是在智育的过程之中进行，在德育、美育的过程中同样重要，只有具备反省思维的能力，善于解剖自己，分析自己，研究自己，只有对自己的思维和行为进行复盘，才能不断超越自己，才能"加强和发展道德的素质，培育美的鉴赏能力"。如果没有真正的反省思维，如果行动缺乏理性的支持，那么，我们的行为就可能机械僵化，教条主义，因循守旧；我们的道德就可能流于轻率盲目，独断专横；我们的艺术欣赏就可能只是一时的冲动，感官的刺激。

只有理解了的东西才称之为知识

>> 理智的学习包括积累知识和记住知识。但是，如果不理解知识，那么，知识便成了一堆未经消化的负担。只有理解了的东西才称之为知识。所谓理解和领会，意思是指都能够把握已获得的知识的各个部分彼此之间的关系——只有不断地对所学的东西进行反省的思维，才能达到这种结果。

——《杜威教育文集》第 5 卷，第 106 页

朱永新解读：

杜威把记忆分为机械的记忆与"明智的记忆"。机械的记忆，是指只是积累了知识和记住了知识，但远远没有理解记忆的内容，囫囵吞枣地把知识装进自己的仓库，这样的话，"知识便成了一堆未经消化的负担"。所以，在杜威看来，教育在理智方面的重要任务，就是要"形成清醒的、细心的、透彻的思维习惯"，这种习惯就是要能够真正地理解和领会知识，能够把握知识之间的内在关系。教育，不仅仅要"知其然"，更要"知其所以然"，能够实现知识的"迁移"，把旧的知识应用到新的情境之中。

>> 在任何情况下，确定的习惯总会形成：如果不是形成细心考察事物的习惯，不是形成使观念前后相继发生的连贯性的习惯，就是形成偶然的像蝗虫乱蹦乱跳似的胡猜乱想的习惯；如果不是经过检查证据、检验推论而后再下判断的习惯，就是忽而轻信、忽而轻疑的习惯。无论在哪种情况下，其相信或不相信都是凭靠一时忽起的念头、情绪或偶然的情境。要想获得细心、周到、彻底和连续的品质（这些品质是"逻辑的"因素），我们已经讨论过，唯一的方法是从一开头就训练这些品质，并且设想使种种情境有利于这些品质的训练。

——《杜威教育文集》第 5 卷，第 115 页

朱永新解读：

人的思维与行为一样，总是受习惯的支配。正如杜威所说，"心智习惯总要形成，不论其是好是坏"。

在面对各种现象和事实的时候，我们要么是细心考察，研究前因后果，分析事物内在联系；要么像无头苍蝇或者"蝗虫乱蹦乱跳似的胡猜乱想"，眉毛胡子一把抓，理不出事物的头绪；要么是有理有据，按照事物的逻辑，用证据来得出结论并且对结论进行检验以后再下判断；要么武断推定，不考虑证据简单做出结论。这些其实都与思维的习惯相关。所以，我们在重视孩子行为习惯训练的同时，也应重视思维习惯。在一定意义上说，思维习惯是行为习惯的基础，对行为有直接的影响。反省思维，也要从娃娃抓起。

真正的自由是理智的

>> 真正的自由是理智的；它依靠训练有素的思维能力，依靠研究事物的"叩其两端"（turn things over）的能力和深思熟虑对待事物的能力。要有能力去判断，手边的哪些证据对于做出决定是需要的，如果没有证据，要能说出在哪里以及怎么样才能找到这类证据。如果一个人的行动不受认真考虑过的结论的指导，那么，他们就要被粗心的冲动、不稳定的欲望、反复无常的任性和一时的情境所指导。培养不受阻挠的、粗心大意的表面化的活动能力，就是鼓励奴隶般的盲从，它将使人完全受欲望、感觉和环境的支配。

——《杜威教育文集》第 5 卷，第 115 页

朱永新解读：

　　真正的自由，就是有独立的精神，自主的思考，所以它一定是理智的。要拥有这样的真正的自由，就要学会训练有素的思维，尤其是杜威所说的反省思维。这种思维，需要基于证据，需要经得起检验，而不是粗枝大叶、匆匆忙忙、草草了事、随心所欲，简单地受欲望、感觉或者环境的支配。训练这种思维，就是学会系统性思维，学会寻找证据，学会通过证据去分析问题和解决问题，学会从不同的角度去研究问题，学会用不同的眼光去看待问题，学会比较各种可能的结果。

良好思维习惯的核心

>> 良好的思维习惯，其核心在于恰当的、精确的判断能力。有时我们遇到一些人，他们几乎没有多少学识，但他们的意见相当受人信赖，当出现突然事件时，他们能自发地予以注视，他们在处理紧要的事务时，能取得显著的成功。他们就是具有健全判断能力的人。一个有健全判断能力的人，在任何事务中，不论其学识如何或学术立场怎样，在处理事务时，都表明他是有教养的人。如果我们的学校造就出来的学生，在他们遇到的各类事务中，其思维的态度能有助于做出良好的判断，那就比只让学生拥有大量知识，或在专门学科分支中具有高度技能，要好得多。

——《杜威教育文集》第 5 卷，第 138—139 页

朱永新解读：

健全的判断力是良好思维能力的体现。因为，思维是由一个个系列的判断组成的，这种判断力不仅有助于解决学术问题，而且对解决日常生活中的问题也具有重要的作用。所以，杜威对这种判断力非常重视，认为这种判断力也是衡量一个人是不是一个"有教养的人"的重要标志。正因为如此，学校教育的任务，不是培养只会记住知识的书呆子，或者仅仅掌握某种技能的人才，而是要培养能够准确判断问题的"有教养的人"，判断问题是解决问题的前提。

实际的反应能使模糊的东西变得清楚易懂

>> 获得意义的明确性和一贯性，主要地是从实际行动中得到的。儿童把一件东西滚动了，便觉察到这件东西是圆的；把它弹一下，它反弹回来，儿童便知道了弹力；把它举起来，儿童知道重量是它的显著的因素。一种印象，其特点能够与各种不同反应引起的种种特性区别开来，不是由于感觉，而是靠反应的活动来调整。

——《杜威教育文集》第 5 卷，第 157 页

朱永新解读：

杜威是在分析事物获得意义的过程时讲了这段话。作为重视经验和实际生活的教育家，杜威非常注重儿童的实际活动。他认为儿童认识世界的方式与成人不同，如成年人很容易认识不同的颜色，但是对于儿童来说认识和回忆颜色的区别却比较困难，他们虽然能够感觉到颜色的不一样，但是缺乏把不同颜色的性质突出地区分出来的能力。这就需要不断地通过生活的经验和实际的反应，强化儿童对事物特点的认识，使模糊的东西慢慢地变得清晰起来。

学校为什么不能发展理解的能力？

>> 在学校教育中，未能培养理解能力，未能得到这种最有价值的成果，其主要原因之一，是忽视了为取得结果而积极利用种种条件作为取得结果的手段，忽视了向学生提供引起学生发明、设计的活动，使他们能够完成设计的目的，或寻求种种手段，达到某种预想的结果。各种常规的活动和外力强制的活动都不能发展理解能力，即使这些活动能够促进技能的进步，却不能发展理解的能力。

——《杜威教育文集》第 5 卷，第 161 页

朱永新解读：

杜威是在论述"手段—结果关系及其在教育上的重要意义"时提出这个观点的。他强调，为了达到某种结果，必须去寻求手段。如爱迪生由于电的应用想到制造光亮，就去寻找制造光亮的种种事物的各种条件和关系，即寻找手段；兰利和莱特兄弟想制造空中飞行器，同样也要去寻找各种手段。寻找各种条件和关系即寻找手段的过程，就是理解事物的本质与特点的过程，就是发展理解力的过程。所以，在教育的过程中，要注重"手段—结果关系"，不是简单地把结论和原理告诉学生，或者让学生重复练习某种技能，而是真正地让他们通过活动去寻找和发现这些内在的关系和条件。

只有理解才是真正的学习

>> 人们总是认为，在记忆中把教材储存起来，并能按照要求再现出来，这便是理解。而我们的讨论得到的真正结果却是，只有理解才是真正的学习。

——《杜威教育文集》第 5 卷，第 162 页

朱永新解读：

因为现在的考试评价基本上反映的是记忆水平，即能够再现知识的能力。所以，教学过程往往只注重机械的训练，重复的练习，达到熟练化甚至自动化的程度。这样，其实不是真正意义上的学习。学习有三种境界，记忆的境界，理解的境界，创造的境界。记忆固然是有助于理解和创造的，但是如果只停留在记忆的水平，那就不是真正意义上的学习。而杜威把理解作为真正的学习，固然比记忆高了一个层次，但也不是学习的最高境界，学习的最高境界是创造，是能够把学习的东西进行新的创造。

意义　概念在教育中的重要

>> 获得概念的重要性，无论怎样估计，都不会是过分的，即是说：意义是普遍的，因为它适合于大量的多种多样的不同事例，尽管它们各不相同，意义对它们也是适用的；它们是稳定的、始终如一的，是自我同一的（self-identical），它们是标准化的参照点，有了这个参照点，我们就能够在遇到奇异和未知的事物时，找到我们的方向。

——《杜威教育文集》第 5 卷，第 166 页

朱永新解读：

概念是人脑对客观事物本质的反映，这种反映一般用词语来标示。概念的形成，是人类在认识过程中，从感性认识上升到理性认识，把所感知的事物的共同本质特点抽象出来，加以概括而形成的。概念是思维活动的结果和产物，同时又是思维活动借以进行的单元。所以，杜威对概念在教育中的意义非常重视，认为对于学生来说获得概念的重要性"无论怎样估计，都不会是过分的"。他指出，尽管学校教育应该重视儿童的兴趣，重视经验和体验，但是，"一时的兴趣或许能起到一些吸引的和刺激的作用，但却不能弥补理智积累的不足"，这里讲的"理智积累"，就是指那些"既确定又普遍的观念的积累"，也就是概念的积累。

对观念的关系要有浓厚兴趣

>> 可以断定，凡是对观念的关系没有浓厚兴趣的人，就不能成为某一科学或哲学领域的杰出的思想家。许多儿童富有人们意想不到的这种观念游戏的能力（只要所提供的观念在孩子们所能理解的范围内）。来自外部的强制性的功课抑制了儿童这种能力的发展，时常陷入白日做梦和空中楼阁式的幻想。而在较欢快的情境下，联结种种事物的意义，乃是一种有兴趣的、能够发现意想不到的结合的快事。创造工作，如写作、绘画或任何艺术，它的伟大价值之一就是促进建设性的意义游戏，即使它是无意识的，也仍是有价值的。

——《杜威教育文集》第 5 卷，第 190 页

朱永新解读：

概念与概念的关系，从逻辑学与思维学的角度来说，就是判断。当人们以判断形式确定概念之间的特定关系时，就是在进行断定。用判断把认识的结果固定下来，是思维深化的重要成果。没有判断思维，人们就无法进行正常的解释活动。所以，杜威希望在教育过程中要特别重视这样的概念和概念之间的关系，要研究"概念意义之间的相互依存的逻辑关系和含义的逻辑关系，把这种研究看作理智上的乐趣"，他甚至把这种研究视为"概念游戏"。他以数学家的研究为例，指出对于他们来说，"最令人神往的事情是研究种种概念之间的关系，并从中发现未曾预想到的关系，

把这些关系纳入一个和谐的系统中，他们认为这种沉思冥想乃是一件令人陶醉的美的享受，这种事情就是所谓的概念游戏"。所以，在中小学教学实践中，要帮助学生学会建立概念与概念之间的联系，艺术教育等创造性的工作，往往是建立联系的润滑剂，可以促进"建设性的意义游戏"。

事实与意义不能够分离

>> 在学校的一些课程和许多课题和课文中，学生被湮没在烦琐的细节里。他们的脑袋，装满了那些来自道听途说或权威人士灌输的一些没有联系的、零碎的条文。即使在所谓的"实物教学"中，如果所观察的只是孤立的事物，不依据事物之间的联系，去做出解释，不考虑事物的起因，以及事物所代表的意义，那么，从这种"实物教学"中观察到的事实，也仍然是没有联系的零碎的条文。将事实和原则的描述，装进儿童的记忆中，并且希望在以后的生活中通过某种法术，就能使心灵发现这些东西的用处，这是根本不可能的。即使是普遍性的原则，如果仅凭记忆，也和单纯记忆那些特殊的事实一样。

——《杜威教育文集》第 5 卷，第 191 页

朱永新解读：

在日常的中小学教育实践中，一个常见的错误就是把事物与意义相分离，在这种分离之中，"事实"变成了一大堆未经消化的、机械的、大量文字性的"死东西"，即死的知识，而概念也成为远离客观事物和经验活动的"空架子"，这样一来，概念（意义）不是成为更好理解事物的工具，反而成为"不可理解的神秘物"。在学习的过程中，如果学生只是湮没在烦琐的细节之中，"只见树木而不见森林"，只见事物而不见意义，这样很容易让学生机械地、零碎地了解局部的、片段的东西，而难以从整体上把握事物之间内在的、本质的联系。

完满的思维活动的条件

>> 在初等教育中，大多数人仍然认为，通过小学生自然范围的观察，再加上通过灌输而接受的东西，便足能发展他们的智力。当然，我们所说的实验不一定非使用实验室不可，更不需要精密的仪器；但是，人类的整个科学史证明，如果不提供足够的设备，以便进行真正改变自然条件的活动，那么，就不存在完满的思维活动的条件。至于书本图画，甚至种种实物，都是被动地让人观察，并不能实际运用，因而，他们并不能提供实验所需的设备。

——《杜威教育文集》第 5 卷，第 194 页

朱永新解读：

在学生思维培养的过程中，需要一个从具体到抽象，再从抽象到具体的完整环节，其中，"将普遍的原则用来掌握新的情境"，就是一个从抽象到具体的环节。学生认识世界的过程和方法虽然不一定像科学家的发现发明那样，往往需要通过严格的科学实验，需要严格的实验室条件和精密的实验仪器，但是，同样需要进行"真正改变自然条件的活动"。也就是说，学生认识世界的过程，同样需要真正的思维，需要亲身的探索，而不是简单地接受现成的结论、原理和公式。因为，如果"学生和教师过于满足那些机械的事例和例证，而且学生不是力求把他们已经论证过的原则进一步用于自己的经验。这样一来，原则就变成僵死无用的东西，它不能应用于新的事实或观念"。

教育应该是经验的解放和扩充

>> 教育的定义应该是经验的解放和扩充。一个人在儿童时期的可塑性比较大，他还没有受孤立的经验影响，变得僵化，以致不能对思维习惯中的经验做出反应。这时，就应该对他进行教育。儿童的态度是天真的、好奇的、实验的，社会和自然界对儿童来说都是新奇的。正确的方法，保持和完善了这种态度，使得个人能得到捷径，了解整个民族缓慢的发展进程，消除那些由于呆板的常规和依靠过去的惰性带来的浪费。抽象思维就是在经验中用新眼光看待熟悉的事物，进行想象，开拓新的经验的视野。实验就是沿着这条路子展示和证明它自身的永久的价值。

——《杜威教育文集》第5卷，第204页

朱永新解读：

杜威非常强调经验对于教育的意义，认为教育在某种意义上就是经验解放和扩充的过程。他所说的经验，不是我们通常理解的狭义的、感性的、零碎的东西，"不是一种呆板的、封闭的东西"，而是"充满活力的、不断发展的"。经验包括了反省思维活动，"它使我们摆脱感觉、欲望和传统等局限性的影响。经验也吸收和融汇最精确的、最透彻的思维所发现的一切"。所以，在教育的过程中，要注意保持儿童那些"天真的、好奇的、实验的"态度，让儿童对世界保持浓厚的兴趣，永不疲倦地去探索未知。同时，要让儿童学会"用新眼光看待熟悉的事物"，用想象力、创造力，甚至用科学实验的方法，去"开拓新的经验的视野"。这样，经验就是一个不断被丰富、完善和创造的东西。

控制身体是一个理智的问题

>> 因为控制身体各器官对儿童以后的发展来说是必要的，所以这样的问题就既有趣而又重要了，而且，解决这些问题又为思维能力的培养提供了真正的训练。儿童很喜欢去学习运用他的手足，喜欢触摸他所看到的东西，把声音和所看到的东西联系起来，把所看到的东西和尝到的、触到的东西连成一体；而且儿童在出生后的一年半中，智力水平也有了迅速的提高（这一时期，儿童掌握了身体运用的基本问题）。所有这些都充分地证明了身体控制的发展，不仅是身体本身的发展，而且有理智上的成就。

——《杜威教育文集》第 5 卷，第 206 页

朱永新解读：

在第十四章，杜威专门论述"活动和思维训练"的关系。他从"婴儿在思考什么"入手，研究了儿童早期关注的问题。

杜威发现，儿童首要的问题是"控制自己的身体，使之成为确保舒适安乐，并能有效地去适应自然和社会环境的工具"。儿童的本能活动比一般的动物少很多，几乎所有的事情都需要学习，包括看、听、伸手、触摸、保持身体平衡、爬、走，等等。这些能力的形成与儿童控制身体的活动紧密联系，而这个过程就不仅仅是身体本身的活动与发展，也包括了智力和理智上的成就。也就是说，儿童在尝试控制身体的过程中，需要不断思考，不断调整和修正自己的行为。

儿童的社会适应很重要

>> 尽管最初的几个月中，儿童主要是花费时间去学习运用身体，使自己安适地适应物质条件，并且学习熟练而有效地运用事物；然而，社会的适应也是很重要的。儿童在与父母、保姆、兄弟、姐妹的联系中，就学会了满足食欲，消除不适，要求适宜的光线、颜色、声音等的示意方法。他与自然事物的联系是受人控制的，因而他很快就分辨出，人是所有与之相连的对象中最重要、最有趣的对象。

——《杜威教育文集》第 5 卷，第 206 页

朱永新解读：

在解决自己身体控制能力的同时，儿童的社会适应能力也同时在成长。由于儿童这个时期无法独立自主地处理包括自己身体控制等问题，他的绝大部分问题，从身体的动作到吃饭排泄，从消除身体的不适到满足自己的需要，都需要成年人的帮助。他会发现，自己解决不了的问题，别人可以帮助他解决，他与自然事物的联系是受别人控制的，人，才是他的世界中最重要的对象。

所以，他就需要与父母、保姆、兄弟、姐妹乃至爷爷、奶奶、姥姥、姥爷等建立关系，这也就初步建立起了一种社会的适应性。

>> 语言是唇舌的运动和所闻声音的精确配合，因而是社会适应的最重要的工具。随着语言能力的发展（一般在第二年），婴儿活动的适应及其与别人相处的适应就给他心智的生活定下了基调。当他看着别人在做些什么事，而且尝试着去理解、去做别人鼓励他设法去做的事时，他可能的活动范围就无限地扩大了。心智生活的轮廓形式，就这样在人生最初的四五年中形成了。数年、几世纪、几代人的发明和规划，已使成人的工作和职业发生了大发展，儿童正是处在这个环境之中。然而，就儿童而言，他们的活动仍然是直接刺激。这些活动是儿童自然环境中的一个组成部分；它们是吸引儿童的眼、耳和触觉，引起活动的物质条件。

——《杜威教育文集》第 5 卷，第 206—207 页

朱永新解读：

在儿童社会化的过程之中，语言扮演着非常重要的作用，语言不仅帮助儿童学会了与成年人顺利地沟通，让成年人帮助他们解决了许多自己无法解决的问题，与周围的人建立了良好的社会关系，而且帮助儿童形成了最初的心智生活，帮助儿童进入了一个更为宏大的世界，这是一个经过抽象概括的世界，是一个跨越时空的世界，是一个经过了数年，甚至几世纪和几代人的世界。

虽然儿童早期依然是以他们的直接经验为主，但

是，在家庭和幼儿园都不能忽视儿童语言能力的发展，应该尽可能为他们提供丰富的语言环境，帮助他们学会与人沟通交流。因为，"儿童在学习理解和运用语言的过程中，学到了许多比语言本身更多的东西。他们获得了一种习惯，这种习惯向他们展现了一个新的世界"。

儿童很少是通过有意识的模仿来学习的

>> 模仿仅仅是成人活动提供刺激的方法之一，所提供的这些刺激非常有趣、多变、复杂和新奇，所以能引起思维的迅速进步。然而，仅有模仿并不能引起思维；如果我们像鹦鹉学舌一样，通过单调地仿效别人的外部行为来学习，那就永远也无须去思维；就是我们掌握了这一模仿行为，我们也无法确知我们所做的事情有什么意义。教育家（和心理学家）经常假定重复别人行为的活动，仅仅需要模仿就够了。但是，儿童很少是通过有意识的模仿来学习的，就是说，他的模仿是无意识的。要按照儿童自己的看法，他的学习就完全不是模仿。别人的说话、手势、行为及职业，和儿童某些已经活动了的冲动连成一体，并暗示了某些令人满意的表示方法，暗示了某些可以达到的目的。有了他自己的目的，儿童就像注意自然事件一样，去注意别人，得到更进一步的暗示，得到实现目的的手段。

——《杜威教育文集》第 5 卷，第 207—208 页

朱永新解读：

　　毫无疑问，模仿是儿童学习的重要方式，也是儿童社会化的重要路径。但是，儿童的成长，究竟是以有意识的模仿学习为主，还是以无意识的模仿学习为主呢？杜威认为大部分是以无意识的模仿学习为主。因为，绝大部分的有意识模仿是不需要思考的，只是鹦鹉学舌，简单照搬。

不过，儿童的模仿，不是简单的复印件和拓片，而是经过了自己的头脑加工，经过了自己的思维提炼，在自己主动积极的创造性活动中，融入了他对别人的不自觉的模仿。在别人看来，儿童的某些行为具有很大的模仿性，但是，这些行为是经过儿童"选择、安置、顺应和实验"的，这样的探索会一直到他们"如愿所偿"为止。

　　杜威的这个结论告诉父母和老师，儿童其实是最伟大的观察家，我们的所作所为都在儿童的眼中和心中。我们没有必要让他们东施效颦地学习我们的行为，但是，他们会在自己无意识的行动之中融入我们的影响。

成人在儿童心智的发展中起着很大的作用

>> 成人的活动，在儿童心智的发展中起着重大的作用，因为成人的活动给世界上的自然刺激加进了新的刺激，这是新加入的刺激更准确地适应于人类的需要，它们更丰富、有更好的组织、范围更复杂、允许有更灵活的适应，因而也就能引起更奇异的反应。但是儿童在利用这些刺激时，他所运用的方法，同他为了支配自己的身体而尽力去思维的方法是一样的。

——《杜威教育文集》第 5 卷，第 208 页

朱永新解读：

在儿童探索世界的过程中，成年人毫无疑问起着非常重要的作用。儿童探索世界的过程、范围、方式，在一定程度上是有局限性的，儿童只能在自己所处的特定的时间和空间中，运用自己的感官去理解周围的世界。但是，在成年人的作用下，儿童可以跨越时间和空间来到一个更加广阔的世界。按照杜威的说法，成年人的加入，使儿童认识到更丰富的世界，有更好的组织形式，范围更复杂，也有更灵活的适应性，当然就会引起更奇妙的反应。所以，成年人在儿童心智的发展中具有不可替代的作用。在一定程度上说，成年人的世界有多大，儿童的世界就有多大。

游戏态度比游戏本身更为重要

>> 游戏态度比游戏本身更为重要。前者是心智的态度，后者是这一态度的现时的外部表现。当事物被简单地看作暗示的媒介物时，所被暗示的东西就超越了原来的事物。因此，游戏的态度就是一种自由的态度。有了这一态度，人们就不必再拘泥于事物的物质特性，也无须关心一件事情是否真正"意味着"他所比拟的东西了。当儿童游戏时，用扫帚来当作马，用椅子来当作火车，对于扫帚并不真的代表一匹马，椅子也不真正代表火车的事实，他却认为无关紧要。所以，为了使儿童游戏的态度不终止于恣意的幻想，并在建造一种想象的世界时，能认识现存的、真实的世界，就有必要使游戏的态度逐渐地转化成为工作的态度。

——《杜威教育文集》第 5 卷，第 209 页

朱永新解读：

儿童的游戏就是成年人的工作。儿童在游戏的过程中，会运用一定的知识和语言，借助各种物品和工具，通过身体的运动和心智的活动，探索周围世界的活动。儿童通过游戏认识世界，建立关系。所以，对于成年人经常觉得幼稚可笑的游戏，如杜威提到的"用扫帚来当作马，用椅子来当作火车"，儿童却很认真地对待，就像成年人认真地对待他们自己的工作一样。这个时候，游戏态度比游戏本身更加重要。所以，父母和教师应该尽可能关注和参与儿童的游戏，按照

游戏规则认真地和孩子一起玩游戏。让孩子在游戏中学会认真的态度，学会规则与合作。同时，尽可能帮助孩子从游戏过渡到现存的、真实的世界，把游戏的态度逐渐转化为学习的态度、工作的态度。

不要用成年人的标准去判断儿童活动的价值

>> 成年人决不能以普通成年人工作的结果作为价值标准，去判断儿童活动的价值；如果以成年人的工作来衡量，成年人一定会认为儿童的活动近乎于没有什么价值。成年人必须从儿童亲自去进行计划、发明、机智、观察的角度来判断其价值，必须时时记住：即便是成年人极熟悉的事情，也会引起儿童的激情和思维。

——《杜威教育文集》第 5 卷，第 211 页

朱永新解读：

儿童的世界与成人的世界是两个有着联系而又完全不同的世界。成人必须用赞许的眼光打量儿童的世界，用真诚的褒奖看待儿童的创造性活动。我不赞成蹲下身子和儿童说话，而是要真正地成为儿童和儿童说话。蒙台梭利说，儿童是成人之父。成人如果用俯视的眼光看儿童，用成人的工作标准衡量儿童的活动的价值，不仅是不公平的，也是完全不正确的。所以，成年人应该学会真正站在儿童的角度，设身处地地从儿童的视野、立场去发现和认识儿童。成人不要低估了儿童，只要有合适的方法，任何知识、任何成人世界的东西，都能够引起儿童的兴趣、激情和想象、思维。

不
要
把
游
戏
和
工
作
截
然
分
开

>> 在幼儿园和中小学各年级里，把游戏和工作截然分开的现象非常盛行，这就证明，理论上的区分对于教育实际的影响。在"游戏"的名义下，幼儿园的作业表现为过分的象征性、幻想性、感情化和任意性了。而在与前者相对立的"工作"的名义之下，小学的作业就包含了许多外部指派的任务。前者没有目的；而后者的目的又太偏远，只有教育者才能理解，儿童却不能理解。

——《杜威教育文集》第 5 卷，第 212 页

朱永新解读：

　　杜威的这段文字，涉及幼小衔接的问题。在我们的基础教育阶段，往往把幼儿园和中小学看成两个截然不同的世界，幼儿园就是小朋友轻松地玩耍，中小学就是学生严肃地学习。幼儿园往往过分强调了象征性、幻想性、情感性和任意性，正如现在经常要求的，不允许孩子们学习任何课程和知识。而到了中小学，又过分强调学术性、知识性、体系性和逻辑性，对儿童的象征性幻想、情感性体验又相对冷漠。这样，把幼儿园和中小学、游戏和工作截然分开，冰火两重天，在儿童成长发展的关键时期没有一个圆润的过渡，是不利于孩子的发展的。人的天性包含着感性和理性、想象和思维，两者之间没有自然的鸿沟。所以，在幼儿阶段，我们也要注重孩子理性的成长；在小学阶段，我们也要注重孩子感性的需求，想象力和创造力的培养。

帮助儿童扩展和更精确地认识现存事物

>> 儿童到了一定的时期，必须扩展和更精确地认识现存事物；必须充分确定地设想目的和结果，以作为行动的指导；必须获取某些熟练的技巧，来选择和支配各种方法，用以达到这些目的。上述这些因素在较早的游戏时期，就应逐渐地引入；否则，到后来突然地、任意地增加这些因素，对于早期和晚期的学习来讲，显然都是没有好处的。

——《杜威教育文集》第 5 卷，第 212 页

朱永新解读：

　　杜威的这段文字，仍然是讲幼小衔接，讲儿童发展过程中的感性与理性、想象与创造之间的过渡和衔接的问题。他认为，在儿童发展的早期，就应该扩展儿童认识世界的时间与空间，帮助儿童认识一个更加广阔的世界，帮助他们更精确地认识事物的特点，帮助他们去了解事物发生、发展和变化的过程和结果，建立对于因果关系的认识。不要低估了儿童的接受力和理解力。因为，帮助儿童扩展和更精确地认识现存事物，对于他们日后的学习，具有非常重要的作用。

儿童眼中的世界充满着神秘和希望

>> 健全的想象不是解决不真实的问题，而是解决由暗示所引起的、理智能实现的问题。想象的运用，并不是在纯粹的幻想和空想中任意驰骋，而是扩展和丰富真实事物的方法。对儿童来讲，发生于他周围的家事活动，并不是达到物质目的的功利手段。这些活动向儿童展示了一个高深莫测的、奇妙的世界，在这个世界里，到处都充满了神秘和希望，充满了儿童所钦慕的、成年人所从事的各种活动。在这个世界里，成年人若把例行公事看作自己的职责，可能会感到无聊和乏味；但对儿童来讲，却充满了社会的意义。从事于这种活动，即是运用想象来构成儿童自己所不曾掌握的、更大价值的经验。

——《杜威教育文集》第 5 卷，第 213 页

朱永新解读：

在成年人的世界，想象与事实之间有时存在着一条井水不犯河水的鸿沟。想象，经常是"在纯粹的幻想和空想中任意驰骋"，而不是为了解决具体生活中的真实问题。但是，对儿童来说，想象的世界与真实的世界是混为一体的，儿童来到这两个世界，不需要"倒时差"，不需要区别两者之间的差异，就能够顺利地从这个世界过渡到另外一个世界。在儿童的眼里，所有的世界，所有的事物，都充满着神奇、神秘和希望，充满着可能性和不确定性。儿童处理身边的家事，并不是简单地为了满足自己的物质生活和生理需要，儿童所有的活动都是为了探索这个对他们来说无比神奇的世界。儿童对这样的探索，精力充沛，毫不厌倦。

引起儿童兴趣的事情

>> 在教育上反对游戏的人，总是认为游戏仅仅是一种娱乐活动；而那些反对正统的有用的活动的人，又混淆了工作与劳动的关系。成人熟知，重大的经济成果取决于负责任的劳动；因而，他寻求消遣、松弛和娱乐。如果儿童没有过早地受雇去工作，如果他们没有受到童工劳动的不良影响，就不会有这样的区分。不论什么事情，凡是能引起儿童兴趣的，完全是因为那些事情本身对儿童有直接的兴趣。这样，为了功用而做事，和为了娱乐而做事就没有什么差别了。

——《杜威教育文集》第 5 卷，第 213 页

朱永新解读：

这段文字仍然是杜威在分析"想象和实用的相关的错误观念"的内容下论述的。杜威认为，在成年人把游戏、休闲与工作、劳动截然分开的情况下，儿童并不可能如此。成年人之所以需要休闲、娱乐、游戏，往往是他们需要劳逸结合，需要张弛有度，需要缓解紧张的生活节奏。但是，对于儿童来说，游戏就是生活，就是工作。在儿童的世界里，"为了功用而做事，和为了娱乐而做事"是一致的，一体化的。所以，关键是满足儿童的好奇心，帮助他们培养探索世界的兴趣。

有启发意义的、开发人心智的实验方法

>> 小学的课程因负担过重而普遍受到非议。要反对恢复到过去的教育传统上去，唯一的出路，就在于从各种艺术、手工和作业中，寻求理智的可能性，并据此重新组织现行的课程。在这里，比任何事情都重要的是，去寻找将民族的盲目和因循守旧的经验，转化成为有启发意义的、开发人心智的实验方法。

——《杜威教育文集》第 5 卷，第 215 页

朱永新解读：

杜威认为，学校的课程和作业本身是"提供了理智发展的可能性"的，关键是采用什么样的形式，让学生能够更容易接受，而不是成为沉重的负担。在杜威时代的美国，小学生课业负担也是一个现实的问题。所以，他建议不能够回到老路上去，让学生做简单的重复性练习，而是应该尽可能从各种艺术、手工和作业中寻求理智的可能性。如何寻找这样的可能性？关键就是教育创新，是提供有效的方法合理组织教材、整合课程，"使它们成为养成活跃、持续、富有成效的理智习惯的工具"。

仅凭兴趣还是很不够的

>> 如果儿童的活动没有情感和欲望，如果活动没有为他提供发挥精力的余地，他自己就不会感觉到有什么意义；即使他外表上还坚持这么去做，但内心却已产生了反感。但仅凭兴趣还是很不够的，有了兴趣以后，最重要的问题，就是由哪一类目的和行为来支持他的兴趣？这兴趣是暂时的，还是持久的？这种兴趣主要是一种兴奋，还是蕴藏有思维的加入？

——《杜威教育文集》第 5 卷，第 215 页

朱永新解读：

在杜威的时代，为了激发学生的学习兴趣，小学里"建造性的作业"不断增加，这些作业往往被冠以"设计"之名。杜威认为，这种重视学生的兴趣、情感和欲望的做法是正确的，因为如果学校的活动没有激发起学生的兴趣、情感和欲望，学生就不可能有参与的意愿与积极性。在学生反感的情况下让他们学习、作业，是不可能有什么真正的效果的。但是，仅仅有兴趣同样也是不够的，因为，没有理智感参与的兴趣是无法持久的，是暂时的，所以必须让学生能够动脑筋，思维深度参与。

把人的思想引向一个新的境界

>> 一项活动，如果不把人的思想引向一个新的境界，无论它是多么令人惬意，也毫无教育的价值。如果思想不被引向探究以前所没有思维过的问题，就无法进入这一新的境界。同样，如果这些问题没有产生求知的欲望，便能通过观察、阅读及与这一特定领域里的专家进行商讨的方法，而获得新的知识，也无法进入这一新领域。

——《杜威教育文集》第 5 卷，第 216 页

朱永新解读：

如何发展学生的理智能力？如何让学校的课程既不是热热闹闹轰轰烈烈，只是凭兴趣参与，又不是干巴巴味同嚼蜡，只是死记硬背？杜威提出了一个重要的"条件"，那就是应该让活动具有"内在的价值"。他认为，在中小学的课程与活动设计中，"要富有情趣，同时又代表生活中某些有价值的事物，这并不是很困难的事"。在这个基础之上，就要学会"提出问题"，以唤起新的好奇心与求知欲的需求。

所以，提出问题，是把学生的思想引向一个新的境界的最好做法。在提出问题之后，再通过观察、阅读、研讨、交流等，帮助学生获得新知。

>> 所谓"从具体开始",是指在开始学习任何新的经验时,应当着重于儿童已经熟悉了的东西,如果可能的话,应把新的课题和原则与某些活动所追求的目的结合起来。我们如果仅仅增加感觉或积累实物,那我们就不是"遵照了自然的顺序"。

——《杜威教育文集》第 5 卷,第 220 页

朱永新解读:

《我们怎样思维》的第十五章是《从具体到抽象》,在讲述教学过程中如何从具体开始的时候,杜威提醒我们,从具体开始不是为了具体而具体,为了生动而生动,而是为了帮助学生建立新旧知识之间的联系。但是,如果忘记了这个出发点,忘记了"把新的课题和原则与某些活动所追求的目的结合起来",就不能启发学生的心智,"使他们认识到实物本身以外的意义"。杜威举了一个关于数字教学的案例,在数字教学的过程中,不能仅仅因为运用了几块木条、几粒豆和一些小圆点,就算是具体的了。如果能清楚地了解数字的用途和数字关系的意义,即使单独使用数字,数的观念也是具体的。他主张,在教学过程中固然应该重视儿童已经熟悉了的东西,但更应该清晰教育的使命,即使是用实物来教授数学、地理和别的学科,也应该"使他们认识到实物以外的意义"。否则,那些实物不会产生特别的作用,只会分散学生的注意力,"使学生不去注意观念,而只是关心实物的刺激了"。

较好的是最好的之敌

>> 只有当儿童运用事物和感知来支配他的身体、协调他的活动时，才能使儿童得到发展。通过连续性的作业，包括使用自然材料、工具和各种类型的能量，促使儿童去思维它们之间的相互关系，以及所要达到的目的。但是，只是把事物孤立地提示给感官，仍然是乏味而呆板的。几十年以前，初等教育改革道路上的最大障碍，是过分地相信语言符号（包括数字），认为它们能产生神奇般的智力训练效果；现在，又相信实物教学的效能，因而实物又成了改革道路上的障碍。常有这样的事情：较好的是最好的之敌。

——《杜威教育文集》第 5 卷，第 221 页

朱永新解读：

曾经在《从优秀到卓越》一书中读到一句让我非常震撼的话：优秀是卓越的最大敌人。没有想到，这句话的出处，也许就在杜威这里。杜威同样是在讲述从具体到抽象的问题时阐述这个观点的。教育改革经常发生"钟摆现象"，即从一个极端走向另外一个极端，强调具体、实物的感知活动时，会自觉不自觉地把感知相关的问题说得极端重要；强调理性、思维的时候，又会自觉不自觉地贬低前者的浅薄。其实，事物之间是整体的、连续的，理性和感性是相通的、联系的，你中有我，我中有你。只有彼此沟通，才能相得益彰，孤立地运用具体或者抽象，都不能取得最好的效果。如果我们只重视一个"较好的"方面，而忽视了另外的对应的方面，可能就永远达不到最好。

培养儿童的思维习惯

>> 儿童是为了他们活动中有兴趣的事情，而自由地、持续地从事于反省的检查和验证。这样形成的思维习惯逐步增进，其结果是，思维习惯本身具有了重要的意义。教师的职责之一是引导学生分辨并且仔细地研究他们活动的独特的理智方面，发展他们对于种种观念以及种种观念彼此间相互关系的自发兴趣——这就是说，从全神贯注于现实的事物，上升到观念的水平，这才是真正的抽象能力。

——《杜威教育文集》第 5 卷，第 222 页

朱永新解读：

在教学过程中，帮助儿童从直接的兴趣转移到间接的理智的问题上，是非常重要的。杜威举例说，对儿童来说，对做木工或车间工作的直接兴趣，就可以逐渐转移到对几何和机械等问题的兴趣；对烹饪的兴趣，就可以发展为对化学实验和关于身体发展的生理学和卫生学的兴趣；最初的随便作画，就可以慢慢地转化成为表现远景透视、运用画笔、配色等技术方面的兴趣。为什么培养思维的兴趣如此重要？因为思维是认识事物本质的重要路径，作为教师，不仅要让学生对直观的具体的事物有兴趣，更要让学生探寻事物之间的相互关系，揭示事物的本质特征。

理论思维不是比实际思维更高的类型

>> 教育的目的不是去破坏那种克服障碍、利用手段、达到目的的实际思维力量；不是由抽象思维来代替实际思维。理论思维也不是比实际思维更高的类型。一个人能自由地使用这两种思维，比那些只能使用其中一种的人，具有更高的地位。一种教育方法，在发展抽象理智能力的同时，减弱了具体实际思维的习惯；而另一种教育方法，只注意培养计划、发明、安排、预料的能力，而不能得到某些思维的爱好，不顾及实用的结果，这两者同样都不能实现教育的理想。

——《杜威教育文集》第 5 卷，第 223 页

朱永新解读：

　　形象思维、抽象思维的重要性不应该片面化、绝对化。杜威也清晰地意识到，"抽象思维不是全部的目的，大多数人不适合于从事抽象思维"。也就是说，教育的目的不只是培养抽象思维的能力，更不是用抽象思维来代替形象思维。两者只是类型的不同，没有水平的高低。所以，在教育过程中，不应该厚此薄彼，不应该重视一种教学方法而忽视另外一种教学方法，强调一种教育力量而丢弃另外一种教育力量。只有双管齐下，因材施教，才能取得和谐的教育结果，实现教育的理想。

不应当强行把所有的学生纳入一个类型或模式之中

>> 教育者也应当注意到存在着很大的个性差异，而不应当试图强行把所有的学生纳入一个类型或模式之中。许多人（可能是绝大多数人）具有务实的倾向，其目的在于行动和成功，而不在于获得知识，这种思维的习惯，支配了他们的一生。在成人中，工程师、律师、医生、商人的人数，要比科学家和哲学家多得多。对于那些以职业为主要兴趣和目标的人，也应力求教育他们有一些学者、哲学家和科学家的气质。然而，却没有充分的理由去说明，教育应当强调尊重一种固有的思维习惯，而轻视另一种思维习惯，有意地使具体的思维形式转化为抽象的思维形式。我们过去的学校教育，不就是因为片面地注重抽象思维形式，而使绝大多数小学生的心智受到了伤害吗？而所谓"自由"和"人道"的教育观，实际上不就是太偏重于学术，而只能造就过分专一的思想家吗？

——《杜威教育文集》第 5 卷，第 223—224 页

朱永新解读：

世界上没有两片完全相同的树叶，更没有两个完全相同的孩子。教育的最高境界是帮助每个孩子成为更好的自己，而不是把不同的孩子培养成相同的人。思维没有高下之分，人也没有贵贱之分。但是，就社会总体而言，哲学家、科学家的人数相对较少，而普通的人，无论是工人、农民还是工程师、律师、医生

等数量比较多。这就意味着运用抽象思维的人比运用具体思维的人数量要少。教育不能只强调一个方面，但是对绝大多数人来说，教育就不应该过分地走象牙塔路线，不能忽视具体的、形象的、直观的教学，不能使绝大多数小学生的心智受到伤害。这也是人道主义与自由主义教育的基本主张所在。

教育的目标在于取得两种思维的平衡

>> 教育的目标，在于取得这两种思维态度平衡的相互作用，在于充分重视儿童个性的倾向，而不是妨碍和削弱他生来就有的强大的能力。过分偏狭于具体方面的人，必须解放自己的思想。在实际活动中，应当抓住每一个机会，去发展对于理智问题的好奇心和感受性。对自然倾向不能施加暴力，相反，要努力扩展自然的倾向。否则，具体就成为狭隘的、窒息的了。至于那些爱好抽象地思维纯粹理智课题的少数人，应当努力使他们增加观念的使用机会，把用符号表示的真理转化成日常社会生活的用语。每一个人都有具体和抽象这两种思维能力，如果这两种思维能力在顺利和密切的相互关系中发展的话，每一个人的生活就会更有成效，也更幸福。否则，抽象就会等同于学究和迂腐了。

——《杜威教育文集》第 5 卷，第 224 页

朱永新解读：

　　具体思维与抽象思维是两种不同形式的思维，没有高低贵贱之分，而且，每一个学生都同时具有这两种思维的能力。但是，在学生思维发展的过程中，不同的学生有着不同的思维特点，有的可能以具体思维、形象思维见长，有的可能以逻辑思维、抽象思维更优。教育的目标，不是扼杀其长，而是要尊重学生的不同个性特点和思维方式，努力取得两者的平衡，使其不要偏执一端。如对于具体思维、形象思维能力强的人，

一方面要努力扩展他发挥自己的优势，另一方面也要鼓励他大力发展对理智、逻辑、抽象问题的好奇心和感受性。反之，对于那些逻辑思维、抽象思维能力强的人，也要鼓励他们发挥自己的优势，同时学会面对具体的生活现象，学会"把用符号表示的真理转化成日常社会生活的用语"。同时拥有两种能力，在生活中就能够更加应付裕如，卓有成效，自然也会更有幸福感。

真正的无知是更为有益的

>> 真正的无知是更为有益的，因为真正的无知很可能带有谦逊、好奇和虚心等特点；而只具有重复警句、时髦名词、熟知命题的能力，就沾沾自喜，自以为富有学问，从而把心智涂上一层油漆的外衣，使新思想再也无法进入，这才是最危险的。

——《杜威教育文集》第 5 卷，第 230 页

朱永新解读：

这里所说的"真正的无知"，其实并不是我们通常所说的"无知"，而是那种把自己倒空的"虚心"的状态。也就是说，要抱着一颗谦逊、好奇、虚心的心来进行学习。学习最大的敌人，就是那种半瓶子醋的人，只有一点儿知识，就觉得自己很了不起，到处卖弄，再也不能够静下心来学习。所以，毛泽东主席说："学习的敌人是自己的满足，要认真学习一点东西，必须从不自满开始。"他提倡在学习的过程中要采取这样的态度——对自己，"学而不厌"，对人家，"诲人不倦"。这是很有道理的。

语言的三种用途

>> 语言虽然可以表达思想，但是，起初并不是表达思想，甚至也不是有意识的。语言的首要动机是去影响（通过渴望、情绪和思想的表现）别人的行动；语言的第二个用途在于用语言形成与别人更亲密的社交关系；语言用来作为思想和知识的有意识的运载工具，这个用途处于第三位，其形成是比较晚的。

——《杜威教育文集》第 5 卷，第 232 页

朱永新解读：

从儿童语言的生成来看，一开始主要是向别人表达自己的内在需要，如肚子饿了、尿布湿了、身体不舒服了，需要成年人去帮助他。后来，他需要与别人（主要是父母和照料他的成年人、兄弟姐妹等）建立联系和关系。最后，才是作为表达思想和学习知识的工具。认识语言的这三种用途，对于我们有意识地去理解儿童的语言，培养儿童的语言能力，有着积极的意义。尤其是父母，应该注重加强与儿童的语言沟通，让他们能够听到更多的语言，更完整的语言，更丰富的语言。儿童在早期生活中接受的语言刺激越丰富多样，他们以后的语言能力就越强。

指导学生的口头和书面语言

>> 区分语言的实际的、社会的用途和理智的用途，很好地说明了学校教育上有关语言的问题。这个问题就是：指导学生的口头和书面语言，使语言由原来作为实际的、社交的工具，逐步变成有意识地传播知识、帮助思维的工具。我们怎么能不抑制学生自发的、自然的动机——语言的生命力、力量、生动逼真和多样化，都应依靠这种动机——就能改变语言习惯，使之成为精确而灵活的理智的工具呢？仅鼓励学生原来自发语言的流畅，而不去把语言变成为思维反映的得力工具，是比较容易的；抑制甚至破坏（这是学校当前所关心的）他们自然的目的和兴趣，并在一些孤立的、技术的事务中，规定人为的、刻板的规则，那也是容易的。问题的困难就在于，如何把处理"日常事务"的习惯，转化成为表达"精确概念"的习惯。要顺利地完成这一转变，需要：（a）扩充学生的词汇量；（b）更精确地表述词汇的意义；（c）养成连贯的口语表达的习惯。

——《杜威教育文集》第 5 卷，第 232—233 页

朱永新解读：

　　儿童的口头语言和书面语言在儿童语言发展的过程中具有十分重要的作用。长期以来，我们的语文教育往往过分地强调了书面语言，强调了语言的规范与完整，而相对忽视了书面语言与口头语言的内在联系，忽视了有效地把口头语言转变成书面语言。其实，这

两者恰恰是相辅相成的。在儿童还不会书写，以口头语言为主要方式学习的时候，我们一方面应该有意识地鼓励儿童用口头语言表达他们的观察和思维，一方面应该尽可能对他们用规范的、完整的口头语言，这样的示范具有重要的意义。在儿童掌握了书面语言之后，也要鼓励他们流畅地使用口头语言，这不仅是发展书面语言的需要，也是训练学生思维的需要，是训练他们人际交往能力的需要。在具体的学习过程之中，要有意识地扩展学生的词汇量，让他们学会精确地表达词汇的意义，养成连续的口语表达的能力。在这个方面，新教育早期的读写绘，后来扩展为听读绘说课程，以及研发的童喜喜说写课程，都已经有比较成熟的经验。

只有采取主动的活动，才能明确文字的意义

>> 幼小的儿童，通常是一旦学到了新字就试图去应用。但是，当他们学会了阅读时，他们接受了大量的词汇，他们就再也没有机会去使用这些词汇了。其结果，即使不是儿童心智的窒息，至少也是一种压抑。而且，如果不能主动地运用文字的意义来确立和传递观念，那么，文字的意义也就永远不会很清晰、很完整。只有采取主动的活动，才能明确文字的意义。

——《杜威教育文集》第 5 卷，第 233 页

朱永新解读：

　　要让儿童学会主动地运用语言，这是语言学习的基本规律。儿童在生活中，在课堂里会不断接受新的语言、新的词汇、新的文字。要及时让他们有运用这些语言、词汇和文字的机会，他们就能够真正掌握这些语言、词汇和文字。也就是说，应该有练习的机会，让他们及时巩固所学习的内容。儿童学习语言，总是在运用中不断完善和确认词汇、文字的运用场景是否合适、搭配是否恰当，在运用中不断清晰和完整起来的。记得我在初中的作文中第一次使用"集思广益"时，也经历了这样的过程。

儿童的心智为什么会趋于狭隘？

>> 与儿童交往的那些人在词汇方面的贫乏，儿童读物（甚至在学校文选和课本中也常见）的浅薄和不足，都会使他的心智趋于狭隘。

——《杜威教育文集》第 5 卷，第 234 页

朱永新解读：

儿童的心智成长，尤其是语言能力的发展，与他们早期的家庭环境和生活经历，与他们在幼儿园和学校的教育环境和教育内容是密切相关的。早期的语言环境越丰富，与孩子交往的人，尤其是孩子直接交往的父母亲词汇越丰富，儿童阅读的机会越多，他们的成长就更快，视野会更加开阔，心智便会更加成熟。

如何让学生们掌握丰富词汇？

>> 文字的流畅和语言的自由运用之间有很大的差别。语言表述的流利并不一定标志着一个人有大量的词汇。许多谈话，或甚至是即席的演说，在一定的活动范围内，是可以应付自如的。大多数学校苦于缺乏物质材料和设备，也许只有一些书本——甚至这些书本也是按照想象中的儿童的能力程度"写出"的。因而，就抑制了学生们掌握丰富词汇的机会和要求。学校里所学习的词汇，相当大的部分是孤立的；而且与学校以外所流行的观念和文字没有有机的联系。因此，词汇量的增加往往是有名无实的，即使有所增加，也只是些毫无生气的内容，而不是生动的意义和词汇。

——《杜威教育文集》第 5 卷，第 234 页

朱永新解读：

儿童学习语言是有规律的。文字的流畅与语言的自由运用不能画等号，书面语言与口头语言也有很大的不同。语言的流畅、自由的表达对儿童是非常重要的，是儿童发展书面表达能力的前提。但是，书面表达有自己的规律，它与学生的词汇量和阅读水平有着密切的关系。所以，要提高学生的书面语言表达能力，有两个重要的途径，一是让学生阅读最适合他们的书籍，如有一定的词汇量和挑战性，丰富他们的词汇。二是关注学生的生活世界，关注社会热点话题，让学生通过阅读报刊，掌握活动中的"活"的语言。儿童在活生生的世界中学习活生生的语言，对于儿童文字的流畅与语言的自由运用，才是真正统一的。

教
师
有
垄
断
连
贯
叙
述
的
习
惯

>> 教师有垄断连贯叙述的习惯。如果把教师们一天说话的时间统计起来，同学生说话的时间加以对比，那么，许多教师都会感到震惊。而且，学生们的谈话也常常限于用简短的词语或单一的不连贯的句子来回答问题。详述和解释，都由教师包办，只要学生的回答中多少有那么一点线索，教师便常常给予肯定，然后加以引申，详细讲述他认为学生应当表达的意思。这样，零星的、不连续的叙述的习惯，就必然助长了瓦解理智的影响。

——《杜威教育文集》第 5 卷，第 237—238 页

朱永新解读：

杜威描绘的这个场景，今天在我们的教室里、校园里仍然存在，教师垄断教室里、校园里的话语权的现象依然如故。这样一种满堂灌的方式，自然不利于学生的主动学习，也不利于发展学生的语言能力。试想一下，如果学生在教室里，在课堂上，连讲话的机会也没有，怎么可能有学习的积极性，怎么可能发展语言能力呢？为了打破教师在课堂上的"一言堂"，20世纪 90 年代，江苏的洋思中学和山东的杜郎口中学都开展了深度教学改革，取消满堂灌，每一节课教师只允许讲 10 分钟，学生活动大于 35 分钟。杜郎口中学还逐步形成了"三三六"自主学习教学模式，即课堂自主学习三特点：立体式、大容量、快节奏；自主学

习三模块：预习、展示、反馈；课堂展示六环节：预习交流、明确目标、分组合作、展现提升、穿插巩固、达标测评。杜郎口的教学改革取得了很好的效果，成为全国竞相学习的模本。所以，培养学生语言能力的关键，就是给他们更多的表达机会、讲话机会、论辩机会。

不应该打乱教材的完整性

>> 规定课业的分量太少，而且讲课时（通常为了挨过教课时间）又有琐细的"分析性的"提问，这也会造成同样的结果。像历史、文学这样的课程，这种弊病更是登峰造极，常常把教材细分为若干小段，打乱了教材所包含的意义的完整性，破坏了教材的适当的比例，结果，就贬低了完整的论题，不分主次地堆积了一些不相联系的细枝末节。更有甚者，教师并不了解，他的头脑里装载着完整的意义，并提供给学生，而学生得到的却是孤立的残渣碎片。

——《杜威教育文集》第 5 卷，第 238 页

朱永新解读：

　　影响学生语言能力发展的另一个重要原因与我们学校的课程结构与教学方法有很大的关系。精确的课时分配，条分缕析的课堂讲解，往往打破了知识的系统性和完整性，肢解了教材所包含的意义的完整性。现代学校制度按照工厂的机械化操作模式设计课程与教学，每一节课的时间都是固定不变的，人的大脑怎么可能会按照事先设计的课堂时间及时启动，又及时刹车呢？难怪华德福学校在设计课程与教学时间时，往往是集中一个整块时间作为一个学习单元，让学生完整地学习完成某个学习任务。这样的连贯性，对于培养学生系统、完整、连贯的表达能力，无疑是有益的。

强调避免错误导致的后果

>> 强调避免错误，而不注重获得能力，这种倾向也阻止了连贯的叙述和连贯的思维。儿童带着求知的渴望，开始学习叙述，有时担心出现内容和形式上的小错误，便把应当用于积极思维的精力，转用于避免错误上去了；甚至，在极端的情况下，竟消极地以沉默作为减少错误的最好的方法。这种趋向在与作文、小品文、论文等有关的写作中表现得特别明显。甚至，教师郑重地劝说，儿童要时常写些琐细的题目，并且用简短的句子，因为这样做，就会少犯错误。对中学生和大学生的教学，有时会降低为仅仅是检查和指出错误的技术。这样，学生们就会出现怕羞的情绪和局促不安的状态。写作的热情也就消失了。学生们的兴趣已经不在于应当说些什么，应当怎样说，才能适当地系统表达他们自己的思想。这种兴趣一扫而光了。必须说些什么，和有些什么要说，这是完全不同的两码事。

——《杜威教育文集》第5卷，第238页

朱永新解读：

影响学生语言能力发展的另外一个原因是心理方面的，即"强调避免错误，而不注重获得能力"。为什么会有这样的情况呢，无疑也是考试和评价的误区。为了让学生不出错误或者少出差错，老师们总是喜欢用最保守的方法教育学生，总是要求学生尽可能避免各种各样的错误，这样学生就不由自主地"把应当用于积极思维的精力，转用于避免错误上去了"，本来无拘无束的想象力，奔放自由的语言，在减少错误的限制下，自然就畏畏缩缩，没有灵性和活力了。不愿意试错的教育，不愿意探索的学习，一定是没有希望的教育，没有品质的学习。过多的限制，限制的不仅仅是学习兴趣，也不仅仅是语言表达能力，而是整个的思维能力、学习能力、成长能力。

第十八章

**教育不是把知识
装进学生的脑袋**

观察应包含主动的探究

>> 观察是一种主动的过程。观察即是探索，是为了发现先前隐藏着的、未知的事物，以达到实际的或理论的目的而进行的探究。观察不同于已经熟悉了的感知的认识。实际上，已知的对某些事物的认识，对于进一步探索有着重要的作用；但是，它比较机械、比较被动，而观察却要求头脑灵敏，警戒地注视、追求和探查。认识应用于已掌握的事物，而观察却用来探究未知的事物。

——《杜威教育文集》第 5 卷，第 243 页

朱永新解读：

在心理学上，观察是一种有目的、有计划的知觉活动。观，一般是指通过眼、耳、鼻、舌等感觉器官去看、听、嗅、尝等感知行为；察，是指在观的基础上进行分析思考。观察是一种在综合感知基础之上的积极的思维活动，是一种知觉的高级形式。观察是打开世界之门的钥匙，也是科学发现的重要途径。所以，在学校教育中，如何进行科学观察，关键是养成主动探究的习惯，这样才能够帮助学生更好地探究未知世界，养成机警、敏锐的观察习惯与发掘系统、深入的观察方法。

观察应当引进戏剧性的悬念因素

>> 选择适当的观察材料，引起对观察的渴望，使得观察更精密，对此，我们可以从故事和戏剧中得到许多启示。凡是有"情节兴趣"的场合，观察的机敏性就能达到高潮。为什么呢？因为旧的和新的、熟悉的和意料不到的，和谐地联合在一起。讲故事的人能使我们听得入了迷，就是因为其中有理智悬念的成分。它暗示了几种可能性，但是，仍然不可捉摸，因此，我们就会问：接下来发生了什么？事情的结局又会如何呢？儿童对于故事的所有的显著的特点都能注意到，感到容易而充实，但儿童对某些呆板的和静止的事物进行费力的、不充分的观察，却不能提出问题或暗示出几种可供选择的结果，两相对比，是大不相同的。

——《杜威教育文集》第 5 卷，第 243—244 页

朱永新解读：

观察如何持续深入地进行？杜威提出应该"引进戏剧性的悬念因素"，也就是说，应该让观察充满不确定性，把新的和旧的，熟悉的和不熟悉的，意料之中的和意料之外的有机地结合起来，把结构和功能有效地结合起来，观察事物的变化与发展情况。他举例说，儿童为什么会对播种和植物的生长情况有极大的兴趣？就是因为植物生长的观察本身就像一幕幕戏剧，而"生长的每一步骤，对植物的命运都是至关重要的"。如果只是把植物当作死的标本，那么观察就会让学生

索然无味了。这就是说，"对于功能的观察有助于对于结构的观察，注意一种活动的兴趣，会于无意之中转移到注意活动怎样进行的兴趣上去；关于动作的兴趣，也会转移到从事这种动作的器官上去"。

观察应具有科学的性质

>> 观察应具有科学的性质。也可以说，这种观察要遵循着广博和细致之间的有节奏的变化。吸收广泛而松散的有关的事实，以及选择少数事实，进行精确的研究，通过这两者之间的更迭，使问题变得明确起来，并提出有效的解释。广泛而不够精确的观察，是必要的，因为它使学生感觉到了他所探究的事物，意识到了事物的各种关系和可能性，使他的头脑中收纳了可以使想象转化为暗示的种种材料。细致的研究也是必要的，因为它可以限定问题的性质，以便把握住实验的检验条件。后者本身因过于特殊化和专门化，而不能激发理智的增长，前者本身则因过分肤浅和散漫，而不能控制理智的发展。

——《杜威教育文集》第 5 卷，第 245—246 页

朱永新解读：

　　学生的观察虽然是一种学习的过程，与科学家的观察不可同日而语，但是学生的观察与科学家的观察也有某些共同的特点，它们都具有"理智的目的"。所以，按照杜威的观点，学生的观察有三个主要的目的，一是发现他们所面临的疑难问题；二是对所观察到的令人费解的问题与特征加以推测，并提出假设性的解释；三是验证上述假设。这样的目标与步骤，与科学家的观察其实是相通的。杜威在这段文字中也提出了学生的观察如何把握好节奏的问题，如开始的观察可以是广泛而不够精确的，能够从大的方面发现和聚焦

问题，了解事物之间的各种关系与可能性。但是，聚焦问题之后，进行细致的研究也非常有必要，这样才可以限定问题的性质，进行深入的观察、分析和研究。

如何通过知识的传授获得理智的财富？

>> 无疑，教学这个词的主要意义，是同传递、灌输别人的观察和推理的结果联系在一起的。在教育工作中，过分强调积累知识的理想，其根源在于不适当地突出了学习别人的知识的重要性。问题的关键在于怎样把这种形式的学习转化为理智的财富。用逻辑学的术语来说，别人经验所提供的材料是证言，即是说，利用别人提供的证据，形成自己的判断，从而获得结果。我们应该怎样对待由课本和教师所提供的教材，使之成为反省思维的材料，而不是现成的精神食粮，好像在商店里买来的东西，拿来吃掉呢？

——《杜威教育文集》第 5 卷，第 246—247 页

朱永新解读：

在教学的过程之中，知识的传授是必须的，应该的，但是知识的传授不是教学的最终目的，知识是一座桥梁，知识的传授就是借助知识的桥梁走向创造的过程。通过知识的传授获得理智的财富，才是教学的根本目标。所以，在中小学教学中，最常见的错误就是把知识的学习当作最高的目标，以知识的掌握而不是智力能力的发展作为衡量教学成效的唯一标准，这就明显地"不适当地突出了学习别人的知识的重要性"。知识的学习是创造的基础，而不是教学的终点。知识是我们进行思考的原料，是进行反思性思维的材料，如果没有自己的加工创造，就只是重复别人的劳动而已。

观察 不能满足于粗枝大叶和呆板无效的

>> 传授的材料应当是个人观察所不易获得的。通过教师或书本，对学生进行填鸭式的教学，内容又几乎没有什么更多的难点，稍加思索，即能发现问题的所在，这样就破坏了学生理智的完整性，养成心智上的奴隶性。这并不意味着别人传授所提供的材料，就应当是贫乏枯燥而又分量不足的。感觉范围极其广阔，自然与历史的世界几乎是无限的。但是，应当仔细地选择那些实际上可以直接观察的方面，并认真地加以保护，不能满足于粗枝大叶和呆板无效的观察，从而减弱了学生的好奇心。

——《杜威教育文集》第 5 卷，第 247 页

朱永新解读：

什么样的学习材料才能激发学生学习的积极性？什么样的教材才能激发学生的好奇心和观察的兴趣？学习不是为学习而学习，观察也不是为观察而观察，那些有口无心的流于形式的学习，和那些粗枝大叶、呆板无效的观察，其实只是低效甚至无效的学习与观察。应该选择那些富有一定的挑战性，个人观察所不易获得的学习材料，让学生需要"跳一跳"才能摘到果实，需要开动思维的机器才能解决问题，这样，才能形成理智上的完整性，破除心智上的奴隶性。

任何思维都有独创的成分

>> 传授的材料应该是一种刺激，而不是带有教条主义的定论和僵硬的性质。如果学生们认为，任何学科都已被明确地审定过了，其知识是详尽的、终极的，那么，他们可能成为俯首帖耳的学生，但他们不再是研究者了。任何思维——只要它是思维——就都含有独创性的成分。这种独创性不是指学生自己的结论和别人的结论有所不同，更不是指要得出一个彻底的新奇的结论。学生的独创性同别人大量使用的材料和提出的暗示，并不是相容的。所谓独创性，是指学生对于问题有亲身探讨的兴趣；对于别人提供的暗示有反复深思的主动精神，并且真心实意地循此前进，导出经得起检验的结论。

——《杜威教育文集》第 5 卷，第 247 页

朱永新解读：

学生的学习是不是有独创性？学生的学习与科学家的发明创造有什么本质的不同？毫无疑问，按照杜威的说法，只要是真正的思维，就一定会含有独创性的成分，学生学习活动中的思维也是如此。问题在于，如果学生的学习只是被动地接受知识，传授的内容只是"带有教条主义的定论和僵硬的性质"，评价和考试也只是需要把这些内容重复地再现出来，这样的学习是没有思维的进入的，所以只能培养出俯首帖耳的学生，而无法造就具有主动探索精神的"研究者"。因此，学生的独创性，不是像科学家那样去发明创造一个新的原理、新的材料，而是像科学家那样对探索未知世界有浓厚的兴趣，对研究问题有主动的精神。

不要让教材成为妨碍有效思维的障碍物

>> 传授知识所提供的材料应当与学生自己经验中的紧要问题有密切的关系。我们曾经说过，把观察本身当作开端和目的的弊病，同样适用于讲授用的教材。教学中使用的教材，如果不适合学生自身经验中已经激发起来的兴趣，或者不能引出具有某种意义的问题，则在理智的发展上是有百害而无一利的。这种教材无法深入思维的过程，因而是无用的；这种教材像大量的废料和碎片一样，堆积在脑中，一旦出现问题，它就成了妨害有效思维的障碍物。

——《杜威教育文集》第5卷，第248页

朱永新解读：

这是杜威在回答如何通过知识的传授获得理智的财富问题时讲到的第三个方面。他特别强调教学过程应该考虑学生的生活经验，而不是把杂乱无章的教材灌到学生的头脑中去。杜威批评了当时学校教学经常犯的毛病：只注意让学生记住以前学习过的内容，而不关心学生在学校外面已经学习掌握的内容。教师们在课堂里总是问："你们记得上星期我们从书本中学到的东西吗？"而不是问："你们记得曾看过或听过这样那样的事吗？"这样做的结果，就是儿童只能形成孤立的、独立的学校知识系统，"它静止地盖在日常生活经验的上面，使日常生活经验变得阴暗无光"。所以，在教学工作中，不仅仅要关注学生的书本和课业的世界，更要关注学生校外的日常生活经验的世界。只有这样，学生的经验才是完整的，学习才是有效的。

>> 讲课的方法是对教师能力的严峻的考验，例如教师判断学生理智现状的能力，为引起学生理智的反应而提供种种情境的能力等。总之，这是对教师的教育技巧的一个严峻的考验。

——《杜威教育文集》第5卷，第249页

朱永新解读：

　　《我们怎样思维》第十八章讨论的是"讲课与思维训练"的问题。杜威一开始就论述了课堂教学的重要性。他指出，在讲课的过程中，教师与学生之间产生了最密切的接触，"指导儿童的活动，激发儿童求知的热情，影响儿童的语言的习惯，指导儿童的观察等种种可能性，都集中在讲课上"。所以，教师的讲课直接影响着学生的思维发展，影响着教学的效果。教师讲课的方法，也是对教师能力最直接最严峻的考验。而讲课的方法和教师能力，有两个重要的方面，一是准确了解学生发展水平（智力现状）的能力，二是能够激发学生思维（为引起学生理智的反应提供各种情境）的能力。

心智不是一张自动地吸收和保存墨水的吸墨纸

>> 被动性是和思维对立的；被动性不仅表示缺少判断和理解，也表示好奇心的减弱，导致思想混乱，使学习成为一桩苦差事而索然无味。在大多数情况下，甚至头脑中积蓄的事实和原则等材料，一旦需要时，也不能加以利用。心智不是一张自动地吸收和保存墨水的吸墨纸。更确切地说，儿童的心智是一个生动的有机体，它寻求自己的食品，依照当前的条件和需要，有的加以选取，有的加以排斥；它所保留下来的，只是它吸收并转化为自己生命能量的那一部分。

——《杜威教育文集》第 5 卷，第 250 页

朱永新解读：

人是一个能动性的生命体。凡是能够激发人的主动性、能动性的事物，就能够进入人的视野，引起人的兴趣，从而进入他自己建构的认知系统中去。反之，就会被排斥在人的视野之外，视若不见，听若不闻，最多也只是"上课记笔记，考试背笔记，考后全忘记"。所以，激发学生思维最重要的路径，就是让学生产生学习的需要，就是发现学生的兴趣，就是建立学生新旧知识与经验之间的联系。儿童不是一张让我们自由涂绘的白纸，也不是一张自动地吸收墨水的白纸，而是一个"生动的有机体"。父母和教师的使命，就是激发他们的好奇心，让他们感觉到学习是一件快乐的事情，而不是一件苦差事。

讲课的三个目的

>> 讲课要达到哪些目的呢？一般说来有三项：（1）讲课要刺激学生理智的热情，唤醒他们对于理智活动和知识以及爱好学习的强烈愿望——这些主要是指情绪态度上的特征；（2）如果学生具有这种兴趣和感情，并且相应地受到鼓舞，那么，讲课就会引导他们进入完成理智工作的轨道，就像把一条潜力很大的河流，导入一条专门的路线，以便用来磨碎谷物，或使水力转变为电能；（3）讲课要有助于组织理智已经取得的成就，验证它的质和量，特别要验证现有的态度和习惯，从而保证它们将来的更大的效果。

——《杜威教育文集》第 5 卷，第 250 页

朱永新解读：

教师的讲课究竟要达到什么样的效果？什么样的课才是好课？我们在学习教育学的时候，曾经专门学习过一堂好课的六条标准，现在看来，杜威的这三项标准更简明扼要。第一条就是情绪情感上的要求，要激发起学生的学习热情，唤醒学生强烈的学习动机。没有这一点，一切都是空话。第二条仍然是情绪情感，即继续维持强化学习的兴趣与感情，帮助学生把学习的兴趣和激情及时地转入学习的轨道上来。第三条是有效地组织教材教法，帮助学生形成良好的学习态度与学习习惯。总的来说，这三条基本上属于非智力因素的内容。也就是说，在讲课的过程中，教师最重要的任务，是激发学生的学习动机和学习兴趣，帮助学生养成良好的学习态度与学习习惯。

讲课应当成为一种情境

>> 讲课应当成为一种情境，使一个班、一个组形成为一个社会的统一体，有着共同的兴趣，在一个成熟的、有经验的人的领导下，促进理智的热情。一个学生可能是理智空虚而死气沉沉的；或者是虽有理智兴趣，但对手头上的功课却无兴趣。讲课这一段时间里的任务，就在于激起学生的心灵，使它有所作为，使学生产生某种程度的理智的兴趣。

——《杜威教育文集》第 5 卷，第 251 页

朱永新解读：

杜威认为，人的学习与智力活动的最基本的动力来自内部，外部的刺激必须通过内部才能发挥作用。所以，讲课应该创造一种情境，这个情境应该有助于班级共同体的形成，让大家有着共同的学习兴趣，有着强烈的学习愿望。如果一个学生对所学习的内容缺乏兴趣，死气沉沉，任何教学都是徒劳无效的。所以，讲课的关键，在于激发兴趣，点燃心灵。

给学生留下最持久的印象的教师

>> 人们有时认为，有的教师并未受过教育理论、心理科学知识等训练，然而却成了伟大的教师，他们中的一些人甚至比那些具有充分的教育课程修养的人更伟大。如果读者回顾自己的学校生活经验，他也许不难发现这一事实的原因。给学生留下最持久的印象的教师，能够唤起学生新的理智兴趣，把自己对知识或艺术的热情传导给学生，使学生有探究的渴望，找到本身的动力。这是一件最为紧要的事。有求知的渴望，心灵就会有所作为；没有求知的渴望，即使给他塞满了知识，到头来也几乎毫无所得。

——《杜威教育文集》第 5 卷，第 251 页

朱永新解读：

杜威真是一位伟大的教育观察家。他把人们习以为常的教育现象，从教育理论层面进行分析，来揭示教育的规律，发现教育的真理。的确，我们在研究教师的专业性以及教师的专业发展时，经常会发现一个让人难以理解的现象：有一些没有受过系统的教育理论、心理科学知识等训练的教师，却在教育教学中表现卓越，深受学生欢迎，成为伟大的教师。也有些受过系统训练，理论上头头是道的教师，在教育教学实践中却很平庸。其实，这涉及教师专业之外的职业认同问题，以及教师的情感、意志、理想等非智力因素。所以，在杜威看来，一个好教师最重要的标准，就是看他是否能够激发起学生的求知热情和渴望。

>> 教师本身必须有真正的理智活动兴趣，必须热爱知识，这样，于无意中就会使其教学充满生机。一个令人生厌的、敷衍了事的教师将使任何学科变成死物。

——《杜威教育文集》第5卷，第251页

朱永新解读：

那么，教师和父母如何才能激发起学生的求知热情和渴望呢？这不是刻意而为之就能够做到的。我们经常说，教育应该是一朵云推动另外一朵云，一棵树摇动另外一棵树，一个灵魂感动另外一个灵魂。所以，教师和父母首先必须是一朵云，一棵树，一个灵魂。没有教师和父母对知识的热爱，就不会有学生对知识的热爱。一个令人生厌的、敷衍了事的教师，完全可能把那些本来无限生动、兴趣盎然的课程，上得索然无味，让学生了无兴趣。回想我们自己的学习经历，我们对学科的兴趣，不都是被那些优秀的学科老师点燃的吗？

>> 教科书必须用来作为手段和工具，而不能是目的。教科书的用途在于引出问题，并提供解答这些问题的知识。但是如果在讲课中，听任教科书的摆布，甚至让教科书占据主宰地位，其结果只能使思维变得迟钝。通常，对教科书的材料，应当采用迂回战术，不宜直接攻击。从字面上去对待教科书，就会使儿童的心智局限于书中已经定型的老套子上。在班级成员之间，应当主要依靠生动的交换意见、交流经验、交流知识。这种必备的前提要从事实本身中总结出来。

——《杜威教育文集》第 5 卷，第 251—252 页

朱永新解读：

如何看待教科书的作用？严格来说，学科标准和纲要才是规定学生学习和教师教学最重要的依据。学生的学习如果仅仅限于教科书，一定是舍本求末，走不远的。用叶圣陶的话来说，"语文教材无非是例子"，也就是说，教科书只是教师在教学活动中用来指导读写的范本或"模本"。相对于语文教育而言，语文教科书只是沧海一粟，教科书之外的大量阅读写作，才是语文学习的浩瀚海洋。在这个意义上，杜威与叶圣陶有异曲同工之妙。教科书是手段和工具，而不是目的本身。如果让教科书统治教学，只能限制学生的思维空间。"尽信书，则不如无书"，这句话如果用在我们对待教科书的态度上，是再恰当不过了。

运用旧材料解决新问题

>> 提问应当依据学生已学过的有关材料，要求学生运用这些材料去解决新的问题，而不是逐字逐句地、直接地复述已学过的材料。这就要求学生进行判断练习，养成独创性，即使是应付别人已经熟知了的事物，也要如此。

——《杜威教育文集》第 5 卷，第 253 页

朱永新解读：

在第十八章《讲课和思维训练》中，杜威专门讨论了讲课的过程中如何运用提问艺术的问题。他明确指出，讲课中的提问艺术，大体上包括两个方面，这就是指导学生的探究活动和养成学生独立探索的习惯。提问的艺术完全是一种指导学习的艺术，并没有严格的和固定的训练规则。尽管如此，杜威还是介绍了如何有效提问的五个方面的技巧。第一个就是如何运用旧材料解决新问题。也就是说，提问不是让学生简单重复已经学过的内容，不是"逐字逐句地、直接地复述已学过的材料"，成为鹦鹉学舌般的问答，而应该是尽可能运用学习过的内容去解决新的问题，这就要求教师的问题要有启发性，学生的回答要有独创性。简单的重复，是低质量的提问。

猜谜游艺会 不要把上课变成

>> 提问要使学生注意教材内容，而不是注意教师的目的。如果重点主要放在得到正确答案上，就违背了这个原则。那么，上课也就变成了追求教师真正答案的猜谜游艺会了。

——《杜威教育文集》第 5 卷，第 254 页

朱永新解读：

提问的重点如果不是正确的答案，应该是什么呢？杜威为什么说老师们不要把上课变成"猜谜游艺会"呢？我的理解就是，提问的目的不是简单地巩固知识，复述知识，再现知识，而是更好地理解知识，应用知识，创造知识，应该让学生注意知识之间的内在联系。所以，教师应该在课堂上注意，尽可能不要让自己成为问题的中心，让学生揣摩自己的心思，而是要让学生真正回到教材，回到事实，回到问题本身。

不要打断观念的连续性

>> 提问要使问题能持续地发展下去。这就是说，提问应当成为继续讨论的原动力。如果每个问题都是各自独立的，学生回答完一个问题之后，提出另外的特殊的主题，那就不会有问题的继续发展了。学生在思维之前，必须有一情境，有一个大的范围广泛的情境，在这个情境中，思维能够充分地从一点到另一点做连续的活动。如果没有这种情境，就会打断观念的连续性，使思维陷入紊乱无序的境地。

——《杜威教育文集》第 5 卷，第 254 页

朱永新解读：

提问的第三个艺术，就是不要把问题变成一个封闭的闭环，不要打断观念的连续性，而应该是一个开放的，不断深入、层层递进、持续发展的问题。这样，提问就不仅仅是一个问题的终结，而更应该是一个新问题的开始，前一个问题应该是后一个问题展开的原动力。也因为如此，杜威主张，老师的提问应该让学生有一个"大的范围广泛的情境"，这样可以让学生的思维有一个大致的空间场，有一个事物之间彼此联系的概念，使思维能够不断深化，有序。

>> 提问要周期性地检查和回顾以前获得的知识，以便吸取其基本的意义，总结和掌握住先前讨论中的重点，并使之从枝节性问题和尝试性的、探究性的评论中突出出来。讲课一般应包含有两三次有组织的小型检查，以便使讨论围绕在一个问题上，防止漫无目标地东拉西扯。应有不定期的循环性总结，广泛延伸以前讲课的材料，并把旧材料放在新材料所提供的新框架之中。

—— 《杜威教育文集》第 5 卷，第 254 页

朱永新解读：

提问的第四个艺术，是要建立新旧知识之间的联系，要学会把旧材料放在新材料提供的新框架之中。也就是说，提问是需要温故而知新的，温故不是简单地为了巩固，而是为了知新，所以不必纠缠于细枝末叶，不必漫无目标地东拉西扯，而要在宏观上、整体上、根本上把握事物的意义，不断延伸以前的讲课材料，提供循环性的总结，让学生在旧材料中发现新的价值，与新材料建立联系。

对未来的课题应有更多的询问

>> 在每一堂课终了的时候，要检查学生已经完成的作业和学到的知识，在学生的思想中，对某些未来的课题应更多地寻问，到底是什么。许多问题仍然是悬而未决的，这正如结构清晰的故事或戏剧中的每一片段，都会使人期待着，渴望循着线索继续看下去。有一个古老的故事，大意是说，教育一个儿童，须从他的祖父母开始。要在任何特殊情况下，引导思维活动，就一定要有从先前讲课中形成的、继续求知的欲望。这种说法比较切合实际。

——《杜威教育文集》第 5 卷，第 254 页

朱永新解读：

杜威为什么说教育一个儿童要从他的祖父母开始呢？因为教育不是在一张白纸上绘图，一个儿童的成长，身上必然有着他的父母、祖父母的许多印记。如果不了解他的父母，他的祖父母，他的家庭背景，很难真正地教育好这个孩子。同样，一个学生，他过去学习的东西对当下的学习也是有着直接的影响。如果不了解他的学习背景，不了解他已经学习了什么，也是很难取得很好的教学效果的。所以，要把课堂变成学生期待的"连续剧"，变成充满惊喜的知识探索之旅。

允许学生有从容不迫的思想上的消化的机会

>> 所有的反省思维，在某些阶段，都需要停止外部的观察和反应，以便使观念臻于完善。观察和实验在某一阶段是必要的，同样，在推理阶段，深思默想，对纷乱的感知和外部的行为进行抽象，也是必要的。消化和吸收的比喻，使人容易想起思维中的合理的同化作用，这是很有教育意义的。通过比较和衡量每个可供选择的暗示，进行沉静而连续的思考，对于确立首尾一贯的严密的结论是不可缺少的。口腔中嘈杂地大声咀嚼并不是消化。同样，推理也不等于抗辩和争吵，或者也不等于粗暴地信手拈来或抛掉种种暗示。所以，教师必须允许学生有从容不迫的思想上的消化的机会。

——《杜威教育文集》第 5 卷，第 257 页

朱永新解读：

所谓教师必须允许学生有从容不迫的思想上的消化的机会，其实，就是要给学生足够的时间去归纳、总结、思考。不要匆匆忙忙画句号，不要越俎代庖帮助学生做结论，而是给学生足够的时间思考，让他理清事物之间的内在关系，发现事物之间的内在逻辑。所以，鼓励学生培养反省思维，通过深思默想，"对纷乱的感知和外部的行为进行抽象"，总结、提炼、比较、综合，也许会产生难以置信的效果。

教师是领导者

实际上，教师是一个社会团体的明智的领导者。教师作为一个领导者，依靠的不是其职位，而是其广博、深刻的知识和成熟的经验。认为自由的原则使学生具有特权，而教师被划在圈外，必须放弃他所有的领导权力，这不过是一种愚蠢的念头。

——《杜威教育文集》第 5 卷，第 259 页

朱永新解读：

在管理学或者领导心理学中，领导的权威或者影响力有两个方面，一是权力性影响力，即领导者通过其掌握的合法职权并能合情合理地加以运用而产生的影响力。一种是非权力性影响力，即领导者通过其个人具有的品格、文化和心理修养所产生的感召力和凝聚力。前者是法定权利赋予，后者是个人魅力产生。教师，作为教育过程中的领导也是如此。教师的权力性影响力，通过他制定课堂的规则，行使奖励惩罚的权力来体现，但是，更需要通过他"广博、深刻的知识和成熟的经验"来赢得。前者一般是恒定的，每个老师都同样具有；后者是无限定的，可以一无所有，也可以无限大。我曾经说过，一个优秀的教师至少要做一个让学生瞧得起的老师，更需要做一个写在学校教育历史上的老师。

教
师
应
当
成
为
学
生
心
智
的
研
究
者

>> 教师应当成为学生心智的研究者，而学生所学的科目又是多种多样的。这个事实说明教师不仅需要所教学科的知识，而且需要教育技术性的知识。在这里，"技术性的知识"是指专业性的知识。为什么教师要学习心理学、教育史和各科教学法？这主要有两个原因：一种理由是，他能凭借这类知识观察学生的反应，迅速而准确地解释学生的言行，否则，学生的反应，可能察觉不出来；另一个理由是，这些知识是别人用过而又有成效的方法，在需要的时候，他就能够凭借这些知识给儿童以适当的指导。

——《杜威教育文集》第 5 卷，第 260 页

朱永新解读：

  法国文豪雨果曾经说过，世界上最浩瀚的是大海，比大海更浩瀚的是人类的心灵。教师职业的复杂性、艰巨性，就在于他面对的正是世界上最复杂、最浩瀚的人的心灵。教师仅仅有专业知识是不够的，仅仅懂得自己所教学科的知识是不够的——尽管要掌握自己的学科本身也不是一件轻松的事情。教师更需要有"技术性的知识"，这个技术性的知识，就是关于教育学、心理学、教学法等教育方面的知识。杜威分析出两个重要的原因：一是为了更好地了解学生，准确理解学生的行为；二是为了更好地驾驭课堂，你教室里发生的故事，在别人的教室里早已经发生过，你正在探索的方法，在别人的课堂里早已经成熟地使用过。

>> 教师要成为领导者，必须对个人所教的学科有特殊的准备。否则，他不是无目的地随波逐流，就是呆板地受教科书的束缚。灵活性，处理意料不到的偶然事件和问题的能力，依靠教师对所教学科具有新鲜和充分的兴趣和知识。在讲课之前，教师应当想到种种问题。对于这一课题，学生先前的经验和以前学过的知识，有什么可以利用的？我怎样帮助他们形成新旧知识的联系呢？需要采用什么手段来激起他们渴望学习的动机呢？怎么才能把教材讲清楚，并使学生牢记教材呢？怎样才能使课题个别化，就是说，使它既具有某些显著的特征，而教材又能适合于每个人的特殊需要和个别的爱好？

——《杜威教育文集》第 5 卷，第 261 页

朱永新解读：

陶行知曾经说过："先生之最大快乐，是创造出值得自己崇拜的学生。"但是我同时也认为，作为教师，首先要创造"崇拜"自己的学生。如果连自己的学生都不崇拜你，不喜欢你，你是很难创造出值得自己崇拜的学生的。教师作为教育的领导者，要真正有影响力，就应该在自己的非权力性影响力方面下功夫，首先在自己的学科素养上下功夫。所谓"对个人所教的学科有特殊的准备"，就是要吃透教材，掌握教法，了解学科发展的历史，把握学科发展的趋势。不仅要认真研究教材教法，而且要认真研究学生，了解学生的学习基础，针对不同的学生采取不同的办法，使教材尽可能"适合于每个人的特殊需要和个别的爱好"。

>> 只有理智与情绪，意义与价值，事实与想象融合在一起，才能形成品性和智慧的整体。对任何学科教学的检验，最后要以学生对该学科生动的欣赏程度为依据。否则，种种问题和疑问，只是反省思维的真正刺激物，它们或多或少只是一种外部的强制，而不能一心一意地去加以感受和对待。

——《杜威教育文集》第 5 卷，第 262 页

朱永新解读：

教育教学的目标，当然不是简单地掌握知识和技能，情感、态度、价值观也是教育教学不能够忽视的问题。这是新课程改革的一项重要目标和特点，其实，100 年前的杜威，就已经敏锐地发现了这个问题。现在看来，那个时候，美国的教育和全世界许多地方一样，更重视与考试相关的知识和技能，重视知识的要素，重视理性的因素，而对于非智力因素，对于情感、态度、价值观，是比较忽视的。杜威敏锐地发现，如果不重视非智力、非理性的因素，不把"理智与情绪，意义与价值，事实与想象融合在一起"，是不可能取得真正的好的教育教学效果的，因为，学习成效的检验，最终是要看学生对这个学科的"生动的欣赏程度"。

有意识的总结和组织是绝对必要的

>> 有意识的总结和组织是绝对必要的。在学习某一学科的早期阶段，大量自发的、无意识的心理活动，即使冒有随意实验的危险，也还是允许的；但到了学习的后一阶段，就应当鼓励有意识的阐述和复习。推测和反省、直接前进和回顾检查，应当交互为用。无意识为我们提供了自发性行为和新鲜的兴趣，而意识则为我们提供了控制和掌握思维的能力。

——《杜威教育文集》第 5 卷，第 265 页

朱永新解读：

第十九章《一般性的结论》是杜威对《我们怎样思维》的总结，主要从意识与无意识、过程和结果两个方面进行了论述。杜威认为，在教育教学过程中，意识与无意识、过程与结果应该是统一的，相辅相成的，缺一不可的。既需要浪漫，也需要精确；既需要意识，也需要无意识。从节奏上来看，可以先浪漫再精确，最后综合；先无意识、自发、自由地探索，再有意识、自觉、理性地探究。特别是到了最后的总结阶段，需要系统梳理、认真归纳，提纲挈领、反思总结。这与信马由缰、放任自由是完全不一样的。

关注微妙的潜伏期

>> 人们常有共同的经验，对于一个理智的课题，经过长久的思索之后，心智就容易失去其敏捷的作用。这显然是陷入了一定的格式；就像是头脑中的"轮子还在运转"，却磨不出新的谷粉来。这时就不再出现新的暗示了。用一个贴切的说法，就是说头脑被"喂饱"了。这种情况便警告我们，应把有意识的注意和思维转向于别的一些事情。当心智不再专注于问题上，意识也松弛一下它的紧张状态的时候，就出现了一个潜伏期。在这期间，材料本身得到了重新整理；事实和原则融合在一起；混淆的变得明晰了；杂乱的变得有条理了。到了这种程度，问题就往往基本解决了。许多人遇到一些复杂的实际问题需要解决，他们发现带着问题去睡觉是可取的。等到他们清晨一觉醒来的时候，常常发现他们的问题已奇迹般地豁然开朗了。这是因为在微妙的潜伏期已经创造了一个决定和计划。

——《杜威教育文集》第 5 卷，第 266 页

朱永新解读：

做科学研究的科学家和写作的作家等经常会有这样的感觉，在"山重水复疑无路"的情况下，干脆把研究和写作放下，去大自然呼吸呼吸新鲜空气，或者干脆睡觉休息，再次进入工作状态的时候，会出现"柳暗花明又一村"的情况。这是由于心智在长时间工作之后出现的"钝化"现象。所以，科学家和作家要

么换一种工作去做，要么去休息，给手头的工作留下一个"潜伏期"。杜威在这里说的带着问题去睡觉，醒来时发现问题已经奇迹般地豁然开朗的现象，已经被现代心理科学实验证明。德国研究人员曾经用三组学生进行了一项和记忆力相关的测试。测试的内容是将一组8个数字组成的序列按照一定规则转换成一组新的数字序列。学生可以通过三条途径完成任务，研究人员将两种途径预先告知了其中的两组学生，然后让学生们自己去发掘第三种方法。研究人员将以上内容分别对两组学生进行了训练和第一次测试，然后在8小时后进行了第二次测试。在这8小时内，第一组学生睡了一觉，醒来后有60％的人发现了第三种规则。未睡觉的第二组学生，只有22％的人找到了规则。作为对照的第三组参加测试的学生也睡了8个小时，但事先没有任何训练，所以醒来后没有任何人发现规则。这说明睡眠只能够对已经开始工作的信息进行再加工，产生新的灵感，但不会无中生有，不会做"无米之炊"。

游戏不能变成『傻淘傻闹』

>> 所谓"傻淘傻闹"，我们理解为，依靠一时的怪想和偶发事件，来发泄过剩精力的一系列毫不相关的即时活动。如果把所有同结果有关的认识都从连续的观念和行为中排除，这连续的观念和行为便各自分开，变成幻想的、任意的、无目的的，即只是傻淘傻闹了。儿童和动物都有根深蒂固的顽皮好闹的倾向；这一倾向也并不完全是坏的，因为它有抵制常规旧套的作用。即使纵情于梦想和幻想之中，也可以启动心扉于新的方向。但是，过度地沉溺于梦幻之中，便会招致精力的浪费和溃散。而唯一可以防止这种结果的方法，是使儿童能在某种程度上预测他们活动的结果，以及大体上可能产生的影响。

——《杜威教育文集》第 5 卷，第 267 页

朱永新解读：

杜威对游戏与工作各自的特点进行了精辟的分析，他认为游戏往往是过程导向，而工作一般是结果导向。所以，游戏要有趣，好玩，投入，有满足感。工作则由结果来控制着注意力和手段。教育教学要把两者有机地结合起来，不能造成两者的分离，否则，"游戏就会退化为傻淘傻闹，工作也就变成苦役了"。总体上而言，对于儿童，尤其是低年级学生而言，应该考虑他们的身心特点，让他们能够从活动中得到乐趣和满足，但也不能放任不管，让他们"纵情于梦想和幻想之中"，完全没有结果导向，这样会导致精力的浪费和溃散。

工作不应该变成苦役

>> 然而，如果唯一的兴趣仅限于结果，那么，工作就变成苦役了。所谓苦役，是只对结果产生兴趣的那些活动，而对这些活动取得结果的过程并没有兴趣。每当一项工作变成苦役的时候，做事的人就对工作过程的价值失去了兴趣，而只关心行为的结果。工作本身需要付出能量，这是令人生厌的；但这又是必要的，因为没有它，一些重要的结果就无法得到。

——《杜威教育文集》第 5 卷，第 267 页

朱永新解读：

与游戏不应该变成傻淘傻闹一样，我们不能从一个极端走向另外一个极端，把工作，把学习，把课堂，把作业变成纯粹只有结果的事情。杜威在接下来的文字中还专门批评这样一种极端的观点："儿童应当去干一些苦差事，从而养成忠于令人生厌的职责的能力，这种观点是完全错误的。"他认为，如果这样做，只能形成对于职责的厌恶、躲避和推诿，而不可能产生对职责的忠诚的热爱。因此，"要使儿童愿意做本来不吸引人的事，最好的方法，是让他理解工作结果的价值，使对价值的意识，转移到工作的过程之中"。这样，其实是把对结果的兴趣提前转移到对过程的兴趣上来。

把自由的游戏和认真的思考结合起来

>> 在正常情况下，在儿童时期，把自由的游戏和认真的思考结合起来的理想，是可以实现的。关于儿童生活的许多成功的描绘，既显示出了他们对于未来的无忧无虑，也至少明显地表现了他们的专心致志的沉思。为现在而生活，同提炼现在生活中的深远意义并不矛盾。这种充实的现时生活，正是儿童正当的继承物，也是他们将来成长的最好保障。迫使儿童过早地关心遥远的经济效果，在某一特殊的方面，虽可以惊人地磨炼他们的才智，但是，这种过早的专门化，却要付出代价，即形成漠不关心和感觉迟钝的状态，这是很危险的。

——《杜威教育文集》第 5 卷，第 268 页

朱永新解读：

杜威认为，让儿童能够"既爱游戏，同时又严肃正经"，是完全可以做到的，而且这恰恰就是"理想的心智生活的状态"。这样的学习，被杜威称为"理智的游戏"。这种理智的游戏与粗心或轻率毫不相容，"因为它要求精确地说明取得的结果，使每一个结论有更长远的用途"。有智慧的教师往往能够拿捏这个分寸，恰到好处地处理游戏与思考、自由与认真、过程与结果的关系。这其实也就是教育活动中的"中庸"智慧。这种智慧，往往还要根据学生的个性特点来进行，针对过于自由浪漫的儿童，让他们更多地关注一下结果；而对过于严肃正经的儿童，让他们更多地关注一下过程，学得轻松活泼一些。

真正的教师就是艺术家

>> 教学是一种艺术，而真正的教师就是艺术家，这也是一句老生常谈。教师是否有权加入艺术家的行列，要看他是否能够培养青年或儿童也具有艺术家的态度。有些教师能够激发热情、交流思想、唤起活力。果能如此，当然是好的。但是，最后的检验，还要看他能否成功地把这一热情转化为有效的力量；也就是说，它能否使学生注意事物的详细细节，以保证能够掌握实施的手段。如果不能，学生的热情就会减弱，兴趣就会消失，而理想也只能成为糊涂的记忆了。

——《杜威教育文集》第 5 卷，第 269 页

朱永新解读：

教师是艺术家，因为教育教学活动本身是艺术。但是，教师能否成为真正的艺术家，能否有资格加入艺术家的行列，就要看教师是否掌握了这个艺术，是否能够"激发热情、交流思想、唤起活力"，并且是否能够把这种热情、活力转化为有效的力量。"既要提出激动人心的目的，又能训练实施的手段，并使两者和谐一致"，这才是真正的教师艺术家，杜威认为，对于教师来说，这既是他们的"难题"，也是他们的"酬报"。当然，教师是否是真正的艺术家，不仅仅是看教师自身的行为，更要看学生的表现，看学生能否具有艺术家的精神和艺术家的态度。这种态度，就是前面所说的，既能够有自由的游戏，又能够有认真的思考。

思维必须用来对付新的、不确定的和疑难的问题

>> 心理学常识告诉我们，旧的或者我们完全熟悉了的事物，并不能引起我们的注意。这是有充分的道理的，因为新环境不断地要求人们去适应，如果仅仅注意于旧的事物，那就会浪费精力，而且是很危险的。思维必须准备用来对付新的、不确定的和疑难的问题。因此，如果使学生的思维仅限于他们业已熟悉的教材上，便会压制他们的理智，涣散他们的感觉能力。我们不必去注意旧的、近的、习惯了的事物，但是要利用它们；它们不提出问题，但是，提供解决问题的材料。

——《杜威教育文集》第 5 卷，第 270 页

朱永新解读：

杜威敏锐地注意到，学生们往往对教材以外的、知识范围以外的事情特别感兴趣，而"对于很熟悉的教材，反感到索然无味"。这就是我们心理学经常提到的"喜新厌旧"的注意力特点。这个特点决定了在教学的过程中，我们既不能固守教材，让学生索然无味，也不能信马由缰，让学生离目标很远。这就需要处理好教学过程中的辩证关系，难和易的关系，远和近的关系，新和旧的关系，包括前面所说的游戏和工作的关系，浪漫和精确的关系，意识和无意识的关系，等等。正如杜威在总结时说的那样："新教材通过思维变成了熟知的旧经验以后，又用来判断和融化更新的教材，这种螺旋上升的过程，是永远没有止境的。"

真正的传播知识包含着思想的传导

>> 在大量知识需要传播的条件下，教育上常有湮没学生个人的生动经验（虽然这种经验是狭隘的）的危险。充满活力的教师能够传播知识，激励学生通过感官知觉和肌肉活动的狭窄的门户，进入更完满、更有意义的人生；而单纯的教书匠，却止步不前，无所作为。真正的传播知识，包含着思想的传导；如果传播知识不能使儿童和他的种族之间发生共同的思想和目的，那么，所谓传播知识，不过是徒有虚名而已。

——《杜威教育文集》第 5 卷，第 272 页

朱永新解读：

这一段文字，是《我们怎样思维》一书最后的结尾。这是一个值得细读的结尾，也是一个画龙点睛的结尾，其中蕴含着许多重要的教育思想。首先，杜威认为教育不能忽视学生的"生动经验"。教育如果不考虑学生的生命体验与生活经验，不激发学生的主动性、积极性，不建立起知识与学生经验之间的联系，是很难取得成效的。其次，传播知识只是教育目标中的一小部分，或者说，知识只是一座桥梁，教育最关键且最重要的是通过这个桥梁，帮助学生"进入更完满、更有意义的人生"。新教育讲的过一种幸福完整的教育生活，就是说的这个道理。最后，知识传播最重要的目标是帮助"儿童和他的种族之间发生共同的思想和目的"，也就是说，真正的教育，首先不是知识的

传播，而是思想的引领，是帮助学生形成与整个社会、全民族之间的共同语言、共同价值和共同愿景。我们说的共读共写共同生活，也是这个道理。看来，不同时代、不同区域的教育家，面对的许多问题是共同的。

第十九章

将学校建成
微型共同体

导语

本章主要解读杜威的《芝加哥实验的理论》。1894年，杜威到芝加哥大学担任哲学、教育学、心理学系的系主任。两年后，他创办了芝加哥实验学校。这是一所只存在了8年的小规模学校，开办时只有12名学生，1903年最高峰时也只有140名学生。

在19世纪末20世纪初，美国掀起了教育改革高潮，新式学校相继开办。在这一背景之下，杜威为何要创办自己的实验学校？一是他觉得"纸上得来终觉浅"，教育理论的正确与否得由实践来检验："教育理论和它在实践中的贯彻，两者的距离总是那么巨大，对于孤立地陈述纯理论原则的价值，自然令人怀疑。"[①] 二是，或许是更为重要的，当时的一些新式学校并不为杜威所认可，与其教育理想有着较大的差别。"在一些进步学校起主要作用的观念是，学校的创办是为了给个人完全的自由，它们是并且必须是'以儿童为中心'的，从而忽略，至少是轻视社会关系和责任。"[②] 由于这两方面的原因，杜威创办了自己的实验学校，以检验用作实验假设的一些理论。

杜威始终认为，如果学生不能利用校外经验来促进学习，而在校所学的又不能在校外生活中派上用场，这无疑是教育的极大浪费。为此，杜威创办了实验学校并旨在改变这一突出问题："所有教育的最终问题是协调心理的和社会的因素。"[③] 社会因素是指个体通过交往实践接受相关的训练，感受各种人际关系；心理因素是指对个人能力的运用。学校

---

① 〔美〕约翰·杜威：《芝加哥实验的理论》，王承绪译，载吕达、刘立德、邹海燕主编：《杜威教育文集》第5卷，人民教育出版社，2008年，第285页。

② 〔美〕约翰·杜威：《杜威全集》晚期著作第11卷，朱志方等译，华东师范大学出版社，2015年，第160页。

③ 〔美〕约翰·杜威：《杜威全集》早期著作第5卷，杨小微、罗德红等译，华东师范大学出版社，2010年，第170页。

的作用就在于创造条件而使得"儿童能够以实现社会目的的方式自我表达"。它包含紧密相连的两个方面：一是，作为一个社会机构，学校是家庭与其他社会组织的中介，必须起到自然过渡的作用，以"确保儿童的在校生活成为他自己日常生活的一部分"。学校应该把不同年龄、性格、天赋和成就的儿童组织在一起，并通过形式多样的活动而使得儿童感受到社会是一个有机的整体。二是，不同于成年人，"儿童从根本上而言是行动和自我表达的存在"，且"知识和情感通常在对活动的把握中发展"①，因此，实施各种形式的"做中学"是满足儿童心理需求、促进其经验生长的有效途径。"从经验中学习，就是在我们所做的事和结果，我们所享受的快乐或所受的痛苦之间建立前后的联系。"②

相比一些进步学校来说，杜威的学校并没有从一个极端走向另一个极端，而是较为妥善地处理了教学与管理中的几个基本关系。一是规范与自由的关系。不少访客，当看见实验学校生动活泼的场景，常常误以为它是以儿童自由、经验作为最终的目标，殊不知实验学校却是把合作精神、责任感、规则意识的培养作为重要的目标。正如杜威所希望的："学校的主要目的在于保证自由随意的社区生活形式。在这样的社区里，每个儿童都觉得自己是社区的一分子，也明白自己的工作。"③二是兴趣与理智的关系。实验学校以儿童的社会、建造、探究与表达等"本能"为基础，设计了游戏、手工操作等形式多样的活动，不仅满足了儿童对感性活动的兴趣，而且高度重视将活动引向社会化、理智化的目标。三是主体与主导的关系。由于实验学校强调"教育是在经验中，由于经验

① 〔美〕约翰·杜威：《杜威全集》早期著作第5卷，杨小微、罗德红等译，华东师范大学出版社，2010年，第170、171页。
② 〔美〕约翰·杜威：《芝加哥实验的理论》，王承绪译，载吕达、刘立德、邹海燕主编：《杜威教育文集》第5卷，人民教育出版社，2008年，第296页。
③ 〔美〕约翰·杜威：《杜威全集》中期著作第1卷，刘时工、白玉国译，华东师范大学出版社，2012年，第236页。

和为着经验的一种发展过程"①，知识由此而转变为一种工具、方法，教师的角色与过去当然有所区别："教师的任务是为儿童选择有价值的经验，选择能激发儿童兴趣的问题，鼓励儿童去探究，并引导儿童观察他们周围的世界。"② 实际上，引导学生观察、探究远比知识的灌输要复杂得多，这必然对教师的专业能力、实践智慧提出更高的要求。

"只有学校自身成为一个小型的合作社会，教育才能使青少年为将来的社会生活做好准备。"③ 杜威认为，我们并不是生活在一个固定不变和完结了的世界，而是生活在一个向前发展中的世界，因此，教育的任务是立足当下，面向未来，创造更加美好的新生活。

① 〔美〕约翰·杜威：《我们怎样思维·经验与教育》，姜文闵译，人民教育出版社，2005 年，第 250 页。
② 艾达·德彭西尔：《杜威在芝加哥大学实验学校》，〔美〕简·杜威等：《杜威传》，单中惠编译，安徽教育出版社，2009 年，第 72 页。
③ 〔美〕约翰·杜威：《杜威全集》晚期著作第 11 卷，朱志方等译，华东师范大学出版社，2015 年，第 159 页。

>> 教育理论和它在实践中的贯彻，两者的距离总是那么巨大，对于孤立地陈述纯理论原则的价值，自然令人怀疑。而且，时隔三十余年，存在着把记忆的东西加以进行理想化工作的危险。所以，任何陈述，将包含相当多的并非忠于最初的设想，而是随后经验的结论的成分。

——《杜威教育文集》第5卷，第285页

朱永新解读：

从今天开始我们读《芝加哥实验的理论》。这篇文章的翻译者王承绪介绍，这篇文章译自凯瑟林·坎普·梅息与安娜·坎普·爱德华兹合著的《杜威学校》英文版第463—478页。但是，教育科学出版社出版的《杜威学校》的中文版中只有杜威的一个简短的引言。从内容来看，应该是杜威为这本书写的一个评论。《杜威学校》一书有一个副标题——芝加哥实验学校，它是杜威亲自创办的学校。1894年，杜威到芝加哥大学担任哲学、教育学、心理学系的系主任。两年后，他创办了这所具有实验性质的学校，以"检验用作工作假设的某些来自哲学和心理学的思想"。

杜威在文章的一开头就感叹：教育理论与教育实践之间的距离总是那么巨大。如果孤立地讲述理论、原理的价值，其实没有多大的意义。这本书在1836年出版，距离学校的创办正好过了整整30年的时间，所以杜威感叹，虽然这本书"存在着把记忆的东西加以进行理想化工作的危险",但是,这本书的记录恰恰见证了教育理论在多大程度上落到了实处,实现了最初的梦想。如何缩小教育理论与实践之间的差距,一直是全世界的难题。新教育,也一直在努力搭建两者之间的桥梁。一个好的理论能够落地不容易,即使杜威办起了自己的学校,也难以全部落实。

学校是一个小规模的合作化社会

>> 在实验学校的理论中，把学校建设成为一个社会生活的形式，这是达到所要求的协调的首要因素。我们认为，只有当学校本身是一个小规模的合作化社会的时候，教育才能使儿童为将来的社会生活做准备。除非个人在和别人不断的和自由的经验交往中紧密地生活在一块，并在共同分享的过程中得到幸福和成长，否则个人和社会的一体化是不可能的。

——《杜威教育文集》第 5 卷，第 287 页

朱永新解读：

教育即生活，学校即社会，这是杜威教育理论最著名的论断。杜威一直反对学校教育严重脱离社会生活，脱离学生的生活经验，反对把学校和社会视为两个不同的世界。一直以来，人们都习惯把学校与社会，学习与就业视为两个截然不同的阶段，前者是为后者做准备的。但是，杜威认为两者之间没有一条鸿沟，学校本来就应该是社会的一部分，教育本来就应该是生活的模样。只有当学校本身就是"一个小规模的合作化社会"的时候，教育才能真正地"使儿童为将来的社会生活做准备"。其实，现在的 PBL 项目式学习等，最初的思想来源正是杜威这种基于真实情境，解决真实问题的教育观。

需要分级的是材料，而不是学生

>> 这个思想，彻底背离那种把学校看作仅仅是学习功课和获得某些技能的场所的见解。这个思想，把学校中的研究和学习与在丰富而有意义的社会环境中进行校外生活所得到的教育同化起来。这个思想，不仅影响学习和研究，而且影响儿童的组织，把儿童分成小组，代替"分级"。我们认为，需要分级的是材料，不是学生；要着重考虑使学生在最有利于有效交往和共同分享的条件下联合起来。自然，这个思想也影响教材的选择，例如，幼儿入学后，所从事的活动，继续他们在家庭中所熟悉的社会生活。在儿童成长时，继续维持联结家庭生活和邻里以及范围更大的社会的纽带。这些纽带在时间上引向过去，在当前引向校外，引导历史和比较复杂的各种现有的社会活动。

——《杜威教育文集》第 5 卷，第 287—288 页

朱永新解读：

这段文字是接着上面一段文字继续阐释的。既然学校与社会、教育与生活不可分割。那么由此就可以得出以下几个判断：第一，学校不仅仅是学习功课和获得某些技能的场所，还是一个全面地培养人的场所。第二，学校的教育和教学生活应该与社会环境和校外生活有机地结合起来，同构起来。第三，不能简单地对学生按照年龄分级，而是应该考虑用"分组"代替"分级"。用分组代替分级是一个很重要的思想，

因为它是对现代学校制度之中年级概念的挑战。事实上，杜威的芝加哥实验学校最初就是不按年龄混合编班的。他的目的是让年龄大的儿童和年龄小的儿童在一起，年龄较小的儿童可以在不知不觉之中向年龄较大的儿童学习，同时年龄大的儿童有一定的照顾年龄小的儿童的责任。在学校扩大以后，他们仍然采取这样的做法，不是根据学生的读写才能分班，而是根据学生共同的兴趣来编班。这与我们倡导的未来学习中心的混龄学习是完全一致的。最后，在教材的选择上，不应该选那些远离儿童生活经验，远离社会生活实际的内容。

传统课程在智育方面的极度贫乏和缺乏组织

>> 习俗和惯例使我们大多数人看不到传统课程在智育方面的极度贫乏和缺乏组织。这种课程大部分还是由若干互不联系的科目组成，每个科目又不过是一些或多或少独立的题目。一个有经验的成年人可以提供一些联系，从它们彼此之间以及同世界的逻辑关系上来透视各门课程和教学。对学生来说，它们可能就是为了达到某种未知目的在学校存在着的一些奇妙神秘的东西，而且只是学校才有。

——《杜威教育文集》第 5 卷，第 289 页

朱永新解读：

现代课程体系是英国的哲学家、教育家斯宾塞在 200 年前奠定的。他曾经专门讨论了"什么知识最有价值"的问题，认为教育的目的和任务在于帮助人们去过"完美"的生活。这个"完美"的生活主要有五类，与之相关的课程也分为五类。分别是：一是直接保全自己的活动。这是与人的身体和健康直接相关的，主要课程如解剖学、生理学及卫生学等。二是获得生活资料，间接保全自己的活动。这是与人的生存和生活相关的，除了掌握读、写、算等基本能力外，主要课程有逻辑学、算术、几何学、力学物理学、化学、天文学、地质学、生物学、社会学以及外国语知识等。三是种族保存（即教养子女）的活动。这是与人的延续与养育相关的，主要课程有生理学、心理学和教育

学等。四是履行社会义务的活动。这是与人的社会发展相关的，主要课程有历史学、地理学等。五是满足兴趣爱好和感情需要的休闲活动。这是与人的闲暇生活与兴趣爱好相关的，主要课程有绘画、雕刻、音乐、诗歌等。应该说，当时斯宾塞的主张，基本上还是一个以人为本的考量，课程内容也比较丰富。但是，200年以来，他的课程结构中很多内容被逐步淡化甚至丢弃了，有些内容又被过于强化甚至单一化了。这就是杜威文章中批评的那样，"传统课程在智育方面的极度贫乏和缺乏组织。这种课程大部分还是由若干互不联系的科目组成，每个科目又不过是一些或多或少独立的题目"，课程本身也离学生实际的生活越来越远，变成了只在学校里才有的死知识。

>> 关于"教材",迫切的问题是要在儿童当前的直接经验中寻找一些东西,它们是在以后的年代里发展成为比较详尽、专门而有组织的知识的根基。要解决这个问题是非常困难的,我们并没有解决好;这个问题到现在还没有解决,而且永远不可能彻底解决。

——《杜威教育文集》第 5 卷,第 289 页

朱永新解读:

把教材、学习与学生的生活经验结合起来,是杜威教育思想的重要基石,也是芝加哥实验学校的基本办学主张,尽管他们做了很大努力,与杜威的期待还是有很大的差距。杜威甚至发出了这个问题可能永远也无法真正解决的感慨——"要解决这个问题是非常困难的,我们并没有解决好;这个问题到现在还没有解决,而且永远不可能彻底解决"。问题在于,为什么我们的教材要如此重视学生"当前的直接经验"呢?这就涉及人们学习与理解知识的心理学机制,只有与学生的当前经验发生联系,才能吸引学生的注意,激发学生的兴趣,从而使得学习更加主动积极,也才能记得牢固,能够"在以后的年代里发展成为比较详尽、专门而有组织的知识的根基"。

不要造成课程内容的臃肿和肤浅

>> 自从芝加哥实验学校着手发展一种新型的教材以来，三十多年过去了，在课程内容方面有了巨大的进步。它们不像过去那样死板，也不那么遥远了。但是，它们仍然表现出近代知识的单纯量的增加的影响，造成课程内容的臃肿和肤浅。"充实"课程，往往是进一步引进无关的和独立的科目，或者把过去留着在中学学习的题材下放到小学。或者，在相反方向，引进以设计为名的支离破碎的短时间的作业，这些作业有情感上的刺激作用，但不能发展成为新的领域的原理，也不能发展成为成熟的组织。

——《杜威教育文集》第 5 卷，第 290 页

朱永新解读：

　　杜威的这段文字，我们现在读起来仍然好像是针对我们当下的课程和教育提出的批评，不是吗？芝加哥实验学校已有 100 多年的历史了，我们的课程与杜威时代相比变了多少？有人曾经批评说，100 年前的道路，100 年前的交通工具，100 年前的医院，100 年前的工厂，变化之巨大让人难以想象，世界上好像只有两样东西变化不大：学校和教堂。不仅仅是外观，也包括内容。随着科学技术的发展，人类创造的知识以几何级数在增长，学校课程亦步亦趋地增加，造成了课程内容的"臃肿和肤浅"，这是我们教育的根本问题之一。我一直说，课程的卓越性决定了生命的卓越

性，课程的丰富性决定了生命的丰富性。问题在于，如何实现课程的卓越和丰富？新教育实验提出的整合课程的大生命、大科学、大人文、大德育、大艺术，其意义就在于此。我们已经到了一个需要像 100 年前杜威那样严肃追问课程的时候了。

课程的轴心

>> 所谓恰当的教材，基本的思想是：课程必须不是仅仅作为知识的项目来吸收，而必须作为当前需要和目的的有机组成部分来吸收，而这些需要和目的又是社会性的。这个原则，转化为具体材料，实际上就是说，从成人的观点来看，课程的轴心乃是文化的发展；而从受教者的观点看，这个轴心乃是他们自己戏剧性地和富有想象力地扮演的生活和思想的运动。

——《杜威教育文集》第 5 卷，第 290—291 页

朱永新解读：

教材也好，课程也罢，都不是"仅仅作为知识的项目来吸收"的。教师更不是简单的知识搬运工，把知识从自己的头脑中搬到学生的头脑中。知识只是一个媒介，它必须指向两个方向：文化与生命。杜威分别从"成人的观点"和"受教者的观点"来考量，其实这两者也是密不可分的。从文化的角度看，教育的使命之一是文化的传承与发展，这是教育的社会使命和文化使命，也是教育文化价值的体现。但这是不够的，教育还必须为学生的生命而存在，为生命的丰富性、多样性而存在，为帮助学生"戏剧性地和富有想象力地"生活。

可靠地、安全地和有成效地去应付未来

>> 在这个世界上，我们的主要任务是展望未来，而回顾过去——一切知识和思想不同，它是回顾过去的——它的价值，在于使我们可靠地、安全地和有成效地去应付未来。……从经验中学习，就是在我们所做的事和结果，我们所享受的快乐或所受的痛苦之间建立前后的联系。在这种情况下，行动就变成尝试，一次寻找世界真相的实验；而经受的结果就变成教训——发现事物之间的联系。

——《杜威教育文集》第 5 卷，第 296 页

朱永新解读：

杜威认为，我们的社会是一个不断变动着的社会。"我们并不生活在一个固定不变和完结了的世界，而是生活在一个向前发展中的世界"，因此，教育的任务是面向未来，创造更加美好的新世界。教育需要"回顾过去"，但是，回顾过去也是为了让我们能够"可靠地、安全地和有成效地去应付未来"。杜威强调，应该善于从经验中学习，从我们所做的事情的过程和结果中学习。做事情的过程，就是探索的过程，就是行动的过程，就是尝试的过程，就是寻找世界真相的过程，就是发现事物之间联系与规律的过程。也是享受快乐与品尝痛苦的过程，这个过程本身就是财富，就是最好的学习。

民
主
的
思
想
并
不
黯
淡

>> 民主的思想并不黯淡，虽然我们还远远没有能使这个思想成为现实。我们的公立学校制度是在人人机会均等的名义下创立的，不问出身、经济地位、种族、信仰或肤色。学校本身不能单独创造或体现这个思想。但是至少它能塑造出这样一些人，他们在思想上懂得这个思想的具体意义，在他们心坎里热爱这个思想，在他们行动上有为它战斗的准备。

　　　　　　——《杜威教育文集》第 5 卷，第 305 页

朱永新解读：

　　这是杜威发表在《社会边疆》1937 年 5 月号上的一篇文章，后来收入他的《今日教育》一书之中。文章讨论了学校对于社会变动的力量能够做一些什么，教育对于民主社会的价值和意义等问题。杜威作为一个哲学家和教育家，从来就不是一个坐而论道的学者，而是一位知行合一的哲人。他坚持学校和社会、教育与生活的融合，与他坚持通过教育塑造更美好的社会是一致的。他认为，民主的思想，民主的种子，是在学校播下的。学校虽然不能单独创造或者体现民主的思想，但是应该成为传播民主思想的场所，应该成为培养具有民主意识和民主精神的人的场所。只要学校有这样的理想，民主的光芒就永远不会黯淡。

民
主
是
一
种
共
同
生
活
方
式

>> 民主是一种共同生活方式，在共同生活中，互相
自由协商支配一切，而不是力量支配一切，合作
而不是残忍的竞争是生活的规律；民主是一种社
会秩序，有利于友谊、审美和知识的一切力量受
到热爱；一个人能发展成怎样的人，就发展成为
这样的人。这些东西至少给我们一个出发点，把
灌输民主的思想和目的作为参照点。如果有足够
的教育家勇敢地、真诚地努力寻求这个理想和目
的给我们提出的具体问题的回答，我相信学校和
社会变动的方向的关系问题将不成为问题，而将
成为行动中的一个有动力的回答。

——《杜威教育文集》第 5 卷，第 306 页

朱永新解读：

　　杜威的一生，是为民主奋斗的一生。他的哲学，
他的教育，都是为民主而服务，而存在的。杜威对于
民主有许多解释和定义。在这篇文章的最后，他说，
"民主也意味着以智慧为基础的自由的选择，这种智慧
是和别人自由联合和交往的结果"。也就是说，民主是
一种自由的选择，自由的选择权是民主的重要表征，
但是这种选择不是盲目的，而是智慧的，是发生在与
别人交往的过程之中的。所以，民主既是一种生活方
式，又是一种社会秩序。说它是一种生活方式，意味
着这种生活不是外在的力量强加的，而是共同体成员
提供协商交流共同选择的；不是弱肉强食的无情竞争

的结果，而是自由协商的携手合作的结果。这是一个让人自由生长的环境，让人的智慧、友谊、情感和审美都能够生长、生发的土壤。教师、教育家的使命就是努力创造这样的环境和土壤。

科学和技术都不是非人格的宇宙的力量

>> 科学和技术都不是非人格的宇宙的力量。它们只能在人类欲望、预见、目的和努力的媒介中起着作用。科学和技术有种种交互作用，在这些作用中，人类和自然共同工作，而人的因素又直接受到改变和指导。人类和物质情况共同参与工商业器具、工具和机械的发明与运用，这是任何人不想否认的事实。

——《杜威教育文集》第 5 卷，第 376—377 页

朱永新解读：

这段文字选自杜威的另外一部哲学著作《人的问题》。其于 1946 年由纽约哲学图书公司正式出版，中文版是傅统先与邱椿翻译，1986 年由上海人民出版社出版。杜威在这里讨论了人民对待科学技术的两种不同态度：理想主义的态度和现实主义的态度，认为这两种态度都遗漏或者忽略了一个重要的事实，即"科学和技术都不是非人格的宇宙的力量"。也就是说，科学技术虽然是人创造出来的，但它同时会反作用于人类，并且经常会成为异化的力量。然而，人毕竟是有自主性的，所有的科学技术"在人类欲望、预见、目的和努力的媒介中起着作用"。杜威发现，我们的物质知识和社会道德知识之间存在一种不平衡的状态，人类创造的物质知识和技术的进步，已经超出了社会或者人生知识与人类工程的进步，所以人类只有不忽视社会道德的进步，才能真正把握好科学技术的方向。

新科学从距离人生事务最遥远的事物上开始

>> 新科学从那些距离人生事务最遥远的事物上开始，即是从天空的星球开始。新方法从天文学上获得的胜利走到物理学和化学上获得的胜利。其后，科学又应用在生理学和生物学的题材之上，在前进的每一阶段中，都遇到传统制度的代表们的坚决抗拒，因为他们感觉其威信是与旧信仰的维持联系着的，并感到其对于他人的阶级统治已受到威胁。

——《杜威教育文集》第 5 卷，第 378 页

朱永新解读：

在读到杜威的这段文字之前，我曾经也系统地思考过这个问题。在 20 年前出版的《管理心理学》教科书中，我就提出，从科学发现的历史来看，人类的确是从离自己最遥远的地方开始观察、思考与研究的。所以，最遥远的星球首先引起人类的注意，天文学因此成为科学家族的老大哥。后来是牛顿的物理学，人类关注物质世界的规律。再后来是生物学，人类开始关注生命。人类从最遥远的星球，从物质的层面开始，逐步地向人靠近，现在是生物学的世纪。未来，将会逐步地走到人自身，走到人的心灵。当年写下这段文字的时候，还没有读到杜威的这部分内容。现在看来真是所见略同。的确，人类对自己的认识，应该是人类最后的发现，最后的胜利。人类只有认识了自己，能够真正控制自己，才能完成对整个世界的认识，从而也就能够真正控制世界。

用一个自由的精神去鼓舞职业教育

>> 用一个自由的精神去鼓舞职业教育并使其充满着一个自由的内容，这并不是一个梦想。在有些地方的学校中，所谓"实用的"学科的教学常充满了科学的理解和其在社会的道德的应用上所固有的意义，这是一个已证明了的可能性。

——《杜威教育文集》第 5 卷，第 381 页

朱永新解读：

　　杜威的这段文字是针对当时年轻气盛的芝加哥大学校长赫钦斯的言论而写的。1929 年，芝加哥大学法学院院长——30 岁的赫钦斯应聘担任了芝加哥大学校长，开始推行以自由主义教育为特征的"芝加哥计划""名著教育计划"等，反对大学进行职业教育。杜威则明确表示，自由的精神与职业教育并不矛盾，"用一个自由的精神去鼓舞职业教育并使其充满着一个自由的内容，这并不是一个梦想"。所以，如何在职业教育中加强人文精神，使"实用"的技艺同样充满情怀，拥有科学与人文的精神，的确是职业教育需要思考的问题。

>> 民主主义的成功的维持，严格要求利用最有效的方法去求得和我们的物质知识大体相称的社会知识，并去发明与利用和我们关于物质事务的技术能力大抵相称的社会工程的形式。

这便是指示给我们的任务。如果用冠冕堂皇的名词来说，这个任务就是使科学人文化。这个任务不能在具体上完成，除非作为科学的果实的技术亦被人文化了。只有把任务仔细分析，把智慧应用到许多场合中各种各样的问题上，使科学和技术成为民主希望和信仰的侍仆，才能在具体上执行这个任务。这个动机鼓舞着思想上和行动上的忠诚心。但是除了希望和努力，我们还应养成观察和了解的自由的、广泛的、有训练的态度，使这些态度成为和科学方法的基本原则血肉相连的东西，成为习惯的不知不觉的东西。在这个成就中，科学、教育和民主目标合而为一。希望我们能肩负起这个时代任务，因为这是我们的人生问题。只有通过人的欲望、人的了解、人的努力，这个问题才能得到解决。

——《杜威教育文集》第 5 卷，第 382 页

朱永新解读：

民主、教育是杜威哲学思想和教育思想的两个关键词。但是，如果把两者与科学技术相分离，如果没有科学的人文化和人文的科学化，也没有真正的民主、真正的教育和真正的科学。因为，这三者本身是

互相融合、彼此促进、同生共长的。其中的关键就是要"使科学技术成为民主希望和信仰的侍仆",也就是说,要让科学技术成为促进人幸福生活的工具,成为建设民主社会的工具,成为幸福完整的教育生活的工具。在我们的学校生活中,科学与人文的分离,科学与民主、教育的分离,导致了许多教育的误区,从高考的文理分科,到学校教育的重理轻文,都反映了这样的偏颇。所以,教育变革的方向之一,就是要打破学科的分割,加强学科的融合,推进科学的人文化和人文的科学化,把科学、教育和民主的目标有机地整合起来。

启发是从经验和观念的交流中得来的

>> 即便在教室中，我们亦开始认识到：在仅是教科书和教师才有发言权的时候，那发展智慧和性格的学习便不会发生；不管学生的经验背景在某一时期是如何贫乏和微薄，只有当他有机会从其经验中做出一点贡献的时候，他才真正受到教育；最后，启发是从授受关系中，从经验和观念的交流中得来的。

在我看起来，那个原则在教室中的实现，便是作为教育过程的民主主义的意义之表现。没有这个教育过程，个人不能完全照顾自己，如果他有点可贡献的东西，他亦不能对他人的社会福利有所贡献。

——《杜威教育文集》第 5 卷，第 385 页

朱永新解读：

传统教育是以教师为中心、以教科书为中心，在这样的格局下，真正意义上的学习是很难发生的。只有真正地以学生为中心，以学生的经验为中心，教育才能卓有成效。所以，无论是教室里也好，校园里也罢，都应该让学生有发言权，都应该尽可能与学生的经验联系起来，应该有真正的经验与观念的交流分享。这不仅仅是为了让真正的学习发生，发展学生的智慧和性格，更是为了民主社会的建设。

教育不是唯一的工具，但它是第一的工具

>> 民主主义和教育有相互的关系，因为不但民主主义本身是一个教育的原则，而且如果我们没有通常所想的狭义教育，没有我们所想的家庭教育和学校教育，民主主义便不能维持下去，更谈不到发展。教育不是唯一的工具，但它是第一的工具，首要的工具，最审慎的工具。通过这种工具，任何社会团体所珍视的价值，其所欲实现的目标，都被分配和提供给个人，让其思考、观察、判断和选择。

——《杜威教育文集》第 5 卷，第 385 页

朱永新解读：

民主主义与教育有着密切的关系。民主与教育，也是杜威一生为之奋斗的主题。民主不仅仅是一个政治的概念、社会的概念，也是一个教育的命题、教育的概念。民主的种子是在教育中播下的，从家庭教育到学校教育，都是民主意识、民主精神培养的重要场所。当然，民主的精神与政治制度、社会组织架构等也有着密切的关系。所以，杜威说，对于民主主义的精神和民主社会的建设，教育虽然不是唯一的工具，但一定是第一的工具、首要的工具和最审慎的工具。所以，当我们的教师、父母在批评许多社会现象的时候，在抱怨民主不够的时候，不妨问一下自己：我们的家庭、我们的教室、我们的校园民主吗？

>> 美国的家庭和东方的家庭根本不同之处，在于东方的家庭偏重儿女对于父母的责任，美国的家庭注重父母对于子女的责任。东方的父母生育子女、教养子女，都指望子女将来报答父母。美国父母不存在这种意思。他们以为既生下子女，便该有养育的义务。父母出钱教育子女，不是图报答，只是要使子女将来在社会上有生活的本事。

——《杜威教育文集》第 4 卷，第 454 页

朱永新解读：

1919 年 6 月，杜威到达北京后，于 8 日、10 日、12 日以"美国之民治的发展"为题做了一个系列的讲演。那个时候五四运动刚刚爆发不久，要求民主民治的呼声很高，杜威的讲演无疑与这个运动有着某种关系。

关于教育与民治的关系，杜威认为，民治主义本身就是一种教育，而且"教育可以帮助民治主义"，甚至与家庭的养育方式也有着密切的关系。

在这段文字中，杜威比较了东西方家庭教育的差异。他指出，东西方家庭的最大不同，是东方家庭强调子女对于父母的责任，而西方家庭强调父母对于子女的责任。东方家庭强调子女的责任，是希望日后子女能够孝敬自己、报答自己，而西方家庭强调父母的责任，是认为照顾和养育子女是父母的义务，是父母希望子女日后在社会上成为一个有用的人。

其实，这个问题与文化传统有关。中国传统社会中家庭关系本身是尊卑等级森严、长幼有序分明的，长辈关爱晚辈，晚辈尊敬长辈，长辈对于晚辈具有绝对的权威。而西方社会相对强调民主平等的家庭关系，强调长辈照顾晚辈的责任与义务。无疑，就建立民治社会的基础而言，民主平等的家庭关系具有重要的意义。

最得力的统一利器就是公立的中小学校

>> 要使全国的人都有社会的观念，都能替社会国家尽忠，最重要的方法在于教育。美国最得力的统一利器就是公立的中小学校。这些公立学校有三种大功用：（1）使国外新来的移民子女容易同化，故美国每年容纳无数移民，一代之后，都成了纯粹美国人了。（2）无论贫富贵贱人家的子女都可入学，故消灭阶级的观念，养成平等的社会。（不幸大城市中还有一些私立学校，收费很重，专为有钱人家的子弟设的。）（3）都是男女同校，养成男女共同生活的习惯，打破男女的界限。这三种作用都是统一社会的重要作用。

——《杜威教育文集》第 4 卷，第 455 页

朱永新解读：

在现代社会，教育历来是推进社会公平，化解社会矛盾的有力武器。杜威在这篇讲演中介绍了美国如何通过教育增强社会凝聚力的经验。他指出，作为一个移民国家，作为一个阶级分化的社会，如何凝聚大家的意志，增进大家的国家意识和忠诚度呢？最重要的方法就是建立面向所有人的公立学校。第一，这样的学校对于所有的移民一视同仁开放，使移民在最短的时间内同化，只要通过一代人的努力，就可以成为"纯粹"的美国人。第二，这样的学校对所有的富人和穷人开放，大家接受相同的教育，就可以有相同的价值观，相同的语言和愿景。可惜美国当年也有不少专

门为有钱人家开设的收费昂贵的贵族学校，这不是杜威期待的教育景观。第三，这样的学校对所有的男孩子和女孩子是一视同仁的，男女同校，对于打破传统社会中男尊女卑的观念，对于养成男女共同生活的习惯，对于提高女性的社会地位，无疑具有重要的价值。

杜威的这些构想，对于我们建构现代化的教育体系是有积极意义的。当前社会流动性急剧增大，越来越多来自农村的孩子随父母进入城市，我们能不能像杜威提出的对待移民的方式，让他们能够接受与城市的孩子一样的教育，帮助他们尽快地融入新的城市，成为"纯粹"的城市人呢？在民办学校的发展方向上，我们能不能更多地鼓励平民化的、个性化的、非营利性的民办教育呢？

第二十章

教育是在经验中，由于经验和为着经验的一种发展过程

导语

　　1930 年，杜威以 71 岁高龄从哥伦比亚大学退休，但此后却仍然著述不辍。1938 年在他 79 岁之际，出版了《经验与教育》一书，内容主要包括：传统教育与进步教育的对立；需要一种经验的理论；经验的标准；社会的控制；自由的性质；目的的意义；进步的教材组织；经验——教育的方法和目的，等等。该书是杜威为回应当时教育领域存在的"传统教育"和"进步教育"之间的激烈论争，并澄清人们对其教育主张的误解而撰写的一本教育哲学著作，它是对《民主主义与教育》的充实与发展。

　　在"前言"中，杜威就表明了撰写本书的目的："本书力图引起对教育问题更大的、更深的注意，以提出适当的处置办法。果能如此，这便是本书的价值所在了。"进步教育原为矫正传统教育的积弊而生，但某些进步学校却走向另一个极端：忽视系统知识的学习，放任儿童的自由，学习过于散漫，等等，究其原因，在于进步教育采取了非此即彼的改革路径。为改变这一状况，杜威提出以儿童为中心的新式学校，必须遵循生长的连续性和经验的交互性这两大原则。所谓"生长的连续性"是指"每种经验既从过去经验中采纳某些东西，同时又以某种方式改变未来经验的性质"。落实到教育上，是指教育过程中挑选能丰富未来的当前生活经验，以促进儿童的理智发展；所谓"经验的交互性"则指"赋予经验的客观条件和内部条件这两种因素以同样的权利"。其教育的意蕴，在于强调"教育是一种社会的过程"。[①] 杜威之所以强调经验的"连续性"与"交互性"，意在提醒人们尊重儿童兴趣与经验的新教育，绝不能忽视教师的主导作用以及儿童理智的发展，而推行"做中学"则

---

① 〔美〕约翰·杜威：《我们怎样思维·经验与教育》，姜文闵译，人民教育出版社，2005 年，第 242、256、261、272 页。

是确保这一目标的理想选择，为此杜威在本书中主张要运用因果验证的原则来组织教育活动、开发课程教材，以免为改革而改革，让教育流于口号。

《经验与教育》篇幅并不长，但由于是杜威晚年关于教育的代表作，它对教育改革做了深入的辩证分析，既肯定了"传统教育"的合理之处，又批评了"进步教育"的偏激之处，对于当今教育的改革与创新仍然有启示作用。尽管人们渴望着某些绝对的新的东西，"可是文化和经验的连续性，实际上排除了任何东西有着这种绝对性质的可能性。割断过去继承下来的一切关系和联系的危险纯粹是一种幻想"[1]，杜威在学术生涯最后一篇文章《〈教育资源的使用〉引言》中如此说道。

---

[1] 〔美〕约翰·杜威:《〈教育资源的使用〉引言》，赵祥麟译，载吕达、刘立德、邹海燕主编:《杜威教育文集》第5卷，人民教育出版社，2008年，第408页。

>> 教育哲学的任务并不是把对立的思想派别调和起来，寻求中庸之道（via media），也不是挑选出各派的观点，而加以归并组合。教育哲学的任务是需要引导出一套新的概念，以指导新型的实际。因此，背离传统习惯而建立教育哲学，是一件相当困难的事情。同样道理，根据一套新的概念来管理学校，比之因循守旧，是更为困难的。所以，以新的一套思想和由新思想所引起的新活动为指导的各种运动，或迟或早，总会返回到过去表现为比较简单的和比较基本的思想和实际上去——现时的教育又在企图恢复古代希腊和中世纪的各种原则，这便是明显的例证。

——《杜威教育文集》第5卷，第310页

朱永新解读：

《经验与教育》是杜威1938年完成的重要教育哲学著作。在这本书的前言部分，杜威讲述了教育理论和教育哲学的意义。他指出："一种高明的理论的任务就在于探讨现实种种矛盾的起因，然后，比较代表各个论争派别的实际和思想，不偏向于任何一方，提出一种更深刻的、更全面的实施计划。"也就是说，一个好的教育理论，应该是面向教育现场的，解决教育实际的具体问题的，而且是超越各种流派观点的，能够提出一种"更深刻的、更全面的实施计划"的理论。所以，教育哲学的任务不是寻求能够"摆平"各种关系的"中庸之道"，而是能够真正地指导新的教育实践的新的思想和哲学。但是，这些新的思想和哲学要真正站立住也是不容易的，因为来自传统的顽固的力量和习惯，会不断地向新的思想、新的理论、新的哲学发起攻击，回到从前，往往是许多新的理论、新的哲学的最后归属。这就需要更大的勇气、更大的坚守。杜威自己，其实就是这样一路走过来的。

思考教育本身的含义

>> 探求新教育运动前景以适应新社会秩序的现实需要的人，应当只思考教育本身的含义，而无须顾及关于教育的一些"主义"，甚至连"进步主义"也不必考虑。因为，抛开本身的含义，任何以一种"主义"为思想和行动依据的运动，都会陷入被其他"主义"所控制的运动的对立方面。这样一来，它的各项原理的形成只是由于对立方面的非难，而不是由于对各种实际需要、问题和可能性加以综合的建设性的探讨。

——《杜威教育文集》第5卷，第310页

朱永新解读：

杜威作为进步主义的代表人物和新教育运动的旗手，深知改造传统教育的艰难，也深知斗争需要智慧和策略。所以，他提出，其实在教育变革和学校改革的过程中，我们只需要思考教育的根本问题，教育的本真意义与价值，按照这样的思考去行动，而不必高举"主义"的旗帜，这样，就有可能面对教育实际的需要，产生创造性、建设性的教育行动。

新教育和进步学校是对传统教育的一种批评

>> 所谓新教育和进步学校，就其本身而言，就是对传统教育感到不满意而兴盛起来的。实际上，新教育和进步学校的兴起就是对传统教育的一种批评。如果把这种含蓄的批评明确地表达出来，可以看出有如下几点含义。传统的计划，本质上是来自上面的和来自外部的灌输。它把成年人的种种标准、教材和种种方法强加给仅是正在缓慢成长而趋向成熟的儿童。它所规定的教材、学习和行为的种种方法，不适合儿童的现有能力，二者之间差距极大。这些教材和方法，超出年轻的学习者的已有经验范围，是他们力所不能及的东西。因而，即使一些优秀的教师想用熟练的技巧来掩饰这种强制性，以缓和明显的粗暴性，结果那些教材和行为规则必定还是硬塞给儿童的。

——《杜威教育文集》第 5 卷，第 313 页

朱永新解读：

　　历史上所有的新教育，都是针对传统教育的缺憾产生和发展起来的。从英国的第一所新教育学校开始，到欧洲的新教育运动，到美国的进步主义教育思潮，再到中国 20 世纪二三十年代陶行知倡导的生活教育运动，都是在新教育的旗帜下对传统教育"感到不满意而兴盛起来的"。100 多年以来，传统教育有一个最显著的特征，那就是"来自上面的和来自外部的灌输"，这种来自上面的和外部的东西，都是我们按照自己的思维和逻辑给学生的，我们通过一整套完整的课程标

准和教材体系，把我们认为最重要的东西强加给我们的学生，不管他们是否需要，不管他们能否吸收消化，这样的做法其实是极其"粗暴"的。即使有一些优秀的老师能够通过自己娴熟的技巧和圆润的方法，钝化和减轻了这种粗暴，但它远离儿童本性，远离儿童生活的根本特点没有改变。所以，需要新教育，需要新的教育思想和教育哲学，帮助我们重新理解教育，重新认识儿童。

新教育实践中所蕴含的教育哲学

>> 如果要详细阐明新教育实践中所蕴含的教育哲学，那么，我认为我们可以在现时存在的各种进步学校中发现一些共同的原理：反对从上面的灌输，主张表现个性和培养个性；反对外部纪律，主张自由活动；反对向教科书和教师学习，主张从经验中学习；反对通过训练获得孤立的技能和技术，主张把技能和技术当作达到直接的切身需要的手段；反对或多或少地为遥远的未来做准备，主张尽量利用现实生活中的各种机会；反对固定的目的和教材，主张熟悉变化着的世界。

——《杜威教育文集》第 5 卷，第 314 页

朱永新解读：

19 世纪末 20 世纪初发源于欧洲的"新教育运动"（又称"新学校运动"），曾经对欧美国家的学校教育产生过很大的影响。新教育运动以反对传统教育、提倡发展儿童能力与个性为主要特征，在美国被称为"进步教育运动"。杜威的教育思想就深受其影响。在这本书中，杜威再一次明确宣布了新教育（进步主义教育）的几个根本性特征：第一，反对自上而下的灌输，强调学生的个性培养；第二，反对由外强加的纪律约束，强调自由主动的积极探索；第三，反对以教科书和教师为中心，而要以学生和经验为中心；第四，反对用简单的机械训练形成技能，强调能够直接满足学生需要的技能和技术；第五，反对把教育视为为遥

远的未来做准备的事业，强调着眼于学生当下的现实生活；第六，反对一成不变的教育目的和教材，强调应该熟悉和适应变化着的世界。这六个反对和强调，其实就是从本质上强调教育应以学生为中心，以生活为中心，以经验为中心。

自由的含义究竟是什么？

>> 一种标榜以自由观念为基础的教育哲学也可能变成像它所曾反对的传统教育那样的武断，这种说法并不过分。任何理论和实践，如果不以批判性地检验自身的根本原则为基础，那就是武断的。如果我们说，新教育强调学习者的自由，那是十分正确的。可是，这样一来就提出了一个新的问题。究竟自由的含义是什么，在什么条件下自由才能够实现呢？如果我们说，传统学校里普遍实行的那种外部的灌输阻碍了而不是促进了儿童智慧和道德的发展。这又是十分正确的。承认这种严重的缺点，又提出了一个问题。在促进未成年人的教育发展中，教师和书籍的作用究竟是什么呢？

——《杜威教育文集》第 5 卷，第 316 页

朱永新解读：

教育理论和流派经常犯的一个错误就是容易从一个极端走向另一个极端，在批评对方的过程中走向与对方同样的武断、固执和极端。杜威非常清醒地认识到这个问题，并且要求新教育（进步主义教育）也应该学会用批评的眼光审视自己，不要把自己的理论无条件地运用于所有的场合、所有的对象，而应该主动界定自己的适应对象、时间空间，明确自己理论的适用条件与前提，不要把自己标榜为包治百病的教育药方。如，新教育强调学生的自由，但是，自由是不是没有边界和条件？自由应该在什么条件下得以实现？这同样是需要思考的问题。

>> 相信一切真正的教育是来自经验的，这并不表明一切经验都具有真正的或同样的教育的性质。不能把经验和教育直接地彼此等同起来。因为有些经验具有错误的教育作用（mis-educative）。任何对经验的继续生长有阻碍或歪曲作用的经验，都具有错误的教育作用。有一种经验可以使人感觉淡漠，使人们缺乏感受性和反应性，因而，就会限制将来获得比较丰富经验的各种可能性。再则，一种特定的经验虽然可能在一个特殊领域内增加一个人的机械的技能，然而，又会使他陷入陈规旧套，其结果也会缩小经验继续增长的范围。一种经验可能立即使人感到欢快，然而它却促使人们养成马马虎虎和不细心的态度；这种态度就会改变后来的经验的性质，因而，就会妨碍人们去得到这些经验应该给予他们的东西。再则，一些经验可能彼此互不联结，虽然每个经验本身是令人愉快的或者甚至是令人兴奋的，可是它们彼此之间不能够持续地连贯起来。因此，人们的精力就浪费了，同时，一个人也就变得粗率浮躁了。

—— 《杜威教育文集》第 5 卷，第 317—318 页

朱永新解读：

　　杜威承认自己是经验主义者，也就是说，他是强调经验在教育中的独特作用和价值的。但是，杜威也反对把经验绝对化，明确提出不能够简单地在教育和

经验之间画等号，不能片面地把一切经验都视为"具有真正的或同样的教育的性质"。所以，对于那些会导致错误的教育的经验，对于那些会阻碍学生成长的经验，对于那些会使人感觉淡漠、缺乏感受性和反应性的经验，对于那些会使人陷入陈规旧套的经验，对于那些让人漫不经心、麻木不仁的经验，对于那些让人们割裂事物的联系的经验，都应该抱以高度的警惕，敬而远之。

进步教育不是无计划的随意蛮干

>> 教育是在经验中，由于经验和为着经验的一种发展过程。愈是明确地和真诚地坚持这种主张，对于教育是什么应有一些清楚的概念就愈加显得重要。如果不把经验理解为决定教材、决定教学和训练的方法以及决定学校的物质设备和社会组织的一种计划，那么这种经验便完全是虚幻的。如果不把经验看作已经开始着手实施的行动计划，那么，这种经验就流于一种文字的形式，它也许能令人兴奋激动，但是用另一套语言来代替它也许同样是适合的。传统教育按照常规办事，它的计划和程序都是从过去沿袭下来的，但是不能因此就认为进步教育应当是无计划的随意蛮干。

——《杜威教育文集》第 5 卷，第 319 页

朱永新解读：

虽然杜威强调不要把经验绝对化，但他还是坚持强调，"教育是在经验中，由于经验和为着经验的一种发展过程"，所以，要想做真正的教育，就不可能离开经验，学校教育必须借鉴一些合理的经验，从而让学生拥有丰富的经验。无论是选择教材，决定教法，环境布置，组织架构，都应该考虑经验，要把经验"看作已经开始着手实施的行动计划"，有目的、有计划地引入学校生活，引入课程与教材，这样，基于经验，同时又不是随心所欲完全抛弃教材和教学计划，才能够进行开放灵活的教育。

只有教育改革家和革新者才感到需要教育哲学

>> 只要稍微有一点儿教育史的知识，就足可证明，只有教育改革家和革新者才感到需要教育哲学。那些墨守成规的人只是需要一点点动听的话语来为现存的实践做辩解。实际的工作是按照固定的制度化了的习惯来进行的。进步教育的教训是，它迫切需要一种以经验哲学为基础的教育哲学，比之以往革新者，它的需要更为迫切。

——《杜威教育文集》第 5 卷，第 320 页

朱永新解读：

真正的理论是指导实践最有效的武器。好的教育理论，一旦为教师所掌握，就会产生强大的行动力量。所以，越是伟大的教育变革、教育实验、教育行动，就越需要伟大的教育理论、教育哲学。这些年来，新教育实验的发展也证明了杜威的这个论断。混日子，墨守成规，得过且过，都是不需要理论的，只要"按照固定的制度化了的习惯来进行"就可以每天重复昨天的故事。杜威这样的教育理论家，都对教育理论发出了如此深切的呼唤，更应该引起我们的高度重视。其实，不仅仅是伟大的教育变革需要理论，一间普通的教室，一个普通的家庭，同样需要教育理论、教育哲学，因为，我们所有教育行动的背后，都存在一定的理论逻辑，无论是自觉的还是不自觉的，正确的还是错误的。

新
教
育
同
生
长
的
原
则
协
调
一
致

>> 新教育在原则上比旧教育更简单，对此，我欣然赞同。新教育同生长的原则协调一致，而在旧教育中，教材的选择和教法的安排有许多是人为的，时常导致不必要的复杂化。但是，容易和简单不是等同的。发现什么是真正简单的并且依照这种发现去行动，是一件非常困难的工作。一旦人为的和复杂的东西确立起来，形成制度，并且根深蒂固地体现在习俗和惯例中，人们沿着这条道路行走，感到更顺当，这样做比采用新观点，并从新观点出发找出实际的内容，是更为容易的。

——《杜威教育文集》第 5 卷，第 320—321 页

朱永新解读：

人总是有惰性的，一旦适应了某种体系、某种逻辑、某种方法，就不太愿意改弦易辙，即便新的体系、新的逻辑、新的方法可能比原来的更先进、更简单、更有效。这就是杜威所说的制度的效应。因为"在习俗和惯例中，人们沿着这条道路行走，感到更顺当，这样做比采用新观点，并从新观点出发找出实际的内容，是更为容易的"。所以，任何改革，任何新的教育主张和新的教育变革，都需要有人带头"吃螃蟹"，带头做出样子，做出效果，用新的成就来证明和推广。在这里，杜威还讲述了新教育与旧教育的一个重要区别，那就是旧教育更多的是"人为的""复杂化的"，而新教育更多的是"自然的""生长的"。顺应自然的规律，尊重人成长的规律，是新教育最重要的原则。

过分纵容儿童的影响

>> 过分纵容儿童的影响是具有连续性的。它造成一种态度，使儿童自发地要求一些人和物去迎合他的未来的愿望和任性。它使儿童追求一种为所欲为的情境。它使儿童厌恶和无力应付那些需要花费力气和不屈不挠的坚持性才能克越障碍的情境。经验连续性原则可能使一个人局限于低级的发展水平，限制其以后的生长能力，这个事实也是确定无疑的。

——《杜威教育文集》第 5 卷，第 326—327 页

朱永新解读：

杜威在论述经验的连续性时，谈到过分纵容儿童的后果。也就是说，尽管经验对儿童发展来说非常重要，但是经验本身是需要教育、需要成长的。如果一味地迁就儿童的需要，一味地迎合儿童的愿望，就会导致儿童的任性，为所欲为，儿童就会放弃那些需要努力才能达到的目标，需要不屈不挠的坚持才能克服的任务。这对儿童的长远发展无疑是不利的。所以，不能长期使儿童的教育处于"舒适区"，要有一些挑战性的任务，有一些新的经验刺激，才有利于儿童的发展。

教育和经验必须联系起来

>> 传统教育认为学校环境只要有课桌、黑板和小小的学校场地就足够了，教师不必深切地熟悉当地社会的自然、历史、经济、职业等等方面的情况，以便用来作为教育的资源。相反地，以教育和经验必须联系起来为基础的教育制度，如果要忠实于自己的原则，就必须经常顾及上述种种情况。这是又一个理由，说明进步教育同以往的传统制度相比，教育者肩负着更多的重担，实施起来也更加困难。

——《杜威教育文集》第 5 卷，第 328—329 页

朱永新解读：

杜威认为，儿童的经验不是在真空里产生的。经验有不同的源泉，经验在这些不同的源泉里吸收养分。贫民窟里的儿童和有文化的家庭里的儿童，乡村的儿童和城市的儿童，海滨的儿童和草原上的儿童，经验都是不一样的。传统的教育不太管这些背景和经验，教师也不必深入地熟悉当地社会的自然、历史、经济以及学生的家庭、父母的职业等方面的情况，不必把上述因素作为教育的资源，这样就造成了教育与经验的分离。无疑，把教育与经验相结合的教育，教师会付出更多的努力，面对更加复杂的环境和经验，但是，只有如此才有成效。

最重要的态度是能养成继续学习的愿望

>> 有一种意见认为，一个人所学习的仅是他当时正在学习的特定的东西，这也许是所有教育学中最大的错误了。关于形成忍耐的态度、喜欢和不喜欢等的附带的学习（collateral learning），比之拼音、地理或历史课的学习可能而且往往是更为重要的。因为这些态度对于未来的价值，是更为根本的。最重要的态度是能养成继续学习的欲望。如果这方面的动力减弱，而不加强，那么，就会发生比仅仅缺乏预备更加严重得多的事情。学生的天赋能力实际上被剥夺了，如果这种能力不被剥夺，学生本来能够应付生活历程中所遇到的种种环境。

——《杜威教育文集》第 5 卷，第 334 页

朱永新解读：

杜威在这里其实提出了两种学习，一种是学习拼音、地理、历史等"特定的东西"，一种是学习忍耐的态度、喜欢不喜欢等"附带的学习"。按照现代课程论的观点，前者就是知识、技能，后者就是情感、态度、价值观。20 世纪 90 年代我们国家的新课程改革，就明确地把后者作为教学的重要目标。而 100 年前的杜威，对此已经有如此深刻的论述。也就是说，在教育的过程中，情感态度和价值观的学习，在一定意义上比知识技能的学习更重要，这是学习的动力机制，是儿童对未来的向往和价值的追求，这才是真正重要的"天赋能力"，有了这种自我成长、自我学习的能力，儿童就能够"应付生活历程中所遇到的种种环境"。

朴素的常识和判断力

>> 我们时常看到一些人，他们几乎没有受过学校教育，可是他们这种缺少知识的状况，正好成为一种积极的有利的事情。他们至少还保持着他们朴素的常识和判断力，在实际的生活情境中运用这些朴素的常识和判断力，使他们具有从已有的经验中来学习的宝贵的能力素质。如果在这一过程中，个人丧失了他自己的灵魂；丧失了对有价值的事物的鉴赏能力和与此有关的事物的评价能力；如果他对于所学过的知识丧失了应用的欲望，并且，最重要的是丧失了从即将出现的未来经验中吸取意义的能力，那么，获得一套规定的有关地理和历史的知识，获得读和写的能力，到底又有什么用途呢？

——《杜威教育文集》第 5 卷，第 334—335 页

朱永新解读：

杜威分析了一个我们在日常生活中经常看到的现象：有些人接受了比较长期的教育，学到了许多知识技能，但是解决问题、处理矛盾的能力很差。有的人没有接受多少学校教育，也没有多少系统的知识，但是解决问题、处理矛盾的能力很强。有人据此得出结论，知识与创造力无关，甚至认为知识多了反而不利于创造。这是极大的误解。这两种人的客观存在，恰恰反映了我们教育中存在的问题，即我们把知识当作死的教条、考试的工具，而不是当作解决问题的基础。所以，杜威提出要把教育与经验结合起来，把教育与解决当下的问题结合起来，让学生产生运用所学知识去解决问题的欲望。

>> 因为传统教育倾向于为了遥远的和或多或少尚未知晓的未来而牺牲现在，所以传统教育就认为教育者对年轻人所经历的这种现时经验没有什么责任。但是，现在和未来的关系并不是一种非此即彼的关系。无论如何，现在总要影响未来。已经成熟的人们对这两者的联结应当有所了解。因此，他们有责任建立对未来有良好影响的现时经验的种种条件。教育即生长或成熟，应当是一种永远现时的过程（ever-present process）。

——《杜威教育文集》第 5 卷，第 335 页

朱永新解读：

教育即生长，教育即成熟，教育即生活，这些都是杜威教育思想的基本主张。既然如此，教育就要关注当下，关注学生的生命与生活体验，关注社会生命的实际需要。那种打着为了未来的旗号，完全忽视"现时经验"的做法，那种"为了遥远的和或多或少尚未知晓的未来而牺牲现在"的做法，完全不符合教育的规律。过去、现在、未来是一个有机联系的整体，是一条川流不息的长河，不是非此即彼的关系。

没有两个人是完全一样的

>> 对于儿童，我并不是那么想入非非，认为每个学生都能做出反应，或者任何一个有正常强烈冲动的儿童在每个场合上都能做出反应。可能有一些儿童，当他们进入学校时，已经受到校外有害情况的损害，并且已变得相当被动和过分温顺，因而不能做出什么贡献。也有另外一些儿童，以前的经验使他们成为盲目自大和执拗任性的人，或者成为锋芒外露的反叛者。但是，社会控制的普遍原则确实不能根据这些情况来做出断定。没有用来对付这些情况的普遍原则，这也是确实的。教师必须个别地来对待这些儿童。这些儿童虽然可以被分为一些笼统的类别，但是没有两个人是完全一样的。

——《杜威教育文集》第 5 卷，第 340 页

朱永新解读：

儿童世界与成人世界具有很大的差异性。不仅如此，儿童与儿童之间的个别差异性也很大。杜威在《经验与教育》中专门有一节讨论儿童的经验与社会控制的关系问题。他认为，在儿童进入学校的时候，由于他们早期的社会环境各不相同，已经具有很大的个别差异性，有些儿童由于在校外遭遇到伤害，"变得相当被动和过分温顺"；有的儿童由于在校外受到宠爱等不良的教育，又成为"盲目自大和执拗任性的人，或者成为锋芒外露的反叛者"。这两种类型的儿童之间，又有许多不同的表现形式。所以，对待儿童不能贴标签、戴帽子。

教育计划的坚定性与可变性

>> 我不知道教师的较大的成熟程度和教师关于世界、教材和个人的较为丰富的知识，究竟有何用途。这种预先做出的计划，如同惯例一样，实现起来几乎没有给个人思想留下自由活动的余地，或者，也不能使具有特色的个人经验做出一些贡献，可是，不能因此就认为必须反对一切计划。相反地，教育者义不容辞地要制定一种更明智的，因而也是更困难的计划。他必须精细地考虑他要对付的一些个人的特殊的能力和需要，同时，必须安排为了取得经验而提供教材或内容的情境，以便满足他们的各种需要和发展他们的各种能力。这种计划必须具有相当的可变性，容许经验的个性能够自由地得到表现，而且这种计划又必须具有相当的坚定性，使能力的继续发展得到明确的方向。

——《杜威教育文集》第 5 卷，第 341 页

朱永新解读：

教育，和其他行业最大的不同，就在于教育对象的复杂性、情境性和难以把握性。同样是面对复杂多变的人，医生往往面对的是人相对稳定的一面，用"清单革命""案例教学"就能解决问题，但教育却比较困难。这并不意味着人的成长毫无规律可言，人的教育毫无计划可言。恰恰相反，教育是有规律可循的，人的教育是需要计划的。所以，杜威认为教育的计划"必须具有相当的坚定性"，但不应成为捆住教师手脚的绳索。教师必须"精细地考虑他要对付的一些个人的特殊的能力和需要"，有针对性地做好教学计划。

教育要创造自我控制的力量

>> 教育的理想的目的是创造自我控制的力量。但是，单纯取消外部的控制不能保证产生自我控制。"从油锅里跳出来，又落入大火之中"（to jump out of the frying-pan into the fire）的事是容易发生的。换句话说，逃避一种外部控制的形式，而使自己陷入另一种更危险的外部控制的形式，是很容易发生的事。冲动和欲望如果不受理智的指引就要被偶然的情境所控制。摆脱别人的控制，而听任临时出现的念头和反复无常的想法支配自己的行动，即是说完全由冲动摆布而无理智的判断，这样做是有百害而无一利的。如果一个人这样来控制自己的行为，那不过只是对自由的一种错觉。实际上，他是受一种他不能控制的力量所摆布的。

——《杜威教育文集》第 5 卷，第 346—347 页

朱永新解读：

人是一个受控制的生物体。一方面，人受外部世界的控制，这就是杜威书中专门讨论的"社会控制"。另一方面，人受内部世界的控制，这就是所谓的自我控制。很多人认为，不受外部世界控制的人，才有真正的"自由"，杜威认为并非如此，一个人如果不能很好地管理自己，失去内部控制比失去外部控制更为可怕。他用了一个非常形象的比喻，那就是刚刚从失去外部世界控制的油锅里跳出来，又落到了失去内部自我控制的大火之中。人的冲动和欲望，如果不受理智的控制和指引，"就要被偶然的情境所控制"。所以，教育的使命之一，就是要帮助人形成自我控制的能力。

教育是合作而不是命令

>> 教师的建议不是用铸铁模型造出来的物体，而只是一个起点，从这个起点出发，通过学习过程中全部经验所做的贡献，把教师的建议发展为一种计划。这种发展是通过互相的给与取（give-and-take）来进行的。教师从学生那里取得一些东西，但同时也是要给予学生一些东西。目的的生长和形成要依据社会的理智过程，这是一个根本要点。

——《杜威教育文集》第 5 卷，第 352 页

朱永新解读：

杜威认为，好的教育是"一种合作的事业"，是能够把教育共同体中的所有成员凝聚起来，而不是依靠简单的命令。所以，教育就不是冷冰冰的教条，不是"用铸铁模型造出来的物体"。所谓合作，所谓教育共同体，按照杜威的说法，就是一个教学相长的过程，就是教育过程之中互相的给与取（give-and-take）。也就是说，教师、父母不想向学生学习，向自己的教育对象学习。在"给"的过程之中"取"，在教的过程之中学。

新教育学校的一条格言

>> 教育必须以学习者已经具有的经验作为起点，这种经验和在学习过程中发展起来的能力又为所有的未来的学习提供了起点。这便是新教育的学校的一条主要的格言。

——《杜威教育文集》第 5 卷，第 354 页

朱永新解读：

这段文字出自《经验与教育》第七章《进步的教材组织》，把学生已有的经验作为学习的起点，作为杜威进步主义教育的基本主张，作为新学校的主要格言，体现了他以学生为中心，以学生的生活与生命体验为中心的基本思想。教育，是为学生的成长服务的，教育要跟随孩子成长的步伐，契合学生的发展需要。同时，学生的经验是不断丰富的，所以，学生学习的起点和教育的起点，要随着学生的新的经验不断变化。

生长的连续性原则必须成为教师的座右铭

>> 教育者的责任就在于，从现有经验的范围内，选择那些有希望有可能提出一些新问题的事物，这些新问题能激起新的观察和新的判断的方式，从而扩大未来的经验的范围。教师必须始终坚持不把已经获得的东西当作固定不变的占有物，而是当作一种动力和媒介，用这些动力和媒介去开辟新的领域。在新的领域内，对理智地运用现有的观察力和记忆力提出了种种新的需要。生长的连续性原则必须成为教师的长久不变的座右铭。

——《杜威教育文集》第 5 卷，第 354—355 页

朱永新解读：

　　一个是格言，一个是座右铭，一个讲经验，一个讲生长的连续性，区别在哪儿？两者之间其实并不矛盾。把已经具有的经验作为教育的起点，是指教育要关注学生的经验，而生长的连续性原则，是讲这些经验中最有益于学生成长的部分，最能够帮助学生发现新问题、激起新观察、形成新判断、扩大新经验的部分。也就是说，教师要注意新旧经验的内在联系，不把已经获得的经验当作固定不变的"占有物"，而是要当作获得新经验的"动力和媒介"。这就对教师在教育过程中的智力尤其是观察力、记忆力、思维力提出了挑战。总之，教师应该关注不断变化中的学生，不断变化着的经验。

教
育
者
要
使
自
己
有
一
种
往
前
看
的
长
远
目
光

>> 教育者比任何从事其他职业的人都要更多地关心使自己有一种往前看的长远目光。医生使病人恢复健康以后，就可以认为他的工作已经做完了。无疑地，医生还有义务向病人提出劝告，让病人知道怎样去生活，以便能避免将来发生同样的毛病。但是，处理病人日后的生活毕竟是病人自己的事情，而不是医生的职责，而且，现时更重要的一点是，医生本人对病人未来所做的指示和劝告，说明他已经是在承担一位教育者的职能了。律师所从事的职务是替诉讼委托人把官司打赢，或者使诉讼委托人避免某些纠纷。如果律师在事情完结之后再做进一步的工作，那么他也就变成一位教育者了。就教育者的工作的性质而言，教育者负有义务去考虑他的现时工作已经取得了什么成就，或者哪些工作还没有完成，把未来的目的同当前的工作联系起来。

——《杜威教育文集》第 5 卷，第 355 页

朱永新解读：

　　教育是面向未来的事业。现在孩子的模样，就是未来国家的模样；现在教育的模样，就是未来社会的模样。所以，教育者心中是要有未来的，是要有往前看的长远眼光的。其他的职业，当然也需要有长远的眼光，如医生，不仅仅是把人的病医治好了，也要对病人的未来负责任，有义务向别人提出意见和建议，让病人知道如何保养，如何生活。但是，严格地说，

医生的职责就是救死扶伤，病治完了，医生的责任就尽到了。刚刚讲到的后续工作，其实已经不是医生的事情，而是教育的事情了。律师打官司也是如此。

杜威的这段文字，强调了教师职业的未来性特点，这是对的，必要的。但是把医生和律师的后续工作视为非职业的教育行为，我认为是不妥的。不能为了强调教师的特殊性而忽略了其他职业的教育性。这种教育性，本身也是他们职业的要求和有机的组成部分。

>> 到目前为止，进步学校最薄弱的一点是关于知识性教材的选择和组织，我想，在各种情况下，这是不可避免的。旧教育的主要成分是陈旧呆板和毫无生气的教材，进步学校要从这些教材中解脱出来，是正当而合理的，这同样也是不可避免的。此外，经验的领域是非常广泛的，它的内容也是因时因地而多种多样的。对所有的进步学校来说，要求各科的划一的课程，这是根本不可能的，这样做将意味着放弃了同生活经验相联系的基本原则。何况，进步学校是新的事物。进步学校的发展历程几乎不到三十年。因而，在选择和组织教材时存在一定程度的不稳定和含糊松散的现象，是可以意料到的。根据这一点对进步学校进行根本性的批评和抱怨，那是没有理由的。

——《杜威教育文集》第 5 卷，第 357 页

朱永新解读：

现代学校教材内容的选择，主要受两位教育家的影响。一位是 400 多年前的夸美纽斯，他的泛智主义教育思想，特别强调语言、文学等教育内容的主张，以及他关于班级授课制、分年教学制的观点，都非常深刻地影响了现代学校制度的产生和学校教育内容的格局。另外一位就是 100 多年前英国的教育家斯宾塞，他提出了什么是最有价值的知识的命题，特别强调科学知识的体系对学生的意义，从而逐步规范了现代学校的教育内容和教材体系。因为这些内容都是以已有

的知识体系架构的，很少顾及学生的经验和时代的发展，所以杜威对此提出了强烈的批评。但是，打破一个旧世界容易，建立一个新世界困难。杜威也深明其中的缘由。他对整齐划一的课程体系和陈旧呆板、毫无生气的教材内容提出了尖锐批评，同时又指出了进步主义教育的学校客观上存在的不足和遗憾。这个遗憾和不足，就体现在对知识性教材的选择和组织上。其实，教材和课程是所有教育教学改革的难点所在，修修补补，或者只是根据学生的经验增加一些内容，是无法真正实现一个教育变革的梦想的。新教育实验20年的发展历程也证明了这一点。我们正在构建的以生命教育为基础，以智识课程（真）、德育课程（善）和艺术课程（美）为主干，以个性化特色课程为补充的课程体系，就是在这方面的尝试。

少年儿童的经验集中于一些人和家庭之中

>> 现在精神病学者已经认识到，家庭中的正常有秩序的关系遭到破坏，乃是以后发生精神上和情绪上种种弊病的最深重的根源——这一事实也证实了这种组织的真实性。在早期学校教育中，在幼儿园和低年级中，一种巨大的进展是维护了经验组织的社会与人的中心地位，而不是早先旧教育那样激烈地改变这个重心。但是教育上的一个突出的问题，同音乐中的突出问题一样，是转调问题。就教育而言，所谓转调是指把以社会和人为中心的活动转向更客观的合乎理智的组织计划。然而，要经常记住，知识的组织本身不是目的，而是一种手段，用这种手段可以理解和更明智地安排种种社会关系，特别是安排把人们联结起来的种种社会关系。

——《杜威教育文集》第 5 卷，第 360—361 页

朱永新解读：

这段文字讲述了两个重要的问题。一是讲儿童早期经验的重要性。在儿童成长的历程中，早期的经验具有根本性、奠基性的作用。所以中国古代有"三岁看大，七岁看老"的说法。杜威引用了西方精神分析学关于精神疾病的研究成果，说明早期的家庭关系对儿童精神和情绪的发展具有关键性的影响，这也是已经被现代心理学和精神病学证明的事实。所以，为儿童成长创造良好的早期教育环境，构建和谐温暖的家庭关系，这样的早期经验非常重要。二是讲如何有效

地处理好以人为中心和以知识为中心的关系。杜威认为，在人的早期成长过程中，无疑是以人为中心，以儿童为中心，以社会为中心的，但是一旦进入学校教育的正规体系，这个中心就受到了挑战，变成了以知识为中心。这是一个非常重要的变化，杜威用音乐中的"转调"来比喻，因为如果转调不和谐，整个音乐就失败了。所以，教育的一个重要任务，就是把握好两者之间的关系，顺利地帮助学生适应这样的转调。

新教育的道路是一条更艰辛和更困难的道路

>> 我曾多次强调过，新教育的道路并不是一条比老路容易走的道路，相反，新教育的道路是一条更艰辛和更困难的道路。除非新教育得到大多数人的支持，否则，新教育的处境将会依然如故，而要达到使大多数人支持的地步，那就需要新教育的信奉者们在这方面进行许多年的严肃认真的同心协力的工作。我相信，新教育的未来的最大危险是由于人们认为新教育是一条容易走的道路，以致新教育的进程可能成为毫无准备的临时凑合的举动，即使它没有形成临时凑合的风气，那至少也几乎是一天一天地或一周一周地临时对付着干下去。由于这个原因，我并不颂扬新教育的种种原则，而仅仅是说明某些必须具备的条件，有了这些条件，新教育就会在成功的路途上飞奔前进，这是理所当然的。

——《杜威教育文集》第 5 卷，第 367 页

朱永新解读：

阅读这段文字，感觉很亲切。我把它转发给新教育的骨干团队，许多人认为是我写的。是啊，任何教育改革的发起人，内心都会经历这样的煎熬，都会走同样的道路。既然选择了这条道路，就应该明白这是一条"更艰辛和更困难的道路"。如果是一马平川的坦途，还需要我们干什么呢？那么，如何才能顺利推进教育改革？按照杜威的建议，就是要努力"得到大多数人的支持"。也就是说，仅仅有好的理念、好的

课程、好的文化是不够的，还需要让大家认识你，理解你，支持你，这就需要为教育改革创造良好的舆论环境。我们的新教育实验也好，其他的教育改革与创新也好，无非是要做好两个方面的工作，一是强大自己，让自己的理论更加严密自洽，引领潮流；让自己的实践富有成效，具有可操作性和可复制性。二是争取支持，让自己的理论和实践为更多的人懂得、欣赏、需要。

我们所缺少的是纯粹的和简单的教育

>> 我坚信，根本的问题并不在于新教育和旧教育的对比，也不在于进步教育和传统教育的对立，而在于究竟什么东西才有资格配得上教育这一名称。我希望，并且我相信，我并不仅仅是因为任何目的和方法采用了进步主义的名称，就去赞成这些目的和方法。根本的问题在于教育本身的性质，而不在于给它加上什么修饰的形容词。我们所缺少的而又是必需的教育，是纯粹的和简单的教育。只要我们专心致力于寻求教育究竟是什么，以及具备什么条件才能实现这种教育，而不使它停留在名称或口号上，我们就能取得更确实、更迅速的进步。我强调一种健全的经验哲学的必要性，其唯一的理由就在于此。

——《杜威教育文集》第5卷，第367页

朱永新解读：

有人曾经质疑我们的新教育实验，说：你们是新教育，那么其他的都是旧教育？也有媒体问我，为什么你们新教育喜欢用一些美好的词汇，如理想课堂、卓越课程、完美教室、榜样教师等？其实，新教育实验的定名与欧洲历史上新教育运动的起源有关。杜威的进步主义教育思想的源头也来自欧洲的新教育运动。我们新教育实验所追寻和信奉的一些主要理念，如相信儿童、尊重个性等，都来源于新教育运动。其实，100多年以来，人类教育历史上那些最伟大的教育家，最伟大的教育改革，经常是用新教育来命名的。中国

20世纪二三十年代的教育家，如陶行知、陈鹤琴、晏阳初等，都曾经把他们的教育理念用新教育来冠名。当然，不是你冠了什么名你就成为什么，更重要的是我们用它来冠名是为了激励我们自己，成为那样，朝向明亮那方，这是一种自觉的追寻。如果只是有了这样一个名称，你不及时地去强大自己，不断完善充实我们自己的内涵，也没有什么意义，只是名不符实的"假大空"而已。所以，我们需要按照杜威说的那样，专心致志地去追寻，去完善，去丰富自己，取得更确实、更迅速的进步。

进步教育运动最广泛最显著的成就

>> 进步教育运动最广泛、最显著的成就是引起课堂生活意义深长的变化。对正在生长的人的需要有了更多的认识，师生关系显著地变得富有人性和民主化了。但这些方面的成就，现在还是有限的，主要是气氛上的改变，还没有真正地深入和渗透到教育制度的基础里去。在身体上、社会上和精神上依靠威吓和压制的教育方法的那些陈旧的、粗暴的表现，在进步教育运动产生之前，已成为教育制度上既定的陈规。现在这种方法，一般地说，已经消除了。可是形成这种粗暴的表现的根本态度，在许多方面还必须根除。

——《杜威教育文集》第 5 卷，第 406—407 页

朱永新解读：

这篇文章是杜威为自己从前的学生、他在哥伦比亚大学师范学院教授教育哲学时的助教克拉普所著的一本书撰写的引言，据说也是杜威一生中最后的一篇文章。他借写引言的机会，回顾了自己半个多世纪与进步教育运动风雨同舟的历程，讲述了他对进步教育运动的希望与梦想，进步教育运动发展的现状、问题与展望。字里行间透露出杜威对进步教育运动的深厚感情与对未来发展的担心和焦虑。他在文章中谈道："在过去几年里，对进步教育的成就有组织的攻击，已经比过去变得更加广泛而刻毒。目前要把教育的潮流倒转过来的那种企图应当引起人们的警惕，但也不必

惊奇。教育制度是公共生活的一部分，不可能避免学校以外流行的情况的各种影响。"看得出，对于这些攻击，杜威还是在意的，毕竟进步教育是他倾注一生精力投入的事业，是以他的实用主义教育哲学构建的一个教育体系。但是，杜威自己对进步教育的成就仍然有足够的自信。他在文章中指出，进步主义教育运动产生的广泛而深刻的变化，就是让教育更加富有人性化和民主化，让教育更加注重儿童的本性，生命的成长，师生的关系。仅仅这些，就不能否认进步教育的价值。

>> 旧教育最根本的权威主义还以多种多样的形式继续存在着。把学校教育作为师生民主地参与于其中的一种协作事业已经谈论得够多了，可是谈论远远地多于实行。当然，许多教师，特别是幼儿园和初等学校的，引导儿童一起参与他们的生活，达到了旧教育制度下不可能和难以想象的程度，在那种制度下，教育智慧的最高成就铭记在这样的一个箴言里："孩子不打不成材。"

——《杜威教育文集》第 5 卷，第 407 页

朱永新解读：

　　"不打不成材，一打分数来""棍棒下面出孝子"，长期以来，教育中的权威主义甚至专制主义盛行，教师与父母依靠外在的权威维系着教育的秩序，师道尊严不可冒犯，父母权威不可挑战，"听话"成为最好的美德，"顺从"成为自然的要求。其实，这是不利于培养儿童的创造性和灵性的。即使杜威的进步主义教育已经推行了数十年，进步主义教育的许多理念、理论已经成为大家的共识，但是不能低估传统的力量，低估旧教育的遗产。所以，无论是幼儿园还是中小学，都要努力地把民主、平等的意识在学校好好扎根。

师生共同参与的过程

使教育过程成为真正的

>> 要使教育过程成为真正的师生共同参与的过程，成为真正合作的相互作用的过程，师生两方面都是作为平等者和学习者来参与的。

——《杜威教育文集》第 5 卷，第 407 页

朱永新解读：

　　为什么要使教育过程成为真正的师生共同参与的过程？这不仅仅是为了提高教育教学的效率。杜威讨论教育，从来是站在建设民主社会的高度来认识的。在他的进步主义学校中，这是一个基本共识，教育过程也尽可能按照"真正的协作和民主的方式来进行"。但是，杜威也发现，在进步主义的学校之中，在各门具体的课程之中，"要把教育作为师生完全协作的活动，还多半往往是一个谈论的题目，并未见诸实行"。所以，既然学校就是一个小小的社会，民主就要体现在所有的细节之中，包括课堂教学的模式，应该真正地把师生放到一个平等的地位。教师和学生都是"作为平等者和学习者来参与的"，也就是说，教师与学生是教学过程中的合作者，是学习的伙伴。

进步教育的本质是不断进步

>> 没有一种教育——或关于任何其他事物——是进步的，除非它不断取得进步。

——《杜威教育文集》第 5 卷，第 407 页

朱永新解读：

最近很流行"后浪"的概念，之所以后浪很重要，是因为后浪不断推前浪。教育也是如此，进步教育也好，新教育也罢，如果自身不能够不断进步，不断成长，不具备与时俱进的勇气和能力，就会成为时代的弃儿。正如杜威所说："盲目地依恋在一种情况下曾经是良好的东西，而这种情况已不存在，那就会阻碍识别现在的需要，而且看不清这些需要所应产生的那些值得向往的目的。"所以，我对新教育同仁反复强调，我们自身不断进步，实验区和实验学校才能不断进步；我们自身不断成长，实验区和实验学校才能不断成长。后浪推着我们，我们就要努力成为后浪的后浪。

『新』总是相对的新，而不是绝对的新

>> 新的问题用老一套的观念和原则是不可能明智地给予处理的，因为那些观念和原则是在解决不同的问题中发展起来的。新的问题为了获得明智的解决，就需要设想新的目标、新的目的，而新的目的又需要发展新的手段和方法。当然，"新"总是相对的新，而不是绝对的新。尽管人们也许渴望着某些绝对新的东西，而且有些人可能欺骗自己，设想他们有着某些绝对新的东西。可是文化和经验的连续性，实际上排除了任何东西有着这种绝对性质的可能性。割断过去继承下来的一切关系和联系的危险纯粹是一种幻想。真正的危险是，在号称是新的但只不过是旧东西的各种伪装的形式下继续保持过去的东西。

——《杜威教育文集》第 5 卷，第 408 页

朱永新解读：

经常有人问我，新教育究竟"新"在哪里？难道你做的是新教育，别人做的就是旧教育？这个问题，的确是需要解释和澄清的重要问题。其实，新教育是教育史上一个非常重要的流派，主张尊重儿童的个性，主张把教育和儿童的生活经验相结合等，历史上赞成这个主张的教育家，一般都被认为是新教育思想的传人，从怀德海、杜威到陶行知、陈鹤琴等。所谓新教育，并不是简单贴一个新的标签，也不是绝对意义上的"新"，而是一个不断发展中的"新"。这种"新"，也不意味着与过去的教育截然不同，截然分开，"割断

过去继承下来的一切关系和联系的危险纯粹是一种幻想"，文化和经验的连续性，是教育发展和社会发展的基本规律。而教育上最危险的事情，就是挂羊头卖狗肉，打着新的旗号，贩卖着旧的东西，"各种伪装的形式下继续保持过去的东西"，在时髦的教育理念下做着早已经被时代抛弃的落后的教育。

改变习惯是一个缓慢的、困难的和复杂的过程

>> 要改变个人长期形成的习惯是一个缓慢的、困难的和复杂的过程。要改变长期确立的制度——这是在共同生活的结构中所组成的社会习惯——是更缓慢、更困难和更复杂的过程。既定制度的趋向总是要融化和歪曲新的东西，使新的东西适合自己本身。

——《杜威教育文集》第5卷，第408页

朱永新解读:

为什么教育变革很困难？除了社会的原因，教育意识形态属性的特殊性等问题外，就是习惯的力量。杜威认为，已经"制度化了并继续存在了若干世纪"的各种习惯，总是喜欢把各种教育理念、原则"改变成为它们自己那个样子"。而这些理念和原则同时已经被改变成为"一种现成条规的固定不变的教材，依照一定的标准化的程序，用来教学和熟记"，旧的制度、理论总会倾向于"融化和歪曲新的东西"，这就是习惯的作用。所以，杜威认为不能简单地把责任归于教师，而是要下决心改变习惯。

训练方法形成品格

>> 也许可以说，以正确的原则、错误的方法去训练教师，比起理论和方法两方面都是错误的师资训练是一种改进。但这不是什么多大的改进，因为训练方法——在校内或校外——形成品格。在师范学院里，教师训练的方法并不是形成未来教师的品格的唯一决定因素，但是就训练方法是成功的情况来说，它形成他们作为教师的品格，因此成为他们的道德发展的一个重要的决定因素。

——《杜威教育文集》第 5 卷，第 409 页

朱永新解读：

　　就原则与方法之间的关系而言，可以有如下组合：正确的原则和正确的方法，错误的原则和错误的方法，正确的原则和错误的方法，错误的原则和正确的方法。在教育工作中，自然是首选第一种，正确的原则和正确的方法。但是，在可遇不可求的条件下，"以正确的原则、错误的方法去训练教师，比起理论和方法两方面都是错误的师资训练是一种改进"，也就是说，对于一线教师而言，让他们掌握正确的方法，显得特别重要。因为，方法是改变行为的最有效的路径，也是形成品格的最有效的路径。

>> 为了创造一个民主社会，我们需要一种教育制度，在这种制度中，道德、智力发展的过程，在实践上和理论上乃是自由、独立的人从事探究的合作的相互作用的过程，这些人把过去的思想和继承的东西，无论从数量上和质量上，都作为进一步丰富生活的手段和方法，他们运用已获得的良好成就来发现和制造更美好的东西。

——《杜威教育文集》第 5 卷，第 410 页

朱永新解读：

这是《杜威教育文集》第 5 卷的最后一段文字。在杜威看来，教育是创造民主社会不可或缺的前提，民主社会需要具有民主精神的公民。民主社会的人，一定是通过教育培养出来的。没有民主的教育制度，就没有民主的社会制度。在美好的教育制度中，熏陶和培养的是道德和智力发展健全的人，在理论和实践上具有自由独立人格的人。这种人，一方面会努力承继传统中的美好事物，同时更会积极创造未来社会需要的美好的东西。

毋庸置疑，教育不是真空，不仅受社会政治、经济发展的制约，同时也受教师发展水平的制约。但是，千万不应该忽视教育的引导作用，教育总应该走在时代的前列，总应该想得更多更远，为明天的更加美好而努力！

第二十一章

现代教育的趋向

导语

本章涵盖了杜威在华讲演的多个主题：《现代教育之趋势》《学校与社会》《教材的组织》《大学与民治国舆论的重要》等。尽管讲演涉及多个主题，但最终都回到了培养什么人、如何培养的问题。

无论是对传统教育的批判，还是对现代教育的展望，贯穿杜威教育思想的有两个关键词，一是民主，二是科学，这是他着力强调的，也是他终身为之奋斗的。"民主主义不仅是一种政府形式，它首先是一种联合生活的方式，是一种共同交流经验的方式。"①在这种生活中，人们通过自由交流、平等协商的方式来寻求共同利益、共同的善。为促进这一进程，杜威主张教育必须从传统走向现代，以培养满足工业化、民主化发展需求的一代新人：掌握科学探究的方法，具有解决实际问题的能力，能适应变化迅速的现代社会；具有批判的精神与参与公共事务的能力，只有这样才能够避免民主的滥用和失败；具有知行统一的道德品质，能处理好个人与社会的关系，有服务社会的精神；具有一定的职业技能，敬业、乐业并了解职业的社会意义。鉴于此，杜威通过新旧教育对比并阐释了新教育特点，认为旧教育最根本的痼疾，在于"科目中心""教师中心""个人中心"，以为让学生记住一些知识，就算达到目的了。基于对工业革命与现代科技的哲学体认，杜威期盼现代教育应该实现教育重心的翻转，即"懂得他们（即儿童）的天然本能，利用他们的天然兴趣，然后指引他们去求种种于个人于社会有用的知识"②。

---

① 〔美〕约翰·杜威：《民主主义与教育》，王承绪译，人民教育出版社，2001 年，第 97 页。
② 〔美〕约翰·杜威：《现代教育之趋势》，胡适口译，载吕达、刘立德、邹海燕主编《杜威教育文集》第 4 卷，人民教育出版社，2008 年，第 406 页。

杜威是20世纪推动美国民主发展与教育变革的重要思想家。他在一个世纪前的讲演中所诟病的一些问题，目前在我国依然存在，有些方面还很突出。因此，杜威教育思想并没有过时，对于我们依然有现实意义，从中可以找到教育理论与实践创新的灵感。"今天，杜威的'儿童中心'的思想又一次成为中国教育改革的核心观念。中国新一轮的课程改革，强调要以学生为主体，以儿童为中心，采用探究性、参与式的学习方法，让学生从'做中学'中培养创新精神和实践能力，说明杜威教育思想仍有深远的影响。"[①]顾明远对杜威曾有过这样的评价。

---

① 顾明远:《一部现代教育的教科书》，载石中英、舒志定主编:《杜威教育哲学思想研究》，广东教育出版社，2020年，序言第5页。

>> 学校是什么呢？学校是一种社会的制度，社会把一切过去的现在的将来的计划工具，集聚在这个机关之中，拿这些东西训练学生，使他本能的活动，变向一条路上去，和当时社会生活的精神相合——这就是学校的定义。再简单说一句，学校就是缩小的集中的社会，把过去现在未来的所有计划工具，拿来教社会的幼小分子，叫他们为现在和将来社会之用。学校不但是雏形的社会，并且是模范的社会，后来社会改良都要完全靠着它。

——《杜威教育文集》第 4 卷，第 398 页

朱永新解读：

教育就是生活，学校就是社会，这是杜威教育思想的重要精髓。但是，毕竟教育是教育，不是真正的生活；学校是学校，不是真正的社会。那么，教育是怎样的生活，学校是怎样的社会呢？

杜威认为，第一，学校是一个缩小的集中的社会。也就是说，学校只是一个小社会，是一个把大社会的场景缩小以后的社会，把过去、现在和未来社会中有利于人的发展，与当时社会生活精神相符合，与未来社会生活的方向相一致的东西放入学校这个小社会之中。第二，学校是一个模范的社会。也就是说，学校不是把社会原封不动地搬到学校，而是选取那些对学生的身心发展有正面作用和良好影响的东西放入学校这个小社会之中，让学生在这个模范的社会中陶冶训练，成为未来社会需要的人才。

办教育还是应该指导利用孩子的本能

>> 小孩子在很短的时间内能学很多很难的语言，这件事若要研究起来，可以得三种教训：（1）小孩子天然有说话的趋向，家庭利用它教他说话，渐渐地就能说能懂。到了学校，用了许多工夫，反不能收这样的效果。这是什么缘故呢？可不是因为一是利用他的本能，一是压制他的本能，所以一方面收效很大，一方面收效很小吗？我们办教育是应该指导利用他的本能呢？还是摧残压制他的本能呢？

——《杜威教育文集》第 4 卷，第 399 页

朱永新解读：

杜威以儿童学习语言为例，分为三个方面，讲述了教育为什么要重视学生的本能，以及如何利用学生的本能做好教育的问题。

杜威指出，儿童在很短的时间内学会了很难的语言，而且是在不知不觉中完成的。学校里教的东西，远远没有语言这么复杂，但是远远没有学习语言这样轻松，效果这么好。一个最为关键的原因，就是在家庭学习语言时利用了孩子的本能，在学校学习其他内容时，压制了孩子的本能。一个利用，一个压制，自然就是天上人间两重境界。

所以，利用本能不仅仅对儿童学习语言有意义，对办好教育都是有启示的。

使儿童发生当前的愉快满意

>> （2）在小孩子学话之先，并没有人告诉他，说："你们一定要学话，不然就不能做人。"也没有人夸奖他说："你学话将来一定有许多好处。"不过因为有要说话的本能，学到一句话，便欢喜了不得，要是他学会了一句很难学的话，立刻就更快乐起来了。所以他学一个字有一个字的快乐，学一句话有一句话的快乐，立刻学到就立刻开心，所以朝前学去，一点也不困难。学校里所教的东西，不是为五年后用的，就是为十年后用的，全不注意怎样使儿童发生当前的愉快满意。快乐不在现在却在将来，所以很难引起他们的兴趣。小孩子学话立刻可以满意，所以成效大；学校里边的教育不能立刻就使他们快意，所以收效少。这中间所以然的道理，我们应该注意不应该注意呢？

——《杜威教育文集》第 4 卷，第 399 页

朱永新解读：

以儿童学习语言为例，第二个启示就是关于及时与积极的反馈。

学习，当然需要了解学习的意义，包括对于未来人生的意义，但是，那些离今天的儿童很远的事情，看起来高大上的事情，是很难真正激发儿童的学习兴趣的。

儿童学习语言的过程中，从来没有人告诉他，要好好学习，以后语言很重要。更没有人警告他，你不

好好学习以后就不能够成为真正意义上的人。儿童完全是耳濡目染，在日常生活中学习，学了就用，马上说，大人及时反馈，孩子就很开心。每学习一个字一句话，都会有学到一个字一句话的快乐。这种及时的正反馈、正强化是非常重要的。

所以，学校教育也好，家庭教育也罢，都要尽可能帮助学生形成良好的情绪反馈，把大目标化成小目标，把未来的延迟满足尽可能转化为当下的及时反馈。

>> （3）小孩子学话收效那么快，全靠一种天然社交的趣向。小孩子很欢喜同人家往来，同人家说话，同人家问答，这就是他社交的天性。学校教育不注重他这种社交的天性，专拿纯粹知识一方面的学问去教他，不问他欢喜不欢喜，都要逼迫他去学，又叫他做些无关社会生活的文章。这些机械的记忆的教育，和个人社会社交的天性，一点也没有关系，怎能收很大的效果呢？照这样看来，可见得教小孩子说话，利用社交的天性，所以收效很大。学校教育偏于纯粹知识一方面，所以收效很小。这不是一种教训吗？以上所说，总括一句话：若没有天然的本能做基础，什么东西都不能教；若能把社会的势力，利用这些基础的本能，几乎没有不可教的东西。

——《杜威教育文集》第 4 卷，第 400 页

朱永新解读：

独学而无友，则孤陋而寡闻。学习绝对不是一个纯粹个体的事情，而是有着很强的社会性。仍然以儿童学习语言为例，儿童绝对不可能关起门来独自学习语言，尤其是交际性的口头语言，而是在家庭中，在社区中，在幼儿园里，与父母、老师和同伴的交流过程中学会的。心理学有所谓"团体动力学"的理论，其实学习的过程也需要伙伴，需要朋友，需要一个社会支持系统。但是，学校里的学习，虽然看起来是几十个孩子在一个班级里团队学习，其实它的个体性是

非常强的，从教育目标到教育评价，几乎都是为了个体。相对而言，现在开始逐步受到关注的项目学习、合作探究等学习方式，更加符合儿童学习的规律与特点，因此效果也更好。

心理学和教育学不是包医百病的教育神方

>> 心理学和教育学都不能给我们一个包医百病的教育神方。研究它们的目的，在懂得这中间的道理，在明白儿童心理上起的观念。学校里边，无论教员教什么，学生心理上总要发生一种反动。真正的好教员，就是在能观察学生的反动，要研究何以这个人这样反动，那个人那样反动，明白这中间的道理，利用各人特别的天性，引他朝正经路上走。可见得研究心理，研究教育，并不是传他一个方法，叫他照样教人，好像包治百病的药单子一样。因为天地间没有传诸百世而不惑，放诸四海而皆准的东西。研究心理教育，不过是给我们材料，教我们有法子去观察学生心理怎样反动，然后再想用什么方法去引导他。

——《杜威教育文集》第 4 卷，第 401—402 页

朱永新解读：

前面已经说过，教师要学习心理学教育学理论，因为，理论是我们打开教育世界之窗的钥匙，也是我们认识教育问题的工具。但是，杜威强调，我们重视理论，不等于把理论看成是包治百病的灵丹妙药，看成是一成不变的万古教条。其实，世界上根本没有什么"传诸百世而不惑，放诸四海而皆准"的理论，具体问题具体分析，理论联系实际。所以，真正的好教师，就要学会观察和研究，学会发现各种"反动"（反常）现象，分析各种反常现象背后的原因，才是解决问题的最好办法。也只有这样，才能把理论真正学透用活。

旧式的知识论如同守财奴的积财观念

>> 古代对于知识的观念，大概都是把知识自身看作一个完全独立的目的。知识的价值就在它自身之内，为什么要求知识呢？他们说，求知识便是求知识。求知识的目的就是求知识。因为把知识自身看作是独立的目的，所以古代的观念，把知识看作一件现成的东西，拿来拿去，你传给我，我又传给别人，或是摆设起来，供人玩赏。知识就像一些金钱，守钱奴积了许多钱，越积越多，越多越好，全不问金钱有什么用处，只觉得积钱是人生的唯一目的。旧式的知识论，正同守财奴的积财观念。

——《杜威教育文集》第 4 卷，第 402—403 页

朱永新解读：

传统教育是以知识为中心的。所以，衡量教育和学习效果的标准，就是知识的记忆与呈现是否顺利圆满。知识本身就是目的，就是标准，就是价值。知识多，就是财富的象征，就是教育成功的标志。就像守财奴一样，钱多就是成功的标志，完全不管这些钱需要干什么，能够干什么。

用金钱比喻知识，是比较巧妙和合适的，它们都只有象征的工具性价值，而没有实际的价值。只有把金钱和知识用在有意义的事情上，才能发挥其真正的作用。知识再多，如果不能应用，就是一个装着书籍的书橱。书籍的生命是通过阅读唤醒的，知识的生命是通过应用实现的。

知识的价值，全在它的实用

>> 现在对于知识的新观念，认明知识是良善行为所不可少的一种工具。人类的行为，如果没有正确有用的知识，必致陷入无意识的动作。知识是一种工具，不是一个独立的目的；是用来指挥我们的动作，帮助我们的计划的，不是无用的奢侈品。知识的价值，全在它的实用，所以不是现成的，必须由我们自己研究寻求出来，把它的结果，来证实它的价值，证实之后，方才可算是知识。

——《杜威教育文集》第 4 卷，第 403 页

朱永新解读：

这段文字是接着上一段继续阐发的。知识不是没有用的，相反，知识在人类认识世界和改造世界的过程中发挥着巨大的作用。因为，人类的行为只有在正确知识的指导下才有理性，才能减少盲目性，减少错误率。如果把知识看作好看的奢侈品，看作与认识世界、改造世界无关的摆设，知识自然就毫无作用。

所以，知识的价值在于应用，而这种应用需要我们把知识视为工具而非目的，需要我们根据不同的时间空间，不同的具体情况灵活应用。认识—实践—再认识—再实践，不断地丰富和完善知识，是应用知识的重要方法。

>> 我们且先看旧式的知识论在教育上发生的恶果：

（1）教材——因为把知识看作现成的传授品，所以旧式的学校教育，只顾把许多现成的历史、地理、文学、算学等等，尽有灌到儿童的脑袋里去；只要装得进去，就完事了，全不问这些东西在社会上有何需要，在儿童行为上有何影响。

——《杜威教育文集》第4卷，第403页

朱永新解读：

杜威详细讨论了传统的知识论在教育上产生的不良后果。这个后果主要表现在教材、方法，养成知识的贵族、养成服从古人的根性和科学的分离孤立。

从教材的角度来看，杜威认为问题主要是把知识看成是现成的传授品，完全按照学科的体系、知识的结构，把所有的知识一股脑儿往学生的脑袋里灌输。只要装得下、灌得进，不管学生是否需要，不管社会是否需要，多多益善。这样的结果，自然是知识归知识，教材成为知识的躯壳，甚至成为知识的象征，与现实生活没有发生任何关系。

>> （2）方法——再看教授的方法，全是注重记忆，注重背诵，注重考试。因为把知识看作可以灌来灌去的现成东西，所以用蛮记的法子灌进去；所以又用背诵和考试的法子，来看究竟灌进去了没有；来看那些被灌的儿童是否能照先生的样子把装进去的东西拿出来摆架子了。美国有一种农家，养鸡鸭出卖。卖的时候，常常把鸡鸭喂得饱饱的，可以多卖一点钱。但是鸡鸭喂饱了，便不肯再吃了，所以他们特地造一种管子，插进鸡鸭喉咙里，把食物硬灌下去，使它们更胖更重。现在的教授方法，就是硬装食物到鸡鸭肚子里去的方法。考试的方法，就好像农夫用秤称鸡鸭的重量，看它们已经装够了没有。

——《杜威教育文集》第 4 卷，第 403 页

朱永新解读：

关于传统知识论对教学方法的影响，是杜威讲得最生动形象的一段。

传统的知识论，衡量教学效果好坏的唯一标准是考试中能否把知识完整准确地呈现出来。"上课记笔记，考试背笔记。""背得出是英雄，背不出是狗熊。"至于考试以后是否忘记，是否能够解决实际问题，则不在考虑之列。

就像那些不良的农夫养鸡鸭一样，目标就是多卖钱，体重就是唯一的标准。不仅要把鸡鸭喂得饱饱的，还要制造一种特别的管子，在鸡鸭没有食欲不想进食

的情况下，把食物通过管道强行硬灌下去。至于那些鸡鸭的命运如何，完全不在这些农夫的考虑之中。

现在想想，我们的许多老师其实就是在做那些农夫做的事情。不管学生是不是愿意，是不是有兴趣，都要把知识强行地灌输给他们。最后当学生像那些鸡鸭不愿吃东西一样不想学习时，唯一的办法就是硬灌死学——正所谓"只要学不死，就往死里学"，这么恐怖的话语竟然出现在我们一些学校的"励志"标语中，实在是令人难以置信。

博学而无用的知识贵族

>> （3）养成知识的贵族——知识既不是应用的需要品，即是摆样子的奢侈品，自然是少数人所独用的。旧式教育的结果，大概是养成一班博学而无用的贵族，越少越可贵，就同宝石一样。

——《杜威教育文集》第 4 卷，第 403—404 页

朱永新解读：

我们是为了什么学习知识？杜威认为，学习知识是为了应用。把知识变成生活中的必需品，不断去使用所学的知识，才能最大限度地发挥知识的价值。

但是，传统教育是在把积累作为学习知识的目标。积累知识，就像一个守财奴积累财富一样，越来越丰富的财富一直守着，不加以运用，那么财富就永远只是一个数字，一堆死物，而不能够产生真正的益处，不能改善人们的生活。

杜威用了"博学而无用的贵族"来比喻这种人，这种人也就是我们通常所说的"两脚书橱"。

>> (4) 养成服从古人的根性——这班博学的贵族，装了许多现成的学问，自然希望人服从这些古代传下来的宝训，服从宝训就是服从他们自己的学问。封建的国家，专制的国家，都极力提倡这种教育，因为这种服从的根性，是于它们很有益处的。这种教育的结果，必致养成守旧的风气，用古人的教训做议论的根据（诗云子云之类），全不问古今时势的需要不同。

——《杜威教育文集》第 4 卷，第 404 页

朱永新解读：

杜威的这一番话，对于我们今天如何学习传承中华优秀传统文化，有着非常重要的启迪。中国优秀传统文化必须学习，但是怎么学才有效？这是值得我们花力气研究的。

在专制社会中，是不需要创造性而只需要奴性的。所以，在学习知识时只需要像奴隶一样服从，教师也好，统治阶级也罢，往往把自己当作知识的化身和权力的象征。所谓"服从宝训"就是服从他们自己。

今天，我们的学习有着一个明确而又宏伟的目标："大众创业，万众创新。"所以，我们不能把优秀传统文化作为一成不变的经书，"小和尚念经——有口无心"地学习，而是要真正学习它的本质，激发深刻的思考。我们研读古人的经典，不是为了服从，而是为了创造。我们需要根据古今时事的不同需要，对经典加以运用，真正活出中华优秀传统文化的根本精神。

不能把知识看作独立存在的现成物品

>> （5）科学的分离孤立——因为把知识看作独立存在的现成物品，可以各自传授，故旧式的学校教科，各自独立，不相关系，不相照应。算术自算术，代数自代数，几何自几何；数学又和旁的学科没有关系，历史和文学无关，文学同修身无关，只要一样样都学完了，就算了事，又何必问各科的交互关系呢？

——《杜威教育文集》第 4 卷，第 404 页

朱永新解读：

如今的学习中，不仅仅科学上的学习越来越"分离孤立"，其他的学科也是如此，而且这种状况非常严重。随着知识的爆炸式增长，随着碎片化传播的到来，学生所学的越来越多，老师所教的越来越多，于是形成的孤立的片段的知识也就越来越多。

有识之士早就像杜威一样注意到了这个问题，一直积极加以解决。从提倡课程的整合到项目式的学习等，都是对这种现状进行的改革。

在这一改革的大潮之中，新教育实验也在推出大科学、大艺术、大人文等课程，倡导"做中学，读中悟，写中思"的新科学教育学习模式、"阅读，对话，写作，践行"的新人文教育学习模式等，就是为了让知识和知识之间发生联系，从而让学生更有效地进行知识的构建，从而更高效地推进知识的运用。

现在的母教

>> 古人固然也有关于母教的知识，老太太传给太太，太太传给少奶奶，大概都是根据于经验的零碎知识，和乡村铁匠的打铁法一样。现代人讲母教的知识，就大不相同了。现在的母教，必须要懂看护学，儿童心理学；又要知道儿童容易有的疾病；又要知道各种营养食物的性质；又要知儿童应该做的运动游戏。这些还不够，因为无论家庭以内弄得怎样好，若是社会的公共卫生不讲究，道路污秽，饮水不洁，终难免儿童传染流行的疫病。所以做母亲的，不但要研究儿童的种种问题，不但要研究家庭的种种问题，还要研究社会的、市政的种种问题。这种知识可是那种代代相传的旧法子，所能得到的吗？

——《杜威教育文集》第4卷，第405页

朱永新解读：

家庭教育如何从经验走向科学？这是一个迫在眉睫的问题。100年前的杜威就发现，传统的家庭教育是经验型的，是一代一代从老祖宗传到现在的知识与经验。这样的做法有两个根本性的问题：一是零碎不系统，二是千古不变。社会变化了，教育没有变化，"以不变应万变"是经验型家庭教育存在的最大弊端。所以，作为现代社会的母亲，就不能再按照传统的办法教育自己的孩子，而应该学习现代的相关知识，如养育的看护学知识，关于儿童发展的心理学知识，关于生理发展的生理学、医学知识等，甚至还要懂得社会学、公共卫生学，这些知识是世世代代接力传递的家庭教育不可同日而语的。

>> 从前的教育是拿现成的教材做起点的，现在的新教育是拿这个那个儿童这个那个人做起点的。从前的教育是先有了许多历史、地理、文学、算术等等现成材料，然后想怎样把这些材料统装进儿童的脑袋里去。现代的教育是先有一群活泼泼的儿童住在某种环境里面；教育家的问题是：这些儿童实际生活上有什么样的问题呢？他们游戏的时候，做活的时候，想象的时候，发生什么样的需要，可以给我们利用得来做教育他们的法门吗？我们应该怎样引导他们的天然活动的本能，来引他们去求有用的知识呢？教育的重心，从"教材"方面搬到"人"的方面，所以教授的方法也不能不彻底改变。新教育所注重的是这些儿童所爱仿的是什么，所能做的是什么。懂得他们的天然本能，利用他们的天然兴趣，然后指引他们去求种种于个人于社会有用的知识。

——《杜威教育文集》第 4 卷，第 406 页

朱永新解读：

任何教育改革都有自己的逻辑起点。就拿当今的教育实验与教育改革来说，新课程的逻辑起点是课程，试图通过课程的变革撬动整个教育的改革。新基础教育的逻辑起点是课堂，试图通过让课堂焕发生命的活力来撬动教育的变革。而新教育实验的逻辑起点是教师，试图通过教师的成长来撬动教育的改革。

100 年前，杜威的进步主义教育逻辑起点是儿童，

是"活泼泼"的人。所以他严厉批评了旧教育把"教材"作为教育的逻辑起点的做法，这种做法是把历史、地理、文学、数学、物理、化学等现成的知识作为起点，作为前提。教育的任务就是让学生记住这些知识，掌握他们学习的这些学科的教材。至于学生是不是喜欢、是不是需要，学生在学习的过程中喜欢模仿什么，学生在做游戏的时候、在想象的时候有什么样的实际需要，学生能够学习到什么样的程度等，一概不管。

一句话，是让学生适应教材，而不是让教材适应学生。所以，教育需要一场深刻的变革——从"教材"方面改为"人"的方面。

>> 从前的教育只做到把现有的教材传授给儿童，就算完事。现代的教育，不但要发展个人的才能，还要注意把个人才能的发挥指引到有益于社会的一个方向上去。因此，教育家的问题不单是观察儿童的本能，还要研究此时此地的社会需要，挑出几种主要的社会生活，用来安排在学校里；使学生的生活就是最精彩的社会生活；使儿童做这种生活时，就可以不知不觉地预备将来了解应付社会国家的种种需要，种种问题。

——《杜威教育文集》第 4 卷，第 406 页

朱永新解读：

强调学校生活与社会生活的统一性，是杜威教育思想最重要的观点之一。传统的教育只关心学生学习的知识是不是被记住了，考试的时候能不能完整地再现这些知识。所以，把教材的内容传授给学生，就意味着教育过程的完成，就是学校生活的最高目的。这样，学生的学习就与社会生活毫无关系了。问题在于，学生终究是要走向社会成为一个社会成员的。

所以，教师应该有强烈的社会责任感，不断研究社会的需要，缩小学校生活与社会生活的差距，尽可能把学生的生活与"最精彩的社会生活"接轨。这样，今天的学生就可能成为明天良好的社会人。

应该把当小学教员认作一件最宝贵的终身大事

>> 教员必须有适当的学问，方才能随时应付变迁的社会需要；必须有精密的心思、细腻的耐性，方才可以随时观察儿童的性情兴趣；必须有浓厚的同情、慈祥的性情，方才可以替儿童设身处地，体会儿童的心思意义。做教员是一件神圣的事业，做小学教员更是一件神圣事业；决不是个人的饭碗问题，应该认作一件最宝贵的终身大事。

——《杜威教育文集》第 4 卷，第 406—407 页

朱永新解读：

我们已经不止一次地介绍杜威关于教师，尤其是小学教师的论述。通过文字对杜威教育理念进行的这些解读，其实在一定程度上是我们借助杜威的论述，讲述我们的主张。因为他是在不同的场景用不同的文字表达，我们也有必要根据他的文字、他的思路，阐释我们自己的教师观。

我曾经说过，教师有三种境界，第一种是把教师当作职业，作为养家糊口的工作，这就是杜威在这里说的"个人的饭碗"。

第二种是把教师当作事业，当作成就人生的重要事业，所以要钻研学问，要有"精密的心思、细腻的耐性"，要有"浓厚的同情、慈祥的性情"，这是成为一个优秀教师必须要修炼的。

第三种是把教师当作志业，即和自己的人生理想、信仰结合起来，和国家民族的命运前途结合起来，

理解教师职业的真正价值。这样的教师职业，自然是一个神圣的事业。

之所以说小学教师更加重要，是因为小学阶段是学生成长最基础、最关键，教师的作用发挥最充分、最重要的时段。

一国的教育，决不可胡乱模仿别国

>> 一国的教育，决不可胡乱模仿别国。为什么？因为一切模仿都只能学到别国的外面种种形式编制，决不能得到内部的特别精神。况且现在各国都在逐渐改良教育的时候。等到你们完全模做成功时，它们早已暗中把旧制度逐渐变换过了——你们还是落后赶不上——所以我希望中国的教育家，一方面实地研究本国本地的社会需要，一方面用西洋的教育学说做一种参考材料，如此做法，方才可以造成一种中国现代的新教育。

——《杜威教育文集》第 4 卷，第 407 页

朱永新解读：

学习国外的先进教育理念和方法，弘扬中华民族教育的优秀传统，是我们扎根中国大地办教育都不可缺少的。

问题在于，作为一个后发国家，我们在学习国外的教育经验时，很容易囫囵吞枣，生搬硬套，采取简单的"拿来主义"。新中国成立以来，我们在学习苏联和西方的教育时，已经为此付出了不少学费。

其实，早在 100 年前，杜威就已经提醒我们，不要简单地学习别人的教育，尤其不能够"胡乱模仿别国"。这不仅是因为不同的国家有不同的国情、不同的社会需要，同时是因为教育本身处于不断的发展变化之中，当你把别人的教育模式原封不动地搬过来的时候，人家的教育已经变化了，进步了，发展了，你只

能跟在人家后面亦步亦趋。

所以，杜威希望中国的教育家能够考虑中国自己的国情，"一方面实地研究本国本地的社会需要，一方面用西洋的教育学说做一种参考材料"，发展真正适合中国国情的"现代的新教育"。就这点而言，我们的新教育实验正是一直按照这个方向在前行。

>> 活动的天性细细地分析起来，有许多种：（1）试验。小孩子欢喜拿一桩事来试验，看它结果如何。（2）冒险。小孩子总想到没有到过的地方去瞧瞧，看有什么新奇的东西没有。（3）尝试。小孩子得了一个东西，能吃的总想去尝尝，能玩的总想去试试。（4）欢喜好看。小孩子喜欢美，所以拿到一物，才想造成整齐的好看的东西。（5）亲自动手。小孩子要是看见人家做事，就要动手，最不愿意旁观。这些天性，做教员的应该利用它做有益的事件，随机引导，让它发展起来才对。这些天性粗粗看来似乎不大重要，仔细研究起来实在有益得很。科学的发达多从这些天性得来的。

——《杜威教育文集》第 4 卷，第 408 页

朱永新解读：

好的教育一定是符合人性、顺应天性的。在 2019 年"六一"儿童节这天举行的中国儿童发展论坛上，我曾经就儿童的天性问题讲过自己的看法。

我分析了儿童的五个天性：一是好奇好问。当儿童来到这个世界的时候，一切都是他所未知的，他对世界的一切都充满着好奇，他想探索，他想了解，好奇心和提问题是打开世界之门的钥匙。

二是纯洁天真。儿童没有我们成年人世界的尔虞我诈、钩心斗角，没有种种虚假、狡诈、丑恶。在生活中，如果我们说一个人很天真，很纯真，很纯洁，

往往就是表示他有童心。

三是无忧无虑。儿童本质上对这个世界是不设防的。他没有什么忧虑，不用担心明天，也不用考虑油盐酱醋，不用担心任何的事情，他只要啼哭差不多就能够满足他的需要，所以儿童是快乐的。儿童其实是真的没有痛苦的，或者说儿童的痛苦都是瞬间的，在他的躯体和其他需要得不到满足的情况下，他才会表现出短暂的痛苦。

四是活泼好动。儿童为了探索这个世界，就需要活动，通过他的手，通过他的腿，通过他的肢体等各种各样的方式。他要释放他的能量，你让一个儿童坐在那不动，双手背起来听老师讲课，那你已经不是在把他当作儿童来对待。

五是不惧权威。儿童世界里没有权威，没有大小，完全平等。所以当儿童和你争辩、和你讨论、和你坚持时，你不要觉得是他太倔强了，而是因为他根本没有把你当权威。当他发现权威、承认权威的时候，他已经不完全是儿童了。

我分析的儿童的这些天性，与杜威讲的儿童的四个特点大同小异。杜威认为，这些重要的天性是科学发现的重要素养，一个社会能否有创造性，与是不是尊重儿童的这些天性有着密切的关系。

我也认为，童年的长度反映了国家的高度。尊重儿童的天性，应该成为教育的最高准则之一。

利用科学教育和物质文明增加人民的幸福

>> 东方现在的情形，有两大危险，不可不注意。(1) 有人想抵抗物质文明，要想保存旧社会的思想习惯，叫它一点也不受物质文明的影响。要知道物质文明没有可以抵抗，如电线、电话、火车、工厂等，已经到了国门口，没有拒绝的方法。一定要发生影响的，好像太平洋的潮水一涌而来，没有东西可以抵得住的！（2）有人妄想有了物质文明就全够了，把人生问题丢开，使物质的发达不能在社会生活上发生良好的影响。这也是大错的。你们的东邻就有这种错误。他们一方面想保存许多旧社会的思想习惯，不受新文明的影响；一方面极端趋向物质的发展，又不能利用物质的发展，来增进人民的生活。这种错误的结果，使新旧分开，物质文明与人生行为分开，这是一种很危险的现象。我且提出一个问题，做我的收场，请诸位带回去仔细想想："怎样能够在教育上寻出一种方法，使我们可以利用西方的科学教育和物质文明，来增加人民的幸福，同时又能免去极端物质文明的流弊呢？"

——《杜威教育文集》第 4 卷，第 411—412 页

朱永新解读:

在对待西方的物质文明上，我们究竟应该采取怎样的态度？

要想抵抗先进的物质文明与科学技术，明显是鸵鸟政策，完全是逆时代潮流而动。历史也已经证明这

是完全行不通的。

同时，虽然愿意接受先进的物质文明与科学技术，但是不愿意接受与之相应的生活方式与思想观念，这个有点类似历史上"中学为体，西学为用"的观点，把新旧分开，物质文明与人生行为分开，也是很难真正做到的。

所以，杜威给我们提出了这样的一个思考：如何真正做到既吸收西方物质文明的成果，又防止伴随着西方物质文明而来的，不合乎我们自己的价值观与生活方式的东西，真正地让物质文明造福我们的同时，走中国特色的自己的道路。

其实，在中国从站起来到富起来、强起来的历程中，我们一直在努力地按照这样的方向前行，也走出了一条中国特色社会主义的道路。在教育上，同样也有类似的选择。

教员要既热心又有方法

>> 假使学校内教员很热心教授，一字一句，不肯放过；因为他热心，学生都很用功，无论什么，都记录下来。但是这种教授法，无论怎样，所教授的学生得益很少；不但益处少，并且学生将所记录的，有时竟不能应用。

我不是讲教员不应该热心教授，热心教授是教育者的天职。不过还得要用种种活动的教授。教员既热心，又有方法，那么，学生多得到利益，自然很多乐趣了。

教师讲的事实，叫学生牢记，然而这许多事实，不会永久占据在他们的脑袋里，并且渐渐要消灭。教师有方法后，学生自然感得很深厚，出了校门，也还保守勿失。所以我们平时考察教员的成绩最好不要看他教授的多少，只要看他教书的方法如何，他能不能引起学生智识的欲望，能不能唤起学生多方面的兴趣。

——《杜威教育文集》第 4 卷，第 416 页

朱永新解读：

其实，这段话不仅对教师很重要，对父母同样很重要。

我们经常说，方向比努力更重要，其实在一定意义上，方法也比努力更重要。

现实生活中，的确有许多教师和父母不可谓不认真，不可谓不敬业，不可谓不热心，但是他们只知道用"蛮力"，不知道如何用"巧力"。只知道让学生下

死功夫，不知道让学生用巧功夫。导致学生不分轻重缓急，眉毛胡子一把抓，学了一大堆无用的东西，记了一大堆不需要记忆的东西。

所以，真正的好教师，好父母，不仅要热心教育，关心孩子，更要懂得教育的方法，把精力和时间用在"刀刃"上，用在最需要的地方。

方法与方向比努力更重要，是教师与父母应该注意的重要问题。

旧教育的缺点在以『科目』当作『目的』

>> 旧教育的缺点，在以"科目"当作"目的"，以为教授一种科目，只要学生能领会，就算达到目的了。所以到了结果，虽是得了许多的知识，与社会生活方面，仍不发生丝毫的关系。这是不知拿科目做中间连接的器具的原因；就是旧式教育最大的欠缺。世间可读的书很多；小学校可教的知识，也是很不少的。若是不顾学生生活需要不需要，对于环境适合不适合，漫然用一种无目的教授，是最不合宜的；所以必要加一番选择。

——《杜威教育文集》第 4 卷，第 421 页

朱永新解读：

这是 1920 年 6 月 17 日杜威在江苏徐州的讲演。关于教育的趋势问题，是杜威在中国系列讲演的重要主题。讨论趋势，主要是研究新教育与传统旧教育的差别。

杜威认为，传统教育的目的不是以人为中心，而是以知识为中心；或者是以教师为中心，而不是以学生为中心。所以，传统的旧教育关心的是教材，是学生能不能领会和掌握学习的内容，能不能将这些内容有效地记忆与呈现，所以虽然学生获得了许多知识，但是这些知识与社会生活和学生的生命没有任何关系，这样的教育，自然不会引起学生的学习兴趣，也很难真正取得很好的教育效果。

因此，杜威主张，学校里学习的各种"科目"只

应该是拿来作为"中间连接的器具",与社会生活和学生的实际连接起来，才能受学生的欢迎，满足他们的需要。

也正因为如此，学什么的问题，本身是需要认真选择的，是以学科体系为中心，还是以学生生活为中心，需要认真考虑。

选择教材的两种标准

>> 选择的"标准"有两种。第一种标准是须与学生的生活、动作、经验各方面有关的,就是要先研究这种知识,究竟用着用不着?与学生现在的生活,有没有关系?如小学校里,教"阴阳五行",是极没有道理的。第二种标准是须与环境有关的,就是要先研究学校环境生活的状况,究竟怎么样?实业政治怎么样?教授一种与实业政治有关系的知识,然后入世做事才可以应用。

——《杜威教育文集》第 4 卷,第 421 页

朱永新解读:

与上一段文字相联系,这一段文字提出了选择教学内容的两个"标准"。第一个标准就是应该与学生的生命活动与生活实际联系起来。第二个标准就是应该与社会环境联系起来,同时让学校生活与社会生活联系起来。

按照这两个标准,杜威对我们的"国学"教育发表了他的看法。他认为在小学教"阴阳五行"不太合适,是"极没有道理的"。这里一方面涉及杜威本身对中国传统国学的了解不一定很全面很深刻的问题,另一方面也涉及传统国学用怎样的标准遴选优秀,用怎样的方法进行教育的问题。毫无疑问,传统国学中有应该去除的糟粕部分,并不适合现在进行学习。对于需要传授的优秀传统文化,则需要用合适的方法。结构主义教育家曾经主张任何学科的任何知识都可以用

任何合适的方法教给任何年龄的儿童，这本身就是对杜威这个观点的否定。而且，杜威主张将学校与社会生活直接联系起来，把学校办成一个小社会，也在一定意义上抹杀了学校与社会的差异性。这也是我们应该注意的问题。

学
生
没
有
不
喜
欢
求
知
识
的

>> 教师因要强迫学生读书，遂不得不生出赏罚记功记过的方法，威吓利诱，勉强学生，学生也只得勉强遵行，日日去读那枯寂无兴趣的书本。教师与学生的精神、时间两不经济，这不是与不饥渴而强饮食的害处一样吗？世人每谓学生喜读书者少，非加以强制不可；这话真是荒谬。譬如植物种子，若是没有病，种在地下，自然能吸收地下的水分；在地上的枝叶，自然能吸收日光。人若是没有胃病，饥渴自然思饮食。学生读书，也是这样；若是精神健康、没有脑病，没有不喜欢求知识的。

——《杜威教育文集》第4卷，第422页

朱永新解读：

"牛不喝水强按头，人不学习威逼诱"，这是许多家庭学校经常用来对付学生的办法。这个办法，其实涉及一个人性的基本假设——人是懒惰的，是不喜欢学习的，所以需要通过"赏罚记功记过"和"威吓利诱"的办法强迫学生学习。的确，这也是许多父母和教师经常采用的杀手锏。熟悉管理心理学理论的人都知道，这个人性的假设是"经济人"理论的观点。

杜威对人性的认识更类似于"成就人"，更注重人性"善"的一面，他认为人的天性是喜欢学习的，就像植物一样，总是喜欢吸收地下的水分，朝向地面的阳光，就像一个健康的人，总是"饥渴自然思饮食"的，只要身心正常，没有不喜欢学习、不喜欢求知识的。所以，人性的假设错了，教育的根本方向就错了。

当拿教材作为一种富强国家的紧要的工具

>> 概括起来说，新教育的教材改组，可分为三层：（1）教师的责任，要指导学生的活动，要满足学生的欲望，使他自行解决一切问题，以主动的方法代被动的方法。（2）要与学生固有的知识、经验联络，使他自己认为是需要的，才能发生动机，才能有愿学的兴趣。（3）教授学生各种科目，当选择与学生生活、社会生活有密切的关系的；不要认为是一种美玉、徽章，要能解决社会种种问题。终极的目的，当拿它作为一种富强国家的紧要的工具。

——《杜威教育文集》第 4 卷，第 423 页

朱永新解读：

教育为什么要和社会生活紧密联系，为什么杜威注重学校与社会的合一？在一定意义上，是为了强化教育的社会性，强化学校的社会功能。

杜威主张，学生的学习和教材的改造需要在三个方面下功夫：一是教师的指导要发挥学生的主动性，让学生学会自己解决问题，包办代替、越俎代庖的做法是不可取的。二是教材应该与学生已有的知识经验相联系，满足学生的内在需要。三是不要把得到好的分数、奖章作为学习的终结目的。真正的教育目的，应该是建设富强的国家，是能够解决社会的种种问题的。

其实，教育是一个复杂的社会系统，教育的目标也有多重性，为了人的发展、学生的成长和为了国家的发展、民族的进步等，应该有机地结合起来。

养成一种有生气的儿童和青年

>> 现在的学校，讲义编得好好，书籍注得完完全全，句子圈得密密整整，真是代学生用心思，代学生用耳目，代学生用脑力，使学生如泥塑木雕。但人的本性，皆喜自动，一朝斩丧如此，厌弃教育的心，就从这里发生。因此，最快乐的读书事业，或顿生一种惨淡的情形。此种现象，自我来中国参观学校以后，常常看见。就是美国现在也还不少，课堂以内，完全是教师的讲演，学生没有思考的时间，又怎能希望社会改良进化呢？学校以儿童为中心，社会以青年为中心，所以最希望学校养成一种有生气的儿童，社会养成一种有生气的青年。要怎样能养成呢？就是从自动始。

——《杜威教育文集》第 4 卷，第 433 页

朱永新解读：

这是杜威 1920 年 5 月 20 日在扬州的讲演。

自动与自治，是杜威著作中经常出现的字眼。其实，从儿童的本性、学生的天性来看，是充满着自动的精神和探索的勇气的，他们对外部世界、对未知领域是充满好奇的。如果放手让他们自己去求知探寻，往往会兴趣盎然，生机勃勃。

但是，我们偏偏喜欢给能够自己吃饭的孩子喂饭，把一切东西准备得完好无缺，"代学生用心思，代学生用耳目，代学生用脑力"，只需要拿着现成的答案去背诵，去考试，结果不仅学习过程味同嚼蜡，而且

产生了厌弃教育的心理，人也变得愚蠢起来，"如泥塑木雕"。本来是最快乐的事情，被弄得了无生趣。所以，教育的关键，是把时间和空间还给孩子，让学校有生机，社会才能有生机。

为什么要注重女子教育？

>> 谋教育的普及，不应偏重男子，女子也应该一样地注意。为什么要注重女子教育？从浅显方面讲起来，女子占全体人民的半数；半数好了，全体自然也能强固。英国俗语说得好："一条铁链所能负的重量，不能胜过这铁链中最小的一环所能负的重量。"全社会在危急存亡之秋，中间有一部分软弱而不能加入共同负责，那么，全社会必受着无限的影响———损失。

——《杜威教育文集》第 4 卷，第 326 页

朱永新解读：

这是杜威 1920 年 6 月 29 日在苏州的讲演，讲演的题目是《学校与社会》。他首先通过考察学校与社会关系的历史变迁，说明过去的学校和社会其实是脱离的，学校教育只是被少数人垄断，为少数人服务的，但是，现在的教育，从教育的目的到教育的方法，"都须为全社会的，合于社会的一切生活状态的，这是近今新教育的趋势"。

他在讲演中提出，中国有许多矿产都没有得到开采，这并不是关键，关键是中国有大量"天资很好的人民，不曾把他们的本能完全发挥出来"。而真正要把人民的潜能发挥出来，必须从教育着手。

杜威指出："不曾受过教育的人民，好像一片不毛之地，完全未经人工的开垦，雨水不调，一些没有生产。其实并不是本质的不良，乃是环境的恶劣。倘能

在这不毛之地，开通沟洫，灌溉得法；那么，将来的收成，真是未可限量。"因此，在杜威看来，一定要让人民知道——"教育是救国的根本，教育可以解决一切的问题"。

那么，怎么开发这片不毛之地？怎么普及教育？杜威特别讲了女子教育的问题。一个最浅显的道理：女子占了人口总数多一半。从数量与质量统一的角度来看，"半数好了，全体自然也能强固"。一个社会、一个国家，是一个整体，正如一根铁链，最薄弱的部分最不能够负重。要加强铁链的强度，需要从最薄弱的环节加固。对于长期不重视女子教育的中国来说，教育，也应该从最薄弱的女子开始。

现在的女子，是未来的母亲

>> 现在的女子，是未来的母亲，对于后一辈的子女，在家庭中有教养的责任。倘使家庭的教育，不能合法，则责任必加重在学校教育身上；倘母亲的眼光狭小，只能理家庭里的琐事，则子女涉世，怎能有爱国、爱群心。所以从中国社会上来看，最要紧的是女子教育的普及，且愈快愈好。

——《杜威教育文集》第 4 卷，第 326 页

朱永新解读：

在杜威看来，之所以强调女子教育，还有一个更加重要的原因——现在的女子，往往是未来的母亲，她们在家庭中担负着养儿育女的任务。家庭教育是学校教育的重要基础，家庭教育不好，会直接影响学校的教育品质。况且，儿童的成长经常是以父母，尤其是母亲为最重要的榜样的。母亲的境界、胸怀和视野，会直接影响孩子的境界、胸怀和视野。母亲有社会责任感、爱国心，孩子也就会容易养成社会责任感和爱国心。"推动摇篮的手也是推动世界的手"，杜威从女子教育讲到母亲教育，对我们仍然具有重要的启示作用。

学校要培养主动的道德

>> 从前有个中国最著名的教育家，他说："中国人偏重被动的道德，将来须趋重主动的道德才好。"这话是很不错的。被动的道德是什么呢？就是守分、安命、知足、安贫、朴实、节俭、坚忍等。主动的道德是什么呢？就是创造、发明、活动等。这种主动的道德，要在学校里培养出来，从前学校偏重被动的道德，重在服从；现在却大相反了，要注重有活动的精神、创造的本领、发明的能力。对此二点，我们有三种精神，在学校教授科目上培养，然后社会上才能有"新的人物"，请分项说明如下。

（1）游戏。游戏就是运动，运动能发展精神、活动身体。

（2）手工。能使学生独出心裁，发表意匠，养成创造的能力。

（3）科学。能使儿童用耳、口、脑筋，去自己观察、发明、实验。

——《杜威教育文集》第 4 卷，第 328 页

朱永新解读：

这是杜威 1920 年 6 月 18 日在江苏徐州的讲演。这次讲演的题目主要围绕"教材的组织"。他一开始引用了一位中国教育家的论述，认为中国教育的一个显著特点就是偏重"被动的道德"，强调的是"守分、安命、知足、安贫、朴实、节俭、坚忍"等，这些品格基本是消极被动的特征，而将来应该更加强调"主动

的道德"，那就是创造、发明、活动。

如何培养这种主动的道德呢？这就需要从课程与教材的改造着手，从学校的改造着手。杜威提出了三门科目，即游戏、手工和科学，这和传统的中国古代教育内容有很大的不同。

通过游戏，培养学生的运动能力，发展精神，活动身体；通过手工，培养学生的工匠精神和创意能力；通过科学，培养学生动手动脑、观察发明的能力。这是中国教育最缺少的内容，也是导致"被动"而缺少"主动"的原因所在。

>> 运动、手工两种，与人身体最有关系。从前旧教育多轻视身体，注重记忆的头脑，不注重手脚；教师对于学生，只要他安静，能用眼看、用耳听、用口说就妥了；至于全体，是不动的；惯用压迫的手段，不教他活动。这不是大错了么？我们对于学生的活动，不要摧残它，要指导它，以达到良好的结果。这才对啦！

——《杜威教育文集》第 4 卷，第 329 页

朱永新解读：

杜威对三个科目进行了详细的分析。他认为，运动与手工，和人的身体关系最为紧密。传统的旧教育往往不关注人的身体，不注重手脚的训练与运动，只关注知识的传授与记忆，所以对学生来说，只需用眼睛看，用耳朵听，用嘴巴说。这种主静不主动的教育，培养出来的自然就是弱不禁风的人，身体羸弱的人。所以，好的教育应该是全人的教育、全身的教育，是身心和谐、手脑并用的教育。

>> 我们外国人到中国游历，时间太少，对于中国的事不能下一个确当的批评。只是照着讲中国的儿童看起来，总嫌不活动。大概游戏的机会少，缺欠指导、培养，实在是一个大缺点。据我们外国人的目光看起来，中国的小孩子都是一种静观默察的态度；站在一旁，观看人家做，自己是不做的。

——《杜威教育文集》第 4 卷，第 329 页

朱永新解读：

杜威在中国两年左右的时间，对中国教育、中国儿童做了许多直接的观察。在这篇讲演中，他对比了中国儿童与国外儿童的特点，发现他们最大的差别，就是中国的儿童安静不爱活动，总是喜欢"静观默察"，喜欢站在一旁看热闹。

这与中国学生的教育方式有关系。因为，中国的教育很少让学生游戏、运动，这个传统一直到现在仍然没有太大的变化。这与我们经常把手脑对立的思维方式有关，与"劳心者治人、劳力者治于人"的传统价值观有关。传统观念总是认为，四肢发达必然头脑简单。事实证明，这是没有科学根据的。

培养新国民精神宜在体育入手

>> 现在提倡改造中国教育，培养新国民新精神，宜在体育入手。教一般人，无论曾否受过教育，都在一块儿运动、比赛；久而久之，自可养成一致互助的精神。近来中国学生很能注重社会服务，牺牲金钱、时间，教育一般无知识的人民，越是很有价值的事。将来还要扩而充之，使校外的人与自己共同运动；对于社会知道要负责任的，不能旁观的，那么，改造中国，前途就有希望了。

——《杜威教育文集》第 4 卷，第 329 页

朱永新解读：

体育教育，不仅仅是身体的教育，更是国民精神的教育。我们不重视体育，一方面与"劳心"者高于"劳力"者的传统价值观有关，一方面也与没有认识到体育的社会价值有关。

在这个讲演中，杜威充分地阐释了体育对于培养国民的精神，对于培养一个人合作互助、社会服务、主动参与的精神的意义。他认为，传统的知识学习体系中，每个人经常是孤立无援的，体育则把大家凝聚在一起，在活动和比赛中养成了合作的精神、奉献的精神、整体的意识、团队的意识等，久而久之，就形成了社会责任感。由此，通过改造国民性，进而改造中国，中国的前途自然就有了希望。

在这里，杜威把体育和国家命运联系起来，是值得我们关注的重要观点。

>> 大学的重要不在它所教的东西，在它怎样教和怎样学的精神。它代表的是知识的重要；它代表的是光明，它反对的是黑暗；它代表真理的势力——不是遗传下来的真理势力，是由理性制成的，再由人生行为实验过的真理势力。它的责任是传播知识，不是要把学过的深深地藏起来；它是活水的源头，不是贮藏财产的铁箱。

　　　　　　——《杜威教育文集》第 4 卷，第 440 页

朱永新解读：

　　这是杜威 1919 年 12 月 17 日在北京大学的讲演，这一天，是北京大学的 22 周年纪念日，胡适亲自担任这场讲演的翻译。杜威的在华讲演中，关于大学教育的内容远远不如中小学教育多而充分，所以我们专门选择部分内容进行讨论。

　　杜威接到邀请的时候，正在撰写一篇《舆论在民治国的重要》的讲稿，所以他的讲演就从这个话题开始，他认为大学应该成为制造舆论和指导舆论的重要场所，所以，对于大学来说，教授什么内容远远没有怎样教和怎样学重要。在他看来，大学不应该是储藏知识的铁箱，而应该是传播知识的摇篮，是创造知识的源头活水，是让人们看到前途、看见光明的地方。这是因为，"信仰真理、信仰智力是造成舆论和指导舆论的根底。不信仰真理、不让知识去传播，便是舆论的仇敌"。

大学与公共利益

>> 大学有特殊的校制来教育高等的知识和技术，不是为个人财力上、智识上着想，也不是为了养成官僚，是为了公共的利益。近世国家很不容易。它有许多问题：交通的方法，征税的方法，森林保护的方法，教育制度的养成……这些问题全仗高等知识的解决。大学自然是一个养成专门人才的地方，它还要养成造成和指导舆论的"领袖"，使全国人对于政府各种事件的处理，有明白的反对，有明白的赞成，然后才有社会的力，才能有个真正的民治国家！

——《杜威教育文集》第 4 卷，第 441 页

朱永新解读：

大学虽然是一个传授高等知识和技术的地方，但是从本质上来说，大学不是仅仅为个人的发展准备的，也不是仅仅为个人财力的增强和智识的成长提供支持的，更不是为培养人上人的官僚存在的。大学的最高目标，应该是公共利益。大学存在的必要，尤其是现代大学存在的必要，是因为人类社会面临的问题非常复杂多变，交通的问题、财政与税收的问题、森林与环境保护的问题、教育体系的问题等，依靠传统的知识体系已经无法维系社会机器的正常运作，需要大学培养的专业人才为之服务。不仅在专业上支持，大学更需要培养有公共服务精神、人文主义情怀、民主自由理想的领袖人才。也正因为如此，杜威对现代大学

寄予厚望，希望大学能够成为引领社会前行的学府，成为传播先进理念、制造正确舆论的学府。最后杜威在讲演中提出，希望北京大学成为"养成服务公共事业精神的中心，永远为社会的灯"。

主题索引

参考文献

杜威著作

吕达、刘立德、邹海燕主编:《杜威教育文集》第1—5卷，人民教育出版社 2008 年版。

涂纪亮编译:《杜威文选》，社会科学文献出版社 2006 年版。

袁刚、孙家祥、任丙强编:《民治主义与现代社会：杜威在华讲演集》，北京大学出版社 2004 年版。

〔美〕约翰·杜威:《道德教育原理》，王承绪等译，浙江教育出版社 2003 年版。

〔美〕约翰·杜威:《杜威全集》早期著作第1—5卷，华东师范大学出版社 2010 年版。

〔美〕约翰·杜威:《杜威全集》中期著作第1—15卷，华东师范大学出版社 2012 年版。

〔美〕约翰·杜威:《杜威全集》晚期著作第1—17卷，华东师范大学出版社 2015 年版。

〔美〕约翰·杜威:《经验与自然》，傅统先译，江苏教育出版社 2005 年版。

〔美〕约翰·杜威:《民主主义与教育》，王承绪译，人民教育出版社 2001 年版。

〔美〕约翰·杜威:《确定性的寻求——关于知行关系的研究》，傅统先译，上海人民出版社 2004 年版。

〔美〕约翰·杜威:《人的问题》，傅统先、邱椿译，上海人民出版社 1965 年版。

〔美〕约翰·杜威:《我们怎样思维·经验与教育》,姜文闵译,人民教育出版社 2005 年版。

〔美〕约翰·杜威:《新旧个人主义——杜威文选》,孙有中等译,上海社会科学院出版社 1997 年版。

〔美〕约翰·杜威:《学校与社会·明日之学校》,赵祥麟、任钟印、吴志宏译,人民教育出版社 2005 年版。

〔美〕约翰·杜威:《艺术即经验》,高建平译,商务印书馆 2005 年版。

〔美〕约翰·杜威:《哲学的改造》,胡适等译,安徽教育出版社 2006 年版。

〔美〕约翰·杜威:《哲学的改造》,许崇清译,商务印书馆 1958 年版。

〔美〕约翰·杜威:《哲学的改造》,张颖译,陕西人民出版社 2004 年版。

研究杜威的著作

〔法〕爱弥儿·涂尔干:《教育思想的演进》,李康译,上海人民出版社 2006 年版。

〔美〕贝思·J·辛格:《实用主义、权利和民主》,王守昌等译,上海译文出版社 2001 年版。

〔美〕道格拉斯·辛普森等:《杜威与教学的艺术》,耿益群译,中国轻工业出版社 2009 年版。

〔美〕郝大维、安乐哲:《先贤的民主:杜威、孔子与中国民主之希望》,何刚强译,江苏人民出版社 2004 年版。

〔美〕简·杜威等:《杜威传》,单中惠编译,安徽教育出版社 2009

年版。

〔美〕杰伊·马丁:《教育人生:约翰·杜威传》,杨光富等译,华东师范大学出版社 2020 年版。

〔美〕凯瑟琳·坎普·梅休等:《杜威学校》,王承绪等译,教育科学出版社 2007 年版。

〔美〕拉里·希克曼主编:《阅读杜威:为后现代做的阐释》,徐陶等译,北京大学出版社 2010 年版。

〔美〕理查德·舒斯特曼:《哲学实践——实用主义和哲学生活》,北京大学出版社 2002 年版。

〔美〕罗伯特·B.塔利斯:《杜威》,彭国华译,中华书局 2002 年版。

〔美〕罗伯特·威斯布鲁克:《杜威与美国民主》,王红欣译,北京大学出版社 2010 年版。

〔美〕斯蒂文·费什米尔:《杜威与道德想象力:伦理学中的实用主义》,徐鹏等译,北京大学出版社 2010 年版。

〔美〕斯蒂文·洛克菲勒:《杜威:宗教信仰与民主人本主义》,赵秀福译,北京大学出版社 2010 年版。

〔美〕苏珊·哈克主编:《意义、真理与行动:实用主义经典文选》,东方出版社 2007 年版。

〔美〕希拉里·普特南:《重建哲学》,杨玉成译,上海译文出版社 2008 年版。

〔美〕希拉里·普特南:《无本体论的伦理学》,孙小龙译,上海译文出版社 2008 年版。

〔美〕亚历山大·托马斯:《杜威的艺术、经验与自然理论》,谷红岩译,北京大学出版社 2010 年版。

〔美〕詹姆斯·坎贝尔:《理解杜威:自然与协作的智慧》,杨柳新译，北京大学出版社 2010 年版。

〔英〕理查德·普林:《约翰·杜威》，吴建、张韵菲译，黑龙江教
育出版社 2016 年版。

〔英〕乔伊·帕尔默主编:《教育究竟是什么？——100 位思想家论
教育》，任钟印、诸惠芳译，北京大学出版社 2008 年版。

陈亚军:《超越经验主义与理性主义：实用主义叙事的当代转换及
效应》，江苏人民出版社 2014 年版。

陈亚军:《实用主义：从皮尔士到普特南》，湖南教育出版社 1999
年版。

陈亚军:《哲学的改造：从实用主义到新实用主义》，中国社会科学
出版社 1998 年版。

陈怡:《经验与民主——杜威政治哲学基础研究》，复旦大学出版社
2002 年版。

杜祖贻:《杜威论教育与民主主义》，人民教育出版社 2003 年版。

顾红亮:《实用主义的误读：杜威哲学对中国现代哲学的影响》，华
东师范大学出版社 2000 年版。

李志强:《走进生活的道德教育——杜威道德教育思想研究》，中国
社会科学出版社 2009 年版。

刘长海:《杜威德育思想与中国德育变革》，华中科技大学出版社
2008 年版。

刘放桐:《实用主义述评》，天津人民出版社 1983 年版。

毛崇杰:《实用主义的三副面孔：杜威、罗蒂和舒斯特曼的哲学、
美学与文化政治学》，社会科学文献出版社 2009 年版。

单中惠:《现代教育的探索——杜威与实用主义教育思想》，人民教

育出版社 2002 年版。

孙有中:《美国精神的象征：杜威社会思想研究》，上海人民出版社
2002 年版。

田光远:《科学与人的问题——论约翰·杜威的科学观及其意义》，
复旦大学出版社 2006 年版。

涂纪亮:《从古典实用主义到新实用主义——实用主义基本观念的
演变》，人民出版社 2006 年版。

涂诗万:《杜威教育思想的形成》，浙江教育出版社 2015 年版。

王成兵主编:《一位真正的美国哲学家：美国学者论杜威》，中国社
会科学出版社 2007 年版。

王玉樑:《追寻价值——重读杜威》，四川人民出版社 1997 年版。

王元明:《行动与效果：美国实用主义研究》，中国社会科学出版社
1998 年版。

辛继湘:《解读实用主义教育思想》，广东教育出版社 2007 年版。

杨寿堪、王成兵:《实用主义在中国》，首都师范大学出版社 2002
年版。

俞吾金主编:《杜威、实用主义与现代哲学》，人民出版社 2007
年版。

元青:《杜威与中国》，人民出版社 2001 年版。

张斌贤、刘云杉主编:《杜威教育思想在中国——纪念杜威来华讲
学 100 周年》，北京大学出版社 2019 年版。

张奇峰:《以"道德自我"概念为核心的杜威道德哲学研究》，上海
三联书店 2017 年版。

赵秀福:《杜威实用主义美学思想研究》，齐鲁书社 2006 年版。

论文

陈桂生：《杜威对进步教育的观察——〈进步教育与教育科学〉指要》，《教育发展研究》2015 年第 4 期。

陈亚军：《实用主义硬核及其中国回映》，《社会科学》2016 年第 4 期。

程亮：《学校即共同体——重返杜威的〈民主主义与教育〉》，《湖南师范大学教育科学学报》2016 年第 3 期。

褚宏启：《对杜威课程理论的再认识》，《课程·教材·教法》2000 年第 7 期。

高德胜：《对杜威道德教育"根本问题"的再认识》，《教育研究》2020 年第 1 期。

高玲：《教育的实验室：杜威学校》，《教育科学研究》2016 年第 3 期。

顾红亮：《杜威"教育即生活"观念的中国化诠释》，《教育研究》2019 年第 4 期。

顾红亮：《实用主义概念的多重"身份"》，《华东师范大学学报》（教育科学版）2021 年第 6 期。

郭法奇：《杜威的中国之行：教育思想的百年回响》，《教育研究》2019 年第 4 期。

郭法奇：《儿童观与教育：杜威思考的维度与内涵》，《河北师范大学学报》（教育科学版）2020 年第 5 期。

蒋雅俊：《杜威〈儿童与课程〉中的教育哲学问题探析》，《南京师大学报》（社会科学版）2018 年第 1 期。

刘长海：《杜威道德教育思想再认识——与高德胜教授商榷》，《教育研究》2020 年第 10 期。

刘长海：《经验德育：一种基于杜威哲学的德育思路》，《教育研究》2019 年第 6 期。

刘放桐:《杜威的经验概念重释》,《江海学刊》2013 年第 1 期。

刘云杉:《兴趣的限度:基于杜威困惑的讨论》,《华东师范大学学报》(教育科学版) 2019 年第 2 期。

彭正梅:《谁以易之:论杜威培养"4C 公民"的教育哲学》,《华东师范大学学报》(教育科学版) 2021 年第 6 期。

单中惠:《"从做中学"新论》,《华东师范大学学报》(教育科学版) 2002 年第 3 期。

单中惠:《杜威的反思性思维与教学理论浅析》,《清华大学教育研究》2002 年第 1 期。

单中惠:《试论〈民主主义与教育〉的世界性学术影响》,《湖南师范大学教育科学学报》2017 年第 1 期。

石中英:《杜威的价值理论及其当代教育意义》,《教育研究》2019 年第 12 期。

唐斌:《"视域中的结局"及其教育学意蕴:杜威教育目的论再探》,《苏州大学学报》(教育科学版) 2018 年第 1 期。

涂诗万:《杜威论"好教师"与"弱教师"》,《全球教育展望》2017 年第 6 期。

涂诗万、姚文峰:《现代性的隐忧:杜威道德教育思想的演变——兼与高德胜教授、刘长海教授商榷》,《教育研究》2021 年第 7 期。

吴婵:《职业教育与普通中等教育关系之探——以"斯内登与杜威之辩"为例》,《河北师范大学学报》(教育科学版)2017 年第 3 期。

张斌贤、钱晓菲:《杜威与进步主义教育的关系:一桩悬而未决的"公案"》,《教育研究》2021 年第 6 期。

张斌贤、王慧敏:《"儿童中心"论在美国的兴起》,《北京大学教育评论》2014 年第 1 期。

张华:《论杜威的儿童课程观》,《华东师范大学学报》(教育科学版)
　　2021 年第 6 期。

张华:《论杜威与中国教育改革》,《华东师范大学学报》(教育科学
　　版)2019 年第 2 期。

郑国玉:《杜威式民主基础的困境与难题》,《学术界》2021 年第 6 期。

邹红军、柳海民:《杜威"儿童中心"论在中国：历史回望、基本
　　共识与遗留问题》,《教育学报》2020 年第 4 期。

后记

杜威是教育的一座高峰。

在教育史上，很少有学者像他那样博览群书，学富五车，也很少有人能够像他那样行走在哲学、心理学、伦理学、社会学、政治学、法学、经济学、美学、教育学等各个学科之间。在芝加哥大学，杜威一个人曾经先后担任过哲学、心理学和教育学三个学科的系主任，也曾先后担任过美国心理学联合会会长、哲学学会会长、美国大学教授联合会会长等职务。

杜威一生的教育活动和理论研究成果丰硕，共同构成了一个完整又严密的实用主义理论大厦，成为西方现代教育理论发展的一个重要阶段和重要派别。经验论、民主主义和心理学是其大厦的三根支柱，也是其创立实用主义教育思想的理论基础。在教育本质问题上，杜威提出了"教育即生活""学校即社会"的主张，认为最好的教育就是"从生活中学习""从经验中学习"，把教育看作儿童现在的生活的过程，而不是生活的预备。他提出，教育既然是一个社会过程，学校便是社会生活的一种形式。学校作为一种制度，应该将现实的社会生活进行简化，缩小到一个雏形的状态。

在教学理论上，杜威提出了从"做中学"的基本原则，认为儿童的学习应该从自身的活动中进行。教学应该从学生的经验和活动出发，使学生在游戏和工作中，采取与儿童在校外从事活动的类似形式。在此基础上，提出了激发儿童思维的"五个步骤"，即设置疑难情境，提出问题，提出解决问题的假设，推断假设以及验证假设。后来，杜威还针对这五个步骤，提出了教师教学过程的"五个步骤"，这就是著名的"教学五步法"。

杜威一生的著述很多，仅仅中文版的《杜威全集》就达 39 卷之多。教育著作主要有《我的教育信条》《学校与社会》《儿童与课程》《明日之学校》《民主主义与教育》《进步教育与教育科学》《教育中的道德原理》《我们怎样思维》《哲学与文明》《人的问题》《自由与文化》《经验与自然》《教育和社会变动》《经验与教育》《教育和社会秩序》等。

在教育史上，也很少有人像杜威那样有着深刻而广泛的影响力，而且能够穿越时空持续地影响各个时代的教育。一方面，杜威自己曾经先后到过日本、中国、土耳其、墨西哥和苏联等国家进行教育考察，宣传他的实用主义教育主张，这是人类教育史上少有的世界性传播；另一方面，杜威的学生胡适、陶行知、陈鹤琴、郭秉文、蒋梦麟等，在 20 世纪初叶的中国教育界都是叱咤风云的人物，他们为杜威教育思想在中国的传播也发挥了重要的作用。20 世纪 50 年代以后，虽然也有凯洛夫、马卡连柯、苏霍姆林斯基、巴班斯基、布鲁纳等国外教育家先后风靡中国教育界，尤其是苏霍姆林斯基的教育思想对一线教师产生了深刻影响，但毋庸置疑，杜威的影响无人匹敌。一直到今天，杜威仍然是影响中国教育理论与实践的第一人。

所以，从应邀为新教育萤火虫亲子共读公益项目主持、撰写"新父母晨诵"专栏开始，在我列出的对话教育家的计划中，杜威就是一个最重要的人选。但是，因为该专栏的受众是父母和一线教师，必须写得通俗易懂、注重实用，选择的内容也相对偏重了这两类读者，过于艰深的哲学文献和与教育实践相去较远的其他理论著作，就没有进行解读。同时，读杜威的书，的确有点像"在燕麦粥里游泳"一样，很难达到杜威那样的触类旁通、游刃有余。所以，这本书并不是系统的杜威研究，充其量只是我个人阅读的一些心得体会。

在这本书即将出版之际，感谢杜威研究专家、北京师范大学教授张斌贤先生为本书撰写了热情洋溢的序言。作为多年的朋友，我们从青年时代相识，一直对他专心治学敬佩有加。同时，我还要郑重地感谢我的博士生、苏州大学教育学院唐斌教授的鼎力相助。唐斌教授的博士论文就是研究杜威的。本来，他关注得比较多的是法国社会学家布迪厄的教育思想，因为我要求学生尽可能结合新教育的理论建构做研究，他就选择了杜威，因为他认为杜威的"教育即生活"与新教育实验倡导的"过一种幸福完整的教育生活"有一定的内在联系。最后，他不仅高质量地完成了博士论文，而且出版了《教育的经验诠释：杜威教育哲学疏论》一书。唐斌博士在协助我整理这本书的过程中发挥了重要的作用，没有他的帮助，这本书不会如此顺利完成。我当年的决策也在冥冥之中成就了这本小书。

从2014年到2020年，断断续续完成的对话杜威的阅读和写作，是我的再一次持续学习与成长。

我要特别感谢全国近100个新教育萤火虫工作站的近300多位萤火虫义工。在"新父母晨诵"对话杜威的过程中，从查找错别字到一个个分站持续转发，得以让这些文字为乡村父母注入一点家庭教育的力量，为一线教师增加一点教育的智慧。

我还要特别感谢新浪微博、腾讯微博和头条号支持我的网友们，我的文字从始至终得到了大家积极的反馈，数以亿计的阅读量，让我有了从不放弃的力量。

2019 年，是杜威来华 100 周年，也是杜威诞辰 160 周年。本来准备编选一本《杜威教育箴言》作为纪念，也做了许多基础工作，但最后因为版权的问题而作罢。现在，在人民教育出版社和商务印书馆的大力支持下，这本书终于顺利出版，要特别感谢两家出版社的领导和编辑，尤其要感谢王陆军先生和商务印书馆的薛亚娟老师，他们认真敬业的工作态度，给我留下了深刻的印象。

杜威离开我们近 70 年了，但是，每天早晨读他的著作的时候，总感觉他不仅仍然在 20 世纪 20 年代的中国大地上行走，还能够从那些睿智的字里行间，激发起对中国当下社会问题与教育问题的反思，仿佛一位对中国教育充满兴趣和期待的朋友，我们能够交流自己的思想，交换自己的意见与建议。

是的，杜威仍然活在当下，杜威的教育思想仍然是我们教育改革与发展的重要理论武器。科学的教育思想理论，跨越国界，超越时光，是让人类持续发展的力量，值得今天的我们再一次回望和汲取，助力中国教育在持续发展中演奏出辉煌的新篇章。

朱永新

2022 年 11 月 10 日

写于北京滴石斋